HISTOIRE DU FOOTBALL

collection tempus

Paul DIETSCHY

HISTOIRE DU FOOTBALL

PERRIN
www.editions-perrin.fr

Secrétaire générale de la collection :
Marguerite de Marcillac

© Perrin, 2010
et Perrin, un département d'Edi8, 2014
pour la présente édition revue et augmentée

12, avenue d'Italie
75013 Paris
Tél. : 01 44 16 09 00
Fax : 01 44 16 09 01
www.edition-perrin.fr

ISBN : 978-2-262-04712-2

Le code de la propriété intellectuelle interdit les copies ou reproductions destinées à une utilisation collective. Toute représentation ou reproduction intégrale ou partielle faite par quelque procédé que ce soit, sans le consentement de l'auteur ou de ses ayants cause, est illicite et constitue une contrefaçon sanctionnée par les articles L 335-2 et suivants du code de la propriété intellectuelle.

tempus est une collection des éditions **Perrin**.

Liste des acronymes les plus utilisés

AFA :	Asociación del Football Argentino
AFC :	Asian Football Confederation
ASF :	Association suisse de football
BEE :	British Empire Exhibition
CAF :	Confédération africaine de football
CAN :	Coupe d'Afrique des nations
CFI :	Comité français interfédéral
CIO :	Comité international olympique
CONI :	Comité olympique national italien
CONMEBOL :	Confederación Sudamericana de Fútbol
DFB :	Deutscher Fussball-Bund
FA :	Football Association
FFF(A) :	Fédération française de football (association)
FGSPF :	Fédération gymnastique et sportive des patronages de France
FIFA :	Fédération internationale de football association
FIGC :	Federazione Italiana Giuoco Calcio
IFAB :	International Football Association Board
LFA :	Ligue de football association
SFA :	Scottish Football Association
UEFA :	Union des associations européennes de football

USFA :	United States Football Association
USFSA :	Union des sociétés françaises de sports athlétiques
ULIC :	Unione Libera Italiana del Calcio

Avant-propos à la nouvelle édition

Le 12 juin 2014, la Coupe du monde revient au Brésil, le pays du football et du « roi » Pelé. Un événement très attendu par les passionnés de ballon rond et déjà controversé depuis que des Brésiliens ont manifesté nombreux en mai-juin 2013 contre un État privilégiant les dépenses effectuées en faveur du nouvel opium du peuple au détriment du financement des écoles et des dispensaires. Autant dire que le football reste le miroir des sociétés et du monde contemporains. De la World Cup sud-africaine à la Copa de mundo 2014, l'actualité nationale et internationale a été ponctuée par les heurs et malheurs du ballon rond des « caïds immatures » de Knysna aux investissements qatariens dans le football en passant par l'autorisation récente par la FIFA du port du voile par les footballeuses musulmanes et du turban par les joueurs sikhs. Le financement de la recherche par l'Union européenne a même reconnu l'importance du football dans la construction de l'Europe en accordant un budget conséquent au programme de recherche FREE (Football Research in an Enlarged Europe) qui réunit historiens, anthropologues, sociologues et politistes de neuf institutions universitaires de l'Europe du football[1]. La réédition de l'*Histoire du football* dans la collection de poche tempus, une première en France pour un livre consacré à l'histoire du sport, se devait donc d'intégrer les derniers éléments d'une histoire qui a semblé s'accélérer, ainsi que corrections et ajouts suggérés par des lecteurs attentifs et amicaux. L'auteur remercie ces derniers qui se reconnaîtront, d'Angers à Zurich, et espère que la présente édition satisfera leurs attentes.

Coup d'envoi

« Gênes est en deuil. Il n'y a pas un café ou un tabac où l'on ne parle, discute, déplore. La Conférence ? Et qui s'en préoccupe ? Cette demi-douzaine d'hommes qui prétendent reconstruire l'Europe peuvent se réunir ce soir pour boire de nombreux "cock-tail" *[sic]*. L'événement important est la défaite du Genoa. Vingt mille personnes ont assisté au match et ont diffusé partout la triste nouvelle. La passion de la foule existe[1]. »

Passion de foule. Dans la sortie de guerre tourmentée de l'Italie, *Ordine Nuovo*, le périodique révolutionnaire (alors quotidien) fondé par Antonio Gramsci, suivait avec attention l'essor du *calcio*. Il lui consacra même en 1922 une pleine page dans l'édition du lundi, sans oublier d'y attaquer l'ordre ou le sport « bourgeois ». Selon *Ordine Nuovo*, l'échec du club génois en finale du championnat d'Italie du Nord plongea la cité ligure dans la plus profonde consternation. Et relégua la conférence internationale qui entendait régler les grands problèmes économiques de l'après-guerre au rang de préoccupation futile et insignifiante. Tels étaient le pouvoir d'attraction et la fascination qu'exerçait le football.

Le 26 août 1918, Gramsci avait déjà consacré l'une de ses chroniques turinoises publiées dans *Avanti !*, l'organe du Parti socialiste italien (PSI), à ce qu'il appelait encore le « foot-ball[2] ». Dans cet article, le fondateur du Parti communiste italien comparait les sociétés où l'on pratiquait ce sport à l'air libre à celles où l'on se contentait de disputer des parties de *scopone*, le jeu de cartes le plus populaire d'Italie, dans des lieux clos et enfumés. Dans les premières auraient régné le respect du droit, l'initiative individuelle limitée par la loi, en un mot le capitalisme, et le libéralisme politique ; dans les secondes, le mépris de la règle écrite, le retard économique et le « culte de l'incompétence » auraient servi de règle. En d'autres termes, le football révélait l'hégémonie culturelle conquise par la bourgeoisie britannique au temps de la révolution industrielle et reflétait la modernité économique et politique de l'Europe du Nord-Ouest.

Bien d'autres gloses savantes sont venues analyser le sens du jeu et de la passion qui l'entoure. Mais l'ironie d'*Ordine Nuovo* et l'analyse gramscienne rendaient déjà compte de la dimension culturelle, politique et sociale acquise par le football moins de trente ans après son introduction en Italie. Le ballon rond avait en effet contribué à la nationalisation des masses depuis la fin du XIXe siècle. Dans de nombreux pays, les matchs de l'équipe nationale font encore vivre la fiction de l'État-nation pendant quatre-vingt-dix minutes (et plus s'il y a prolongations). Dans le même temps, il a également servi de support aux identités régionale, locale et religieuse. Il s'est glissé au cœur des cultures populaires masculines, tout en gardant une dimension fortement interclassiste. En ce sens, il a épousé les transformations des sociétés européennes et extra-européennes depuis le milieu du XIXe siècle, en répondant tant à de nouvelles attentes qu'à de nouveaux besoins. Celui de courir, jouer librement sur un rectangle gazonné quand le mode de vie devenait toujours plus sédentaire et plus confiné. Celui de se retrouver entre pair(e)s pour éprouver le vertige de la confrontation avec un autre groupe dans un lieu circonscrit et pour une durée fixée d'avance. Au plus haut niveau, des stades construits grâce aux progrès du génie civil et à l'invention du béton armé rassemblent les fidèles de la nouvelle religion. Dans les métropoles du monde entier, ils sont ainsi devenus des sortes de bornes milliaires de la croissance urbaine, car le football a aussi été un formidable lieu de mémoire dans un espace et des sociétés en transformation continuelle. De même que le nom des consuls servait à identifier les années dans la Rome antique, le sacre national, continental ou mondial de telle ou telle équipe permet aux passionnés de se repérer dans le passé. Combien de Français se souviennent du lieu où ils se trouvaient pour suivre et célébrer le « grand soir » du 12 juillet 1998 ?

Qu'il soit joué ou simplement regardé, le football attire et fascine. On pourrait assimiler la fascination qu'exerce ce jeu, au demeurant simple, au divertissement pascalien. « D'où vient, écrit Pascal dans les *Pensées*, que cet homme, qui a perdu depuis peu de mois son fils unique, et qui, accablé de procès et de querelles, était ce matin si troublé, n'y pense plus maintenant ? Ne vous en étonnez pas : il est tout occupé à voir par où passera ce sanglier que les chiens poursuivent avec tant d'ardeur depuis six heures. Il n'en faut pas davantage. » Remplaçons le sanglier par un ballon et nous obtenons l'un des effets en partie mystérieux qu'exerce le football sur les millions de ses fidèles. Partie de football de quartier ou match au Stade de France, l'attention de la moitié (masculine) de l'humanité est vite captée par les plongeons spectaculaires d'un gardien de but ou les dribbles virevoltants d'un ailier.

On comprend pourquoi il a aussi ses contempteurs pour qui les stades sont autant de lieux d'aliénation habités par des « meutes sportives ». Il est en effet aisé d'associer le football à la domination du capital sur le travail, quand certaines enceintes sportives sont construites à quelques pas de l'usine qui soutient l'équipe locale. Il est aussi tentant de mettre en parallèle l'histoire du ballon rond avec les idéologies en -isme qui ont servi à justifier des régimes politiques synonymes de crime et d'asservissement. De fait, l'essor du football comme spectacle de masse a eu pour cadre et aussi pour support le fascisme, le national-socialisme et le stalinisme et, pour sortir d'Europe, le péronisme ou le mobutisme. Cependant, s'il est une vertu de l'histoire du football, c'est d'être marquée, derrière l'analyse d'un phénomène que les intellectuels considèrent souvent comme fruste, par la complexité et l'ambivalence. Car la plasticité du football lui permet de revêtir les oripeaux des idéologies tout en les subvertissant allègrement.

Les historiens ont commencé à se pencher « scientifiquement » sur l'objet football depuis une quarantaine d'années[3]. L'hégémonie de l'histoire économique et sociale puis culturelle a nourri l'intérêt pour un sport né pendant la révolution industrielle et qui a grandi avec l'expansion de la culture de masse. La naissance du professionnalisme a tout d'abord eu pour conséquence l'invention de nouveaux métiers, parmi lesquels ceux d'entraîneur et de footballeur. Elle a aussi suscité la consommation de nouveaux biens immatériels comme le spectacle de football et stimulé l'essor de la grande presse et des périodiques sportifs. Les vedettes du football ont aussi invité à acheter des produits alimentaires et d'hygiène ainsi que les équipements nécessaires à sa pratique. Ils ont contribué au développement de puissants groupes de communication et à la diffusion de ces nouveaux totems que sont les logos des firmes multinationales.

De l'histoire de la culture matérielle, les historiens du football sont aussi passés à celle des représentations. L'évolution de l'histoire politique autour de la notion de « culture politique » a permis de sortir d'une simple histoire des idées pour englober les pratiques, les croyances ou encore les sensibilités qui contribuent à structurer les familles politiques, et de légitimer en retour l'histoire du sport et du football. Le ballon rond est-il de droite ou de gauche ? La plasticité du sport permet d'éluder la question, de botter en touche, comme diraient les rugbymen. Ont en tout cas existé des footballs de droite, de gauche, mais aussi apolitiques.

Le football questionne et peut aussi être interrogé par l'histoire du genre. Plus encore que dans la « grande » histoire, les femmes sont les oubliées, les invisibles de ce que les Britanniques ont appelé *« the people's game »*. Bien évidemment, le football participe de la construction du rapport entre les sexes et, pour certains, d'un processus de revirilisation. De même, les sportives ne sont pas nées footballeuses, mais le sont devenues, au prix d'affrontements avec un pouvoir sportif détenu par les hommes. Elles restent aujourd'hui le « deuxième sexe » du football.

En tout cas, le monde du ballon rond a élaboré sa propre *Weltanschauung*, empruntant ici et là des représentations servant sa cause. Ainsi, les compétitions nationales comme la Football Association Cup ou la Coupe de France ont-elles célébré à leur façon le consensus monarchique au Royaume-Uni, républicain en France. De même, les dirigeants de la FIFA se sont plu à décrire leur organisation dans les années 1930 comme une « petite société des nations sportives ». Aujourd'hui, l'une de leurs devises est *« For the Game. For the World »*, qui en dit long sur la prétention de l'organe régulateur du jeu à incarner plus qu'un sport et à se poser en héraut d'une culture mondiale.

De fait, s'il est un champ historiographique en plein essor actuellement et avec lequel le football est en phase, c'est l'histoire du monde ou l'histoire globale. Il entre bien évidemment de la prétention dans le projet d'écrire une histoire mondiale, fût-ce du football. Mais l'objet lui-même est l'un de ceux qui se prêtent le plus à un tel projet. Le football a tout d'abord accompagné le processus d'occidentalisation du monde. Marins et soldats britanniques ont parfois glissé un ballon dans leur havresac avant de partir soumettre les populations à leur loi. De même, les joies terrestres du football ont souvent eu plus de poids que les promesses de vie éternelle dans l'œuvre d'évangélisation catholique et protestante. Mais penser le football comme la diffusion dans le monde d'une invention britannique offre une perspective biaisée. Son histoire est aussi celle d'une dépossession résultant d'un processus à la fois complexe et rapide d'acculturation, de métissage et d'indigénisation du jeu. Dans l'imaginaire du football, s'il existe, le pays du football et des footballeurs n'est plus l'Angleterre mais le Brésil. L'histoire du football anglais peut aussi se lire comme celle du déclin du Royaume-Uni au XXe siècle.

De fait, dans de nombreux pays, le football a été paré dès les années 1920 du titre de « jeu national ». Et l'un des plaisirs des spectateurs de la Coupe du monde consiste à apprécier des styles de jeu différents et des techniques corporelles originales. Comme l'a écrit Marcel Mauss à propos de la manière de creuser ou de marcher des troupes anglaises pendant la Grande Guerre : « Toute technique proprement dite a sa forme. Mais il en est de même de toute attitude du corps. Chaque société a ses habitudes bien à elle[4]. » Malgré le processus de standardisation technique et culturelle qui affecte aussi le football, des différences appréciables entre les pays et les continents subsistent encore. La manière de caresser le ballon d'un joueur équatorien et de l'échanger par passes courtes et répétées avec ses partenaires est fort éloignée des longues ouvertures, des courses, de la technique individuelle rudimentaire et pratique d'un joueur australien.

Le « style national » ne saurait toutefois se confondre avec l'autochtonie. S'il s'enracine dans un contexte particulier, il est aussi le produit d'un système d'interrelations et d'interconnexions. Car le football a très tôt été conçu comme mondial. Il a presque immédiatement généré des flux de joueurs et d'entraîneurs tout en créant des rendez-vous internationaux annuels, biennaux ou quadriennaux. Si l'échelle du national constitue le cadre premier du football, il n'existe aussi qu'en tant que pont entre le régional et l'international. Un club de football, au gré de ses performances, peut ainsi passer en quelques années de la relative obscurité des compétitions des divisions inférieures à la lumière des Coupes d'Europe. De même, la culture footballistique est éminemment transnationale. Dès l'entre-deux-guerres, puis avec l'avènement du « roi » Pelé et de la télévision, la fascination pour les « génies » du football est devenue sans doute la chose la mieux partagée, la plus célébrée au sein de la population mâle de la planète.

À quelques exceptions près. Car l'économie-monde du football n'épouse pas totalement la réalité de la géopolitique. Longtemps, l'espace mondial du ballon rond a été dominé par une dyarchie conflictuelle réunissant Amérique du Sud et Europe de l'Ouest. Les difficultés de la première ont eu pour conséquence d'accorder la prééminence sportive et économique à la seconde, au moins au niveau des clubs. De ce point de vue, le football reste un conservatoire de la domination du Vieux Continent sur le monde. Il est en effet des terres de mission footballistiques qui dominent, par ailleurs, et le sport olympique et l'économie mondiale. En premier lieu, les États-Unis où le *soccer*, tard venu, n'a pu prendre rang de sport national aux côtés du base-ball, du football (américain), du basket-ball ou du hockey sur glace, réservant sa pratique aux femmes et aux jeunes. À quelque chose malheur est bon : ce désintérêt a évité au ballon rond bien des désagréments subis par le mouvement olympique pendant la guerre froide. La Chine, en dehors de ses footballeuses, n'est pas non plus un grand pays de football, même si la population urbaine chinoise (comme les mafias) apprécie fort les paris footballistiques et la venue des stars mondiales du ballon rond. Pareillement, la prégnance de la culture sportive impériale britannique a créé quelques isolats dans lesquels le ballon rond subit la loi du cricket et de diverses formes de rugby.

C'est donc à un voyage dans le siècle du football auquel les lignes qui suivent invitent le lecteur. Un voyage rendu possible par la vaste bibliographie internationale désormais disponible sur le sujet et les recherches menées depuis presque vingt ans, d'abord sur le football italien et français, puis sur la FIFA et le football africain. La fréquentation assidue pendant près d'une décennie des très riches archives de la Fédération internationale à Zurich, de celles du Comité international olympique à Lausanne et de quelques fédérations nationales européennes, ou encore la consultation de périodiques sportifs et généralistes européens et sud-américains, d'ouvrages écrits par des acteurs depuis la fin du XIXe siècle ont nourri ce livre.

Un ouvrage qui a été rendu possible ou inspiré de près ou de loin par un certain nombre de personnes que l'auteur voudrait remercier ici. En premier lieu, Olivier Wieviorka qui lui a proposé d'écrire ce livre et l'a relu avec une patience toujours amicale et sagace. Il ne peut oublier non plus Jérôme Champagne, Pierre Lanfranchi et Alfred Wahl qui l'ont associé aux projets de recherche financés par la FIFA et lui ont ainsi permis de passer de l'Italie au monde, toujours balle au pied. L'aventure du séminaire « Sports, cultures et sociétés en Europe et dans le monde » co-animé au Centre d'histoire de Sciences po avec son complice Patrick Clastres a joué un rôle également important. L'expérience du site Internet wearefootball.org dédié à l'histoire du ballon rond lancée avec ses amis Yvan Gastaut, Stéphane Mourlane et Christophe Messalti a aussi nourri les pages qui suivent. Les activités et les échanges avec ses collègues de l'UFR STAPS de Franche-Comté ont aussi constitué un apport stimulant, notamment avec Jean-Jacques Dupaux, Gilles Ferréol, Jean-François Huraut, Claude Paratte, Jean-Nicolas Renaud, Jean-Luc Tinchant, Gilles Vieille-Marchiset et, *last but not least*, Christian Vivier. Les enseignements et les colloques auxquels il a participé à l'UFR Lettres et Sciences humaines de l'université de Besançon ont également eu leur part et sa dette est grande à l'égard de François Marcot. Il ne saurait non plus oublier l'expérience vécue de quarante ans de football africain transmise amicalement par Faouzi Mahjoub. Enfin, les collaborations, les recherches, les conversations avec les personnes qui suivent ont aussi orienté ce travail sans qu'aucune d'entre elles ne puisse être tenue pour responsable du contenu du livre. Il pense en particulier à Fabien Archambault, Pierre-Louis Basse, Laurent Bocquillon, Pierre-Henri et Victor Bois, Claude Boli, Ismaël Bouchafra-Hennequin, Xavier Breuil, Bernardo Buarque, Nicolas Buclet, Fabio Chisari, Olivier Chovaux, Gino Cometto, Elizabeth Crémieu, Sébastien Darbon, François Dietschy, Philip Dine, Michel Dreyfus, Christiane Eisenberg, Robert Fassolette, Marion Fontaine, Caroline François, Pascal François, Julio Frydenberg, André Gounot, Laurent Grun, Benoît Heimermann, Richard Holt, Heidrun Homburg, Nicolas Hourcade, Bertrand Huber, David-Claude Kémo-Keïmbou, Sébastien Louis, Aurélie Luneau, Daniele Marchesini, Tony Mason, Florent Masson, Patrick Mignon, Hervé Montjotin, Gilles Montérémal, Antoine Mourat, Mike O'Mahony, Ulrich Pfeil, Raffaele Poli, David Ranc, Loïc Ravenel, Didier Rey, Carlos Rodrigues, Mahamadé Savadogo, Daniel Sazbón,

Thomas Simon, Albrecht Sonntag, Julien Sorez, Hubert Strouk, Ludovic Tenèze, Thierry Terret, Philippe Tétart, Alan Tomlinson, Arnaud Waquet et Chris Young.

Pour finir, l'auteur voudrait dédier ce livre à sa femme Sabine, ses filles Charlotte et Pauline et son fils Thomas, lequel, malheureusement, ne tient pas le football en haute estime. Les heures qui leur ont été volées à consulter les archives, lire une vaste littérature mais aussi regarder et même jouer au football ont rendu possible l'écriture des chapitres qui suivent !

1

Le jeu de l'Angleterre victorienne

Pur produit de l'Angleterre victorienne, le football association devint rapidement le jeu national d'hiver, le cricket occupant la saison estivale. Sa naissance n'eut cependant rien de spontané. Le football se présentait en effet comme une rationalisation des jeux de ballon de l'ère préindustrielle qui, au regard de l'Histoire, furent loin d'être l'apanage du Royaume-Uni. L'élaboration de ses règles, dans les années 1860-1870, se révéla par ailleurs laborieuse. Et son succès dépendit largement d'une diffusion irriguant, à partir des cercles de l'aristocratie, les masses laborieuses – au point d'apparaître dès les années 1880 comme le « *people's game* », le jeu du peuple.

Dans la société de classes de l'Angleterre de Victoria puis d'Édouard VII, cette *success story* n'allait pas de soi. De fortes résistances s'opposaient à l'adoption du professionnalisme, condition *sine qua non* pour que les ouvriers puissent pratiquer au plus haut niveau. Dans le même temps, son triomphe, en tant que sport-spectacle de l'Angleterre de la révolution industrielle du Nord et des Midlands, témoignait aussi de la démocratisation progressive de la société britannique. Sans qu'il faille, pour autant, forcer le trait. Si George V fut le premier souverain anglais à assister à la finale de la Coupe d'Angleterre en avril 1914, sa présence visait surtout à célébrer la pacification des classes laborieuses en exaltant leur sport emblématique. L'intégration dans la nation n'abolissait ni les barrières sociales ni les frontières culturelles.

La quête des origines

« D'une manière générale, les auteurs qui ont recherché dans ces jeux anciens l'origine du football font dériver la « "choule" ou "soule" de l'*harpastum* qui aurait été rapporté en Gaule par les soldats de Jules César[1]. » Telle est la vulgate que l'histoire du football, ici écrite par Jules Rimet, le président de la Fédération internationale de football association (FIFA) de 1921 à 1954, se plut à diffuser. Les footballs association et rugby furent ainsi présentés comme les lointains descendants de jeux traditionnels pratiqués au début de l'ère industrielle, voire aux temps plus reculés de l'Antiquité.

Or, la filiation sur un temps aussi long est hautement hasardeuse, d'autant que le jeu romain reste, à bien des égards, une *terra incognita*. Les affrontements violents et parfois meurtriers de la soule – ce jeu qui n'était pratiqué qu'occasionnellement, une fois par an le plus souvent, par les populations bretonnes et normandes – ne présentent par ailleurs qu'une lointaine parenté avec notre ballon rond.

Ces rapprochements révèlent donc avant tout les contradictions de l'anglomanie sportive de la fin du XIXe siècle. Si les *sportsmen* continentaux admiraient la culture sportive inventée en Angleterre au point de vouloir l'imiter, ils n'en celaient pas moins une sourde jalousie à l'encontre des inventeurs du sport moderne. Le diplomate français Jean-Jules Jusserand, fin connaisseur de la culture et de la littérature anglaises et grand admirateur du système politique britannique, l'exprima sans fard. Trois ans après la crise de Fachoda (1898), cet ambassadeur de France à Washington entre 1901 et 1924 affirma sans rougir dans son ouvrage historique *Les Sports et jeux d'exercice dans l'ancienne France* que les « exercices athlétiques sont à la mode aujourd'hui en France ; ce n'est pas une mode nouvelle, et ce n'est pas une mode anglaise, c'est une mode française renouvelée[2] ». Autrement dit, la tradition et l'éducation sportives britanniques adulées par Pierre de Coubertin dès les années 1880 n'étaient qu'une contrefaçon des jeux traditionnels français.

L'histoire de France offrait, il est vrai, de multiples précédents permettant d'illustrer cette thèse. Du XVe au XVIIe siècle, les habitants de Paris et des plus grandes villes du royaume s'étaient ainsi passionnés pour les jeux de balle et de raquettes, comme en témoignait le succès de la paume, « le roi des jeux et le jeu des rois ». À tel point qu'en « 1598, Robert Dallington, voyageur anglais, s'étonnait encore de la grande quantité de jeux de paume et considérait, ce qui n'est pas peu dire, qu'il y avait en France plus de joueurs de paume que de buveurs de bière en Angleterre[3] » !

Mais les Français furent loin d'être les seuls à contester l'origine anglaise du sport en général et du football en particulier. Alors que le régime fasciste commençait à étendre son emprise sur les jeux du stade et que le football, très tôt baptisé *calcio*, subjuguait les premiers *tifosi*, le mythe d'un ballon rond aux origines italiques, puisque pratiqué par l'armée romaine avant d'avoir été formalisé sous la forme du *calcio fiorentino* de la Renaissance, fut repris par la presse et un certain nombre d'ouvrages publiés sous le *Ventennio*. La très officielle encyclopédie *Treccani*, parue en 1930, apporta une caution scientifique à cette interprétation. « Le jeu du *calcio*, tombé progressivement en désuétude après les splendeurs de la

Renaissance, est de tradition italienne, et plus particulièrement florentine », exposait l'article « *Calcio* »[4]. Interdit parce que trop violent, le sport aurait ensuite reçu une « nouvelle réglementation technique » dans les îles Britanniques. Les diplomates et voyageurs anglais présents en Italie au XVIIIe siècle en auraient bien évidemment « volé » l'idée. Pour étayer cette accusation, l'encyclopédie citait l'exemple du consul britannique de Livourne qui organisa en 1766 « une partie de *calcio* en l'honneur de Pierre Léopold et Marie-Louise », les grands-ducs de Toscane[5].

Les inventeurs britanniques eux-mêmes se plurent à invoquer de glorieux et lointains ancêtres. Considérant avec raison que « les premiers symptômes de football qui peuvent être d'une façon ou d'une autre reliés au jeu moderne sont à trouver dans les écoles privées au tout début du XIXe siècle », le journaliste du *Times* Geoffrey Green n'en énumérait pas moins, dans une histoire de la Football Association (FA) publiée pour le quatre-vingt-dixième anniversaire de la fédération anglaise, les différentes formes de jeux de balle confirmant l'universalité d'un jeu qui avait marqué tant la Chine ancienne que l'Europe médiévale, sans oublier l'Amérique précolombienne[6]. Le sixième président de la FIFA (1961-1974), sir Stanley Rous, souscrivait également à une origine latine du jeu, qu'elle fût romaine ou toscane. Il suggérait même que les partisans des Stuarts en exil dans la Péninsule au XVIIe siècle auraient pu assister à des parties de *calcio fiorentino*, osant écrire que « peut-être certains d'entre eux virent et aimèrent cette forme de football, et peut-être pour certains d'entre eux, elle leur rappelait les instants les plus heureux de leur jeunesse[7] » ! Il est vrai qu'après la Seconde Guerre mondiale, le caractère universel du football s'affirmait toujours plus et que les représentants des fédérations britanniques avaient définitivement accepté d'appartenir à la fédération mondiale.

Quoi qu'il en soit, établir une si longue généalogie pose d'éminents problèmes de discontinuité, sans compter la question des transferts culturels mobilisés pour l'« importation du jeu » en Angleterre dont on identifie malaisément les acteurs et la réalité. Il semble par conséquent inutile de dresser la liste exhaustive des jeux se rapprochant de près ou de loin du football. En effet, ce que l'on appellera à la fin de l'époque victorienne le *people's game* est d'abord, comme l'ensemble des sports contemporains, un pur produit de la modernité britannique, provoqué par les bouleversements sociaux, politiques et culturels qui ont accompagné la révolution industrielle. Comme l'ont avancé certains auteurs, ce sont les éléments constitutifs de la civilisation moderne et industrielle qui permettent de distinguer jeux traditionnels et préindustriels des disciplines sportives. L'essayiste américain Allen Guttmann dénombre ainsi sept critères qui attesteraient du caractère pleinement « moderne » du sport : la sécularisation, l'égalité, la spécialisation, la rationalisation, la bureaucratie, la quantification et les records[8]. Appliquées aux jeux de l'ère préindustrielle, ces notions perdent tout caractère opératoire.

Certes, le football a souvent été décrit comme une nouvelle religion sans transcendance. Comme le remarquait l'anthropologue Marc Augé, des « Hurons ou [des] Persans du XXe siècle » faisant « profession d'ethnologie » et pratiquant l'observation participante dans les stades seraient sensibles au « grand rituel » du jeu. Même si, pour finir, ils « hésiteraient à mettre en forme leur hypothèse centrale : les Terriens pratiquent une religion unique et sans dieux[9] ». De fait, l'enceinte sportive pourrait être décrite comme un temple vers lequel convergent les fidèles/supporters habillés de costumes rituels.

Ces derniers participeraient au grand sacrifice du match dont les arbitres et les joueurs sont tout à la fois les ordonnateurs et les victimes. Mais le football association n'en a pas moins perdu tout rapport avec la transcendance ou un ordre cosmique. Bien sûr, parfois des joueurs se signent en pénétrant sur le terrain ou tendent les paumes de la main en priant Allah, mais ils n'accomplissent ces gestes qu'à titre individuel, en espérant que leur Dieu les aidera à réaliser une performance de premier ordre et les protégera d'une blessure, non pour associer la partie à un rituel sacré.

 Au contraire, les jeux de ballon pratiqués dans les sociétés traditionnelles et préindustrielles revêtirent souvent une connotation, voire une signification religieuse. La course de la balle, petite ou grande, pouvait figurer la trajectoire des planètes dans le ciel. Le *tlachtli*, ce jeu de ballon placé au cœur de la vie et des croyances des Mayas et des Aztèques, constitue sans doute la plus célèbre intégration du jeu dans une cosmogonie. Il requérait une grande dextérité physique. Qu'on en juge ! Disputé sur un terrain en forme de double T, il était pratiqué par deux équipes dont les joueurs projetaient un ballon de caoutchouc à l'aide des fesses, des hanches et des épaules, l'usage du pied étant prohibé. La sphère de caoutchouc devait passer dans deux anneaux situés aux extrémités du terrain. Le *tlachtli* « recevait une valorisation exceptionnelle, loin de la gratuité sportive que nous accordons aujourd'hui au jeu[10] ». De fait, il endossait une fonction pré-sacrificielle, les perdants désignés au préalable étant parfois immolés dans le cadre des cérémonies destinées à ralentir l'inéluctable épuisement du monde. Par conséquent, le « jeu pré-sacrificiel [était] à la fois stimulant et cathartique. Il déclench[ait] un supplément d'énergie, tout en contribuant à régulariser les taux d'intensité de la victime et de son entourage. Il normalis[ait] le transfert de potentiel entre l'intérieur et l'extérieur, en servant en même temps de réactif et de catalyseur[11] ».

Sans être intégrés à un rituel aussi sanglant, la soule et le *folk* et *street football*, les jeux de ballon pratiqués en France et en Angleterre du Moyen Âge jusqu'au milieu du XIXe siècle, n'en étaient pas moins le plus souvent disputés durant des temps sacrés – autour de Noël, le jour des Rois ou dans le cycle de Carnaval, en particulier le Mardi gras[12]. Il en allait de même à Florence à la fin du XVe siècle : « Épuisant par les grandes chaleurs, le *calcio* faisait régulièrement son apparition en hiver, au moment du carnaval[13]. » Mais la tradition païenne du carnaval et ses pratiques de renversement ponctuel de l'ordre social s'exprimaient aussi dans ces pratiques brutales. Les jeux de ballon, en particulier la soule, d'une violence sans commune mesure avec notre football ou notre rugby, évitaient « comme les autres jeux, que le sang ne coule plus souvent encore dans chaque village, en purgeant les passions[14] ». Des parties plus informelles pouvaient cependant aussi être organisées selon « l'inspiration du moment [...] de ces hommes avides d'exercices et d'amusements[15] » : le calendrier sécularisé et rationalisé de notre sport moderne n'existait pas encore.

La soule et le football traditionnel consistaient à pousser ou à porter une sorte de balle de cuir d'un diamètre variable, remplie de paille, ou une vessie de porc gonflée vers un but : le porche d'une église ou un poteau. Ils opposaient des groupes masculins définis par la géographie, la classe d'âge et le statut social. Paroisse contre paroisse, époux contre célibataires, corporation contre corporation, les critères de division ne supposaient pas la liberté d'appartenir à tel ou tel camp, même si, à l'intérieur des « équipes », les hobereaux et les curés pouvaient mener les troupes. Le jeu ne présupposait donc pas l'égalité entre tous les participants, principe démocratique du sport contemporain. On jouait entre soi et, tout au plus, avec sa communauté contre une autre, qu'elle fût urbaine ou rurale.

Dans le cas du *calcio fiorentino*, l'évolution du système politique transforma le « *calcio* républicain » de la deuxième moitié du XVe siècle en un « *calcio* des Médicis ». Le premier opposait « les gens de *Santo Spirito* » à ceux du « quartier du *Prato* ». Les équipes étaient alors constituées au moyen d'un brassage social mêlant patriciens et membres du petit peuple. « Les vingt ou vingt-quatre joueurs qui n'étaient pas encore assez âgés pour occuper des fonctions officielles trouvaient avec ce spectacle qui ignorait les frontières sociales un excellent forum pour devenir des "vedettes" *(veduti)*, et se faire ainsi remarquer de l'opinion publique[16]. » Après l'instauration du duché de Toscane en 1532 sous la direction d'Alexandre, puis de Côme de Médicis, « le *calcio* fut totalement intégré à la mise en scène des fêtes officielles et familières ». Disputé avant le début du carême ou lors des mariages princiers, le *calcio* était désormais entouré d'un cérémonial imposant et les participants se distinguaient tant par leurs prouesses que par leurs costumes de soie richement colorés. Les Médicis n'hésitaient pas à se joindre à ce « *calcio* de gala » disputé par des nobles dont les promoteurs, parfois des marchands florentins, rivalisaient de luxe pour plaire à leurs souverains.

Les équipes de *calcio* étaient disposées en ordre de bataille selon une « organisation pyramidale » répartissant les 27 joueurs en quatre lignes de 3 arrières, 4 demis, 5 destructeurs et 15 avants. Leur objectif était de porter, frapper ou donner un coup de pied dans le ballon[17] pour le faire passer « par-dessus l'extrémité opposée[18] » du terrain. Pour ce faire, une répartition des rôles sur ledit terrain s'imposait. Les destructeurs se chargeaient ainsi d'arrêter les longs coups de pied et de « stopper l'offensive des avants du camp opposé ». Il s'agissait de robustes gaillards et, pour cette raison, « on les comparait aux éléphants de combat de l'Antiquité ou à la cavalerie moderne[19] ».

Cet art de la guerre semble avoir épargné la soule ou le *folk* et *street football* britannique qui ignoraient encore la spécialisation contemporaine des disciplines et des acteurs sportifs. Il s'agissait avant tout de foncer dans la mêlée, d'arracher la balle et de l'emporter en courant. « Mais la soule a été lancée ! », écrivait un observateur breton dans la première moitié du XIXe siècle. « Tout à coup les deux armées n'en formant plus qu'une, se mêlent, s'étreignent, s'étouffent ! À la surface de cet impénétrable chaos, on voit mille têtes s'agiter comme les vagues d'une mer furieuse, et des cris inarticulés et sauvages s'en échappent, semblables au bruit sourd de la tempête. Enfin, grâce à sa vigueur ou à son adresse, l'un des champions s'est frayé un passage à travers cette masse compacte, et fuit emportant au loin la soule[20]. »

Les concepteurs du sport moderne ont donc complexifié l'affrontement ancien du *folk football* ou de la soule. Ils en ont aussi rationalisé la pratique en établissant des règles universelles distinguant le monde du jeu de celui de la vie réelle. Les disciplines sportives modernes se pratiquent en effet dans un espace spécifique qui a progressivement perdu toute référence à la réalité de son environnement. Désormais, cet univers tire « de lui-même, et seulement de lui, ses raisons d'être et ses polarités[21] ». L'espace de la pratique du sport est donc devenu abstrait, délimité par des lignes dont la signification n'échappe pas aux connaisseurs. En football, un dribble, un tacle ou une main effectués près du « rond central » n'ont pas la même intensité dramatique que les mêmes gestes réalisés dans la « surface de réparation ».

Certes existaient des équipements particuliers comme le terrain du *calcio fiorentino* de la piazza di Santa Croce, long de « ses 172 × 82 brasses *(braccie)* florentines[22] », bordé par des barrières. Mais la plupart du temps, la soule ou le football populaire se pratiquaient dans les rues des villes ou sur le finage des paroisses, sans véritable bornage. Ainsi des parties de « choule » que le sire de Gouberville, ce hobereau normand du Cotentin, disputait au XVIe siècle à l'aide de bâtons servant à propulser la « pelotte », c'est-à-dire la balle. Les joueurs la chassaient « loin devant eux, si loin que le plus souvent on ne parvenait enfin à la saisir, qu'à des distances fort éloignées du point de départ, au-delà même des paroisses limitrophes[23] » et jusque dans « la mer *qui les mouilloyt*[24] » !

Des règles étaient parfois tacitement acceptées par tous, voire proposées par des ouvrages, comme, pour le jeu de paume, le *Trattato del giuoco della palla* d'Antonio Scaino (Traité du jeu de balle) imprimé en 1555 à Venise, ou *L'Ordonnance du Royal et Honorable Jeu de Paume en 24 articles* publié en France en 1592. En règle générale cependant, un fort particularisme et un caractère souvent informel marquaient le jeu traditionnel. Aucun organisme ne prétendait unifier les règles ou plutôt la coutume. Celles-ci variaient donc d'une ville à l'autre. En Grande-Bretagne, le ballon du « match » devait être fourni dans le Dorset « par le dernier homme à s'être marié », à Glasgow par la corporation des cordonniers[25]. De même, l'idée de performance et de progrès paraissait étrangère à ces jeux. Nul appareil bureaucratique donc pour organiser ces exercices, quantifier les performances et en conserver la mémoire, sous la forme de records successifs. « Chez les Aztèques, pas de sport, pas de joute, pas d'épreuve. Il n'existe ni championnat, ni record, ni lutte individuelle, ni jeux intervilles[26]. »

Faut-il dès lors conclure à une complète césure entre jeux traditionnels et sport moderne ? Ce constat serait excessif. Il omettrait la fonction que le jeu exerce dans les sociétés humaines. Surtout, le sport moderne, et notamment le ballon rond, a réactualisé des formes de pratique ou d'architecture identifiables dès l'Antiquité.

Le sport moderne s'inscrit en effet dans une forme d'activité intemporelle : le jeu. Selon la célèbre thèse de Johan Huizinga, l'*homo ludens* précéderait l'*homo faber*. « Le jeu est plus ancien que la culture[27] », a prétendu en effet l'historien néerlandais. Animaux et hommes jouent, si bien que la « culture ne naît pas *en tant que* jeu, ni du jeu, mais *dans* le jeu[28] ». L'imaginaire, la gratuité, l'irrationalité, l'esprit de compétition constituent entre autres les constituants de cette « action libre, sentie comme "fictive" et située en dehors de la vie courante, capable néanmoins d'absorber totalement le joueur ». Une « action dénuée de tout intérêt matériel et de toute utilité [qui] s'accomplit en un temps et dans un espace circonscrits, se déroule avec ordre selon des règles données et suscite dans la vie des relations de groupe s'entourant volontiers de mystère ou accentuant par le déguisement leur étrangeté vis-à-vis du monde habituel[29] ». Et différentes formes de jeu seraient pour partie constitutives, selon Huizinga, de la musique, de la langue et même du droit. À l'aune de cette interprétation, le football ne formerait donc que l'une des manifestations de ce fondement des cultures humaines, où l'instinct agonal – « manifester sa supériorité[30] » – s'associe chez certains joueurs à la danse, cette « forme particulière et très parfaite du jeu en soi[31] ».

Cette conception totalisante du jeu comme persistance d'animalité chez l'homme, et finalement trait d'union entre nature et culture, peut être questionnée. Mais ses fonctions d'oubli, de parenthèse, de divertissement au sens pascalien du terme, n'en sont pas moins des permanences de l'histoire de l'humanité même si les modalités et l'organisation des jeux restent fortement tributaires des sociétés qui en dessinent le cadre.

En tout cas, le succès du sport et du football emprunte aux fonctions sociales et culturelles attribuées aux différentes formes de jeu par l'anthropologue français Roger Caillois. Certes, le ballon rond des professionnels peut être considéré comme une corruption du jeu puisque ce dernier « a cessé d'être une distraction destinée à les reposer des fatigues ou à les changer de la monotonie d'un travail qui pèse et use[32] ». Mais le football, pratiqué plus ou moins formellement par des joueurs du dimanche ou apprécié par des spectateurs-parieurs, entre dans au moins deux catégories universelles de jeu définies par Caillois, et pour partie intemporelles : l'*agôn*/compétition, l'*alea*/hasard, si ce n'est la *mimicry*/simulacre. Existant depuis l'Antiquité, ces catégories ont emprunté des formes et occupé, selon les époques et les cultures, des places variables dans les sociétés.

Ainsi serait-on tenté de distinguer dans les divertissements de la Rome antique certaines composantes du sport contemporain. Tout d'abord parce que nombre de stades de football ont repris la forme ovale et l'étagement des tribunes de l'amphithéâtre romain. Un monument qui était certes destiné aux combats de gladiateurs et à la mise à mort des condamnés à mort, et non aux jeux de l'*agôn*. Ceux-ci, sous la forme de sport-spectacle, ont sans doute été inventés en Étrurie[33] avant, comme nombre d'éléments de la civilisation étrusque, d'être adoptés par les Romains. Si les jeux de balle connurent à Rome un grand succès en tant qu'exercice physique, ils ne firent néanmoins pas partie des grands spectacles de masse, dont les citoyens romains sous peine d'indignité ne pouvaient être les acteurs. Ils étaient toutefois considérés, selon la taille et la dureté de la balle ou du ballon, comme un excellent moyen pour développer et entretenir toutes les parties du corps et, pour les vieillards, de maintenir leur santé. Au Ier siècle après Jésus-Christ, Pline le Jeune citait le cas de son ami Spurinna qui, à

77 ans, jouait encore au ballon pour combattre la vieillesse !

C'est donc à l'hippodrome qu'il faut se rendre pour tenter d'établir une analogie entre les compétitions antiques et le ballon rond. Les courses de chars et de chevaux organisées dans le *Circus Maximus* de Rome à l'occasion de différents *Ludi circences* présentent en effet bien des analogies avec notre football. Aux yeux de certains historiens du sport antique, les cochers de la « course de quadriges, la première division pour le football », préfigurent les vedettes du ballon rond. L'« équivalent de Dioclès, qui se disait lui-même "premier cocher des Rouges", c'est Zidane ou Ronaldo[34] ». Ces champions ne couraient pas pour leur seule gloire. Ils portaient les couleurs des quatre grandes écuries, « les rouges, les bleus, les blancs et les verts [qui avaient] chacun[e] un personnel très nombreux, des locaux qui [pouvaient] être somptueux et des clubs de supporters[35] ». Et l'on sait qu'à Constantinople, sous le règne de Justinien, la rivalité entre ces derniers alla jusqu'à dégénérer en une violente émeute qui ébranla le pouvoir impérial. En 532 après Jésus-Christ, en effet, « la célèbre sédition *Nika* ("Victoire à...")[36] », éclata suite aux exactions des factions des Verts et des Bleus que Justinien avait laissées impunies. Un véritable soulèvement s'amorça lorsque les Verts quittèrent les tribunes de l'hippodrome devant Justinien et son épouse Théodora. La fermeté de celle-ci permit de redresser la situation au prix du massacre d'une partie des Verts, qui, bien plus que de simples supporters, s'organisaient aussi en milices armées pratiquant le banditisme et le racket.

De même, l'évergétisme des magistrats romains, qui consistait à organiser des jeux toujours plus somptueux, peut être rapproché de celui des « mécènes » qui, depuis les années 1920, ont entretenu des équipes de football en Italie. Comme l'explique Paul Veyne, « humainement, les mobiles de l'évergétisme sénatorial, goût de la popularité et désir de se faire élire, sont aisés à comprendre » ; « tout le monde n'avait pas un procès ou une ferme publique, mais tout le monde assistait aux jeux ; c'est là que le magistrat pouvait se rendre populaire ou, comme on disait, acquérir le *favor populi*[37] ». Bon nombre de présidents de clubs de football – de Silvio Berlusconi à Bernard Tapie – ont « offert » de grands joueurs et de grandes équipes aux « peuples » *milanista* et olympien. Si pour certains la roche Tarpéienne s'avéra vraiment proche du Capitole, la faveur du peuple se mesura aussi pour eux « à la vigueur des applaudissements qui accueillaient les spectacles ». Or il ne s'agissait pas seulement d'une « vanité bien humaine ». Le « goût de la popularité voulait [toujours] dire goût du commandement[38] ».

La civilisation des corps

Mais laissons là ces analogies qui, pour anachroniques qu'elles soient, présentent le mérite de relativiser la nouveauté du sport-spectacle de l'ère industrielle. Bien que les formes et la culture du sport moderne aient pu être aussi « définies » en Europe continentale et en Amérique du Nord, le football et la plupart des disciplines sportives restent à bon droit des produits estampillés « made in England ».

Ce qui n'exonère pas l'historien d'interroger cette expression tautologique : le sport anglais. En effet, si depuis le siècle des Lumières les jeunes Anglais et Anglaises furent les premiers à pratiquer des formes de jeux rationalisés et formalisés sous la forme de sport, l'héritage des pratiques traditionnelles et le goût du jeu étaient tout aussi répandus sur le continent européen à la fin du XVIIe siècle. Pour comprendre comment le sport moderne – et le football association – est né, il convient donc de replacer d'abord son invention ou sa réinvention dans les transformations culturelles, politiques et sociales qui ont conduit à l'émergence de la modernité européenne, puis d'interroger la spécificité britannique, ce *Sonderweg* anglais en matière d'exercices corporels.

Le sport moderne doit d'abord être envisagé comme l'une des expressions et l'un des vecteurs du processus de civilisation qu'a décrit et théorisé le sociologue allemand Norbert Elias. La « civilisation des mœurs » a d'abord consisté à réduire l'usage de la violence depuis la fin du Moyen Âge. La monopolisation de la violence légitime par l'État, l'intériorisation de nouvelles normes de comportement par l'autocontrainte et les prescriptions de la société de cour ont policé les rapports sociaux et réduit l'appétence de la noblesse pour la force et la cruauté. Les traités de civilité parus depuis le *De civiliate morum puerilium* (1530) d'Érasme ont codifié les usages du corps, banni les comportements triviaux et la grossièreté du langage. Leur diffusion a conduit à « un changement progressif de l'affectivité et des normes de l'économie pulsionnelle[39] », réduisant l'agression physique à certaines « "enclaves" dans le temps et dans l'espace ».

Ce vaste mouvement touchant d'abord les deux premiers États-nations d'Europe occidentale, l'Angleterre et la France, produisit également des effets sur les jeux. Depuis le règne d'Édouard II et l'édit de 1314, les souverains anglais avaient vainement tenté de prohiber le football populaire dont les parties provoquaient troubles publics, destructions d'échoppes, voire meurtres, tout en « faisant partie du schéma traditionnel de la vie dans les sociétés médiévales[40] ». Si les Plantagenêts, comme les souverains écossais[41], tentèrent de lui substituer, sans grand succès, le tir à l'arc, une pratique plus conforme à leurs ambitions militaires, le football populaire perdura jusque dans la première moitié du XIXe siècle dans les villes de Derby ou de Kingston-on-Thames. Il était également populaire en Écosse où l'un des derniers matchs fut joué par les hommes d'Ettrick soutenus par l'écrivain Walter Scott face à ceux de Yarrow dans la région des Borders en 1815[42].

Mais ces jeux violents étaient désormais intolérables. Si les préfets, en France, prohibèrent les dernières grandes soules, dont celle de Bellou-en-Houlme qui avait attiré, dans le département de l'Orne, plus de 6 000 spectateurs le jour de Mardi gras 1851[43], les autorités municipales anglaises, alliées à des artisans soucieux de respectabilité et de la préservation de leurs biens, firent interdire les parties de *street football* à Derby et à Kingston-on-Thames entre 1846 et 1849[44]. Elles pouvaient s'appuyer sur le *Highway Act* de 1835 qui punissait d'amende ces divertissements jugés « déviants ». Sous l'influence des Églises dissidentes, en particulier les méthodistes, les combats d'animaux opposant des coqs ou des taureaux à des « bulldogs » furent dans le même mouvement abolis et contraints à la clandestinité.

Cependant, dans le domaine des exercices corporels et des jeux mettant en lice des hommes, la civilisation des mœurs avait emprunté deux voies différentes, en France et en Angleterre. Dans la France cartésienne de la dualité corps-esprit, le relatif dédain qui entourait tout ce qui concernait l'usage du corps, notamment dans l'éducation et les divertissements, joua sans doute un rôle dans le crépuscule de jeux traditionnels comme la paume. Si de multiples facteurs expliquent son déclin à partir du milieu du XVIIe siècle[45], les nouvelles prescriptions de la société de cour contribuèrent sans conteste à sa disgrâce. L'excitation générée par les paris, le débraillé du corps qu'imposait sa pratique dérogeaient aux normes de la bienséance. Pouvait-on tolérer encore le comportement d'un Henri IV que Pierre de l'Estoile décrivait dans son *Journal* à la date du 24 septembre 1594 « tout en chemise, encore était-elle déchirée sur le dos » ? Son petit-fils Louis XIV, le nouveau maître du goût, joua toutefois régulièrement à la paume jusqu'à l'âge de 30 ans et assista à des démonstrations données par les maîtres paumiers de la Cour. Mais le jeu devenait un « art » réservé à une petite élite. Il affrontait surtout la concurrence d'exercices plus gracieux comme la danse, dont le Roi-Soleil était friand, ou des jeux de salon tel le billard, qui combinait réflexion et dextérité. Le billard devint au demeurant le jeu de prédilection de « Louis le Grand », un passe-temps il est vrai plus compatible avec la dignité du métier de roi. Quant aux tripots, ces salles qui réunissaient paumiers, parieurs et femmes de mauvaise vie, ils furent souvent reconvertis en théâtres, à Paris notamment[46].

Ces plaisirs plus raffinés supposaient une utilisation plus contrôlée du corps alors même que les démonstrations de muscles se voyaient moins valorisées. Et, alors que les paris sur la paume disparaissaient avec la diminution des tripots, la noblesse, comme d'ailleurs le peuple, se perdait dans les jeux d'argent qui fleurissaient au XVIIIe siècle, avec la croissance de l'économie et de la circulation monétaire, faisant même craindre une « féminisation des mœurs[47] ». Montesquieu pouvait alors relever la faible inclinaison que la noblesse manifestait à l'égard de l'exercice physique : « Nous n'avons pas une juste idée, écrivait-il en 1734, des exercices du corps : un homme qui s'y applique trop nous paraît méprisable, par la raison que la plupart de ces exercices n'ont plus d'autre objet que les agréments, au lieu que chez les Anciens, tout, jusqu'à la danse, faisait partie de l'art militaire. [...] Ceux qui critiquent Homère de ce qu'il relève ordinairement dans ses héros la force, l'adresse ou l'agilité du corps, devraient trouver Salluste bien ridicule, qui loue Pompée de ce qu'il courait, sautait et portait un fardeau aussi bien qu'un homme de son temps[48]. » Certes, le siècle des Lumières assista à l'exhumation de la gymnastique, sujet d'un article de l'*Encyclopédie* de Diderot et d'Alembert. Mais sous l'influence conjuguée des médecins français ou genevois et des gymnastes allemands, ce savoir du corps emprunta vite une allure orthopédique et militaire.

Rien de tel en Angleterre : la culture nationale et l'empirisme ne disqualifièrent pas les exercices corporels mais les codifièrent, pour les transformer en plus d'un siècle en sport, c'est-à-dire en exercices corporels compétitifs dont les règles furent progressivement adoptées et respectées. Très large, le terme de sport peut presque être qualifié de polysémique puisqu'il englobe aussi bien les fléchettes, la chasse, l'athlétisme que le football. Il est en cela fidèle à son étymologie puisque le mot vient du vieux français « desport », qui signifie délassement, divertissement.

Le XVIIIe siècle anglais enfanta l'institution première du sport moderne : le club. Symbole de liberté (celle de s'associer et de se réunir) mais aussi d'exclusion (n'y étaient admis que des pairs triés sur le volet), le club devint le laboratoire de la sociabilité, de l'organisation et de la réglementation sportives. Alors que les courses de chevaux connaissaient un grand essor, le Jockey Club, créé en 1752, conférait une « nouvelle note commerciale et bureaucratique » aux compétitions qui demeuraient « sous un strict contrôle aristocratique[49] ». Un calendrier hippique fut progressivement établi : il comptait en 1840 plus de 137 dates. Dès les années 1740, des parties de cricket opposant l'équipe du village de Swindon dirigée par le duc de Richmond à celle des Gentlemen de Londres attiraient plus de 10 000 spectateurs. Fondé à Londres en 1787, le Marylebone Cricket Club devint et resta le gardien des règles du jeu jusqu'en 1993.

Les premières formes de réglementation sportive associaient donc au loisir et à la sociabilité aristocratiques de premières formes de consommation. Les matchs de boxe étaient par exemple disputés dans un *boxing-hall* ouvert à Londres en 1717 et les combats, codifiés par Jack Broughton en 1743, interdirent de frapper un homme à terre, lui laissant trente secondes pour se relever[50]. Pour l'heure, le spectacle sportif conservait quelques traits des jeux traditionnels, notamment la pratique des paris, et restait un divertissement qu'une aristocratie prenant ses quartiers d'hiver à Londres promouvait. Les boxeurs, eux, étaient issus des classes urbaines populaires – boulangers, marins et autres charpentiers. L'un des leurs, Broughton, devint pourtant un héros national, enterré en 1789 dans l'abbaye de Westminster.

Les ressorts de ce goût pour le sport sont à rechercher, une nouvelle fois, dans le processus de civilisation décrit et théorisé par Elias. Ce dernier considère que la chasse au renard, « sport » fort prisé par les aristocrates des deux sexes et qui connut son apogée dans la première moitié du XIXe siècle, révèle la place que les activités sportives occupaient dans la voie anglaise de la civilisation des mœurs. Le *foxhunting* serait en effet « l'un des exemples de passe-temps offrant les traits distinctifs d'un sport[51] ». Contrairement à la chasse traditionnelle dont l'objectif principal résidait dans la mise à mort d'animaux et la consommation de leur chair, la poursuite du renard devenait une fin en soi. Réglée par toute une série de contraintes – obligation de ne suivre qu'une bête, souvent la première flairée par les chiens, interdiction de porter la main sur elle puisque la mise à mort était déléguée à la meute –, cette chasse imposait aux participants un contrôle de soi et un strict respect des règles. La longueur de la course, ses péripéties, la résistance de l'animal marquaient *in fine* la réussite ou l'échec d'un *foxhunting*, même si la bête poursuivie avait réussi à échapper à la mort.

Pour le sociologue allemand, la diffusion de cette pratique signait un recul de la violence dans une société où les élections et le pouvoir de l'argent, après un siècle de révolutions et de guerres civiles, réglaient désormais la conquête du pouvoir. Si des groupes antagonistes, notamment les whigs et les tories, se combattaient, ils ne recouraient plus aux armes pour s'affronter[52]. Et la « sportification » des passe-temps de l'aristocratie britannique – par l'établissement de règles toujours plus complexes – contribuait à la pacification de la société anglaise. « Les chasseurs pouvaient continuer à blesser et à tuer, résume encore Elias, mais seulement par procuration et seulement des animaux. D'autres formes de sport, comme le cricket et le football, montr[èrent] comment le problème fut résolu lorsque tous les participants étaient des êtres humains[53]. »

Messieurs les Anglais, jouez les premiers

Au début du XIXe siècle, la pratique du football populaire avait fortement décliné, y compris dans des régions comme la Cornouailles où il était très populaire. Deux formes subsistaient toutefois : des rencontres ponctuelles jouées sur des espaces plus strictement délimités offerts par de grands propriétaires comme le duc de Northumberland, et le jeu pratiqué par les rejetons de l'aristocratie dans les *public schools*.

Dans la première moitié du XIXe siècle, les grandes écoles privées – Eton, Rugby, Winchester, Harrow – avaient en effet chacune leur football, parfois pratiqué de longue date – depuis 1747 au moins pour Eton, 1749 pour Westminster[54]. Au début du XIXe siècle, deux manières de jouer s'opposaient. L'une consistait essentiellement à se saisir de la balle, la conserver, voire la passer à un partenaire, comme à Rugby, Marlborough et Cheltenham. L'autre, où le coup de pied dans le ballon faisait l'essentiel du jeu à l'instar des footballs d'Eton, Shrewsbury, Westminster et Charterhouse[55], était le plus souvent qualifiée de « *dribbling game* ». Dans les deux cas, les « *scrums* », les mêlées, constituaient le moment de bravoure : presque tous les coups étaient permis, dont le *hacking*, le fait « de donner un coup de pied à l'adversaire sur le devant de la jambe, en dessous du genou[56] ».

Les parties reflétaient donc la violence de la vie scolaire. Au vrai, les révoltes de pensionnaires étaient alors monnaie courante. Plus de six se déroulèrent à Winchester entre 1770 et 1818, alors que l'on dut appeler la troupe pour mater celle qui avait enflammé Rugby en 1797[57]. La « moralité » des élèves laissait fortement à désirer. Beuveries, brutalités, domination des *fags*, les élèves les plus jeunes, par les *seniors*, leurs aînés, marquaient le quotidien des *public schools*. Un mouvement de réforme morale fut toutefois lancé à partir des années 1830 par Thomas Arnold. Contrairement à une idée couramment reçue, Arnold, *headmaster* du collège de Rugby entre 1828 et 1842, ne fut en aucune manière un adepte des jeux. La réforme qu'il mena fut avant tout disciplinaire, intellectuelle et religieuse. La chapelle de Rugby devint le lieu d'édification des jeunes gens. L'introduction de la fonction de préfet, choisi parmi les élèves les plus âgés et les plus sérieux, permit de déléguer une partie de la discipline. À leur sortie de l'école, les élèves devaient être capables de se comporter en véritables gentlemen.

Cependant, les maîtres recrutés par Arnold saisirent « le potentiel du sport comme source de discipline et de moralité[58] ». Ils « civilisèrent » des jeux dans lesquels leurs élèves s'affrontaient dans de furieuses mêlées pour shooter dans un ballon de forme irrégulière vers des buts de taille variable ou en prendre possession. Les rôles sur le terrain reproduisaient toutefois la domination exercée par les *seniors* sur les *fags*. Les premiers s'arrogeaient le droit de se disputer la précieuse sphère de cuir sur toute la surface du terrain, pendant que les seconds devaient camper sur la ligne de but pour empêcher l'adversaire de marquer. Quoi qu'il en soit, la place occupée par les sports, en particulier le football, entre 1840 et 1870 devint prépondérante dans le curriculum, au point de se confondre avec l'éducation dispensée dans les écoles !

Dans *Tom Brown's Schooldays*, le célèbre roman partiellement autobiographique de Thomas Hughes publié en 1856, le premier espace du collège de Rugby que découvre le héros est bien sûr le « grand terrain de l'école et ses à-côtés, bordés de leurs nobles ormes, sur lequel plusieurs matchs de football étaient disputés[59] ». Il y trempera ensuite son caractère en devenant vite « très versé dans tous les mystères du football, par la pratique continuelle dans l'équipe de sa maison, qui jouait tous les jours[60] ». Le football lui permettra donc de construire sa personnalité et de résister au harcèlement du perfide et pervers Harry Flashman, un élève plus âgé et plus fort que lui. Néanmoins, la description que Thomas Hughes livrait de la vie des élèves de Rugby témoignait moins des permanences que des changements qui s'y déroulaient[61].

Vers le milieu du XIXe siècle, le sport et le football s'imposèrent donc comme un moyen essentiel d'éducation et parfois comme une fin en soi dans les *public schools* comme dans les universités de Cambridge et d'Oxford où il faisait bon ménage avec l'aviron, l'athlétisme et le cricket. Le sport contribuait ainsi à la définition d'une *new manliness*. Dans l'esprit des premiers victoriens, cette nouvelle virilité « représentait les vertus de sérieux, d'abnégation et de rectitude », avant de dénoter à la fin du siècle « robustesse, persévérance et stoïcisme[62] ».

Sur le continent, il était aussi question de « virilité ». Mais la part des exercices physiques dans la construction de la masculinité restait fortement marquée par le modèle militaire hérité des guerres révolutionnaires et napoléoniennes. En France, la conscription à laquelle on pouvait échapper par le tirage au sort ou le rachat d'un bon numéro renforçait paradoxalement le prestige du soldat, dont les jeunes gens arboraient les attributs comme la moustache, même postiche[63]. Le lycée napoléonien avait mis au menu de ses internes des exercices militaires en guise de formation corporelle[64]. Abolis sous la Restauration, ils furent « un temps rétablis » en 1831, « à la vive satisfaction des adolescents[65] », avant que la réintroduction de l'uniforme sous la IIe République ne suscite l'enthousiasme[66] dans des établissements également touchés par les révoltes et autres mutineries.

Outre la conscription, la gymnastique comptait aussi dans l'héritage du siècle des Lumières et des guerres napoléoniennes en matière d'éducation et de construction de la masculinité. D'abord orthopédique, elle avait pris une tournure nettement martiale sous l'influence du Prussien Friedrich Ludwig Jahn et de l'*afrancesado* Francisco Amoros. La gymnastique fut introduite dans les lycées dans les années 1840, avant qu'Hippolyte Fortoul, le premier ministre de l'Instruction publique de Napoléon III, n'en fasse un enseignement officiel en 1854[67]. Victor Duruy réitéra cette reconnaissance en 1869 après que le rapport de la commission dirigée par le docteur Hillairet eut montré que la pratique et les équipements nécessaires à la gymnastique (notamment les agrès) étaient déjà assez largement diffusés dans les établissements secondaires français. À l'instar des *public schools*, ces derniers n'accueillaient toutefois qu'un très faible pourcentage d'une classe d'âge. Mais la montée en puissance de la Prusse après sa victoire de Sadowa (1866) et les préoccupations hygiénistes nourries par l'essor industriel et urbain du Second Empire plaidaient pour la gymnastique. Cette pratique corporelle restait d'autant moins ludique qu'elle reposait davantage sur l'obéissance que sur l'esprit d'initiative et était dispensée par des sous-officiers retraités ou d'active passés par l'école de Joinville, créée en 1852.

Tout en étant ressenti au Royaume-Uni, le danger prussien ne justifiait pas que les *public schools* imposent exercices physiques martiaux et « redresseurs[68] » portant la marque de la domination et, pour ce motif même, réservés avant tout aux classes populaires. La croyance dans le mot apocryphe de Wellington selon lequel « la victoire de Waterloo avait été préparée sur les terrains de jeu d'Eton » restait donc un dogme, alors que la bataille de Sedan allait être gagnée par l'instituteur et le gymnaste prussiens. Tels étaient les mérites du sport qui préparait le gentleman à toutes les carrières de sa vie d'homme.

Entre Londres et Sheffield : la laborieuse invention d'une tradition

Au début des années 1860, le football n'était qu'un des *games* pratiqués par les élèves des *public schools* et par quelques membres des professions libérales résidant à Londres et dans certaines régions d'Angleterre, notamment le Yorkshire. Ses formes restaient variables, notamment pour ce qui regardait l'usage de la force, des mains et des pieds. De fait, les grandes écoles privées n'entendaient pas unifier ces jeux. Les élèves et les maîtres demeuraient très attachés à des spécificités qui fondaient pour partie l'identité de leur établissement.

Ces particularités tiraient parfois leur origine de la configuration topographique des terrains. Ainsi, la dénomination du *wall game* d'Eton rappelait le mur qui bordait un côté de l'espace où on le disputait. De plus, le fait que les équipes des *public schools* ne se rencontrèrent pratiquement jamais jusqu'en 1860, hormis le match annuel opposant Rugby et Marlborough, rendait l'unification des règles superflue[69].

Du coup, ce furent des *old boys* désireux de continuer à pratiquer le football après leurs études qui jouèrent un rôle important dans la redéfinition du jeu et la naissance des deux branches que nous connaissons aujourd'hui : le football association et le football rugby. Après leur passage à Oxford ou Cambridge, les anciens des *public schools* choisissaient souvent de s'établir à Londres dans l'un des métiers qui seyaient à leur statut social de membre de la *upper middle class* : avocat, médecin, homme d'Église ou professeur. Les premiers clubs, comme le Blackheath Club, où l'on pratiquait le *hacking* et le jeu à la main (1858), ou le Forest Club et les Old Harrovians, qui penchaient pour le *dribbling game* (1859), virent le jour dans la capitale britannique, localisation qui ne relève bien entendu pas du hasard.

Toutefois, c'est à Sheffield, dans le Yorkshire, que fut créé en 1857 le premier club de football du monde : le Sheffield Football Club dont presque 30 % des membres avaient fréquenté la prestigieuse Sheffield Collegiate School. Le club devint vite un lieu de pratique du football et d'élaboration de ses règles, et ses membres jouèrent un rôle décisif dans la naissance du football association.

Pour se rencontrer, les membres de ces associations privées devaient en effet impérativement s'accorder sur des règles communes, d'autant qu'ils étaient pour partie des hommes de loi. Un effort de codification avait certes été initié dans les années 1840. Les règles du *wall game* d'Eton semblent ainsi avoir été établies dès les années 1820 et des compétitions organisées vingt ans plus tard, tout comme à Harrow. « Le premier code imprimé le fut à l'école de Rugby en 1845 et en 1856 la plupart des *public schools* avaient imité cette réalisation[70]. » Quant aux footballeurs de l'université de Cambridge, issus de diverses *public schools*, ils avaient tenté de proposer des règles valables pour tous à trois reprises (1846, 1854 et 1858), mais seul le Forest FC les avait adoptées.

Outre l'usage de la main ou du pied et le seuil de violence à ne pas dépasser, les règles devaient aussi définir la manière de mettre la balle en jeu (en la lançant en l'air, en se la disputant, en la mettant à terre), sans oublier la taille du terrain qui pouvait aller de 50 à 800 yards, soient de 45,2 à 731,52 mètres. De même existaient plusieurs sortes de « buts » – tant la ligne que devait franchir le ballon que les marques matérielles qui servaient à la délimiter. Parfois, celles-ci étaient de simples vêtements ou des objets que les joueurs avaient apportés. Le plus souvent des bâtons ou des poteaux plantés dans le sol étaient utilisés, agrémentés d'une corde ou d'une barre transversale. Selon les règles en vigueur, le ballon devait passer en dessous ou au-dessus de cette limite supérieure. Les buts du football de Harrow avaient une largeur de 12 pieds (2,66 mètres), mais en cas de match nul ils étaient élargis pour une seconde confrontation à 24 pieds (7,32 mètres)[71]. À Eton, leur largeur était de 11 pieds (3,35 mètres) pour 7 de hauteur (2,13 mètres).

Au sein de cette diversité, les règles de Cambridge furent « clairement le point de départ[72] » du football moderne. Comme l'indique le règlement établi en 1856, plusieurs points allaient ensuite être repris dans les premières lois de la Football Association : le coup d'envoi et la remise en jeu après un but au milieu du terrain (1), le but marqué s'il passe entre les poteaux et sous la corde qui les reliait (7), le hors-jeu (9), un usage restrictif de la main (8), ou la limitation des moyens utilisés pour arrêter un joueur puisqu'il était interdit de tenir un adversaire ou de le pousser (10)[73]. Néanmoins, ces premières lois n'avaient qu'une portée locale limitée au monde estudiantin. Il fallait établir un accord au sein de la société civile du sport, qui, en matière de football, amorçait son expansion.

Les choses se précipitèrent en 1862-1863. Le directeur d'Uppingham School proposa tout d'abord un règlement en 10 points appelés *The Simplest Game* ; en octobre 1863, Cambridge établit des lois *updated*. Mais désormais les anciens des *public schools* avaient la main. Quatorze *sportsmen* occupant les charges de secrétaire général ou de capitaine au sein d'un club se réunirent entre octobre et décembre 1863 pour élaborer des règles communes à la Freemason's Tavern, sise Great Queen Street dans le West End de Londres. Forest FC, Blackheath, Crystal Palace figuraient parmi les premiers clubs représentés, mais à l'exception de Charterhouse, les *public schools* n'avaient dépêché aucun délégué. Les discussions portèrent initialement sur deux thèmes essentiels : l'organisation administrative du jeu et les règles à adopter.

Le premier point ne posa aucun problème. Le 26 octobre 1863 était décidée la fondation de la Football Association (FA), la fédération anglaise de football. Son premier président élu fut Arthur Pember, le secrétariat revenant à Ebenezer Cobb Morley. L'adhésion annuelle était fixée à une guinée : chaque club pouvait être représenté par deux membres à l'assemblée annuelle fixée au mois de septembre. Les *public schools* désireuses de préserver leurs particularismes préférèrent cependant rester à distance du processus. La séance du 10 novembre fut encore largement consensuelle puisque l'on y fixa le règlement de la Football Association, qui prévoyait notamment que « chaque club enverr[ait] au secrétaire un état de leurs couleurs ou tenues distinctives[74] ». Mais les choses ne tardèrent pas à se gâter.

En effet, il fallait statuer sur les lois du jeu, question délicate qui accéda à une relative notoriété puisque *The Times* ou *The Sporting Life* l'évoquèrent dans leurs colonnes. Dès la séance du 14 novembre, des dissensions portant essentiellement sur l'usage des mains et des pieds et le degré de violence autorisé s'exprimèrent. Autrement dit, il s'agissait de savoir si l'on pencherait du côté de la rudesse et du jeu de mains de Rugby ou de l'usage des pieds et d'une violence plus contrôlée de Cambridge. Par lettre, des clubs provinciaux comme Lincoln, Richmond et surtout Sheffield apportèrent leur contribution. Émettant le désir d'adhérer à la Football Association, Sheffield critiquait, dans le premier projet publié, les articles 9 et 10 se référant à la course avec la balle et au *hacking* « qui étaient directement opposés au football et relevaient davantage de la lutte[75] ». Les 19 délégués présents à la séance du 24 novembre décidèrent cependant de maintenir ces dispositions.

Les raisons de l'opposition ou du soutien à l'usage de la main et du *hacking* furent débattues lors de la cinquième séance, qui se tint le 1er décembre. Pember, le premier président de la FA, et son secrétaire Morley profitèrent alors de l'absence de six représentants de clubs favorables au football de Rugby pour agir[76]. Morley expliqua que le maintien de l'autorisation de jouer avec la main et de frapper l'adversaire dans les tibias affectait tout d'abord « la longueur du terrain, la bande, la largeur des buts et, en effet, tout ce qui était connecté au jeu[77] ». Le *hacking*, tout particulièrement, constituait selon lui un frein au développement du jeu. Les membres des clubs étaient des « hommes d'affaires, pour qui il était important de prendre soin de leur apparence[78] ». Autrement dit, un œil au beurre noir et un bras cassé pouvaient être tolérés, voire devenir un titre de gloire, pour un élève de *public school* mais non pour un gentleman de la City. Le trésorier de la FA, Francis Maude Campbell, représentant du club de Blackheath, défendit bec et ongle le *hacking* comme essence du football des grandes écoles privées et « du jeu viril du football[79] ». Abolir le *hacking* signifiait renoncer au « courage et au cran du jeu ». En ce cas, il proposait à ceux qui voulaient dénaturer le football « de faire venir un groupe de Français qui [les] battraient après une semaine d'entraînement », ce qui fit s'esclaffer l'assemblée[80] ! Ce qui n'empêcha pas les articles 9 et 10 autorisant le *running* avec la balle et diverses formes de charge d'être éliminés du règlement par 13 voix contre 4.

Une semaine plus tard, à la sixième et dernière séance, la rupture était consommée. Campbell dénonçait une nouvelle fois l'édulcoration des règles du vrai football. Si les membres de son club mesuraient la légitimité de la Football Association, ils se levaient unanimement contre un texte qui « établissait seulement la différence entre base-ball et football ». Ils « souhaitaient donc que leurs noms soient retirés de la liste des membres de l'Association[81] ». La rupture entre les *handlers* et les *dribblers*, entre ce qui deviendraient le *rugby football* et l'*association football*, était consommée.

Quatorze articles composaient les « tables de la loi » de décembre 1863. Elles fixaient à une longueur maximale de 200 yards (182 mètres) sur une largeur de tout au plus 100 yards (91 mètres), la dimension du terrain de football. Largeur et longueur seraient marquées par des drapeaux alors que le but, matérialisé par deux poteaux séparés de 8 yards (7,315 mètres), n'avait aucune limite matérielle supérieure (art. 1). Le coup d'envoi serait tiré au centre du terrain par l'équipe ayant perdu le *toss*, le vainqueur de ce tirage au sort obtenant le choix des buts. Ses joueurs devaient toutefois rester à une distance de plus 10 yards (9,1 mètres) du joueur donnant le coup d'envoi (art. 2). Pour marquer un but, il fallait que la balle « passe entre les poteaux de but ou au-dessus de l'espace entre les poteaux de but (quelle que soit la hauteur), pourvu qu'elle ne soit pas lancée, frappée avec la main ou portée » (art. 4). Lorsque le ballon sortait en touche, c'est-à-dire sur la longueur du terrain, la balle était remise en jeu par le premier joueur qui la touchait. Celui-ci devait toutefois lancer le ballon en respectant un angle droit par rapport à la ligne de touche et aucun joueur ne pouvait la jouer avant qu'elle n'ait rebondi sur le terrain (art. 5).

Deux points importants n'étaient toutefois pas précisés : le nombre de joueurs et la durée du jeu sur lesquels les capitaines devaient s'accorder avant le match. L'essentiel pour l'avenir du jeu résidait surtout dans les articles 9, 10, 11, 12 qui interdisaient, à divers titres, de porter la balle et de la passer à la main à un partenaire et de frapper, pousser ou attraper l'adversaire. Ainsi, l'article 9 indiquait qu'« aucun joueur ne portera la balle ». « Ni le croc-en-jambe *(tripping)* ni le coup de pied dans les tibias *(hacking)* ne seront autorisés et [...] aucun joueur n'utilisera ses mains pour attraper ou pousser un adversaire », disposait l'article 10. Pour l'heure, le jeu reposait sur une réglementation très stricte du hors-jeu, aucun joueur n'ayant le droit de se situer devant le partenaire porteur du ballon (art. 6). En clair, le jeu consistait en l'affrontement de deux lignes de joueurs. Puisque la réalisation d'une passe devenait difficile, l'usage du dribble était donc privilégié. Dans la culture des *publics schools*, il permettait de faire preuve d'esprit d'initiative et de bravoure individuelle en défiant le camp adverse, avant qu'un partenaire ne récupère la balle perdue et reparte en dribble. De furieuses mêlées où l'on cherchait à frapper le ballon avec le pied en manquant parfois la cible étaient monnaie courante de ce qui n'était encore qu'un *dribbling game* un peu fruste. Encore fallait-il le faire accepter.

La publication des règles de décembre 1863 ne suscita pas un afflux massif d'adhésions au sein de la Football Association. Au contraire, en janvier 1864, elle ne comptait plus que 9 membres. Et si le nombre d'équipes à Londres passa de 31 en 1864 à 79 en 1867, la plupart d'entre elles ignorèrent la FA, fixant de gré à gré les règles qui seraient appliquées pour chaque match. Certains clubs, comme Lincoln, avaient quitté la FA après une courte affiliation parce qu'ils trouvaient les règles du jeu peu *exciting*. D'autant que les dirigeants de la FA ne faisaient aucun effort pour imposer leur conception du football. La pérennité de l'organisme revint donc à la Sheffield Association qui s'était constituée autour du Sheffield FC en 1867. Dix-sept clubs en étaient partie prenante et reconnaissaient des règles établies avec pragmatisme à partir de ce qui semblait le plus utile dans les règlements des *public schools*.

Dès les premières réunions de la Football Association, les dirigeants du Sheffield FC avaient marqué leur intérêt pour l'initiative londonienne. Son secrétaire général William Chesterman, à partir de 1865, multiplia les initiatives pour rapprocher les footballs du Yorkshire et de la capitale. En 1866, il proposait un match à la FA et s'engageait à mettre en conformité les règles de Sheffield avec celles de Londres. Surtout, alors qu'en 1867 Morley, le secrétaire général de la FA, proposait tout simplement de dissoudre la Football Association puisque l'œuvre de réglementation était achevée, la Football Association, qui comptait, Sheffield FC compris, « 14 clubs et entre 1 000 et 1 200 membres », intégra l'organisme londonien qui admit Chesterman dans son comité directeur. Désormais, la FA disposait d'une puissante antenne dans le nord de l'Angleterre à même d'étendre son autorité, même s'il fallut attendre plus de dix ans pour que les footballeurs de Sheffield adoptent complètement les lois de la Football Association. En attendant, celle-ci redevenait attractive dans la capitale et pouvait se targuer de réunir 30 clubs.

Au début des années 1870, l'expansion du football n'en restait pas moins fragile. Les tenants du *handling game* de Rugby s'organisèrent en créant la Rugby Football Union le 26 janvier 1871. Si le *tripping* et le *hacking* étaient désormais prohibés, le football rugby se distinguait de l'association par l'usage du « tenu » et de la passe à la main[82]. En 1873, le nombre de clubs jouant en Angleterre au football de Rugby (130) dépassait encore celui des équipes s'adonnant à l'association (122). Et parmi ces dernières, seules 60 % suivaient les règles édictées par la fédération londonienne, les autres préférant diverses variantes. À Londres, on dénombrait alors 93 clubs ayant adopté les règles de Rugby contre seulement 38 tenant pour celles de l'Association.

Londres conçut toutefois deux importantes innovations. La première définissait moins strictement le hors-jeu (1866). Désormais, il suffisait que 3 joueurs se trouvent entre leur but et le premier attaquant adverse pour que ce dernier puisse jouer. Cette disposition revenait à donner plus de latitude au jeu de passe et plus de potentialité créative au football. Alors qu'en 1863 la disposition des joueurs sur le terrain se résumait à 2 arrières et 9 avants, après 1865 apparaissait le *goal keeper*, le gardien de but, protégé par un *goal cover*, le joueur de champ le plus en retrait, 1 arrière et 8 avants. Progressivement, le jeu se complexifia. En 1867, la FA décida qu'une bande de tissu devait être placée entre les buts à 8 pieds (2,43 mètres) du sol et que le ballon devait passer dessous pour que le but fût valable. Quatre ans plus tard, le gardien de but était pour la première fois mentionné dans les lois du jeu. Et en 1873, conformément au règlement de Sheffield, le coup de pied de coin ou *corner* était adopté lorsqu'un défenseur faisait sortir le ballon au-delà de sa ligne de but. Au même moment, l'arbitre commença à être cité dans les règles, signe d'un profond changement d'éthique et de statut : les joueurs issus des *public schools* récusaient jusqu'alors son intervention puisqu'elle supposait qu'un joueur puisse vouloir tricher[83].

La seconde nouveauté introduite par la Football Association provoqua un changement dans l'esprit du jeu tout en renforçant définitivement ses positions. En 1870, Charles Alcock, jeune trentenaire athlétique, ancien élève de Harrow et membre du club londonien des Wanderers, avait été élu secrétaire général de la FA. Dès 1871, il proposa l'institution d'une *Football Association Challenge Cup*, aujourd'hui *FA Cup*, sur le modèle de la *Cock House Competition*, épreuve par élimination directe disputée par les différentes maisons du collège de Harrow. Serait ainsi renforcé l'enjeu des matchs disputés par les clubs et les équipes des comtés affiliées à la Football Association puisque le principe de l'élimination directe assimilait le match à un combat. Point de demi-mesure : il y aurait des vainqueurs et des vaincus, comme il y avait des survivants et des morts sur un champ de bataille. Le système de la Cup témoignait ainsi que l'ascension sociale était aussi possible dans la société de classes victorienne. Le principe de la concurrence offrait la possibilité aux plus entreprenants, aux plus doués mais aussi aux plus chanceux de s'enrichir et de s'élever socialement. La FA Cup fut de surcroît créée sous les ministères Gladstone, qui de 1868 à 1874 démocratisèrent l'armée, l'Église établie et l'administration en substituant au système des recommandations celui du mérite. Appliqué au sport, ce principe signifiait que l'on ne se réunirait plus seulement pour le plaisir de se retrouver entre soi, mais aussi pour s'entraîner et se préparer à remporter une compétition nationale disputée par les représentants de toutes les classes sociales.

La première édition de la FA Cup fut disputée par 15 clubs. Comme le règlement le stipulait, la finale fut jouée à Londres au Kennington Oval, un terrain de cricket situé dans le quartier de Kennington, au sud de Londres. Un trophée consistant en une coupe d'argent aussi large que haute, d'une valeur de 20 livres, était mis en jeu. L'équipe d'Alcock, les Wanderers, l'emporta par 1 but à 0 sur la formation des Royal Engineers le 16 mars 1872 devant 2 000 personnes. Malgré de fréquents forfaits, le succès de la Cup alla croissant – 37 équipes s'inscrivirent à l'orée de la saison 1876-1877.

La compétition contribua aussi à l'unification des règles du jeu. Le règlement originel de 1871-1872 fut ainsi le premier à fixer le nombre de joueurs à 11 par équipe (art. 2) et la durée des rencontres à une heure trente (art. 5)[84], sans que l'on sache exactement la raison de ces choix. Sans doute l'expérience du jeu et le rapprochement des points de vue de Londres et de Sheffield contribuèrent-ils à ratifier ces options.

Surtout, la Coupe d'Angleterre, comme on l'appellerait sur le continent, suscita la création d'associations de comtés organisant localement le jeu tout en adhérant nationalement à la Football Association. C'était un argument de poids face au football rugby. Là où comme dans le Lancashire les dirigeants du rugby refusèrent de mettre sur pied une coupe, le football progressa très rapidement. Dans le Yorkshire, où une *rugby cup* avait été créée dès 1876, les positions furent plus difficiles à conquérir[85].

Quoi qu'il en soit, Sheffield avait été la première association provinciale à adhérer à la Football Association. Suivirent Birmingham en 1875, le Lancashire en 1878, le Northumberland en 1879, le Lincolnshire et le Norfolk en 1881, Liverpool et Londres s'ajoutant à cette liste en 1882. En 1885, l'essentiel des comtés et districts étaient organisés en associations. Elles respectaient en général les règles du football association et organisaient des coupes locales stimulant l'intérêt pour la FA Cup tout en délestant l'organisme central d'une partie des charges bureaucratiques de ce qui devenait un sport de masse.

« The people's game »

Ce maillage associatif reflétait en effet la popularisation du jeu dans toute l'Angleterre. Des facteurs généraux contribuaient à cette diffusion. Depuis les années 1830-1840, les associations philanthropiques, notamment l'Early Closing Association, avaient commencé à militer pour la réduction du temps de travail des ouvriers et des employés de commerce afin de leur donner du temps pour s'instruire et s'élever. Le mouvement fut particulièrement actif à Londres où, à partir de 1855, certains commerçants commencèrent à fermer boutique à 13 heures[86], inaugurant le « samedi anglais ».

De leur côté, depuis les débuts de la révolution industrielle, les ouvriers avaient trouvé le moyen d'allonger le dimanche grâce à la pratique du « Saint-Lundi ». Buvant outre mesure le dimanche soir, ils n'étaient pas en mesure de franchir le portail de leur usine le lendemain matin. Le lundi était donc de fait chômé. Aussi, les discours philanthropiques et le souci de rationaliser la production et la recréation des forces de travail amenèrent les industriels à se montrer favorables à la demi-journée de repos du samedi. La loi de 1874 limita finalement la durée de travail du *Saturday* à six heures trente. Si certains ouvriers continuèrent à célébrer plus ou moins sporadiquement la « Saint-Lundi », le nouvel horaire était avantageux pour la majorité d'entre eux.

Restait à occuper ce nouveau temps pour soi qui supposait désormais une stricte séparation entre temps de travail et temps libre, ainsi que des usages du corps différents. À temps nouveau, espace nouveau : celui de la ville. À l'ouverture de l'exposition du Crystal Palace (1851), inaugurée en grande pompe par la reine Victoria et le prince Albert, plus de 50 % des Anglais et des Gallois étaient des urbains. En 1901, la proportion passait à 77 %[87] dans des villes dépassant le plus souvent les 20 000 habitants. Or, une véritable industrie du loisir était née depuis le XVIIIe siècle autour du pub, des courses de chevaux et du music-hall. La révolution des transports avait introduit une mobilité nouvelle, même si le rôle des chemins de fer doit être relativisé dans le domaine du spectacle sportif. Bien que les équipes prissent le train pour se déplacer, les spectateurs restaient avant tout des locaux qui se rendaient au stade à pied ou en tramway à la fin des années 1890[88]. Seules les finales de la Coupe provoquaient une vaste migration. En revanche, l'usage du télégraphe électrique, en service à partir des années 1840, joua un rôle important dans la diffusion des résultats et le développement des éditions spéciales du samedi soir des quotidiens locaux fournissant résultats et comptes rendus des rencontres.

Surtout, le niveau de vie des Anglais, et en particulier des ouvriers, progressa. Le salaire réel augmenta de 60 % entre 1870 et 1900, avant de stagner jusqu'en 1914, tout en restant au-dessus de la moyenne de la décennie précédente[89]. Si, une fois réglées les dépenses essentielles – logement, nourriture, habillement –, l'excédent consacré au loisir restait faible, il n'en permettait pas moins, selon la situation familiale du consommateur, d'acheter un journal, d'aller au pub et d'assister à un match de football.

Ce loisir pouvait être goûté de deux façons tout à la fois séparées et complémentaires : en le pratiquant et/ou en assistant aux rencontres. De fait, la pratique populaire connut un essor exceptionnel et, en même temps, relatif. En effet, en chiffres absolus, le nombre des clubs affiliés à la Football Association passa de 10 en 1867 à 50 en 1871, 1 000 en 1888 et 10 000 en 1905[90], gagnant ainsi de nouveaux espaces sociaux. Vers 1910, la FA estimait par ailleurs le nombre de joueurs à une fourchette comprise entre 300 000 et 500 000[91], ce qui ne représentait malgré tout que 6,8 % des hommes âgés de 15 à 39 ans. Les voies de la diffusion du football vers les classes populaires furent en tout cas multiples et il convient de ne pas penser l'essor de la pratique du football comme une introduction seulement imposée d'en haut, dans un projet de moralisation et de contrôle social.

Certes, le football participa aussi de ce dessein. Après avoir répudié dans la première moitié du XIXe siècle la chasse et les jeux traditionnels dans l'espoir de civiliser le clergé et ses ouailles, les Églises – établies ou dissidentes – revinrent au sport par le biais des *Muscular Christians*. Ce terme forgé en 1857 « pour qualifier les écrivains Charles Kingsley et Thomas Hughes [...], des anglicans libéraux[92] », vantait en fait les vertus morales et spirituelles de l'exercice physique selon l'adage humaniste *mens sana in corpore sano*. Il s'agissait désormais d'éliminer tout ce qui restait de la cruauté des jeux traditionnels, des paris et du goût du peuple pour la boisson. Le *Church Congress* de 1869 inscrivit parmi ses thèmes principaux les loisirs populaires, thème définitivement adopté dans la décennie 1880 par les non-conformistes. Dès 1874, des jeunes gens liés à la chapelle méthodiste de Lozells à Birmingham avaient formé le club d'Aston Villa, déclinaison hivernale de l'équipe de cricket fondée deux ans plus tôt[93]. Dans la capitale des Midlands, véritable fief des dissidents, 25 % des équipes créées entre 1876 et 1884 entretenaient un lien avec des lieux de culte. Dans le Lancashire, les Bolton Wanderers lancés en août 1877 perpétuaient, sous ce nouveau label, l'équipe de Christ Church Schools fondée en 1872 par un vicaire et des professeurs d'écoles anglicanes de la ville.

D'autres patronages, comme celui des industriels, s'intéressèrent aussi au football. À Sheffield, Nottingham, Derby, pour ne citer que ces exemples, des dirigeants d'entreprises soucieux d'organiser les loisirs de leurs ouvriers soutinrent la création d'équipes. Ce paternalisme sportif donna naissance à quelques grands clubs à l'image de West Ham United, l'équipe de l'East End populaire et industriel de Londres. Fondée sous le nom de Thames Ironworks en 1895, la formation était issue des chantiers navals de la Tamise dont le propriétaire, Arnold F. Hills, un ancien de Harrow, Oxford et de l'équipe des Wanderers, cherchait à asseoir la paix sociale dans son entreprise. Devenu West Ham United, le club passa au professionnalisme en 1900[94]. D'autres patrons agirent par philanthropie, à l'instar du brasseur John Henry Davies. En 1902, ce dernier créa Manchester United, faisant renaître l'équipe des cendres du club de la Newton Heath Lancashire and Yorkshire Railway Cricket/Football Club qui avait alors fait faillite[95]. Cependant, la consommation de bière et la fréquentation du pub expliquaient aussi l'engouement pour le football ; philanthropie et intérêt personnel bien compris pouvaient déjà faire bon ménage.

Souvent qualifiés, les ouvriers n'avaient pas toujours besoin d'un patronage pour fonder leurs associations sportives. Les travailleurs du Woolwich Arsenal se réunirent ainsi en 1886 pour créer le club éponyme, aujourd'hui mondialement connu sous le nom d'Arsenal. Il ne faut donc pas sous-estimer la capacité des classes populaires à s'approprier le jeu des élites. Beaucoup de clubs furent d'abord formés autour d'une paroisse, d'un quartier ou d'une rue, exprimant l'identité et la solidarité et renforçant les liens de voisinage et familiaux des habitants des quartiers populaires. Les pubs furent aussi « des forces significatives dans le rapide développement des équipes de football[96] », ce qui, selon Richard Holt, tisse un fil entre des divertissements plus anciens comme les combats de coqs ou de boxe qui y étaient préalablement organisés et la pratique du football. De manière générale, les footballeurs des classes populaires surent recourir à plusieurs formes de soutien : le clergé d'abord, les patrons de pub ensuite, chez qui ils trouvaient des vestiaires de fortune, des commerçants locaux enfin, qui leur prêtaient un pré pour jouer. Les municipalités commencèrent également à équiper leurs villes de parcs publics utilisables pour jouer au cricket l'été et au football l'hiver.

En revanche, l'*Education Act* de 1870, qui établit un enseignement élémentaire public, ne joua ni en faveur du sport, ni du football. Dans ces écoles, les enfants pratiquaient tout au plus une gymnastique hygiéniste renforcée après la guerre des Boers (1899-1902), qui avait révélé la faiblesse physique des soldats issus des classes populaires, par une forme d'instruction militaire, le *drill*. Le sport à l'école restait le privilège des classes supérieures ; pour les enfants des classes populaires, la rue, souvent étroite et encombrée, et un ballon de fortune permettaient un premier apprentissage.

Sans appartenir à la « classe de loisir » décrite en 1899 par le sociologue américain Thorstein Veblen, celle des nouveaux riches de la révolution industrielle qui avaient trahi l'idéal de labeur de la bourgeoisie en singeant le mode de vie et l'oisiveté de l'aristocratie, les meilleurs footballeurs issus des classes populaires ne tardèrent pas à surpasser les *old boys* des *public schools*. Certes, ils n'avaient pas appris l'art du dribble sur les pelouses de Harrow ou de Winchester, mais ils substituèrent à ce geste individualiste la pratique de la passe. Comme leurs homologues écossais, ils inventèrent le *passing game* qui exprimait aussi l'esprit de solidarité des ouvriers, même si l'art de la passe consistait bien souvent en un *kick and rush* peu subtil. Les arrières ou les milieux shootaient au loin la balle, les avants se chargeant de courir après pour tenter de marquer un but.

Des parties du corps étaient toutefois de mieux en mieux utilisées, telle la tête. Loin d'exprimer seulement la part de violence physique consubstantielle au football, le jeu de tête suivait l'évolution technique propre à tous les sports, à savoir l'« intégration progressive des forces, des fonctions et des sous-ensembles corporels au sein d'une même finalité technique[97] ». En d'autres termes, le perfectionnement de la technique du football passait par un usage et une mobilisation de plus en plus approfondis de toutes les parties du corps mais aussi du terrain de jeu. Le coup de tête donna aussi naissance aux ailiers chargés de déborder les défenseurs adverses pour centrer sur… la tête des avants placés devant le but.

Forts de ces innovations techniques, les joueurs du club du Lancashire de Blackburn Olympic brisèrent l'hégémonie des anciens des *public schools* sur la Coupe d'Angleterre, la FA Cup. Ouvriers du textile et de la métallurgie, ils parvinrent à battre les Old Etonians, en général des représentants des professions libérales, sur le score de 2 buts à 1, le 31 mars 1883 au Kennington Oval. L'événement symbolisait la fin du *dribbling game* et du football des gentlemen, au moins au plus haut niveau. Il marquait aussi le début d'une nouvelle conception du statut de footballeur. Sydney Yates, le patron d'une fonderie de Blackburn, avait donné 100 livres au club pour que les joueurs, libérés pour l'occasion de leur travail, passent une semaine à Blackpool afin de se préparer tant à la demi-finale, finalement remportée sur une autre équipe d'ex-élèves des *public schools*, les Old Carthusians, qu'à la finale, également victorieuse[98]. Ainsi, le système du *broken time payment* comblait la perte de salaire provoquée par l'absence à l'usine. Il ouvrait aussi la voie au professionnalisme.

« *Professionals* »

Le professionnalisme sportif n'avait rien de nouveau. Le terme « professionnel » était né dans les années 1850 et dès la première moitié du XIXe siècle le milieu du cricket distinguait les gentlemen qui jouaient pour le plaisir des *players* qui y gagnaient leur vie. Toutefois, il s'agissait d'une simple distinction sociale à laquelle n'était attaché aucun déshonneur[99]. Des aristocrates avaient même pu gagner de l'argent en disputant des matchs de boxe ou en misant de fortes sommes d'argent.

Le terme d'« amateur » se diffusa véritablement dans les années 1880, portant avec lui un regard nouveau sur le professionnalisme. Dans la seconde moitié des années 1860, en effet, l'Amateur Athletic Club commença à exclure des compétitions qu'il organisait les athlètes qui couraient pour de l'argent ou des prix en nature. Les travailleurs manuels se voyaient également ostracisés. La création de l'Amateur Athletic Association, la Fédération anglaise d'athlétisme, par trois anciens étudiants d'Oxford (1880) consacra cette volonté de séparer le bon grain de l'ivraie sportive, les amateurs des professionnels. Ce vœu participait des réformes des *public schools* où le sport se plaçait désormais au premier rang des moyens utilisés pour « faire » un homme ; mais il témoignait aussi des craintes que suscitait la progressive démocratisation de la société britannique. Le *Second Reform Act* de 1867 avait doublé le nombre des électeurs, en incluant notamment dans le collège électoral les ouvriers qualifiés, et affranchi le prolétariat d'un certain nombre de contraintes. Mais il suscita aussi des résistances. Certains membres de l'*upper middle class*, élevés dans les meilleures écoles, craignaient de voir le statut durement acquis par leurs pères et grands-pères contesté.

Dans le domaine du sport, le football constituait un laboratoire exemplaire de ce processus et des frictions qu'il pouvait susciter. Les membres de la classe ouvrière ou des professions intermédiaires, d'abord des contremaîtres et des ouvriers qualifiés, s'étaient essayés avec succès au *dribbling game* en le transformant en *passing game*. Mais la pratique au plus haut niveau du *soccer*, le football dans l'argot des étudiants d'Oxford, par ces hommes nouveaux supposait l'existence d'un système de défraiement incompatible avec l'éthique des amateurs. En théorie, les tenants de l'amateurisme n'excluaient personne. Ils se disaient confiants dans l'idée que le sport suivait le principe selon lequel on devait « laisser le meilleur homme gagner ». Mais dans la réalité, le refus du professionnalisme excluait des grandes compétitions 95 % de la population britannique. Au vrai, le sport « renforçait les ambiguïtés d'une société en voie de démocratisation, qui continuait à être gouvernée par une élite sociale[100] ».

L'histoire du football anglais de 1880 à 1914 fut traversée par cette contradiction qui n'aboutit pourtant jamais à la ségrégation des deux rugbys. Sur fond d'interdiction de la rémunération des joueurs, la Northern Rugby Football Union quitta la Rugby Football Union en 1895 pour donner ensuite naissance au rugby professionnel et populaire à XIII. L'origine sociale un peu plus élevée des dirigeants de la Football Association leur permit peut-être de ne pas camper sur des positions seulement conservatrices tout en les aidant à traiter avec les *new comers* issus de l'industrie et du commerce qui présidaient aux destinées des clubs du nord de l'Angleterre. Ils « étaient au début assez sûrs de leur statut social pour partager leur jeu avec des équipes de travailleurs de l'industrie textile[101] ». En 1903, 17 des 46 membres du conseil de la Football Association appartenaient aux professions libérales.

L'adoption du professionnalisme n'alla toutefois pas sans de fortes réticences. Dès la seconde moitié des années 1870, des pratiques de rémunération illégale étaient apparues, notamment dans le club de Sheffield Wednesday lors de la saison 1876-1877. Les premières formes de professionnalisme relevaient du *shamateurism*, un amateurisme marron. Des industriels de l'acier ou du textile embauchaient les meilleurs joueurs, notamment les Écossais, prisés pour leurs qualités techniques et leur habileté au *passing game*. Mais il ne s'agissait que d'un emploi de complaisance offert, par exemple, au meneur de jeu McIntyre, un ouvrier tapissier qui avait joué pour les Rangers Glasgow avant d'être recruté par les Blackburn Rovers[102].

Fidèles à l'esprit de l'amateurisme, les équipes londoniennes froncèrent vite le sourcil. En janvier 1884, les dirigeants d'Upton Park (Londres), dont l'équipe venait d'être éliminée de la Cup par la formation de Preston North End, accusèrent les joueurs du Lancashire d'être des professionnels. Le major William Sudell, un industriel du textile président de Preston, reconnut que son club recrutait des joueurs et leur trouvait du travail, sans toutefois contrevenir aux règles de l'amateurisme. La Football Association exclut aussitôt Preston de la compétition, récidivant, pour les mêmes motifs, avec Burnley et Great Lever la saison suivante. Mais le vent de l'Histoire soufflait en faveur des industriels du Nord qui considéraient que tout travail, y compris celui de footballeur, méritait salaire. Au mois d'octobre 1884, de grands clubs du Lancashire et des Midlands menacèrent de faire sécession et de créer une British Football Association. Une telle perspective aurait signifié la mort de la fédération anglaise. Son conseil décida donc le 20 juillet 1885 qu'il était « maintenant opportun dans les intérêts de la Football Association de légaliser l'emploi de joueurs de football professionnels mais seulement sous certaines conditions[103] ». Celles-ci, notamment la limitation des salaires versés et l'instauration d'une régulation de la circulation des joueurs, reçurent pour partie l'approbation des patrons du Nord.

Encore fallait-il, pour faire vivre l'industrie du spectacle que devenait le football, instaurer une compétition régulière regroupant les meilleures équipes. En dehors de la FA Cup, la saison était meublée par des matchs amicaux au déroulement aléatoire. Souvent, l'une des deux équipes déclarait forfait au dernier moment. Les matchs de Coupe n'étaient pas non plus toujours marqués au sceau du suspense. Ainsi l'équipe de Preston North End écrasa le 15 octobre 1887 la formation de Hyde sur le score de 26 buts à 0 !

S'inspirant de la Ligue nationale de base-ball qui avait vu le jour en 1876 aux États-Unis et à l'instigation de William McGregor, un drapier de Birmingham membre du comité directeur d'Aston Villa, la création d'une Football League fut décidée le 17 avril 1888. Ses douze membres fondateurs appartenaient au Nord industriel, à savoir Preston North End, Aston Villa, Wolverhampton Wanderers, Blackburn Rovers, Bolton Wanderers, West Bromwich Albion, Accrington, Everton, Burnley, Derby County, Notts County et Stoke.

S'il était question d'affinités électives et d'intérêts communs, la circonscription géographique permettait dans un premier temps de limiter les frais de déplacement, tout en garantissant au moins 22 matchs, sans compter les rencontres de coupe et les *friendly games*. Malgré l'ultra-domination qu'exerça le club de Preston North End sur la première édition 1888-1889 – il remporta la compétition sans perdre un seul match –, le système de ligue devint vite un succès. En 1892, une deuxième division était créée. Le passage entre les deux échelons fut d'abord réglé par un système de matchs-tests, mais devant l'ardeur défensive déployée par les équipes soucieuses de ne pas compromettre leur maintien ou leur montée dans la division supérieure, il fut décidé en 1898 que les trois dernières équipes de la première division céderaient leur place aux trois premières de l'étage inférieur.

La League examinait ensuite la position des quatre équipes classées en queue de peloton de la deuxième division. Elles pouvaient être remplacées par de nouveaux clubs, parfois d'anciennes équipes de rugby comme Leeds et Hull City en 1905 ou Huddersfield Town en 1910. Mais le virus du professionnalisme avait aussi atteint les footballeurs du Sud. En 1895, une Southern League avait été créée qui regroupait équipes professionnelles et semi-professionnelles. Les formations londoniennes comme Fulham et Tottenham bénéficiaient d'un potentiel de spectateurs avantageux. Dès le milieu des années 1880, leurs rencontres attiraient plus de 20 000 spectateurs, pour atteindre l'impressionnante moyenne de 37 105 spectateurs dans le cas des matchs de la saison 1913-1914 disputés sur son terrain de Stamford Bridge par Chelsea. Toutefois, si Arsenal avait été en 1891 le premier club du Sud à intégrer la Football League, suivi par Millwall (Londres) et Southampton, seules 6 des 40 équipes de la Football League représentaient à la veille de la Grande Guerre le sud ou l'ouest de l'Angleterre (Arsenal, Bristol City, Chelsea, Clapton Orient, Fulham, Tottenham). Et de 1888 à 1915, tous les clubs vainqueurs du championnat de première division étaient originaires du Nord ou des Midlands.

La compétition restait toutefois équilibrée puisque 9 clubs remportèrent le titre pendant cette période.

Seules les équipes d'Aston Villa (six fois vainqueur) et de Sunderland (cinq fois) semblent avoir été hégémoniques entre 1893 et 1900 pour la première, de manière plus irrégulière pour la seconde. Le palmarès des clubs sudistes apparaissait plus modeste en comparaison. Il fallut attendre 1931 et Arsenal pour voir le premier club londonien sacré champion d'Angleterre. Et Tottenham Hotspur fut le seul club méridional à s'adjuger la FA Cup avant 1915, en 1901.

Le professionnalisme se développa de pair avec une rationalisation et un approfondissement des règles du jeu qui rapprocha le football de son avatar contemporain. Il était nécessaire que les lois du jeu répondent de plus en plus précisément à des questions cruciales dans un environnement de plus en plus compétitif. Désormais, l'International Football Association Board (IFAB) réunissait les Football Associations d'Angleterre, d'Irlande, du pays de Galles et d'Écosse et, par conséquent, statuait pour tous.

En 1886, il fut ainsi décidé que le ballon devait avoir franchi totalement la ligne de but ou de touche pour qu'il y ait effectivement but ou touche. Mais les nouveautés les plus importantes intervinrent durant la décennie 1890. En 1891, les lois du jeu furent révisées. Elles comportaient désormais 17 articles. La grande nouveauté résidait dans l'article 12 concernant l'arbitre. Dans les années 1860, les différends étaient réglés par deux *umpires*. Ces deux juges représentant chaque camp s'accordaient sur le bord de la touche, puis à l'intérieur du champ de jeu. Dans les années 1870, un *referee*, un arbitre, fut introduit pour concilier les deux points de vue, toujours au bord du terrain. À dater de 1891, l'arbitre, placé à l'intérieur des lignes de jeu, agirait comme le seul maître à bord en matière de respect des lois du jeu et du temps. Secondé par deux *linesmen*, les deux juges de touche, il détenait le pouvoir d'avertir puis d'expulser un joueur « en cas de conduite violente » et d'accorder un *penalty-kick* au cas où un joueur « faisait intentionnellement un croc-en-jambe ou attrapait un adversaire ou se saisissait délibérément de la balle » à moins de 12 yards (10,97 mètres) de son but (dans la surface de réparation aujourd'hui). La punition serait donnée à au moins 6 yards (5,48 mètres) du but (art. 13)[104], aujourd'hui 11 mètres. Le règlement s'attachait aussi à des points en apparence plus secondaires : les buts devaient désormais être surmontés d'une barre transversale et équipés de filets. Un rond central d'un rayon de 10 yards était à tracer. Le ballon devait avoir une circonférence comprise entre 27 et 28 pouces (68,5-71,1 cm). Si les chaussures à clous et renforcées par du métal avaient été bannies dès 1863, la pose de crampons ou de barrettes sur la semelle était autorisée à condition qu'ils ne dépassent pas un demi-pouce, soit 1,27 cm. Enfin, depuis 1886, le gardien de but était autorisé à utiliser ses mains, disposition qui ne pouvait que renforcer la spécialisation des rôles.

Jusqu'en 1914, d'autres réformes allèrent dans le sens d'un contrôle renforcé du degré de violence permis. Ainsi, en 1905, il fut rappelé que charger un adversaire était autorisé « pourvu que ce ne soit ni violent ni dangereux » (art. 9)[105]. Certaines dispositions portaient la marque de la standardisation et des contraintes propres à la civilisation industrielle. Entre 1896 et 1899, les dimensions maximales du terrain furent ramenées à 130 yards (118,8 mètres) de longueur et 100 yards (91,4 mètres) de largeur, 100 yards et 50 yards (45,7 mètres) pour les minimales requises, la durée du jeu fixée à quatre-vingt-dix minutes, « à moins qu'on se soit accordé autrement[106] ». Si le prix des terres arables avait fortement diminué après le vote des *Corn Laws*, qui, depuis 1846, autorisaient la libre circulation des blés des pays neufs sur le marché britannique, les années 1880 virent le renchérissement du foncier qu'entraînaient l'expansion urbaine et l'achat de vastes domaines ruraux par les nouveaux riches. Alors que le nombre d'équipes et de joueurs croissait, les terrains devaient adopter des dimensions raisonnables permettant d'accorder les impératifs du jeu au besoin de trouver une pelouse libre dans les parcs publics ou chez un propriétaire privé. De même, alors que les jeux traditionnels n'avaient de durée que celle du jour, le football s'insérait dans la dictature du temps propre à la modernité. L'espace de jeu était de plus en plus délimité, circonscrit par des lignes. En 1914, il tenait son tracé actuel avec ses surfaces de but et de réparation, sa ligne de milieu et son rond central qui autorisaient une conception « scientifique », rationnelle, du football.

Les clubs du Nord bénéficiaient en la matière d'une expertise supérieure. Leurs dirigeants surent transférer le savoir-faire provenant de la gestion et de l'organisation industrielles dans le domaine du football. Ils ne visaient toutefois pas à « faire » de l'argent, sinon indirectement, quand leurs activités avaient un lien avec le football. Si les clubs étaient créés sous la forme de sociétés par actions, de *limited companies*, le versement des dividendes se limitait à 5 % des bénéfices ; l'essentiel servait d'abord à construire des stades et à recruter des joueurs. D'autant que l'on comptait parmi les actionnaires aussi bien des industriels du textile, de la métallurgie ou des brasseries que des petits porteurs minoritaires aux professions plus modestes d'employé ou d'ouvrier qualifié. « En général, la maximalisation des profits, aussi bien pour le bénéfice du club que pour celui des individus, n'était pas la considération majeure des dirigeants des clubs de football de l'Angleterre victorienne et édouardienne[107]. »

Alors que l'organisation scientifique du travail allait être pensée et théorisée par l'ingénieur américain Taylor, l'organisation des équipes se complexifiait. À partir des années 1880, les joueurs se répartissaient sur quatre lignes : le gardien de but, deux arrières, trois demis et cinq avants comprenant deux ailiers et trois attaquants centraux. Les postes se spécialisaient et exigeaient des aptitudes et des physiques différents, le jeu étant dirigé par le *centre-half* – le demi-centre –, à la fois cerveau et jambes de l'équipe, qui savait aussi bien se replier pour secourir ses défenseurs qu'organiser les offensives. Les journalistes usèrent de métaphores empruntées à l'univers industriel pour décrire le jeu. Les « équipes étaient comme des "machines bien huilées", les joueurs avaient des jambes comme des "pistons", ou étaient des "dynamos" avec des tirs comme un "coup de masse"[108] ». Et comme ils avaient fait venir des techniciens et des ouvriers de Glasgow, les patrons de clubs surent attirer les talents écossais. En 1885, Burnley en comptait dix dans ses rangs, Preston North End, neuf. Restait à fixer les conditions d'emploi et de salaire.

Si la Football Association avait accepté de mauvaise grâce la professionnalisation, ses dirigeants entendaient moraliser ce régime en soumettant les joueurs à un strict contrôle. En s'engageant pour un club, un joueur devait en effet être enregistré auprès de la Football Association et de la Football League. En vertu de cette triple affiliation club/FA/FL et de l'application du *retain-and-transfer system*, les footballeurs aliénaient leur liberté professionnelle. Contrairement au droit du travail appliqué dans l'industrie, ils ne pouvaient pas librement quitter leur employeur, même si en retour celui-ci devait, du moins en théorie, obtenir leur consentement pour les transférer dans une autre équipe.

Au début des années 1890, le salaire moyen hebdomadaire variait en moyenne de 3 à 4 livres. Mais quelques vedettes tiraient leur épingle du jeu. À la fin de la décennie, les Wolverhampton Wanderers rétribuaient ainsi 7 livres par semaine des stars comme Tom Baddeley et Billy Beats[109]. Avec l'accord de la Football League, dont un certain nombre de membres s'émurent des charges croissantes des clubs, la Football Association imposa un maximum de 4 livres hebdomadaires en 1900 et prohiba la pratique des bonus. De toute façon, seuls les meilleurs joueurs pouvaient prétendre à de tels émoluments. En 1910, 573 professionnels sur les 6 800 exerçant notamment dans les Football et Southern Leagues bénéficiaient des *maximum wages* qui représentaient deux fois le salaire d'un ouvrier qualifié ou d'un contremaître[110]. En échange, les footballeurs devaient s'entraîner chaque jour de 10 heures à midi et parfois l'après-midi. Cet entraînement, surtout physique, comprenait saut à la corde, marche rapide et haltères, mais il incluait aussi des séances d'hydrothérapie. Les joueurs devaient surtout livrer environ 60 matchs par saison.

Comment devenait-on footballeur professionnel ? L'origine géographique comptait assurément, puisque, en 1910, 56 % des joueurs évoluant en première division étaient nés dans les Midlands septentrionales ou dans le nord de l'Angleterre et 23,5 % en Écosse[111]. Souvent issus de la partie de la classe ouvrière qui avait le plus bénéficié de l'augmentation du niveau de vie, les jeunes talents débutaient dans des clubs de quartier avant d'être repérés par des recruteurs ou de bénéficier de la recommandation d'un dirigeant. Les limites salariales bornaient les perspectives d'ascension sociale. Les footballeurs restaient clairement des ouvriers au mode de vie agréable, mais qui étaient à la merci d'une blessure. Pour parer ce risque, les clubs comme Aston Villa ou West Bromwich Albion souscrivirent dès 1900 des assurances. En 1907, les ligues anglaise et écossaise créèrent une Football Mutual Insurance Federation avant de s'adapter aux normes du premier *welfare* introduit par le *National Insurance Act* voté sous le gouvernement Asquith en 1911. Ces progrès sociaux avaient été aussi stimulés par la création en 1907 de l'Association Football Players' Union, fondée à l'instigation du joueur de Manchester United Charlie Roberts. Elle défendit alors les droits des joueurs en matière d'assurances, de transferts et de salaires, sous le regard sourcilleux de la Football Association qui interdit au syndicat d'adhérer à la General Federation of Trade Unions. Alors que les meilleurs footballeurs étaient plutôt bien payés, l'*establishment* voulait leur refuser les conquêtes syndicales de l'Angleterre édouardienne.

Si le système d'assurances permettait d'être soigné, en revanche il n'assurait pas la carrière post-football. Les premières générations de professionnels trouvèrent souvent un exutoire dans le métier de *publican*, c'est-à-dire de gérant et parfois propriétaire de pub, fonction qu'ils avaient pu exercer pendant leur carrière, comme la vedette de Manchester United, l'attaquant Billy Meredith. Avec le développement du football professionnel et le besoin de cadres techniques, les anciens joueurs purent aussi se reconvertir en entraîneurs, jusque dans les *public schools*.

« S'il jouait plus ou moins régulièrement pendant dix ans au moins et gagnait près du salaire maximum pendant l'essentiel de sa carrière, s'il épargnait ce qu'il pouvait et investissait prudemment ses primes, et s'il avait de la chance avec ses amis et son club, le footballeur professionnel pouvait se construire une situation confortable, mais ni élégante ni luxueuse[112]. » Autrement dit, la malchance, de mauvaises fréquentations, des goûts dispendieux conduisaient vite à la déchéance. Un abîme séparait l'ancien ouvrier du textile James Forrest, qui joua pour Blackburn Rovers dans les années 1890, et le premier footballeur professionnel de couleur, Arthur

Wharton, un métis né au Ghana en 1865, qui fut notamment gardien de but de Preston North End de 1886 à 1888. Le premier plaça habilement ses gains en diverses participations dans des affaires industrielles et commerciales, au point de laisser à sa mort, en 1925, un capital de 5 845 livres[113]. Le second, devenu patron de pub à Rotherham dans le Yorkshire, vit ses affaires décliner et s'adonna à la boisson. Devenu mineur pendant plus de quinze ans, il mourut du cancer et de la syphilis en 1930 dans le dénuement d'un sanatorium.

Foules laborieuses, foules dangereuses ?

Dès la fin des années 1880, le football était devenu un spectacle de masse attirant des dizaines de milliers de spectateurs. Lors de la première saison de la Football League (1888-1889), 602 000 personnes étaient venues assister aux matchs, soit une moyenne de 4 600 par rencontre. Le succès aidant, le nombre d'équipes de première division était passé à 16, attirant plus de 1 900 000 spectateurs sur toute la saison 1895-1896 (7 900 en moyenne par match), puis à 20 avec un public total de 5 millions de personnes (13 200 en moyenne) en 1905-1906. Enfin, à la veille de la guerre, plus de 8 778 000 amateurs de football se pressaient dans les stades de l'élite (23 100 en moyenne)[114]. Les affluences moyennes de la finale de la FA Cup avaient quant à elle grossi, passant de 4 900 entre 1875 et 1884 à 79 300 pour la période courant de 1905 à 1914[115].

Même si les spectateurs restaient d'abord des locaux, hormis l'épreuve finale de la Coupe d'Angleterre, la mise en œuvre du football comme spectacle induisait investissement immobilier et consommation, de produits alimentaires et d'alcool notamment. À partir des années 1890, les comités des clubs édifièrent des enceintes sportives pouvant accueillir plusieurs dizaines de milliers de spectateurs. Auparavant, seul Preston s'était doté d'un véritable stade et bien souvent les terrains étaient entourés inégalement de tribunes mobiles empruntées aux hippodromes. C'est avec l'inauguration du stade de Goodison Park à Liverpool par les dirigeants d'Everton en août 1892 que s'amorça la fièvre bâtisseuse. Trois côtés du stade étaient clôturés par des tribunes, le quatrième par un vaste monticule de cendres ! Ewood Park, l'enceinte des Blackburn Rovers, initialement construite en 1890, connut deux agrandissements, en 1903 et 1915 ; Burden Park, le stade de Bolton, fut achevé en 1895, Villa Park d'Aston Villa à Birmingham en 1897, Old Trafford de Manchester United en 1910 et Highbury d'Arsenal en 1913. La quasi-totalité des spectateurs se tenait debout, sans être protégés de la pluie, ce qui rendait la vue d'un match assez inconfortable. D'autant que la capacité des enceintes, oscillant entre 20 000 et 40 000, était assez élastique. En dehors des tribunes centrales réservées aux dirigeants et aux membres des classes moyennes, assister à un match de football supposait d'accepter un degré certain de promiscuité ! Enfin, ces stades étaient entièrement dédiés au football. Nulle piste d'athlétisme ne venait séparer spectateurs et joueurs et les tribunes qui venaient s'ajouter les unes aux autres en se joignant par quatre angles droits dessinaient le rectangle de ce que l'on appelle aujourd'hui le stade « à l'anglaise ».

Qui venait au stade ? D'abord, d'après les photographies d'époque, des hommes issus des classes populaires portant la casquette de l'ouvrier. Ensuite, des urbains en quête de ces nouvelles racines, de ces attaches qu'incarnaient des équipes représentant villes et quartiers ouvriers. Le stade comme le pub permettaient non seulement de construire de nouveaux réseaux de sociabilité, mais aussi de jouir de moments de liberté et d'excitation que la vie à l'usine excluait. Bien vite, les supporters accrochèrent au revers de leur veste ou de leur manteau une cocarde aux couleurs de leur équipe, brandirent quelques pancartes invitant les leurs à gagner, improvisèrent des chants avant les matchs et pendant la mi-temps. Lors des finales, les groupes rivaux s'interpellaient de manière plus ou moins cordiale. Ainsi dès 1891, les supporters de Blackburn Rovers entonnèrent une chanson dont le refrain, s'adressant à ceux de Notts County, clamait : « Nous avons gagné la Coupe auparavant – plusieurs fois. » À quoi leurs adversaires rétorquèrent par des « railleries et des quolibets[116] ».

Très tôt, toutefois, les matchs dégénérèrent et une première forme de « hooliganisme » apparut dans les années 1880-1890. Le terme, né à cette époque pour désigner les bandes de jeunes voyous, fut appliqué dès 1898 aux intempérants saisis par la « folie » du football[117]. Ceux-ci prirent d'abord pour cible les arbitres qui « n'ont jamais été exactement des personnages populaires[118] », parce qu'ils représentaient l'ordre établi, les *middle classes*... et les joueurs adverses. Mais leur violence put aussi se métamorphoser en vandalisme et en affrontements avec des supporters de l'autre camp. À l'exception des grands matchs de Coupe, le service d'ordre était, sinon rudimentaire, du moins inexpérimenté ; de même, les stades n'étaient pas conçus pour contenir les ardeurs belliqueuses. Il était aisé d'envahir la pelouse si la tournure du match déplaisait. Ainsi, à la fin de la rencontre Burnley-Blackburn disputée en février 1890, l'arbitre fut entouré dès la fin du match d'une nuée de spectateurs agressifs. Protégé par la police, il réussit à gagner la tribune principale avant de s'engouffrer dans un *cab*, poursuivi par une foule toujours hostile[119]. Il avait, il est vrai, annulé le deuxième but de la formation locale (Burnley) avant d'accorder celui de l'équipe visiteuse !

L'invasion du terrain et la poursuite de l'arbitre étaient souvent provoquées par la volonté de restaurer une justice sportive que l'on jugeait bafouée. Les violences présentaient donc un caractère spontané. Le vandalisme qui consistait à détruire des horloges ou des lampes dans les stades exprimait la frustration de spectateurs désireux de se faire rembourser un spectacle décevant. Quant aux bagarres entre groupes de supporters, qui, sans atteindre l'intensité des violences des années 1970-1980, furent relativement fréquentes, elles relevaient d'une masculinité agressive désireuse de faire respecter son territoire à coups de poing. Dans une perspective éliasienne, ces violences de la fin de l'ère victorienne s'expliquent par le fait que leurs auteurs, si l'on peut les identifier, auraient plutôt été des ouvriers peu qualifiés dont le travail « ne nécessitait pas l'exercice continuel de la prudence et du contrôle de soi[120] ».

Toutefois, davantage que des villes d'industrie lourde comme Sunderland, Middlesborough ou, « dans une moindre mesure, Sheffield », les « villes d'industries légères et diversifiées » comme Nottingham, Derby, Bradford ou Lincoln furent le théâtre principal de ces affrontements. « Il n'est donc rien moins de certain qu'un déterminisme socio-économique soit de nature à rendre compte de ces manifestations de violence sportive[121]. » En effet, ces villes ne comptaient pas « dans les échelons supérieurs de la hiérarchie urbaine britannique de la fin du XIXe siècle ». Dans ce cas, le sentiment d'identification entre une ville et son club qui la faisait sortir de son relatif anonymat pouvait susciter des enthousiasmes paroxystiques et engendrer des brutalités.

Le pic des débordements fut semble-t-il atteint entre 1895 et 1900. Sur 46 fermetures de stades et 64 avertissements décrétés par la Football Association entre 1895 et 1915, 39 fermetures et 31 admonestations intervinrent durant ces cinq années[122]. Encore ces statistiques ne concernent-elles pas les divisions inférieures, vraisemblablement touchées elles aussi par ces transgressions, comme le suggèrent des sondages réalisés dans des organes de presse locaux tel le *Leicester Mercury* pour les incidents concernant le Leicestershire[123].

Quoi qu'il en soit, ces formes d'intempérance et leur décroissance relative eurent deux effets contradictoires sur le statut du football professionnel. Pour les tenants de l'amateurisme, ils révélaient le caractère pervers d'un professionnalisme porteur de tous les maux. La boisson jouait un rôle, certaines violences étant provoquées par des spectateurs ivres de bière, même si le chef de la police de Liverpool associait en 1895 le match de football à la régression de l'ivrognerie dans sa ville. D'après lui, le samedi à 13 heures, des ouvriers de plus en plus nombreux couraient chez eux faire une toilette sommaire, confiaient leur salaire à leur femme et gagnaient au plus vite le stade[124].

Les partisans de l'amateurisme stigmatisaient un autre fléau, le *gambling*, c'est-à-dire les paris que suscitaient les matchs professionnels. Ils parvinrent en 1906 à faire interdire par la loi les paris effectués dans la rue par des bookmakers. Enfin, le scandale provoqué par le colonel Gibson Poole ne put que les conforter dans leurs préventions. Le président de Middlesborough, de surcroît candidat conservateur aux élections générales de 1910, tenta en effet de corrompre les joueurs de l'équipe de Sunderland que son équipe devait rencontrer à la veille du scrutin. Au lieu de lui attirer la sympathie des électeurs, ses agissements révélés avant le match lui valurent une radiation à vie de la Football Association et la victoire de son adversaire libéral[125]. Ironie de l'histoire, les joueurs de « Boro » réussirent à vaincre loyalement Sunderland 1 but à 0.

Peu de temps auparavant, une fraction de la Football Association avait fait sécession pour soutenir les associations du Middlesex et du Surrey qui refusaient de suivre l'obligation faite par la Football Association d'accueillir les équipes professionnelles. Si les dissidents, réunis dans une Amateur Football Association, comptèrent dans leurs rangs 500 équipes, dont celles des universités d'Oxford et de Cambridge, s'ils furent reconnus comme les seuls légitimes à administrer le football par la Rugby Football Union et la Hockey Association, ils ne parvinrent pas à gagner le soutien des forces vives du football anglais, à savoir les équipes d'amateurs du Nord et des Midlands. Ils durent donc battre en retraite en février 1914 et regagner le giron de la Football Association.

La montée du Parti travailliste et le poids accru des *Trade Unions*, le gouvernement libéral de 1906 et son élan réformateur avaient peut-être aussi alimenté le ressentiment des « amateurs » qui pouvaient disputer depuis 1893 une FA Cup qui leur était entièrement dédiée. Bien qu'elle suscitât des craintes, cette évolution politique signifiait aussi une pacification des anciennes classes dangereuses et leur ascension vers la respectabilité. La violence sportive ne doit donc pas être surestimée. Elle découlait aussi de la représentation qu'offrait une presse avide de sensationnalisme, prompte à stigmatiser les « barbares » de l'âge industriel. Baden-Powell, le fondateur du scoutisme, partageait ces stéréotypes, écrivant en 1908 qu'un million et demi de garçons de la classe ouvrière risquaient de dériver vers le hooliganisme[126].

Pourtant, les officiels de la Football League et de la Football Association ne cessaient de clamer que le football avait des effets moralisateurs et que les matchs réunissaient les fractions les plus respectables de la *working class*. Dès 1892, ils furent entendus par le prince de Galles, qui accepta de devenir le patron de la fédération anglaise, fonction qu'il conserva quand il succéda à la reine Victoria et que George V reprit en 1910 après avoir assisté à un match Angleterre-Écosse en avril 1909. Cinq ans plus tard, George V inaugurait une tradition non écrite, qui confiait au souverain britannique le soin de présider la finale de la Football Association depuis la loge royale et de remettre le nouveau trophée mis en jeu – le premier ayant été volé en 1895 à Birmingham et sa copie remisée en 1910 pour laisser la place à la coupe actuelle. « Hommage au jeu et à la fédération[127] », selon l'histoire officielle de la Football Association, la présence de George V élevait la compétition au rang de « tradition inventée ». Eric Hobsbawm et Terence Ranger la définissent comme « un ensemble de pratiques, normalement gouvernées par des règles ouvertement ou tacitement acceptées et un rituel de nature symbolique, qui cherche à inculquer certaines valeurs et normes de comportement par la répétition, qui implique automatiquement la continuité avec le passé[128] ». En d'autres termes, comme la formalisation des enterrements et des mariages royaux, la finale de la Coupe d'Angleterre et ses rituels, le patronage royal, le « pèlerinage annuel des fidèles » et « les démonstrations de triomphe prolétarien dans la capitale[129] », contribuaient à créer de la permanence, de l'immémorial dans une société en mutation continue. En fondant la respectabilité du football association, le jeu des ouvriers, et par-delà celle du prolétariat, elle n'en célébrait pas moins les valeurs d'une société de classes. La séparation entre les « deux nations » était certes moins dramatique que celle décrite par Benjamin Disraeli dans son roman *Sybil, or the Two Nations* en

1845, mais chacun devait rester à sa place, mener ses occupations distinctives et respecter l'ordre établi.

Observée du continent, la finale de la FA Cup signifiait la pacification des masses et le triomphe du football. Un triomphe que les adeptes disséminés tout autour du globe désiraient désormais également partager.

2
La première mondialisation du football

Au début des années 1890, le football association était devenu le jeu national d'hiver en Angleterre ; mais il avait également entamé sa conquête du monde, une conquête commencée par le Royaume-Uni, avec toutefois une fortune inégale. Alors que les Écossais devenaient vite les maîtres du jeu, le *soccer* subit la rude concurrence du football rugby au pays de Galles et l'ostracisme décrété par le sport gaélique en Irlande.

Mais le ballon rond avait déjà traversé mers et océans. Sans être le jeu de l'Empire, statut réservé au cricket et au rugby, il ne s'en implanta pas moins au Bengale et en Afrique. L'impérialisme économique et culturel d'Albion l'imposa ensuite dans une Amérique latine dont les sociétés et expatriés britanniques dominaient l'économie, puis sur le continent européen, où l'anglomanie sportive l'emporta vite sur la gymnastique nationale. À telle enseigne que ce jeu, plus simple que le cricket et moins violent que le rugby, échappa à ses créateurs. Dès 1904, des partisans d'un internationalisme sportif moins élitiste que celui de Pierre de Coubertin fondaient la Fédération internationale de football association (FIFA). Et en 1914, le football était en passe de devenir le sport national dans bien des pays qui l'avaient adopté.

Affirmations et résistances britanniques

Outre l'Écosse, le pays de Galles avait un football populaire, le *cnapan*, dont l'écrivain George Owen avait décrit la forme locale au début du XVIIe siècle[1]. Depuis le Moyen Âge, les Irlandais pratiquaient le *cad*, un jeu de balle disputé « dans et au-delà du Pale[2] », c'est-à-dire la région de Dublin. Mais ces jeux subirent, comme en Angleterre, les interdits de la première moitié du XIXe siècle et avaient presque disparu au moment de la naissance du football association.

L'Écosse, le pays de Galles et l'Irlande étaient des territoires soumis à des degrés divers à la loi anglaise. Ainsi, au travers de l'adoption du football, leurs habitants purent questionner leur rapport à l'Angleterre et à la domination de Londres. D'autant que la modernité politique emprunta bien vite, dans ces trois territoires, les traits d'un nationalisme nimbé d'une forte connotation religieuse. De fait, si la popularisation du football association en Angleterre avait révélé l'intensité des rapports de classes, les questions d'identité – nationale et religieuse – ne tardèrent pas à s'imposer au nord du mur d'Hadrien et sur les rives occidentales de la mer d'Irlande. Il s'agissait d'un phénomène nouveau. Certes, de nombreuses paroisses de diverses obédiences avaient créé des clubs en Angleterre, mais ils s'étaient vite sécularisés. Bien que les catholiques penchassent à Manchester pour United et les protestants pour City, la lutte pour la suprématie urbaine n'acquit jamais le caractère d'une guerre (sportive) de religion.

Il en alla tout autrement en Écosse, fille aînée de la religion du football, où les enjeux sportifs ne tardèrent pas à se complexifier. Formé au nord de la Tweed en 1867 par des membres de la Glasgow Young Men's Christian Association (YMCA), le premier club de football fut baptisé Queen's Park Football Club. Dès 1873, une Scottish Challenge Cup voyait le jour tandis que 8 clubs[3] portaient sur les fonts baptismaux une Scottish Football Association (SFA)[4]. Deux années plus tard, la SFA regroupait 50 formations. Alors qu'à Édimbourg « les footballeurs ne pouvaient ôter leurs mains de la balle[5] », transformant la capitale politique et universitaire de l'Écosse en un bastion naturel du rugby, deux formations représentaient la ville dans le domaine de l'association : le club Heart of Midlothian (1874) empruntait son nom au roman de Walter Scott ; Hibernian (1875), invoquait un parrainage celtique et catholique (*Hibernia* signifiant Irlande), tandis que la formation du premier club d'Aberdeen en 1881 prouvait que le football conquérait le nord du pays.

Bien vite, la popularisation du jeu suscita les mêmes dilemmes qu'en Angleterre. Les dirigeants et premiers joueurs, issus de l'*upper middle class*, s'opposaient à toute forme de rémunération. Un premier scandale éclata quand le Heart of Midlothian fut expulsé de la SFA en 1884 pour avoir payé deux de ses joueurs, McNee et Maxwell. Mais la SFA assouplit vite sa position, suivant ainsi l'exemple de sa grande sœur anglaise. En 1890, une Scottish League était fondée, deux ans après la création de la Football League en Angleterre. Queen's Park, le club doyen disciple des *Muscular Christians* qui avait enlevé huit Coupes d'Écosse entre 1874 et 1888, refusa d'y adhérer. Mais après une courte période d'amateurisme, le professionnalisme fut légalisé au sein de la League sous l'influence d'un nouveau venu, le Celtic Football and Athletic Club, lancé en 1888 dans l'East End de Glasgow par frère Walfrid. Ce père mariste irlandais souhaitait en effet récolter des fonds pour les nécessiteux originaires de son île et empêcher ses ouailles de pratiquer le sport dans des clubs presbytériens[6].

Ce dessein n'était pas nouveau. Hibernian espérait rassembler les Irlandais, ambition que partageait Harp – de la harpe celtique – fondé à Dundee en 1880. Toutefois, l'équipe de Glasgow devint bien vite *le* club des Irlandais d'Écosse mais aussi de l'Ulster, à telle enseigne qu'Hibernian perdit toute connotation nationale. De fait, le patronage de l'archevêque de Glasgow, dix ans après le rétablissement de l'archevêché catholique (1878), les rayures blanches et vertes du maillot, la présence du *shamrock* (trèfle) au centre du blason consacraient symboliquement le Celtic comme le club irlandais par excellence.

Le développement industriel avait, il est vrai, profondément transformé Glasgow et l'estuaire de la Clyde. Port où entrait le tabac des colonies, la ville s'était développée dès le XVIIIe siècle, amorçant par la suite un décollage industriel grâce à l'industrie cotonnière. Lors de l'invention du professionnalisme, elle vivait un âge d'or appuyé sur la prospérité de ses industries sidérurgique et métallurgique qu'alimentaient le fer et le charbon du Lanarkshire. Rassemblant plus de 587 000 habitants alors que Londres en comptait 4 770 000 et Liverpool 587 000[7], la « deuxième ville de l'Empire » était devenue un pôle mondial de la construction ferroviaire et navale, grâce au dragage de la Clyde. Elle accueillit aussi des expositions internationales en 1888, en 1901 puis en 1911.

L'exode rural des Highlanders puis des Irlandais à partir de la grande famine des années 1840 motiva la croissance de la population. Au contraire de l'Angleterre, le catholicisme avait été pratiquement éradiqué en Écosse. L'immigration irlandaise fit ressusciter une forte communauté papiste (environ 10 % de la population écossaise en 1900) vivant dans un entre-soi prêché par l'Église catholique. Cet isolement était aussi renforcé par le rejet d'une société écossaise modelée par le calvinisme importé par John Knox au XVIe siècle. Le sectarisme religieux servit toutefois les intérêts du spectacle footballistique sous le nom et la forme de l'*Old Firm*.

Le Rangers Football Club avait été fondé en 1872 par des protestants, les frères McNeil. La dénomination, sans référence géographique, avait été empruntée à un club de rugby anglais. L'équipe au maillot bleu – la couleur du drapeau écossais – conquit une douteuse notoriété au travers de ses performances mais également de son esprit, vite stigmatisé comme antisportif par la presse spécialisée écossaise, notamment le *Scottish Athletic Journal* et le *Scottish Umpire*. En 1879, les dirigeants des Rangers avaient refusé de jouer un second match de finale de Coupe d'Écosse, prétextant qu'ils avaient été « volés par une erreur de l'arbitre » lors de la première rencontre disputée contre Vale of Leven. Battus par Arbroath en 1884, ils contestèrent la dimension du terrain, qui, à leur dire, était irrégulière[8].

La fondation du Celtic stimula l'essor des Rangers. Très vite les matchs opposant les deux clubs s'imposèrent comme les moments phares de la saison. Pratiquant le *poaching*, c'est-à-dire le braconnage, ou le racolage de joueurs, les deux rivaux s'assurèrent le concours des meilleurs talents. En la matière, le comité de direction du Celtic se montra large d'esprit, engageant des footballeurs protestants, alors que les dirigeants des Rangers n'employèrent les catholiques qu'au compte-gouttes, avant de renoncer. Les préjugés ont la vie dure : près d'un siècle plus tard, la signature de Maurice « Mo » Johnston, l'avant-centre catholique du Celtic en juillet 1989, provoqua le scandale. Le manager des Rangers, Graeme Souness, fut vite déclaré traître à la cause protestante et orangiste, et même menacé.

L'antagonisme religieux constituait évidemment le principal ressort de la rivalité sportive, d'autant que nombre de dirigeants des Rangers appartenaient à la franc-maçonnerie. L'ouverture en 1912 d'un chantier naval par Harland et Wolff, une société fondée à Belfast, et le recours à une main-d'œuvre orangiste et unioniste venue d'Irlande du Nord creusa plus encore le fossé qui séparait les supporters des deux clubs[9].

En règle générale, les Irlandais, d'abord recrutés pour remplacer les paysans écossais partis tenter leur chance en ville ou employés dans l'industrie, étaient accusés d'être des « jaunes », acceptant des salaires de misère et se pliant aux ordres de leur patron. De leur côté, les immigrés se considéraient comme les victimes d'un complot protestant qui n'épargnait pas les terrains de football. L'avant-centre du Celtic Jimmy Quinn fut ainsi accusé en 1905 d'avoir frappé, sur la pelouse du Celtic, Alec Craig, le défenseur des Rangers. Son expulsion provoqua l'invasion du terrain par les fans du Celtic et sa suspension pour quatre matchs, malgré le témoignage de la « victime » innocentant son « agresseur[10] ». Les supporters et le club organisèrent une souscription en faveur de Quinn. Ils récidivèrent deux ans plus tard, lorsque le trublion fut à nouveau suspendu huit semaines pour avoir frappé au visage un autre joueur des Rangers qui, circonstance aggravante, gisait à terre ! Malgré le « complot » supposé des arbitres et de la SFA, le Celtic n'en remporta pas moins six titres consécutifs de champion d'Écosse entre 1905 et 1910.

Par-delà les différends confessionnels, la rivalité entre les deux clubs relevait aussi d'une opposition d'ordre social. Le Celtic restait un club populaire dont les actions étaient détenues par des patrons de pub et des commerçants, ce qui associait évidemment le football au goût supposé des Irlandais pour l'alcool ! Les *publicans* ne se bousculaient pas dans l'actionnariat des Rangers que dominaient deux gros porteurs issus de l'industrie et beaucoup de cols blancs ou de membres des professions libérales[11]. Cette différence n'empêcha cependant pas

John McLaughlin, un patron de pub, premier président élu du Celtic, de s'entendre parfaitement avec ses homologues des Rangers pour faire prospérer les affaires. Une entreprise que le *Scottish Referee* baptisa ironiquement l'*Old Firm* (la « Vieille Maison »), en avril 1904[12]. Car les matchs entre les deux clubs disputés dans le cadre de la Ligue, de la Coupe ou de rencontres amicales rapportaient gros : près de 9 000 livres annuelles que les deux clubs se partageaient. Après avoir réglé entre 2 500 et 2 900 livres en salaires, soit globalement plus de 50 % de leurs revenus[13], ils purent ainsi dégager des profits réinvestis dans la construction et l'amortissement de deux vastes enceintes sportives : le Celtic Park (1892) accueillit 74 000 spectateurs en 1912 ; l'Ibrox Park, dont une première version avait été réalisée en 1899, contint jusqu'à 65 000 spectateurs la même année[14].

Après l'Angleterre, l'Écosse fut donc le deuxième pays où le football s'imposa comme le sport national. Il n'en alla pas de même dans les autres parties du royaume, à commencer par le pays de Galles. Diffusé à partir des bastions rugbystiques du Sud-Ouest de l'Angleterre, le ballon ovale acquit un statut iconique dans une principauté saisie par un *revival* culturel. Contrairement à leurs voisins, les rugbymen gallois recrutèrent vite hors de l'*upper middle class*. Le rugby devint même le jeu emblématique des mineurs des vallées du sud-ouest du pays, où l'exploitation du charbon transformait un espace pauvre et agricole en région moderne et industrielle. Bien vite la Welsh Rugby Football Union (WFU), créée en 1881, toléra un professionnalisme plus ou moins ouvert.

Héros sportif du pays de Galles, le trois-quarts centre Arthur Gould suscita un conflit avec les autres Rugby Unions lorsque la fédération galloise émit une souscription de 1 000 livres en avril 1896. Il s'agissait de le remercier alors qu'il prenait une retraite méritée après avoir marqué d'innombrables essais. L'intervention de l'International Board qui veillait au respect des règles et de la moralité du jeu fut considérée comme une « ingérence impertinente[15] » dans les affaires internes du rugby gallois. Et le lundi de Pâques 1897, les dirigeants de la WFU remirent à Gould les clés d'une jolie villa sise à Newport.

Alors qu'il avait écrit à sa femme en 1895 que le rugby détournait certains Gallois de la politique, David Lloyd George s'exclama en 1908, après avoir donné le coup d'envoi du match Cardiff-Blackheath : « C'est un jeu vraiment extraordinaire... et je dois dire que je pense qu'il est plus excitant que la politique[16]. » La conversion du plus grand homme politique gallois au sport n'était pas tout à fait désintéressée. L'identité nationale qu'exaltaient les rugbymen gallois, seuls vainqueurs des All Blacks lors de la tournée historique des joueurs néozélandais en 1905, contribuait à forger l'alliance du nationalisme et du libéralisme que Lloyd George appelait de ses vœux.

Faut-il en conclure que le pays de Galles considéra le football association comme quantité négligeable ? Le ballon rond fut d'abord pratiqué dans le Nord-Est, autour de la ville de Wrexham, proche des places fortes du football anglais du Lancashire. L'une des grandes vedettes du football de l'ère édouardienne fut d'ailleurs Billy Meredith, l'ailier gallois de Manchester United. Ancien mineur de la petite ville de Chirk, *the wizard of dribble*, le « sorcier du dribble », disputa sur plus de trente ans de carrière (1894-1924) 1 568 matchs en inscrivant 470 buts. Toutefois, si Meredith bénéficia d'une grande renommée en Angleterre, il n'acquit jamais l'aura d'un Gould, victime de trois tares rédhibitoires : il jouait au football, venait du nord-est de la principauté et il portait le maillot d'United. Or, le football s'était également développé dans le Sud, à Cardiff et Swansea, et les

Gallois plébiscitaient d'abord les footballeurs qui jouaient au pays[17].

Le football gallois, dont la fédération avait été créée en 1875, connut donc un réel essor sous Édouard VII et George V. L'afflux d'une population d'hommes jeunes, souvent originaires des bastions du *soccer* anglais, contribua à augmenter le nombre des clubs et à constituer les premières ligues. Comme le rugby, le football, en tant que pratique ou spectacle, contribua à forger une culture commune pour une population masculine placée sous le signe de la diversité. Mais après le succès d'exhibitions internationales organisées avec l'autorisation de la WFU dans le stade (de rugby) de l'Arms Park, le monde de l'ovalie commença à voir d'un mauvais œil l'essor d'un rival potentiel. Or, les vallées étroites du pays de Galles offraient peu d'espace pour installer un terrain de jeu et des tribunes. Certains clubs de rugby en profitèrent pour interdire l'accès de leur pelouse aux footballeurs, un phénomène amplifié par le réveil religieux qui s'empara de la région en 1904-1905 autour de la figure mystique d'Evan Roberts. Les pasteurs non-conformistes tonnèrent contre le *soccer*, un sport professionnel qu'ils associaient volontiers à l'alcoolisme et aux paris ; à l'inverse, ils louaient dans leurs prêches le rugby, un sport (hypocritement) amateur[18].

Ces obstacles ne suffirent pas à briser l'essor du football. De 1900 à 1914, le nombre de footballeurs professionnels exerçant au pays de Galles passa de 160 à 431[19]. Mais le salut vint de l'Angleterre. En 1910, le club de Cardiff City entra dans la Southern League, suivi par Swansea Town en 1912, ce qui permit à la fois de renforcer la qualité du spectacle en affrontant les meilleurs clubs du sud de l'Angleterre et de porter haut les couleurs galloises. En 1924, Cardiff City conquit la deuxième place de la première division de la League à égalité de points avec le vainqueur, Huddersfield

Town. Il joua – mais perdit – la finale de la FA Cup l'année suivante.

En Irlande, le football se colora d'une dimension encore plus politique. Le ballon rond fut d'abord l'apanage de l'Ulster, terre de l'unionisme et de l'industrie. Cliftonville Football Club, le premier club irlandais, fut fondé à Belfast en 1879. En 1880 naissait une Irish Football Association avant qu'une Irish Cup ne soit disputée l'année suivante. Mais le football irlandais ne constituait qu'une excroissance des *soccers* anglais et écossais. Sa diffusion au sud de l'Ulster fut donc plus ardue, pour des raisons géographiques et économiques : le pays, rural, était fortement cloisonné. Le nationalisme irlandais, surtout, pesait de tout son poids. À la fin des années 1870, en effet, les organisations nationalistes – *Fenians* ou *Land League* – étendaient leur influence sur une grande partie de la population. L'Église catholique elle-même, à commencer par ses curés issus du monde rural, s'inquiétait de l'inégale répartition des terres entre grands propriétaires anglais et paysans irlandais. Enfin, avec Charles Stewart Parnell et l'Irish Parliamentary Party, l'Irlande disposait d'un redoutable défenseur du *Home Rule*, la loi d'autonomie.

L'essor du nationalisme s'accompagna alors d'un réveil culturel autour de la littérature, de la langue et de la musique gaéliques. Le combat politique se jouait aussi sur le terrain d'un *Kulturkampf* visant à extirper tout ce qui était britannique, sport inclus[20]. La richesse des jeux traditionnels irlandais fut exhumée, au travers du *cad* et du *hurling*, une sorte de hockey. Les nationalistes recherchaient en effet un antidote au « poison » des sports anglais que le Trinity College de Dublin inoculait aux élites. Avec des activistes de l'Irish Republican Brotherhood, Michael Cusack, un nationaliste, créa donc la Gaelic Athletic Association (GAA), le 1er novembre 1884, dans la salle de billard de l'hôtel Hayes à Thurles (comté de Tipperary). À l'en croire, aucun mouvement nationaliste ne pourrait l'emporter sans promouvoir des jeux nationaux[21], approche qui ne détonnait guère au regard des mouvements gymniques continentaux.

Autour du *hurling*, codifié sous la forme d'un hockey viril, et du football gaélique, un jeu de ballon mêlant astucieusement *handling* et *kicking*, la GAA disposait de deux disciplines attractives, distinctives et aptes à former les combattants de l'Irlande libre. Elle reçut immédiatement le soutien de l'archevêque de Dublin, Mgr Thomas Croke, auquel fut dédié le grand stade de GAA, Croke Park, acquis en 1913 par la fédération gaélique. Le 20 novembre 1920, en pleine guerre d'indépendance, Croke Park deviendrait le théâtre d'un terrible massacre. Ce jour-là, Michael Collins, le stratège de l'IRA, lança une vaste opération d'exécution d'espions à la solde des Anglais à Dublin. Il profita de l'organisation de la rencontre de football gaélique Dublin-Tipperary à Croke Park pour faire passer ses hommes, au nez et à la barbe de la police britannique, parmi les spectateurs se rendant à Dublin la veille ou le matin du match. Les sicaires purent ainsi accomplir leur basse besogne. Mais dès que l'opération fut connue, les auxiliaires anglais gagnèrent Croke Park pour se venger. Ils y entrèrent armés et tirèrent sur la foule. Quatorze spectateurs trouvèrent la mort dont Michael Hogan, capitaine de Tipperary, érigé ensuite en martyr de la cause.

Les jeux gaéliques n'avaient cependant pas eu besoin de ce premier *Bloody Sunday* pour affirmer leur fibre militante. En effet, outre la richesse de ses jeux, le succès de la GAA reposait sur un principe déjà employé en Irlande : l'exclusion des traîtres ou présumés tels. Trois *bans* furent successivement inscrits dans les statuts de l'organisation depuis 1885, stipulant notamment de 1905 à 1971 que les « personnes qui joueraient au rugby, au *soccer*, au hockey, au cricket et à n'importe quel jeu importé » seraient suspendues pour deux ans de leur qualité d'adhérent. Les membres de la police, de la milice et de l'armée britanniques étaient tout bonnement exclus.

Ce contexte ne favorisa guère l'essor d'un jeu aussi britannique que le *soccer*. Toutefois, le football s'inscrivait aussi dans un processus de standardisation culturelle auquel l'Irlande pouvait difficilement échapper. Il se diffusa le long de la côte est, ce que confirmèrent en 1906 la victoire en finale de la Coupe d'Irlande du club de Shelbourne sur le Belfast Celtic, succursale du club irlandais de Glasgow, puis le triomphe des Bohemians de Dublin sur Shelbourne en 1908.

Après l'indépendance (1922), le statut du football fut réévalué par son rôle d'ambassadeur de la jeune république, rôle que le *hurling*, par exemple, ne pouvait assumer puisque les compétitions de ce sport national ne se déroulaient qu'à l'intérieur de la verte Erin. Se disputant l'adjectif d'*Irish* avec l'association d'Irlande du Nord, la fédération de l'Eire endura l'ostracisme de ses homologues britanniques. Admise à la FIFA en 1924, la Football Association of Ireland[22] trouva alors son salut dans les compétitions olympiques et dans les matchs internationaux disputés contre des formations européennes. La sélection irlandaise ne rencontra l'équipe nationale anglaise qu'en 1946 à Dublin avant de la battre, sur ses terres, à Liverpool, par 2 buts à 0 en 1949.

Le football au-dessus des castes ?

Les récits de la diffusion du football dans le vaste monde débutent souvent par une « scène primitive » qui campe des marins et des expatriés britanniques jouant au ballon rond devant des autochtones d'abord étonnés puis très vite séduits. Une histoire du football au Canada prétend ainsi que les équipages de bateaux anglais auraient, dès le XVIe siècle, joué au football avec des Esquimaux. En 1822, sur les bords de la baie d'Hudson, un jeu de football aurait figuré parmi les festivités de Noël à la fabrique d'York, où « plusieurs matchs virilement disputés furent joués[23] » par les hommes de la Hudson's Bay Company. Au Bengale, une rencontre aurait même opposé le « Calcutta Club of Civilians » aux « Gentlemen » de Barrackpore en avril 1854, le premier vrai match d'association étant joué en 1868 entre les « Etonians » et le « Rest »[24]. Enfin, au sud-ouest de l'océan Indien, des marins, des soldats et des employés auraient proposé l'une des premières démonstrations de football sur le sol africain, au Cap, le 23 août 1862[25].

En fait, on en sait bien peu sur ces « premières fois », d'autant que, se produisant souvent avant 1863, elles furent aussi bien revendiquées par les adeptes du rugby que par les partisans du *soccer*. De même, l'image d'autochtones saisis d'étonnement par cette brutale irruption de la modernité traduit sans doute une forme d'européocentrisme. Peut-être, après tout, n'y virent-ils que la transposition occidentale de leurs propres jeux. Pour que l'on puisse véritablement évoquer une forme de transfert culturel, il faudra attendre que le football soit régulièrement pratiqué au sein de clubs fondés par des expatriés britanniques.

C'est dire qu'il convient avant tout de replacer le football association dans la culture et le système des sports coloniaux. L'histoire de l'Empire victorien, sur lequel le soleil « ne se couchait jamais », reste indissociable de l'histoire du sport britannique. Les propagandistes de la colonisation diffusèrent l'éthique impériale dans les *publics schools*, affirmant que l'Empire « était tout simplement "la meilleure chose qui soit jamais arrivée à l'humanité"[26] ». Cette vision imposait d'inculquer aux futurs administrateurs coloniaux la conviction de représenter la supériorité blanche et masculine ainsi que les droits et devoirs qui la doublaient. De sir Walter Raleigh au général Gordon en passant par Wellington, l'exemple des martyrs et héros de la grandeur britannique devait inscrire, dans la chair et dans le sang, la vocation impériale.

Devenue un élément essentiel du curriculum des grandes écoles privées, la pratique du sport constituait donc la meilleure des propédeutiques au service impérial. James Edward Cowell Welldon, le directeur de Harrow entre 1881 et 1895, considérait ainsi que si les Britanniques égalaient les Allemands et les Français en matière de réflexion, de science ou d'organisation militaire, ils les surclassaient en matière de « santé et de tempérament que donnent les jeux[27] ». Le « self-control, la discipline, la coopération, l'*esprit de corps*[28], écrivait-il, nécessaires au succès dans le cricket et le football, sont les grandes qualités qui permettent de l'emporter dans la paix comme dans la guerre ». Et Welldon de conclure : « Dans l'histoire de l'Empire britannique il est écrit que l'Angleterre doit sa souveraineté aux sports[29]. » Même si l'Indian Civil Service conservait un recrutement valorisant l'excellence académique, d'autres corps coloniaux, comme le Sudan Political Service, voyaient dans le *sportsman* la recrue idéale[30].

Le sport ne servait pas seulement à préparer l'homme d'action capable d'affronter la révolte du Mahdi au Soudan ou de déjouer les embuscades tendues par les Boers. Le fonctionnaire, comme le militaire colonial, s'inscrivait aussi dans l'ère des loisirs. Il devait donc faire bonne figure dans les courses de chevaux, les parties de chasse, de tennis, de golf ou de cricket qui égayaient la vie sous les tropiques. L'œuvre de codification des jeux entamée en Angleterre se poursuivit au demeurant en Inde, où les officiers britanniques s'emparèrent du polo, un sport inventé par les Mongols qui déclinait lorsque le capitaine Sheer le découvrit dans l'Assam dans les années 1850[31]. De même, les règles du badminton furent établies à Poona, au sud-est de Bombay, en 1870.

Le *people's game* seyait mal à un monde où le *civil service* et l'armée conféraient aux expatriés des lettres de noblesse auxquelles ils n'auraient pu prétendre dans leur terre d'origine. De même, la professionnalisation du football contredisait l'éthique impériale du devoir et du sacrifice. Le cricket et le football rugby furent donc promus au rang de sports (collectifs) impériaux par excellence, pour des raisons évidentes. Au cricket, la distinction gentlemen/*players* permettait, dans le jeu de la batte et de la balle, de pérenniser la révérence sociale. De même, la violence du rugby et l'intégrisme des dirigeants en matière d'amateurisme s'ajustaient parfaitement à l'uniforme bien coupé des armées de Sa Majesté.

Le football association ne fut pas pour autant exclu du champ colonial, en raison de la diversité de l'Empire et de ses populations. Que pouvaient partager les enfants de bagnards australiens et les descendants des Français du Canada avec les intouchables d'Inde ou les *natives* du Nigeria ou du Kenya ? De même escomptait-on des effets différents de la pratique sportive qui visait, auprès des populations blanches des dominions, à entretenir la loyauté et la *Britishness*, le sentiment d'appartenance à la communauté culturelle britannique. Ces injonctions n'allaient pas toujours de soi, notamment en Afrique du Sud. Des indigènes, on attendait avant tout discipline et obéissance, mais le sport pouvait, ici encore, se muer en moyen de résistance.

Dans la perle de l'Empire, l'Inde, le cricket connut un succès extraordinaire, au point d'y être aujourd'hui, comme au Pakistan, le sport national. L'Asie du Sud devint également une terre de hockey, à telle enseigne que l'équipe des Indes britanniques remporta le tournoi olympique de ce sport de crosse en 1928, 1932 et 1936. L'Inde indépendante serait également victorieuse en 1948, 1952, 1956 et 1964. Mais le football indien ignora ces sommets. Son équipe ne participa jamais à une phase finale de Coupe du monde, tout en disputant, avec des résultats honorables, le tournoi olympique entre 1948 et 1960. Jouant pieds nus, les footballeurs indiens furent éliminés de justesse par l'équipe de France amateur lors de l'Olympiade londonienne (1948) sur le score serré de 2 buts à 1. Si la Hongrie de Ferenc Puskas leur infligea une sévère correction à Helsinki quatre ans plus tard (1-10), ils se classèrent quatrièmes en 1956, signe qu'existait une tradition footballistique indienne.

Certes, la pratique du football fut loin d'être uniforme dans le vaste territoire de l'Inde, se concentrant surtout dans le Bengale occidental, le Penjab, Goa ou le Kerala. Sa capitale fut également celle de l'empire des Indes, Calcutta, dont la structure sociale favorisait le développement de ce sport. Contrairement au Penjab, où les hommes de troupe étaient essentiellement des Sikhs, l'armée coloniale se composait de Britanniques issus, pour les rangs subalternes, des classes populaires. Ayant nourri la révolte des Cipayes, les Bengalis, considérés comme des traîtres potentiels, se virent exclus du recrutement, au rebours des Sikhs demeurés fidèles. Bien vite, les soldats britanniques pratiquèrent le football, un loisir qui les faisait aussi voyager à travers le sous-continent pour affronter d'autres équipes régimentaires. Le développement de Calcutta leur permit également de trouver des adversaires parmi les commerçants, les ingénieurs et les fonctionnaires britanniques. À partir de 1888, les équipes militaires disputèrent leur propre compétition, la Durand Cup.

C'est au début de la décennie 1880 que les Bengalis commencèrent à pratiquer le football dans des collèges fondés par l'occupant britannique, le célèbre Presidency College[32] notamment. Pour leurs maîtres, la pratique du sport par les indigènes du Bengale n'avait rien d'évident. Si les Sikhs répondaient aux critères de l'éthique sportive impériale (force, virilité, courage, loyauté), les Bengalis se voyaient attribuer de graves défauts – la couardise, la fourberie et la faiblesse physique. L'émergence d'une classe moyenne d'hindous et de musulmans éduqués travaillant dans les services administratifs et commerciaux ne changeait rien à l'affaire, quand elle ne renforçait pas les préjugés. Car si les Sikhs et les Gurkhas étaient de fameux guerriers, les Bengalis apparaissaient comme des employés efféminés. Le célèbre journaliste George Warrington Steevens du *Daily Mail* stigmatisait en 1899 les jambes des indigènes, toutes de « peau et d'[os] », et résumait : « La jambe du Bengali est la jambe d'un esclave[33] », donc impropre aux jeux virils anglais.

Les jeunes Indiens découvrant le football dans les collèges, comme Nagendra Prasad Sarvadhikari, étudiant à la Hare School, n'eurent de cesse de démentir ces propos, même si nombre d'anciens élèves abandonnaient la pratique sportive après avoir obtenu leur diplôme. Le football contrevenait, il est vrai, aux croyances hindoues. La matière utilisée pour fabriquer le ballon, le cuir, peau d'un animal mort, suscitait la répulsion et lorsque le ballon « polluait » le visage des joueurs par contact, un prompt nettoyage s'imposait[34]. Se posait également le délicat problème des castes. Fallait-il faire jouer un intouchable avec des brahmanes si le premier était un excellent footballeur ?

Nagendra Prasad, fils de bonne famille hindoue, gagna le surnom de « père du football indien » en militant pour la formation de clubs intercastes. L'entrée d'un fils de potier au sein du Wellington Club qui recrutait au sein des castes supérieures de Calcutta suscitant un débat, il préféra dissoudre l'association pour former en 1887 le Sovabazar Club ouvert à tous. Deux ans plus tard s'ouvrait la première compétition acceptant les Indiens : la Trades Cup. En 1892, Sovabazar réussit à battre dans la compétition une équipe militaire, l'East Surrey Regiment, sur le score de 2 buts à 1. L'épisode connut un certain retentissement, y compris dans la presse du Royaume-Uni, puisqu'il contredisait la faiblesse supposée des Bengalis[35]. La même année, Nagendra Prasad réunit les dirigeants des clubs européens comme le Calcutta FC ou le Dalhousie Club pour fonder l'Indian Football Association (IFA) dont les membres du comité directeur étaient européens. Dès 1893, la nouvelle fédération mit au point l'IFA Shield et la finale de cette compétition organisée sous la forme d'une coupe s'imposa comme le clou de la saison footballistique du Bengale.

Le 29 juillet 1911 marqua une étape décisive. Ce jour-là, le club hindou de Mohun Bagan, fondé en 1889, remporta la finale de l'IFA Shield devant plus de 80 000 spectateurs. Après avoir battu 3-0 l'équipe du Middlesex Regiment dans le second match de la demi-finale, les joueurs bengalis affrontèrent l'East Yorkshire Regiment sur la pelouse du Calcutta FC au cœur du Maidan, le grand parc situé au centre de la métropole indienne. Indiens, hindous et musulmans confondus, manifestaient une attente fiévreuse, à tel point que les prix des billets passèrent au marché noir de 2 à 15 roupies. Les footballeurs de Mohun Bagan jouèrent, comme à l'accoutumée, pieds nus ; les attaquants Shibdas Bhaduri et Abhilas Ghosh marquèrent chacun un but, ce qui suffit à assurer la victoire (2-1). La portée du match dépassa bien vite le cadre sportif dans un contexte où soufflait le renouveau nationaliste. Une grande partie des Bengalis avaient en effet suivi le mouvement du swadeshi, en boycottant les produits britanniques, pour contester la partition du Bengale décrétée par lord Curzon en 1905. À l'issue de la rencontre, alors que les joueurs et les dirigeants de Mohun Bagan se rendaient au temple de Kali de Thanthania, ils furent rejoints par leurs compatriotes musulmans, qui, en leur honneur, jouèrent de la musique et battirent le tambour[36]. Ainsi, le football transcendait les divisions religieuses, même si les clubs les épousaient parfois, à l'instar du Mohammedan Sporting Club. Fondé en 1891 par des représentants de la classe moyenne instruite musulmane, ce club fut la première équipe indienne à remporter, dans les années 1930, la Calcutta League (1934), réussissant même le doublé League/IFA Shield en 1936. Recrutant les meilleurs joueurs musulmans indiens, il devint vite le symbole sportif de la Ligue musulmane dont le chef, Ali Jinnah, voyait dans le football une voie royale pour socialiser les jeunes « dans le sens et l'esprit du nouvel État musulman[37] ».

Quoi qu'il en soit, la victoire de Mohun Bagan posa un jalon dans l'histoire du nationalisme indien, ou tout du moins dans sa diffusion. La partition du Bengale fut d'ailleurs rapportée en décembre 1911. Toutefois, le succès sportif suscita d'autres interprétations. Pour les historiens d'outre-Manche[38], la victoire de Mohun Bagan marqua aussi le triomphe de... l'impérialisme et de l'hégémonie culturelle britanniques. En se confrontant au colonisateur, les joueurs indiens n'avaient-ils pas *in fine* intériorisé l'éthique sportive britannique et montré à quel point ils admiraient l'occupant ? Pour leur part, les auteurs indiens ont davantage insisté sur le processus d'indigénisation du jeu. Jouant pieds nus sans se soucier de la menace des chaussures de cuir britanniques, ils élaborèrent leur propre football comme d'autres, le grand joueur de cricket indien Ranjitsinhji par exemple, avaient réinventé le jeu national d'été de leurs occupants[39]. En tournée en Inde, le capitaine de l'équipe des Islington Corinthians remarquait en 1938, non sans humour : « Seuls les Indiens jouent le vrai football, ce que l'on appelle football en Europe n'est après tout que du *bootball*[40]. »

Aux marges des dominions

Cet enthousiasme épargna en revanche les colonies de peuplement qui accédèrent vite à l'autonomie en raison de la domination d'une population blanche nombreuse et influente. Le *soccer* fut le sport au mieux des nouveaux venus, au pis des exclus dans un système sportif oscillant « entre déférence et émancipation[41] ».

Dans des territoires où le système social et éducatif britannique s'était tôt imposé, le football association avait tardé à venir. Le cricket était d'autant plus prisé en Australie, en Nouvelle-Zélande et en Afrique du Sud que les déplacements anglais aux antipodes ou les tournées des équipes de l'Empire au Royaume-Uni suffisaient à renforcer le sentiment d'appartenance à la communauté britannique tout en affirmant une spécificité. Les fameux test-matchs appelés les *Ashes*, qui opposent aujourd'hui encore les équipes de cricket australienne et anglaise, naquirent en 1882. Après une série de victoires *aussie*, le *Sporting Times* de Londres publia un « avis de décès » du cricket anglais, dont les cendres auraient été transportées en Australie...

Si le cricket était le sport d'été, le créneau d'hiver fut vite accaparé par le Victoria ou Australian Rules, dit aussi *footie*, un mélange de rugby, de *soccer* et de football gaélique codifié à partir de 1866 par des membres du Melbourne FC désireux « de créer un jeu spécifiquement australien qui puisse occuper la saison d'hiver[42] ».

Abolissant la règle du hors-jeu, se pratiquant avec un ballon de rugby tout en admettant la passe en avant, le *footie* fut et reste un exemple type d'hybridation sportive. La création d'une ligue en 1897 puis d'un championnat national en 1908 s'accompagna de l'adoption du professionnalisme. Ce qui l'imposa comme le jeu de balle typiquement australien au côté du Rugby League, le rugby à XIII, qui trouva, en raison d'une classe ouvrière abondante, une seconde terre d'élection au pays des *Diggers*. Le *soccer* devint alors le jeu des immigrants qui s'établirent à partir de l'entre-deux-guerres en apportant avec eux leur culture sportive. Après la Seconde Guerre mondiale, Italiens, Grecs, Yougoslaves et juifs d'Europe centrale créèrent ainsi des clubs ethniques mobilisant des foules imposantes mais suscitant aussi des troubles à l'ordre public.

Dans un territoire plus proche culturellement de la Grande-Bretagne comme la Nouvelle-Zélande, le rugby à XV devint vite le sport national. En raison tout d'abord d'un système d'éducation copié sur le modèle des *public schools*. En raison aussi d'une culture virile de pionniers valorisant la force physique et la prise de risque dans un environnement durablement marqué par la résistance maorie à la spoliation des terres. La tournée des All Blacks en Europe (1905) hissa les rugbymen au rang d'ambassadeurs nationaux, d'autant que les Maoris s'intégrèrent aisément dans les équipes de rugby en raison de leurs exceptionnelles qualités physiques. North Shore, le premier club de football association, fut cependant fondé en 1887[43], la New Zealand Football Association suivant en 1891[44]. Si une équipe nationale partit en tournée en Nouvelle-Galles du Sud (Australie) dès 1905, l'isolement géographique ainsi que la domination culturelle du rugby allaient condamner l'essor du *soccer*.

Bien que l'Afrique du Sud fût un pays de football, le rugby incarna l'identité nationale en raison de la domination des Afrikaners et des élites anglophones. Surtout, alors qu'une place – même étroite – était accordée aux Aborigènes et aux Maoris dans le cricket ou dans le rugby, le principe de la ségrégation raciale structura le développement du sport sud-africain bien avant l'instauration officielle de l'apartheid en 1948. Les premiers clubs de rugby avaient été formés à la fin des années 1870 autour du Cap. Une fédération suivit en 1899, le South African Rugby Board. Elle entendait organiser les tournées de l'équipe qui, depuis 1896, portait un maillot vert orné de l'antilope sud-africaine, le springbok. Au lendemain de la guerre des Boers (1899-1902), durant laquelle des prisonniers afrikaners s'initièrent au rugby dans les camps anglais de Saint-Hélène, de Ceylan, des Indes et des Bermudes[45], le sport devint un terrain de compensation, sinon de réconciliation. En 1906, les Springboks, conduits par un capitaine afrikaner, réalisèrent eux aussi une tournée victorieuse en Grande-Bretagne et dominèrent ensuite le rugby mondial jusque dans les années 1950. Ils pratiquaient un jeu valorisant l'affrontement, aux limites de la tricherie, où l'on rendait coup pour coup comme dans les guerres conduites contre les Zoulous ou les Anglais. Grâce aussi à l'université (afrikaner) de Stellenbosch et de sa prestigieuse équipe, le rugby devint pour le Parti nationaliste *the Game of the Volk*, « le jeu du peuple »[46].

Cette identification à une discipline de « combat » précipita le déclin du football dans la population blanche. Pourtant, les guerres menées par les troupes britanniques contre les Zoulous en 1879 puis au Transvaal en 1880-1881 avaient transporté des soldats anglais désireux de pratiquer l'association. Au Natal, un premier club naquit en 1879, le Pietermaritzburg County Football Club, avant que soit créée en 1892 la South African Football Association[47]. Des tournées de clubs anglais et la présence d'équipes régimentaires soutinrent l'intérêt pour le ballon rond, à tel point qu'une équipe sud-africaine de football se déplaçant en Amérique du Sud remporta en 1906 deux victoires, 4 à 1 contre l'Argentine à Buenos Aires et 6 à 0 face à la sélection du Brésil à São Paulo. Toutefois, l'hégémonie du rugby relégua le *soccer* au rang de sport réservé aux catégories « subalternes », les Portugais ouvrant une longue chaîne de mépris menant des métis et des Indiens aux hommes d'origine africaine qui avaient reçu la dénomination insultante de « cafres ».

Le développement industriel du territoire, devenu dominion en 1910 sous le nom d'Union sud-africaine, comme l'action des Églises chrétiennes favorisèrent cependant l'émergence d'une petite bourgeoisie noire telle que les *kholwa* de Durban, désireux d'adopter certains aspects du mode de vie européen, notamment le sport. De plus, les Zoulous, les Xhosas ou les Sothos avaient développé de riches cultures agro-pastorales et guerrières où les exercices physiques tenaient une place éminente dans la formation des jeunes. Courses et combats de bœufs, chasse, escrime au bâton et danses : les jeux traditionnels des sociétés pré-industrielles – qu'elles fussent africaines ou européennes – se retrouvaient en Afrique australe.

Aussi c'est dans le principal port du Natal que fut fondé en 1906 le premier club africain, les Wanderers, plus tard appelés les African Wanderers. En 1910, sept clubs noirs existaient au Natal, que coiffa en 1916 la première fédération « indigène », la Durban and District African Football Association[48]. Après la Première Guerre mondiale, les compagnies minières et ferroviaires de Johannesburg commencèrent à promouvoir le football pour des raisons somme toute identiques à celles des industriels européens qui, au même moment, incluaient le ballon rond dans leur politique paternaliste. Si le paternalisme se doublait dans le Witwatersrand d'une logique raciale, il ne s'agissait pas moins de soustraire les ouvriers africains aux tentations de l'alcool et de la drogue. Mines, compagnies de chemin de fer et autres sociétés de transformation de produits bruts se dotèrent donc d'équipes africaines[49].

Bénéficiant de statuts plus favorables, Indiens et métis s'étaient plus précocement adonnés au football, établissant dès 1903 une South African Indian Football Association. Bien qu'une majorité d'Africains, de métis et d'Indiens cherchât vite à unir ses forces pour rassembler les footballeurs en ignorant la couleur de leur peau, la ségrégation raciale frappait également les stades. Au début des années 1930, chaque communauté (blanche, africaine, indienne et métis) disposait d'au moins une fédération tant au plan national que régional : la balkanisation du sport africain suivait déjà les voies du « développement séparé » que les dirigeants afrikaners du parti nationaliste prôneraient dans les années 1950.

Naissance du football africain

Dans l'Afrique sur laquelle le Royaume-Uni étendait sa domination, le football essaimait également. Il devint très tôt un instrument de résistance dans un État placé sous tutelle comme l'Égypte ou fut d'abord, notamment en Gold Coast (Ghana), un moyen d'évangélisation et d'apprentissage de l'obéissance.

Pour le protectorat égyptien, l'essor d'un enseignement de type britannique accompagna l'occupation militaire anglaise dans un pays déjà ouvert aux influences occidentales, française et italienne notamment. Si le football était pratiqué dès les années 1880 par les soldats et colons de Sa Gracieuse Majesté, il fallut attendre le début du XXe siècle pour que la jeunesse aisée commence véritablement à goûter à ses joies.

Les Britanniques encourageaient alors la propagation du ballon rond dans les institutions universitaires. Le jeu devait « occuper » les étudiants égyptiens et les détourner des activités politiques auxquelles les conviait le leader du Parti national égyptien, Mustafa Kamel Pacha. Ainsi, le 8 décembre 1905 fut créé au Caire le club des Hautes Écoles sous l'impulsion de deux hauts fonctionnaires britanniques. Toutefois, ses membres égyptiens voulurent vite lui conférer une dimension nationale. Son premier président, Omar Lotfi Bey, secrétaire de la faculté de droit et ami personnel de Kamel, proposa ainsi de le transformer en un club civil mixte : l'acte de naissance du Nadi al-Ahli *(National Club)* fut signé le 24 avril 1907.

À partir de 1911, ses membres endossèrent deux couleurs : le rouge, couleur du drapeau égyptien sous le règne du khédive Abbas II Hilmi, et le blanc, celle du croissant et des étoiles, symboles de l'islam. Si le premier président était anglais, le club fut réservé aux seuls Égyptiens à partir de janvier 1924, se plaçant en janvier 1929 sous la « haute protection » du roi Fouad. Ainsi échappa-t-il à la tutelle britannique et se transforma-t-il en citadelle du nationalisme égyptien tout en s'ouvrant à des couches sociales moins favorisées. Suivant l'exemple d'al-Ahli, d'autres « pionniers » fondèrent de nouveaux clubs au Caire, d'abord composés de lycéens et d'étudiants. Ainsi, en 1913, des Européens lancèrent al-Ittihad al-Riadhi al-Mokhtalit (l'Union sportive mixte), qui, sous le nom de Nadi Ezzamalek, devint le grand rival cairote d'al-Ahli.

Le succès du football au sein de la bourgeoisie égyptienne permit d'organiser une fédération et des compétitions. En 1917 fut lancée la Coupe du sultan, que remporta al-Ahli à sept reprises entre 1923 et 1938. Et, en 1921, à l'initiative de Fouad Abadha, secrétaire général d'al-Ahli, les représentants des clubs al-Mokhtalit, al-

Abassia, al-Kahira, Siqaq al-Hadid (Chemins de fer) et al-Ittihad d'Alexandrie se réunirent et décidèrent de former l'Union égyptienne de football qui obtint son adhésion à la FIFA en 1923. Contrairement aux fédérations ou ligues africaines nées dans l'entre-deux-guerres et affiliées à la Football Association, à la fédération de football d'Angleterre, ou à la Fédération française de football association (FFFA), l'Union égyptienne afficha son indépendance et sa souveraineté, sur le plan sportif tout du moins. Un an plus tôt, la Grande-Bretagne avait officiellement aboli son protectorat tout en continuant à contrôler plus ou moins ouvertement le pays.

Dans l'Afrique noire britannique, les débuts furent plus timides. C'est en 1903 dans le parc Victoria de la ville de Cape Coast (Gold Coast-Ghana) que des élèves de l'ethnie Fanti, encouragés selon la tradition par M. Briton, directeur d'origine jamaïcaine de l'école publique de garçons Philip Quaicoe, s'initièrent de nuit à la pratique du football[50]. Ils y organisèrent à la fin de l'année 1903 une première rencontre, en présence du gouverneur de la colonie, sir Frederick Hodgson. Dès 1905, les jeunes joueurs indigènes de Cape Coast effectuèrent des tournées qui facilitèrent la diffusion du jeu dans le sud du pays, à Elmina, Saltpond et Winneba. Des clubs empruntant leurs noms au football anglais puis à l'Afrique tels que Everton, Blankson's XI, Bolton Wanderers, Majestics, Venomous Vipers (les Vipères venimeuses) et Mysterious Dwarfs (Nains – ou sorciers – mystérieux) y furent alors formés.

De même, des collégiens créèrent à Accra, la capitale de la colonie, les Invincibles (1910) et les Accra Hearts of Oak (1911), à ce jour la plus ancienne équipe en activité du Ghana. La construction du chemin de fer élargit la diffusion du sport à l'ouest de la colonie dans la région de Sekondi-Takorandi, où naquirent à partir de

1919 les équipes des Mosquitoes, des Western Wanderers, des Jericho, Railways Apprentices et Ga United. Un an plus tard, le football prit pied à Kumasi, au pays des Ashantis, qui avaient opposé une farouche résistance à l'envahisseur britannique dans les années 1880. Grâce au football, ces habitants purent exprimer l'identité ashanti d'une manière plus pacifique pour le colonisateur. Le chauffeur Kwasi Kuma et l'électricien Asamoah aidèrent à créer en 1926 l'Asante Kotoko, l'autre grand du football ghanéen de l'indépendance avec les Hearts of Oak. Dès 1935, un stade, le Kumasi Jackson Park, fut construit, les habitants de la ville s'y pressant pour encourager le Kotoko.

Au Nigeria[51], le football apparut à Lagos vers 1906 mais il se borna surtout, dans les années 1910, à opposer tous les vendredis soir l'équipe européenne de M. Kerr au King's College de Lagos. Destiné à former l'élite nigériane, cet établissement scolaire et universitaire prestigieux, fondé en 1909 sur le modèle d'Eton, resta jusque dans les années 1930 l'équipe la plus prestigieuse de Lagos. L'autre point d'entrée du football fut le port de Calabar, situé à l'est du pays, près de la frontière camerounaise. Des Écossais expatriés y auraient formé les premières équipes et disputé, dès 1906, la Beverley Cup. Calabar produisit ensuite les meilleures formations indigènes de l'entre-deux-guerres.

Entre impérialisme économique britannique et modernité suisse

Au-delà du domaine colonial *stricto sensu*, le football n'affronta pas la concurrence du rugby. Il dut, certes, subir la loi du base-ball aux États-Unis et, dans la sphère impérialiste américaine[52], transiger avec l'opposition de certains gymnastes et compter avec la prégnance de la culture cycliste en France et Italie. Mais de manière générale, l'expansion de la pratique du football exprima d'abord l'impérialisme économique britannique en Amérique latine. En Europe, il marqua l'hégémonie culturelle du Royaume-Uni qui empruntait la forme d'une anglomanie sportive dont nombre de bourgeois et d'aristocrates étaient férus. Mais si l'on peut parler d'une première mondialisation du football au début du XXe siècle – le ballon rond ayant gagné les rives des cinq continents –, il se diffusa avant tout dans les laboratoires de la modernité – métropoles, ports et autres centres industriels.

Depuis le milieu du XIXe siècle, des ingénieurs, des techniciens et des ouvriers britanniques travaillaient à la construction et à l'exploitation des réseaux ferrés d'Argentine et d'Uruguay, une activité vitale puisqu'elle permettait de transporter le blé et la viande de la pampa vers les ports de l'Atlantique. Des banquiers et des professeurs les avaient également rejoints pour former de conséquentes colonies d'expatriés. Le nombre de Britanniques installés à Buenos Aires vers 1895 était ainsi estimé à 40 000-45 000 personnes[53]. Après avoir joué au cricket, certains expatriés adoptèrent le football dans les années 1860 et créèrent en 1867 le premier club de football d'Amérique latine : le Buenos Aires Football Club. Toutefois, cette association sportive se consacra vite au rugby, dont les élites argentines s'emparèrent. Le football argentin apparut véritablement dans les années 1880 et 1890, à partir des collèges britanniques et argentins de la capitale. Dès 1893 naissait une Argentine Association Football League et le premier championnat fut remporté par le Lomas Athletic Club, « mis sur pied par des anciens de la Bedford School vivant et travaillant à Buenos Aires[54] ». Le football essaimait aussi en province. En 1889, les ouvriers anglais formèrent à Rosario le Central Argentine Railway Athletic Club. Le club (argentin) de Gimnasia y Esgrima fondé en 1887 à La Plata adopta le football en 1891. D'autres équipes liées aux réseaux ferrés complétèrent cette série comme le Bánfield FC en 1896, expression sportive de Ferrocarril Sud, la compagnie de chemin de fer du Sud. Ces clubs reproduisaient sur le terrain la hiérarchie de l'entreprise en « distinguant souvent une équipe de dirigeants d'une équipe d'employés[55] ». Dès 1901, la Ligue argentine comptait quatre divisions.

Sur la rive nord du río de La Plata, les débuts du football dérivèrent aussi de l'impérialisme économique britannique. William Leslie Poole, professeur à la British School de Montevideo, créa avec d'autres expatriés anglais l'Albion Cricket Club en mai 1891. Deux ans plus tard, une équipe de football était formée et se déplaçait à Buenos Aires pour rencontrer ses homologues britanniques[56]. Mais les compagnies de chemin de fer uruguayennes eurent aussi leur mot à dire. Dès 1891, un Central Uruguay Railway Cricket Club naissait et développait ses sections tennis et football avant que ne soit créée, en 1900, une Uruguay Association Football League.

Le football fut également introduit au Brésil par des Anglais opérant dans le commerce et le transport du café. En 1895, Charles Miller, un Anglais né au Brésil, revenu, avec des ballons, après avoir fait ses études à Southampton, organisa la première partie de football disputée sur le sol brésilien à São Paulo, la capitale économique du pays. Les joueurs, bien évidemment britanniques, rejoignirent ensuite le São Paulo Athletic Club qui ajouta le ballon rond à ses activités.

Le football apparut également dans des pays plus petits mais tout aussi bien insérés dans l'économie mondiale. Au Pérou, par exemple, le premier match aurait été joué en août 1892 par des résidents anglais et un seul Péruvien sur le terrain du Lima Cricket and Lawn

Tennis Club fondé en 1865[57]. Bien que surnommé *el juego de los gringos locos*, « le jeu des gringos fous », le football se diffusa vite dans les écoles huppées et un premier championnat interscolaire fut organisé en 1899. La finale fut disputée devant 2 000 personnes dont le président de la République, don Eduardo López de Romaña.

Dans les zones enclavées d'Amérique du Sud, le football put être introduit par des non-Britanniques. Ainsi au Paraguay, c'est un professeur d'éducation physique hollandais William Paats qui initia avec difficulté ses élèves de l'École normale d'Asunción aux délices du ballon rond en 1899-1900. « L'indolence des jeunes gens[58] » aurait constitué un frein, de même que l'étrangeté de la pratique aux yeux de la population créole et indienne. Commentant le 25 novembre 1901 le premier match de démonstration organisé par l'enseignant hollandais, *La Democracia*, l'un des principaux quotidiens d'Asunción, expliquait : « Le jeu du football exécuté avant-hier par les élèves de Première et Seconde années de l'École normale de maîtres fut une véritable surprise pour le public asuncien, qui ne connaissait même pas ce jeu tant en vogue en Angleterre, Hollande, et d'autres pays européens, de même que dans les Républiques voisines[59]. » Quoi qu'il en soit, un premier club, l'Olimpia, voyait le jour en 1902. La greffe prit vite puisqu'un championnat national fut créé dès 1906, bien que sa première édition dût être interrompue en raison des pluies tropicales... Le football servit aussi aux missionnaires anglais pour évangéliser les Indiens du Chaco paraguayen, lesquels se prirent de « passion[60] » pour le jeu.

En tout cas, les Britanniques bénéficièrent de l'aide d'auxiliaires étrangers dans une diffusion qu'ils ne souhaitèrent pas toujours. La pratique du cricket et du football avait pour cadre l'entre-soi britannique et contribuait à l'entretenir. Parfois, la mémoire sportive a retenu l'arrivée d'un bateau... français comme au Honduras où le premier ballon de football aurait été transporté en 1896 par un navire battant pavillon tricolore[61]. Dans la première décennie du XXe siècle, les villes à rayonnement culturel et universitaire mondial, comme Paris ou Berlin, servirent de centres secondaires pour découvrir le jeu. Mais un pays joua un rôle particulièrement actif dans la diffusion du football, notamment en Europe méridionale : la Suisse.

Depuis le milieu du XIXe siècle, les aristocrates et les nouveaux riches britanniques aimaient passer l'hiver sur la Riviera, l'été dans les montagnes helvètes. L'air des montagnes étant plus sain que dans le Londres de la révolution industrielle, ils y installèrent pour leur progéniture des établissements scolaires où l'on pratiquait l'alpinisme et, dès 1869, à l'école de la Châtelaine à Genève, le football[62]. Vers 1890, la plupart des écoles privées ainsi que les instituts technico-commerciaux suisses avaient adopté le ballon rond. Or, ces établissements accueillaient une clientèle cosmopolite. Ainsi, Vittorio Pozzo, futur entraîneur du Torino et sélectionneur des *azzurri* champions du monde en 1934 et 1938, perfectionna à Winterthur entre 1906 et 1908 sa connaissance des sciences commerciales, de l'allemand et... du football.

La Suisse romande et alémanique fut sans conteste le premier foyer de développement du football sur le continent européen. Dès la décennie 1880, avec souvent dix à vingt ans d'avance sur les autres pays européens, furent fondés le FC Saint-Gall (1879), le Lausanne Football and Cricket Club (par des Anglais en 1880) puis le Grasshopper Club de Zurich en 1886. Toutefois, le FC Servette de Genève (1890) « pendant dix ans, [...] se voua presque exclusivement au rugby[63] ». Le Tessin fut touché plus tardivement, l'AC Bellinzona n'étant créé qu'en 1904. Entre-temps, des clubs vaudois et alémaniques avaient lancé l'Association suisse de football (ASF).

Entrepreneurs et voyageurs, des cadres, des ingénieurs et des enseignants helvétiques contribuèrent ensuite, au cours de leurs pérégrinations, à essaimer le football en Europe méridionale. Le plus célèbre d'entre eux fut sans conteste Hans Gamper, né en 1877 à Winterthur. Ancien élève de l'École polytechnique de Zurich et fondateur du Football Club de Zurich en 1897, il partit travailler en France puis en Espagne. Au cours de sa carrière professionnelle qui l'amena à œuvrer dans l'industrie textile lyonnaise, il joua au Football Club de Lyon, puis fonda le FC Barcelone en 1899 en s'associant avec des « citoyens suisses, anglais, allemands ou autrichiens, tous employés, ingénieurs ou techniciens dans l'industrie et qui [avaient] appris comme lui les rudiments du jeu dans les écoles de commerce ou à l'occasion de leur apprentissage[64] ». L'équipe qui deviendrait l'emblème de l'identité catalane reçut en héritage les couleurs bleu et rouge du maillot du FC Bâle... que ses joueurs portent toujours.

Les Suisses furent tout aussi actifs en France[65] et en Italie. Lorsque le docteur Spensley fonda le Genoa Cricket and Football Club à Gênes en 1893, le premier club de football transalpin, il était accompagné notamment par les frères Pasteur, des Suisses romands. Beaucoup plus au sud, c'était « encore un commerçant suisse en farines et céréales, Gustav Kuhn, qui fond[a] avec un groupe d'amis allemands, français, suisses, espagnols et... italiens le Bari Football Club, le 15 janvier 1908[66] ». On retrouve la main – ou plutôt le pied – des Suisses jusqu'en Bulgarie. Désireux de rénover le système éducatif, Georgi Živkov, ministre bulgare de l'Instruction publique, effectua un voyage d'études en Europe de l'Ouest à l'été 1893. Convaincu de l'efficacité des écoles suisses, il fit venir dix jeunes enseignants helvétiques, dont Georges de Rebius qui répondit à l'appel avec des ballons. Dès 1897, les premières démonstrations de football étaient proposées par des collégiens de Sofia. Il fallut toutefois attendre 1909 pour qu'un étudiant, Sava Kirov, épaulé par quelques amis, forme le premier club officiel de football, le Futbolen Klub[67].

Anglomanie, résistances et acculturation

De manière générale, la diffusion du football en Europe suivit des radiales s'éloignant du Royaume-Uni. Elles touchèrent d'abord les pays les plus proches, tant géographiquement que culturellement, qu'il s'agisse des Pays-Bas, de la Belgique ou de l'Allemagne dans les années 1870.

Si un premier club était fondé à Copenhague dès 1876, il fallut cependant attendre les années 1890 pour que l'Europe centrale et méridionale se mît au football. Le Havre Athletic Club eut beau être le premier club français (1872), la pratique ne décolla dans l'Hexagone qu'à la fin du siècle. En 1892, la fièvre gagnait l'Empire austro-hongrois avec la formation des premières équipes à Prague et à Vienne en 1892, puis à Budapest en 1896. Si, comme on l'a vu, le Genoa Athletic and Cricket Club avait été fondé en 1892, la Juventus de Turin n'émergea que cinq années plus tard, en 1897. Un an plus tôt, l'Athletic Bilbao était fondé par des étudiants basques ayant étudié au Royaume-Uni mais qui avaient aussi découvert le football en regardant évoluer les joueurs du Bilbao Football Club, une équipe créée au début des années 1890 par des ouvriers britanniques venus travailler dans les usines sidérurgiques et les chantiers navals du Pays basque.

Mais le football avait également pris pied, et de façon beaucoup plus nette, à l'Est. Il fut introduit en Russie au début des années 1890 par des diplomates, des ingénieurs et des commerçants britanniques désirant souvent s'en réserver la pratique, ce qui n'empêcha pas un premier club autochtone, appelé « Sport », de naître en 1897 à Saint-Pétersbourg, à l'instigation d'un Russe aux origines françaises, Georges Duperron, grand acteur de la diffusion du sport au sein de la bourgeoisie locale. En 1894, Harry Charnock, un entrepreneur anglais du Lancashire, avait commencé à introduire le football parmi ses ouvriers russes de l'usine de Morozov, non loin de Moscou, afin « de [...] les soustraire à la consommation de vodka le dimanche[68] ». Une ligue de Saint-Pétersbourg fut créée en 1901, onze ans avant la première fédération de Russie, les deux étant présidées par Duperron. Et ce fut aussi dans cette première décennie du siècle que les premiers clubs officiels apparurent dans les pays ou régions d'Europe orientale. Le premier match de football fut ainsi disputé à Bucarest en 1907 par deux équipes d'expatriés anglais et allemands[69]. De même, en dépit de l'interdiction faite par la Sublime Porte à ses sujets musulmans de pratiquer le football, de jeunes Turcs commencèrent alors à se disputer le ballon de cuir. Une poignée d'Anglais expatriés avaient créé en 1875 une équipe à Thessalonique, puis des Grecs et des Arméniens firent de même à Smyrne. Le football gagna finalement Istanbul où en 1905 les élèves du lycée Galatasaray créèrent le célèbre club éponyme. Leur but était de « jouer en équipe comme les Anglais, porter le nom d'un club associé à des couleurs distinguées et battre les équipes non turques[70] ». S'ils disputèrent des matchs « internationaux » contre des équipes d'étudiants bulgares ou roumains, ils ne reçurent l'autorisation d'enregistrer le club qu'en 1912, lorsque la liberté d'association fut accordée dans l'Empire ottoman.

À quelques exceptions près, le football se développait dans les zones insérées dans l'économie européenne et mondiale où se produisait un essor industriel. Outre les citoyens britanniques ou suisses, les propagateurs du football appartenaient donc à des catégories sociales en prise avec la modernité. Pour avoir longuement étudié ces premières acculturations, Pierre Lanfranchi a proposé de ranger les premiers adeptes du ballon rond dans deux catégories : le modèle aristocratique et le modèle technico-commercial.

Dans le premier cas, des nobles adoptaient les goûts d'un Royaume-Uni considéré comme l'arbitre du bon ton et de la mode, à l'instar des dandys de la première moitié du XIXe siècle. Dans le second, des commerçants et des cadres de l'industrie naissante, suivant les ingénieurs et techniciens britanniques, se reconnaissaient dans le jeu « scientifique » du football. Ainsi, l'on comptait parmi les fondateurs de la Juventus de Turin (1897), outre un groupe de lycéens, les frères Canfari, propriétaires d'un atelier de production de cycles à moteur, deux ans avant que Fiat ne soit fondée dans la cité piémontaise.

Si la passion des aristocrates ne dura pas – d'autant que le football anglais renvoyait une image toujours plus plébéienne –, de forts liens entre les deux groupes marquèrent les premiers pas du jeu. La mémoire sportive turinoise prétend ainsi que le football aurait fait une première apparition en 1887 à Turin, en étant importé non par un Anglais, mais par un Turinois expatrié au Royaume-Uni, Edoardo Bosio. Ce dernier, « revenu en 1887 dans sa mère patrie, après avoir été agent commercial à Londres, rapporta une photographie des matchs et la matière première pour les disputer : une balle de cuir gonflable. Il réussit à convaincre un nombre suffisant de collègues à jouer quelques parties réussies. Par ailleurs, un groupe comprenant le duc des Abruzzes et le marquis Ferrero de Vintimille donnèrent naissance à l'équipe adverse. Employés de Bosio et snobs du duc s'affrontèrent lors d'un match avant de se réunir en un seul club, l'International FC Torino[71] (en 1891) ». Cette société disparut rapidement mais son nom suggère l'esprit cosmopolite qui l'animait.

La plupart des premiers Européens qui adoptèrent le football étaient en effet des représentants sinon de l'anglomanie, du moins d'une anglophilie qui assimilait le Royaume-Uni au pays de la liberté, de la modernité et – pour sa population masculine *upper class* – au nouvel idéal masculin.

Pour d'importants acteurs du développement du football en Allemagne et en Europe centrale, l'anglomanie revêtait les habits chatoyants de l'émancipation. Né en janvier 1873 à Berlin dans une famille de banquiers juifs, Walther Bensemann, qui avait étudié pendant six ans dans des écoles anglaises avant de créer en 1887 le Montreux FC en Suisse puis le Karlsruher FC en 1889 dans le grand-duché de Bade, symbolisait à merveille cette bourgeoisie israélite qui voyait la Grande-Bretagne comme une terre de modernité et de tolérance. La synagogue sépharade de Bevis Marks n'avait-elle pas été construite à Londres dès 1700 sur un terrain offert par un quaker « avec des poutres données par la reine Anne[72] » ? Cette situation offrait un saisissant contraste avec une France qui, au temps de l'affaire Dreyfus, subissait les ravages de l'antisémitisme.

Quelle que fût la confession des convertis au football, la virilité était également en jeu. Toujours prêt à relever un défi, impavide devant le danger, *fair-play* dans la défaite, l'Anglais incarnait une figure que la littérature avait popularisée, Jules Verne la portant à son zénith avec l'aventureux mais flegmatique Phileas Fogg, le héros du *Tour du monde en 80 jours* (1872). D'une certaine manière, l'appétence pour le sport en général et le football en particulier répondait aux questions posées par ce que d'aucuns ont appelé la « crise de l'identité masculine ». Le développement de l'enseignement secondaire féminin, l'apparition des premières femmes médecins, avocates ou professeurs, les débuts de la tertiarisation de l'économie favorisant l'entrée des femmes dans le monde du travail, auraient suscité la crainte de voir la « domination masculine » menacée. Une féminisation du monde se serait amorcée, suscitant les fantasmes littéraires d'un Zola, âpre à dépeindre des mangeuses d'hommes dont Nana, la courtisane, constituerait l'archétype[73].

Un vaste mouvement de réaction aurait répondu à cette évolution, se focalisant sur la virilisation de l'éducation masculine dont la création des boy-scouts aurait été un vecteur. À cette aune, la vogue des sports collectifs comme le *soccer* révélerait la « nostalgie des rites d'antan où l'épreuve virile confortait leur identité[74] ». Les hommes communiant dans l'affrontement sportif et les libations d'après-match, alors communes dans le football, ne seraient au fond que des jeunes gens luttant pour préserver leur virilité.

Émergeait par ailleurs une culture corporelle nouvelle. Dès les années 1870, les joueurs anglais portaient de longs shorts de flanelle et de hautes chaussettes. Importées sur le continent par des Anglais négociants en textile et souvent footballeurs eux-mêmes comme les frères Tunmer à Paris, les tenues de footballeurs, souvent colorées ou rayées, introduisaient une petite révolution dans l'ordre vestimentaire masculin. Foin des uniformes des sociétés de gymnastique et vive la rayure qui est « non seulement signalétique, mais aussi hygiénique (elle touche le corps), ludique, estivale, jeune, dynamique[75] ». Ainsi, le maillot rayé comme celui de la Juventus de Turin (noir et blanc), de l'Inter Milan (noir et bleu) de l'AC Milan (rouge et noir) caractérisait l'homme qui « se situe en marge de la société, où il retrouve le clown, le saltimbanque, l'homme de théâtre et tous ceux qui se donnent en spectacle[76] ». On connaît toutefois très mal l'histoire des couleurs sportives, et notamment du choix de tel ou tel maillot. La Juventus adopta ainsi les rayures verticales noires et blanches presque par hasard. La première « casaque » *juventina* fut confectionnée dans un coupon de coton rose dont le père d'un des membres, commerçant en produits textiles, ne voulait plus[77]. Et lorsqu'il s'agit de remplacer ce premier jeu de maillots usés, un coéquipier anglais passa commande à un négociant de Nottingham qui aurait expédié les couleurs immédiatement à disposition, les rayures verticales blanches et noires du club local de Notts County, aux jeunes Turinois. Le nouveau maillot fut adopté et conservé[78]. Au reste, il se conformait mieux aux codes chromatiques de la société bourgeoise du XIXe siècle : « Seuls le noir et le blanc étaient considérés non seulement comme des couleurs "morales", mais aussi comme des couleurs salubres[79]. »

La virilité était toutefois renforcée par le port de brodequins cousus dans un cuir épais et pouvant peser jusqu'à 500 grammes et les épais protège-tibias, lointains héritiers des cnémides, les jambières des hoplites grecs. Jusque dans les années 1920, ces équipements ainsi que les enveloppes de cuir et les chambres à air qui constituaient les ballons de football furent surtout des produits d'importation britannique. Un commerce juteux à propos duquel l'entrepreneur William Shillcock affirmait « que la fourniture de ballons de football était une "grande et profitable industrie"[80] ». La firme Shillcock, installée à Birmingham, vendait entre 40 000 et 50 000 ballons de football par an.

Quoi qu'il en soit, le football favorisait une pratique beaucoup plus libre que la gymnastique scolaire d'inspiration hygiénique ou militaire dispensée en rang dans les écoles et les lycées. Il postulait aussi une autonomie plus grande de l'individu que dans des sociétés de gymnastique structurées sur un modèle martial et national. Il encourageait l'initiative et l'adaptation à un ordre mouvant et en perpétuelle réorganisation.

Les entraîneurs britanniques ou les initiés enseignèrent les rudiments techniques et tactiques aux néophytes. Mais ces derniers approfondirent également leur savoir *via* des manuels parus dans des collections de vulgarisation alors en plein essor. L'économie générale du jeu, les lois du football, la préparation des joueurs mais aussi la spécificité des postes y étaient présentées à l'aune de l'étalon sportif britannique. À l'évidence, le football se limitait à un ensemble de savoirs techniques qu'il s'agissait de s'approprier et de perfectionner. Tout n'allait cependant pas de soi. L'usage du corps le plus singulier était celui de la tête dont l'emploi, dans des cultures reposant sur une conception dualiste corps/esprit, s'avérait problématique. Le coup de tête, donné avec le siège du cerveau et de la raison, devait être justifié et expliqué. Les auteurs cherchaient donc à prouver tant son bien-fondé que son innocuité. Un manuel publié par Larousse en 1912 ne cachait cependant pas ses réticences : « La tête a son rôle dans le jeu d'Association. Elle remplace les mains, obstinément reléguées au rang de première inutilité. Elle les remplace mal, d'ailleurs, et ce n'est pas une des moindres bizarreries de l'esprit humain d'avoir supprimé l'usage des bras et des mains, pour leur substituer celui de la tête. » Il n'empêche, nécessité faisait loi : « Quoi qu'il en soit, poursuivaient les auteurs, la tête s'entraîne comme les autres membres, si bien même que nous avons vu des têtes réussir fort adroitement des buts que les pieds eussent certainement manqués. D'un coup de coin, le ballon vint frapper la tête d'un joueur, de qui la riposte fut, malgré le gardien de but surpris, l'engouffrement du ballon dans le filet.

Pour entraîner la tête, on lance à deux mains le ballon à un joueur qui, de son chef, le renvoie vers un point fixé d'avance. Les progrès de cet entraînement sont assez lents car la nécessité de baisser la tête, pour recevoir le ballon, laisse forcément au hasard une grande part dans l'endroit exact où il doit frapper[81]. » De l'autre côté de l'Atlantique, le geste suscitait également une certaine appréhension, même si un manuel uruguayen de 1911 le tenait pour « l'une des grandes ressources du jeu du football[82] » – à condition bien sûr de savoir *utilizar la cabeza*. Il convenait toutefois de prévenir le danger que représentait la lutte de deux joueurs pour frapper le ballon le premier, ce qui pouvait « produire un fort choc entre les têtes » en question. Pour ce faire, les joueurs devaient lutter épaule contre épaule.

S'il suscita des interrogations sur la violence qu'il impliquait, le football rencontra aussi des résistances. En Allemagne, le jeu fut stigmatisé comme un produit d'importation susceptible de corrompre la jeunesse. Depuis la défaite d'Iéna, un puissant mouvement gymnique, d'abord combattu puis officialisé, avait été créé par Friedrich Ludwig Jahn. Convaincu que « les anciens Germains avaient déjà concouru dans des exercices sportifs afin de montrer leur nature mâle et leur virilité[83] », il avait intégré les exercices physiques dans un système festif célébrant la nation. Le mouvement de Jahn avait ainsi largement participé à la nationalisation des masses pré-, puis post-unitaires. À la veille de la Grande Guerre, le Deutsche Turnenschaft, la grande organisation de gymnastique allemande, comptait un million de membres, soit plus que le SPD, le Parti social-démocrate – pourtant la plus grande formation politique du pays. Entamant son chemin dans un collège de Brunswick en 1874, le football dut donc compter avec le maître des lieux. Certes, quelques clubs actuels, Munich 1860 ou

Ulm 1846, sont les surgeons de sociétés de gymnastique. Mais comme d'autres clubs de France ou d'Italie, les dirigeants du Turnen se battirent pour briser l'expansion de cet *englischer Sport* et de son organisme directeur, le Deutscher Fussball-Bund (DFB) fondé en 1900. Ainsi fallut-il attendre 1910 pour que les autorités militaires laissent jouer les footballeurs sur les places d'armes, malgré le goût du Kronprinz pour le jeu, et 1913 pour qu'il soit autorisé dans les écoles bavaroises. Pourtant, les employés, les étudiants et les membres de la bourgeoisie juive qui composaient ses premiers dirigeants s'étaient évertués à germaniser le jeu. Unis « par leur désir d'intégration sociale[84] », ces outsiders sociaux n'hésitèrent pas à donner une connotation militaire au jeu en appelant le capitaine de l'équipe le *Spielkaiser* et en décrivant à l'envi le terrain de jeu comme un champ de bataille où « l'objectif est que la balle arrive dans le "territoire ennemi" et que le gardien de la "forteresse" soit inquiété[85] ». Les résultats furent inégaux, bien qu'avec 200 000 membres le DFB fût en 1914 la principale fédération de football d'Europe continentale. Mais la guerre consacrerait les efforts de ses membres.

Une autre forme de résistance consista à refuser le monopole des Britanniques en nationalisant le jeu. L'Argentine se présenta aux avant-postes de ce combat culturel. Jusqu'en 1906, la fédération argentine conserva l'anglais pour langue officielle ; de même, la grande équipe du début du siècle fut celle des Alumni, créée à partir d'une des écoles britanniques les plus huppées de la ville. Dans le même temps, le football se popularisait, contribuant à l'amalgame du million d'immigrants débarqués à Buenos Aires entre 1901 et 1910. En 1907, plus de 300 clubs-équipes avaient essaimé[86], contribuant à forger une identité et à soutenir la solidarité des *barrios* populaires. Naquirent alors la plupart des grands clubs contemporains : River Plate

(1901), Racing Club (1903), Argentinos Juniors (1904), Boca Juniors et Independiente (1905), San Lorenzo (1908) et Vélez Sarsfield (1910). La victoire du Racing dans le championnat 1913 parut consacrer cette créolisation du football et la fin de la domination britannique. Mais il fallut attendre les années 1930 pour que le terme *fútbol* se substitue à football.

En Italie, la nationalisation linguistique fut plus rapide. La Federazione Italiana Football, née à Turin en 1898, fut rebaptisée en 1909 Federazione Italiana del Gioco del Calcio[87]. Même si des mots anglais ou français comme « mêlée », « pelouse » émaillaient encore les commentaires sportifs, des termes italiens commençaient à être employés. La presse sportive des années 1910-1920 publiera d'ailleurs force glossaires destinés à traduire dans la langue de Dante les mots étrangers.

Enfin, le football put être adopté dans un projet de résurrection nationale comme en Galicie où eurent lieu les débuts du football polonais. Notons à ce propos que les prémices du football ne furent pas exclusivement liées à un contexte industriel ou commercial, ou à la présence d'une communauté anglaise ou helvétique. Ainsi, le premier football polonais fut inventé à Cracovie et à Lemberg, alors partie de la Galicie autrichienne, dans une cité avant tout universitaire et culturelle. Il fut introduit à Cracovie par Henryk Jordan, un professeur de l'université Jagellon qui voyait « dans l'éducation physique de la jeunesse un moyen de la préparer au combat pour l'indépendance de l'État polonais[88] ». Il ouvrit en 1890 un parc spécifiquement dédié aux exercices et au football dont il traduisit les règles. Toutefois, le jeu restait encore assez informel puisque au Jordanpark les terrains n'étaient délimités ni par des lignes, ni par des buts. Mais là encore, le football, instrument de résistance culturelle, postulait la confrontation avec l'étranger.

La première internationale du ballon rond

Le football international naquit sous deux formes : des matchs entre clubs appartenant à des fédérations différentes d'une part et entre formations représentant ces dernières de l'autre. La première rencontre opposant des équipes « nationales » mit aux prises l'Angleterre et l'Écosse le 30 novembre 1872 sur le terrain du West of Scotland Cricket Club à Patrick, près de Glasgow. Elle s'acheva sur un score de 0 à 0. Dès 1878, ce type de match pouvait attirer près de 20 000 spectateurs dans la métropole industrielle écossaise[89]. L'année suivante, les footballeurs anglais rencontraient l'équipe du pays de Galles et, en 1882, celle d'Irlande. Dès lors, la saison internationale britannique s'organisa autour de rencontres opposant les quatre équipes des fédérations britanniques dans le British International Championship. Ainsi s'établit une hiérarchie sportive dominée par l'Angleterre et l'Écosse (qui fournissait aux équipes anglaises leurs meilleurs techniciens).

Toutefois, la Football Association n'avait pas posé de bornes géographiques à son champ d'action. Dès ses débuts, la FA Cup avait accueilli le club écossais de Queen's Park. En demi-finale de la première édition, après un premier match nul contre les Wanderers, l'équipe de Glasgow, trop pauvre pour descendre en train à Londres disputer une seconde rencontre, dut déclarer forfait. Les contraintes logistiques et financières limitèrent ainsi les prétentions britanniques de la FA[90]. Bien vite, le football sut aussi flatter le nationalisme, en particulier en Écosse. De 1872 à 1914, l'équipe écossaise remporta 17 victoires, fit 12 matchs nuls et subit 13 défaites dans ses confrontations avec son homologue anglaise. À la veille de la Grande Guerre, la venue de cette dernière attirait plus de 100 000 spectateurs à

Ibrox, au Celtic ou à Hampden Park. C'est d'ailleurs au cours d'un Écosse-Angleterre que se produisit la première grande catastrophe du football. « Le 5 avril 1902, à l'Ibrox Park de Glasgow, une section des tribunes en bois s'effondra [...], causant la chute de spectateurs d'une hauteur de 15 mètres. Vingt-sept personnes furent tuées et plus de 500 blessées. Le match ne fut pas arrêté pour autant et, selon un témoin, ni "même les cris des mourants, ni la vue de membres brisés ne purent détourner l'attention de cette foule rendue folle de football de regarder son sport bien-aimé"[91]. » Sans doute, les matchs disputés contre l'*auld enemy* s'inséraient parfaitement dans la problématique de l'Écosse victorienne et édouardienne. De vieux comptes politiques se réglaient sur les pelouses, d'autant que le terrain de football permettait de battre régulièrement une puissance économique et politique dominante. De surcroît, le match international réunissait, quand l'*Old Firm* divisait et contribuait à renforcer les fractures de la société écossaise[92]. Afin de veiller à l'uniformité des règles, une instance spécifique, l'International Football Association Board (IFAB), fut créée en 1882. Réunissant les représentants des fédérations britanniques, elle tint sa première séance le 2 juin 1886.

Alors que le football avait été introduit sur le continent à partir des années 1870, les premières fédérations nationales furent en général fondées deux décennies plus tard. Ainsi, la fédération néerlandaise vit le jour dès 1889, son homologue italienne en 1898, allemande en 1900, hongroise en 1901 et autrichienne en 1904. À cette date, le football français, dépourvu de fédération unique, était représenté sur le plan international par l'Union des sociétés françaises de sport athlétiques créée à la fin des années 1880 par Georges de Saint-Clair et Pierre de Coubertin. Dès la décennie suivante se déroulaient les premiers matchs internationaux. Ils opposaient des « teams » britanniques « invitées » sur le continent à des formations autochtones, ou plus simplement à des clubs européens. L'un des plus célèbres, le Corinthian Football Club, fondé en 1882 à Londres, se voulait le représentant du pur amateurisme. Les Corinthians, composés des meilleurs ex-joueurs des *public schools* et d'Oxbridge, ne participaient à aucune compétition que ce fût (League ou FA Cup) et ne livraient que des matchs amicaux, notamment à l'étranger. Ils n'en demandaient pas moins la somme rondelette de 150 livres pour se déplacer.

L'Allemand Walther Bensemann fut sans conteste l'un des continentaux qui déployèrent le plus de zèle pour faire traverser la Manche à des équipes anglaises. En octobre 1899, il vint démarcher en personne le comité de la Football Association pour que celle-ci accepte d'envoyer une équipe en Allemagne. Sa maîtrise de la langue anglaise et le versement sur ses propres fonds d'une indemnité de 200 livres encouragèrent les dirigeants anglais à accepter[93]. Au cours de la tournée organisée au mois de novembre suivant, la sélection anglaise composée d'amateurs et de professionnels écrasa sans pitié les équipes qui lui étaient opposées (13-2 et 10-2 à Berlin, 8-0 à Prague face à une équipe mixte austro-tchèque et 7-0 à Karlsruhe dans la ville de Bensemann), mais les joueurs allemands avaient pu constater, selon le périodique sportif *Spiel und Sport*, que les Anglais « frappaient rarement la balle avec leurs orteils [c'est-à-dire d'un pointu], mais presque toujours avec l'intérieur ou l'extérieur de leur chaussure[94] ». Les voyages des insulaires formaient donc la jeunesse continentale, qui commençait elle aussi à se rencontrer. En décembre 1898, une sélection de joueurs allemands où figurait le futur secrétaire général de la FIFA, Ivo Schricker, avait battu 7 à 0 l'équipe parisienne et britannique des White Rovers sur leur terrain de Bécon-les-Bruyères.

Il fallut cependant attendre les dix premières années du XXe siècle pour que se développent les rencontres entre équipes nationales sur le continent. Le 12 octobre 1902, le premier match opposant deux sélections nationales continentales fut disputé à Vienne. Le match entre les deux nations placées aux commandes de la double monarchie s'acheva sur une victoire sans appel de l'Autriche sur la Hongrie (5-0). Les deux équipes prirent le pli d'une rencontre biannuelle à Vienne et Budapest. Deux ans plus tard était disputé le premier match opposant la Belgique à la France le 1er mai 1904 à Bruxelles. Devant plus de 2 000 spectateurs, il s'acheva sur le score de 3 buts partout, quelques semaines avant la fondation de la Fédération internationale de football association (FIFA) à Paris.

Ces rencontres avaient été organisées dans un contexte de frémissement internationaliste et pacifiste que stimulèrent la conférence de la Paix de La Haye en 1899 ou la parution, en 1901, de *The Great Illusion*, un ouvrage de Norman Angell qui dénonçait la guerre. Depuis 1894 et le congrès de Paris, l'olympisme avait été exhumé et rétabli pour la première fois en 1896. Dès 1902, le secrétaire général de la fédération hollandaise lançait les premières démarches pour essayer d'organiser le football international. Son effort était relayé par le trésorier de l'USFSA, Robert Guérin, rédacteur au quotidien *Le Matin*. Un projet de traité était évoqué, prévoyant que « les fédérations se reconnaissent mutuellement comme étant les seules fédérations régissant le sport du football association dans leurs pays respectifs ». Finalement, le congrès constitutif de la FIFA intervint le 21 mai 1904 à Paris au siège de l'USFSA. L'USFSA, les fédérations belge, hollandaise, suisse, danoise, allemande, suédoise et le Madrid FC, auquel allait être accolé plus tard l'épithète de Real[95], en constituaient les organismes fondateurs.

La FIFA naissait du besoin d'ordonner l'internationalisation du football tant du point de vue de la circulation des joueurs que de l'organisation des matchs entre équipes étrangères. En effet, selon ses statuts, elle avait « pour but de régler et de développer le football international » (art. 2) et se réservait « le droit d'organiser un championnat international » (art. 9)[96]. Dès 1905, un projet de championnat d'Europe fut présenté. Sa phase finale se déroulerait à la Pentecôte, après des matchs éliminatoires organisés au sein de quatre groupes de qualification, les équipes représentatives devant être exclusivement composées de nationaux[97]. Ses promoteurs dessinaient ainsi le principe et l'architecture d'une vraie compétition internationale prolongeant la dualité de l'internationalisme sportif du début du siècle : d'un côté, le désir de multiplier les rencontres sportives internations et de renforcer la coopération et la compréhension entre les peuples ; de l'autre, la volonté d'organiser une confrontation permettant d'établir une hiérarchie des nations selon leurs mérites athlétiques. En ce sens, la FIFA rompait avec le cosmopolitisme du premier football, en imposant notamment aux joueurs de demander l'autorisation de leur fédération d'origine pour s'engager dans un club étranger.

Dès 1906, la Football Association entrait dans la FIFA et un président anglais, Daniel Burley Woolfall, remplaçait Robert Guérin. Ces éléments ne signifiaient cependant ni que la volonté des inventeurs du jeu serait toujours respectée, ni que la jeune organisation serait exempte de conflits politiques. L'article 10 des statuts adoptés le 21 mai 1904 et les révisions apportées par le congrès d'Amsterdam en 1907 situaient en effet l'action de l'organisation du football dans un cadre strictement étatique et donc politique, puisqu'il était désormais précisé que la Fédération ne serait composée que de « fédérations contrôlant le football association dans leurs pays respectifs ». La règle plaçait les États multinationaux dans une situation singulière, l'association nationale acceptée ou refusée par la FIFA pouvant devenir, ou non, un vecteur de la reconnaissance des nationalités. L'Autriche-Hongrie illustra la difficulté que suscitait l'adoption du modèle de l'État-nation comme cadre des échanges sportifs internationaux. La fédération de Bohême, en effet, posa sa candidature en 1906 au congrès de Berne qui décida, pour un an, de reconnaître trois associations : l'Autriche, la Hongrie et la Bohême. Or cette dernière ne représentait qu'une partie de la Cisleithanie, la partie allemande de l'Empire, et en aucune manière, encore, un « pays ». Aussi, après protestation des Autrichiens, l'adhésion tchèque fut annulée au congrès de... Vienne en 1908, alors que le premier club de Bohême, le Deutscher Fussball Club Prag, fondé par des étudiants juifs allemands de la ville en 1896, avait adhéré au DFB. Le premier président de la fédération allemande fut d'ailleurs Ferdinand Hueppe, celui du club pragois. Le cosmopolitisme initial du football avait vite cédé la place aux revendications des nationalités.

Le problème national se posa en sens inverse pour les fédérations britanniques. Après l'entrée de la FA au sein de la FIFA en 1906 fut débattue la question de l'acceptation des trois autres associations britanniques. Allemands et Autrichiens s'opposant à une entrée qui constituerait un « dangereux précédent » pour les pays comptant plusieurs associations, le quorum des 2/3 de voix favorables ne fut pas atteint pour les déclarer membres. Finalement, c'est au congrès de Milan en 1910 que fut exprimé « le vif désir » de voir adhérer à la Fédération les associations d'Irlande, d'Écosse et du pays de Galles. La définition d'un « pays » se décidait donc au cas par cas.

Toutefois, même si les délégués au congrès ne représentaient que leur association et non leur État, les débats qui agitèrent les congrès avant 1914 montrèrent que certaines fédérations continentales entendaient secouer l'hégémonie de la FA et, par là même, la domination britannique dans le champ sportif. De nombreuses associations d'outre-mer, comme les fédérations chilienne ou argentine, s'affiliaient à la fédération anglaise, ce que cette dernière justifiait par la volonté « d'aider le jeu ». Elles furent invitées à devenir membres de la FIFA et, pour certaines, à unir leurs efforts sur un même territoire (congrès de Stockholm en 1912). Finalement, les questions débattues au congrès de Copenhague en 1913 résumaient bien le contenu indirectement politique découlant de la définition d'un « pays » et des privilèges accordés aux associations britanniques. Les congressistes s'affrontèrent en défendant deux positions antagonistes : d'un côté, le baron de Laveleye, le délégué belge, soutenu par Henri Delaunay, le représentant français, désirait maintenir les droits de la FA ; de l'autre, Hefner, envoyé de la fédération allemande, dénonçait les privilèges de la FA qui contrevenait au principe d'égalité régissant « en théorie » le fonctionnement de la FIFA, alors même que l'association anglaise ne cessait de freiner, voire de « stopper les efforts » des associations continentales. Un pays neutre protégé par l'Angleterre et un partenaire de « l'Entente cordiale » contre la puissance montante de l'Europe désireuse d'être traitée sur un pied d'égalité avec le Royaume-Uni : les débats traduisaient aussi les tensions interétatiques qui menaçaient alors le continent, sans pour autant emprunter une tournure ouvertement politique. En fin de compte, les prétentions britanniques furent limitées par le vote d'une motion précisant qu'une « association ou un club établis sur le territoire d'un pays non affilié à la FIFA ne seront pas autorisés à être affiliés à une association nationale membre de la FIFA ».

Matchs olympiques et inter-nations

Restait à organiser une compétition internationale. Au moment de la création de la FIFA, seuls les Jeux olympiques, encore balbutiants, offraient un cadre à un tournoi. De fait, le football association fut invité, comme son rival le football rugby, aux premières Olympiades. Cependant, ce ne fut qu'à partir des Jeux de Londres de 1908 que de véritables équipes nationales disputèrent le tournoi olympique. De plus, les premiers matchs furent plus proches de l'exhibition que d'un véritable championnat. Ainsi, aux concours d'exercices physiques et de sports organisés pour l'Exposition universelle de 1900, c'est-à-dire les Jeux de Paris, seules trois formations – anglaise, française et belge – représentant les sociétés sportives de l'Upton Park Football Club, du Club français et du Léopold Football Club, se présentèrent, « les Allemands et les Suisses, pour des raisons diverses, n'ayant pu amener une équipe[98] ». Nul vainqueur final ne fut proclamé, car l'équipe française fut la seule à disputer les deux rencontres finalement inscrites au programme. Toutefois, selon le rapport officiel, le « public ne resta pas indifférent à ces deux matchs[99] », puisque 500 spectateurs virent l'Upton Park, « société de force honorable », battre le Club français par 4 buts à 0, 1 500 personnes accourant pour soutenir celui-ci « entièrement [composé] de joueurs de nationalité française » et assister à sa victoire face à l'équipe belge sur le score de 6 buts à 2. Ces affluences faisaient bonne figure au regard du nombre de spectateurs qu'attiraient les matchs nationaux de cette époque de pionniers : trois ans plus tard, la finale du championnat de France opposant le RC Roubaix au Racing Club de France ne réunit que 2 000 personnes[100]. Ces chiffres étaient bien éloignés des démonstrations de gymnastique ou des compétitions cyclistes qui, dans le stade-vélodrome de Vincennes où se produisirent les footballeurs, avaient rempli une enceinte construite pour recevoir 40 000 personnes[101]. Le tournoi de football association n'était donc qu'une discipline parmi d'autres dans le capharnaüm du sport que furent les Jeux parisiens ; il subit, de surcroît, la rude concurrence du football rugby.

Alors qu'en 1904 les Jeux de Saint Louis étaient remportés pour le football par l'équipe canadienne du Galt FC, et que l'Olympiade intermédiaire d'Athènes en 1906 vit la victoire finale de la formation danoise par 9 à 0 contre l'équipe athénienne[102], ces tournois ne marquèrent guère les annales sportives. En août 1923, Carl A. W. Hirschman, secrétaire général de la FIFA, écrivit même au marquis de Polignac, secrétaire du CIO, pour lui demander de lui communiquer les résultats des « Olympiades précédentes de celle de Londres[103] ».

Une première étape vers l'organisation d'un championnat réunissant des équipes nationales fut franchie avec le tournoi olympique des Jeux de Londres en 1908, organisé sous l'égide de la Football Association. La compétition « réservée aux amateurs[104] » devait accueillir au pays du professionnalisme 8 équipes mais, « en raison de troubles politiques dans les Balkans », euphémisme désignant l'annexion de la Bosnie-Herzégovine par l'Empire austro-hongrois, la Hongrie et la Bohême « avaient dû déclarer forfait[105] ». Ne restaient plus en lice que 6 formations : France A et B, Suède, Danemark, Hollande et Grande-Bretagne. Le tournoi se révéla tragi-comique pour les deux équipes françaises engagées : l'équipe B fut battue au premier tour 9 à 0 par le Danemark avant que l'équipe A ne subisse un revers encore plus cuisant : 17 à 1 en demi-finale contre la même équipe danoise ! D'autres écarts importants furent réalisés par l'équipe strictement amateur du Royaume-Uni, qui surpassa la Suède 12 à 1 au premier tour. Ces fortes différences de niveau ne pouvaient hisser le tournoi au faîte du championnat international dont rêvaient les fondateurs de la FIFA. Toutefois, deux aspects de la compétition se plaçaient sous de plus réjouissants augures. Premier signe : les équipes nationales, si faibles qu'elles fussent, étaient de vraies sélections amalgamant des joueurs provenant de différentes équipes, alors que la finale n'était remportée par les Britanniques que sur le score de 2 buts à 0. Second signe : la prestation des Danois, qui avaient, selon le rapport officiel, « montré vigueur et détermination » et « joué bien mieux collectivement » que les footballeurs insulaires[106], semblait indiquer que les joueurs du continent, au moins chez les amateurs, commençaient à rattraper le fossé technique et tactique qui les séparait de leurs maîtres anglais. La finale suivie par 8 000 spectateurs constituait, enfin, un succès d'audience à l'échelle des Jeux olympiques. Mais à l'aune du développement atteint par le football en Grande-Bretagne, il ne s'agissait que d'un public clairsemé, tout juste digne d'un match secondaire de la Coupe d'Angleterre : dès 1896, en effet, le match Derby County-Aston Villa attirait pour le premier tour de la compétition plus de 27 000 spectateurs, alors que l'année suivante, la finale se disputait dans le stade de Crystal Palace de Londres devant plus de 50 000 personnes[107]. Par conséquent, lors des quatre premières Olympiades, « l'association » ne fit encore que de la figuration.

La situation évolua véritablement à partir de 1912 et des Jeux olympiques de Stockholm. Sur tout le continent européen, en effet, le football accomplissant sa mue sortait du statut de sport réservé à la bourgeoisie ou à une élite cosmopolite pour se répandre dans la petite-bourgeoisie, voire le prolétariat. En Allemagne, le football, désormais bien implanté dans les grandes villes, était pratiquement « nationalisé », notamment dans la nouvelle élite des avocats, des ingénieurs ou des médecins et chez une partie des employés[108]. En Italie, le titre de champion se joua à partir de la saison 1912-1913 entre le représentant des formations septentrionales et celui des équipes du Centre-Sud[109], alors que l'équipe nationale avait commencé à disputer des matchs internationaux en 1910. Ces derniers attiraient des affluences satisfaisantes pour ce premier âge des foules sportives. Le 26 mai 1910, pour sa seconde apparition, la *squadra azzurra*, la couleur de la dynastie savoyarde, se rendit à Budapest pour rencontrer la Hongrie et perdre devant un public de 15 000 personnes en partie féminin[110].

C'est donc dans ce contexte de trajectoire ascendante que se déroula le tournoi des Jeux de Stockholm. La FIFA, tout d'abord, fut consultée sur l'organisation de la compétition. Dès 1911, la question de l'admission des fédérations provoqua un échange de correspondance entre le secrétaire général de la FIFA, Hirschman, son collègue du comité d'organisation des Jeux, Hellström, et le secrétaire de la fédération suédoise, Kornerup. Ce problème n'était pas anodin : il mettait en jeu tout à la fois l'un des principes cardinaux de la FIFA – ne reconnaître qu'une association par pays – et une autre disposition contradictoire : le privilège accordé aux Britanniques par la Fédération internationale de disposer de quatre équipes nationales représentatives. Désireuse de rétablir l'égalité des droits, la fédération allemande entendait, selon Kornerup, envoyer au moins deux formations, alors que pour « la bonne organisation du tournoi olympique, [les Suédois] ne souhaitaient pas voir plus d'une équipe par association participer à la compétition[111] ».

Finalement, chaque État représenté par son comité olympique, y compris la Grande-Bretagne, ne dépêcha en Suède qu'une seule équipe. Au total, le tournoi réunit 11 participants[112], parmi lesquels figuraient de nouveaux venus tels que la Russie, la Finlande ou l'Italie. La compétition emprunta ainsi la forme implicite d'un championnat FIFA puisque « seules les nations et associations affiliées à la Fédération internationale de football association étaient autorisées à inscrire des équipes ». La candidature de la fédération de Bohême fut par conséquent rejetée, l'association n'appartenant pas à la Fédération[113]. Les règles sportives épousaient ainsi les réalités géopolitiques.

Tout en se fondant dans l'internationalisme olympique, le tournoi servit de cadre à l'affrontement symbolique des nations. Les blasons et autres symboles nationaux largement déployés sur les maillots et poitrines des joueurs, comme l'aigle impériale germanique[114] ou l'Union Jack, renforçaient, par exemple, la métaphore guerrière qui commençait, dès avant la Première Guerre mondiale, à être associée au football, notamment en Allemagne où « la personnalité du footballeur idéal s'apparentait au soldat moderne[115] ». Au terme de ces joutes continentales, l'équipe britannique remporta la médaille d'or, confirmant derechef la supériorité des inventeurs du football sur les continentaux. Toutefois, son adversaire, encore le Danemark, bien qu'affaibli par l'absence de trois titulaires et la blessure d'un joueur qui l'obligea à disputer une partie du match à dix, « tomba avec les honneurs et en n'ayant pas été particulièrement favorisé par la Fortune[116] ». Surtout, le tournoi, disputé sur trois terrains différents, fut un succès populaire : le match du premier tour Hollande-Suède attira plus de 14 000 spectateurs alors que la finale Grande-Bretagne-Danemark en rassemblait 25 000[117]. Dans la perspective des Jeux de Berlin en 1916, certaines fédérations fourbissaient leurs armes. L'Autrichien Hugo Meisl, né en 1881 et issu de la classe moyenne israélite viennoise, alors secrétaire général de la fédération autrichienne, fit engager un entraîneur anglais, Jimmy Hogan, qui avait appris le jeu à l'écossaise au cours de sa carrière effectuée dans des équipes du Lancashire. Meisl et Hogan s'accordaient sur la nécessité de posséder une technique individuelle irréprochable et de mettre en place un savant jeu de passes pour déstabiliser l'adversaire. Dès l'immédiat après-guerre, le style viennois et les équipes d'Europe centrale seraient les premières à maîtriser véritablement le football et à décliner un « style national ».

En tout cas, la fascination du football devenait un ingrédient du succès populaire et financier des Olympiades. Hors du Royaume-Uni, où le stade de Crystal Palace pouvait déjà contenir plus de 110 000 personnes, il fallait désormais construire des enceintes accueillant dans de bonnes conditions plusieurs dizaines de milliers de supporters. C'était d'ailleurs, selon le rapport officiel des Jeux de Stockholm, l'un des vœux des organisateurs puisque « toute personne qui [avait payé] pour voir les matchs pouvait être certaine de pouvoir disposer d'une bonne vue du terrain de jeu, qu'elle occupât une place assise dans les tribunes ou debout dans les gradins[118] ». Cet impératif se conformait à l'un des principes cardinaux de l'architecture sportive du début du XXe siècle répondant aux premières nécessités du sport-spectacle : la visibilité[119]. Ainsi, avec les Jeux olympiques de Stockholm, le football continental avait accompli un pas essentiel vers le statut de spectacle de masse, dont le succès reposait sur l'affrontement balle au pied de deux équipes de onze joueurs portant les couleurs et défendant l'honneur (sportif) des nations. En 1913, la FIFA était admise au sein de l'International Board et, en juin 1914, le congrès de la FIFA organisé à Christiania (Oslo) tirait les conclusions de ce succès en entérinant la résolution suivante : « À condition que le Tournoi Olympique de Football ait lieu en conformité avec le Règlement de la FIFA, celle-ci reconnaîtra ce tournoi comme championnat du monde de football pour amateurs[120]. » La guerre, toutefois, obligea à ajourner le projet.

3
De la guerre totale au spectacle des masses

Les Années folles n'ont pas seulement été celles du jazz, de la garçonne ou de l'avant-garde artistique. Elles ont aussi été celles du sport-spectacle, et plus particulièrement des foules et du football. Des foules qui remplissent de nouvelles enceintes qui, comme celle de Wembley inaugurée à Londres en 1923, peuvent accueillir plus de 126 000 spectateurs. Des masses animées par une passion débordante devenant, aux yeux des autorités, une menace pour l'ordre public sur les deux rives de l'Atlantique. Des centaines de milliers de spectateurs s'identifient à des styles nationaux imaginés partiellement par une presse sportive en plein essor. Ces représentations contribuent au succès des traditions sportives inventées que sont les championnats nationaux ou les coupes, alors que l'horizon international du football s'élargit.

Un football transatlantique apparaît quand les joueurs uruguayens et argentins partent à la découverte et à la conquête d'une Europe du ballon rond, vite fascinée par un football coloré et virtuose pour les premiers, technique et esthétique pour les seconds. La naissance de la dyarchie Europe-Amérique du Sud, alors que les fédérations britanniques choisissent de se retirer dans un « splendide isolement » en quittant la FIFA, transforme la géopolitique du football. Sans doute cet élan de dix ans est pour partie une reprise de l'essor du football international d'avant 1914, que la psychologie collective de l'après-guerre, notamment le désir de se plonger dans le vertige du sport pour oublier, vient aiguillonner. De même, l'essor économique et social des pays neufs d'Amérique a largement bénéficié au football, qui, en Uruguay en particulier, a pris une dimension patriotique et politique. Mais il convient de revenir d'abord sur le rôle de la Grande Guerre dans le développement du football. Une guerre totale dans laquelle le ballon rond a aussi trouvé sa place.

Les poilus footballeurs

« Parmi les innombrables trophées du conflit mondial, il en est sans doute peu d'aussi typiquement curieux que le ballon de football actuellement exposé dans la salle d'honneur des casernes de Kingston, près Londres *[sic]*. Cette sphère de cuir a joué brillamment son rôle inconscient dans une aventure dont l'équivalent ne se rencontre guère dans les annales guerrières. À l'époque, quelques-uns de nos journaux en avaient reproduit le récit, d'après les confrères d'outre-Manche. Mais – avouons-le sincèrement – la plupart d'entre nous, attribuant la soi-disant anecdote à l'imagination très fertile d'un reporter en mal de copie, ne l'avaient accueillie qu'avec le légendaire grain de sel. Or, je puis en donner ici la formelle assurance, tout y était d'une rigoureuse exactitude[1]. »

Moins d'un an après l'offensive de la Somme, Victor Breyer, l'une des plumes les plus connues du journalisme sportif français, alors interprète auprès du corps expéditionnaire britannique, célébrait, en juin 1916, dans les pages de *La Vie au grand air*, un objet longtemps oublié par les historiens de la Grande Guerre : le ballon de football. Le ballon qu'évoquait Breyer avait été reproduit à plusieurs reprises dans la presse illustrée française posé sur une table couverte d'un Union Jack et entouré d'officiers britanniques lui rendant les honneurs. *L'Illustration* montrait à ses lecteurs « Le glorieux ballon » le 29 juillet 1916 et *Le Miroir*, le 6 août suivant, proposait un cliché montrant une escouade d'officiers en train d'installer la précieuse relique sur son « autel ». Elle était désignée sous le nom de « foot-ball du capitaine Noville », avec l'explication lapidaire qui suit : « Avant une attaque, le capitaine envoya le ballon chez l'ennemi. Il fut tué, mais ses hommes reprirent le ballon. »

Si l'orthographe du patronyme de l'officier était écorchée (il s'appelait en réalité Nevill), l'essentiel était dit. « Ce fait de guerre est d'une simplicité magnifique, rappelait Breyer. À l'aube du 1er juillet 1916, quand l'armée anglaise de la Somme, en liaison sur sa droite avec nos troupes, déclencha la grande offensive, une des compagnies du 8e bataillon du "East Surrey Regiment" s'offrit une fantaisie héroïque. Sous la direction de son chef, le capitaine Nevill, la compagnie partit à l'assaut en poussant le fameux ballon devant elle. Debout sur le parapet, le capitaine, à la minute fixée par le haut commandement, donna le coup d'envoi de ce match peu banal, et ses hommes électrisés par l'exemple, "dribblèrent" la balle jusqu'aux lignes allemandes, exactement comme s'il s'agissait de la rentrer dans le filet du camp adverse. Nombreux furent les participants de l'extraordinaire tournoi qui tombèrent en route... »

Selon l'historien américain Paul Fussell, « l'épopée » sportive et meurtrière du capitaine Nevill n'aurait pas été un cas isolé. L'application de « l'esprit sportif » à la guerre des tranchées consistant, selon lui, à « shooter dans un ballon en attaquant les lignes ennemies » aurait été initiée à Loos en 1915, par le 18e London Regiment en 1915, avant d'être expérimenté également sur le front turc lors de la bataille de Beersheba en Palestine en novembre 1917[2].

Bien évidemment ces actes de bravoure et de bravade restèrent très isolés, d'autant que la puissance de feu des lignes ennemies les rendaient difficiles, voire impossibles à accomplir. Ils n'en signalent pas moins la place particulière du sport en général et du football en particulier dans la culture de guerre, définie de manière générique par Antoine Prost comme « l'ensemble des formes discursives au travers desquelles les contemporains ont compris le monde en guerre dans lequel ils vivaient[3] » et interprétée, de manière plus orientée, par Annette Becker et Stéphane Audoin-Rouzeau comme un corpus de représentations innervé par le culte de la belle mort, l'esprit de croisade et la haine de l'ennemi et qui aurait perduré tout au long du conflit[4].

La représentation de la guerre comme un « grand match » que les sportifs et footballeurs devaient aussi remporter a pu sans doute alimenter l'esprit d'exécration ambiant et contribuer à la diffusion des bobards les plus absurdes stigmatisant moralement et physiquement l'ennemi. À l'image du journaliste Nino Salvaneschi du quotidien sportif milanais *La Gazzetta dello Sport* qui associait tommies et poilus dans l'exaltation de cette geste sportivo-militaire : « Dernièrement, écrivait-il en septembre 1916, des fantassins français ont encore poussé un ballon dans les tranchées ennemies. Et il y a dans ce fait, dans cette petite balle qui rebondit avec légèreté sur le terrain de la mort, quelque chose d'ironique et quelque chose de profond. Mais il y a surtout le symbole de la sérénité avec laquelle les Franco-Anglais combattent[5]. » À l'inverse, Autrichiens et Allemands auraient été dénués de tout esprit sportif ou chevaleresque puisqu'ils suivaient un règlement ordonnant « la violence pour la violence, la bestialité pour la bestialité, la honte pour la honte ».

Cependant, le football n'a été qu'un des supports des représentations associant caricature, glose sur le caractère militaire des grands gestes de l'athlétisme (le lancer du poids ou du javelot comme propédeutique au lancer de la grenade), photographies du boxeur Georges Carpentier devenu aviateur avec son chien le « Kronprinz » et glorification du pilote de chasse comme le nouvel « as » qui se substituait au champion cycliste dans le cœur des foules sportives[6]. Et, surtout, le monde du football professionnel britannique semble avoir été plutôt réticent, des joueurs aux dirigeants en passant par les supporters, à s'engager dans la bataille. Bien que la Football Association ait accepté que des campagnes de recrutement soient organisées à l'occasion des matchs professionnels, les ouvriers garnissant les travées des stades londoniens ou mancuniens furent peu nombreux à relever immédiatement les défis lancés par les affiches de propagande :

> Veux-tu devenir un
> Dur à cuire de Chelsea ?
> Si oui
> Rejoint le 17e bataillon
> Du Middlesex regiment
> « Les vieux durs à cuirs » *[sic]*
> Et suis la direction indiquée
> Par tes joueurs de football préférés[7].

Alors que les nombreux *sportsmen* des *public schools* ou de la filière Oxbridge s'engagèrent dès septembre 1914, les compétitions de football professionnel perdurèrent jusqu'au printemps 1915, la « Khaki Cup Final », c'est-à-dire la finale de la Coupe d'Angleterre en tenue militaire, étant disputée sur le terrain d'Old Trafford à Manchester par les équipes de Chelsea et de Sheffield United (0-3). En tendant le trophée au capitaine de l'équipe du sud du Yorkshire, lord Derby – qui avait en août 1914 inventé la formule des « Pals' Battalions », c'est-à-dire des unités constituées par une amicale relationnelle ou sportive, signifia aux joueurs qu'il était temps de « jouer un jeu plus dur ». Le député qui, après avoir pensé le système de conscription, succéda à Kitchener au ministère de la Guerre britannique résumait ainsi les critiques des milieux conservateurs opposés au professionnalisme, exprimées notamment par le *Times*, critiques qui n'avaient toutefois plus lieu d'être puisque à cette date 2 000 des 5 000 footballeurs professionnels que comptait l'Angleterre étaient enrôlés de même que 300 000 joueurs amateurs, essentiellement issus de la classe ouvrière, alors que le service militaire obligatoire n'était pas encore imposé[8]. L'image d'Épinal de « Tommy Atkins » est celle du soldat qui, pour reprendre les termes du général Jack, ne voyageait jamais « sans emporter avec lui des ballons de football ou sans l'énergie de shooter dedans[9] ». Cette image n'était donc pas tout à fait usurpée et allait servir à construire, dans la presse de l'Entente, la représentation du tommy bon enfant et fair-play.

En tout cas, avec la stabilisation du front à la fin de l'automne 1914, s'était posé le problème de l'organisation de la vie des soldats, notamment dans les périodes de repos. Dès le 11 novembre 1914, *L'Auto* et son bouillant directeur Henri Desgrange lançaient « L'Œuvre du ballon », une souscription ayant pour finalité d'envoyer des chambres à air et des ballons de football à ceux qui étaient en train de devenir les poilus.

Pour l'heure, la manifestation la plus visible de la pratique du football au front fut les parties informelles qui auraient été disputées dans le no man's land, voire derrière l'une des deux lignes ennemies dans le cadre des trêves de Noël. Selon l'historien américain Stanley Weintraub, « s'il n'est pas prouvé qu'un match de "footer" – football en argot – ait réellement été joué *dans* les lignes allemandes, les références au football tout le long du front des Flandres abondent[10] ». Bien souvent, ce seraient des soldats allemands ayant travaillé avant guerre en Angleterre qui auraient engagé la conversation sur les matchs de football qu'ils avaient suivis à Londres et auraient sorti les ballons de cuir pour engager une partie impromptue. Ainsi, un régiment écossais aurait battu 3-2 ses adversaires du 133e régiment saxon, ou vice-versa selon les comptes rendus britanniques ou allemands. Ceux-ci, émanant d'articles de la presse britannique, d'histoires de régiment ou de témoins déjà âgés ne brillent toutefois pas par leur précision. Même si d'autres historiens produisent pour preuve des lettres de tommies à leur famille racontant que certains soldats allemands « ont tenté d'organiser un match, mais ça n'a pas marché[11] », certains éléments de ces trêves de Noël appellent à une certaine circonspection. Tout d'abord, la plupart des témoignages mobilisés pour certifier la vérité des faits sont de seconde main[12]. Il s'agit souvent de simples spectateurs d'un match ou encore de personnes ayant entendu dire que… Par ailleurs, il est étonnant que les matchs mettent essentiellement en scène, du côté allemand, des Saxons. Dans la propagande britannique, les soldats des troupes saxonnes, bavaroises ou wurtembourgeoises sont assimilés aux « bons Allemands » qui seraient épargnés par la fièvre belliciste des Prussiens. En faire des protagonistes d'une trêve de Noël, c'est rendre l'histoire des fraternisations plus vraisemblable… et plus conforme à notre regard rétrospectif et pacifiste sur la boucherie de la Grande Guerre.

Quoi qu'il en fût, on peut supposer que les parties, lorsqu'elles eurent lieu, ont davantage ressemblé aux jeux des cours d'école qu'au match déjà élaboré des adeptes de la Football Association. Shooter dans la balle fut sans doute une autre manière de célébrer le court moment de paix offert en ce jour de Noël 1914 par la pratique d'une activité qui rappelait par excellence la quiétude des loisirs de l'avant-guerre. Les trêves de Noël signalaient en tout cas un problème fondamental : le maintien du moral des troupes. Or, selon l'historien britannique John G. Fuller, l'une des raisons pour lesquelles l'armée britannique n'a pas connu les mutineries de l'été 1917 a été sa capacité à organiser le temps libre du soldat. « Ce qui a pu être particulier à [l'armée] britannique, explique Fuller, a été l'importance du soin apporté par de nombreux officiers à fournir à leurs hommes davantage que les produits de première nécessité[13]. » Lors de leur temps de repos à l'arrière du front, les tommies ont pu accéder à des cantines fournissant fruits, gâteaux et même poisson. Des excursions étaient organisées à Dunkerque et Boulogne, remplaçant les traditionnelles sorties à Blackpool ou Brighton, de même que des concerts de musique classique ou des séances de music-hall. La pratique du football occupa une grande partie de ces loisirs, à tel point que l'état-major britannique rappela aux officiers anglais le respect dû aux champs cultivés par les paysans français[14]. Tournois organisés par l'encadrement, jeux plus informels et matchs suivis par plus de 2 500 spectateurs comme la finale du tournoi inter-bataillons de la 48e division en mars 1916[15] figurèrent au menu de ce football de guerre.

Le ballon rond fut présent, sur un mode certes mineur en raison de l'inégale diffusion du football association sur le continent, dans les autres armées de l'Entente ainsi que dans celles des Puissances centrales. De fait, la guerre de position est vite devenue une sorte de guerre industrielle avec ses temps de « travail », en première ligne, et ses périodes de « repos », dans les cantonnements ou plus rarement en permission. Si les armées allemande, française ou italienne n'atteignirent jamais le degré d'organisation des loisirs de leur homologue britannique, il n'en reste pas moins que la pratique du sport en général, et celle du football en particulier, y fut encouragée surtout à partir de 1917. Il s'agissait, pour partie, de compenser les fractures morales et physiques de « l'année terrible » : le repli sur la ligne Hindenburg en mars pour les troupes du Reich[16], le lourd tribut du Chemin des Dames et les mutineries du printemps pour les citoyens-soldats de la République française, le désastre de Caporetto au mois d'octobre pour l'armée de Victor-Emmanuel III[17]. Ainsi, Georges Rozet, un normalien correspondant de guerre qui avait rédigé les pages consacrées au sport dans le manifeste nationaliste *Les Jeunes Gens d'aujourd'hui* écrit par Henri Massis et Alfred de Tarde sous le pseudonyme d'Agathon en 1913, s'était lancé, alors qu'il visitait le front à l'été 1917, dans un plaidoyer pour l'importation et la distribution de ballons de football. Il alla jusqu'à alerter le président du Conseil et ministre de la Guerre, Paul Painlevé, après un dîner partagé « dans la vieille demeure seigneuriale d'Offémont, qui était alors le Q.G. de la presse ». Prenant à part le ministre, il engagea la conversation suivante :

— Monsieur le ministre […] il faut au poilu des ballons, beaucoup de ballons…
— Mais combien enfin ?… me dit M. Painlevé, après avoir écouté avec attention mon exposé et lu quelques-unes des lettres de combattants dont j'avais bourré mes poches.
— Je ne sais pas : des milliers… plus encore… Le ballon est un objet qui s'use. Il en faut plutôt trop que pas assez.
— C'est bien, repartit le ministre devant le capitaine Barbier qui l'accompagnait. Nous allons en faire commander quatre ou cinq mille – on verra plus tard – et immédiate-

ment, en passant par-dessus tous les rites bureaucratiques, qui pourraient nous mener fort loin[18].

Loin d'être une affabulation, la demande fut suivie d'effet puisque une note de la Direction de l'infanterie du ministère de la Guerre, datée du 24 septembre 1917, décidait « sur l'ordre direct du président du Conseil, ministre de la Guerre », que « 4 à 5 000 ballons de football seront réunis immédiatement, par achat direct, à Paris et à Londres, où une Mission d'achat spéciale est envoyée dans ce but[19] ». Ils devaient être envoyés aux armées du Nord, du Nord-Est mais aussi d'Orient. Par la suite, les achats devaient se faire trimestriellement avec « un rendement minimum [...] de 5 000 ballons ».

Quel usage en firent les armées engagées sur le front occidental ? Bien que le général Haig ait lui-même regretté en juillet 1915 que les fantassins britanniques passent leur temps à jouer au football au repos, sa pratique renforçait l'esprit de corps et assouplissait un temps la discipline quand officiers et hommes de troupe étaient fondus dans une même équipe et dans l'égalité de la compétition sportive. Dans le cas français, il s'intégrait aux mesures décidées par Pétain destinées, suite aux mutineries de 1917, à améliorer le quotidien des soldats. Il renforce aussi la loyauté au « groupe primaire » que représentait la section ou la compagnie, notamment dans l'armée britannique qui se prolétarisa à partir de 1916 et dont les soldats, pour survivre, reprenaient les habitudes de solidarité et d'entraide de la classe ouvrière[20]. Comme d'autres activités, mais d'une manière plus hygiénique, le football association avait pour vertu de faire oublier la guerre en procurant une excitation sans danger et assumait, d'une certaine manière, les mêmes fonctions que le sport populaire : exprimer des liens de solidarité, représenter une communauté, constituer un temps d'autonomie relative dans un espace social régi par de fortes contraintes. Que certains soldats aient tenu à noter les scores et la physionomie des rencontres dans leurs carnets de guerre signale l'importance accordée à cette activité. Henry Dispan de Floran, docteur en droit et journaliste notamment à *L'Humanité* où il tint la chronique des sports en 1913-1914, partageait les convictions de ses parents militants socialistes et pacifistes et s'engagea comme brancardier avant de mourir au front le 31 mai 1918. Son témoignage révèle l'importance du ballon rond durant le conflit. Ainsi Dispan de Floran note, le 13 mars 1915 : « L'après-midi, match de foot-ball Assoc. contre les mitrailleurs. Je joue "Goal", arrière et demi. Nous sommes tapés par 5 buts à 0. On médite d'organiser une équipe de brancardiers. Espérons que les obus ne troubleront pas la fête[21]… » La pratique du football, qu'elle fût une découverte ou consistât en un moment de retrouvailles avec les loisirs du temps de paix, a d'abord une fonction d'oubli. Comme le rappelle l'historien anglais John Keegan, évoquant son père : ses souvenirs de guerre se circonscrivaient au terrain de football des cantonnements de repos au point d'occulter l'expérience de la violence dans la mémoire des anciens tommies[22]. Bien que le « cafard » accablant les soldats dans les tranchées humides du nord-est de la France ait trouvé d'autres exutoires – la « gnôle », le « pinard » ou les prostituées –, le ballon rond offrit aussi un réconfort. « Merveilleuse puissance d'un simple jeu, résumait encore Georges Rozet, qui, tout en entretenant les muscles du soldat, l'arrache à l'ennui déprimant et lui fait oublier ses misères : "Lorsque je joue au football, m'écrivait un jour un poilu, *je ne pense plus que c'est la guerre*[23]…" »

À tel point que le football put entrer dans le jeu des trêves tacites, du « vivre et laisser vivre » qui limitait le zèle des combattants et interdisait les provocations inutiles. L'un des plus célèbres carnets de guerre français publiés jusqu'ici nous en donne une saisissante illustration. Le tonnelier socialiste Louis Barthas rapporte en effet que le « terrain » de football régimentaire était installé à dix mètres des premières lignes dans une cuvette servant aux rassemblements et aux messes. Or, selon Barthas, « il eût fallu que les Allemands fussent aveugles pour ne pas voir le ballon bondir dans les airs et parfois rebondir en avant de la première ligne dans les fils de fer où un joueur audacieux allait le prendre en se remettant à la courtoisie des Allemands qui, du reste, ne tirèrent jamais sur les joueurs[24] ».

Beaucoup reste encore à connaître sur ce football des tranchées qui interroge d'ailleurs les grandes interprétations actuelles de la Grande Guerre. Le football n'aurait-il pas été une variante plus moderne des exercices militaires auxquels les soldats étaient assujettis au repos afin, notamment, de « ressusciter l'énergie collective d'une unité combattante particulièrement éprouvée[25] » ? Barthas, référence essentielle de cette école de la contrainte menée notamment par Frédéric Rousseau et Rémy Cazals, ne stigmatise-t-il pas, ayant atteint avec son unité le village de Condé-en-Barrois, les divertissements du dimanche « au rythme des coups de grosse caisse des canons de Verdun » ? « Il y eut des jeux et football, écrit-il au printemps 1916, pour les sportifs et les inconscients ; pour tout le monde il y eut douche[26]. »

Sportifs et inconscients les poilus footballeurs ? Sans doute Barthas souligne-t-il aussi la dimension particulière du sport au front comme dans la vie civile, dimension double, sociale et générationnelle. Sociale, parce comme l'avaient fait certains joueurs de la Juventus de Turin, dès mai 1915, les jeunes bourgeois épris de sport et servant comme officiers subalternes ont pu retrouver, sous l'uniforme, leur jeu préféré avant d'y convertir leurs hommes[27]. Générationnelle dans la mesure où un sport sollicitant assez fortement les organismes comme le football s'adressait d'abord aux plus jeunes, capables de jouer avec leurs lourds godillots sur des terrains de fortune aménagés au gré des mouvements de leur unité et souvent après de rudes exercices militaires ou d'épuisants travaux de terrassement.

Notons enfin que le football servit également, avec d'autres sports, de dérivatif aux prisonniers. Que ce soit les soldats italiens retenus dans les camps autrichiens[28], malgré la dureté du traitement subi de la part de leurs geôliers ou les soldats français et britanniques, le football a aussi servi d'exutoire aux longues journées d'attente. Des matchs entre « sélections » françaises et anglaises venaient ainsi s'ajouter aux autres activités culturelles[29]. Pour le poète français Géo Charles, fait prisonnier dès l'été 1914, la partie de football constituait l'un des rares moments de sa longue captivité pendant lequel « un peu de joie s'élève et retombe/comme la poussière sur le terrain[30] ».

Les dividendes sportifs de la Grande Guerre

Le football association a compté parmi les grands bénéficiaires de la guerre tant du côté de l'Entente que de celui des Puissances centrales. La guerre totale a en effet contribué au nivellement des différences sociales, en faisant triompher une culture de masse interclassiste dont le cinéma muet hollywoodien offre dans un autre registre l'une des expressions les plus connues[31]. En Italie comme en France, l'essentiel des troupes a été constitué par des hommes issus du monde rural, dans des pays où les habitants des campagnes dominaient encore. Or, comme le rappelle Ronald Hubscher[32], les apôtres du sport devaient compter avec les résistances culturelles inhérentes au monde des villages. Dans la société rurale héritée du XIXe siècle, l'effort gratuit du sport s'opposait à l'effort utile des travaux des champs. Dans un monde où même l'espace ludique s'était longtemps référé au travail, de la « course des porteurs de sac de blé » à « l'affrontement de l'homme et de l'animal », se disputer au pied un ballon pouvait donc s'apparenter à une débauche d'effort inutile alors que, faute de mécanisation, la force de travail devait être ménagée. Restait aussi l'isolement des campagnes. Malgré le réseau d'écoles primaires qui diffusaient comme culture corporelle des ersatz de gymnastique, malgré la multiplication des voies secondaires de chemin de fer consécutive au plan Freycinet (1878), le sport venait lentement aux masses rurales à l'exception du Tour de France dont les patronages catholiques se faisaient les apôtres, chaque été. Lorsqu'en février 1915 l'ethnologue Robert Hertz décrivait à sa femme les jeux corporels de ses « camarades cultivateurs », ce n'étaient pas les sports modernes, mais « la lutte ou la boxe – tu les verrais, ajoutait-il, à peine rentrés d'une marche ou d'un travail fatigant, se chercher comme des chiens et batailler jusqu'à ce qu'ils soient en nage ou épuisés[33] ». À la fin de la guerre, au contraire, le football a semble-t-il remplacé pour partie, dans l'armée française, ces restes de violences villageoises, souvent codifiées dans des formes de lutte régionales, comme la lutte bretonne. Revenus dans leurs villages, les hommes sortis indemnes de la guerre et ayant montré de l'appétence pour la balle de cuir sont sans doute devenus les prosélytes du jeu. À tel point que, dès 1922, le nombre de clubs affiliés à la Fédération française de football association (FFFA) approchait les 3 000. « Toute la France vient au sport et y vient par l'intermédiaire du jeu sportif de compréhension le plus facile, aux lois les plus simples », pouvait claironner le journaliste Achille Duchenne, même s'il reconnaissait que dans un pays où la population urbaine ne dépasserait la population rurale qu'en 1931, le « novateur » devait dans son village « se prodiguer pour entraîner les hésitants, décider les récalcitrants, briser les obstacles de tout ordre[34] ».

La guerre a aussi converti des civils aux vertus de la balle ronde. Effet tout d'abord de la présence des troupes britanniques en Picardie, dans le Boulonnais et en Flandre. Adolescents et hommes non mobilisés ont pu assister à des fêtes militaires ouvertes à la population locale et découvrir les charmes de « l'association ». Entre septembre 1915 et l'hiver 1918, 32 équipes civiles naquirent à Boulogne-sur-Mer (portant les noms évocateurs de « Boulogne Young Boys' » ou de « l'Entente cordiale boulonnaise »), 12 à Amiens, 8 à Calais « et jusqu'à cinq dans la petite ville de Berck[35] ».

La guerre marque aussi le temps des relèves sportives. Même si les compétitions nationales sont suspendues, comme en Italie dès le « mai radieux » de 1915 marquant l'intervention au côté de l'Entente, le sport civil existe toujours au travers de multiples coupes. En France, dès les premiers mois du conflit, les trois grandes fédérations administrant le football avaient suscité des compétitions « de guerre » : l'Union des sociétés françaises de sports athlétiques (USFSA) organisait ainsi une Coupe nationale disputée par « les équipes premières, deuxièmes et troisièmes » *[sic]* (séparées) et une Coupe des alliés. La Ligue de football association (LFA) avait créé le challenge La Renommée « disputé par les équipes premières et inférieures », alors que la Fédération gymnastique et sportive des patronages de France (FGSPF) organisait également sa Coupe nationale[36]. Nombre de ces matchs étaient disputés par des joueurs nés après 1900, comme le note Pierre Lanfranchi à propos de l'Italie, pays dans lequel les vedettes des années 1920 ont fourbi leurs armes dans ces compétitions de guerre organisées principalement dans les grandes villes[37]. De plus, ce fut pendant le conflit, en 1917, que naquit à Milan une nouvelle fédération de football italienne, l'ULIC, l'*Unione Libera Italiana del Calcio*, qui entendait « donner une nouvelle impulsion au beau jeu du *calcio* et en soigner particulièrement la diffusion dans la jeunesse des classes populaires et des plus démunis[38] ». Fondée par un jeune médecin socialiste milanais, Luigi Maranelli, l'ULIC reprochait à la FIGC, la Fédération italienne de football, de mener une politique sportive « qui limitait son activité en faveur d'un petit cercle de joueurs professionnels et négligeait les innombrables équipes d'amateurs[39] ». Elle soutenait, au contraire, une pratique du football plus libre, dotée d'une organisation moins lourde et centralisée. Bref, elle œuvrait pour la démocratisation du football.

C'est que la victoire du football association marquait aussi le triomphe de la représentation et de la pratique du sport libérées de ses valeurs gymnastiques ou aristocratiques. Ainsi, en Allemagne, la guerre permet aux tenants du *Fussball* de remporter le *Kulturkampf* que, comme nous l'avons vu au chapitre précédent, le *Turnen* lui avait livré. Dès la déclaration de guerre à la Russie et à la France, les bourgeois amateurs de sport de l'époque wilhelmienne apportèrent même avec enthousiasme leur concours à la mobilisation. Leurs chevaux, leurs automobiles et leurs embarcations, de même que leurs terrains de jeu furent mobilisés pour concourir à la victoire de l'Empire. Les plus célèbres coureurs cyclistes, athlètes et cavaliers devancèrent l'appel et fournirent les preuves, encore vivantes, de l'engagement des sportifs[40]. Un engagement que le Deutscher Fussball-Bund (DFB), la fédération de football allemande, décrivait en 1915 comme le vaste rassemblement de la nation allemande : « Guerre ! À côté des immenses victoires remportées à l'étranger, elle nous a apporté une conviction fondamentale : le danger partagé nous a soudés vers un dessein commun : celui d'un peuple, d'une volonté et d'un objectif. Et ce signal sera aussi celui du départ du sport allemand sur un chemin plein de promesses, en accompagnant un peuple, une volonté, un objectif : la grandeur de l'Allemagne[41] ! » Autrement dit, le plaidoyer développé avant-guerre pour le footballeur-soldat pouvait enfin s'actualiser et prouver son bien-fondé. Comme du côté de l'Entente où étaient disputés des matchs entre équipes belges et italiennes, françaises et britanniques afin de resserrer les liens de solidarité interalliés, des rencontres opposèrent tout d'abord à l'arrière des équipes représentant les capitales des Puissances centrales, Berlin, Budapest et Vienne. Toutefois, le front n'était pas non plus négligé : la *Kronprinzpokal*, la Coupe du Kronprinz, fut disputée dans les cantonnements allemands situés en « territoire ennemi », de même que de nombreuses parties informelles associaient dans les mêmes équipes officiers et simples soldats. Ainsi, l'acculturation sportive au front a sans doute été l'une des origines du formidable essor numérique que connut le DFB dans l'après-guerre : alors que la fédération allemande ne comptait que 161 600 joueurs en 1913, elle en dénombrait plus de 468 000 en 1920[42]. Ce n'était pas là le moindre bénéfice que le football pouvait retirer de la guerre.

Si le dénombrement se révèle plus complexe dans le cas français, du fait du caractère omnisports des grandes fédérations sportives, la Grande Guerre permit aussi à l'association de gagner ses titres de noblesse, et surtout son indépendance, avec la création le 7 avril 1919 de la Fédération française de football association (FFFA) qui s'imposa très vite comme la principale fédération sportive, devançant celles de rugby et d'athlétisme. Dès 1925, le nombre de ses licenciés dépassait les 100 000 unités[43], chiffre qu'il faudrait multiplier en comptant les effectifs des fédérations dites « affinitaires », c'est-à-dire laïques, confessionnelles, socialiste et communiste. Certes, les bourgeois – souvent radicaux – dirigeant l'USFSA, la principale fédération omnisports, garante de l'amateurisme et du « vrai » football – le football rugby – avaient tenté de limiter ou tout du moins de contrôler le succès croissant du football[44]. Mais ils avaient dû s'avouer vaincus devant les initiatives du Comité français interfédéral (CFI) qui avait soutenu l'initiative de la FGSPF visant à créer la coupe Charles-Simon, en mémoire de son secrétaire général, qui exerçait les mêmes fonctions au CFI, tombé près d'Arras en 1915. Le principe de la compétition pensée par Henri Delaunay, successeur de Simon à la FGSPF et au CFI, fut discuté près de la ligne de front en février 1917 par Frantz Reichel et Jules Rimet, alors président de la LFA[45]. Malgré les réticences de Reichel, l'architecture qui assurera la pérennité et le succès de cette « tradition inventée » était en place. Suivant le modèle vénéré de la *FA Cup*, elle devait prendre le nom de Coupe de France en temps de paix. L'épreuve réunissait donc les clubs de tous les niveaux autour du principe « démocratique » de l'élimination directe sur un seul match par tour de compétition, la finale étant disputée par les deux clubs rescapés. La première édition fut remportée par l'Olympique de Pantin qui l'emporta par 3 buts à 0 sur le Football Club de Lyon au stade de la Légion Saint-Michel, une association sportive catholique du XVe arrondissement, devant 2 000 spectateurs[46].

Ainsi, le principe « démocratique » de la *FA Cup* était respecté, mais il était accouplé à la formule bien française du patronage d'une compétition sportive par un organe de presse. D'abord associé à *Lectures pour tous*, l'un des premiers périodiques de vulgarisation scientifiques et littéraires du groupe Hachette, la Coupe de France fut ensuite soutenue par *La Vie au grand air*, puis par l'hebdomadaire *Sporting*, avant que les dirigeants de la FFFA – la popularité croissante de l'épreuve aidant – signent en 1923 un partenariat avec le premier quotidien français *Le Petit Parisien*, héritier de la presse à un sou du XIXe siècle et organe populaire par excellence. Moyennant la somme de 20 000 francs annuels et la fourniture d'une réduction de la Coupe et de breloques aux joueurs d'une valeur totale de 10 000 francs, la FFFA s'engageait à faire « figurer sur toutes ses affiches d'annonce de matchs, sur les feuilles d'arbitrage, feuilles de recettes, sur les milliers de tickets d'entrée et tous les imprimés, que la Coupe de France [était] organisée par la Fédération française de football avec le concours du PETIT PARISIEN[47] ».

Un traité de Versailles du football ?

Si le football avait progressé sur le front intérieur du sport, il restait à reconstruire sur la scène internationale. Or, l'inscription du sport dans la culture de guerre, les préoccupations des gouvernements, le quotidien du soldat en faisaient un objet éminemment politique. Le ressentiment, voire le désir de vengeance identifié par Bruno Cabanes chez les soldats français à la fin et au sortir de la Première Guerre mondiale[48], fut aussi exprimé par la presse sportive hexagonale[49]. Ainsi, Henri Desgrange, au printemps 1918, applaudissait au récent bombardement anglais de Cologne[50] avant d'établir au mois de septembre des parallèles entre les villes françaises martyres et les cités allemandes toujours intactes et qui pourraient ne pas le rester très longtemps[51]. De même, les propriétaires et organisateurs respectifs du Tour de France et du *Giro d'Italia*, *L'Auto* et *La Gazzetta dello Sport*, mirent en scène le retour « sportif » des provinces perdues et des régions irrédentes. Les premières éditions de paix en juin et juillet 1919 passèrent par l'Alsace et la Lorraine en longeant le Rhin et en s'arrêtant à Strasbourg et Metz pour la Grande Boucle[52], à Trente, Trieste et sur les champs de bataille de Vénétie et Carso pour le Giro[53]. Le même esprit régnait-il sur les terrains de football ?

Malgré les difficultés politiques qui n'avaient pas manqué de surgir (la fédération de Bohême fut acceptée puis radiée de la FIFA avant-guerre), un pacifisme bon teint avait nourri l'internationalisme sportif décliné par la FIFA. Ainsi, le 28 juin 1914 – jour de l'attentat de Sarajevo –, les représentants des 17 fédérations membres présents au XIe congrès de Christiania avaient voté à l'unanimité la résolution présentée par le délégué suisse Paul Buser appelant à soutenir « toute action qui tend à rapprocher les nations les unes des autres et à substituer l'arbitrage à la violence dans le règlement de tous les conflits qui pourraient les opposer[54] ». Quant au lieu du congrès de 1916, il était fixé, également à l'unanimité des votants, à Berlin où devaient se tenir les Jeux olympiques suivants.

Quatre ans et demi plus tard, ce bel esprit de concorde avait volé en éclats, malgré la bonne volonté de Carl W. Hirschman, le secrétaire général néerlandais – donc neutre – de la FIFA, son président, l'Anglais Daniel Woolfall, étant mort en octobre 1918 sans être immédiatement remplacé. Cependant, le 1er septembre 1919, au moment où le football national et international civil reprenait véritablement son activité en Europe, les dirigeants de la Football Association, la fédération anglaise de football, avaient fixé comme ligne de conduite ce que Frantz Reichel, désormais vice-président de la Fédération française de football association (FFFA), appelait la « formule anglaise : boycottage intégral des empires centraux et des neutres qui entretiendraient des relations sportives avec lesdits empires centraux[55] ».

Il est vrai qu'un tel ostracisme permettait de se réserver le monopole des relations sportives avec la terre natale du football, l'Angleterre, monopole que les rencontres interalliées avaient renforcé pendant le conflit. De plus, le football d'outre-Rhin comptait encore peu sur le continent européen. En tout cas, depuis le début de l'année 1919 et jusqu'en 1922, la question de l'isolement des footballeurs allemands, autrichiens et hongrois constitua le principal motif de préoccupation des dirigeants belges et français en matière de relations internationales. Si l'on s'accordait pour expulser définitivement les Puissances centrales de la FIFA, encore fallait-il que les neutres, la Suisse en premier lieu, suivent cette politique. Or, dirigeants romands et alémaniques se déchiraient au sein de l'Association suisse de football (ASF) et dans les organes de la presse sportive helvétique sur l'attitude à observer à l'égard de la fédération allemande. Sortant d'une neutralité obligée, *Le Sport suisse*, hebdomadaire publié à Genève et qui avait consacré pendant toute la guerre une rubrique aux sportifs (principalement alliés ou d'origine romande) en guerre, avait choisi d'embrasser les griefs français et interpellait ses concurrents alémaniques, tel que *Schweizer Sport*, favorables aux échanges intergermaniques, en ces termes : « Qui a voulu la guerre ? Qui a violé la Belgique ? […] Qui a révolté les consciences jusque dans leurs tréfonds par de criminels manquements à la parole donnée ? » Pour la direction du périodique helvétique, le « peuple » allemand était coupable de ne pas avoir eu « horreur des fautes commises contre le droit des gens » et de ne pas s'en repentir. Il s'agissait donc de se ranger « du côté de ceux qui [avaient] lutté pour le maintien de la civilisation […][56] ».

Cet esprit inspira la motion adressée par le baron de Laveleye, vice-président belge de la FIFA, aux organismes affiliés. Elle suggérait de soustraire les trois pays « coupables » de la liste des fédérations membres « en suite du bouleversement international issu de la guerre mondiale provoquée par les Puissances de l'Europe centrale[57] ». Si cette proposition, sanctionnant dans le champ sportif les manquements au droit international d'un État, n'obtint pas la majorité au sein des huit fédérations qui y avaient répondu, elle n'en contribua pas moins à agrandir le fossé entre neutres (fédérations danoise, espagnole, finlandaise, néerlandaise, norvégienne, suédoise, suisse) partisans du retour au *statu quo* d'avant-guerre et alliés (fédérations belge, britannique et française). Réunis en « congrès » en décembre 1919, ces derniers avaient proposé deux voies : d'un côté, les Britanniques se montraient prêts à saborder la FIFA pour rompre définitivement avec les fédérations ennemies ; de l'autre, les Français et les Belges se proposaient plutôt de laisser leur liberté aux neutres tout en se réservant le droit de ne pas rencontrer leurs équipes s'ils se risquaient à jouer avec les anciennes Puissances centrales. Dès mai 1920, la Football Association quittait une première fois la FIFA, une organisation qui comptait finalement peu pour elle ; en revanche, les fédérations française et belge cherchèrent à sauver l'organisme international tout en se refusant à envisager le retour des vaincus.

Les Jeux d'Anvers, auxquels les footballeurs suisses « coupables » d'avoir joué un match le 27 juin 1920 contre l'équipe d'Allemagne[58] ne participèrent pas, accueillirent le 27 août un congrès auquel assistèrent aussi les dirigeants anglais. « Succès de la politique belge » selon *La Vie sportive*, l'organe de la fédération belge, la réunion montrait aussi un certain infléchissement des positions françaises en faveur des Britanniques. Fédération jeune, émanation d'un football association ayant souffert de la concurrence du football rugby, la « 3FA » était dirigée par le très anglophile secrétaire général Henri Delaunay et un président sensible aux rapports de force « diplomatico-sportifs », Jules Rimet. Ce dernier, selon ses partenaires belges, avait « manifesté son intention d'adopter purement et simplement le point de vue de l'Angleterre[59] ». Au terme des discussions, si les Anglais restaient en dehors de la FIFA et des compétitions qu'elle pouvait organiser, comme les tournois de football des Jeux olympiques, leurs équipes continueraient à participer aux matchs internationaux. Et comme le résumait l'hebdomadaire sportif belge : « Bien entendu, les boches et leurs acolytes rest[aient] boycottés, de même que ceux qui joueraient avec eux[60]. »

Une fois l'avenir de la FIFA assuré, Jules Rimet en fut élu président « à l'unanimité des votants sauf une voix (l'Allemagne)[61] » à la fin du mois de décembre 1920. C'était, vu de l'Hexagone, « un hommage rendu à la France, au distingué sportsman président la Fédération française », valeureux ancien combattant inventeur du « télémire », appareil d'évaluation de la distance utile aux mitrailleurs[62], et « la consécration de [sa] politique sportive[63] ». Toutefois, au-delà de l'hommage rendu, cette reconnaissance portait en elle-même l'abandon progressif d'une politique radicale à l'égard des vaincus. En effet, le football international ne pouvait se priver de l'Autriche et de la Hongrie, deux représentants d'un football d'Europe centrale qui, avec la Tchécoslovaquie, comptait, à l'inverse de l'équipe de France, parmi les meilleures formations du Vieux Continent. Et Jules Rimet, avocat de formation, partisan du compromis, en était bien conscient. Absentes du tournoi olympique de football en 1920, les équipes autrichienne et hongroise furent en revanche invitées quatre ans plus tard à Paris.

Il est vrai qu'en 1923, les deux pays avaient été admis au sein de la Société des Nations. L'ostracisme sportif dura en revanche plus longtemps à l'encontre du DFB, la fédération allemande de football, puisque ses représentants, comme l'ensemble des athlètes d'outre-Rhin, ne furent pas conviés aux Jeux olympiques de Paris en 1924 et que le premier match entre les équipes nationales française et allemande de football n'eut lieu qu'en mars 1931. L'équipe de Belgique, quant à elle, ne rencontra l'Allemagne qu'en octobre 1933. À cette date, la FIFA était devenue, selon les mots de son secrétaire général, une « petite société des nations sportives[64] », déclinaison footballistique de « l'esprit de Genève ».

Foules et passions d'après-guerre

Les passions nationalistes ne s'étaient pas cantonnées dans les salons réunissant les délégués des fédérations lors des Jeux d'Anvers. L'attribution des Jeux olympiques à la ville martyre de la Grande Guerre, au détriment de la ville de Lyon et de son maire Édouard Herriot, sonnait comme un hommage rendu à la « petite Belgique » dont la neutralité avait été violée par les troupes de Guillaume II. Les sportifs belges comptaient bien sur cet événement dont l'organisation était rendue ardue par les difficultés de la reconstruction. Ils espéraient y faire une démonstration de patriotisme, comme en avertissait *La Vie sportive* en janvier 1920 : « En théorie, une fois la guerre finie, la paix rétablit les relations d'avant-guerre. Mais après une guerre comme celle-ci, après ce que nous avons souffert, il y a en nous des fibres auxquelles il ne faut pas toucher[65]. »

Plus encore que Stockholm, l'Olympiade de 1920 devait, pour certains *sportsmen* avertis, marquer la consécration du football comme le roi des sports.

Comme l'écrivait Frantz Reichel en mars 1920 : « Pour qui regarde de près la carte des sports, il apparaît dès à présent que dans un avenir très rapproché, le grand sport international sera le football : il est déjà le plus répandu de tous[66]. » Toutefois, ce succès de l'association menaçait de devenir « même un des points inquiétants pour les organisateurs ». Devant réunir entre 12 et 16 équipes, le tournoi risquait de retenir les deux équipes finalistes pendant plus d'une vingtaine de jours. Reichel soulevait ici explicitement le problème financier posé par la mobilisation d'une délégation d'athlètes et d'accompagnateurs aussi nourrie et, implicitement, une question qui allait empoisonner les relations entre la FIFA et le CIO dans les années 1920 : le « manque à gagner » résultant du respect strict des règles de l'amateurisme.

Dans l'immédiat, le tournoi d'Anvers fut surtout marqué par la passion nationaliste qui entoura certains matchs. Il confirme ainsi le diagnostic porté par Eric Hobsbawm qui estime que le sport et le football devinrent dans l'entre-deux-guerres « une expression de lutte nationale, et les sportifs représentant leur nation ou leur État essentiellement des expressions de leur communauté imaginée[67] ». Il intervenait, il est vrai, un an seulement après le traité de Versailles et accueillait des nations protagonistes du règlement de la paix ou tout simplement neutres. Parmi ces dernières, c'est l'Espagne qui tira son épingle du jeu. Éliminant dès le premier tour le Danemark, battue par la Belgique, elle défit dans le tournoi pour la troisième place la Suède et l'Italie. La vivacité des joueurs et la classe du gardien Zamora apparurent vite aux yeux des journalistes français et espagnols comme l'expression de la « furie espagnole », sur le mode de la *furia francese* qu'avaient déployée en Italie les soldats de Charles VIII. Henri Desgrange, le directeur de *L'Auto*, employa le premier la métaphore, suivi par Juan Deportista, nom de plume du journaliste sportif espagnol Alberto Martin Fernandez[68]. Ce dernier consacra même un ouvrage au renouvellement des vertus « d'une Espagne incorporée victorieusement au mouvement mondial du sport » grâce à ses performances olympiques[69]. Mais les manifestations chauvines de joie ou de dépit ne se résumaient pas à l'évocation littéraire des prouesses footballistiques. Les joueurs tchécoslovaques représentants d'un État-nation neuf en fournirent la preuve pendant la finale disputée face à la Belgique, devant plus de 42 000 spectateurs. À la suite de l'expulsion d'un des leurs, Steiner, coupable d'avoir administré un vigoureux coup de pied au Belge Coppée, et de l'échauffourée qui s'ensuivit, ils quittèrent la pelouse et refusèrent d'y revenir. Après plus d'un quart d'heure, l'arbitre Lewis déclara les Belges champions olympiques.

Dans ce cas célèbre, deux identités nationales blessées mais victorieuses sur le plan diplomatique étaient exaltées d'une manière plus ou moins agressive. Côté belge, la manifestation patriotique empruntait un ton revanchard. Une grande partie des 42 000 spectateurs présents, « venus des quatre coins de la Belgique », avaient créé plusieurs heures avant la rencontre une ambiance explosive : « Nombreux étaient ceux qui portaient une cocarde tricolore, d'autres, en groupe, poussaient des "cris de guerre". Plus loin, nous en vîmes porteurs de "crécelles" et de "trompettes", etc. […] De divers côtés, les drapeaux belges dépassaient de çà et là des têtes[70]. » De son côté, disqualifiée et blâmée par le « jury international olympique », la fédération tchécoslovaque semble avoir ensuite marqué son dépit en menaçant de reprendre immédiatement des relations sportives avec l'Autriche, menace ensuite démentie selon des sources françaises[71]. Quoi qu'il en soit, l'événement, qui avait tout à la fois bafoué l'éthique du fair-play britannique et la loyauté olympique, illustrait les nouveaux enjeux des tournois de football des Olympiades, ce que *Football Association*, sous la plume d'Achille Duchenne résumait ainsi : « Jamais, en somme, la politique ne s'est aussi intimement mêlée au sport et avec les résultats regrettables, mais certains, que l'on voit[72] ! »

Mais la passion des foules revêtait aussi un autre sens. S'il s'agissait de stigmatiser l'autre en tant que représentant d'une nation mais aussi d'une région, d'une ville adversaire et parfois ennemie, il était aussi question d'exaltation et d'oubli. Parmi les hauts faits venant ponctuer l'après-guerre, le match de boxe poids lourd opposant le Français Georges Carpentier à l'Américain Jack Dempsey le 2 juillet 1921 mobilisa les foules des deux côtés de l'Atlantique. Le boxeur français, *a posteriori*, interpréta l'événement comme un prolongement de l'esprit patriotique : « En 1921, relevait-il en 1954, alors que n'était pas encore dissipée l'euphorie d'une victoire venant après quatre années d'angoisse, cette passion déchaînée à l'occasion d'un combat de boxe répondait peut-être à un besoin plus ou moins conscient de prolonger le culte de l'héroïque dans la paix retrouvée[73]. » D'autres ont assimilé la passion sportive à une sorte de réaction émotionnelle consécutive à la Grande Guerre : « Malgré la gravité et la confusion du moment, le sport reprend immédiatement la voie que la guerre avait interrompue et se met à réveiller l'intérêt qu'il avait suscité lors de la période de l'avant-guerre ; au contraire, il tira une nouvelle vigueur de l'état de désolation, de la misère et du désespoir de l'Italie à peine sortie de la guerre : les gens veulent vite oublier, ils veulent se divertir[74]. »

La guerre de masse a-t-elle dès lors accouché d'un spectacle de masse, synonyme de déclin de la civilisation, comme le suggère Georges Duhamel dénonçant, outre le cinéma (« un amusement d'ilotes, un passe-temps d'analphabètes »), le plaisir de la multitude que serait le stade ? « N'est-ce pas plutôt, écrivait-il en 1930 dans *Scènes de la vie future* à propos d'un match de football américain, ô grande foule, pour te griser de toi-même, de ta propre voix, de ton propre bruit, pour te sentir nombreuse, chargée de puissance, d'effluves, pour goûter aux délices mystérieuses des grands troupeaux, des bancs de poissons, des essaims, des fourmilières ? »

Si l'auteur des *Pasquier* exprimait ici d'abord son anti-américanisme, la description de la foule était une sorte de topos pour des journalistes sportifs heureux de justifier la place croissante que leurs périodiques consacraient aux matchs de football. Un événement servit de référence à une presse de plus en plus illustrée : l'inauguration du stade de Wembley le 28 avril 1923, à l'occasion de la finale de la Coupe d'Angleterre opposant le club londonien de West Ham United aux Bolton Wanderers représentants du Nord-Est industriel. Située au nord-est de Londres, la vaste enceinte de briques de Wembley et ses *twin towers* de calcaire blanc appartenaient à l'espace d'exposition de la British Empire Exhibition (BEE) qui devait ouvrir ses portes en 1924. La Football Association, qui n'avait pas voulu participer aux frais de rénovation du stade de Crystal Palace, où avaient lieu avant-guerre les finales, avait signé un contrat avec la BEE prévoyant que l'événement le plus populaire du football anglais se déroulerait désormais dans cet espace bien desservi par les transports en commun. Cet atout faillit faire tourner l'inauguration à la catastrophe. Seules 35 000 places sur les 126 000 que contenait l'enceinte pouvaient être réservées à l'avance ; or, l'attraction suscitée par ce stade flambant neuf, la présence de l'équipe représentant les quartiers populaires de l'East End, la rapidité avec laquelle les transports en commun jetaient devant l'enceinte des milliers de spectateurs firent que dès 13 h 30, soit une heure et demie avant le début de la rencontre, 115 000 personnes s'étaient déjà installées dans les tribunes. Quand on ferma les portes, entre 50 000 et 100 000 personnes sans billet désiraient encore pénétrer dans le stade et, poussées par la foule contre les murs de l'enceinte, se voyaient contraintes de l'escalader pour éviter de mourir étouffées[75]. Bientôt, les *terraces*, c'est-à-dire les parterres du stade, furent eux aussi envahis, repoussant des milliers de supporters sur la pelouse. Finalement, c'est l'intervention de la police montée, qui repoussa lentement ces derniers derrière les lignes de jeu (et pour certains, la présence de George V), qui aurait contribué à rétablir le calme. Sur le demi-million de personnes qui afflua sans doute ce jour-là vers Wembley, 160 000 purent voir le match dont au moins 50 000 sans billet.

Le bilan était relativement léger : pas de morts mais au moins 50 blessés, souffrant principalement de fractures aux côtes, aux bras et aux jambes[76]. L'affaire fit bien sûr grand bruit. La presse parla de la bataille de « *Footerloo* », jeu de mots croisant le football et la victoire de Waterloo, ou d'un jour particulièrement *ugly*, c'est-à-dire affreux. Aux Communes, Oswald Mosley, le futur fondateur du mouvement fasciste britannique, alors député conservateur indépendant de la circonscription voisine de Harrow, clama que le « hooliganisme avait été importé dans le district par les supporters de football[77] ». De fait les explications données par le rapport rédigé par le Superintendant Landon, responsable ce jour-là de la sécurité, reprenaient les vieilles préventions de l'*establishment* à l'égard du *people's game*. « La foule, écrivait-il, n'était pas composée des meilleures classes des supporters de la Football Association, l'équipe anglaise appartenant à l'East End et l'équipe provinciale à un centre industriel[78]. »

Au-delà des mesures prises pour qu'un tel chaos ne se reproduise pas – location des places à l'avance, achèvement ou modification de certaines parties du stade, notamment les parterres –, le plus remarquable réside dans le travail de reconstruction du drame par la mémoire. Très vite en effet, « la menace de la foule est réinterprétée en image rassurante des vertus de la nation[79] ». Loin de révéler l'incurie des forces de police, du BEE, ou de la Football Association, la finale de Wembley servait d'« icône représentant les fans anglais comme autodisciplinés, pacifiques, essentiellement coopératifs[80] ».

Cette vision offrait un utile contrepoint à l'évolution du comportement des spectateurs dans l'immédiat après-guerre qui était désormais devenu une préoccupation majeure des autorités du football anglais. Ce qui pouvait passer pour des manifestations de la masculinité de la classe ouvrière en 1914 apparaissait désormais comme une menace, justifiant la création par la *FA* d'un sous-comité sur la violence en 1922 et des recommandations de fermeté contre les fautifs, les punitions infligées par les commissions de discipline devant recevoir la plus grande publicité, notamment *via* la presse[81]. Il s'agissait toutefois davantage d'une intolérance renforcée à l'égard de la violence qui s'exprimait ici, plutôt qu'une augmentation réelle des déviances sportives. Cet état d'esprit reflétait surtout « une paranoïa sociale dans une période de grèves plus dures et de "bolchevisme"[82] ».

De fait, après le chaos de Wembley, la violence des stades aurait été inversement proportionnelle à la popularité du football. Ainsi, la presse rapportait toujours les invasions de terrain et les violences dans l'entre-deux-guerres ; mais elle insistait désormais davantage sur les manquements des spectateurs à l'esprit sportif : injures lancées aux joueurs, sifflets, etc., signe que l'intensité des déviances diminuait. La présence des femmes, plus nombreuses désormais dans la société mâle du stade, était un autre indicateur que « les terrains de football commençaient à apparaître comme relativement respectables et sûrs[83] ». La situation restait toutefois bien différente en Écosse, en raison du contexte social et religieux qui faisait du football l'un des lieux d'expression de l'affrontement entre protestants et catholiques. En avril 1922, le match opposant à Greenock sur l'estuaire de la Clyde le club local de Morton au Celtic Glasgow provoqua une émeute d'envergure. Paradant avec drapeaux et bannières, les fans (catholiques) du Celtic commencèrent à créer des troubles dans les tribunes avant de pénétrer sur le terrain de jeu à la mi-temps, mais les supporters (protestants) chargèrent et, plus nombreux, parvinrent à arracher de nombreux emblèmes aux couleurs verte et blanche avant de les brûler dans les rues de la ville, pendant que leurs adversaires se repliaient en désordre vers les trains spéciaux devant les ramener à Glasgow[84].

La presse continentale a davantage rendu compte de la première finale de Wembley que des affrontements septentrionaux. La finale de la Coupe d'Angleterre était en effet depuis l'avant-guerre un événement annuel couvert par ses envoyés spéciaux. L'inauguration du stade de Wembley ne fit que renforcer cet intérêt et son déroulement particulier s'afficha à la une de la presse illustrée, populaire et sportive. Dès le lendemain, en France, *Le Petit Parisien* titrait de manière excessive « Mille spectateurs blessés à la Coupe de football d'Angleterre[85] », avant de publier le surlendemain deux photos : l'une représentant la police montée repoussant la foule hors des limites du terrain ; l'autre montrant des bobbies formant un cordon en se tenant par le bras et contenant difficilement une marée humaine[86]. Bien évidemment, l'événement entrait dans le fonds de commerce habituel des quotidiens populaires ou des hebdomadaires illustrés qui faisaient leur miel des catastrophes ferroviaires, des crimes ou des faits divers. Mais pour les périodiques sportifs, l'interprétation se faisait plus complexe. Si le chaos ébranlait l'anglomanie des spécialistes de football, l'enthousiasme qui l'avait suscité prouvait aussi le formidable pouvoir d'attraction de la balle ronde et lui assurait un avenir radieux. Gabriel Hanot, l'ancien joueur lettré de l'équipe de France et responsable de la rubrique football dans *Le Miroir des sports*, exprimait parfaitement ce sentiment ambivalent dans cet hebdomadaire : « J'ai, moi-même, dans *Excelsior* de lundi dernier, tenté de dégager l'impression très pittoresque, extraordinaire, terrifiante aussi, provoquée par cette multitude qui montait et s'étendait comme un flot et qui finit par tout envahir et submerger[87]. »

Sur le continent, les foules n'atteignaient pas les 100 000 spectateurs, mais elles avaient fortement crû dès la fin du conflit. Dès la deuxième édition de la Coupe de France disputée dans le « premier » Parc des Princes, 10 000 spectateurs assistèrent à la victoire du club sportif de la Société générale sur l'Olympique de Paris[88] ; en 1922, le match terminal de la compétition attirait plus de 25 000 spectateurs et entre 30 000 et 40 000 à la fin de la décennie[89]. Décrivant le public assistant à la finale disputée à Colombes en 1927, *Le Petit Parisien* relevait que le « grand stade ovale baigné de soleil déversait sur les routes » à la fin du match l'équivalent de la population d'une ville[90]. Les foules étaient encore plus considérables en Allemagne, et ce, dès 1922. Le deuxième match de finale du championnat opposant Nuremberg et HSV Hambourg, joué à Leipzig après une première rencontre disputée à Berlin et achevée sur un match nul 2-2 après trois heures et dix minutes de jeu, attira plus de 60 000 spectateurs dans un stade qui ne pouvait en contenir que 40 000[91]. Quatre-vingt-cinq mille personnes se pressèrent à Vienne en avril 1923 pour voir l'équipe nationale faire match nul 0-0 contre les anciens ennemis italiens au stade de Hohe Warte[92]. En Italie, un dirigeant de club estimait qu'au moins 150 000 personnes assistaient chaque semaine aux matchs du championnat de première division[93] au début de la saison 1926-1927, alors que l'inauguration du stade Littoriale de Bologne aurait réuni plus de 70 000 personnes au mois de mai suivant à l'occasion du match international Italie-Espagne[94].

Bien entendu, les journalistes comme les officiels aimaient les chiffres ronds, voire arrondis, qui servaient la cause du football et frappaient l'imagination du lecteur en signalant que le football était bien en phase avec l'ère des masses. D'abord confondu avec les autres sports, pour ses besoins architecturaux, le ballon rond commençait aussi à obtenir, hors du Royaume-Uni, des stades modernes spécialement conçus pour sa pratique.

L'année 1922 vit tout d'abord l'inauguration des stades de deux futurs grands d'Europe : le stade des Corts pour le FC Barcelone, celui du Corso Marsiglia pour la Juventus de Turin, construits aux frais des *socios* et des *soci* des deux clubs. Ils présentaient pour particularité commune d'être construits dans une facture dépouillée, à la périphérie des deux cités que l'industrie et le commerce de gros enlevaient progressivement à l'agriculture. Une main courante y délimitait le terrain de jeu derrière laquelle avaient été édifiées quatre tribunes le long de chaque partie du rectangle, dont la principale abritait les vestiaires et était protégée par un toit. Construit sur le « Can Ribot », un champ acheté par Hans « Joan » Gamper au nom du club le 19 février, le stade des Corts fut inauguré du 20 au 22 mai 1922, par une série de matchs livrés à l'équipe écossaise de Saint-Mirren et au Sparta Prague[95]. Sa capacité était fixée à 20 000 places, de même que celle du terrain de la Juventus ouvert le 22 octobre à l'occasion d'un match joué contre Modène. Mais l'on pouvait accueillir jusqu'à 30 000 personnes, grâce à une conception plutôt élastique de l'espace individuel réservé à chaque spectateur. « Tout autour du terrain, plusieurs milliers de personnes pourront, en s'appuyant sur les commodes parapets de béton armé, jouir confortablement du spectacle sportif », précisait ainsi le quotidien turinois *La Stampa* en décrivant le nouveau terrain de la Juventus[96].

De tels équipements affichaient la volonté des dirigeants d'inscrire dans l'espace et la pierre l'identité sociale d'un club. Deux ans plus tard, grâce à un projet conçu astucieusement à l'économie par l'architecte Louis Faure-Dujarric, naissait le stade de Colombes. Propriété du Racing Club de France, son financement fut assuré par un pourcentage sur les recettes des Jeux olympiques de Paris et l'organisation de grands matchs dont ceux de l'équipe de France et de la finale de la Coupe de France de football. Le stade comportait 20 000 places assises couvertes, et 44 000 non couvertes, soit un potentiel de 64 000 places[97]. Il était par ailleurs omnisports, ce qui signifiait que la piste d'athlétisme séparait, au contraire des stades propriétés des clubs de football, les spectateurs des joueurs. Quelques municipalités éclairées comme celles de Lyon sous Édouard Herriot, avec le stade Gerland inauguré en deux temps (1919 et 1926[98]), ou anticipant le projet sportif fasciste, comme celle de Bologne, édifièrent de vastes enceintes omnisports dont l'utilisation dépendait largement de l'existence d'un club de football local. Il s'agissait aussi de rationaliser l'accueil du public sportif et de contrôler au mieux ses émotions.

De fait, manifestation de la passion sportive d'après guerre ou expression, selon les pays, des antagonismes régionaux, les matchs de football provoquaient régulièrement des débordements. Au début de la saison 1920-1921, selon l'organe officiel de la FFFA, *Le Football Association*, le club de l'Olympique lillois aurait fait

« placarder sur son terrain des affiches pour rappeler aux spectateurs leurs droits et leurs devoirs ». Ceux du « supporter » étaient d'« encourager son équipe » tout en restant « courtois envers ses adversaires d'un jour ». En effet, le rôle du spectateur n'était pas de « critiquer les joueurs, encore moins de siffler les joueurs de l'équipe adverse ou l'arbitre[99] ». Presque au même moment, en Espagne, le championnat remporté en 1922 par le FC Barcelone contre l'Unión Club d'Irún, le 14 mai, à Vigo, s'achevait dans un climat houleux. À plusieurs reprises l'autorité publique dut « intervenir, faire dégager les terrains envahis par des spectateurs aveuglés et agités[100] ». Dans certains pays, le football devint vite synonyme de troubles à l'ordre public. Entre 1919 et 1930, au moins 25 exemples de violences exercées par des supporters peuvent être identifiées en Italie[101], allant des insultes et bagarres dans les tribunes à des coups de feu tirés dans des lieux publics, en passant par la chasse à l'arbitre et à ce que la page sportive de l'*Ordine Nuovo* d'Antonio Gramsci qualifiait « d'une des habituelles invasions du terrain de la part du public[102] ». Même si ces exactions ne provoquèrent pas de mort et relevaient souvent davantage de la menace et de l'exhibition d'objets en vogue au temps du squadrisme – revolvers et *manganelli* (gourdins) –, elles n'en étaient pas moins le produit d'une époque marquée par la violence politique et l'incapacité de l'État italien à y faire face. Faut-il pour autant y voir une manifestation de la brutalisation que George Mosse identifie dans les après-guerres allemand et italien ? D'après lui, en effet, la guerre aurait non seulement « brutalisé » les jeunes Européens, mais les aurait rendus aussi brutaux, c'est-à-dire plus insensibles au spectacle de la violence et, surtout, plus enclins à y avoir recours, notamment dans le champ politique. Le « culte du soldat tombé au champ d'honneur », l'exaltation du héros, la banalisation de la violence, et aussi « le sport, l'alpinisme et la gymnastique [qui] furent, pour certains, des substituts à la guerre qui venait de s'achever[103] », auraient été autant d'éléments de cette dérive particulièrement prégnante dans les convulsions de la jeune République de Weimar et dans les débuts du fascisme.

Il y eut sans doute une contamination de la violence squadriste dans les exactions des supporters, notamment ceux de Bologne, qui, à l'issue d'une finale de championnat disputée à Turin en juillet 1925, tirèrent dans la gare de Porta Nuova sur leurs rivaux du Genoa. Toutefois, ces heurts résultaient avant tout de la combinaison d'un campanilisme exacerbé et de l'expansion incontrôlée du *calcio*, et le gouvernement fasciste les réprouva. Pourtant peu modéré dans ses entreprises squadristes, Italo Balbo, le *ras* de Ferrare et l'un des quadriumvirs de la marche sur Rome, n'avait pas de mots assez durs contre « ces maniaques du sport qui sont malintentionnés », après que plusieurs supporters ferrarais eurent été sévèrement rossés à Tortona, un petit centre industriel du Piémont, en mai 1925, lors de la rencontre Derthona-SPAL[104]. Autrement dit, la violence sportive était une violence illégitime, au contraire de l'action purificatrice des *squadre* puis de la milice. D'ailleurs, après l'instauration de la dictature par Mussolini en janvier 1925 et les événements de Porta Nuova, le nationaliste Luigi Federzoni, ministre de l'Intérieur, ordonna aux préfets de veiller avec la plus grande attention au bon déroulement des rencontres sportives qui furent ensuite soumises à une législation s'inscrivant dans l'arsenal répressif de « sécurité publique » promulgué en 1926. Un décret-loi institua l'obligation de la double autorisation préfectorale et gouvernementale pour la tenue d'un match international (art. 1), les démarches pour organiser une rencontre à caractère national devant être effectuées auprès du préfet au moins un mois à l'avance (art. 5)[105].

Le football avait également provoqué d'importants débordements en Amérique du Sud. La rubrique sportive du quotidien populaire de Buenos Aires, *Crítica*, égrenait les tribulations plus ou moins tragicomiques d'arbitres obligés de se déguiser en femmes pour échapper à l'ire de la foule ou protégés par d'importantes forces de police. En juin 1925, il affirmait que « le dimanche, la section sportive de notre journal devrait plutôt être baptisée "section policière des sports"[106] ». Si l'Europe recevait les lointains échos de la passion argentine, seuls les joueurs traversèrent l'Atlantique pour faire découvrir au public européen la face la plus riante du football sud-américain : sa technique et son jeu.

Un football transatlantique

« Le football sud-américain fut à l'honneur, de par la victoire des Uruguayens et c'est bien la meilleure équipe qui a gagné. Chez elle, la compréhension du jeu d'équipe existe, alliée aux qualités individuelles que doit posséder tout joueur complet : adresse, vitesse, blocage *[sic]* parfait de la balle et science du démarquage. Dans cette équipe, tous les avants sont d'excellents botteurs, vite *[sic]* et décidés. La passe est faite hors de portée de l'adversaire, dans le trou, et il y a toujours un coéquipier pour la reprendre. Les demis et arrières pratiquent le plus souvent l'interception, ils vont au-devant de la balle au lieu de l'attendre et brisent ainsi l'attaque adverse avant qu'elle ait pu prendre corps. Dans les buts, un gardien adroit et souple, malheureusement trop peu souvent à l'ouvrage pour pouvoir être jugé et qui, dans chacune de ses rares interventions, fut parfait[107]. »

Ainsi le *Rapport officiel de la VIIIe Olympiade* décrivait le jeu étonnamment moderne de la sélection uruguayenne qui venait de remporter le tournoi de football en surclassant tous ses adversaires : la Yougoslavie fut atomisée 7-0 en éliminatoires, l'équipe de France écartée sans ménagement par 5 buts à 1 en quart de finale et la Suisse battue sèchement 3-0 en finale, le 9 juin 1924 au stade de Colombes. Le football sud-américain n'était pourtant pas tout à fait un inconnu. On a vu qu'avant la guerre, des équipes britanniques et quelques formations latines étaient venues sur ce continent en tournée ; dès 1922, une sélection basque y était revenue, ainsi que l'équipe hongroise de Ferencvaros, suivies un an plus tard par le club italien du Genoa[108]. Mais l'heure avait changé. Il ne s'agissait plus de nationaliser le football en l'arrachant à des communautés britanniques désireuses de se cantonner dans l'entre-soi, tout en dominant économiquement ces pays *via* des compagnies de chemin de fer ou de commerce. Il fallait désormais affronter les autres nations sud-américaines : au-delà de l'amalgame interne, le *fútbol* participait aussi à la construction de l'identité nationale dans un processus de différenciation parfois agressif à l'égard des peuples voisins. Pour fêter le centenaire du pays, le ministère des Relations extérieures argentin avait offert un trophée à disputer pendant le tournoi de football qui composait l'une des manifestations de célébration au mois de juillet 1916[109]. Quatre équipes – l'Argentine, le Brésil, le Chili et l'Uruguay – participèrent à cette première compétition sud-américaine qui fut aussi l'occasion de créer la première confédération continentale de football, connue aujourd'hui sous le nom de CONMEBOL *(Confederación Sudamericana de Fútbol)*. Le tournoi, qui prit le nom de Copa America, fut disputé presque annuellement jusqu'en 1929. Depuis la première édition, il était dominé par l'équipe d'Uruguay qui remporta la moitié des 12 éditions disputées, contre 4 à l'Argentine et 2 au Brésil.

Plus encore que les titres continentaux, les victoires olympiques consacrèrent alors la supériorité du jeu uruguayen. Seule l'école danubienne représentée par l'Autriche, la Hongrie et la Tchécoslovaquie aurait pu relever le défi venant des rives du río de la Plata. Or, aux Jeux de Paris, l'équipe de Hongrie fut éliminée 3 à 0 par l'Égypte en quart de finale alors que la Tchécoslovaquie avait été battue de justesse par la Suisse à l'issue de deux rencontres (1-1 puis 0-1). Pour cause de professionnalisme, la fédération autrichienne n'avait pas envoyé de joueurs et elle se refusa encore à participer à l'Olympiade suivante, imitée cette fois par ses voisines hongroise et tchécoslovaque. Les rois du football international furent donc avant tout les descendants d'immigrants basques français et espagnols comme l'arrière droit Pedro Arispe et l'ailier droit Santos Urdinaran, d'Italiens comme l'avant-centre Pedro Petrone, l'inter droit Hector Scarone, l'ailier gauche Angel Romano et le « grand » capitaine, l'arrière gauche José Nasazzi, sans oublier l'un des premiers grands joueurs noirs de l'histoire du football mondial, le demi droit José Leandro Andrade dont les interceptions, les passes ou les dribbles réglaient pour partie le jeu uruguayen. Contrairement à d'autres sportifs de couleur, qui souffrirent du racisme colonial, Andrade suscita l'admiration mêlée d'une certaine curiosité pour son exotisme. Une admiration somme toute assez proche de l'accueil que reçut un an plus tard Joséphine Baker dans la *Revue nègre*. Vu du côté uruguayen, Andrade était le produit d'un système colonial original en Amérique du Sud dans lequel les esclaves africains avaient surtout été des *peones* et des artisans industrieux, vite affranchis et acculturés[110].

Le succès uruguayen renforça le désir de développer les liens transatlantiques. Avant de se rendre à Paris, l'équipe d'Uruguay avait réalisé une tournée préparatoire en Espagne qui s'était soldée par un très grand succès. Le rapport de la délégation uruguayenne publié en 1925[111], qui décrivait les détails du voyage, les matchs joués et remportés à La Corogne, Vigo, Bilbao, San Sébastien et Madrid, rend bien compte du complexe créole qui accompagnait l'aventure sportive. Les récits des rencontres reprenaient un topos fréquemment employé par la presse sportive de l'époque, celui d'un public initialement hostile, reconnaissant finalement, comme à Bilbao, « l'indiscutable supériorité des visiteurs, en les ovationnant chaleureusement[112] ». Les montants des contrats signés pour disputer les matchs amicaux étaient également dévoilés : leur valeur – jusqu'à 25 000 pesetas pour deux matchs à Madrid[113] – portait reconnaissance de l'attraction suscitée par la « Céleste », le surnom donnée à l'équipe uruguayenne en raison de la couleur bleu ciel de son maillot. Les photographies publiées de celle-ci effectuant son tour d'honneur au stade de Colombes après la victoire contre la Suisse montrent des joueurs regroupés autour du drapeau national, fiers de faire connaître un pays identifié au mieux comme la Suisse de l'Amérique du Sud, et obtenant finalement la reconnaissance du Vieux Continent.

Observant avec une envie certaine le triomphe uruguayen, la presse argentine fut à l'origine de la première tournée d'une équipe de Buenos Aires en Europe. Le quotidien *Crítica*, qui intégrait toujours plus le football dans ses pages, parvint à convaincre la fédération argentine de laisser partir l'équipe de Boca Juniors sur le Vieux Continent et de l'exempter de championnat national. Du 4 février au 12 juillet 1925, l'équipe du quartier populaire de La Boca disputa ainsi en Espagne, en France et en Allemagne plus de 19 matchs, remportant 15 victoires, pour seulement 3 défaites et un match nul. Ainsi se construisait une autre forme de nationalisme que celle que diffusait l'école ou la conscription, un nationalisme paradoxal et marqué par un « éclectisme idéologique[114] » certain, puisque y entraient à la fois le sentiment de solidarité sud-américaine, la rivalité avec les Uruguayens et le désir d'être reconnu des grandes nations européennes. Ainsi, *Crítica* et son journaliste sportif Hugo Marini rapportaient, comme il était d'usage, les commentaires élogieux émis par la presse européenne à propos de Boca Juniors. Héritage du cosmopolitisme du début du siècle, il y était surtout question du « style scientifique » qui aurait apparenté l'équipe aux meilleures formations britanniques[115].

Toujours en 1925, le Nacional de Montevideo, composé en grande partie des joueurs de la « Celeste » ainsi que le Paulistano Football Club de São Paulo et sa grande vedette, l'avant-centre Arthur Friedenreich, effectuèrent aussi un tour victorieux d'Europe : les observateurs européens purent ainsi identifier caractères communs et différences entre les footballs, avant de constater *de visu* la supériorité du jeu d'outre-Atlantique au tournoi olympique d'Amsterdam en 1928. Grâce notamment à l'habileté et à la vitesse de son ailier gauche Raimundo Orsi et à l'autorité souvent violente de son demi centre Luis Monti, l'équipe d'Argentine écrasa ses adversaires jusqu'en finale : 11-2 contre les États-Unis au premier tour, 6-3 face à la Belgique en quart de finale et 6-0 au détriment de l'Égypte en demi-finale. Sans doute plus attendue et mieux connue, l'équipe d'Uruguay avançait plus difficilement : 2-0 contre l'équipe locale, les Pays-Bas, 4 à 1 après un match très heurté avec l'Allemagne et victoire de justesse 3 à 2 sur la *squadra azzurra*, une équipe européenne qui montait et qui avait aligné, sans se soucier des règlements olympiques, ses meilleurs professionnels. La finale consista donc en un derby du río de la Plata joué en deux temps. Après un premier match achevé sur un nul 1 à 1 le 10 juin, les Uruguayens finirent par l'emporter 2 buts à

1 grâce aux réalisations de l'ailier gauche Roberto Figueroa et de l'inter Hector Scarone contre un seul but marqué par Monti d'un tir de 25 mètres.

La ténacité des Uruguayens et leur victoire finale sur les Argentins vinrent consacrer les représentations que l'on commençait à donner des uns et des autres sur les deux rives du río de La Plata. Ainsi, comme l'a rappelé l'anthropologue argentin Eduardo Archetti, le style national des Uruguayens aurait déjà été caractérisé par un jeu viril, n'excluant pas une certaine brutalité empruntée aux gauchos et aux terribles Indiens Charruas, quand les Argentins exprimaient leur sensibilité d'artistes, lieu commun développé à la fin des années 1930 par l'hebdomadaire *El Gráfico*, voire un caractère efféminé[116]. En tout cas, au sein de la jeune nation uruguayenne, la confirmation du succès de 1924 fut vite interprétée comme une date historique. Pour preuve, L. Enrique Andreoli, député de Montevideo à la Chambre des représentants d'Uruguay, déposa le 11 juin 1928 un projet de loi visant à instaurer un jour de fête nationale commémorant la victoire olympique d'Amsterdam. Dans l'exposé des motifs, il n'oublia pas de rappeler « les gloires des guerres d'indépendance » menées par une « race forte et active[117] » dans laquelle il confondait toutefois Uruguayens et Argentins. Le texte fut voté par le Sénat uruguayen huit jours plus tard : c'était inscrire les succès sportifs dans la mythologie nationale élaborée depuis les premiers succès du *Libertador* José Artigas mais aussi assumer le caractère désormais éminemment politique du football.

4

Professionnalisme
et premières Coupes du monde

L'organisation de compétitions postulant l'éloignement des footballeurs pendant plusieurs semaines supposait bien évidemment quelques entorses aux règles de l'amateurisme. De fait, à partir du milieu des années 1920, l'Europe du football, d'abord centrale et latine, adopta, parfois à reculons et souvent dans le conflit, le professionnalisme avant d'être rejointe par la France et les pays d'Amérique du Sud dans les années 1930. Ce nouveau statut sportif eut un rôle crucial dans la création de la Coupe du monde de football. Devant l'intransigeance des dirigeants du CIO, campant sur des positions rigoristes en matière d'amateurisme, leurs homologues de la FIFA n'eurent d'autre recours que de créer leur propre tournoi qui allait au fil des années assurer la bonne santé financière de l'organisation, en s'intercalant entre deux Olympiades. Mais la naissance d'une épreuve dont l'organisation nécessitait l'aide de l'État ouvrait aussi la porte à une politisation du football dont les éditions uruguayenne (1930) et italienne (1934) furent les bancs d'essai. Certes, le modèle des promoteurs du jeu restait britannique. Mais les progrès du football européen ainsi que l'épanouissement, dans les années 1930, d'un professionnalisme continental soutenu par des intérêts commerciaux et industriels, les premières formes de consommation de masse et la force des identités nationales et régionales vinrent ébranler le prestige des maîtres anglais et écossais.

Les ruptures du professionnalisme

Le problème du professionnalisme ne résidait pas seulement dans un changement de statut juridique. Il soulevait, comme en Angleterre trente à quarante ans plus tôt, des débats à forte connotation sociale et politique, les milieux conservateurs, mais aussi socialistes et communistes, communiant, pour des raisons différentes, dans la même exécration d'un sport stipendié. La naissance du football professionnel révélait donc les tensions que l'urbanisation, la diffusion de la culture de masse et les bouleversements sociaux et économiques provoqués par la Grande Guerre et renforcés par la crise des années 1930 faisaient peser sur les sociétés de l'entre-deux-guerres.

Les premières fédérations à franchir le Rubicon furent celles d'Europe centrale. Dès le 21 septembre 1924, un championnat professionnel était mis en place à Vienne, regroupant 23 clubs organisés en deux divisions, et les fédérations tchécoslovaque et hongroise emboîtèrent le pas à l'autrichienne en 1925 et 1926. Depuis la Première Guerre mondiale et ses lendemains tumultueux, le régime avait été celui de l'« amateurisme marron » et de la pratique de la « compensation » des frais ou du « manque à gagner » des joueurs, qui, selon Hugo Meisl, le « père » du football autrichien, « avait déjà commencé durant les années de guerre[1] ». Le « cartel » des cinq grands clubs viennois – Amateure, First Vienna, Rapid, Hakoah et Sport-Klub –, allié à l'activisme de Meisl, alors secrétaire général de la fédération autrichienne et sélectionneur de l'équipe nationale, permit de faire accepter le professionnalisme malgré la forte opposition des organisations sportives sociales-démocrates. Ces dernières militaient pour un sport récréatif de masse et assimilaient le spectacle sportif professionnel à « un idéal-type de domination » bourgeoise[2]. Mais les clubs « apolitiques » avaient imposé l'hégémonie culturelle du football professionnel. En effet, si les ouvriers socialistes pratiquaient leur sport favori dans la VAFÖ *(Verband des Amateurfussballer Österreichs)*, la Fédération socialiste et amateur de football, ils ne se privaient pas d'assister aux matchs joués par les grands clubs bourgeois viennois. Certains, parmi les plus jeunes et les plus doués, tentèrent d'y faire carrière ; pour les autres, le football était l'un des divertissements de la culture de masse dont ils entendaient profiter.

L'espace des championnats professionnels d'Europe centrale demeurait cependant fort réduit. Il se concentrait essentiellement sur la ville capitale dont l'hypertrophie avait été renforcée par l'implosion de l'Empire austro-hongrois et les clauses territoriales des traités de Saint-Germain-en-Laye et de Trianon. Dans cette Mitteleuropa du ballon rond, Vienne gardait sa prééminence, notamment face à Budapest. Même si l'inflation avait touché autant l'Autriche que la Hongrie, les bouleversements provoqués par la révolution communiste de Béla Kun en 1919 puis la répression de la contre-révolution, sans compter les effets de la politique anti-hongroise de la diplomatie française et de l'hostilité de la « Petite Entente », y rendaient le retour à la stabilité économique plus difficile. L'antisémitisme officiel incitait également les joueurs juifs à quitter le pays. Aussi, les footballeurs hongrois qui, au lendemain de la Grande Guerre, notamment ceux du MTK Budapest, le club de la bourgeoisie israélite, avaient le mieux assimilé les leçons des entraîneurs écossais furent vite débauchés par leurs voisins. Dès 1919, les meilleurs joueurs magyars avaient rejoint Vienne. Les frères Kalman et Jenö Konrad quittèrent ainsi le MTK Budapest pour l'Amateure Vienna grâce à l'entregent de Hugo Meisl. Rejoints au printemps 1923 par leur compatriote Alfred Schaffer, un grand attaquant qui roula sa bosse d'« amateur marron » dans plus de 21 clubs différents entre 1910 et 1925 et qui faisait désormais office d'entraîneur-joueur, ils permirent à l'Amateure de remporter son premier titre de champion en 1924. La première édition du championnat professionnel fut l'affaire du club de l'Hakoah, le club juif de Vienne dont le maillot arborait l'étoile de David et qui avait aussi accueilli de nombreux Hongrois.

De même, en 1922, Brno, la seconde ville de la jeune République tchécoslovaque, « célèbre par sa manufacture d'armes et par ses usines textiles », avait vu la création du premier club ouvertement professionnel de la Mitteleuropa, le ZK Zidenice, qui « ne jouait que des matchs amicaux ou internationaux, dédaignant les championnats[3] ». Disputant des rencontres chez ses voisins allemand, hongrois ou autrichien, il recruta notamment un grand nombre de joueurs magyars avant de revenir à un amateurisme marron trois ans plus tard, lorsque la Tchécoslovaquie adopta finalement un professionnalisme dominé par les deux grands rivaux de Prague, le Slavia et le Sparta.

Pour autant, les bases économiques des clubs restaient fragiles. Les équipes d'Europe centrale devaient multiplier les tournées en Espagne, en Italie, en France et même aux États-Unis pour compléter les recettes offertes par les grands matchs disputés dans la région danubienne. Cette politique n'allait pas sans risques puisque à la fin de la tournée du Hakoah aux États-Unis en 1926, neuf joueurs du club décidèrent de rejoindre les ligues professionnelles de *soccer* souvent fondées par des juifs d'Allemagne ou d'Europe centrale.

C'est dans la seconde moitié des années 1920 et jusqu'au début des années 1930 que le professionnalisme prit officiellement pied en Europe latine, au prix d'une querelle entre « les anciens et les modernes » dans laquelle les « hommes nouveaux » du football, issus principalement du monde des affaires et de l'industrie, jouèrent un rôle essentiel. Dès l'après-guerre, les tensions que déclenchait la question du professionnalisme se coulèrent dans une sorte de « lutte des classes ». Elle opposait les grands clubs, souvent soutenus par de riches mécènes enrichis par les fournitures de guerre ou profitant au mitan des années 1920 de l'embellie de l'économie, et les formations parfois aussi anciennes mais moins fortunées. Ainsi, dès juillet 1921, les grands clubs italiens avaient présenté, par l'entremise de Vittorio Pozzo, un projet de championnat très restrictif, reléguant dans des divisions inférieures les petits clubs majoritaires au sein de la FIGC, la fédération italienne. N'obtenant pas gain de cause, ils décidèrent de faire sécession en créant une instance nouvelle, la *Confederazione Calcistica Italiana*, où se retrouvaient les clubs les plus puissants du Triangle industriel ou des grandes villes, comme l'Internazionale et le Milan, le Genoa et Bologne, la Juventus et le Torino. De leur côté, les petits clubs disputèrent le championnat « officiel » qui fut remporté par « l'illustre » équipe ligure de l'US Novese. Après un an d'accalmie, la lutte entre petits et gros reprit à l'été 1923. Les dirigeants de la Juventus de Turin bénéficiaient, il est vrai, du patronage d'Agnelli depuis qu'Edoardo – le fils du patron fondateur de Fiat – avait été élu président du club au mois de juillet 1923. Ils engagèrent donc Virginio Rosetta, la vedette du club piémontais de la Pro Vercelli, qui avait tenu le haut du pavé du football italien dans les années 1910. Officiellement,

Rosetta effectuait une « mutation » professionnelle pour venir travailler dans la société Ajmone-Marsan dirigée par l'un des fondateurs de la Juventus. En réalité, il toucha une prime de 45 000 lires et reçut un salaire mensuel fort conséquent de 700 lires[4]. La *Lega Nord* de la FIGC s'opposa à cette entorse aux règles de l'amateurisme en annulant les quatre premiers matchs disputés par Rosetta avec la Juventus et en n'enregistrant finalement ce transfert qu'à l'intersaison 1924. Toutefois, les grands clubs l'avaient emporté. Ils usèrent désormais de ce procédé pour masquer pudiquement la réalité du professionnalisme avant que Leandro Arpinati, le *ras* fasciste de Bologne, devenu président de la FIGC après la fascisation du sport italien en 1925, ne proclame la charte de Viareggio qui divisait assez hypocritement les footballeurs italiens en deux catégories : les amateurs et les non-amateurs (1926).

La question du professionnalisme avait été soulevée en Espagne dès février 1917 par le périodique sportif *Madrid Sport* qui dénonçait l'existence de l'amateurisme marron et notamment les pratiques du président du Racing de Madrid. En effet, le célèbre entrepreneur de bâtiment et travaux publics Alejandro Miró Trepat avait lui aussi accordé un emploi fictif à ses joueurs pour qu'ils puissent s'entraîner plus librement[5]. En dépit des débats, le professionnalisme plus ou moins ouvert prospérait. Ainsi, dès 1919, le joueur basque Manuel Amechazurra obtenait du président-fondateur de Barcelone, Hans Gamper, un salaire mensuel de 300 pesetas qui fut progressivement étendu, avec une prime annuelle de 3 000 pesetas, à ses coéquipiers[6]. Le succès du tournoi olympique d'Anvers, où *los diablos rojos* obtinrent la troisième place, ne fit que renforcer la pratique de la rétribution plus ou moins cachée des footballeurs. En 1922, le jeune gardien du FC Barcelone, Ricardo Zamora, fut recruté par les dirigeants du rival urbain, l'Español, contre un salaire mensuel de 2 000 pesetas et une prime d'engagement de 25 000 pesetas[7]. La presse sportive madrilène pouvait concentrer ses attaques sur les pratiques catalanes, la fédération du centre avait beau plaider dans les assemblées fédérales pour une réglementation toujours plus sévère à l'encontre des contrevenants... le 28 juin 1924, l'assemblée de la fédération espagnole admit la pratique du professionnalisme. Mais ce ne fut qu'à l'orée de la saison 1928-1929 qu'un véritable championnat professionnel, la *Liga*, fut créé. Sa première édition fut non seulement remportée par le plus puissant des clubs espagnols, mais aussi par celui qui avait montré le moins d'hypocrisie en matière d'argent : le FC Barcelone.

Les dirigeants français hésitèrent longtemps avant de franchir le pas. Non que l'amateurisme marron n'existât pas dans un pays où le professionnalisme, notamment au travers du vélo et du Tour de France mais aussi de l'athlétisme, avait pignon sur rue. Le célèbre Jean Bouin, médaille d'argent sur 5 000 mètres plat aux Jeux de Stockholm en 1912, mort pour la France en septembre 1914, était avant la guerre un employé de la Société générale que l'on voyait peu derrière les guichets des agences mais beaucoup plus porter avec succès les couleurs du CASG (Club athlétique de la Société générale) sur les pistes d'athlétisme[8]. Malgré tout, dans la première moitié des années 1920, le racolage était dénoncé par une partie de la presse et des dirigeants, comme ceux de la Ligue de Paris, nostalgiques d'un ordre ancien où le sport et le football étaient réservés aux enfants de la bourgeoisie. Plusieurs commissions dites « du statut du joueur » furent réunies par la FFFA : entre 1924 et 1926, elles définirent deux types de licences sportives, A et B, qui devaient permettre de limiter le racolage et de contrôler les joueurs gyrovagues. Seuls ceux qui avaient quitté leur club pour un autre (souvent plus puissant et plus fortuné), avec la bénédiction de leurs anciens dirigeants, pouvaient prétendre à la licence A qui permettait de disputer la Coupe de France et les principales compétitions de ligue. À ceux qui étaient partis sans aucune autorisation était dévolue la licence B qui les cantonnait dans les équipes réserves. En fait, ces dispositions renforcèrent l'hypocrisie du système : les dirigeants de l'équipe quittée cherchaient surtout à obtenir une belle indemnité pour accorder leur *nihil obstat*[9]. Alors que l'ancien gardien de but de l'équipe de France Pierre Chayriguès confiait dans ses « mémoires », publiés par le quotidien *L'Auto* en mars 1929, « avoir été un professionnel avant 1914 déjà[10] » et « n'avoir jamais joué en sélection à moins de 1 000 à 3 000 francs[11] », la professionnalisation était en marche. Moyennant une préparation et des performances plus poussées, les meilleurs joueurs français prétendaient désormais à plus qu'un simple remboursement du « manque à gagner » qu'occasionnaient entraînement, matchs et déplacements. Outre la partie « éclairée » de la FFFA, notamment le journaliste Emmanuel Gambardella, des industriels comme Jean-Pierre Peugeot jouèrent un rôle essentiel dans cette évolution. Après avoir pratiquement créé une équipe professionnelle *ex nihilo*, le FC Sochaux, l'héritier et patron des automobiles Peugeot inventa, faute de pouvoir l'aligner immédiatement au plus haut niveau, une compétition *ad hoc*, la Coupe Sochaux, disputée par des équipes étrangères et françaises invitées entre 1929 et 1932. Face à ce forcing, le Conseil national de la FFFA décida finalement d'accepter le professionnalisme en janvier 1931 ; le premier championnat professionnel voyait le jour en septembre 1932.

C'est aussi au début des années 1930 que l'Amérique du Sud abandonna l'amateurisme. Ici encore se retrouvaient les ingrédients qui avaient composé l'accouchement plus ou moins difficile du professionnalisme. En Argentine, les dirigeants de club, ainsi que les joueurs, en furent les principaux protagonistes. Dès 1919, la fédération argentine subissait un « schisme » opposant la fédération « légitime » née en 1893, l'Asociación Argentina, à l'Asociación Amateurs, dont les clubs les plus puissants et populaires (en premier lieu River Plate et Racing) étaient les instigateurs, après avoir été exclus de la fédération historique avec douze autres clubs pour avoir voulu faire valoir leurs « droits » au détriment de clubs plus modestes. En 1926, les deux organisations fusionnaient en une Asociación Amateurs Argentina de Football mais, bien vite, un motif proche de celui qui avait conduit au « schisme » de 1919 divisa à nouveau le football argentin. Après la première édition de la Coupe du monde disputée en juillet 1930 en Uruguay, les grands clubs, Boca Juniors, Racing, San Lorenzo et Huracán, émirent le désir de constituer une ligue professionnelle. En tout dix-huit sociétés sportives fondèrent la Liga Argentina de Football qui instaura immédiatement le premier championnat professionnel, tout en restant en dehors de la fédération officielle jusqu'en 1934[12]. Toutefois, l'élément le plus original de l'invention du professionnalisme argentin avait été constitué par la grève des joueurs appartenant encore à l'Asociación Amateurs Argentina de Football. Une grève de footballeurs officiellement amateurs mais qui réclamaient le droit de pouvoir quitter librement leur club sans être frappés par une législation sportive encore plus dure qu'en France. Ce qui correspondait en Argentine à la licence B française signifiait en effet un purgatoire de deux saisons pour les joueurs amoureux de leur liberté et désirant monnayer leur talent. S'ils n'obtinrent pas gain de cause sur la liberté de mouvement dont les dirigeants voulaient se réserver le monopole, ils purent toutefois ouvertement exercer leur profession[13].

Comme un jeu de dominos, l'adoption du professionnalisme gagna aussi les pays voisins. En avril 1932, l'assemblée générale de la fédération uruguayenne de football créait la Liga Uruguaya de Football Profesional. De même, le Brésil dut lui aussi s'aligner. Il existait à Río de Janeiro depuis 1908 une équipe composée de joueurs ouvriers, le Bangu Athletic Club, émanation de l'entreprise d'industrie textile du même nom. Mais la popularité du jeu signifiait aussi une compétition accrue et la tentation d'acheter les meilleurs talents comme le fit, dès le début des années 1920, le club carioca Vasco de Gama[14]. À l'instar de l'Europe et des pays voisins, l'ère de l'amateurisme marron pouvait commencer, protégée par la volonté des dirigeants des grands clubs tels que Botafogo, Flamengo et Fluminense (Río), C.A. Paulistano, S.C. Corinthians et S.C. Germânia (Saõ Paulo) de contenir l'entrée des classes populaires dans le jeu. Toutefois, les meilleurs joueurs brésiliens d'origine italienne commençaient à se montrer sensibles aux sirènes du pays du *calcio* où ils pouvaient exercer ouvertement leur métier de footballeur.

Finalement, l'évolution politique joua un rôle important dans l'acceptation du professionnalisme. Le coup d'État militaire d'octobre 1930 porta au pouvoir Getúlio Vargas, l'ancien gouverneur du Río Grande do Sul. Parmi les réalisations du Programme de reconstruction nationale, la création d'un ministère du Travail chargé des questions sociales permit d'intégrer la question du football au sein de la législation sociale à forte coloration corporatiste de Vargas et aboutit à l'acceptation du professionnalisme le 23 janvier 1933. Cette décision eut une conséquence immédiate pour le football brésilien : l'arrivée des Noirs et des métis dans les grandes équipes.

Si les pays sud-américains entraient en ordre dispersé dans l'ère professionnelle, ils mirent vite en place une première régulation des transferts. En effet, afin de contenir l'appétit des clubs argentins, une convention fut signée entre les représentants des principaux clubs brésiliens et leurs homologues *porteños*, ces derniers s'engageant « à demander le consentement » des clubs dont ils convoitaient les joueurs. Le texte prévoyait aussi que « les punitions appliquées par la Fédération brésilienne de football ser[aient] reconnues et respectées par les clubs de la Liga Argentina de Football, et réciproquement[15] ».

Au milieu des années 1930 subsistaient toutefois des bastions de l'amateurisme, à commencer par les pays latino-américains dont le développement économique et urbain et/ou celui du football demeuraient insuffisants, en particulier ceux d'Amérique centrale. Pour des raisons d'éthique et idéologiques, l'Europe du Nord restait réfractaire au professionnalisme, Pays-Bas, pays scandinaves et Allemagne en tête, alors que la fédération belge adoptait le statut d'« indépendant » qui autorisait les clubs à verser seulement des « primes » à leurs joueurs.

En Allemagne, la domination d'une bourgeoisie nationaliste et revancharde au sein du DFB, la fédération allemande, constitua un premier frein à son adoption. Les exercices physiques, gratuits, devaient faire office de préparation militaire puisque la conscription avait été prohibée par le traité de Versailles. Le régime de l'amateurisme marron n'en prospérait pas moins dans les grandes équipes comme le FC Nuremberg. D'ailleurs, les joueurs, échaudés par l'hyperinflation, préféraient un système de primes plus ou moins caché et flexible qu'un salariat ouvert[16]. Mais, comme en France, les tensions se cristallisèrent à partir de 1930. Les clubs de l'Ouest rhénan, notamment le Fortuna Düsseldorf et surtout l'équipe identitaire des mineurs de la Ruhr, Schalke 04 de Gelsenkirchen, pratiquaient un professionnalisme transparent qui valut aux joueurs de l'équipe première de l'équipe minière d'être suspendus. Après une période de discussion au sein du DFB et l'annonce à l'ouest de la création d'une ligue indépendante, le principe d'une Reichsliga, un championnat professionnel allemand, fut finalement accepté en septembre 1932, tout en suscitant des attaques virulentes d'une grande partie de la classe politique et des milieux militaires qui menacèrent « de retirer aux associations sportives leur statut "d'utilité publique", puis de leur supprimer toute subvention, et de les soumettre à l'impôt appliqué aux entreprises de divertissements et de loisirs[17] ». Mais ce fut surtout l'arrivée au pouvoir de Hitler qui donna le coup de grâce à la Reichsliga : l'Allemagne (à l'ouest) devrait encore attendre trente ans pour organiser son championnat professionnel.

FIFA vs CIO

Débat d'abord interne aux fédérations, la question du professionnalisme eut, dès le mitan des années 1920, de fortes répercussions sur le football international, par l'intermédiaire du tournoi olympique. Son organisation, déléguée par le CIO à la FIFA, avait permis d'affirmer l'internationalisme, sinon l'universalité de la fédération. Mais la longueur de la compétition – presque un mois avant l'ouverture officielle de l'Olympiade – posait la question cruciale du statut du joueur. Une majorité des dirigeants de la FIFA, Jules Rimet en tête, s'accordaient pour considérer le professionnalisme comme un mal nécessaire, au contraire de leurs homologues du CIO.

Après le choix aux Jeux d'Anvers d'une formule compliquée et injuste sur le plan sportif[18], une commission, placée sous l'autorité de la Fédération française de football association (FFFA), se réunit au printemps 1923 « en vue d'élaborer le règlement » du tournoi olympique de Paris. Adopté sur les instances de l'anglophile Henri Delaunay, le système se calquait sur celui de la Coupe d'Angleterre, avec pour principe « le tirage au sort des adversaires pour chacun des tours[19] ». Mais, selon le nombre de pays compétiteurs, 8, 16 ou 32[20], le tournoi risquait de durer plus de trois semaines et de soulever ainsi avec acuité la question du respect de l'amateurisme. Les fédérations scandinaves, très attachées à l'éthique olympique et qui constituaient le pôle « conservateur » en la matière au sein de la FIFA, insistèrent les premières pour réduire la durée de l'épreuve. Ainsi, de manière réaliste, la fédération norvégienne soulignait qu'« il [était] évident que d'avoir des joueurs restant à Paris si longtemps [était] incompatible avec les principes du bon amateur et également peu économique[21] ». De leur côté, les dirigeants danois désiraient limiter le nombre de participants à huit en organisant des épreuves de qualification. Leurs homologues de l'Association suisse de football (ASF) y voyaient un moyen « d'améliorer la valeur sportive » de la compétition[22]. En revanche, les pays où la frontière entre amateurs et professionnels se brouillait se montraient favorables à un accueil plus généreux des compétiteurs. Les dirigeants de la FIGC souhaitaient ainsi que « chaque pays [fût] autorisé à envoyer son équipe représentative : cela [agirait] comme un stimulant et [améliorerait] le jeu des plus faibles, alors que les équipes les plus fortes [apprendraient] à connaître la valeur de leurs adversaires[23] ».

Finalement, un compromis fut trouvé : plus de 23 équipes participeraient à une compétition resserrée sur quinze jours, du 25 mai au 9 juin, grâce au système d'élimination directe de la *Cup*. Le palmarès en témoigna : derrière l'intouchable équipe d'Uruguay, les formations suisse, suédoise et hollandaise se classaient respectivement aux deuxième, troisième et quatrième places, en l'absence, il est vrai, de l'Autriche.

Le succès populaire de la compétition plaçait la FIFA en position de force. Selon le *Rapport officiel* : « Le Tournoi Olympique de 1924 fut un triomphe sans précédent et souleva l'enthousiasme de tous ceux qui purent en suivre les péripéties[24]. » De fait, le tournoi de football contribua largement aux recettes des Jeux de Paris, dégageant plus de 1 798 751 francs sur un total de 5 423 184 francs. À elle seule, la finale Uruguay-Suisse avait « totalisé 516 575 francs[25] », soit presque 10 % des recettes globales des compétitions olympiques. La rentabilité économique du spectacle du football n'était plus à démontrer. Mais, alors qu'au milieu des années 1920 le professionnalisme s'imposait sous des formes plus ou moins officielles en Europe, le CIO choisit l'intransigeance au congrès de Prague (mai-juin 1925). Le nouveau règlement olympique adopté alors stipulait en effet que : « Ne [pourrait] être qualifié pour participer aux Jeux : celui qui [était] ou [aurait] été en connaissance de cause professionnel dans son sport ou dans un autre sport ; celui qui aurait reçu des remboursements pour compensation de salaire perdu[26]. »

Même si en octobre 1925 la FIFA proposa à son tour une définition provisoire très restrictive des conditions de l'amateurisme, la voie du divorce entre Jeux olympiques et football était ouverte. D'un côté, les fédérations européennes favorables au professionnalisme, Tchécoslovaquie, Autriche, Hongrie et Italie, préconisaient dès novembre 1926 « la création d'une compétition internationale pour les meilleures équipes de chaque pays (sans savoir si leurs joueurs [étaient] amateurs, non-amateurs ou professionnels) sous le titre de "Coupe de l'Europe"[27] ». De l'autre, la position olympique se raidit en raison du développement d'un professionnalisme déguisé dans au moins trois sports : football, athlétisme et tennis[28].

Considérant sans doute avec raison que la FIFA se partageait pour partie sur cette question cruciale, le comte Henri de Baillet-Latour, président du CIO, tenta de « diviser pour mieux régner » en jouant la carte des fédérations du nord de l'Europe. De même demanda-t-il en avril 1926 aux présidents des Comités olympiques des pays favorables à la rémunération des joueurs « d'user de toute [leur] influence vis-à-vis des dirigeants du Football dans [leurs] pays, afin d'arriver à les convaincre », quitte à accepter l'absence de certaines fédérations aux prochains Jeux d'Amsterdam. Ainsi, « les pays absolument incapables de se faire représenter par un team qualifié s'abstiendraient », alors qu'il lui semblait « plus juste de donner une chance plutôt à ceux qui ont le désir de purifier le sport amateur qu'à ceux qui s'évertuent de le commercialiser ou de le faire diriger par les passions politiques[29] ».

Ce vœu pieux fait *a posteriori* sourire quand on connaît les futures sympathies de Baillet-Latour pour le national-socialisme. Il se heurta à la loi d'airain du spectacle sportif. Alors qu'en 1927 le congrès de la FIFA tenu à Helsingfors, en Suède, devait réexaminer la définition de l'amateurisme et provoquer peut-être une rupture irrémédiable, le capitaine George Van Rossem, secrétaire général du comité d'organisation hollandais, s'inquiétait d'une éventuelle absence du football à Amsterdam : « Si en effet une telle décision devait être prise, écrivait-il à Baillet-Latour, vous concevrez que les Jeux recevront de ce fait un coup d'autant plus grave que nous sommes déjà privés du concours du Lawn-Tennis[30]. » En effet, face à un sport dont l'impact financier était plus faible que celui du ballon rond, Baillet-Latour s'était montré intraitable : alors que la Fédération internationale de lawn tennis (FILT) et son président français Albert Canet n'entendaient pas céder aux exigences du CIO, le tennis fut rayé du programme olympique le 2 novembre 1926[31]. Il ne réapparaîtrait qu'en 1988 aux Jeux de Séoul.

Le football échappa à ce triste sort. Certes, les organisateurs néerlandais s'inquiétaient des conséquences financières découlant d'une absence du football aux Jeux d'Amsterdam. Aussi demandaient-ils au CIO de ne pas « se retrancher derrière une position absolument intransigeante au sujet du "remboursement du salaire perdu"[32] ». Il semble bien que Baillet-Latour ait compris le danger en menant, il est vrai, une forme de double jeu. Ainsi expliqua-t-il à Jules Rimet que les divergences entre les conceptions de la FIFA et celles du CIO n'étaient pas si grandes et qu'il convenait simplement de les réduire[33], tout en cherchant à prévenir un éventuel boycott de la Fédération internationale de football en s'assurant auprès de Wall, le secrétaire général de la Football Association, de la participation de l'équipe d'Angleterre amateur[34].

La FIFA remporta l'épreuve de force : puisqu'en août 1927 la commission exécutive du CIO se rallia à son point de vue[35]. Les souples définitions proposées par la Fédération internationale étaient donc admises : les amateurs pouvaient percevoir une indemnité correspondant au plus à « 75 % de leur salaire pour les célibataires et à 90 % de leur salaire pour les hommes mariés et célibataires qui sont soutiens de famille[36] », ces indemnités devant être versées directement à l'employeur. Grâce à cet artifice, le football fut bien présent à Amsterdam et son tournoi constitua l'une des attractions majeures de l'Olympiade. Plus d'un tiers des recettes fut en effet fourni par le tournoi de football (538 860 florins sur un total général de 1 435 343,50[37]). Les épreuves d'athlétisme n'avaient rapporté, quant à elles, que 278 576,75 florins. Cependant, contrairement à Paris, les champions de l'amateurisme ne s'étaient guère illustrés.

De toute façon, le tiercé gagnant composé de l'Uruguay, de l'Argentine et de l'Italie pouvait difficilement passer pour des parangons de la vertu sportive. Se retrouvaient dans l'équipe d'Italie des joueurs tels que Rosetta, Pitto ou Baloncieri, éléments déjà chèrement rémunérés par les plus grands clubs de la Péninsule[38]. Les footballeurs argentins « travaillaient » souvent pour des sociétés de chemin de fer dont ils défendaient les couleurs sur les terrains de jeu. La star Raimundo Orsi fut peu après les Jeux débauchée par la Juventus de Turin et devint le joueur le mieux payé du championnat italien[39].

Placée dans un rapport de force favorable, en raison du succès populaire et financier du football international, la FIFA avait commencé à étudier la possibilité d'organiser son propre championnat. Un questionnaire avait été envoyé à ses membres pour sonder les associations sur la possibilité d'organiser une compétition internationale et une première commission *ad hoc* s'était réunie à Zurich en février 1927. Ses membres jugèrent, sinon « nécessaire de favoriser l'organisation d'une compétition internationale intéressante dans l'intérêt du football du monde entier et de la FIFA même » (Delaunay, représentant de la FFFA), du moins utile de le faire, puisque « la FIFA en [retirerait] l'avantage le plus effectif et [affirmerait] son autorité » (Linnemann, représentant du DFB)[40]. Cependant, des désaccords subsistaient quant à la forme, la périodicité, les continents invités à y participer ou encore l'accueil des joueurs professionnels et amateurs. Trois propositions furent alors formulées qui participaient de représentations de la géopolitique du sport différentes et d'une inégale tolérance du professionnalisme. Hugo Meisl, le père du *Wunderteam* autrichien, plaidait, au nom des fédérations de l'Europe centrale et de leur domination sur la scène continentale, pour une « Coupe de l'Europe » se disputant tous les deux ans. Henri Delaunay, champion de l'universalisme français, proposait une Coupe du monde organisée tous les quatre ans et « ouverte aux équipes représentatives de toutes les Associations nationales affiliées à la FIFA ». À l'inverse, des propositions de Meisl et Delaunay, Linnemann représentait un pays, l'Allemagne, qui, résistant officiellement aux sirènes du professionnalisme, fondait par conséquent son projet sur une stricte distinction entre amateurs et professionnels. La FIFA organiserait donc « deux Championnats du monde », sur un rythme quadriennal pour les premiers, biennal pour les seconds[41].

Il revint, plus d'un an plus tard, au congrès de la FIFA réuni à Amsterdam de choisir une formule engageant largement l'avenir de l'organisation. Comme les partisans du professionnalisme et/ou de l'universalisme étaient les plus nombreux au sein de l'assemblée, la résolution présentée au nom de la France par Henri Delaunay et qui décidait « d'organiser en 1930 une compétition ouverte aux équipes représentatives de toutes les associations nationales affiliées » l'emporta par 23 voix contre 5[42], les pays nordiques ou balte (Danemark, Estonie, Finlande, Norvège et Suède), partisans de l'amateurisme, ayant voté contre. La voie de ce que certains considéraient comme « l'indépendance du football » était ouverte, même s'il revenait à « une Commission nommée par le Congrès » d'étudier les conditions pratiques d'organisation de cette compétition et à désigner le premier pays qui l'accueillerait.

Les premières Coupes du monde : entre spectacle et politisation du football

À tout seigneur, tout honneur. Le congrès de la FIFA réuni les 17 et 18 mai 1929 à Barcelone attribua à la fédération uruguayenne la responsabilité d'organiser la première Coupe du monde de football. Conformément aux vœux de la commission d'étude, composée notamment de l'Autrichien Hugo Meisl et du Français Henri Delaunay, elle serait jouée, à partir de 1930, tous les quatre ans sur le territoire d'une seule association nationale pendant un mois[43]. Les débats furent d'abord vifs : les délégués italiens insistèrent sur les garanties matérielles que devait présenter le pays hôte, alors que le vice-président belge de la FIFA, Rodolphe Seeldrayers, tonnait contre un football qui ne serait « guidé que par des considérations financières[44] ». Finalement, soutenue par ses « sœurs latines » espagnole et italienne, qui retirèrent leurs candidatures, la fédération uruguayenne fut retenue au nom de l'argumentation développée par le délégué argentin Beccar Varela, unanimement approuvée par les congressistes. Selon lui le choix de l'Uruguay se justifiait par :

« 1° les excellents résultats que ce pays avait obtenus lors des deux dernières Olympiades ;

2° l'énorme développement du football en Amérique du Sud et en Uruguay ;

3° la célébration du centenaire de l'indépendance politique de l'Uruguay en 1930 ;

4° en chargeant l'Uruguay de l'organisation, toutes les associations sud-américaines se sentiraient honorées[45]. »

Autrement dit, les congressistes de la FIFA voulurent respecter les rapports de force de la géopolitique du football et réduire l'européocentrisme de l'organisation, tout en associant l'événement sportif à la célébration nationale d'une indépendance obtenue de haute lutte contre l'Argentine un siècle plus tôt. La candidature de l'Uruguay avait été menée par Enrique E. Buero, un diplomate lié au parti battliste, ambassadeur de la « Suisse de l'Amérique latine » à Bruxelles. Elle avait été fortement soutenue par le gouvernement uruguayen, Buero recevant, quelques semaines avant le décisif congrès de Barcelone, une dépêche du ministère des Relations extérieures rappelant les engagements financiers pris par l'État uruguayen pour accueillir les équipes étrangères, notamment européennes, et édifier un stade de 100 000 places[46]. Puis, alors que les fédérations du Vieux Continent se montraient soudainement réticentes à l'idée d'envoyer leurs footballeurs outre-Atlantique, il se fit l'infatigable commis voyageur de la compétition, sollicitant souvent directement la diplomatie des pays concernés. Il se heurta pourtant aux dérobades de la Mitteleuropa et de l'Italie. Buero soupçonnait d'ailleurs les dirigeants italiens de sous-entendus politiques. Il avait en effet la « conviction que l'Italie [alimentait] le désintérêt de l'Europe centrale afin d'organiser un championnat de substitution[47] », ce qui correspondait, dans le domaine sportif, aux objectifs d'une diplomatie mussolinienne visant à faire de ces petits pays une zone d'influence italienne. Finalement, malgré l'unanimité du congrès de Barcelone, seules quatre fédérations européennes, la Belgique, la France, la Roumanie et la Yougoslavie – soit pour partie la Petite Entente –, acceptèrent de rejoindre à Montevideo huit équipes latino-américaines ainsi que les États-Unis.

Autant le rappeler d'emblée : l'épreuve disputée du 13 au 30 juillet 1930, loin d'être considérée comme un grand événement sportif par la presse européenne, passa plutôt inaperçue. En France, *L'Auto*, *Match-L'Intran*, *Le*

Miroir des sports ou, en Italie, *La Gazzetta dello Sport* préférèrent, tout au long du mois de juillet, réserver leur une au Tour de France ou l'essentiel de leurs articles consacrés au football à un autre tournoi, la Coupe des Nations, qui réunissait à Genève les meilleurs clubs de dix pays européens.

Les organisateurs uruguayens avaient donc dû tout d'abord, sur le modèle olympique, construire un grand stade pour accueillir la compétition. Un an avant la Coupe du monde, Montevideo ne comptait que deux enceintes sportives d'importance, celles du Nacional et du Peñarol (respectivement 20 000 et 30 000 places). Aucune ne pouvait rivaliser avec le « magnifique stade de Colombes, d'une capacité de 60 000 spectateurs parfaitement installés[48] » ou avec celui d'Amsterdam. Décidée en juillet 1929 par un accord conclu entre l'*Asociación Uruguaya de fútbol* et la municipalité de Montevideo, la construction du stade, amorcée en février 1930, ne s'acheva, après six mois de travaux menés nuit et jour, qu'à la veille de la Coupe du monde. Le plan en ellipse conçu par les architectes Juan Scasso et José Domato autorisait théoriquement l'accueil de 100 000 personnes bénéficiant toutes d'une vision dégagée du terrain puisque l'enceinte n'était pas couverte. La *Torre de los Homenajes*[49], haute de 100 mètres, d'un style mêlant « l'expressionnisme hollandais et l'Art déco[50] » signalait l'existence du stade dans l'horizon de la capitale et permettait de rompre avec l'horizontalité de l'édifice.

Par son gigantisme et sa modernité, le stade du centenaire s'inscrivait dans la politique architecturale et urbanistique menée à Montevideo depuis le début des années 1920. Dans une capitale sud-américaine qui se distinguait déjà par l'absence de monuments baroques et son caractère de « ville neuve » dont les « édifices pourraient se trouver sous telle ou telle place de Paris ou

Londres[51] », la réalisation de l'imposante enceinte sportive parachevait la construction d'une série de monuments à fonction sociale, civique et pédagogique[52] fruit de la politique de José Battle y Ordóñez, chef de file des *colorados*, mort un an avant la compétition. En tant que président de la République de 1903 à 1907 puis de 1911 à 1915, il avait bâti les fondations d'un État social, éclairé et laïque. Tout à la fois lieu de mémoire et preuve tangible de la modernité du consensus social et politique uruguayen, la grande enceinte sportive associait la symbolique hygiénique et nationale attachée tant au sain divertissement que le sport incarnait qu'au rappel de la geste héroïque de la « Céleste », l'équipe nationale uruguayenne. L'organisation interne de l'édifice rappelait d'ailleurs la reconnaissance internationale tirée des compétitions sportives puisque si la tribune officielle prenait le nom d'America, les trois autres étaient baptisées Colombes, Amsterdam et Olimpica. De plus, sa capacité théorique (100 000 places) en faisait presque l'égal du temple de la modernité sportive que symbolisait le stade de Wembley. En raison de l'achèvement tardif de cette masse de 14 000 m^3 de béton armé, les premières rencontres furent disputées dans le stade du Peñarol et celui du Nacional, le « Parque Central ». Alors que certains aménagements restaient à faire, l'inauguration intervint le 18 juillet, date retenue par la majorité battliste dans les années 1920 pour la célébration de l'indépendance. Avant le match Uruguay-Pérou, les délégations défilèrent, comme aux Jeux olympiques, derrière leurs couleurs. Le président de la fédération uruguayenne, Raul Jude, prononça ensuite un discours présentant la réalisation du stade comme « la synthèse harmonieuse de l'idéal créateur et patriotique d'un peuple en marche, face au soleil, sur le droit chemin de son destin historique ». En somme, le stade du centenaire devenait le temple de l'idéal positiviste du battlisme et d'un nationalisme que les joutes sportives exacerbaient.

Si la mémoire de chaque Coupe du monde renvoie à l'édifice où est disputée la finale, elle est bien sûr aussi nourrie par les matchs qui y sont disputés. Les treize équipes participantes avaient été réparties dans quatre groupes de qualification dont les vainqueurs, par un classement par points, devaient s'affronter en demi-finale. Mais, après le premier but officiel de l'histoire de la Coupe du monde marqué par le Français Lucien Laurent dans le match France-Mexique (4-1), le tournoi se résuma essentiellement à une compétition à distance entre les équipes du río de la Plata, qui balayèrent tous leurs adversaires, à l'exception notable de l'équipe de France, soutenue par le public de Montevideo, dont les Argentins vinrent difficilement à bout (1-0). Le grand quotidien de Buenos Aires *La Prensa* en vint à s'interroger, au lendemain du match, sur la possibilité de retirer l'équipe nationale de la compétition, au vu des « conditions et de l'ambiance » particulièrement hostiles qui avaient entouré la rencontre[53]. En demi-finale, la formation uruguayenne écrasa 6-1 la Yougoslavie, alors que sa rivale argentine surpassait sur le même score les États-Unis ; les deux équipes pouvaient préparer le « derby » du río de la Plata et la revanche des Jeux d'Amsterdam.

Dix navires furent spécialement affrétés pour transporter à Montevideo 6 000 à 10 000 Argentins[54]. Selon l'arbitre belge John Langenus, qui était parti visiter Buenos Aires et voyagea avec les supporters *porteños* pour revenir – à temps – arbitrer la grande finale, la foule hurlait « *Argentina, sí ! Uruguay, no !* » et agitait des pancartes proclamant « La victoire ou la mort[55] » au milieu d'explosions de pétards et de fusées. Entassés sur les ponts, les Argentins furent fouillés à leur arrivée par la police et la douane uruguayennes, alors qu'en « dehors du stade, l'armée, baïonnette au canon, canalisait la circulation[56] ». Jusqu'au début de l'après-midi, les représentants de la fédération belge hésitèrent à autoriser Langenus et le juge de touche Henry Christophe à arbitrer la partie. Finalement, devant environ 80 000 spectateurs, l'arbitre flamand put diriger une rencontre à suspense qui vit les Argentins mener 2 à 1 à la 37e minute avant d'être rejoints puis dépassés par les buts de Pedro Cea (57e), Victoriano Iriarte (68e) et Hector Castro (89e), non sans avoir tiré sur le poteau du but uruguayen.

Jules Rimet remit à la fin du match le trophée réalisé par l'artiste parisien Abel Lafleur au capitaine José Nasazzi dans une exceptionnelle « tempête d'enthousiasme, d'émotion libérée ». « Peut-être – remarquait Rimet – les Uruguayens attachaient-ils à leur triomphe une signification excessive, mais ils criaient leur joie avec une conviction tellement communicative qu'elle semblait presque, en cette minute, partagée par toute la masse des spectateurs[57] ». La fête se prolongea toute la nuit et le lendemain, 31 juillet, fut décrété jour férié par le gouvernement.

Jules Rimet et John Langenus conservèrent le souvenir d'un match passionné mais disputé dans des conditions correctes. L'arbitre belge s'inscrivit en faux contre la légende qui prétendait que « les Argentins n'avaient pas pu jouer calmement sous la protection des fusils Mauser » et que lui-même avait « dû être protégé par la police[58] ». Mais il n'en alla pas de même en Argentine et en Europe. Dès le 3 août, *L'Auto* annonçait qu'en raison de « l'attitude attribuée au public uruguayen », des « sentiments hostiles » démontrés contre l'Argentine et attestés par la presse et « les délégués argentins présents à Montevideo », la fédération argentine avait décidé de rompre avec son homologue uruguayenne. Le jour suivant, l'organe officieux du Quai d'Orsay, *Le Temps*, reprenait l'information du quotidien sportif en ajoutant que les joueurs argentins affirmaient « avoir été victimes d'agressions et de vexations » et que la plupart d'entre eux étaient revenus « contusionnés, blessés » par les « les violences des Uruguayens[59] ». À Buenos Aires, des incidents causèrent également un certain nombre de blessés et, peut-être aussi des morts[60]. Pour autant, d'après le correspondant de l'hebdomadaire *Football*, la passion était retombée dès le début du mois d'août, une mission de bons offices menée par Jules Rimet dans la capitale argentine ayant permis d'apaiser les esprits[61].

Par-delà cette légende noire, l'édition uruguayenne avait en quelque sorte fixé le « cahier des charges » de la compétition : soutien financier de l'État, monumentalité sportive, qualité de l'organisation et ferveur populaire. La Coupe du monde organisée quatre ans plus tard en Italie réunit les ingrédients du succès de la première édition agrémentés d'une bonne dose de fascisme italien. Toutefois, malgré l'omniprésence de Benito Mussolini aux matchs de la *squadra azzurra*, il serait abusif de voir dans cette *Coppa del mondo di calcio* le prologue footballistique aux Jeux de Berlin.

Malgré leur absence en Uruguay, les dirigeants des fédérations espagnole et hongroise se disputèrent d'abord l'attribution de la deuxième édition de la Coupe du monde. De son côté, par une lettre recommandée datée du 29 avril 1932, la fédération italienne (FIGC) informait la FIFA que ses représentants au congrès devant se tenir à Stockholm au mois de mai demanderaient l'attribution de l'organisation de la prochaine Coupe du monde[62]. Toutefois, en raison de la conjoncture économique difficile, la fédération italienne n'eut finalement pas d'adversaire et *l'avvocato* Mauro, membre italien du comité exécutif de la FIFA, demanda même « un certain délai avant de prendre une décision définitive[63] » que l'extension de la dépression mondiale imposait. En Italie, en particulier, à la fin de l'année

1931 et au premier semestre 1932, se profilait « le spectre d'un effondrement généralisé du système économique[64] », avant que l'État ne se fasse entrepreneur et banquier. Finalement, après avoir discuté et obtenu satisfaction sur la répartition des recettes[65], le *maestro* Zanetti, alors secrétaire de la fédération encore dirigée par Leandro Arpinati, put donner son accord. Il fut immédiatement remercié « chaleureusement » par Jules Rimet qui l'assura que « le Comité exécutif [ferait] tout son possible pour prêter un concours énergique et efficace à la réalisation du second championnat du monde[66] ».

La réussite de la Coupe du monde italienne se plaçait donc d'abord sur le plan de l'efficacité logistique, si bien qu'une grande partie des journalistes étrangers, notamment ceux de la presse conservatrice européenne, louèrent une « organisation parfaite », résultat des efforts conjoints de l'État fasciste et de la fédération italienne, ainsi que la modernité des équipements sportifs italiens et la participation du Duce[67]. Contrairement à l'Uruguay, l'Italie n'eut pas à bâtir d'équipements spécifiques pour la Coupe du monde. Dès 1928, Augusto Turati, secrétaire du Parti national fasciste et président du Comité olympique national italien (CONI), avait lancé un programme de construction de stades afin de développer la pratique du sport, par la diffusion d'un modèle standardisé d'équipements sportifs aux dimensions modestes, le *Campo Littorio*[68]. S'insérant dans la politique de travaux publics lancée pour combattre la crise économique, cette entreprise urbanistique et sportive conduisit aussi à l'achèvement, à la périphérie des grandes villes, de stades en béton armé d'une capacité pouvant dépasser les 60 000 places à Bologne, Milan, Rome, Florence, Gênes, Turin et Naples. Parfois complétés de piscines couvertes, ces équipements se voulaient omnisports mais se signalaient aussi par le confort offert aux spectateurs. Les stades Mussolini de Turin et Berta de Florence se distinguaient notamment par l'extrême facilité de la circulation offerte par tout un réseau de vomitoires ou par d'audacieux escaliers hélicoïdaux. Même si la majorité des spectateurs devaient se contenter de rester debout lorsque ces enceintes étaient utilisées en « super-capacité », ils bénéficiaient toujours d'une excellente visibilité[69].

Restait à intéresser Mussolini à la Coupe du monde. La propagande du régime avait inventé un Mussolini athlète qui prenait « l'aspect physique de l'homme et de sa passion pour "tout ce qui est viril", ce qui incluait la passion sportive et l'habileté corporelle, l'amour du risque et du défi [...][70] ». En réalité, le *primo sportivo d'Italia*, autre titre officiel de Mussolini, était une sorte de « touche-à-tout du sport, suffisamment familiarisé avec les gestes élémentaires de chaque discipline[71] » pour donner le change devant les caméras de l'institut de la propagande filmée LUCE, mais restait « encore un homme du XIXe siècle[72] » dans ses prédilections sportives. Même s'il assistait occasionnellement avec ses fils aux matchs des équipes romaines, le Duce opposa un premier refus aux demandes des organisateurs italiens auxquels s'était joint Achille Starace, secrétaire général du Parti fasciste depuis 1931 et président du CONI deux ans plus tard[73]. Parmi les requêtes finalement exaucées, on trouve les « premiers timbres consacrés à la Coupe du monde » qui « se singularisèrent par des sujets très fortement politiques[74] », la *Coppa del Duce*, un trophée massif qui devait être attribué à l'équipe championne du monde en même temps que celui de la FIFA, et qui ne pouvait être porté que par au moins quatre personnes, ou encore l'obtention du salon des Horaces et des Curiaces au palais du Capitole pour accueillir le congrès de la FIFA. Finalement, après la qualification facilement obtenue par l'équipe d'Italie contre la Grèce (4-0) le

25 mars 1934, et sur les instances de Starace, Mussolini accepta d'assister à certains matchs de la compétition et devint même assidu.

Tout, il est vrai, contribuait à diffuser une utile et efficace propagande. Des stades flambant neufs, des trains qui « arrivaient à l'heure » et la venue de plus 275 journalistes, les plus nombreux étant, après les Italiens (68), les Français et les Allemands (27 pour chaque peuple), les Tchécoslovaques (20) et les Suisses (18)[75]. Les plus grandes facilités étaient offertes aux retransmissions radiophoniques : le match France-Autriche, par exemple, fut couvert par deux antennes françaises, Radio-Paris et le Poste Parisien où officiait Georges Briquet[76]. De même, la Coupe du monde italienne suscita la naissance d'un « premier tourisme sportif[77] » : pour assister au huitième de finale opposant à Milan les équipes de Suisse et des Pays-Bas le 25 mai, 7 000 Hollandais et plus de 10 000 Helvètes se rendirent dans la capitale de la Lombardie. Dix mille supporters français découvrirent les tribunes du stade Mussolini de Turin qui faisait « penser au pont d'un transatlantique quittant le port[78] » pour soutenir les Bleus dans leur premier (et dernier) tour contre l'Autriche[79].

Alors que la Coupe du monde uruguayenne avait pris le visage d'une compétition panaméricaine, l'édition italienne fut d'abord un championnat d'Europe. Les formations qualifiées[80], à l'exception de l'Argentine, du Brésil, de l'Égypte et des États-Unis, provenaient toutes du Vieux Continent. La fédération uruguayenne, qui estimait avoir été boycottée quatre ans plus tôt, n'envoya aucune équipe par mesure de rétorsion. Et, en l'absence des maîtres anglais qui avaient décliné l'invitation, les observateurs se demandaient si la Coupe du monde allait être dominée par les équipes danubiennes, notamment le *Wunderteam* autrichien qui, à Turin, avait humilié l'Italie 4 à 2 le 11 février 1934.

Pour relever le défi sportif de la Mitteleuropa, Vittorio Pozzo[81], le « commissaire unique » de la sélection italienne, organisa une véritable préparation militaire à partir du mois de mai sur les hauteurs du lac Majeur, puis de l'Apennin toscan. Isolés mais aussi protégés des critiques de la presse, les trente *azzurri* d'abord retenus accomplirent leur entraînement torse nu dans un esprit puisant dans la discipline piémontaise du corps des *Alpini*[82]. Au terme de cette véritable instruction, vingt-deux joueurs furent sélectionnés autour d'une organisation tactique simple mais efficace, une sorte de *catenaccio* avant l'heure : une défense de fer s'appuyant sur des joueurs d'expérience tels que Combi – le portier de la Juventus –, Allemandi – l'arrière de l'Ambrosiana-Inter –, un milieu de terrain actif, technique et rugueux organisé autour de l'Italo-Argentin Monti et une attaque véloce et efficace où s'illustraient l'inter de l'Ambrosiana, Meazza, l'avant-centre de Bologne Schiavio et le *rimpatriato*[83] Orsi sur l'aile gauche.

Si le match du premier tour, disputé « en présence du Duce » le 27 mai 1934 au stade du Parti national fasciste de Rome, fut une formalité accomplie sur le score de 7 buts à 1 aux dépens d'une équipe états-unienne limitée, les choses changèrent dès le quart de finale disputé face à l'Espagne. De fait, l'équipe ibérique menée par le gardien-vedette Zamora opposa à la *squadra azzurra* une résistance acharnée. Il fallut deux matchs pour trouver un vainqueur au stade Berta de Florence. Le premier, disputé le 31 mai, se termina sur un match nul d'un but partout, mais se solda par de nombreux blessés, dont Pizziolo le milieu de la Fiorentina qui eut la jambe fracturée. Le sélectionneur espagnol Garcia Salazar dut procéder à sept changements pour la seconde rencontre, jouée dès le lendemain, qui se termina par la victoire de l'Italie, 1 à 0, grâce à un but de Meazza de la tête.

La victoire transalpine donna lieu à une violente polémique. La délégation et la presse espagnoles crièrent au complot, fustigeant les tricheries et les violences des Italiens, le demi-centre Monti se signalant « par des actes terroristes[84] ». Était également mis en cause l'arbitrage « à la maison » du Suisse René Mercet[85] qui aurait conduit « les opérations avec une telle désinvolture qu'il paraissait être fréquemment le douzième homme de l'Italie[86] ». L'indignation à Madrid fut telle que Jean Herbette, ambassadeur de France à Madrid, s'en fit l'écho auprès du ministre des Affaires étrangères Louis Barthou. Selon lui, « les organisateurs auraient mieux fait de choisir des arbitres dont la neutralité et l'autorité auraient été indiscutables, et de prendre des précautions contre l'exaltation patriotique du public », d'autant que « la bonne entente internationale n'a rien à gagner aux compétitions sportives retentissantes[87] ».

Le 3 juin à Milan, un seul but, contesté à nouveau par les vaincus du jour en raison de la collision entre Meazza et le gardien Platzer, qui, gêné, ne put empêcher Guaita de glisser la balle dans le but, permit à la *squadra azzurra* de vaincre l'Autriche et de se qualifier ainsi pour la finale. Si la presse sportive italienne brocardait l'académisme stérile de Matthias Sindelar et de ses coéquipiers du *Wunderteam* et louait la détermination italienne[88], l'envoyé spécial de *L'Auto*, l'ancien international Lucien Gamblin, insistait sur le rôle déterminant d'un public enthousiaste et chauvin : « Lorsque les joueurs au maillot bleu baissaient le pied, la foule, à pleine voix, leur hurlait des encouragements, scandant "fortissimo", des "I…TA…LIA" répétés et le onze transalpin s'en trouvait métamorphosé[89]. »

La finale, remportée le 10 juin deux buts à un après prolongations par l'Italie face à la Tchécoslovaquie, confirma en partie l'esprit des deux semaines de compétition. Dans le stade du Parti national fasciste rempli par 45 000 spectateurs, le match se déroula dans des conditions normales, grâce à « l'excellent » arbitrage du Suédois Eklind[90]. Selon le compte rendu de Gabriel Hanot, les joueurs transalpins, « sauf naturellement le demi centre Monti et en une occasion l'intérieur droit Meazza, défendirent leurs chances sans recourir à ces moyens extra-sportifs que répriment sévèrement les lois du football[91] ». Même si le match ne bascula qu'à la cinquième minute de la prolongation lorsque l'avant-centre italien Schiavio marqua le but vainqueur et si les Tchécoslovaques virent trois de leurs tirs repoussés par les montants de Combi, l'enjeu avait en partie tué le jeu. La partie, hachée, ponctuée d'erreurs techniques, ne pouvait s'abstraire de l'environnement de passion nationale qui l'avait précédée dans une capitale romaine pavoisée d'affiches annonçant la *finalissima* : « Mais quels hommes d'airain – notait encore Gabriel Hanot – seraient à même de garder leurs dispositions habituelles d'esprit et de muscles lorsque l'enjeu glisse peu à peu du plan sportif sur le plan national pour devenir une exaltation du prestige d'un pays[92] ! »

L'essentiel sans doute ne se jouait pas sur la pelouse mais dans les tribunes du stade. Le public avait d'abord fait honneur à Mussolini en entonnant à plusieurs reprises *Giovinezza* avant et pendant le match. Une fois le résultat acquis, spectateurs et joueurs se tournèrent, selon Renato Casalbore, journaliste sportif reconnu du quotidien turinois *La Gazzetta del Popolo* et futur fondateur de *Tuttosport*, vers le Duce « pour lui offrir leur joie, leur victoire et le remercier pour l'œuvre accomplie en faveur de l'Italie et du sport ». Mussolini devenait ainsi le démiurge de la victoire de la *squadra azzurra* : « Le Duce était là, seul, contre la balustrade de la tribune d'honneur ; il regardait nos athlètes et les applaudissait.

Soudain, comme un rappel de joie et de dévotion, le mot de notre foi et de notre force retentit dans le stade : la foule appelait le Duce. Les joueurs qui se tenaient serrés contre Pozzo coururent vers la tribune en levant le bras[93]. » Ils reçurent ensuite le trophée de la FIFA et la *Coppa del Duce* qu'ils présentèrent, portée au premier rang par Vaccaro et Combi, à la foule romaine et aux photographes[94]. On ne peut douter de l'authenticité de cette exaltation collective, confirmée par la litote employée par Jules Rimet dans ses souvenirs : « Après la finale de la Coupe, les Italiens, du plus humble des spectateurs jusqu'au Chef du Gouvernement, se donnaient entièrement à la joie de la victoire remportée par l'équipe azurée[95]. »

Dans la soirée du 10 juin, Vittorio Pozzo tirait plus froidement les enseignements de la victoire italienne. Pour lui, le succès des joueurs italiens était celui de la discipline et du devoir : « Il récompense le sérieux, écrivait-il, la fermeté morale, l'esprit d'abnégation, la ferme volonté d'un peloton d'hommes qui, pour défendre dignement les couleurs de l'Italie, n'a pas hésité à se retrancher du monde pendant quarante jours, privés de tout, et à se plier à la discipline[96]. » La victoire était donc celle de la méthode, mais s'interprétait aussi comme une démonstration de force du fascisme réalisée devant les ambassadeurs de la planète football.

Quatre ans plus tard, le 19 juin 1938, Giuseppe Meazza, capitaine de la *squadra azzurra*, levait le bras et saluait « romainement » Albert Lebrun, président de la République française, dans le stade de Colombes, avant de recevoir de ce dernier la Coupe du monde que son équipe s'adjugea en battant en finale la Hongrie 4 à 2. Alors qu'en 1934 Mussolini était encore l'arbitre de la paix en Europe, positionnant fin juillet deux divisions sur le Brenner pour arrêter, après l'assassinat du chancelier Dollfuss par des nazis autrichiens, les visées expansionnistes allemandes, il était désormais devenu l'allié de Hitler, en lui laissant carte blanche pour l'Anschluss. Le « bras tendu » de Meazza exprimait « une inépuisable scénographie qui poussait l'individu à s'abandonner à l'ivresse des sentiments et à se livrer à la volonté du parti et de son chef[97] », puisque la vedette de l'Ambrosiana-Inter agissait d'abord comme le représentant sportif de l'Italie fasciste. Le salut fasciste ne pouvait plus passer pour un rite un peu folklorique. Il accompagnait la démonstration de force de moins en moins symbolique qu'était devenue, après les Jeux de Berlin, la compétition sportive. Pour autant, faut-il considérer la Coupe du monde 1938 comme un avant-guerre sportif dans lequel l'Italie fasciste aurait convaincu « inconsciemment les peuples des démocraties de l'idée d'affrontement, en la mettant en scène sur un champ non meurtrier où se dispute de manière provisoire, jusqu'à la prochaine rencontre, le prestige de chacun[98] » ?

La troisième édition de la Coupe du monde fut d'abord celle de la maturité. La compétition devenait désormais fort rentable : en 1934, elle avait rapporté plus de 257 599,50 lires à la FIFA[99], somme qui permettait, selon Jules Rimet, de « maintenir l'équilibre du budget » de l'organisation[100]. De même attirait-elle les journalistes. Au 8 mai 1938, un peu moins d'un mois avant le début officiel de la compétition, 254 demandes d'accréditation générale avaient été formulées, dont 57 pour l'Allemagne, 35 pour la presse française, 28 pour la Tchécoslovaquie et 24 pour l'Italie[101]. Les grands hebdomadaires allemands de football répondaient naturellement présents, du *Fussball* au *Kicker*, mais l'organe du NSDAP, le *Völkischer Beobachter*, envoyait aussi ses journalistes de même que les grands quotidiens nazifiés comme le *Frankfurter Zeitung*. Il est vrai qu'après la troisième place obtenue en Italie aux dépens de l'Autriche et après l'Anschluss, qui fut aussi footballistique, les attentes étaient grandes de l'autre côté du Rhin. De même les grands quotidiens italiens fascisés comme *La Stampa* ou *Il Corriere della Sera* ainsi que les quotidiens sportifs *La Gazzetta dello Sport* et *Il Littoriale* avaient dépêché leurs journalistes dans l'espoir de couvrir un nouveau succès transalpin.

Sans doute le gouvernement français dirigé par Édouard Daladier n'eut pas conscience de l'importance attachée à l'événement par la presse des pays totalitaires. Il est vrai que l'événement sportif n'avait pas l'aura d'aujourd'hui et que le Tour de France couru un mois plus tard suscitait un enthousiasme populaire bien supérieur. De même, le *Giro d'Italia*, organisé en même temps que la *Coppa del mondo*, avait paru passionner davantage les masses italiennes que le football quatre ans plus tôt. La relative indifférence des gouvernements français se traduisit par la participation minimale de l'État et de ses représentants : outre l'organisation de l'ordre public, la France se borna à prêter le salon de l'Horloge du Quai d'Orsay pour le tirage au sort du premier tour, le président Albert Lebrun offrant sa présence à la finale. Deux raisons expliquaient cette indifférence.

Tout d'abord, l'équipe de France de football n'était pas une grande formation. Les footballeurs français avaient été étrillés à maintes reprises dans l'entre-deux-guerres par les grandes équipes européennes. Ainsi, de 1925 à 1937, les Bleus s'inclinèrent six fois en six matchs face aux Autrichiens, dont une défaite cuisante 0-4 au Parc des Princes en février 1933. L'Italie l'emporta à six reprises, dont un 7-0 à Turin en mars 1925, tout en concédant deux nuls. Si les résultats des rencontres disputées avec la Hongrie tournaient à l'avantage des Français (deux victoires, une défaite et un nul), ces derniers avaient reçu à Budapest en juin 1927 l'une des plus cuisantes corrections de leur histoire : 1 à 13, après avoir abusé la veille du match des petits-fours et du champagne de l'ambassade de France !

Par ailleurs, les gouvernements de Front populaire avaient mené une politique sportive opposée au sport-spectacle. Alors que la candidature française avait été préférée à celle de l'Argentine par le congrès de la FIFA tenu lors des Jeux de Berlin en août 1936, les organisateurs français, Jules Rimet et Henri Delaunay, souhaitaient suivre la trace de la monumentalité allemande en suggérant la construction d'un stade de 100 000 places, idée écartée dès le 20 août par Léo Lagrange, le secrétaire d'État aux Sports et aux Loisirs[102], puis à nouveau en octobre, lorsque son ministre de tutelle, Henri Sellier, titulaire du portefeuille de la Santé, qualifia, dans une lettre à Lagrange, le projet d'« hérésie monstrueuse[103] ».

Aussi se contenta-t-on surtout de travaux d'agrandissement à Colombes, Antibes, Le Havre, Lille, Reims, Strasbourg et Toulouse, alors que trois stades-vélodromes neufs, le Parc des Princes reconstruit à Paris en 1932, les stades de Marseille et de Bordeaux achevés en 1937 et 1938, permettaient de soutenir la comparaison avec l'édition italienne. Les formes en paquebot du stade du parc Lescure, réalisé par la municipalité du néo-socialiste Adrien Marquet, avaient fort à voir – hasard ou non – avec les lignes futuristes de quelques stades italiens. Malgré cela, certains, dans la presse parisienne, s'inquiétaient de la comparaison que les visiteurs étrangers dresseraient avec l'édition italienne. Dans *Excelsior*, Maurice Amagat prédisait dès février 1938 : « Et, quelle que soit la réussite de la troisième Coupe du monde, on peut assurer d'ores et déjà que le nombre réduit et la faible capacité de nos stades ne permettra point de lui donner toute l'ampleur que méritaient cette épreuve et l'essor sans cesse grandissant du football[104]. »

Avec 374 337 spectateurs, soit une moyenne de 23 000 personnes, la compétition fut un succès populaire, même s'il resta quelques places vides lors de la finale. La Coupe du monde demeurait une affaire européenne, puisqu'à l'exception de Cuba, des Indes orientales néerlandaises et du Brésil, toutes les formations qualifiées provenaient encore du Vieux Continent. Au-delà de l'affirmation du Brésil, qui obtint la troisième place, et de sa découverte par le public français, l'édition 1938 fut marquée par la stabilité des valeurs du football européen. Les deux équipes finalistes, la Hongrie et l'Italie, représentaient, pour la première, entraînée par Alfred Schaffer, la vedette des années 1910-1920, le football danubien ; pour la seconde l'équipe championne du monde et qui le resta, dans un climat relativement hostile. Les réactions xénophobes à l'encontre de ceux que l'on appelait avec mépris les « macaronis » restaient courantes dans la société française, même si les luttes politiques et le sport avaient permis d'intégrer un grand nombre d'Italiens. Le raidissement de la politique fasciste, notamment « les proclamations antifrançaises de Mussolini du 14 mai[105] », fut très mal reçu en France. Aussi, quand au lendemain de la finale remportée par l'Italie *Le Temps* se félicita du « succès tant au point de vue du sport qu'à celui de l'organisation[106] » de la compétition et de la « correction absolue » des foules françaises, il n'en alla pas de même du côté italien.

D'après les témoignages des joueurs transalpins, le parcours des *azzurri* fut en effet ponctué à Paris et Marseille par les crachats et les insultes d'antifascistes exilés qui, au dire du défenseur *azzurro* Pietro Rava, auraient été « manipulés par le Komintern[107] », avant d'être gagnés au fil des matchs par la joie de voir leur équipe nationale l'emporter. Le sélectionneur Vittorio Pozzo sut aussi dramatiser l'événement : lors du quart de finale gagné au stade de Colombes face à la France, les joueurs italiens arborèrent une tenue aux couleurs du fascisme, c'est-à-dire entièrement noire. Pour signaler l'importance de cette victoire, le « premier sportif d'Italie » en personne reçut au palais de Venise l'équipe italienne vêtue pour l'occasion d'un uniforme militaire[108]. De fait, comme la victoire de Gino Bartali dans le Tour de France un mois plus tard, le nouveau titre obtenu par une équipe italianisée par l'incorporation de jeunes pousses comme Pietro Rava ou de vedettes nouvelles du championnat italien comme le gardien de but Aldo Olivieri et l'avant-centre Silvio Piola, sonnait comme la victoire d'un pays prolétaire et jeune sur le sol d'une démocratie « ploutocratique » et décadente. Le livre commémoratif d'Emilio De Martino *Tre volte campioni del mondo* résumait bien cette célébration du « plus grand succès des athlètes fascistes, un succès qui franchit toutes les barrières pour atteindre directement au cœur des foules sportives et non sportives[109] ». En clair, le faisceau des licteurs, la jeunesse fasciste, l'avait emporté sous les traits de Piola et consorts.

Un mètre étalon britannique à réviser ?

Dans les mois qui suivirent la Coupe du monde 1934, l'hebdomadaire français *Football* publia une série de caricatures du dessinateur Ben représentant les différents styles nationaux qui composaient le football mondial. Ainsi, le footballeur autrichien incarnait « l'artiste[110] », son cousin allemand « le mathématicien[111] », ses homologues hongrois et tchécoslovaque « le savant[112] » et « le géomètre[113] ». Leur adversaire italien, qui passait sous un arc de triomphe la tête ceinte d'une couronne de laurier tout en honorant un Mussolini martial du salut romain, se voyait gratifié d'un ironique « *Ave Cesar*[114]... ». De l'autre côté de l'Atlantique, l'exotique argentin était surnommé « l'acrobate[115] » et son frère ennemi uruguayen « le glorieux[116] ». La série avait commencé par la représentation d'un footballeur pipe à la bouche, la tête, comme ses confrères, en forme de ballon, encerclé par une myriade de sphères de cuir affublées d'un petit drapeau national. Il était appelé « le créateur[117] » et représentait bien sûr le football anglais dont l'hégémonie commençait à être sérieusement contestée par les formations européennes et sud-américaines.

De fait, les footballeurs britanniques restaient la référence obligée en matière de football, d'autant que, *via* l'International Board, ils conservaient les clés de l'évolution du jeu. Durant les années 1920, les fédérations britanniques avaient opéré un aller-retour au sein de la FIFA. Demeurant en dehors de l'organisation à l'issue du conflit, en raison de leur intransigeance à l'égard des fédérations des Puissances centrales, elles effectuèrent un bref « come-back » entre 1924 et 1928. Au lendemain des Jeux d'Amsterdam, les fédérations galloise et d'Irlande du Nord suivirent leur grande sœur anglaise dont les dirigeants, prétextant l'interprétation très souple donnée de l'amateurisme par la FIFA, choisirent à nouveau de quitter l'organisation mondiale. En réalité, leur décision était motivée par la volonté de rester indépendante à l'égard de la FIFA et de ses membres qui n'avaient « rien à leur apprendre en matière de football[118] ». Toutefois, les relations entre la Football Association et la FIFA restèrent très cordiales, à tel point que l'on peut parler d'« adhésion virtuelle du football britannique à la FIFA[119] » jusqu'à la Seconde Guerre mondiale. De fait, deux représentants de la FIFA siégeaient depuis 1913 à l'International Board, même si les représentants britanniques conservaient toujours la majorité des trois quarts nécessaire pour modifier les règlements. En regard, la FIFA autorisait les matchs avec les équipes issues des fédérations britanniques alors que les rencontres avec des formations représentant des territoires non affiliés étaient théoriquement interdites.

Surtout, de la première édition de la Coupe du monde au tournoi de 1938, les organisateurs n'eurent de cesse d'inviter les formations britanniques pour renforcer la légitimité de la tradition inventée. Ainsi, en juin 1933, alors que la Football Association faisait la sourde oreille, Ivo Schricker, le secrétaire général de la FIFA, invitait officiellement la fédération écossaise en soulignant que ce « serait un grand avantage » pour un organisme « qui est très hautement apprécié sur le continent[120] ». Mais, au mois de septembre, la fédération écossaise déclina sèchement l'invitation[121]. Ce qui ne découragea pas Schricker, qui proposa ensuite la formation d'un « All British » team qui ne put être réuni, « la compétition finale en Italie [étant] trop éloignée de la clôture officielle de la saison britannique[122] ». Les mêmes démarches furent accomplies pour l'édition française mais, malgré une bonne volonté apparente du côté d'Albion, Stanley Rous, alors secrétaire général de la Football Association, rappelait à Delaunay en avril 1938 que sa fédération « ne devrait pas participer à ces jeux[123] ».

Bien évidemment, une telle absence, davantage que celle de l'équipe d'Uruguay, limitait le caractère « mondial » de la compétition. Aussi, les matchs joués par l'équipe d'Angleterre face aux principaux protagonistes des Coupes du monde permettaient de jauger la valeur des grandes équipes continentales. Ainsi, le match perdu 2-3 par l'équipe d'Italie dans le stade de Highbury (terrain de l'Arsenal FC, Londres) le 14 novembre 1934 face à l'équipe d'Angleterre valut confirmation implicite du titre de champions du monde des Transalpins. Menés 0-3 à la mi-temps après avoir perdu le « terrible » Monti sur blessure, les *azzurri* parvinrent à réduire le score en usant de la violence physique et de l'habileté technique. La « bataille d'Highbury », comme la presse italienne appela la rencontre, fut, selon Bruno Roghi, le directeur de *La Gazzetta dello Sport*, « une défaite qui vaut deux fois une victoire », alors que Giovanni Ferrari, l'inter-gauche *azzurro* assurait dans *Lo Sport fascista* que « l'équipe italienne, splendide représentant du fascisme et en même temps vengeurs du sport européen, donna aux Anglais une terrible leçon[124] ».

Au-delà de l'emphase propre à la presse fasciste et à l'ambivalence des relations italo-anglaises, le thème de la victoire « morale » renvoyait à des interrogations formulées sur le continent à propos de la valeur des équipes britanniques. Il est vrai qu'en mai 1931, l'équipe d'Autriche emmenée par son attaquant-vedette Matthias Sindelar avait infligé un cinglant 5-0 à l'équipe d'Écosse sur le terrain de Hohe Warte de Vienne, avant de perdre de justesse 3-4, tout en infligeant une leçon de jeu à la sélection nationale anglaise dans le stade de Stamford Bridge (propriété du club du Chelsea FC, Londres) le 7 décembre 1932. Le *Wunderteam* suscita même l'enthousiasme du *Daily Mail* qui rangea quatre Autrichiens parmi les « plus grands joueurs du monde[125] ». Alors que la Tchécoslovaquie réussit, elle aussi, à subir une défaite de justesse 4-5 sur le terrain de White Hart Lane (stade du Tottenham Hotspur FC, Londres) en décembre 1937, le bilan des professionnels anglais envoyés sur le continent entre 1929 et 1939 restait lui-même mitigé tout en demeurant positif. En 21 matchs disputés, ils obtinrent 10 victoires et 4 nuls mais perdirent à sept reprises. La première défaite continentale des professionnels anglais, subie à Madrid en 1929 (4-3), fut suivie par la « divine surprise » des Bleus victorieux des maîtres anglais 5 buts à 2 à Paris en mai 1931. Plus significatives, sans doute, furent les victoires hongroise et tchécoslovaque en mai 1934 (2-1) peu avant le début de la Coupe du monde. Les trois dernières défaites sur ce même score serré de un but à deux furent concédées aux mois de mai 1936, 1938 et 1939, face respectivement à l'Autriche, la Suisse et la Yougoslavie.

Autant dire que la victoire (3-0) obtenue pour le 75e anniversaire de la Football Association dans un match opposant, le 26 octobre 1938 à Highbury, l'équipe d'Angleterre à celle d'Europe, un match qui, dans l'esprit de Jules Rimet, « symbolisait et le rôle éducateur *[sic]* de l'Angleterre, la reconnaissance du Continent et par-dessus tout la belle entente qui nous unit[126] », vint rassurer les dirigeants anglais et renforcer leur sentiment de supériorité. Celui-ci se fondait notamment, comme on l'a vu, sur le monopole que conservaient les Britanniques sur la rédaction des lois du jeu.

Or, en 1925, une réforme essentielle avait révisé la loi 6 qui concernait alors le hors-jeu. Au début des années 1920, des équipes anglaises comme celle de Newcastle étaient devenues en effet maîtresses dans l'art d'utiliser ce piège. Les scores de 0 à 0, qui constituent toujours aujourd'hui l'une des particularités de la culture du football, se multiplièrent dans le championnat de première division alors que le nombre de buts marqués par match tomba à 2,58, « ce qui était à cette époque une moyenne extrêmement basse[127] ». La réforme proposée par la fédération écossaise à la réunion de l'International Board tenue à Paris le 13 juin 1925 consistait à assouplir la règle adoptée depuis les années 1870. Désormais, tout joueur attaquant dans le camp adverse et ne jouant pas le ballon ne serait déclaré hors-jeu que s'il y avait moins de deux joueurs entre lui et la ligne de but adverse, au lieu de trois auparavant[128]. Cette réforme, qui marquait la naissance du hors-jeu moderne, eut aussitôt des effets puisque dès la saison 1925-1926 la moyenne des buts marqués par partie jouée remonta à 3,69[129].

Dès lors, la préoccupation de nombreux managers anglais fut d'arrêter l'hémorragie. L'homme qui, au bout de quelques années, inventa la formule la plus efficace fut Herbert Chapman, resté dans l'histoire du football comme l'inventeur du WM. Chapman avait le *background* familial typique du footballeur professionnel. Né en 1878 à Kivekon Park près de Sheffield, dans une famille de mineurs, il embrassa après une modeste carrière de footballeur itinérant celle de manager à Northampton en 1907. Promouvant un jeu à l'écossaise mais privilégiant aussi la contre-attaque, Chapman remporta avec Huddersfield Town la FA Cup en 1922, en plaçant notamment le demi-centre Wilson presque à hauteur des deux arrières. Au lieu de mener des attaques traditionnelles par les ailes, suivies d'un centre aérien devant le but, les joueurs coachés par Chapman privilégiaient les passes plus courtes vers l'intérieur du terrain de jeu. La méthode fut efficace puisque Huddersfield remporta deux championnats de Ligue consécutifs en 1924 et 1925. Passé à Arsenal, Chapman fit définitivement reculer le demi-centre au poste d'arrière-central. Lorsque Arsenal remporta sa première finale de Coupe d'Angleterre en 1930 (2-0 contre… Huddersfield Town), la tactique du WM était au point. Ainsi, chaque arrière devait surveiller l'un des trois attaquants, les latéraux marquant les ailiers, le demi-centre reconverti en « stoppeur » s'occupant de l'avant-centre. Les deux demi-ailes étaient chargés de contrer les inters et de récupérer la balle pour la passer à leurs propres inters qui organisaient l'attaque et lançaient ailiers et avant-centre. Par ce procédé, l'équipe adoptait une disposition plus équilibrée sur le terrain et encaissait moins de buts. De même, dans cette organisation « sportive » du travail plus poussée encore, la spécialisation des tâches était accrue. Les demi-ailes devenaient des fourmis laborieuses, souvent peu doués techniquement, mais dont la mission essentielle était d'intercepter le ballon et de le transmettre aux joueurs créatifs. La formule fonctionna, puisque après quelques années de tâtonnements Arsenal remporta le championnat de Ligue en 1931, 1933, 1934, 1935 et 1938.

Chapman ne se contenta pas d'adapter la tactique de son équipe aux contraintes nouvelles du jeu à des fins d'efficacité. Il fut « le premier manager moderne, le premier homme à avoir un contrôle complet sur la vie du club, de la signature des contrats, à la formation de l'équipe, l'organisation tactique, et jusqu'à faire jouer un disque par l'intermédiaire du système de haut-parleur pour occuper le public avant le match et pendant la mi-temps[130] ». Ainsi obtint-il le changement de nom de la station de métro qui desservait le stade de Highbury en « Arsenal » ou fit-il fixer une grosse horloge sur la tribune nord afin que les spectateurs puissent suivre avec plus de précision la partie, quitte à contester la comptabilité horaire de l'arbitre. Enfin, contrairement à un certain nombre de dirigeants anglais qui, comme le vice-président de la *Football League* Charles Sutcliffe, se vantaient de ne pas connaître le nom « d'un seul club ou d'un seul joueur sur le continent[131] », Herbert Chapman entretint des liens étroits, jusqu'à sa mort des suites d'une pneumonie en janvier 1934, avec Hugo Meisl et Vittorio Pozzo notamment. De même, c'est sous sa direction que fut lancée la tradition du match annuel opposant, dans la capitale parisienne et au profit des invalides de guerre, Arsenal au Racing Club de Paris et qui fut joué tous les 11 novembre de 1930 à 1961, série naturellement interrompue par la Seconde Guerre mondiale.

D'une certaine manière, l'inventivité de Chapman et son effort de rationalisation rendaient compte, dans le champ du sport, de la mutation de l'économie d'outre-Manche succédant à la « crise britannique » dont André Siegfried, dans un livre fameux, avait proposé l'analyse. Coïncidence ou non, l'innovation venait de Londres, c'est-à-dire du sud de l'Angleterre, région qui n'avait pas connu l'enracinement précoce du football professionnel et qui bénéficiait, surtout dans la seconde moitié des années 1930, de l'essor des activités induites par la seconde révolution industrielle. Les recherches récentes confirment toutefois qu'il serait abusif de voir dans le football professionnel anglais un monde uniquement conservateur, figé dans des conceptions nées à l'époque victorienne et édouardienne. Certes, les footballeurs avaient les mains liées par le « *retain-and-transfer system* » qui leur refusait, on l'a vu, « la liberté d'aller là où ils voulaient et de choisir leur employeur[132] ». En cas de conflit, la *Football League* savait cependant prendre le parti des footballeurs. De plus, même si l'amorce d'une protection sociale accordée aux joueurs constituait plus un moyen pour les managers d'optimiser le rendement de la main-d'œuvre que le produit de luttes sociales, les footballeurs surent inventer, au travers de rapports souvent paternalistes, des pratiques informelles de protestation et de résistance. Au total, ils jouissaient d'une situation enviable aux yeux d'une majorité de Britanniques. Si en 1939 l'essentiel des *Leaguers* provenaient encore de la *working class* du nord de l'Angleterre, il serait faux de croire au cliché du footballeur-ouvrier soudé par une conscience de classe. Des écarts de revenus, déjà importants, signalaient que la logique du spectacle l'emportait sur celle de la régulation. Ainsi, les meilleurs footballeurs bénéficiaient de revenus supérieurs à ceux des employés et des contremaîtres de l'industrie. En 1935, un employé touchait en moyenne 192 livres annuelles, un contremaître 273 mais un footballeur percevait de 300 à 386 livres (montant maximal officiellement autorisé)[133], auxquelles s'ajoutaient quinze semaines de congés payés. Ils profitaient donc d'un mode de vie *middle-class*, incluant vacances et premières formes de motorisation.

Zamora, Sindelar, Meazza et les autres

Le mode de vie des footballeurs anglais n'était pas très éloigné de celui de leurs collègues continentaux. De grands écarts, certes, séparaient les vedettes telles que Josef Uridil, la première star du football autrichien, le puissant buteur du Rapid de Vienne surnommé le « tank » (qui avait prêté son nom à des « boîtes de chocolat et des bouteilles de jus de fruits, des spiritueux, des soupes, des sous-vêtements, des vins, et à de nombreux autres articles de consommation courante[134] ») et les semi-professionnels que restaient souvent les joueurs de football. Toutefois, même si la carrière était émaillée de nombreux aléas, qui pouvaient mener certains joueurs, en ces temps d'avant-antibiotiques, à mourir de pneumonie ou d'infection[135], le métier de footballeur permettait de vivre correctement alors que les charges d'entraînement restaient encore modestes. Ainsi, après le déplacement ou le match à domicile du week-end, les joueurs italiens bénéficiaient d'un lundi libre avant de reprendre le travail le mardi par des séances de footing, de massage et de détente, en pratiquant notamment le volley-ball. Le gros du labeur hebdomadaire survenait le mercredi et le jeudi, notamment sur le plan physique et tactique. Le jeudi soir, une partie d'entraînement était disputée contre l'équipe réserve ou une formation amateur qui permettait de jauger la forme de chacun et de préparer la formation du dimanche à venir. Enfin, on revenait à des activités de détente et d'entretien le vendredi matin[136]. Quant au début de saison, il était en général précédé d'un stage à la montagne. En France, les entraînements ne postulaient pas non plus une « occupation très astreignante[137] », même si leur intensité différait selon les clubs. Le programme élaboré par l'entraîneur anglais Arthur Kimpton à destination des joueurs du Racing Club de Paris était divisé en quatre séances hebdomadaires menées de 14 h 30 à 17 h 30 et ressemblait fort au menu proposé aux joueurs transalpins[138].

En échange de ces prestations et de leur rendement, les joueurs professionnels recevaient des salaires assez conséquents, au moins dans les pays latins. En France, par exemple, le statut du joueur professionnel limitait théoriquement les salaires à 2 000 francs mensuels équivalant « au double de l'ouvrier qualifié de la capitale et à deux fois et demi celui de la province[139] ». Même si les primes ne devaient pas représenter plus de 50 % du fixe, un joueur tel qu'Antoine Lopez percevait à Sochaux 4 500 francs au début des années 1930[140]. Toutefois, les sommes citées à propos des footballeurs français avoisinaient en général les 1 500 francs, l'équivalent de 1 100 lires, un salaire de remplaçant dans les grandes équipes italiennes[141]. En Italie, les salaires des titulaires se situaient plus souvent entre 3 000 et 5 000 lires, sans compter des primes d'engagement oscillant de 20 000 à 50 000 lires, ce qui permettait au moins de s'offrir une automobile neuve[142] et souvent de prendre en gestion un bar ou un commerce. Le footballeur le mieux payé d'Europe fut sans doute Raimundo Orsi, qui recevait de la Juventus un salaire mensuel de 7 000 à 8 000 lires, soit plus de huit fois le traitement d'un magistrat, et disposait d'avantages en nature comme une puissante Fiat 509[143].

Aussi, l'image sociale du footballeur était complexe même si, à partir des années 1930, les vedettes devinrent de plus en plus des *working class heroes* qui incarnaient la fierté masculine des quartiers dont ils étaient issus. À l'instar d'un Matthias Sindelar, l'avant-centre de l'Amateure (Austria) et du *Wunderteam*, né dans une famille d'immigrants de Bohême-Moravie. Sindelar avait grandi dans la pauvreté du quartier de Favoriten dans la périphérie viennoise, après la mort d'un père tué en 1917 sur le front italien et qui avait laissé quatre orphelins difficilement nourris par une mère lavandière. De même, Giuseppe Meazza, né en août 1910 à Milan, perdit également précocement son père, tombé en 1917 sur le front autrichien, et grandit au côté d'une mère marchande de légumes sur les marchés de la capitale lombarde.

La dimension sociale du football était aussi exprimée par les grands derbys opposant deux clubs de la même ville. Ces rencontres qui ont marqué l'histoire du football européen de l'entre-deux-guerres – à l'exception de la France où la passion modérée pour le football limita le nombre de clubs professionnels à un par grande ville – à l'exception de Paris – étaient pimentées par l'affrontement entre équipes bourgeoises et équipes supposées représenter les classes populaires. Juventus contre Torino à Turin, Lazio contre Roma à Rome, Slavia contre Sparta à Prague, Rapid contre Amateure (Austria) à Vienne, ou encore MTK contre Ferencvaros à Budapest.

La presse aimait à croquer les « travailleurs » se privant, à Turin, « de cigarettes pour pouvoir épargner ces quelques lires nécessaires pour acheter le billet des "populaires" ». C'était un « sacrifice de sept jours pour aller souffrir une heure et demie des émotions du "tifo" serrés comme des sardines, debout, peut-être même sous la pluie[144] ! » Un tifo éprouvé pour le Torino, l'équipe qui deux dimanches par an pouvait leur faire prendre une revanche symbolique sur l'équipe des patrons, la Juventus.

Toutefois, le patronat lui-même avait identifié dès la Grande Guerre les bénéfices que l'on pouvait tirer du football en tant que pratique et spectacle. Ainsi, les compétitions sportives permettaient de renforcer le sentiment d'appartenance à une entreprise et diffuser un discours managérial assimilant le jeu d'équipe au travail sur les chaînes de montage. Marius Berliet tenait ce type de propos dès 1918-1918 dans *L'Effort*, le périodique publié à destination de ses ouvriers, qui inspirait également le *Bulletin des usines Renault*[145]. De même, au lendemain des fièvres révolutionnaires de l'après-guerre, la création de groupes sportifs comme celui de Fiat participait de la stratégie de reprise en main de la main-d'œuvre par le patronat et d'« antidote contre les tensions politiques de l'époque et [...] créait, avec les championnats, un esprit d'entreprise anticipant, dans une certaine mesure, le corporatisme syndical[146] ». Dès octobre 1923, « la Juventus, dans un but de propagande sportive [accorda] l'entrée gratuite aux ouvriers des usines turinoises, sur son propre terrain, lors des parties du championnat italien de football » et « une forme particulière d'association à la Juventus pour leur faciliter l'entrée sur le terrain de jeu lors des parties de championnat[147] » fut également offerte. Toutefois, ces actions se heurtaient à la « méfiance, diffuse dans de nombreux milieux ouvriers, contre toute initiative qui [provenait] des dirigeants et propriétaires des entreprises industrielles[148] ». De même, la création du FC Sochaux faisait partie d'une stratégie de pacification sociale même si les affluences au stade de la Forge, construit tout contre l'usine Peugeot, restèrent modestes et que, dans les années 1930, l'équipe attirait surtout les foules au cours de ses déplacements. Il est vrai que l'équipe servait aussi de « porte-étendard destiné à mettre en avant les couleurs jaune et bleu de la grande marque automobile auprès des spectateurs du championnat professionnel[149] ».

Le spectacle du football participait des premières formes de consommation de masse. Les publicités qui ornaient le haut des tribunes vantaient en Italie des chocolats (Talmone), des apéritifs (Cinzano), des produits d'hygiène et même prophylactiques (Hatu). En France, les apéritifs se distinguaient au milieu d'autres produits de consommation courante : Suze, Dubonnet ainsi que Cinzano et son rival Rossi étaient rappelés à l'attention des amateurs. Le programme officiel de la Coupe du monde 1938 incitait même le lecteur : « Après l'effort... Buvez un Cinzano » ou lui certifiait que « quelle que soit l'ardeur du jeu un footballeur reste toujours bien coiffé s'il emploie Brylscreem le fixateur des sportifs[150] ». De même pouvait-on trouver les premières vignettes représentant les meilleurs footballeurs français, de Jean Nicolas à Étienne Mattler ou Georges Verriest, dans les *Album Nestlé* que les enfants et adolescents remplissaient au fur et à mesure[151] de leur consommation de tablettes de chocolat. Et, à l'exemple d'Uridil en Autriche, les vedettes signaient des contrats publicitaires en faveur de ces produits de consommation courante, à l'image de Renzo De Vecchi, vedette du Genoa surnommé « *figlio di Dio*[152] » qui, dès 1921, interpellait les « *foot-ballers* », dans *La Gazzetta dello Sport*, pour les inciter à utiliser « l'Onguent du mage », une pommade censée les protéger de l'humidité et des refroidissements[153].

Les matchs de football suscitaient également des paris plus ou moins clandestins, sauf en Angleterre où le système des bookmakers se développa au début des années 1930 quand les parieurs purent jouer à crédit[154]. En tant que produit de consommation populaire, le football eut d'ailleurs plus de succès chez les bookmakers que dans les stades. Ainsi, 100 000 coupons de paris étaient vendus chaque semaine à Sheffield en 1937 quand, en moyenne, 20 000 spectateurs assistaient aux matchs des clubs locaux United et Wednesday[155]. Sur le continent, les paris prenaient la forme de jeux organisés par la presse généraliste et sportive qui promettaient aux vainqueurs du jour ou de la saison des prix en nature allant jusqu'à une automobile. Au début des années 1930, les deux quotidiens turinois concurrents, *La Stampa* et *La Gazzetta del Popolo*, organisèrent des concours de pronostics, le deuxième titre réservant même un classement spécifique aux femmes[156].

Si tous les amateurs de football ne pouvaient se rendre au stade, en raison des tarifs parfois prohibitifs pratiqués pour les grandes rencontres ou les Coupes du monde de football, la médiation de la presse fut essentielle dans la diffusion populaire du spectacle. De fait, dans l'entre-deux-guerres, la part consacrée au football augmenta fortement dans les quotidiens sportifs qui, tels *L'Auto* ou *La Gazzetta dello Sport*, se concentraient davantage sur le cyclisme. Mais le phénomène le plus significatif fut l'expansion des pages dédiées au sport en général et au football en particulier dans les quotidiens généralistes, en vertu du « dépoussiérage » des vieux quotidiens libéraux comme *Il Corriere della Sera* de Milan ou *La Stampa* de Turin opéré à la fin des années 1920 par le régime fasciste[157]. La couverture du football professionnel entrait aussi dans la stratégie éditoriale de groupes de presse, à l'instar du groupe Prouvost avec la « révolution *Paris-Soir*[158] », comme dans le champ de la presse populaire où *Le Petit Parisien* avait déjà tissé des liens avec le football en patronnant, depuis 1923, la Coupe de France de football. En Amérique du Sud, les grands quotidiens comme *Crítica* à Buenos Aires ou *El Día* à Montevideo accordaient eux aussi des espaces conséquents au football depuis les années 1920.

Parallèlement, et parfois de manière concurrente, la presse sportive se développait. Dans les pays à fortes identités régionales comme l'Espagne ou l'Italie, les périodiques sportifs étaient d'abord régionaux et défendaient la cause d'Irún ou de l'Athletic Bilbao, du FC Barcelone ou du Real Madrid, à l'instar d'*Excelsius* (Bilbao), d'*El Mundo Deportivo* (Barcelone), d'*España Sportiva*, d'*As* ou du *Campeón* (Madrid). De même, pour contrebalancer la puissante presse sportive septentrionale fut créé à Rome en 1927 *Il Tifone*, un hebdomadaire « sportivo-satirique » qui prétendait représenter et défendre avant tout les intérêts des sportifs méridionaux : « Nous sommes sudistes, proclamait le premier éditorial. Nous défions quiconque de ne pas l'être. Par 36° à l'ombre[159]. » Quant à la Catalogne, elle comptait toute la gamme de la presse sportive traitant plus ou moins exclusivement du football, du quotidien *El Mundo Deportivo* fondé en 1906 au périodique *Stadium* (1911-1930), un bimensuel puis hebdomadaire illustré qui s'adressait à un public bourgeois ; un hebdomadaire illustré sur le modèle du *Miroir des sports*, *Grafic-Sport*, fut par ailleurs créé en 1926. Il existait également un hebdomadaire satirique *Xut !* (1922-1936) qui inspira au moins cinq titres épigones, ainsi qu'un périodique sportif catalaniste *La Rambla* (1930-1935) qui eut maille à partir avec la censure[160].

Si souffler sur les braises du régionalisme et/ou nationalisme constituait un excellent argument éditorial, la presse spécialisée misa aussi beaucoup sur les représentations photographiques du football et de ses acteurs. La presse sportive illustrée n'était pas nouvelle[161] mais elle fut fortement renouvelée par l'emploi de photos circulant dans toute l'Europe alors que des inventions techniques comme le bélinographe permettaient de transmettre très rapidement les images d'un événement sportif. La presse hebdomadaire connut en particulier un nouvel essor avec la création au lendemain de la Première Guerre mondiale de titres tels que *El Gráfico* (Argentine), *Le Miroir des sports* (France) ou *Der Kicker* (Allemagne). Dans les années 1930, lorsque la crise frappait les périodiques les moins solides financièrement, *Football et Match-l'Intran* (France) ou encore *Il*

Calcio Illustrato (Italie) occupèrent une place plus ou moins hégémonique.

Ne négligeant pas l'humour ou la caricature au travers d'hebdomadaires tels que *Il Guerin Sportivo*, créé en 1912 et qui tirait, en 1927, à plus de 100 000 exemplaires[162], la presse spécialisée jouait sur plusieurs registres. Celui de la masculinité, tout d'abord, comme *El Gráfico* qui, de revue illustrée pour hommes fondée en mars 1919 à Buenos Aires devint un hebdomadaire sportif deux ans plus tard, proposant au travers du football et, dans une moindre mesure, du cyclisme, de l'automobilisme ou de la boxe, des modèles moraux ou esthétiques virils, tout en inventant la représentation d'un football créole « artistique » et « intuitif », par opposition au jeu rationnel et stéréotypé britannique[163].

Pour leur part, les périodiques européens diffusèrent au travers des clichés de footballeurs, photographiés au volant de leur automobile, fumant ou passant leurs vacances à la plage, l'image d'une vie moderne et libre, « anglo-saxonne », à laquelle aspiraient les masses urbaines d'Europe occidentale. Quant aux vies de footballeurs, écrites souvent sur le mode hagiographique, elles revêtaient le même sens que les *exempla*, ces récits édifiant du Moyen Âge. Ainsi, en 1932, *La Gazzetta dello Sport* lança une série intitulée *Campioni e Avvenimenti del giorno*[164]. Trois ans plus tard, la collection comptait plus de « soixante-cinq biographies d'athlètes, offrant au sport une documentation de haute et sûre valeur[165] », dans lesquelles l'effort et la persévérance se voyaient toujours récompensés, de même que l'indolence et la paresse étaient punies. Si les extravagances des footballeurs sud-américains évoluant en Europe faisaient la joie des chroniqueurs, le modèle de référence restait petit-bourgeois. L'idéal du footballeur devait donc être l'effort et l'économie, à l'instar du défenseur de Sochaux, Étienne Mattler, qui reçut pour célébrer sa 42e sélection en équipe de France un livret d'épargne doté de 11 000 francs ouvert au nom de sa fille Nelly, somme non négligeable réunie grâce à une souscription lancée auprès des habitants du pays de Montbéliard[166]. De son côté, Virginio Rosetta, titulaire du diplôme de *ragioniere*, c'est-à-dire comptable, lança en 1935 une affaire de crèmes glacées au terme de sa carrière : « Initiative commerciale et industrielle, en un mot. Virginio Rosetta gère les fruits de ses économies avec la même sagesse – écrivait son biographe – qu'il administre ses trente-trois ans d'athlète[167]. »

Définie d'abord comme « la Cendrillon du journalisme », la presse sportive était parvenue « à s'imposer, comme il fallait l'espérer, par ses propres moyens, et [...] cela constituait une nécessité sociale[168] ». Pour contrebalancer les aspects excessifs ou simplement choquants du professionnalisme, selon les critères moraux de l'époque, les journalistes sportifs savaient jouer de discours technicistes et, comme on l'a vu, hygiénistes et nationalistes. Ils imposèrent dans les années 1930 une approche quantitative du football, les almanachs ou les annuaires égrenant les records et les moyennes de buts marqués, le nombre de points obtenus en une saison, les recettes ou les affluences records. Le football, comme le sport en général, devint une sorte de science du chiffre réglée par l'efficacité du travail collectif et le hasard de la prouesse ou de la malchance individuelle.

Les journalistes les plus célèbres constituèrent vite une société cosmopolite qu'incarnaient de grandes figures. Walther Bensemann, le patron-fondateur de *Kicker* de 1920 à 1933, fuit l'antisémitisme de l'Allemagne nationale-socialiste ; Gabriel Hanot assumait la responsabilité de la rubrique football au *Miroir des sports* ; Hugo Meisl et Vittorio Pozzo cumulaient les fonctions de sélectionneur et de journaliste. Tous parlaient à des degrés différents de pratique le français, l'anglais et l'allemand. Dissertant doctement du jeu et des organisations tactiques, le milieu partiellement transnational du journalisme sportif favorisa l'éclosion de vedettes européennes dont l'aura dépassait les frontières, à l'instar d'un Sindelar ou d'un Meazza.

Mais la première star continentale fut sans conteste le gardien de but espagnol Ricardo Zamora. Fils d'un médecin andalou installé à Barcelone, Zamora joua très tôt, comme les enfants de la bourgeoisie catalane, au football. Recruté à l'âge de 15 ans par l'Español en 1916, il gagna trois ans plus tard le FC Barcelone, puis participa aux Jeux d'Anvers en contribuant grandement à la reconnaissance internationale de la *furia española*. Beau garçon, les cheveux soigneusement gominés, très photogénique, c'était un professionnel dont les exhibitions individuelles étaient rétribuées à prix d'or, et qui écumait les rues de Barcelone au volant d'un puissant cabriolet avec pour passager Josep Samitier, l'inter-droit de Barcelone, le joueur espagnol le mieux payé de l'entre-deux-guerres. Après Josef Uridil, qui tint son propre rôle dans le film *Pflicht und Ehre* (Devoir et Honneur), il fut l'un des premiers footballeurs à qui un film fut consacré en 1927 *¡ Por fin se casa Zamora !* (Enfin Zamora se marie) qui en dit long sur l'attraction que pouvait exercer sur le public féminin celui que l'on surnommait *el Divino*. Aux Jeux de Paris en 1924, ses photos étaient vendues devant l'enceinte de Colombes et ses plongeons spectaculaires faisaient régulièrement la une des périodiques sportifs européens. Transféré à l'Español en 1922, puis au Real Madrid en 1930, il fut arrêté au début de la guerre civile par des miliciens républicains avant de pouvoir quitter le pays et de retrouver son ami Samitier, devenu entraîneur-joueur de l'OGC Nice. Entre-temps, la fausse nouvelle de son exécution par les républicains diffusée par la presse nationaliste avait suscité l'émoi des périodiques sportifs européens.

Ceux-ci communiaient aussi dans le modèle de perfection footballistique de la *Wiener Schule* de football et du *Wunderteam* qui gardait une disposition classique en 2-3-5 mais avec un « avant-centre peu orthodoxe [Sindelar] qui donnait une telle fluidité au système que celui-ci fut appelé le "tourbillon viennois"[169] ». Des tourbillons dans lesquels les joueurs viennois poussèrent « le dribble, la feinte, l'habileté, [...] jusqu'à un degré qui n'a été que rarement atteint ailleurs[170] », même s'ils manquaient cruellement d'efficacité. Toutefois, l'habileté technique de Sindelar, sa vision du jeu le faisaient surnommer *Papierene*, c'est-à-dire le joueur « de papier », expression polysémique renvoyant autant à sa frêle constitution qu'à sa capacité à jouer une véritable partition sur les terrains de football.

Aussi, malgré la fusion du *Wunderteam* dans la *Mannschaft* de l'Allemagne nationale-socialiste après l'Anschluss, le souvenir des artistes danubiens resta prégnant, de même que celui des premières vedettes européennes, comme en témoignait en 1950 Carlo Levi dans *L'Orologio* (La montre). Dans ce récit autobiographique, l'auteur du *Christ s'est arrêté à Eboli* décrit, à partir de ses fonctions de directeur du journal communiste romain, l'Italie détruite et occupée de l'immédiat après-guerre. Et, selon Carlo Levi, l'un de ses rédacteurs invoquait comme une antidote à la dureté de l'Italie du *Voleur de bicyclette* les « grands joueurs de football du temps passé », « comme si ces noms portaient en eux un ineffable pouvoir magique » : « Zamora, disait-il, [...] Hirzer la gazelle, Sindelar papier de soie. Ces noms, comme une réalité poétique et éternelle, repoussaient loin de lui toute chose présente, et la politique et le journal[171]. »

5
À l'ombre des dictatures

Pendant vingt ans au moins, le football européen dut compter avec les menées des régimes totalitaires dans le domaine du sport. Les régimes fasciste, national-socialiste et stalinien intégrèrent le *people's game* dans leurs politiques sportives visant à créer « un homme nouveau » et à mobiliser les masses. Les relations entre un sport professionnel profondément marqué par son origine anglaise et des États privilégiant les exercices martiaux n'allèrent pas de soi. Mais faute de pouvoir lui substituer un sport vraiment totalitaire, il fallut bien utiliser le football à des fins de divertissement et de politique étrangère. De même, le ballon rond resta le sport-roi de la guerre totale et connut, dans les pays subissant l'occupation nazie, un essor certain. Confrontés aux agressions fascistes et aux guerres, les dirigeants cherchèrent à préserver leur indépendance, sans toujours parvenir à éviter la compromission. Quoi qu'il en fût, l'ère de la politisation radicale du football s'ouvrait. Elle durerait jusqu'au milieu des années 1950 avant de connaître de nouveaux avatars sur d'autres continents.

Un sport fasciste ?

Régime de la terreur, culte du chef, parti de masse unique, contrôle centralisé de l'économie, autant de traits communs généralement retenus pour regrouper les trois grandes dictatures des années 1930 sous l'adjectif « totalitaires ». À ces éléments s'ajoute la poursuite d'une politique sportive ambitieuse. La construction de l'« homme nouveau », qu'il fût fasciste, nazi ou communiste, passait en effet par ces « arènes totalitaires[1] » que devinrent les gymnases et les stades à partir des années 1930. La plasticité du sport, que les idéaux de la démocratie libérale comme ceux des doctrines totalitaires pouvaient justifier, permit de le projeter au cœur des démonstrations symboliques de la puissance. Le corps sportif concentrait en lui-même bien des caractères constitutifs des idéologies fasciste et nazie : l'anti-intellectualisme, le bellicisme, ou encore le racisme (à partir de 1938 pour l'Italie). Et même si les femmes eurent aussi leurs exercices physiques, ce culte du corps, notamment sportif, exaltait d'abord « la masculinité », qui « fut investie d'espoirs nouveaux et d'une valeur symbolique fondamentale » pour devenir « un principe transcendant la vie quotidienne[2] ».

Bien que les femmes aient théoriquement bénéficié d'un statut d'égalité dans le régime soviétique, le culte de l'exercice corporel et de la virilité s'inscrivait solidement dans la culture soviétique, où les « héros stakhanovistes du travail furent traités comme des para-athlètes[3] ». Les projets militaires, qu'ils fussent agressifs (Allemagne et Italie) ou défensifs (URSS) impliquaient, enfin, une survalorisation du corps militaire que les exercices physiques étaient appelés à forger.

Produit d'une culture cosmopolite, encadré par des élites internationalistes et promu par des journalistes inventant une culture transnationale, le football connut une destinée particulière au sein du sport totalitaire. Ses dirigeants et pratiquants durent d'abord affronter le projet de destruction de la société civile que les régimes totalitaires désiraient mener à bien. Même si elles avaient constamment quêté la reconnaissance des pouvoirs politiques, escomptant honneurs et subventions, les organisations sportives, au moins en Allemagne et en Italie, formaient un espace social indépendant de l'État et des organisations politiques, à l'exception des mouvances catholique, sociale-démocrate ou communiste. Or, dès leur arrivée au pouvoir, fascistes et nazis investirent les fédérations et épurèrent les clubs de leurs membres « indésirables ».

Dès 1925, le Comité olympique national italien fut placé sous la direction de Lando Ferretti, un ancien combattant, fasciste de la première heure et fin lettré. Ferretti transforma le CONI en « une fédération des fédérations » chapeautant l'ensemble des entités sportives et régulant le sport par des textes tels que la Charte des sports (1928). Dans le domaine du football, Leandro Arpinati, le *ras* (fasciste) de Bologne, était nommé, comme ses pairs, et non plus élu président de la FIGC. Cette nomination revêtait un sens politique : il convenait de substituer à l'« anarchie parlementaire », qui avait marqué l'après-guerre de la FIGC, le principe de l'autorité fasciste.

En Allemagne, le personnel du DFB avait communié dans la foi nationaliste des milieux conservateurs sous la République de Weimar alors que les dirigeants de club avaient bénéficié des politiques municipales de construction d'équipements sportifs. En Rhénanie, le maire de Cologne, Konrad Adenauer, avait par exemple édifié le Müngersdorfer Stadion[4]. Après la nomination par le maréchal Hindenburg d'Adolf Hitler au poste de chancelier le 30 janvier 1933, les dirigeants du DFB s'adaptèrent immédiatement à la nouvelle donne politique et abandonnèrent sans sourciller, *Führerprinzip* oblige, le système électif et démocratique qui présidait aux destinées du sport. De même, le DFB fut intégré en 1938 sous la dénomination de *Fachamt Fussball*, spécialité football, dans le *Nationalsozialistischen Reichsbund für Leibesübungen*, la Confédération national-socialiste des exercices physiques, la nouvelle structure interfédérale directement soumise au parti nazi.

Placé en première ligne, Felix Linnemann, leur président, soutint naturellement la nomination du chef SA de Dresde, Hans von Tschammer und Osten, au poste de *Reichskommissar für Sport* en avril 1933, puis à celui de *Reichssportführer* au mois de juillet suivant. Nationaliste et conservateur sous Weimar, haut fonctionnaire de la police criminelle dans la vie professionnelle, Linnemann incarna la nazification progressive tant du football allemand que de la police[5], puisqu'il adhéra au NSDAP en 1937 avant de rejoindre la SS en 1940[6]. Aussi appliqua-t-il immédiatement les dispositions antijuives. Le 19 avril 1933, il fit annoncer dans *Der Kicker* (dont Walther Bensemann avait dû quitter les rênes quelques semaines plus tôt) l'expulsion des juifs et des membres des mouvements sportifs marxistes du DFB. Les premiers purent théoriquement s'inscrire dans l'une des deux grandes organisations sportives spécifiquement juives : les clubs Makkabi ouvertement sionistes et militant pour l'émigration et les sociétés Schild (bouclier), émanation de l'association des anciens combattants juifs. Mais ils se voyaient opposer de multiples obstacles, dont l'un était de taille, l'obtention de terrains de jeu spécifiquement « juifs ». Ils furent définitivement interdits de pratique sportive après la Nuit de cristal en novembre 1938[7].

L'arrivée des nazis éloigna également les dirigeants et entraîneurs juifs du football allemand. De dangereux précédents avaient annoncé la tourmente. Lorsque le

Bayern de Munich avait éliminé (2-0) le FC Nuremberg en demi-finale du championnat d'Allemagne (15 mai 1932), la presse nationale-socialiste avait violemment attaqué Jenö Konrad, l'ancienne vedette du MTK Budapest et de l'Amateure Vienna, l'entraîneur de l'équipe qui avait dominé le football weimarien. Le lendemain du match, en effet, *Der Stürmer*, l'hebdomadaire nazi fondé par Julius Streicher, éructait : « Le juif ruine le club [...]. Reprends tes esprits et réveille-toi. Achète un billet à ton entraîneur pour qu'il parte à Jérusalem. Redeviens allemand pour te redresser ou le judaïsme va t'anéantir[8]. » Moins d'un mois après, le Bayern remportait le premier titre de champion d'Allemagne (12 juin 1932), en disposant de l'Eintracht de Francfort (2-0), victoire dont le stade (de football) de Nuremberg avait été le théâtre. L'organisation du club avait été prestement décapitée par l'antisémitisme national-socialiste. Le président Kurt Landauer, qui, depuis 1913, avait modernisé le Bayern en lançant une première politique de formation et en souscrivant des assurances pour les joueurs, avait dû démissionner dès le 22 mars 1933. Interné au camp de Dachau quatre semaines durant après la Nuit de cristal, il put cependant émigrer en Suisse (mai 1939) et rejoignit Otto Beer, l'ancien responsable des équipes juniors du Bayern. Plus globalement, l'aryanisation des magasins munichois priva le Bayern du soutien financier des commerçants juifs[9].

Le régime hitlérien entendait en finir définitivement avec des organisations comme le *Kampfgemeinschaft für Sportheinheit*, appendice sportif du KPD, le Parti communiste allemand, et l'*Arbeiter-Turn-und-Sportbund*, son concurrent du SPD, qui contestaient l'hégémonie du DFB. Cette hégémonie s'était pourtant imposée durant la République de Weimar (1919-1933). Ainsi, à Hamborn, dans la Ruhr occidentale, 88 % des footballeurs d'extraction populaire s'étaient engagés dans des équipes

« bourgeoises[10] » à la fin des années 1920. Ce choix n'impliquait pas un engagement idéologique, les mêmes, dans le même temps, votant majoritairement pour les partis ouvriers. Il s'agissait surtout de pouvoir pratiquer un sport « apolitique », sans être « tenu de participer à des manifestations politiques ou à des campagnes électorales » puisque aucun sportif n'avait jamais été « obligé par le DFB à se mobiliser en faveur d'un quelconque parti ou d'une organisation syndicale jusqu'au 30 janvier 1933[11] ». Surtout, alors que les pages sportives sociales-démocrates ou communistes refusaient de célébrer les prouesses individuelles, le sport bourgeois satisfaisait le narcissisme sportif des pratiquants, tout en plaçant sous les feux de la rampe les *working class heroes* des pelouses comme « le duo d'attaque Fritz Szepan et Ernst Kuzorra de Schalke 04 qui n'était certainement pas l'équipe la moins populaire parmi les travailleurs[12] ».

L'échec d'un football ouvrier se révélait tout aussi patent en Italie où s'était formé un embryon de mouvement sportif socialiste, patronné après-guerre par Giacinto Serrati, l'un des chefs des maximalistes, l'aile gauche du Parti socialiste italien, et fondateur de la revue *Sport e Proletariato*. Serrati proclamait que si « le sport [servait] à la bourgeoisie à influencer les jeunes travailleurs », il fallait que les « partis prolétariens [apprissent] à s'en servir à leurs propres fins[13] ». De même, l'*Ordine Nuovo* d'Antonio Gramsci célébrait les tournois amicaux prolétariens auxquels participaient des équipes aux noms évocateurs de « Carlo Marx » ou « Primo Maggio[14] ». Toutefois, les jeunes ouvriers penchaient déjà, dans le domaine du sport, pour les équipes bourgeoises « apolitiques », alors que la culture antisportive du PSI n'avait au total produit qu'un embryon de mouvement sportif ouvrier. La dictature définitivement installée en janvier 1925 l'élimina sans problème.

Ce qui pouvait éloigner les ouvriers des équipes de classes jouait cependant *a contrario* contre un football que les régimes totalitaires entendaient politiser. La recherche simple du plaisir et de l'*excitement* constituait toujours une part du pouvoir d'attraction que le jeu exerçait dans des sociétés soumises à une urbanisation et une industrialisation croissantes. De plus, la référence britannique et internationaliste du football ainsi que la culture professionnelle, vite qualifiée de « mercenaire », nourrirent les préventions des fascistes et des nazis les plus intransigeants à l'égard du jeu. Dans la seconde moitié des années 1920, le *calcio* était non seulement associé aux désordres des stades, mais également à la corruption après que, en novembre 1927, les dirigeants du Torino, le comte Marone propriétaire de Cinzano en tête, eurent été convaincus de corruption active. Ils avaient, semble-t-il, au moins persuadé le défenseur de la Juventus, Luigi Allemandi, de lever le pied pendant un match essentiel pour la conquête du premier *scudetto granata*. L'affaire avait emprunté une coloration politique puisque Arpinati s'en remit directement au secrétaire fédéral du parti fasciste à Turin, le comte Di Robilant, pour former une nouvelle équipe de dirigeants après la radiation des présumés coupables en novembre 1927.

Au lendemain de l'affaire, Lando Ferretti stigmatisa la culture du *calcio* : « Certes le football – écrivait-il dans son ouvrage-bréviaire sur le sport paru en 1928 – a puissamment contribué à [la] reprise [du sport après la guerre], mais aujourd'hui son professionnalisme naissant et les trop âpres rivalités de clocher qu'il suscite compromettent son développement futur[15]. » De même, son successeur à la tête du CONI de 1928 à 1930, le secrétaire national du parti fasciste et escrimeur émérite, Augusto Turati, tenta de limiter l'essor du football en faisant interdire sa pratique dans le *Dopolavoro*, l'organisation de loisirs fasciste créée le 1er mai 1925. Il voulut lui substituer la *volata*, un sport collectif créé de toutes pièces à l'usage des dopolavoristes. Il érigea également le rugby, un sport réintroduit en Italie en 1927 grâce au soutien français, au rang de sport fasciste par excellence, parce que discipline de combat[16].

Cependant, la *volata* disparut avec la disgrâce politique de son mentor et le rugby, dix ans après sa réintroduction, n'attirait pas plus de 2 868 licenciés – soit 1,8 % des effectifs de la fédération du *calcio*, le sport-roi de la jeunesse urbaine italienne depuis les années 1920. En Allemagne, le succès populaire du football avait propulsé le *Deutscher Fussball-Bund* au premier rang des fédérations du continent européen, puisqu'il rassemblait 598 970 joueurs en 1936[17].

Le football eut pour première fonction de compléter l'éducation paramilitaire et l'entraînement aux sports de base (natation, athlétisme) et de combat (boxe, lutte, jiu-jitsu) que dispensaient les organisations de jeunesse, tout en attirant les réfractaires puisque nul ne pouvait s'inscrire dans une équipe de football s'il n'avait sa carte de la *Hitlerjugend*, les Jeunesses hitlériennes. L'interprétation militaire qui avait été donnée au football au début du siècle fut reprise : jeu d'opposition impliquant tactique, volonté, obéissance au capitaine, le football développait l'esprit de corps et la volonté de vaincre au sein de l'idéologie du *Kampf ums Dasein*, la « lutte pour la vie ». En Italie, la fédération amateur ULIC, qui s'adressait principalement aux jeunes, avait été renommée *Sezione Propaganda*. Dès 1932, les Fasci Giovanili di Combattimento (18-21 ans) furent incités à engager des équipes dans le championnat amateur alors que le *calcio* était intégré en 1935 au programme sportif des Littoriali, les Olympiades de la jeunesse universitaire fasciste. Ces mesures revenaient à fasciser la culture du football tout en proposant une activité autrement plus attractive que les démonstrations paramilitaires.

La deuxième mission assignée au ballon rond fut de divertir les masses dans un cadre qui rappelait le régime. De fait, les matchs étaient toujours précédés et conclus par le salut fasciste ou nazi exécuté par les joueurs en direction de la tribune regroupant les « autorités politiques ». Aussi bien le *Dopolavoro* que la *Kraft durch Freude*, la Force par la joie, les deux organisations paraétatiques chargées des loisirs, offrirent des billets à tarif réduit pour assister aux rencontres de championnat. De même, les deux régimes eurent une action modernisatrice en faveur du haut niveau. Leandro Arpinati créa lors de la saison 1929-1930 le championnat de série A à poule unique regroupant les meilleures équipes transalpines. Pour sceller définitivement l'unité du football italien, le régime décida même d'incorporer autoritairement trois équipes qui n'avaient pu gagner sportivement le droit de figurer en série A mais qui, du point de vue de la symbolique « risorgimentale », ne devaient pas être cantonnées en série B : la Lazio Rome, Naples et la Triestina, l'équipe de Trieste[18]. Ainsi fut créée l'une des institutions les plus solides de la vie nationale italienne jusqu'à aujourd'hui. De même, les hiérarques locaux purent réduire le nombre de clubs afin de faire naître des sociétés plus solides. À Milan, l'Internazionale fusionna ainsi en 1928 avec l'US Milanese sous le nom plus italien et potentiellement moins subversif d'Ambrosiana-Inter. La réunion de la Libertas et du Club Sportivo Firenze permit de créer la Fiorentina en 1926 et le regroupement de quatre équipes romaines engendra l'AS Roma en 1927[19].

Après l'interdiction de l'usage de joueurs étrangers introduite par la charte de Viareggio en 1926, les clubs italiens purent continuer à recruter à l'étranger afin de remplacer des joueurs, tel Ferenc Hirzer, l'ancien attaquant virtuose du Makkabi Budapest, surnommé la gazelle, qui avait permis à la Juventus de Turin de remporter un second titre de champion d'Italie en 1926 sous la direction de l'entraîneur hongrois Jenö Karoly. L'artifice consista à renouer avec les racines italiennes des meilleurs footballeurs sud-américains. La loi du 13 juin 1912 avait au demeurant déjà prétendu « conserver le sentiment d'italianité » des émigrés[20], en affirmant que « la nationalité italienne, transmise par le droit du sang, se [perdait] uniquement par acte volontaire » et que « la nationalité italienne perdue suite à l'acquisition spontanée d'une nationalité étrangère [était] recouvrée en cas de retour en Italie[21] ». Grâce à l'application de cette loi toujours en vigueur sous le fascisme, plus de 118 descendants d'Italiens vinrent monnayer leur talent dans la mère patrie de 1929 à 1943 dans des clubs de série A et B[22]. Ils participèrent pleinement à l'essor du football italien en contribuant aussi, à l'image d'un Orsi ou d'un Monti, aux victoires internationales des équipes italiennes et en enseignant une technique individuelle plus raffinée à leurs partenaires.

La réorganisation territoriale qu'opéra le parti nazi comporta également ses versants modernisateurs. Certes, le championnat gardait une formule finale par élimination directe, à laquelle fut adjointe à partir de 1935 une coupe nationale ouverte à tous les clubs, baptisée Tschammer-Pokal en l'honneur du *Reichssportführer*. Elle perdura jusqu'en 1943. Mais les phases régionales se disputaient désormais dans le cadre des *Gauliga*, c'est-à-dire les ligues des 16 *Gaue*, ces provinces de l'Allemagne nationale-socialiste, ce qui entraîna « une réduction considérable du nombre d'équipes dans les divisions inférieures et aboutit à une concentration de spectateurs autour des équipes restantes[23] ». On touche là l'un des points essentiels qui divisent aujourd'hui les chercheurs allemands s'intéressant au football sous le nazisme, au point de déclencher une nouvelle « querelle des historiens » sur un mode mineur et sportif. En 2005, l'historien Nils Havemann a publié une étude institutionnelle du DFB sous le nazisme commanditée par la fédération allemande[24]. Pour lui, ses dirigeants cherchèrent d'abord à asseoir l'hégémonie de leur sport et la solidité financière de leur organisation avant de partager l'idéal national-socialiste. Le business, même si le football restait officiellement hors du professionnalisme, passait en quelque sorte avant l'établissement de l'ordre nouveau. Cette volonté d'« historiciser » le football « sous la croix gammée », c'est-à-dire de le resituer finalement dans les évolutions qui caractérisèrent les sociétés européennes dans les années 1930, a été fortement contestée par d'autres chercheurs qui considèrent que l'action des dirigeants du football allemand fut beaucoup moins innocente que ne semble le penser Havemann[25].

En tout cas, malgré le maintien officiel de l'amateurisme, « le processus de commercialisation et de professionnalisation progress[a] sans véritable interruption[26] ». La grande équipe de l'ère nationale-socialiste fut celle de Schalke 04 qui avait fait les frais de la lutte contre l'amateurisme marron à la fin de la République de Weimar. La formation de Gelsenkirchen remporta en effet six titres en 1934, 1935, 1937, 1939, 1940 et 1942, tout en devenant la première équipe à réaliser le doublé coupe-championnat en 1937.

Représentants de l'aristocratie ouvrière des mineurs, ses joueurs purent vivre de leur art « en toute impunité » tout en bénéficiant du statut d'amateurs et, pour certains, travailler encore à temps partiel dans les entreprises minières et sidérurgiques. Outre leur origine sociale et géographique – presque tous étaient nés à Gelsenkirchen et se connaissaient souvent depuis l'enfance –, les joueurs de Schalke 04 étaient aussi unis par d'étroits liens familiaux. En d'autres termes, l'équipe des mineurs de la Ruhr fut la grande équipe allemande de la période nazie et put symboliser la conquête des masses ouvrières par le régime.

Les initiatives en matière de loisirs, notamment sportifs, que proposait l'organisation *Kraft durch Freude* dont les adhérents au Front du travail, le syndicat-corporation dirigé par Robert Ley, étaient membres de droit, exerçaient « une séduction considérable sur les ouvriers[27] » dans la seconde moitié des années 1930. Mais ces derniers se comportaient souvent eux aussi, à l'instar des autres participants des loisirs encadrés par les organisations paraétatiques, « en clients-consommateurs » insensibles au contenu idéologique du régime, au point qu'il y aurait fallu, comme ironisait Goering, « moins de Joie et plus de Force[28] ».

En Italie, les *tifosi*, terme forgé au début des années 1930 pour désigner les supporters atteints par le *tifo*, littéralement le typhus, la passion pathologique du football, pouvaient aussi passer pour des « indifférents » du stade. Publié en 1929, le premier roman d'Alberto Moravia scandalisa parce que ses personnages ne se montraient ni pour ni contre le régime, se plaçant hors d'atteinte de toute préoccupation politique. Les *tifosi* communiaient dans la foi d'une couleur peu orthodoxe, le rouge foncé ou sang dans les cas de l'AS Roma ou du Torino, voire dans des symboles un peu puérils que diffusaient la presse sportive et le dessinateur Carlin du *Guerin Sportivo* – zèbre pour la Juventus, taureau pour le Torino, diable pour le Milan, etc. Et, pendant les années du « consensus » qui rassembla autour de Mussolini une majorité d'Italiens entre 1929 et 1936, la presse aimait rapporter leurs obsessions et excentricités qui juraient avec la « religion du politique » que Mussolini s'efforçait d'imposer. En revanche, avec la campagne d'Éthiopie (automne 1935) puis avec le tournant anti-bourgeois et totalitaire du fascisme, l'espace dédié au sport se réduisit dans les quotidiens généralistes, alors que les vertus martiales et les origines ouvrières de certains footballeurs étaient mises en exergue.

Pourtant, dès que les bruits de bottes commencèrent à résonner, les vedettes d'origine sud-américaines oublièrent subitement leur italianité pour ne pas avoir à accomplir leurs obligations militaires et cherchèrent, par divers moyens, à rentrer au pays. Ainsi, Raimundo Orsi revint en Argentine en avril 1935, après avoir obtenu l'autorisation de la Juventus et de la FIGC, ce qui permit d'affirmer qu'il ne s'agissait pas « d'une défection assez fâcheuse [à] ce moment[29] ». En revanche, trois footballeurs plus jeunes, Scopelli, Stagnaro et Guaita, en âge d'aller marcher sur Addis-Abeba, avaient « quitté l'Italie en rompant leurs contrats[30] ». Arrêtés à la frontière alors qu'ils venaient de recevoir leur convocation pour une visite médicale militaire[31], leur désertion dévoilait les limites d'une politique d'immigration sportive dans laquelle l'appât du gain l'emportait très largement sur le sentiment d'appartenance à la nation italienne.

En Allemagne, la limite séparant l'indifférence de la conscience politique était ténue, alors qu'un « rejet partiel du national-socialisme existait dans de larges secteurs de la population en même temps qu'une partielle acceptation[32] ». L'Anschluss footballistique illustre parfaitement les sentiments contradictoires que le football pouvait susciter. Afin de renforcer le sentiment proallemand avant le référendum devant sanctionner l'entrée des troupes allemandes en Autriche, un match opposant les joueurs de l'Ostmark, c'est-à-dire les footballeurs du *Wunderteam*, à ceux de l'Altreich, le reste du territoire du IIIe Reich, fut organisé à Vienne le 3 avril 1938. Loin d'en faire une partie de complaisance s'achevant sur un nul convenu d'avance, les joueurs autrichiens, habillés de leurs couleurs rouge et blanche, dominèrent leurs nouveaux « compatriotes » 2-0. Après avoir marqué le deuxième but de son équipe, Matthias Sindelar « courut vers la tribune où se tenaient tous les gros bonnets nazis et exécuta une danse de joie[33] ». Toutefois, ce type de manifestation signait plus le refus de l'hégémonie prussienne que l'opposition au national-socialisme. Ce sentiment prévalut dans les confrontations opposant désormais Schalke 04 aux clubs autrichiens en championnat d'Allemagne, du terrible 0-9 encaissé par Admira Vienna en finale au stade olympique de Berlin (juin 1939) aux débordements de supporters provoqués par la venue de l'équipe de la Ruhr ou du SpVgg Furth à Vienne (automne 1940). La SS en venait à affirmer qu'« aucun événement sportif impliquant les équipes originaires de l'Ostmark à celle de l'"Altreich" ou même un arbitre de l'"Altreich" ne se déroul[ait] sans des incidents et des scènes inadmissibles[34] ». De même, la victoire du Rapid de Vienne contre Schalke en finale du championnat 1941 fut célébrée comme une résurrection du football viennois et des dizaines de milliers de supporters vinrent attendre leurs héros à la Westbahnhof de Vienne. Les malheureux vainqueurs furent, dans les mois qui suivirent, mobilisés pour combattre sur le front oriental[35]. Dans un registre similaire, la mort par asphyxie de Mathias Sindelar et de sa maîtresse italienne le 23 janvier 1939 fut tenue pour un assassinat accompli par les nazis.

Malgré la réalité de cette haine sportive et le fait que les « termes "Prussien", "Germain", "Piefke" » employés par les supporters viennois « étaient partiellement synonymes de "nazis"[36] », une grande ambiguïté caractérisait le football autrichien. Les grands clubs acceptèrent le patronage des dignitaires nationaux-socialistes de la capitale. Redevenu officiellement « amateur » en vertu de la prohibition nazie du professionnalisme, Matthias Sindelar acheta un café « aryanisé » à un commerçant juif, payant cependant au « propriétaire qu'il connaissait bien une somme approchant la vraie valeur du bien[37] ». De même, les débordements des stades étaient partiellement tolérés. Comme en Italie où, dans les années 1930, les antagonismes régionaux trouvaient un exutoire, les tribunes des enceintes sportives formaient des espaces de relative autonomie à l'égard de l'emprise totalitaire. Si les supporters ne pouvaient être assimilés aux rassemblements « océaniques » des fêtes fascistes ou des congrès du parti nazi à Nuremberg, s'ils ne pouvaient offrir le spectacle de ces corps modelés en un seul alignement, ils ne représentaient pas une menace subversive.

Cependant, la « fascination » que le nazisme et le fascisme ont exercée sur les masses allemandes et italiennes est aussi passée par les spectacles de la culture de masse européenne. De même que la majeure partie de la production cinématographique de l'UFA et de Cinecittà se déclinait en comédies légères et sentimentales – les films expressément idéologiques comme *Scipion l'Africain* (1937) de Carmine Gallone ou *Le Juif Süss* (1940) de Veit Harlan demeurant l'exception –, les compétitions de sports anglais (et non les démonstrations sportivo-martiales) formèrent l'essentiel des divertissements sportifs des régimes fasciste et nazi. Le football participait de la société de consommation que proposaient aussi les totalitarismes. Il contribuait également à en alimenter le mirage, à l'image des ouvriers qui souscrivirent financièrement au projet de la Volkswagen sans pouvoir conduire une « voiture du peuple » avant le « miracle allemand » des années 1950.

Entre sport prolétarien et terreur stalinienne

Dès les années 1920, les dirigeants de l'URSS tentèrent également de fonder une doctrine sportive pour définir un sport authentiquement socialiste. Un débat opposa d'abord les « hygiénistes » aux tenants d'une « culture physique prolétarienne ». Cherchant à utiliser les sports afin de renforcer physiquement et moralement la population russe épuisée par la guerre et la famine – en excluant toutefois les disciplines jugées dangereuses comme la boxe, le football ou l'haltérophilie –, les médecins, qui composaient le premier courant, subissaient les assauts des partisans du mouvement « proletkultiste », désireux de promouvoir une éducation physique libérée du culte du champion et du record inhérent au sport bourgeois. Par le biais d'exercices corporels collectifs effectués dans les entreprises, elle offrirait également une version sportive de l'agit-prop. Le parti bolchevique trancha le 13 juillet 1925 en décidant que la *fizkultura*, la « culture physique », comportant des buts hygiéniques, éducatifs et idéologiques, devait permettre de rallier ouvriers et paysans au socialisme mais utiliserait le sport comme moyen fondamental. Avec l'instauration du régime stalinien à partir de 1928, le sport et l'éducation physique furent donc placés au service du contrôle totalitaire de la population et de la défense du socialisme « dans un seul pays ». Le 3 avril 1930, un Conseil supérieur de la culture physique fut créé. La crainte paranoïaque d'une invasion des armées capitalistes mobilisa, dès 1931-1933, les exercices physiques au service de la préparation militaire au sein du programme GTO (prêt pour le travail et la défense) qui dispensait à des centaines de milliers de jeunes Soviétiques des cours d'athlétisme, de tir, de ski, de gymnastique et de secourisme qu'un brevet sanctionnait. Et, en 1934, le Komsomol créait le badge GTO intitulé « Prêt pour la défense et le travail[38] ».

Par ailleurs, la propagande et l'art officiels insistaient sur la nécessité de distinguer le vrai sport, celui des participants qui s'entraînaient pour contribuer au succès des deux premiers plans et défendre la patrie du socialisme, et le mauvais, celui des spectateurs accusés de passions contre-révolutionnaires et bourgeoises. Les peintres soviétiques Alexandre Samokhvalov et Alexandre Deineka focalisèrent par exemple leur peinture sur les sportifs en action et sur le thème du spectateur-participant, c'est-à-dire de l'athlète regardant ses partenaires /concurrents concourir en attendant son tour, au travers de tableaux célébrant la *fizkultura*[39]. Samokhvalov et Deineka tirèrent les dividendes de ce traitement orthodoxe du sport puisqu'ils reçurent commande d'œuvres pour le pavillon soviétique de l'Exposition internationale de Paris en 1937. En revanche, le *Match de football entre l'URSS et la Turquie* (1935) de Nikolaï Dormidontov, qui saisissait de manière tout aussi réaliste que dramatique une action de jeu aérienne devant un but, avec pour arrière-plan les tribunes remplies de spectateurs, fut critiqué au premier salon de Leningrad et son auteur ne reçut pas les mêmes honneurs que ses collègues spécialistes du genre sportif[40].

Mais, comme en Italie et en Allemagne, le régime soviétique resta impuissant face au pouvoir d'attraction et de fascination du ballon rond. En 1939, un article d'Evgeni Kriger parut dans les *Izvestia*. Évoquant les pouvoirs spéciaux de la « sphère magique », il reconnaissait : « Des milliers de personnes, sexe, âges et occupations confondus, se lèvent de leur siège et regardent dans une direction. Même ces citoyens qui se distinguent par leur extraordinaire esprit de sérieux et leur sérénité spirituelle commencent à se mouvoir et à gesticuler sauvagement sous l'influence du ballon de football[41]. »

De fait, le football n'avait pas disparu avec la révolution. Les clubs bourgeois avaient été prolétarisés et l'Armée rouge avait formé ses premières équipes dès la guerre civile. Quant au ministère de l'Intérieur, il fonda son premier club sportif à Moscou, le Dynamo, destiné d'abord à entretenir physiquement ses employés. Il allait bientôt essaimer dans toutes les républiques, d'abord à Tbilissi en Géorgie en 1925, avant de symboliser le pouvoir du NKVD, la police politique, à partir de 1934. Le football connut également une véritable renaissance lors de la NEP, cette période de semi-libéralisation économique menée entre 1921 et 1928. Placées sous la tutelle d'entreprises publiques et de syndicats, des équipes émergèrent et commencèrent à recruter les meilleurs footballeurs en leur accordant logements, dessous-de-table et même emplois de complaisance, contredisant pleinement les principes du « socialisme réel ».

Loin d'être abandonné avec la collectivisation et la planification de l'économie, le système fut en fait formalisé. Ainsi, des stades pouvant contenir plusieurs dizaines de milliers de spectateurs furent construits, d'abord à Moscou – le stade du Dynamo d'une capacité de 35 000 places en 1928, portée à 55 000 dans la décennie suivante –, puis, dans la première moitié des années 1930, à Leningrad, Tbilissi, Bakou, Erevan, Odessa, Kharkov, Stalingrad et Kiev[42]. Dans le même temps, la construction de 650 petits stades d'une capacité supérieure à 1 500 places était lancée afin de favoriser la pratique de masse et la réalisation du programme GTO. À cette différence près qu'ils étaient utilisés, climat russe oblige, exclusivement à la belle saison, ces deux catégories de stades ressemblaient fort aux *campi Littorio* et à leurs grands frères comme les *stadi* Berta de Florence ou Mussolini de Turin édifiés à la même époque. Certes, ils pouvaient être le cadre de l'édifiante fête annuelle du « Jour de la culture physique », de même qu'en Italie étaient organisés les Littoriali. Mais ils accueillirent d'abord et surtout les rencontres de football qui leur évitèrent, comme en Italie ou en Allemagne, de ressembler à des « cathédrales dans le désert » lorsque des compétitions d'athlétisme y étaient organisées.

Suivant le principe des équipes du Dynamo qui avaient des filiales omnisports jusqu'à Odessa, Rostov et Kiev, les syndicats professionnels patronnèrent aussi leurs équipes. La plus célèbre fut, à partir de 1935, celle du Spartak de Moscou, soutenue par le *Promkooperatsia*, le syndicat des travailleurs des services, regroupant aussi bien les serveurs de restaurant que les coiffeurs ou encore les tailleurs. Un Spartak existait également à Leningrad et Kharkov, un Traktor à Stalingrad. Les travailleurs de l'industrie mécanique étaient représentés par le Torpedo Moscou, soutenu par l'usine automobile ZIS. Le CSKA défendait l'honneur sportif de l'Armée rouge. Ainsi, plus encore que le régime national-socialiste qui n'avait pas supprimé les dénominations traditionnelles des clubs et s'était contenté de placer des hommes du parti à leur tête, le régime stalinien avait réussi à soviétiser tant dans ses dénominations que dans son organisation les footballs russe, ukrainien et géorgien.

Il ne réussit cependant pas à construire une culture authentiquement socialiste du football. D'abord parce qu'une défaite (2-1) infligée par le Racing Club de Paris à une sélection mixte Dynamo/Spartak Moscou le 1er janvier 1936 au Parc des Princes à Paris avait révélé le chemin à parcourir pour que le football soviétique égale les standards « bourgeois ». Du fait de ses liens avec Arsenal, le Racing avait été l'une des premières équipes continentales à appliquer avec efficacité le WM. Afin de pallier les carences du football soviétique, il fut donc décidé de changer la formule du championnat jusque-là disputé par club à l'échelon des villes et par sélections citadines à l'échelle nationale. En mai 1936, le premier championnat de ligue fut lancé. Disputé par deux divisions (groupes A et B) regroupant un nombre variables de clubs selon les années, il était complété sur le modèle anglais par une Coupe nationale à laquelle toutes les équipes, quel que fût leur niveau, pouvaient participer. Chaque grand club possédait ses vedettes dont il faisait payer les prestations en disputant, jusqu'en Asie centrale, des matchs amicaux contre des petites équipes qui lui rétrocédaient une part conséquente des recettes.

C'est que les foules soviétiques se pressaient dans les stades pour voir évoluer Boris Paichadze, l'attaquant-vedette du Dynamo Tbilissi, ou le buteur du CSKA, Grigory Fedotov, qui fut le premier joueur soviétique à marquer plus de cent buts dans sa carrière. « En 1938, les matchs de première division attirèrent en moyenne 19 000 spectateurs, et l'année suivante 10 millions de spectateurs assistèrent aux rencontres, toutes compétitions confondues[43]. »

Bien qu'encadré par une nouvelle institution, le Comité de la culture physique et des affaires sportives, directement rattaché au Conseil des commissaires du Peuple, le système n'était pas fait pour consolider les valeurs du sport socialiste. Du moins reflétait-il l'inflexion du régime stalinien, lorsque, à partir de 1935, le rythme de l'industrialisation avait ralenti et que « Staline fit sa fameuse proclamation : "La vie est devenue meilleure, la vie est devenue plus joyeuse[44]" ». Le sport-spectacle en général, et le football en particulier, fournissait aux masses laborieuses des loisirs salutaires. Dans le même temps, le développement du football soviétique sanctionnait une hiérarchisation certaine de la société : on feignait de ne pas voir que, malgré l'amateurisme officiel, les footballeurs étaient des amateurs marrons, voire des athlètes d'État endossant les fonctions fictives d'instructeur physique. De même, comme en Allemagne nazie ou dans l'Italie fasciste, les supporters ne pouvaient être assimilés aux groupes humains sagement disposés pour assister aux grandes parades idéologiques dont elles étaient et le décor et les acteurs. Dès 1926, une émeute violente avait éclaté sur le terrain d'Odessa après qu'un joueur de la sélection moscovite, lassé par les brutalités subies par lui et ses coéquipiers de la part de joueurs ukrainiens techniquement inférieurs, eut frappé un adversaire à terre. Les spectateurs envahirent le terrain et se lancèrent dans une chasse au joueur russe. La police montée éprouva les plus grandes difficultés à enrayer l'émeute. La création de la ligue ne calma pas les ardeurs des supporters, bien au contraire. « Après les deux premiers mois de la saison inaugurale 1936, la commission de discipline de la section football avait eu à traiter 43 différents cas de "hooliganisme"[45] », alors que les arbitres, que les clubs pouvaient récuser avant un match, suscitaient polémique sur polémique.

Toutefois, l'anomie apparente des spectateurs n'empêcha pas l'intervention politique dans le jeu. L'enjeu sportif des compétitions organisées jusqu'au déclenchement de l'opération Barbarossa par Adolf Hitler en juin 1941 consista en un affrontement entre le Dynamo de Moscou, vainqueur du championnat de printemps 1936, des championnats annuels de 1937, 1940 et 1941 et de la Coupe en 1937 et son voisin du Spartak, sacré champion d'automne en 1936, champion tout court en 1938 et 1939 et victorieux de la Coupe en 1938 et 1939. Seule l'équipe des cheminots, le Lokomotiv Moscou, avait réussi à soustraire la Coupe d'URSS 1936 à cette moisson de titres.

La confrontation Dynamo/Spartak dépassait l'opposition ouvriers/bourgeois, autochtones/immigrants qui marquait la plupart des derbys du football mondial dans les années 1930. De fait, la constitution de la classe ouvrière moscovite avait été rapide et brutale, tout comme l'augmentation de la population de la capitale soviétique dont le nombre d'habitants était passé de

2,3 millions à 3,6 millions entre 1928 et 1934. Il était difficile dans ces conditions de retrouver une homogénéité et une conscience de classe[46] que le football pouvait cristalliser, même si le Spartak, produit à l'origine de l'équipe de Krasnaïa Presnia fondée en 1922 par les frères Starostin, représentait le district « rouge » et ouvrier de Presnia à Moscou qui avait fourni de nombreuses troupes aux bolcheviques. Toutefois, les Starostin étaient les fils d'un employé de la Société impériale de chasse et l'aîné, Nikolaï, l'un des futurs dirigeants du Spartak, avait suivi des études commerciales. En fait, le Spartak était d'abord une équipe populaire parce qu'elle faisait office de contre-pouvoir sportif et que le « Dynamo représentait les autorités : la police, les organes de la sécurité d'État, les élites privilégiées détestées[47] ». Son nom, inspiré par Spartacus, l'esclave thrace révolté de la Rome républicaine, ne comptait pas pour rien dans la vigueur de ces représentations. L'opposition de style entre les deux équipes, ou tout du moins les descriptions qui en furent faites, donnait corps à la représentation symbolique de l'affrontement. Quand la formation du Dynamo jouait de manière ordonnée et rationnelle, affectionnant un jeu nécessitant une bonne condition physique à coups d'appels de balle et de longues ouvertures, les joueurs du Spartak privilégiaient l'improvisation, l'inspiration ou la technique individuelle, dans un style jugé romantique[48]. Les pelouses où évoluait le Spartak devenaient donc des espaces d'autonomie relative où l'on ne venait bien évidemment pas pour fomenter la contre-révolution, mais pour pouvoir s'exprimer librement au milieu de milliers de supporters ayant souvent forcé l'entrée du stade, alors qu'un rassemblement de seulement trois personnes dans les rues de Moscou éveillait presque instantanément la méfiance de la police politique.

Les exploits du Spartak se déroulèrent, il est vrai, à l'époque des grandes purges. Jusqu'en 1938, les « agissements » des frères Starostin, notamment leur importation du WM et leur gestion très professionnelle, voire capitaliste du club, avaient été couverts par la protection d'Alexander Kosarev, le secrétaire du Komsomol, lui-même proche de l'impitoyable chef du NKVD Nikolaï Iejov. Pourtant, dès 1936, les « Starostin furent accusés d'acheter et de vendre des joueurs, de négliger les sports utiles à l'armée, et de ne pas accorder suffisamment d'attention au travail politique[49] » et furent même dénoncés par les deux grands athlètes de l'ère stalinienne, les frères Georgii et Sefarim Znamenskii. Aussi, lorsque Korasev et Iejov tombèrent en disgrâce et furent eux-mêmes victimes des purges, le Spartak dut affronter l'inimitié du Géorgien Lavrenti Beria, le successeur de Iejov à la tête du NKVD. Lui-même ancien footballeur, Beria était exaspéré par la popularité et les libertés prises par les dirigeants du Spartak. Ainsi, en 1938, quand le club élimina en demi-finale de la Coupe d'URSS le Dynamo Tbilissi 1-0, l'équipe favorite de Beria, celui-ci fit rejouer le match alors que l'équipe moscovite avait déjà disputé et remporté la finale contre le Stalinets de Leningrad par 3 buts à 1 ! Mais, malgré ces manœuvres, le Spartak l'emporta à nouveau sur un score serré (3-2)[50]. Restait à employer les grands moyens : éliminer les Starostin. En 1939, Molotov refusa de signer l'ordre d'arrestation de la fratrie au prétexte que la fille de Nikolaï Starostin était la meilleure amie de sa propre fille. Finalement, la vengeance de Beria aboutit en mars 1942, lorsque les quatre frères Starostin furent arrêtés pour « déclarations antisoviétiques » et « doutes sur la victoire soviétique dans la guerre ». Ils restèrent emprisonnés deux ans dans les sous-sols de la Loubianka avant d'être envoyés en Sibérie. Toutefois, contrairement aux centaines d'athlètes qui disparurent lors des grandes purges, ils bénéficièrent d'un traitement de faveur : dispensés de travaux forcés et chargés d'entraîner l'équipe locale du Dynamo d'Oukhta, ils purent vivre dans les vestiaires du stade. Libérés du camp en 1948, ils revinrent définitivement d'exil en 1954.

Les ambivalences de l'appeasement sportif

Dans ses Mémoires publiés en 1989, Nikolaï Starostin rappelait que « pour la majorité, le football était le seul, parfois le dernier, possible espoir de garder une parcelle de sentiment humain et d'humanité dans leur âme[51] ». À des degrés différents, selon le niveau de contrainte et de terreur totalitaires atteint par ces régimes, le même jugement pourrait s'appliquer à l'Italie fasciste et à l'Allemagne nazie. Être supporter signifiait être libre de choisir l'équipe de son cœur, de contester les décisions de l'arbitre, d'exprimer des formes de réticence, voire d'opposition, en d'autres termes « une petite façon de dire non ».

Le football constitua cependant un formidable instrument de mobilisation de la population masculine par le biais des médias, et notamment de la radio. Le pays le mieux équipé fut sans conteste l'Allemagne, où la fabrication en série du récepteur du peuple, puis du petit récepteur allemand, permit de toucher 16 millions de foyers en 1941. En Italie, l'*Ente Italiano Audizioni Radiofoniche* avait commencé de retransmettre en direct du football lors de la rencontre internationale Hongrie-Italie en mars 1928. Même si au début des années 1930 le nombre des abonnés ne dépassait pas le chiffre de 70 000, l'écoute collective, en famille, dans les bars ou au *Dopolavoro*, permit de toucher sans doute plus de 5 millions d'auditeurs en 1935[52]. Malgré l'hostilité de la presse écrite qui la considérait comme un dangereux concurrent et les réticences de la FIGC et des clubs qui craignaient que les émissions sportives ne vidassent les stades[53], la retransmission radiodiffusée du match de football connut un grand succès, notamment grâce au talent de Niccolò Carosio, un ancien étudiant vénitien, qui sut transformer le reportage sportif en récit héroïque chargé de pathos et de rhétorique fasciste. Il resta cependant la « voix des Italiens » sur les terrains de sport après la chute de Mussollini.

Comme on l'a vu à propos des premières Coupes du monde, le régime fasciste sut se servir du nationalisme sportif, de même que son homologue national-socialiste qui envoya en Italie en 1934, *via* l'organisation *Kraft durch Freude*, des wagons de supporters agiter de grands drapeaux à croix gammée dans les stades italiens. L'usage du football intégrait ainsi pleinement les politiques étrangères des régimes totalitaires. À dire vrai, ceux-ci n'étaient pas les premiers puisque la diplomatie française, dès 1920, avait inclus le sport dans l'emploi du *soft power* en créant une section « Sport et Tourisme » au sein du Service des œuvres françaises à l'étranger (SOFE), l'un des organes de propagande du Quai d'Orsay. Les fonds du SOFE servaient à soutenir les intérêts français dans les organisations internationales sportives, à financer les déplacements des athlètes et à aider à la création de clubs sportifs dans des pays alliés comme la Roumanie et même en Sarre[54].

Toutefois, la politique sportive extérieure de la France ne visait qu'à maintenir son rang dans l'ordre sportif mondial ; celle des pays totalitaires fut de le subvertir par une politisation radicale de ses manifestations.

Pour le pouvoir soviétique, il s'agissait jusqu'au mitan des années 1930 de créer une Internationale du sport communiste. Si les athlètes russes avaient participé aux Jeux olympiques de 1908 et de 1912, le Comité international olympique (CIO) représentait désormais la quintessence du sport capitaliste. Contre cet ordre « réactionnaire », les dirigeants bolcheviques voulurent promouvoir un « internationalisme sportif prolétarien ». Ainsi, la république des Soviets refusa d'envoyer des athlètes aux Jeux d'Anvers organisés pendant l'été 1920. Un an plus tard, l'Internationale du sport rouge (IRS), pendant sportif de la IIIe Internationale, était créée à Moscou. Elle regroupait « toutes les associations ouvrières et paysannes qui sout[enaient] la lutte des classes prolétariennes ». Concrètement, il fallait non seulement lutter contre les « traîtres » socialistes qui avaient reformé à Lucerne en 1920 l'Internationale sportive ouvrière fondée à Gand en 1913, mais aussi proposer un contre-modèle olympique au travers des « Spartakiades » organisées pour la première fois dans la capitale soviétique en août 1928, un mois après les Jeux olympiques d'Amsterdam. Néanmoins, si les Spartakiades de 1928 réunirent plus de 4 000 athlètes, dont 600 étrangers, le modèle du sport prolétarien s'avéra vite un échec. L'instauration de régimes politiques antibolcheviques en Hongrie, en Italie, en Allemagne puis en Espagne en limita fortement l'expansion, de même que l'adhésion modérée du monde ouvrier occidental au sport de classe. De plus, les délégations étrangères ne pouvaient envoyer que des athlètes, et dans le cas du football, des équipes vraiment amateurs dont les standards de jeu ne pouvaient se comparer à ceux des équipes « bourgeoises ». Cependant, la finale des Spartakiades de Moscou, remportée 1-0 par l'équipe de Moscou contre celle d'Ukraine, fut jouée malgré tout devant plus de 50 000 spectateurs[55].

Pour l'Italie fasciste et l'Allemagne nazie, il fallait au contraire pénétrer l'internationalisme sportif tout en réfutant ses idéaux d'entente et de paix. « Réagissons – prêchait Lando Ferretti dans *Il Libro dello Sport* – contre la formule de compétition "le sport pour le sport" qui réduirait l'éducation sportive à un passe-temps sans but, à un jeu sans âme, à un spectacle vide. Et réagissons, encore plus violemment, contre la tentative de faire du sport un instrument de triomphe d'idéaux politiques qui lui sont antithétiques : internationalisme sportif et sport de classe en sont les folles et grotesques contradictions[56]. » Outre les prestations de l'équipe d'Italie en Coupe du monde, les victoires obtenues par les équipes de club sonnaient comme autant d'hommages aux vertus « italiques » des footballeurs transalpins. Ainsi, le succès de l'équipe de Bologne, championne d'Italie en 1936, 1937 et 1939, au tournoi de l'Exposition internationale de Paris disputé en mai-juin 1937 fut interprété comme une autre affirmation fasciste dans le cadre de manifestations dont la charge idéologique – à l'image de l'opposition entre les palais d'exposition allemand et soviétique – était forte. Surtout, le tournoi réunissait les plus grands clubs européens et les joueurs de Bologne surpassèrent leurs adversaires, le FC Sochaux en quart de finale (4-1), le Slavia de Prague ensuite (2-0). Les footballeurs émiliens donnèrent enfin une leçon de football (4-1) à leurs adversaires du FC Chelsea qui ne comptaient pas, il est vrai, parmi les meilleures équipes du championnat anglais dans un Parc des Princes bondé[57].

L'Allemagne nazie réussit également à politiser le football international en contraignant indirectement la Football Association à se conformer à la politique d'*appeasement* menée par le Foreign Office. Les dirigeants nazis entendaient conférer un sens nouveau au sport international et, à partir de 1935-1936, métamorphoser les athlètes allemands participant à des compétitions à l'étranger en « guerriers pour l'Allemagne », en « ambassadeurs du IIIe Reich », enfin en « représentants de la race germanique[58] ». Cette volonté n'échappa ni aux ambassadeurs britanniques ni au secrétaire permanent du Foreign Office, Robert Vansittart. Pourtant, la diplomatie britannique fut piégée par cette intrusion de la politique sur les terrains de sport. De fait, l'idéologie de l'amateurisme, qui renvoyait désormais moins à une « claire distinction entre athlètes payés et non payés » qu'à une régulation du sport « par des fédérations privées principalement gérées par des dirigeants bénévoles et indépendantes de l'État[59] », était largement partagée par la classe politique conservatrice britannique. Aussi, lorsque les syndicats britanniques, les associations juives et une partie de la gauche anglaise, sur la foi d'un article du *New York Times* qui affirmait qu'un footballeur juif polonais avait été tué par l'un de ses adversaires allemands sur une pelouse du IIIe Reich[60], voulurent faire interdire le match devant opposer l'équipe d'Angleterre à celle d'Allemagne le 4 décembre 1935, le Foreign Office comme le Home Office firent la sourde oreille à toutes les pétitions demandant l'annulation de la rencontre. Le match devait se dérouler sur le terrain de White Hart Lane, propriété du club de Tottenham Hotspurs qui évoluait dans un quartier habité par une forte communauté israélite et comptait parmi ses joueurs et ses supporters de nombreux juifs. Tout fut fait pour éviter un incident « regrettable », sachant que l'ambassadeur allemand avait informé les diplomates britanniques que Hitler était prêt à voir le match annulé sur ordre de Londres et que l'organisation *Kraft durch Freude* avait affrété des trains pour permettre à 10 000 supporters-touristes allemands d'assister à la rencontre. Aussi, des précautions dignes des rencontres « à risque » d'aujourd'hui, comme Paris-Saint-Germain-Olympique de Marseille furent adoptées : « Par exemple, on donna seulement eu dernier moment les itinéraires aux chauffeurs de bus qui transportaient les [supporters] allemands dans des enveloppes scellées[61]. » Malgré la présence d'une dizaine d'hommes-sandwichs portant des pancartes réclamant *Stop the nazi match*[62], la rencontre se déroula régulièrement et fut facilement remportée par les footballeurs anglais 3 buts à 0 devant 60 000 spectateurs.

Là comme ailleurs, l'Allemagne nazie l'avait cependant emporté sur le terrain diplomatique en faisant croire que le sport et la politique étaient deux choses séparées tout en multipliant les poses et gestes nationaux-socialistes. Ainsi, lors du dîner officiel, alors que sir Charles Clegg, le président de la Football Association, stigmatisait dans son discours l'attitude des Trade Unions qui avaient oublié que le football n'était « qu'un sport », Hans von Tschammer und Osten, qui avait accompagné l'équipe d'Allemagne, célébra « le ciel bleu des relations anglo-allemandes ». Portant un toast au Führer, il se joignit au chœur allemand qui entonna le *Horst Wessel Lied*.

Ce rapport ambigu au sport persista lors des Jeux olympiques de Berlin. Ainsi, le Comité olympique britannique lança un appel de fonds pour l'entretien de sa délégation à l'Olympiade allemande dix jours seulement après la remilitarisation de la Rhénanie. Et Vansittart intervint officiellement auprès de l'ambassade de France à Londres afin de prévenir un éventuel boycott français qui risquait de ruiner définitivement les relations franco-allemandes[63]. Bien que l'installation de Neville Chamberlain au poste de Premier ministre le 28 mai 1937 consacrât la politique d'apaisement menée à l'égard du Reich, elle coïncida paradoxalement avec une première intervention de l'État britannique dans la sphère sportive. En effet, la même année fut voté le *Physical Training and Recreation Act* qui autorisait le ministère de l'Éducation britannique à engager de faibles sommes d'argent afin de construire et de faciliter l'accès à des « gymnases, terrains de jeu, piscines, bains publics, camps de vacances et campings[64] ». Dans cette lignée, le budget du British Council augmenta en 1938 afin de renforcer la diplomatie culturelle et de contrer la propagande allemande. Ainsi, dans le champ du football, l'entraîneur anglais W. Baggett, rétribué par le gouvernement britannique, fut proposé à la fédération grecque en février 1938. Il ne parvint cependant pas à qualifier l'équipe hellénique pour la phase finale de la Coupe du monde disputée en France, puisque les footballeurs grecs furent écrasés 11 buts à 1 par les maîtres hongrois[65].

Le Foreign Office se montra également attentif au bon déroulement des matchs opposant l'Angleterre à l'Allemagne. Avant la rencontre du 14 mai 1938 disputée par les deux formations devant les 110 000 spectateurs du stade olympique de Berlin, à peine deux mois après l'Anschluss, Vansittart adressa une lettre officieuse au secrétaire général de la Football Association pour s'assurer que l'équipe nationale réaliserait une « performance de classe » pour le « prestige » du Royaume-Uni. Les footballeurs anglais surclassèrent les Allemands par 6 buts à 3. Mais poussés par leurs dirigeants, eux-mêmes inspirés par Nevile Henderson, l'ambassadeur du Royaume-Uni à Berlin, qui pensait qu'Adolf Hitler assisterait à la rencontre, ils effectuèrent tous le salut nazi avant le coup d'envoi, en direction des dignitaires du Reich parmi lesquels se distinguaient Joseph Goebbels, ministre de la Propagande, et Joachim von Ribbentrop, le ministre des Affaires étrangères[66].

À la différence de celle de l'Italie fasciste, l'équipe nationale représentant l'Allemagne nationale-socialiste n'obtint jamais de résultats probants. Certes, les joueurs entraînés par le sélectionneur Otto Nerz avaient connu une période faste lorsque, entre mars 1933 et juin 1934, ils ne perdirent aucun match international avant de se classer à la troisième place de la Coupe du monde italienne en battant dans le match de classement le *Wunderteam* par 3 buts à 2. La suite fut moins glorieuse. Alors que la *Mannschaft* alignait ses amateurs marrons et autre athlètes d'État aux Jeux olympiques de Berlin, elle fut éliminée en quart de finale par de vrais amateurs norvégiens (0-2), et ce, devant plus de 97 000 spectateurs, l'aréopage du NSDAP et le Führer en personne, qui, dépité, quitta le stade olympique avant la fin du match[67]. La Coupe du monde française ne fut pas plus glorieuse. Sepp Herberger, qui avait remplacé Otto Nerz au début de l'année 1938 après avoir été son adjoint, ne put réussir l'amalgame entre joueurs de l'Altreich et de l'Ostmark. Dès le premier tour, l'Allemagne fut éliminée par la Suisse (2-4), entraînée par Karl Rappan, un ancien joueur autrichien qui avait fait carrière au Servette de Genève. Rappan, considérant que les Helvètes n'étaient pas des « footballeurs naturels », avait inventé le « verrou suisse », une tactique encore plus défensive que le WM, autour de quatre défenseurs dont un placé en retrait, c'est-à-dire en position de libéro avant l'heure. Laissant l'initiative à l'adversaire, le onze helvétique procédait par contres et, après avoir été mené 1-2 au repos, il marqua trois buts presque coup sur coup face à une équipe allemande de plus en plus désunie. Ironie du match, Rappan était un antisémite et un nazi convaincu, ce qui ne l'empêcha pas de continuer à exercer à plusieurs reprises les fonctions de sélectionneur de la Suisse jusqu'en 1963[68].

Même si le football restait imprévisible, les nombreux matchs disputés entre 1933 et 1942, soit en tout 106 rencontres (69 victoires, 21 défaites et 16 matchs nuls) dont plus de 16 pour la seule année 1935[69], devaient prouver les bonnes intentions de l'Allemagne et, selon Ribbentrop, « offraient de très favorables opportunités pour établir des contacts avec des politiciens et des hommes influents dans des champs très divers[70] ».

L'exemple des rencontres de football disputées entre l'équipe de France et celle d'Allemagne fut à ce titre exemplaire. Après le premier match joué dans l'Histoire entre les deux pays en mars 1931 à Colombes (victoire de la France 1-0), les deux équipes se rencontrèrent trois fois en mars 1933 (Berlin), 1935 (Paris) et 1937 (Stuttgart). Au-delà de la supériorité allemande (match nul 3-3, puis deux victoires 3-1 et 4-0), c'est la duplicité nationale-socialiste qui apparaît aujourd'hui remarquable. En effet, alors que les joueurs étaient accueillis avec la plus grande cordialité et que les supporters français eurent « l'impression de circuler librement, de pouvoir s'informer sur tout, de "participer pour ainsi dire à la vie de l'Allemagne"[71] », la presse allemande se déchaînait contre la politique française et célébrait les coups portés par le régime au Diktat. Tandis que le *Völkischer Beobachter* rapportait que Jules Rimet avait loué « le calme et l'ordre qui régnaient en Allemagne[72] » après la rencontre de mars 1933, les notes divergentes furent rares, à l'exception de celle du président du Racing Club de Paris Jean-Bernard Lévy, « qui refusa une rencontre au SSV Nuremberg » après « les actions de boycott anti-juifs [sic] du 1er avril 1933 et l'exclusion des Juifs de la plupart des organisations sportives allemandes[73] ».

Au-delà des relations bilatérales entre États, quelle influence cette politisation du sport exerça-t-elle sur la FIFA ? La Fédération internationale entretenait un rapport ambivalent avec le monde politique. D'un côté, elle singeait d'une certaine manière la Société des Nations, son congrès annuel constituant le pendant sportif des rendez-vous de septembre au bord du lac Léman. De l'autre, elle se proclamait apolitique tout en considérant que la géopolitique du football devait épouser celle des États. Ainsi, malgré le rôle de Hugo Meisl dans l'organisation et le prestige du *Wunderteam* en Europe, l'Anschluss footballistique fut enregistré par une lettre-circulaire. Le secrétaire général (allemand) Ivo Schricker transmit ainsi aux membres du Comité exécutif l'information émanant de Vienne que l'« Oesterreichischer fussball Bund [avait] à partir du [28 mars 1938] cessé d'exister comme association nationale indépendante et par ce fait son affiliation à la FIFA [était] à considérer comme terminée[74] ». De même, le Comité d'urgence de la FIFA accepta l'adhésion de la fédération slovaque au lendemain du démembrement final de la Tchécoslovaquie[75].

Se ranger à la réalité des relations internationales était une chose, parvenir à démêler l'écheveau où venaient s'imbriquer étroitement considérations sportives et politiques en était une autre, d'autant que le Comité exécutif comptait deux représentants des puissances totalitaires, par ailleurs arbitres internationaux, l'*avvocato* Giovanni Mauro pour l'Italie, le docteur Peco Bauwens pour l'Allemagne.

Le premier problème qu'eurent à traiter les dirigeants de la FIFA fut celui de l'URSS qui s'opposa ouvertement au sport « bourgeois », avant de chercher à multiplier les contacts avec les équipes européennes au milieu des années 1930. À l'exception de Pierre de Coubertin, les dirigeants du CIO se refusaient à imaginer l'adhésion d'un éventuel Comité olympique soviétique. Comme l'écrivait le comte Baillet-Latour, ils ne voulaient à aucun prix « faciliter la corruption de la jeunesse du monde entier en la mettant en contact avec ces rouges, qui veulent tirer profit [d'une participation] pour faire une propagande ouverte[76] ». En revanche, les dirigeants de la FIFA se montraient désireux d'accueillir en leur sein les footballeurs de ce qu'ils nommaient toujours la Russie[77]. Aussi accordèrent-ils des autorisations ponctuelles aux fédérations visitées par des équipes soviétiques. Toutefois, lassé d'attendre un geste des

Soviétiques, qui considérèrent finalement que la FIFA était « menée par des éléments fascistes[78] », le Comité exécutif de la FIFA se raidit et interdit à partir de mai 1936 les matchs contre des équipes soviétiques. Il n'hésita pas à tancer les contrevenants tout en se montrant compréhensif puisqu'il devenait de plus en plus difficile, notamment dans les régimes autoritaires des Balkans ou d'Anatolie, de se soustraire aux desiderata du pouvoir.

Ainsi, alors que l'équipe nationale anatolienne allait être envoyée en URSS, Hamdi Emin, le président de la fédération turque, expliqua qu'il ne pouvait que s'exécuter puisque « cela [était] considéré comme un devoir pour [sa] Fédération de satisfaire absolument le désir que le Gouvernement turc [venait] de manifester[79] ». Une fois la tournée effectuée, le président de la fédération turque se défendit cette fois en prétendant que la tournée avait été en fait organisée par « l'organisation de la "Maison du Peuple", branche du "Parti du Peuple de la République Turque"[80] » et non par son organisation. La FIFA ferma les yeux devant ces arguties justifiées par l'autoritarisme du régime d'Atatürk, mais Schricker pria le président de rappeler les règlements à la « Maison du Peuple », tout en avertissant que sa fédération risquait « de perdre la possibilité de jouer des matchs internationaux contre les membres de la FIFA en n'observant pas strictement les Lois de [la] Fédération[81] ».

La deuxième question politique à laquelle furent confrontés les dirigeants de la FIFA fut la guerre d'Espagne et ses conséquences footballistiques. Dès le 8 août 1936, en effet, la Fédération espagnole de *fútbol* était épurée et dirigée par des personnes « fidèles sans aucune équivoque au régime établi et à la politique du *frente popular*[82] ». Face à ce football républicain, les nationalistes créèrent le 17 octobre 1937 dans les territoires conquis une *Real Federación Nacional de España*[83]. Le ballon rond devint alors un instrument de propagande et, à l'instar de la guerre civile, acquit une double dimension intérieure et extérieure. D'une part, si la majorité des grands clubs, exception faite du FC Barcelone, se rallièrent au camp franquiste[84], les équipes basques, au moins avant la reddition de l'été 1937, restèrent solidaires de la cause républicaine. D'autre part, le gouvernement et la fédération basques de football organisèrent une tournée d'une « équipe représentative » de la République d'Euzkadi en Europe occidentale en avril 1937[85]. Or, les joueurs basques, après avoir disputé des rencontres en Tchécoslovaquie, en Pologne, en URSS, en Scandinavie et en France, embarquèrent pour le Mexique, *via* New York, afin de continuer leur tournée de propagande. Dès lors, leur statut changea : footballeurs voyageurs partisans d'une noble cause, ils devinrent exilés apatrides que la fédération franquiste chercha à faire revenir. Exilés puisque leur terre d'origine était désormais occupée par les troupes nationalistes et soumise à une impitoyable répression[86]. Apatrides, au moins sur le plan sportif, le comité exécutif de la FIFA décidant d'interdire « jusqu'à nouvel ordre toute rencontre avec des équipes d'Espagne[87] » en raison du conflit qui ravageait le pays. Devant ce cas inédit mais caractéristique du « siècle des réfugiés[88] », la Fédération internationale dut composer avec la rigueur de ses règlements tout en suivant la voie étroite de la neutralité sportive.

« Animée d'un sentiment d'humanité et de bienveillance envers cette équipe, pour la mettre à même de trouver les moyens de retourner en Europe », elle lui accorda tout d'abord l'autorisation « de jouer quatre matchs [au] Mexique[89] ». Il s'agissait aussi d'éviter la multiplication d'équipes nomades ne représentant pas expressément une fédération par pays. Les joueurs basques se montrant déterminés à ne pas rentrer en Espagne, le Comité d'urgence leva en septembre 1938 la suspension des footballeurs, « sous la condition que ces joueurs déclarent, dans un délai de quatre semaines, leur affiliation à une Association de la FIFA[90] ». Finalement, seuls deux éléments sur une trentaine de joueurs regagnèrent leur pays[91]. Les autres furent engagés par des équipes mexicaines et argentines. Tout à la fois réfugiés politiques et immigrés économiques, ils devinrent pour certains des vedettes de ces championnats. Loin de ne pas avoir su résister aux pressions du camp nationaliste, comme l'affirmèrent après coup certains joueurs basques[92], Jules Rimet et Ivo Schricker surent en repousser les injonctions. Schricker expliquait encore aux dirigeants de la fédération de San Sebastián en octobre 1938 : « Je crois vraiment pouvoir dire que la solution donnée à ce cas par le Comité d'urgence était parfaitement d'accord [sic] et raisonnable et correspondait à l'intérêt général ; il aurait vraiment été presque impossible de maintenir dans ce cas spécial une suspension perpétuelle par la seule raison que les joueurs basques refusent de rentrer pendant les circonstances actuelles [sic] dans leur patrie[93]. » Et jusqu'à la fin de la guerre d'Espagne, la fédération nationaliste ne cessa de tonner contre la levée de suspension des joueurs basques.

Après avoir maintenu des liens avec Ricardo Cabot, le secrétaire général d'avant-guerre resté fidèle à la République, Ivo Schricker n'en entretint pas moins une correspondance cordiale avec les représentants de la Fédération de San Sebastián. La neutralité fut toutefois respectée au congrès de la FIFA tenu à Paris le 3 juin 1938 puisque les « représentants des fédérations espagnoles de Barcelone et San Sebastián » étaient invités « en tant qu'observateurs ». En cette occasion, Roca, missionné par le camp républicain, « remercia le Comité exécutif pour l'invitation » et se montra « très obligé envers M. Rimet pour l'hommage qu'il avait rendu à l'ancien président de la Fédération espagnole M. Duran[94] ».

Cependant, quand le 16 décembre 1937 à Vigo l'équipe représentative du camp nationaliste rencontra l'équipe du Portugal devant le docteur Salazar et le général Franco, la FIFA ferma les yeux. De fait, pour ne pas contrevenir à l'interdiction des matchs joués contre l'Espagne, Schricker avait rappelé le mois précédent au président de la fédération portugaise que « les matchs avec des équipes espagnoles ne [devaient] pas avoir le caractère de matchs internationaux[95] », ce qui revenait à donner le conseil implicite de trouver une dénomination adéquate. Enfin, la fédération nationaliste semble avoir joué une double partition, entonnant l'air de l'intransigeance d'un côté, mais suggérant aussi au Comité exécutif une certaine souplesse en espérant ramener dans l'Espagne franquiste ceux que la presse du régime, et notamment *Marca*, appelait les « traîtres basques[96] ».

Il est parfois difficile de distinguer ce qui relevait de la fidèle application des principes qu'avait adoptés la FIFA dès sa fondation en 1904 des options idéologiques des membres qui composaient sa direction. Il semble en tout cas que la fidélité aux hommes qui avaient servi le football fût de mise. Ainsi, Walther Bensemann, réduit à la pauvreté par son exil en Suisse, mendiant l'hospitalité de ses amis, devint un collaborateur du périodique fédéral *World's Football* jusqu'à sa mort le 12 novembre 1934. Il reçut un vibrant hommage d'Ivo Schricker et les couronnes mortuaires de la fédération allemande, du *Kicker* et du club Phoenix de Karlsruhe[97]. En 1937, l'*avvocato* Mauro suggéra de verser au conseil de tutelle chargé de veiller à l'éducation des enfants d'Hugo Meisl une somme de 6 000 francs suisses[98], plusieurs mois après la mort du père du *Wunderteam*.

Ces gestes intervinrent toutefois avant le tournant antisémite du régime fasciste. Le compte rendu de l'enterrement de Bensemann publié par *Football* et reproduit par *World's Football* présentait lui-même quelques ambiguïtés. Citant l'un des éloges funèbres prononcés alors, son auteur affirmait qu'il « y a quelque chose de plus qu'une belle vie / une belle mort », avant d'ajouter : « De fait, c'est en chrétien que Bensemann mourut et fut enterré[99]. »

Des footballeurs très occupés

« Puisse venir bientôt le moment, où tous les officiels, joueurs et public pourront se consacrer en paix et en toute tranquillité à leur sport favori[100] » : tel était le souhait de *Football World*, le nouveau nom de l'organe de la FIFA à la fin de l'année 1939. Pourtant, le déclenchement de la Seconde Guerre mondiale avait peu bouleversé le cours du football. Quelques vieux souvenirs furent réactivés ; ainsi, en France, la Coupe de France avait repris sa dénomination originelle de Coupe Charles-Simon, dont l'édition 1939-1940 battit tous les records d'engagement du nombre d'équipes (778). Disputée tout le long de la « drôle de guerre », la compétition atteignit même son terme : cinq jours avant la ruée des blindés du général Guderian, le 10 mai 1940, le Racing Club de Paris remportait le trophée face à l'Olympique de Marseille par 2 buts à 1[101]. Quant aux clubs disputant le championnat, ils furent, en raison de la nouvelle configuration des transports, simplement répartis en trois zones : Nord, Sud-Est et Sud-Ouest.

Ainsi, en 1939, le football avait définitivement pris sa place dans la culture de masse et l'industrie des spectacles. Il ne subissait plus la suspicion des classes dirigeantes au Royaume-Uni. Et dans la nouvelle guerre totale qui allait dévoiler son véritable visage au printemps 1940, il offrait une distraction dont il ne fallait pas priver les populations. De fait, « indépendamment de la conduite générale de la guerre, de la mobilisation économique, la bataille du moral sur le front intérieur constitu[a] [...] une des principales préoccupations du pouvoir[102] ». Cinéma, radio et presse, tous les moyens de communication de masse furent convoqués pour diffuser une propagande qui cherchait à mobiliser les esprits autant qu'à faire oublier la guerre. Par exemple des matchs disputés à partir du 2 mai 1942 à Leningrad, en plein siège, furent suivis par une foule dépassant les 8 000 personnes, alors que « la même année un championnat citadin était organisé à Moscou[103] ».

Dans les trois puissances d'Europe de l'Ouest qui poursuivirent la lutte après l'effondrement français, le bon déroulement du spectacle de football présentait un gage de normalité. Ainsi, trois mois après l'entrée en guerre de l'Italie fasciste contre une France déjà à genoux, Vittorio Pozzo voyait dans la reprise du championnat de série A la preuve que le régime saurait préserver l'Italie des misères de la guerre : « Ce que l'on voulait dans un premier temps définir comme un "championnat de guerre" – écrivait-il au début du mois d'octobre 1940 – n'a donc de la guerre que l'arrière-plan et l'atmosphère. La normalité de l'organisation, la régularité de la vie, les moyens disponibles, la sérénité de l'atmosphère sont toujours là et garantissent le bon avancement des choses[104]. »

La propagande, toutefois, était superflue pour réveiller l'intérêt que la population masculine européenne éprouvait à l'égard du football : fin 1940, Emilio de La Forest, le fasciste *per bene*, c'est-à-dire « bien comme il faut », qui avait pris les rênes de la Juventus de Turin après le décès accidentel d'Edoardo Agnelli en 1935 écrivait au préfet de la capitale piémontaise que les secteurs populaires du stade Mussolini « étaient débordants d'une foule que l'on ne voyait plus depuis la période des cinq championnats successifs[105] », c'est-à-dire depuis les années 1931-1935, pendant lesquelles les *bianconeri* avaient remporté cinq *scudetti* de suite. De même, les finales de championnat continuèrent à attirer plus de 70 000 spectateurs dans le stade olympique de Berlin jusqu'aux éditions 1943 et 1944 remportées par le Dresdner SC emmené par le jeune attaquant Helmut Schön.

En 1944, Dresde se vit opposer en finale le Luftwaffen-Sportverein Hamburg. Les équipes militaires s'étaient en effet développées et représentaient « l'honneur sportif » de chaque armée. C'était aussi un moyen pour de jeunes footballeurs en devenir comme Fritz Walter, 20 ans en 1940, d'échapper à une affectation autrement plus dangereuse.

Désir d'oublier ou de faire oublier la guerre, le match du samedi ou du dimanche devait renforcer l'impression de normalité. Les ouvriers anglais ou écossais mobilisés par les folles cadences de l'industrie de guerre pouvaient ainsi goûter le temps d'un match le parfum des divertissements de paix. Officiellement, dès septembre 1939, les footballeurs britanniques « n'étaient plus des professionnels à plein temps ; leurs contrats furent annulés et ils étaient effectivement sans travail[106] ». Toutefois, on était loin des ambiguïtés de 1914, d'autant que, la conscription étant cette fois-ci établie, nul homme valide et en âge de servir ne pouvait se soustraire au devoir militaire. Pour le Home Office, il fallait encourager la pratique du football tant que celle-ci ne gênait pas l'effort de guerre. Les dirigeants de la Football Association participèrent donc à de multiples comités. Le secrétaire général Stanley Rous présida pendant le conflit le *Civil Defence Sports Committee*. Quant aux footballeurs, ils eurent un emploi du temps plutôt chargé. Stanley Matthews, par exemple, fut engagé comme préparateur physique par la Royal Air Force (RAF) à Blackpool. Il put ainsi, tout en remplissant ses fonctions militaires, conserver un œil sur le magasin d'articles sportifs qu'il possédait sur la jetée de la station balnéaire, jouer le mercredi dans l'équipe de la RAF et le samedi pour le club du Blackpool Football Club[107], avant, au gré des affectations, de porter aussi le maillot des Rangers Glasgow ! De fait, les clubs avaient vite repris du service pour disputer des compétitions régionales, des matchs amicaux ou le traditionnel *Christmas Day Football Match*[108]. Toutefois, les foules se contractèrent en 1940 et en 1941 devant le développement des bombardements aériens, avant de s'élargir lorsque les incursions de la Luftwaffe se firent plus rares. Autrement dit, la guerre des footballeurs ressembla davantage à l'Angleterre planquée, picaresque et réfractaire à l'héroïsme décrite par Evelyn Waugh dans sa trilogie *Sword of Honour* qu'à un pays voué à « la sueur, au sang et aux larmes », pour reprendre les termes de Winston Churchill aux Communes en mai 1940.

Dans les pays occupés par la Wehrmacht, le football connut un nouvel essor. Dès l'automne 1940, un rapport rédigé par un fonctionnaire de la préfecture de Paris mentionnait une vigoureuse reprise de la pratique, constatant entre autres une augmentation des inscriptions à la coupe Charles-Simon « qui [permettait] de se rendre compte de la vitalité nouvelle dont est animé ce sport populaire[109] ». De fait, de 1941 à 1944, le nombre de licenciés de la FFFA passa de 111 902 à 277 832 unités[110]. Le même phénomène s'observait en Belgique et aux Pays-Bas où l'occupant allemand encouragea la pratique du football, suivant l'adage du gouverneur nazi Arthur Seyss-Inquart : « Celui qui fait du sport ne commet aucun péché[111]. » Ce « libéralisme » n'alla pas jusqu'à l'organisation d'un match Hollande-Allemagne qui aurait risqué de susciter des démonstrations antigermaniques. En France, Jean Borotra, le commissaire général aux Sports du régime de Vichy, résolut rapidement le problème d'éventuels matchs franco-allemands en interdisant toute rencontre sportive avec l'occupant en août 1941. Pour les mêmes raisons qu'aux Pays-Bas, ce dernier ne demandait rien, ce qui ne l'empêcha pas d'organiser au Parc des Princes des rencontres opposant équipes militaires italiennes et allemandes pour distraire ses soldats.

Quoi qu'il en fût, l'essor de la pratique sportive pouvait revêtir différentes significations. Comme dans tous les régimes politiques limitant les libertés individuelles, le stade restait un lieu de liberté relative où filles et garçons pouvaient se rencontrer, avantage évident quand un gouvernement comme celui de l'État français interdisait les bals publics. Bien qu'encadré à la fois par l'occupant et par les gouvernements collaborateurs qui, comme celui de Vichy, voulaient en finir avec le professionnalisme, la pratique du football pouvait manifester la vitalité d'un peuple opprimé, indice parallèle au relèvement de la natalité observé à partir de 1942.

Néanmoins, la pratique du football n'était pas ouverte à tous. Aux Pays-Bas, les juifs furent chassés des associations sportives en septembre 1941, sans que la majorité des clubs réagisse d'une manière ou d'une autre – à une exception près. Les publications de l'Ajax d'Amsterdam pendant la guerre mentionnèrent implicitement le sort réservé à ses membres juifs qui, pour certains, comme le futur président Jaap Van Praag, furent cachés par des camarades de club. « Il semble que l'Ajax – non comme un club, mais comme un réseau informel – sauva des gens, et les juifs n'en furent pas les seuls bénéficiaires[112]. »

Pour autant, si l'habitus sportif pouvait prédestiner à l'action, le monde du football fut – sous bénéfice d'inventaire – plus attentiste que résistant. Les joueurs professionnels cherchèrent avant tout à préserver l'avenir, notamment en France, hormis un petit groupe de sept footballeurs « résistants ». Ces derniers eurent une conduite plus honorable qu'Alexandre Villaplane, capitaine de l'équipe de France lors de la première Coupe du monde en Uruguay, fusillé à la Libération pour avoir participé aux exactions et aux crimes de la Gestapo française[113]. On relèvera cependant le nom d'Étienne Mattler, le rugueux défenseur du FC Sochaux et de l'équipe de France, qui figure parmi les *Héros du sport, héros de France* célébrés par un ouvrage du journaliste Bernard Busson paru en 1947. « Étienne Mattler – écrivait Busson avec l'emphase de la célébration résistancialiste – connaissait trop bien les Allemands pour les aimer. Aussi dès le début de l'occupation entreprit-il de leur faire des misères ; comme il avait la plaisanterie aussi rude que la poigne, on apprit bien vite à le redouter. La Gestapo s'évertua à le mettre hors d'état de nuire[114]. » Pris, condamné à mort, Mattler aurait réussi à s'évader et, « enfoui dans une charretée d'herbe », à passer la frontière suisse si proche de Montbéliard.

En Italie, un constat identique s'impose. Si l'ancien joueur du Torino Bruno Neri trouva la mort en juillet 1944 dans sa province natale de Faenza dans un engagement opposant partisans et troupes allemandes[115], rares furent, semble-t-il, les joueurs des championnats de série A et B à s'aventurer dans la périlleuse aventure de la Résistance. Déjà, au début du conflit, les conditions matérielles dans lesquelles ils vivaient, leur patriotisme et leur esprit de sacrifice furent questionnés par *Il Popolo d'Italia*. Le 4 avril 1943, le journal fondé par Mussolini contesta directement l'engagement des professionnels du football dans un article intitulé « Où sont les sportifs ? ». Il s'interrogeait sur l'éventuelle dérobade des footballeurs à leurs devoirs militaires, alors que des sportifs comme le jeune champion cycliste Fausto Coppi avaient été envoyé sur le front africain. Cependant, dans le même temps, le football participait implicitement d'une politique « extérieure » sportive visant à étendre l'influence italienne dans l'ordre nouveau que dessinaient les Allemands. Ainsi, en 1941, plusieurs pôles sportifs de l'Italie du Nord furent visités par une délégation sportive croate et, de décembre 1940 à avril 1942, la *squadra azzurra* rencontra les équipes de Hongrie, de Croatie et d'Espagne, autant de pays liés, à différents titres, à l'Axe. De même, l'équipe nationale allemande disputa entre septembre 1939 et novembre 1942 plus de 35 matchs officiels, principalement contre des équipes de pays satellites (Slovaquie, Croatie) et neutres (Suisse, Suède).

Jusque-là, la délimitation entre ceux que l'on pouvait rencontrer sur un terrain de football et ceux qu'il fallait éviter était nette. Elle le fut parfois beaucoup moins dans le cas des matchs disputés entre gardiens et détenus dans les camps de concentration, voire dans des matchs joués même à Auschwitz avec la peur d'être exécutés en cas de résultats défavorables pour les « maîtres ». Il s'agissait, à l'instar des orchestres de déportés, de donner avec perversité le change sur le traitement « humain » des prisonniers. À Dachau, en 1943, des compétitions regroupant des équipes « nationales » furent même organisées. Elles étaient disputées par des « politiques », alors que « les Juifs en étaient exclus depuis le début[116] ».

Le sport et le football servirent toutefois l'entreprise d'avilissement et d'anéantissement de la Shoah. Les SS firent disputer un match de football par les déportés dans la cour du camp de Theresienstadt en Tchécoslovaquie, lors de la visite des délégués du Comité international de la Croix Rouge le 23 juin 1944. Un film fut même tourné par le réalisateur juif Karl Gerron afin de diffuser une image « idyllique » de la vie dans le camp et de ses « loisirs ». Cela n'empêcha pas les footballeurs de Theresienstadt de connaître le même sort que le grand entraîneur hongrois Arpad Weisz. Celui qui avait « découvert » Giuseppe Meazza à l'Inter, remporté le premier championnat de série A avec l'Ambrosiana-Inter en 1930 et rajouté deux nouveaux *scudetti* sur le maillot *rossoblù* de Bologne en 1936 et 1937, avait été chassé d'Italie par l'instauration des lois antisémites promulguées par le régime fasciste en 1938. Passé en France en 1939, il finit par s'établir aux Pays-Bas où il entraîna le club de Dordrecht jusqu'à l'invasion allemande. En août 1942, il fut arrêté et déporté avec sa famille. Alors que sa femme et ses deux enfants étaient immédiatement gazés à Auschwitz, sa forte constitution le sauva dans un premier temps. Il fut d'abord dirigé à Cosel, un camp de travail de Haute-Silésie. Il mourut finalement lui aussi à Auschwitz, de faim et de froid, le 31 janvier 1944[117].

Des rencontres de football opposant représentants des troupes allemandes et joueurs des pays envahis par la Wehrmacht se déroulèrent également dans les zones de l'URSS où l'occupation allemande fut le plus impitoyable. En Ukraine, les autorités d'occupation laissèrent repartir, en juin 1942, un championnat de football auquel participèrent des formations représentant les forces d'occupation roumaines, hongroises et allemandes ainsi que deux équipes locales. L'une, intitulée Rukh, émanait des nationalistes ukrainiens, l'autre, le FC Start, réunissait des joueurs de l'ex-Dynamo de Kiev, l'équipe du NKVD. C'est cette équipe qui domina la compétition disputée à l'été 1942, battant notamment à deux reprises l'équipe germanique du « Falkelf ». Le 9 août 1942, après avoir refusé d'exécuter le salut nazi au coup d'envoi, elle défit pour la deuxième fois, sur le score de 5 buts à 3 et devant une foule ukrainienne enthousiaste, cette formation composée – son nom le suggérait – d'aviateurs de la Luftwaffe et de membres des unités allemandes de DCA. Ce fut son avant-dernier match. À la fin du mois d'août, les joueurs furent arrêtés par la Gestapo. L'un d'entre eux, membre du NKVD avant l'invasion allemande, fut presque immédiatement éliminé, les autres envoyés dans le camp de concentration de Siretz, dans la banlieue de Kiev, où trois d'entre eux furent exécutés. Malgré ce funeste destin, la geste des joueurs du FC Start connut une postérité inégale. Passant d'abord pour des collaborateurs qu'il fallait oublier, les joueurs suscitèrent ensuite un récit mythifié, selon lequel ils auraient été menés à l'issue du match au ravin de Babi Yar, où 33 000 juifs ukrainiens avaient été massacrés. Là, ils auraient été exécutés en tenue de footballeur. Naquit ainsi la légende du « match de la mort » que les joueurs ukrainiens ne pouvaient gagner sous peine d'y laisser leur vie. Sous Khrouchtchev puis Brejnev, une version des faits plus conforme à la réalité fut établie : les survivants n'avaient plus intérêt à taire leur existence et une statue du souvenir vint orner le stade du Dynamo de Kiev en 1971. Toutefois, la mémoire des footballeurs ukrainiens reste sujette à controverse : jouer au football contre l'ennemi n'est pas anodin, et les autorités allemandes cherchaient, par ce type d'opérations, à montrer l'« humanité », voire le bien-fondé de leur occupation[118].

Le même cas de figure se présenta dans le val de Suse, près de Turin, où, au printemps 1945, onze partisans et onze soldats allemands se seraient défiés dans une « partie improvisée ». Alors que de nombreux *partigiani* avaient été fauchés par les ratissages menés par l'armée allemande à l'automne 1944, une telle initiative apparut déplacée aux yeux d'une partie de la résistance locale. Elle fut toutefois justifiée par Aldo Laghi, commandant de la IVe division alpine Giustizia e Libertà, qui considérait qu'on ne pouvait attendre de jeunes de 20 ans une discipline égale à celle des vieux carabiniers. « Ce sont les mêmes – plaidait-il – qui se font pincer en buvant un demi-litre de vin dans une *osteria*. Mais ce sont aussi les mêmes qui ne fuient pas face au danger et sortent à la place d'un ballon une grenade et la jettent sur les Allemands. » S'agissant d'un « exemple de fraternisation, mais aussi [de] l'irruption d'un étourdissant parfum de paix », l'événement exprimait surtout la complexité et la discontinuité de la guerre partisane[119]. Autrement dit, il paraît difficile de comprendre l'attitude de ces footballeurs de tous niveaux sans se replacer dans le quotidien contradictoire et ambivalent de la guerre.

Un long après-guerre sportif

Dès les débuts de la guerre, la propagande nazie avait utilisé le football comme moyen d'information, en propageant via le *Deutsche Nachrichtenbüro*, le bureau allemand d'information et la radio, la (fausse) information selon laquelle il avait « été décidé définitivement de charger l'Allemagne de l'organisation de la Coupe du monde 1942[120] ». Peco Bauwens, le membre allemand du Comité allemand utilisa aussi l'organe officiel de la FIFA pour diffuser des idées lénifiantes sur les vertus d'un sport implicitement à forte coloration nationale-socialiste : « Le sport – écrivait-il en février 1940 – représente pour toutes les nations une expression de la fraîcheur de la jeunesse et sa culture constitue à juste titre un droit inaliénable du peuple que l'État doit prendre sous sa protection puisqu'il est l'instrument de qualités revêtant une grande importance : santé corporelle, courage et volonté, présence d'esprit et sentiment national solidement ancré. Ainsi s'unifient dans le sport des valeurs nationales et purement humaines et ces valeurs que l'on s'efforce partout de capter et de canaliser contribuent également à établir un lien par-dessus les nations[121]. »

Le « nouvel ordre européen » imposé par le feu et le sang eut bien sûr son volet sportif. Tschammer und Osten lança ainsi, en août 1942, l'idée d'une *Europäischer Sportverband*, une Fédération européenne du sport[122]. Évoquée lors d'une conférence réunie à Munich le mois suivant, elle aurait été bien évidemment dominée par les sportifs nationaux-socialistes, comme l'avait été la Fédération internationale de rugby amateur créée en 1933 à Turin par les représentants des fédérations allemande, française et italienne et qui eut... l'allemand pour première langue officielle[123]. Surtout, la FIFA semble avoir fait l'objet d'une tentative de prise de contrôle par Bauwens, qui, en octobre 1940, écrivait à Georg Xandry, secrétaire général du *Fachamt Fussball* : « Si nous agissons habilement, nous pourrons placer l'actuelle FIFA totalement sous l'influence de l'Axe et isoler encore plus l'Angleterre[124]. » Pendant la drôle de guerre, un Comité d'urgence restreint composé du Français Jules Rimet, du Belge Rodolphe Seeldrayers et de l'Italien Giovanni Mauro avait été réuni, avant que l'Allemand Bauwens ne parvienne à l'intégrer. Le Comité continua à gérer les affaires courantes tout en entérinant l'affiliation des fédérations nouvelles représentant des États satellites créés de fraîche date comme « l'Association croate de football[125] » en juillet 1941 ou idéologiquement épurées, comme la nouvelle association norvégienne la « Norges Idrettsforbund Fotballavdelingen[126] ». L'essentiel des questions traitées pendant la guerre tenait dans les problèmes financiers provoqués par le contrôle des changes qui empêchait les transferts des sommes dues au titre des adhésions et des pourcentages sur les recettes des matchs internationaux. Alors qu'un Jules Rimet s'était montré fort prudent, abandonnant même de 1942 à 1945 la présidence de la Fédération française de football association, et que l'évolution du conflit rendait de moins en moins crédibles les projets d'hégémonie allemande, « Bauwens dut modérer ses ambitions[127] ».

Dès les derniers mois de la guerre, certaines voix – restées éloignées de la FIFA en raison de la tournure prise par le conflit – posèrent la question de son épuration. « Vous devez vous rendre compte – écrivait ainsi Randolph Manning, le président de la fédération américaine, l'USFA – que ce pays fera tout pour que les nations ennemies – et leurs marionnettes et bouffons – ne soient pas représentés[128]. » De fait, le congrès de la FIFA de Luxembourg interdit en juillet 1946 les relations sportives avec l'Allemagne et le Japon, prétextant qu'il n'existait plus de fédération nationale capable de représenter ces deux pays[129]. De même, Manning avait suggéré que la FIFA inclue désormais « les îles Britanniques et la Russie afin [que celles-ci soient] pleinement représentés dans le monde du football[130] ». C'était exaucer les vœux les plus chers des dirigeants de la FIFA.

Dès la fin 1946, les fédérations britanniques, conscientes des évolutions mondiales, décidèrent de sortir de leur splendide isolement et de revenir définitivement dans le giron de l'organisation tout en bénéficiant de l'insigne privilège accordé aux inventeurs du jeu : le royaume serait représenté par quatre associations. Quant aux dirigeants de l'URSS, ils confirmèrent l'évolution intervenue depuis 1934-1936 et décidèrent de rejoindre les organisations du sport bourgeois. Dès novembre 1946, la fédération soviétique déposait sa demande et l'URSS intégrait la FIFA en 1947, quatre ans avant de faire son entrée dans le CIO. Tout semblait ainsi aller pour le mieux dans le meilleur des mondes du ballon rond. Pourtant, le football n'allait pas tarder à redevenir la vitrine des dictatures.

Certes, le football symbolisa d'abord le retour à la paix, même s'il avait persisté aux heures les plus dures de la guerre. Ainsi le 2 mai 1943, à Stalingrad, « au lendemain de la sanglante mais décisive bataille », « une équipe du Spartak hâtivement composée avait été invitée à jouer un match contre une sélection locale devant 10 000 personnes dans un stade non moins hâtivement reconstruit[131] ». De même, dans l'Italie où les stades avaient été fortement endommagés par les bombardements alliés, le match symbolisa, comme le bal populaire ou les films américains, le retour à la liberté et à une vie quotidienne plus heureuse. C'est ce qu'affirmait par exemple, en septembre 1945, Vittorio Pozzo, auteur, comme d'autres acteurs et chantres du sport fasciste, d'un beau rétablissement politique et idéologique : « Le championnat commence, écrivait-il en septembre 1945. La chose la plus désirée des sportifs. On en parlait, comme d'un rêve, du temps de l'occupation allemande. Pouvoir encore assister à un vrai championnat italien[132]. » Le match de football avait même pu, dans les jours suivant la libération de l'Italie, incarner les valeurs de la démocratie ainsi que l'affirmait l'un des organes de la résistance non communiste à propos d'une rencontre que les joueurs du Torino disputèrent à l'Arena de Milan, dans la « capitale de la résistance italienne », en mai 1945 : « Et la foule – lisait-on dans *Gioventù d'Azione* – qui, en remplissant les vastes gradins était encore confiante et sereine a senti vibrer dans son cœur généreux un frémissement de liberté, le désir impérieux que le sport reprenne au plus vite pour effacer un triste souvenir d'oppression[133]. » Pour l'Italie post-fasciste, une rencontre de football jouée contre la Suisse le 11 novembre 1945 permit aussi de rompre symboliquement l'isolement diplomatique et sportif transalpin[134], avant qu'un match de prestige disputé contre l'Angleterre en 1948 à Turin, pour fêter le cinquantenaire de la FIGC, ne vînt, malgré une sévère défaite (4-0), solder les comptes de la guerre[135].

« En réalité à partir de ces années [d'après-guerre], le seul terrain sur lequel l'orgueil national pouvait s'exprimer sans réserve devint celui du sport. Il sembla qu'à travers lui les frustrations nées de la défaite purent trouver une compensation et naquirent ainsi les légendes de Coppi, de Bartali, et de l'équipe de football du Torino[136]. » Le « grand Torino » avait été en fait construit pendant les années de guerre à coups de millions de lires autour de sa grande vedette, l'inter Valentino Mazzola. Témoin de la modernisation accomplie aussi pendant les années de guerre lorsque les premières formules d'abonnement furent par exemple proposées aux *tifosi*, elle fut, après le Liguria de Gênes, la première équipe à adopter et à savoir utiliser la technique du WM. Après un premier *scudetto* remporté en 1943, l'équipe *granata* rafla tous les titres jusqu'au 4 mai 1949, quand l'avion qui ramenait joueurs et dirigeants de Lisbonne s'écrasa sur les flancs de la colline de Superga, à quelques kilomètres de Turin. Cette fin tragique, alors que l'équipe infligeait des défaites cinglantes à ses adversaires, forgea la légende urbaine d'un club qui était alors un « colosse aux pieds d'argile » en raison de la fragilité de son assise financière. « Qu'il suffise de rappeler, à titre d'exemple, que parmi les nombreuses victoires remportées [pendant la saison 1947-1948], les annales retiennent : Roma-Torino 1-7, Torino Salernitana / Torino-Inter 5-0, Torino-Triestina 6-0, Torino-Fiorentina 6-0 et même, Torino-Alessandria 10-0[137] ! » Il incarnait ainsi les espoirs et les désillusions des années de la reconstruction[138].

L'équipe de France arracha son premier match nul (2-2) en terre anglaise dans le stade de Wembley le 26 mai

1945, grâce à un but marqué à la dernière minute par Oscar Heisserer, le milieu de terrain du Racing Club de Strasbourg et du Racing Club de Paris qui avait refusé de compter parmi les « malgré nous » en s'enfuyant en Suisse avant de participer à la libération de l'Alsace pendant l'hiver 1944-1945. Cette équipe put ainsi représenter, avant les titres de Marcel Cerdan en boxe, l'image et l'imaginaire d'une France combattante. Mais le football permit aussi d'enfoncer un coin, certes encore très symbolique, dans le nouvel ordre international dominé par les deux superpuissances. À l'instigation d'Henri Delaunay, et sous les yeux de Jules Rimet, l'équipe de France subit le 6 décembre 1945 une leçon de football, infligée à Vienne devant 55 000 spectateurs. C'était vouloir effacer rapidement le passé allemand de l'ancien *Wunderteam*, tout en célébrant les liens étroits associant le football français et les clubs viennois qui avaient fourni plus de 62 joueurs aux équipes hexagonales dans l'entre-deux-guerres, dont Gusti Jordan qui portait encore le maillot bleu ce jour-là[139].

La fermeture du rideau de fer relança cependant la politisation du football. En URSS, « le 13 mai 1945, quatre jours après la proclamation de la victoire sur l'Allemagne, le championnat national de football entamait sa septième saison[140] », alors que l'équipe du Spartak avait été décapitée par l'arrestation des frères Starostin. Le Dynamo Moscou fut invité à l'été 1945 par la Football Association à disputer des matchs entre frères d'armes. Pour le football soviétique, il s'agissait seulement de la troisième confrontation avec des équipes « bourgeoises » après les matchs disputés contre le Racing Club de Paris (1936) et la sélection d'Euzkadi (1937). De surcroît, ces rencontres l'opposaient aux maîtres anglais. Pour cette raison, l'équipe du Dynamo fut renforcée par Vsevolod Bobrov, l'avant-centre du CSKA Moscou, qui fut aussi l'un des premières stars du hockey soviétique, et par deux autres éléments prélevés dans le Dynamo Leningrad. Les résultats de la tournée dépassèrent toutes les espérances. Non seulement les joueurs du Dynamo, chaleureusement accueillis par les foules ouvrières britanniques, reçurent les louanges du *Manchester Guardian* comme du *Times*, mais ils obtinrent tout d'abord un nul 3-3 contre Chelsea sur le terrain de Stamford Bridge le 13 novembre 1945, puis une victoire le 21 novembre 4-3 sur Arsenal à Highbury. Le manager des *Gunners*, George Allison, avait pourtant renforcé sa formation avec des éléments extérieurs, prétextant que les années de guerre avaient diminué la compétitivité de son équipe. Surtout, à chaque fois, l'équipe du Dynamo avait remonté le score, notamment grâce à des buts de Bobrov. La tournée s'acheva sur un match nul obtenu à Ibrox Park devant 90 000 Écossais. Ainsi, les joueurs soviétiques avaient non seulement tenu la dragée haute aux joueurs des équipes capitalistes, mais ils s'étaient aussi montrés supérieurs sur le plan tactique en pratiquant un WM dans lequel les intérieurs et les attaquants n'avaient cessé d'intervertir leurs positions[141]. Ils avaient enfin placé la Russie au sommet du football tout en affirmant ses valeurs.

Lorsque par la « tactique du salami » et le point final du coup de Prague en février 1948, les pays de l'Europe centrale et orientale tombèrent sous la domination de Staline, ils durent adopter l'organisation sportive soviétique. Les Dynamo fleurirent à partir du début des années 1950 à Bucarest et Dresde comme à Prague, où le Slavia reçut cette nouvelle dénomination. De même, l'armée créa également ses clubs comme le CSKA Sofia, ou le Honved, littéralement « défenseur de la patrie », à Budapest. L'armée tchécoslovaque créa quant à elle l'ATK Prague en 1948 qui fut rebaptisé Dukla Prague huit ans plus tard pour célébrer un village slovaque qui avait résisté aux attaques allemandes pendant la

Seconde Guerre mondiale. Enfin, d'autres clubs s'adossèrent à des entreprises publiques comme le Petrolul Ploiesti, champion de Roumanie en 1958.

Toutefois, la socialisation des clubs ne s'effectuait pas *ex nihilo* ; des pays comme la Tchécoslovaquie ou la Hongrie comptaient déjà parmi les grands du football danubien dans l'entre-deux-guerres et leurs équipes nationales avaient atteint la finale de la Coupe du monde respectivement en 1934 et 1938. Le football permettait de canaliser, tout en le laissant partiellement s'exprimer, le nationalisme blessé des populations des pays frères. Il offrait également une extraordinaire vitrine au pays du « socialisme réel » et la Hongrie allait en fournir la plus belle illustration.

Avec la guerre froide, le régime dirigé par Mátyás Rákosi, l'homme fort du Parti communiste hongrois, devint l'un des plus répressifs du bloc de l'Est. Alors que les terres étaient collectivisées et les industries nationalisées, le pouvoir organisa le culte de la personnalité de Rákosi, des purges éliminant les membres du parti suspectés de « titisme ». La curée fut lancée par le procès de László Rajk, ancien membre des Brigades internationales, résistant à l'occupant allemand puis ministre de l'Intérieur et des Affaires étrangères après la guerre. Condamné à mort, il fut pendu avec deux autres prétendus « pro-occidentaux » en octobre 1949[142]. Néanmoins, les sorties internationales de l'équipe de Hongrie permettaient de proposer une image plus riante du régime, au moment où la première participation de l'URSS aux Jeux olympiques à Helsinki en 1952 renforçait l'enjeu politique du sport international. Le tournoi de football des Jeux d'Helsinki fut éclipsé par les performances de l'athlète tchèque Emil Zátopek, triple champion olympique, en raison du « caractère hybride » de la compétition opposant de véritables équipes A (Hongrie, Yougoslavie, Suède...) à des sélections de second plan, parce que respectant l'amateurisme (Allemagne, Autriche), voire à des « concurrents n'ayant rien à faire dans une épreuve prétendument "mondiale"[143] », comme les États-Unis ou l'Inde. L'équipe de Hongrie l'emporta aisément en battant en finale la sélection de la Yougoslavie titiste par 2 buts à 0. La presse bourgeoise, *France Football* en tête, n'en encensait pas moins la vedette de l'équipe, l'inter-gauche Ferenc Puskas, « l'un des meilleurs footballeurs du monde[144] ». Présenté comme un « très bon dribbleur, sachant s'infiltrer habilement dans une défense », il possédait « un shoot très puissant » et était le capitaine de son équipe malgré son jeune âge (26 ans)[145].

La renommée et la popularité de Puskas et de ses partenaires atteignirent leur apogée quand la formation magyare écrasa à deux reprises l'équipe d'Angleterre en 1953 et 1954. La première rencontre, disputée à Wembley le 25 novembre 1953, fut remportée par les Hongrois par 6 buts à 3. Au-delà du score, les « maîtres » anglais s'étaient montrés totalement dépassés face aux innovations tactiques concoctées par le sélectionneur hongrois Gusztáv Sebes, comme la position en retrait de l'avant-centre Nandor Hidegkuti, la participation au jeu du gardien Gyula Grosics ou encore le système tactique en 4-2-4 qui faisait la part belle à l'offensive. Après avoir concédé leur première défaite de l'Histoire sur leur sol, les Britanniques furent à nouveau humiliés, le 23 mai 1954, en perdant 7 buts à 1 devant les 70 000 personnes accourues au *Népstadion* de Budapest.

Surclassant les meilleures formations du continent pendant plus de deux ans, l'équipe hongroise enthousiasma par son football intelligent et virtuose[146]. Malgré la présence d'une demi-douzaine de joueurs de classe mondiale, Puskas, le capitaine, fut une vedette pour toute l'Europe du football des deux côtés du rideau de fer. Aussi le charisme de celui que l'on appelait le

« major galopant » fut-il placé au service de la propagande du régime. Dans la série d'articles autobiographiques publiée par l'hebdomadaire français *But Club/Le Miroir des sports*, Puskas expliquait l'excellence hongroise par la réforme qu'avait connue le football magyar en 1949 quand, comme l'économie, les sociétés sportives avaient été étatisées. Le club formateur de Puska, Kispest, avait pris le nom de Honved pour devenir l'équipe de l'armée. Désormais, l'intérêt des clubs se soumettait à l'intérêt plus général de l'équipe nationale, les transferts de joueurs n'étant autorisés que s'ils étaient utiles à cette dernière. Quant à la saison sportive, elle était organisée pour offrir les meilleures conditions aux internationaux. La Coupe de Hongrie fut supprimée pour ne pas multiplier les rencontres inutiles alors que les meilleurs footballeurs se voyaient offrir des séjours au bord du lac Balaton pendant la trêve hivernale[147]. L'évocation par Puskas de sa vie personnelle érigeait l'existence du footballeur hongrois en modèle, puisqu'il affectait d'aimer la musique classique, « la lecture et le théâtre, de préférence au cinéma ». Ainsi, dépassant les plaisirs vulgaires des films américains et les ambitions petites bourgeoises des footballeurs français – posséder à la fin de leur carrière un bar-tabac ou un magasin d'articles sportifs[148] –, Puskas incarnait à la fois l'athlète patriote, le footballeur aux pieds d'or et les aspirations les plus élevées de la culture ! En même temps, le régime en faisait un privilégié dans un système social de pénurie et d'oppression, « paradant en uniforme d'officier lors des congrès du parti communiste[149] ».

La presse communiste occidentale n'oublia pas d'exploiter la nouvelle caisse de résonance du football hongrois. Déjà, Maurice Vidal, directeur de l'hebdomadaire sportif d'obédience communiste *Miroir-Sprint*, rappelait à la fin de l'année 1953 dans la revue illustrée du PCF, *Regards*, le dépassement qu'avait constitué la victoire de Wembley. Il insistait sur l'opposition entre deux styles, l'un conservateur et l'autre moderne, comme on pouvait opposer les vertus des démocraties « réelles » de l'Est aux vices des démocraties « formelles » de l'ouest de l'Europe. « Les Anglais – écrivait-il –, bons exécutants, répétant ce jour-là des combinaisons longuement apprises, semblaient des écoliers peu doués devant ces joueurs dont la principale caractéristique semblait une personnalité pleinement épanouie. Les Hongrois concrétisaient devant une foule consternée la supériorité du football brillant, offensif, pétillant d'improvisation, mais servi par une technique parfaite, une extraordinaire puissance de tir, une précision magistrale[150]. »

En Italie, lorsque l'équipe de Puskas vint à Rome battre la *squadra azzurra* par 3 buts à 0 en mai 1953 pour l'inauguration d'un nouveau stade de 111 000 places, le Parti communiste italien mobilisa ses troupes pour venir fêter et encourager les représentants du bloc de l'Est, au grand scandale des démocrates-chrétiens[151]. Il est vrai que les tribunes des stades de football, petits et grands, étaient devenues en Italie des espaces de conflit idéologique. De fait, alors que la FIGC était surtout tournée vers le sport de haut niveau, le *Centro sportivo italiano* (CSI), organe sportif de l'Action catholique, et l'*Unione italiana sport popolare* (UISP), son pendant communiste, se disputaient les footballeurs du dimanche. Et si dans la fiction ironique de Giovanni Guareschi les ouailles de don Camillo perdaient le match de football contre les camarades de Peppone lors de l'inauguration du « Centre récréatif populaire[152] », dans la réalité, l'hégémonie culturelle et politique fut remportée par les catholiques, comme l'illustre la diffusion de l'expression *calcio d'oratorio* pour désigner le football amateur[153].

Pour les amateurs de football, l'équipe de Hongrie fut davantage associée à une aura romantique qu'à l'impitoyable dictature de Rákosi. Ultra-favori de la Coupe du monde 1954, les coéquipiers de Puskas perdirent pourtant la finale 2-3 face à l'équipe de la République fédérale d'Allemagne, après avoir encore réalisé un véritable récital. L'équipe surclassa tout d'abord ses adversaires du groupe 2, en écrasant la Corée du Sud par 9 buts à 0 puis l'Allemagne de l'Ouest par 8 réalisations à 3. Toutefois, le sélectionneur allemand, Sepp Herberger, avait, en laissant au repos cinq titulaires, choisi selon Henri Delaunay « de ne pas livrer combat à la Hongrie[154] ». Cette tactique s'avéra payante, d'autant que le demi allemand Liebrich tacla brutalement Puskas pendant la rencontre. Le capitaine hongrois, victime d'une entorse à la cheville, fut indisponible pour les matchs suivants. Du coup, les rencontres de quart et de demi-finale s'avérèrent beaucoup plus difficiles pour la formation hongroise. Le premier match remporté finalement sur le score de 4 buts à 2 contre le Brésil s'acheva en pugilat généralisé sur la pelouse et dans les vestiaires. Même si Puskas, alors spectateur, et *L'Humanité* attribuaient l'entière responsabilité au dépit des joueurs sud-américains, « mauvais perdants[155] », ces « incidents scandaleux – rapportait Jacques Ferran – furent suivis dès le lendemain d'un blâme adressé par la FIFA aux deux Fédérations brésilienne et hongroise[156] ». La Hongrie domina ensuite l'équipe d'Uruguay sur le même score, mais après prolongations et dans un esprit exemplaire, pour se qualifier pour la finale. Trois jours avant la rencontre suprême, *L'Humanité* pouvait donc célébrer la supériorité du système de jeu hongrois et la passation de pouvoir entre l'Europe et l'Amérique du Sud[157]. Dans le même temps, l'équipe de RFA imposait un cinglant 6 buts à 1 au football autrichien qui avait longtemps toisé son cousin germanique.

L'équipe hongroise aborda la finale dans un état de fatigue physique et nerveuse. Grâce à l'électrothérapie, à des bains, à des massages, son capitaine semblait être remis sur pied pour le grand match du dimanche 4 juillet. Alors qu'une pluie continue arrosait la pelouse du Wankdorf, les Hongrois semblèrent au tout début du match pouvoir l'emporter aisément. Puskas à la 6e, puis Czibor à la 8e minute donnèrent un avantage de 2 buts à 0, vite comblé par une réalisation de l'Allemand Morlock et une autre de son coéquipier Rahn (10e et 18e minute). Jusqu'aux dix dernières minutes du match, le score resta inchangé, les Hongrois, fatigués, ratant de nombreuses occasions alors que le gardien de but allemand Turek multipliait les arrêts de classe. Finalement, à la 84e minute, sur l'une des rares attaques allemandes, la défense hongroise renvoyait mal le ballon et Rahn, d'un tir à ras de terre, logeait la balle entre Grosics et le poteau droit du but hongrois. Repartant à l'attaque, les Hongrois parvinrent à égaliser par Puskas mais, comme le raconta ce dernier : « Je vis arriver l'arbitre à toute vitesse, sifflant et désignant du doigt un point près de la cage allemande. Il me cria : "off side". J'étais fou de colère et de déception, car ce n'était pas vrai. Mais sportivement, je m'inclinai. Notre dernière occasion était passée[158]. » Une vingtaine de minutes après ce but refusé, le capitaine allemand Fritz Walter reçut la coupe Jules-Rimet des mains du vieux président de la FIFA.

Si la mémoire de l'événement a aujourd'hui changé puisque l'on évoque davantage le « miracle de Berne », c'est-à-dire le succès inespéré de l'Allemagne fédérale qui suscita la première manifestation de joie nationale en Allemagne après la Seconde Guerre mondiale, la presse occidentale titra davantage sur l'échec magyar que sur le succès allemand. Pourtant, ce succès pouvait passer pour un autre signe de la réhabilitation du pays, moins de dix ans après la chute de Hitler. De fait, les coéquipiers de Fritz Walter furent accueillis en héros. L'autorail pavoisé qui les ramenait de Suisse dut s'arrêter dans toutes les petites gares avant d'arriver à Munich où plus de 300 000 Bavarois enthousiastes les attendaient. Quelques jours plus tard, 80 000 Berlinois réunis dans le stade olympique, symbole s'il en est du sport hitlérien, les accueillirent et le président de la République leur remit la *Silberne Lorbeerblatt*, la plus haute distinction sportive inventée en 1950. De même, la presse s'enthousiasma tout en précisant qu'il ne fallait pas confondre victoire sportive et événement international. Ce distinguo subtil ne s'imposait pas toujours à la lecture des titres, qui, à l'instar de la une de *Die Welt*, proclamaient : « Un triomphe sans précédent – Devant cette force, la Hongrie capitule[159]. »

De fait, « beaucoup de gens qui ne s'étaient jamais vraiment intéressés au football suivaient avec fascination la rencontre à la radio » et partagèrent l'exclamation du reporter Herbert Zimmermann à l'adresse du gardien de but Toni Turek : « Toni, Toni, tu es un dieu du football[160]. » Ainsi, « *Das Wunder von Bern* », le miracle de Berne, devint progressivement une sorte de lieu de mémoire de la nation ouest-allemande, qui a peut-être conduit à exagérer la portée immédiate de l'événement. Signe révélateur cependant, le commentaire presque hystérique de Zimmermann ponctue la fin du film *Le mariage de Maria Braun* de Rainer Fassbinder (1980), avant l'explosion finale qui tue l'héroïne et son mari enfin retrouvé. Un autre film de fiction, *Das Wunder von Bern* (Le miracle de Berne), décrivant les difficultés de la RFA du début des années 1950, a été réalisé en 2004 par le cinéaste allemand Sönke Wortmann et a rencontré un grand succès outre-Rhin.

La victoire de 1954 permit-elle pour autant de solder les comptes du nazisme ? Sans doute pas. Certes, elle était l'œuvre de la « génération superflue » née dans les années 1920. Une génération qui avait subi les privations de la crise, avant d'être enrôlée dans les Jeunesses hitlériennes et de voir la guerre et le football de l'Allemagne « année zéro » ralentir sa carrière[161]. Mais elle portait aussi la marque de Sepp Herberger, qui, après un court processus de dénazification, était revenu dans le football. Profitant du retour de Bauwens à la tête du DFB, il avait pu reprendre les rênes de la *Mannschaft*. S'il justifia son adhésion au parti nazi dès le 1er mars 1933 par le fait que son « entourage [était] venu le convaincre de ne pas rester à l'écart, en [lui] faisant croire qu'il s'agissait d'une bonne cause, conduite par des hommes honnêtes » et qu'il était « devenu membre du parti comme on devient membre d'une association[162] », sa démarche fut avant tout celle d'un opportuniste qui se montra toujours un loyal serviteur du sport national-socialiste. Surtout, alors que jusqu'à l'arrivée du nazisme le style des footballeurs allemands pouvait être apparenté à celui des joueurs danubiens, il avait imprimé depuis 1938 un caractère physique, voire violent, au jeu allemand, à en juger par les mots qu'il servait à ses joueurs, comme « volonté d'engagement, subordination, camaraderie, sacrifice[163] ». L'Allemagne n'était pas une exception. Ainsi Vittorio Pozzo demeura à la tête de la *squadra azzurra* jusqu'à l'été 1948 et ne quitta son poste qu'à la suite des mauvais résultats de l'équipe d'Italie. Quant à la fédération transalpine, elle fut dirigée après la Seconde Guerre mondiale par l'ingénieur Barassi, qui en avait été la cheville ouvrière en tant que secrétaire général dans les années 1930 sous la direction du consul de la milice Giorgio Vaccaro. Quoi qu'il en soit – et la suite le prouverait –, la fédération allemande avait trouvé sa formule et des « générations de footballeurs allemands furent formés dans un style de jeu installé sous Hitler[164] ».

6

Les révolutions sud-américaines

Depuis la création de la FIFA en 1904, le football mondial avait été dirigé par des Européens aux références sportives britanniques ou danubiennes. Vus du Vieux Continent, les succès uruguayens avaient démontré la valeur du football sud-américain tout en restant marqués au sceau de l'exotisme. De même, le ballon rond demeurait un sport pratiqué au plus haut niveau par des hommes blancs et un spectacle qui passionnait les foules masculines – et blanches – accourant dans les stades d'Europe et d'Amérique.

En quelques décennies, ces repères furent bouleversés. Le Brésil devint la terre promise du football et ses footballeurs les dieux d'un Olympe sur lequel régnait « o rei » Pelé. En marche, la « révolution noire[1] » du football initiait une véritable mutation anthropologique du jeu. En alliant imagination technique, exploit athlétique et efficacité, Pelé et ses frères de couleur imposèrent une image triomphante et rayonnante du Noir, moins agressive que celle des Black Panthers mais rompant avec le regard condescendant du « y'a bon Banania ».

Néanmoins, dans l'Amérique latine des dictatures et des poussées révolutionnaires, le football fut aussi synonyme de pouvoir, de manipulation des masses et de violence. Les victoires mondiales des équipes brésilienne et argentine purent ainsi devenir autant de manifestes mêlant allègrement populisme et anti-impérialisme, dont le « main de Dieu » de Diego Armando Maradona fut l'une des dernières manifestations.

Turbulences et ressentiments sud-américains

Le directoire européen sur le football avait commencé à se fissurer dans les années 1930, lorsque les officiels sud-américains exprimèrent leur défiance à l'égard d'une FIFA trop européocentrique à leur goût. Comme on l'a vu, l'équipe uruguayenne, pourtant championne du monde en 1930, avait boycotté les éditions italienne et française de la Coupe du monde qui n'accueillirent que l'Argentine et le Brésil pour la première, le Brésil pour la seconde.

Les dirigeants du football sud-américain nourrissaient plusieurs griefs à l'encontre de leurs homologues de la FIFA dont le Comité exécutif ne comptait, de manière intermittente, qu'un des leurs. À leurs yeux, l'« injustice » commise envers l'équipe du Pérou au tournoi olympique de 1936 avait marqué une nouvelle expression du mépris européen. En 1932, en raison de l'éloignement de l'Olympiade de Los Angeles, de la question de l'amateurisme et du faible intérêt des Américains pour le *soccer*, le tournoi de football n'avait pas été organisé. Il réapparut aux Jeux de Berlin. Mais plus que la piteuse élimination de l'équipe allemande par de purs amateurs norvégiens, la compétition fut marquée par l'« affaire péruvienne ». L'équipe du Pérou était la seule sélection sud-américaine présente en Allemagne. En raison du « long et pénible trajet en vapeur et trains[2] » qu'ils avaient effectué, ses dirigeants avaient demandé à la FIFA et au Comité d'organisation de bénéficier d'un traitement de faveur. Il s'agissait de placer l'équipe péruvienne dans le groupe A, c'est-à-dire de lui éviter d'avoir à disputer un match de préqualification[3]. Ce qui fut accordé.

Après une écrasante victoire par 7 buts à 3 sur la sélection finlandaise au premier tour, les Péruviens se prirent à rêver du titre olympique. Le 8 août, dans le stade du Hertha Berlin, ils affrontèrent en quart de finale l'équipe d'Autriche. Après avoir été menés 2 buts à 0, ils parvinrent à égaliser avant la fin du temps réglementaire. Les choses se gâtèrent lorsque, à la mi-temps de la prolongation, des supporters péruviens envahirent la pelouse et attaquèrent les joueurs autrichiens. L'un d'entre eux fut frappé et, dans la confusion de la fin du match, l'équipe du Pérou marqua deux buts validés par l'arbitre norvégien Kristiansen, l'emportant 4-2.

Immédiatement après la rencontre, la délégation autrichienne saisit le jury d'appel, composé essentiellement de membres européens du Comité exécutif de la FIFA[4]. Ceux-ci considérèrent de manière générale qu'il « existait des facteurs empêchant le déroulement normal des événements durant le match ». Ils incriminaient plus particulièrement « l'organisation matérielle » qui n'avait pu éviter « que des spectateurs sautent sur le terrain » et « que l'un de ces spectateurs frappe l'un des joueurs ». Ils jugèrent que de tels événements avaient « causé une baisse de l'énergie combative de l'équipe [autrichienne] » et « qu'un tel incident ne pouvait coïncider avec un bon esprit sportif[5] ». Ils décidèrent par conséquent de faire rejouer le match deux jours plus tard à huis clos.

Mais ni le 10 ni le 11 août l'équipe péruvienne ne se présenta, et pour cause. Le général Oscar Raimundo Benavides, qui avait succédé au dictateur Sánchez Cerro à la présidence du Pérou en 1933, ordonna à ses athlètes de se retirer des Jeux. Claudio Martinez, le président de la délégation péruvienne, se justifia auprès de Rimet en criant au complot. Selon lui, « les puériles raisons avancées pour annuler la partie Pérou-Autriche » n'avaient qu'un seul but : « Éviter que le Pérou, unique pays sud-américain à prendre part au championnat de football, n'obtienne un triomphe olympique, que tous [les Péruviens] pensaient certain[6]. » Aussi, dès le 12 août, les joueurs andins prenaient la route de Paris, accompagnés, par solidarité panaméricaine, de sept athlètes colombiens[7]. Une fois la nouvelle connue à Lima et El Callao, des manifestants envahirent les rues pour protester contre l'injustice faite à leurs footballeurs. Les consulats autrichien et allemand furent menacés[8].

« La partie Pérou-Autriche – écrivait encore Claudio Martinez – fut une magnifique partie de football, au cours de laquelle le Pérou obtint un triomphe resplendissant et indiscuté[9]. » Abstraction faite de l'emphase, le match cristallisa les rancœurs sud-américaines à l'égard du Vieux Continent. Au-delà des voies de fait, fréquentes sur les terrains des années 1930 mais gênantes en contexte olympique, l'entregent des dirigeants de la fédération autrichienne avait certainement joué un rôle essentiel pour faire annuler le résultat initial. Mais les juges fédéraux se remémoraient peut-être aussi les violences commises par des joueurs uruguayens contre l'arbitre belge Baert lors d'une rencontre Paris-Montevideo disputée en mars 1936. Ces troubles, quoi qu'il en soit, purent nourrir les complexes créoles et le nationalisme gonflé par les effets que la crise de 1929 exerçait sur un pays exportateur de matières premières. L'expansion des dictatures sur le continent sud-américain, des régimes qui surent attiser les braises mobilisatrices du sport, joua aussi son rôle.

Par conséquent, l'affaire n'en resta pas là, d'autant que les pays sud-américains voulaient renforcer leur représentation au sein de la FIFA et contrebalancer l'hégémonie européenne. Au congrès « extraordinaire » de la *Confederación Sud-Americana de Fútbol* tenu à Santiago du Chili le 27 octobre 1936, la fédération péruvienne, soutenue par son homologue chilienne, proposa tout simplement à ses consœurs sud-américaines de quitter la FIFA[10]. Elle-même avait résilié son affiliation dix jours plus tôt. Si les représentants des fédérations argentine et uruguayenne écartèrent cette option, le congrès n'en vota pas moins une protestation officielle contre « la décision du jury d'appel » de la FIFA, la qualifiant de « véritable dérobade sans précédent dans la justice sportive, et une offense injuste au sport du continent représenté par le Pérou avec honneur et dignité à l'Olympiade[11] ». Plus concrètement, il se proposait d'obtenir une « ample autonomie » plaçant la Confédération sud-américaine sur un « pied d'égalité » avec la FIFA. Autrement dit, il ne serait plus obligatoire, sur le continent sud-américain, d'être membre de la FIFA pour disputer des matchs internationaux.

Le schisme fut cependant évité. Dans un premier temps, un autre délégué uruguayen, Luis F. Dupuy, fut chargé de représenter l'Amérique du Sud aux réunions du comité exécutif de la FIFA. En mars 1938, la Confédération sud-américaine proposa de son côté une composition paritaire des différentes instances chargées de veiller au bon déroulement des compétitions. Par la plume de son secrétaire général, Tochetti-Lespade, elle avertissait aussi : « L'Amérique ne peut pas être une colonie de l'Europe en matière de football[12]. » La Confédération sud-américaine retirant ses plaintes en juin 1938, elle obtint du congrès de Paris une place permanente et définitive au sein du comité exécutif, toujours occupée par Dupuy. S'amorçait ainsi, d'une certaine manière, une division continentale de la géographie du football.

Enfin, pour apaiser définitivement les relations transatlantiques, Jules Rimet fut dépêché au congrès de la

Confédération sud-américaine tenu à Buenos Aires en mars 1939. Il sut s'armer de ce qui restait du prestige français et de son soutien sans faille à la première Coupe du monde 1930. Plaidant pour un rapprochement entre les deux rives de l'Atlantique, il argua des difficultés de transport pour expliquer les malentendus et réfuta, en faisant allusion à l'affaire péruvienne, tout européocentrisme fédéral. En juriste consommé, aimant à parsemer ses discours d'aphorismes de bon sens, il rappela à son auditoire : « Qui se connaît bien se comprend bien[13]. »

Si les pays sud-américains n'abandonnaient pas la FIFA, ils restaient toutefois avides de reconnaissance. Pour preuve, en 1939, la candidature presque comminatoire de la fédération argentine à l'organisation de la Coupe du monde 1942 qui fut rejetée. « Dans cette partie du monde – plaidaient les dirigeants argentins –, le football est le sport préféré du public, ce qui est démontré par le fait que l'Asociación del Football Argentino [AFA] compte plus de 160 000 joueurs inscrits et plus de 2 000 clubs enregistrés[14]. » Au facteur passionnel s'ajoutaient la légitimité de l'antériorité (l'AFA avait été le premier organisme sud-américain à adhérer à la FIFA) ainsi que la capacité de l'Argentine à organiser un grand événement sportif. De fait, Buenos Aires était dotée d'une dizaine de stades dépassant les 40 000 places, dont ceux de River Plate ou de Boca Juniors. Un taux d'équipement qu'aucune ville européenne, Londres exceptée, ne pouvait alors égaler. Enfin, la candidature se terminait par une envolée non seulement lyrique, mais aussi prophétique au printemps 1939 : « La République argentine, terre promise, est quasiment le pays le plus cosmopolite et libre du monde. Ici se trouvent réunis une immense quantité d'hommes et de femmes de toutes les nationalités qui y jouissent d'un bien-être et qui fréquentent les spectacles sportifs[15]. »

Il faut reconnaître que les années 1940 furent particulièrement fastes pour le *fútbol* en Amérique du Sud. Les régimes autoritaires, parfois philofascistes, qui y prospéraient surent user de cette arme. En Argentine, sous la présidence du général Agustín Pedro Justo (1932-1938), des prêts garantis par la puissance publique avaient été accordés aux sociétés désireuses de construire des équipements sportifs[16]. Comme dans l'Italie fasciste, ce pan de la politique de travaux publics visait à relancer l'emploi dans un système économique corporatiste et confortait les investissements en faveur de l'armée (casernes, instituts militaires et... les équipements sportifs qui vont avec)[17]. Ainsi, le club de River Plate, présidé par Antonio Vespucio Liberti, put obtenir un prêt de 2 500 000 pesos du gouvernement argentin et entamer au mois de septembre la construction de l'*estadio Monumental*, sur un foncier partiellement cédé par la municipalité *porteña*[18]. Inauguré le 26 mai 1938 à l'occasion d'un match amical disputé contre le Peñarol de Montevideo, le *Monumental* constituait un argument fort pour une candidature à l'organisation de la Coupe du monde.

Les liens entre football et classe politique pouvaient être très étroits. Eduardo Sánchez Terreno, le président de Boca Juniors de 1939 à 1946, qui inaugura le stade de la « Bombonera » le 25 mai 1940, était aussi le gendre du président Justo[19]. Quant à Ramón Cereijo, ministre des Finances et supporter passionné du Racing, il participait à toutes les négociations concernant les transferts de joueurs. La sollicitude du ministre permit aussi au club ciel et blanc d'obtenir en 1946 un crédit de 3 millions de pesos garanti par l'État pour construire l'*Estadio Présidente Juan Domingo Perón*, une enceinte sportive de plus de 60 000 places achevée en 1950. Il obtint enfin qu'à l'aube de la saison 1948-1949, marquée par une grève puis un exode massif de footballeurs vers la Colombie, aucun joueur ne quitte le club. Neuf mois plus tard, le Racing, surnommé « *Deportivo Cereijo* » par ses adversaires, devenait champion, à la grande joie de ses dirigeants, du président d'honneur, le général Perón, et des autres membres honoraires. Parmi ceux-ci figurait aussi Eva Perón, l'épouse du président. Cereijo, pour sa part, était l'administrateur de la fondation María-Eva-Duarte-de-Perón créée en 1948.

Le football permettait d'atteindre les buts sociaux poursuivis par « Evita » à grand renfort de publicité. À partir de 1948, sa fondation organisa un tournoi national pour les enfants et les adolescents – « 11 483 enfants dans la capitale fédérale et 3 722 dans le grand Buenos Aires[20] » y participèrent la première année. S'étendant à la province, la compétition réunit 100 000 jeunes footballeurs dès 1950, plus de 200 000 en 1953, en y ajoutant les compétiteurs d'autres sports comme l'athlétisme, le basket-ball ou la natation. Pour pouvoir le disputer, les adolescents devaient subir un examen médical et une radiographie des poumons. « Les championnats de football "Evita" leur donnèrent l'occasion d'échanger leurs espadrilles, ou plus simplement la croûte de boue sous la plante du pied, contre des chaussures de ville et des baskets blanches[21]. » Les meilleures équipes disputaient un tournoi final dans les plus grands stades portègnes : « Les petits champions récoltaient bien plus qu'une bourse d'études, une mobylette ou une saison au bord de la mer : ils repartaient chez eux avec le souvenir du sourire d'Evita – qui lors de la finale avait donné le coup d'envoi – et avec une médaille, où le sourire d'Evita demeurait ineffaçable[22]. »

Perón restait cependant la figure centrale en tant que *Primer Deportista* d'Argentine, comme Mussolini avait été le *Primo Sportivo d'Italia*. Il voyait dans le sport un vecteur de modernisation mais aussi un lieu d'apprentissage du patriotisme et de la discipline. Les sports olympiques qui nécessitaient le sacrifice des athlètes étaient donc particulièrement choyés, notamment la boxe, discipline qui permit à Pascual Pérez de remporter la médaille d'or aux Jeux de Londres en 1948. Au côté de Pérez, le grand pilote Juan Manuel Fangio fut aussi l'enfant chéri du régime. En 1948, il fut ainsi envoyé en Europe muni d'un passeport diplomatique et d'un traitement mensuel. Après avoir remporté son premier titre de champion du monde de Formule 1 en novembre 1951, il fut accueilli en héros à Buenos Aires. En retour, il soutint la deuxième campagne présidentielle de Perón[23].

Dans le domaine footballistique, le péronisme s'inscrivait dans une période faste et tumultueuse du sport argentin et sud-américain. Le contexte général se montrait favorable. La montée des tensions en Europe avait interrompu l'exode des meilleurs joueurs d'origine italienne ou française vers l'Europe, les exilés basques apportant quelques talents supplémentaires. L'économie sud-américaine connut jusqu'au début des années 1950 une croissance soutenue par une industrialisation par substitution des importations, puisque les pays européens se trouvaient dans l'impossibilité d'exporter vers les marchés argentin et brésilien. Surtout, l'entrée en guerre des États-Unis en 1941 relança la demande en produits agricoles et matières premières. Autant de facteurs matériels soutenant un professionnalisme et un spectacle sportif auquel les classes populaires, favorisées par la politique « justicialiste » de Perón, pouvaient avoir accès.

L'expression sportive de cet « âge d'or » fut sans conteste la *« Maquina »*, c'est-à-dire l'équipe de River Plate, quatre fois championne d'Argentine en 1941, 1942, 1945 et 1947. Dans ce pays en cours d'industrialisation, l'expression « machine » exprimait le sentiment d'organisation, de science et de perfection que l'on pouvait ressentir à voir jouer l'équipe, « si bien rodée qu'elle [rappelait] les engrenages d'une automobile[24] ». La ligne d'attaque, composée de Juan Carlos Muñoz, José Manuel Moreno, Ángel Labruna et Félix Loustau, autour de l'avant-centre Adolfo Pedernera, en constituait le rouage le plus sophistiqué, avant qu'une version plus athlétique et rapide de la « *Maquina* » ne fût lancée en 1947 lorsque Alfredo Di Stéfano remplaça Pedernera, cédé à l'équipe d'Atlanta pour le « chiffre record de 140 000 pesos[25] ».

Issu d'une famille très modeste de 10 enfants d'Avellanada, la commune urbaine située au sud de la métropole où le Racing et Independiente avaient leurs stades, Pedernera incarnait la politique sociale de la « Madone des sans-chemise ». De même fut-il au cœur de la grève des joueurs qui arrêta le bel élan du football argentin de 1948 à 1949. Car comme dans d'autres domaines de la vie argentine, la question sociale avait été posée dans le football. Un syndicat de joueurs, les *Futbolistas Argentinos Agremiados*, avait rédigé, en 1946, avec l'aide du ministère du Travail et de la Prévision, la place forte d'Evita et de son mari, un ensemble de revendications visant à améliorer les conditions de travail et d'emploi des footballeurs. Proche du pouvoir péroniste, la fédération argentine (AFA) en reprit un certain nombre de points mais tarda à les appliquer. À l'aube de la saison 1948-1949, les joueurs revinrent à la charge, insistant notamment sur la question du salaire minimum, l'instauration d'un contrat à temps (à durée déterminée) et la reconnaissance officielle de leur syndicat. Devant l'attitude dilatoire de l'AFA, ils décidèrent de lancer une grève à partir du 10 novembre.

Ce qui n'était qu'un conflit du travail, finalement résolu en 1949 avec l'établissement d'une véritable protection sociale, notamment grâce au soutien d'Evita[26], aboutit au départ vers la Colombie des meilleurs joueurs. En effet, malgré les troubles politiques consécutifs à l'assassinat en 1948 du caudillo Eliécer Gaitán, le football professionnel colombien connut cette même année un essor très rapide. Phénomène fréquent dans les pays latino-américains depuis l'entre-deux-guerres, une scission s'était produite entre la fédération officielle et la ligue professionnelle appelée Dimayor. Bénéficiant du soutien financier de la compagnie nationale aérienne Avianca mais aussi du Sénat colombien, la Dimayor connut le succès dès sa première édition lancée en août 1948. Ce « succès populaire, largement relayé par la presse et la radio[27] », permit de meubler le vide laissé par la censure politique. La coïncidence de la grève argentine était trop belle. Très vite, dans le sillage de Pedernera, engagé par les Millonarios de Bogota, une cinquantaine de footballeurs argentins prirent le chemin de la Dimayor. Et pas des moindres, puisque Alfredo Di Stéfano et Nestor Rossi rejoignirent Pedernera au Millonarios.

Dès le printemps 1949, la Dimayor était déclarée illégale par la Confédération sud-américaine car les clubs qui la composaient ne versaient aucune indemnité compensatoire pour l'arrivée de joueurs étrangers et refusaient de mettre à disposition de l'équipe nationale les footballeurs expatriés. En véritable ligue « pirate », elle s'affranchissait de tous les règlements fédéraux pour faire naître un football totalement professionnel dans lequel les joueurs étaient avant tout considérés comme des travailleurs hautement qualifiés bénéficiant de contrats en bonne et due forme. Un football qui innovait aussi. Il n'existait « aucune restriction sur le nombre d'étrangers », les maillots des joueurs portaient un numéro et deux remplacements étaient autorisés par match[28].

La Dimayor continua à prospérer. Le nombre de ses équipes, soutenues par de grandes entreprises publiques et privées, passa de 10 à 18 entre 1948 et 1950. Les clubs colombiens recrutaient désormais dans le monde entier. Des joueurs uruguayens, brésiliens, péruviens mais aussi anglais et hongrois furent engagés. L'eldorado colombien risquait de déstabiliser le football professionnel mondial, d'autant que le modèle faisait tache d'huile, notamment en Bolivie. Finalement, après intervention de la FIFA, un accord fut conclu en septembre 1951 à Barranquilla. La Dimayor était réintégrée dans le giron fédéral mais les joueurs étrangers devaient avoir regagné leur club d'origine à la fin de l'année 1953[29].

L'instabilité chronique du football latino-américain avait en quelque sorte invalidé les prétentions créoles, et notamment argentines, à occuper une place de poids dans le football mondial. Les difficultés économiques qui frappèrent le régime péroniste jusqu'à sa chute en 1955 renforcèrent cette tendance. Après une époque où le football argentin avait su garder ses meilleures recrues, l'exode reprit, cette fois de manière légale, vers l'Europe. Au lieu de retourner en Argentine, Alfredo Di Stéfano gagna en 1953 le Real Madrid dont il devint le joueur emblématique. Quant aux jeunes espoirs Angelillo, Maschio et Sivori, qui permirent à l'équipe d'Argentine de remporter le championnat sud-américain en 1957 au Pérou, en marquant 24 buts en cinq matchs, ils furent immédiatement engagés par des clubs transalpins[30] et naturalisés italiens[31]. De même, des joueurs argentins partirent pour la France. La situation économique s'était vite retournée. L'Europe des « miracles économiques » n'en était plus à quémander du blé, comme lors du voyage d'Eva Perón en 1947, et ses grandes équipes pouvaient désormais puiser dans le vivier argentin, et plus largement sud-américain. À partir des années 1950 se vérifierait dans le domaine du sport le « J'accuse » de l'écrivain uruguayen Eduardo Galeano : « L'Amérique latine est le continent des veines ouvertes. Depuis la découverte jusqu'à nos jours, tout s'y est transformé en capital européen ou, plus tard, nord-américain. Tout : la terre, ses fruits et ses profondeurs riches en minerais, les hommes et leur capacité de travail et de consommation, toutes les ressources naturelles et humaines[32]. »

La révolution noire brésilienne

Au début des années 1940, le football brésilien ne pouvait se prévaloir du même prestige que ses homologues uruguayen et argentin. La sélection brésilienne n'avait remporté que deux Copa América, en 1919 et 1922, mais avait cependant offert une prestation remarquée à la Coupe du monde 1938. Seuls représentants du continent sud-américain, les joueurs brésiliens se qualifièrent de justesse pour les quarts de finale en battant à Strasbourg leurs adversaires polonais par 6 buts à 5 après prolongations. Il leur fallut ensuite deux matchs (1-1, puis 2-1) pour venir à bout de la formation tchécoslovaque finaliste de l'édition 1934. Ils furent finalement éliminés de justesse par la *squadra azzurra* dans un Stade Vélodrome marseillais gagné à leur cause, avant de remporter la troisième place face à l'équipe de Suède (4-2) dans le match de classement.

Mais plus que les résultats, c'est la manière d'être et le style des Brésiliens qui frappèrent les observateurs européens. Le journaliste et ancien international français Lucien Gamblin pouvait narrer avec amusement leur premier entraînement à Saint-Ouen : « Ils ne cessèrent de rire, de jongler avec le ballon, de dribbler à l'infini et de pratiquer un football compliqué pour amener le ballon devant les buts[33]. » En même temps, Gamblin jugeait que « les joueurs brésiliens [étaient] de parfaits artistes du ballon, qu'ils contrôlent avec une parfaite facilité », tout en étant « athlétiques ». Après leur première prestation, on questionna « leur virtuosité individuelle » qui fit que « leur équipe manqua de ce solide ciment qui fait la cohésion des équipes britanniques et de certaines formations européennes[34] ». Si la découverte du Brésil footballistique suscitait d'inévitables comparaisons avec le caractère « scientifique », voire « civilisé », du jeu européen, les experts reconnaissaient aux joueurs brésiliens une personnalité « artistique » qui serait désormais leur marque de fabrique sur les terrains de football. Pour l'heure, « chez les Brésiliens, tout n'[était] qu'inspiration, improvisation, création d'imprévu[35] ». Certains journalistes dont l'avis faisait autorité, comme Maurice Pefferkorn, n'hésitaient pas à juger sévèrement l'équipe brésilienne : « Devant leur manière faite d'aisance et d'habileté, écrivait Pefferkorn au lendemain du match Brésil-Suède (4-2), leurs petites passes transversales et répétées, qui ridiculisent parfois quelques adversaires, le public s'exclame et applaudit. Mais, en fin de compte, tout cela n'est que du petit jeu inefficace et peu productif[36]. »

Efficacité européenne contre spectacle sud-américain. D'une certaine manière, les commentateurs français avaient saisi une partie de la spécificité anthropologique du football brésilien mais proposaient une interprétation inverse de celle du célèbre sociologue brésilien Gilberto Freyre. L'auteur de *Casa grande e Senzala*[37] expliquait les succès remportés par l'équipe brésilienne en France « par la forte présence d'éléments afro-brésiliens [...][38] ». Les progrès du football résultaient donc d'abord du métissage et de l'hybridation de la société brésilienne. De fait, la professionnalisation du football dans les années 1930 avait fortement coloré le football de haut niveau, même si l'une des premières vedettes brésiliennes avait été un métis aux yeux verts : l'imparable buteur Arthur Friedenreich. Fils d'un commerçant allemand et d'une lavandière noire, Friedenreich joua un rôle prépondérant dans l'obtention de la Coupe América en 1919 et 1922. Il aurait marqué plus de 1 329 buts au cours de sa carrière, poursuivie principalement à São Paulo, soit une cinquantaine de plus que Pelé. Le « Tigre », comme on l'appelait, avait toutefois une obsession : tout faire pour ne pas passer pour un *negro*. Habité par l'obsession créole de la « pureté de sang », il lui arrivait de pénétrer en retard sur les terrains de jeu, pour avoir passé trop de temps à lisser ses cheveux crépus dans les vestiaires. Il s'éleva également contre l'adoption du professionnalisme en 1933, une attitude qui en disait long sur sa volonté de se conformer à l'éthique du sport blanc[39].

Les deux vedettes de la sélection brésilienne en 1938 avaient la peau beaucoup plus foncée et avaient embrassé le professionnalisme. L'attaquant Leônidas da Silva tout d'abord, meilleur buteur du tournoi avec 7 buts, aurait été l'inventeur de la « bicyclette », ce tir de volée exécuté au moyen d'un saut arrière au cours duquel les jambes se croisent pour frapper la balle dos au but. L'athlétique défenseur Domingos da Guia, ensuite, avait conçu la « domingada », « qui consiste dans le fait de désamorcer l'attaque adverse et de sortir de la défense non par un grand tir, mais en dribblant les adversaires[40] ». Domingos était né à Bangu, le quartier populaire de Rio, et avait commencé sa carrière comme footballeur-ouvrier avant d'être recruté par le Nacional de Montevideo et de jouer pour le Vasco de Gama, le Flamengo et les Corinthians de São Paulo. Également carioca, Leônidas tenta sans succès sa chance en Uruguay avant de revenir dans sa ville natale jouer à Botafogo puis à Flamengo. Dans sa préface à l'ouvrage du journaliste Mário Filho, *O Negro no Futebol Brasileiro*, Gilberto Freyre explique que Domingos et Leônidas représentaient les deux visages du Brésil « dans sa transition d'une phase essentiellement rurale à une phase essentiellement urbaine[41] ». Le premier incarnait son versant « apollinien », c'est-à-dire rationnel, européen. Héritier du classicisme britannique, Domingos paraissait se retrouver dans la « situation d'une espèce d'Anglais errant sous les Tropiques[42] ». Le second exhibait au contraire le visage « dionysiaque » du Brésil, africain, irrationnel et sensuel, en proposant un jeu pouvant être assimilé à une « danse dansée à la bahianaise[43] ». Quoi qu'il en soit, le football illustrait la mixité raciale – qui n'excluait pas le racisme – que louait l'écrivain autrichien Stefan Zweig, réfugié au Brésil avant de s'y donner la mort. Il écrivait en 1942 : « Le principe soi-disant destructeur du mélange, cette horreur, ce "péché contre le sang" de nos théoriciens de la race obsédés, est ici un moyen conscient et apprécié de fusion en vue d'une culture nationale[44]. »

L'invention du Brésil

Sous le régime autoritaire et nationaliste de l'*Estado Novo* de Getúlio Vargas, le football contribua à la « nationalisation » du Brésil, qui passait aussi par la promotion, *via* les vecteurs de communication de masse, d'une culture populaire « reconnue comme l'expression authentique de l'identité brésilienne[45] ». La Coupe du monde 1938 avait d'ailleurs été l'occasion d'une mobilisation générale de la presse, des entrepreneurs et des pouvoirs publics. La *Gazeta*, le grand quotidien de São Paulo, appuya ainsi la « campagne du timbre » lancée par la Confédération brésilienne pour financer le voyage en France[46]. Et comme chez ses voisins uruguayen et argentin, le *futebol* contribua, sous la forme d'un *soft power* augmentant au gré des progrès des télécommunications, à l'affirmation mondiale du Brésil. Après avoir annoncé en juin 1940 la fin de la démocratie libérale,

Vargas avait su opérer un judicieux virage à 180 degrés en rompant ses relations diplomatiques avec les pays de l'Axe. La conséquence fut immédiate dans le football. Les clubs « ethniques » durent changer de nom, le décret-loi du 30 janvier 1942 prohibant « l'usage de termes et de dénominations faisant référence à des nations étrangères ». Les Palestra Italia de Rio de Janeiro et de Belo Horizonte se transformèrent en Sociedade Esportiva Palmeiras et Cruzeiro Esporte Clube. Quant au Sporting Club Germânia de São Paulo où avait débuté Friedenreich, il prit lui aussi une dénomination végétale en devenant l'Esporte Clube Pinheiros.

La *Confederaçao Brasileira de Desportos* réitérait, dès le début de l'année 1942, la proposition émise au congrès de Paris en 1938 d'accueillir la prochaine Coupe du monde. Elle affirmait bénéficier du soutien de la Confédération sud-américaine de football réunie en congrès à Montevideo aux mois de janvier-février 1942. Elle avait notamment « trouvé l'appui tacite de l'Équateur, de la Bolivie, de la Colombie, du Chili et de l'Uruguay[47] ». La géopolitique du football rencontrait une nouvelle fois le jeu des puissances. La seule candidature européenne était celle de l'Allemagne et l'adversaire sud-américain du Brésil n'était autre que l'Argentine, dont les gouvernements restaient enfermés dans une complicité plus ou moins active avec le IIIe Reich.

Dans l'immédiat, la date de la compétition restait inconnue puisqu'elle devait se tenir dix-huit mois après la fin de la guerre. Toutefois, dès novembre 1945, le Comité exécutif de la FIFA décidait « d'appuyer la candidature du Brésil[48] » et d'exclure la fédération allemande de l'organisation, au prétexte qu'elle n'existait plus. En juin 1946, le Brésil était donc chargé, par acclamation, de l'organisation de la Coupe du monde 1949, qui n'eut finalement lieu qu'un an plus tard. Pour honorer le vieux président français qui dirigeait encore la FIFA, le trophée fut rebaptisé par le même congrès coupe Jules-Rimet.

La coupe Jules-Rimet 1950 devait marquer la grande réconciliation. La Confédération brésilienne proposa ainsi qu'à la tête des quatre groupes dans lesquels se répartiraient les 16 équipes participantes soit placée une équipe qualifiée d'office. À savoir le Brésil, pays organisateur, l'Italie détentrice du trophée, une formation du groupe britannique et l'Argentine, « en tant que représentant important du football sud-américain[49] ». Ainsi, l'égalité entre Europe et Amérique latine serait rétablie tout en rendant hommage aux inventeurs du football. Toutefois, la péroniste fédération argentine argua de la grève des joueurs et de leur fuite en Colombie pour décliner sa participation et éviter de risquer une défaite peu flatteuse. Une autre nouveauté du règlement proposé par les Brésiliens résidait dans l'abandon du système par élimination directe cher à Henri Delaunay. Les quatre premiers de chaque groupe seraient qualifiés dans une poule finale. Le titre mondial se jouerait donc aux points.

Avant de s'achever en drame national, la Coupe du monde 1950 fut d'abord le théâtre d'une rivalité entre Paulistes et Cariocas. Les forces centrifuges étaient fortes au Brésil où les États du Sud et du Sud-Est en cours d'industrialisation et peuplés par des Européens se défiaient du pouvoir fédéral alors situé à Rio. L'État de São Paulo s'était ainsi soulevé en 1932 et ses industriels n'avaient pas hésité à reconvertir leurs usines en fabriques d'armement[50]. Si les troupes fédérales avaient vite arrêté la révolte pauliste, les causes de ressentiment subsistaient, tout comme la volonté de prouver le caractère plus civilisé de l'État de São Paulo. C'est dans cet esprit que, fin 1936, la municipalité pauliste lança la construction du stade communal de Pacaembú.

« Construit comme s'il s'agissait d'un monument[51] », le projet fut révisé à la hausse par Prestes Maia, le préfet de São Paulo. Pouvant accueillir entre 50 000 et 70 000 personnes, dotée d'une entrée monumentale rappelant le modernisme des stades mussoliniens, l'enceinte fut inaugurée le 27 avril 1940 par Getúlio Vargas en personne. Initialement, le projet devait promouvoir l'éducation physique auprès des classes populaires. La cérémonie commença donc par de grandes démonstrations gymniques inspirées des rassemblements sportifs en chemises noire et brune. Mais, comme dans les régimes totalitaires européens, la foule était d'abord venue pour assister aux deux matchs de football qui ponctuaient la journée. Et même si, à l'instar du stade carioca de São Juanario propriété du Vasco de Gama, l'Estadio Pacaembú servit aussi aux grands-messes politiques célébrées par Vargas le jour de la fête du Travail, sa réputation crût surtout lorsque le célèbre Leônidas vint s'y produire en s'engageant pour le São Paulo Futebol Clube de 1942 à 1951. Le stade pauliste servit naturellement de cadre à plusieurs matchs de la Coupe du monde 1950. L'équipe du Brésil y joua une fois. Pour l'occasion, un certain nombre de joueurs paulistes avaient été alignés. Ils concédèrent toutefois le match nul 2-2 à l'équipe de Suisse et durent subir la mauvaise humeur des 42 000 spectateurs présents.

Entre-temps, la municipalité de Rio avait fait le nécessaire pour construire un stade digne de la capitale. Mário Filho, le journaliste qui avait donné ses lettres de noblesse au journalisme sportif et surtout soutenu la démocratisation du football et la mixité raciale dans ses chroniques du quotidien *O Globo*, lança dans son *Jornal dos Sports* une campagne en faveur de la construction d'un grand stade carioca. Dès 1947, une commission de sept notables, dont Filho, examina les premiers projets. L'enceinte devait être édifiée sur un terrain appartenant au très sélect Jockey-Club, échangé contre un espace du domaine foncier de la commune. Bien vite, dans un Brésil revenu partiellement à la démocratie, la minorité libérale contesta le projet « au nom d'impératifs plus urgents comme la création d'hôpitaux, d'écoles ou l'extension des services d'eaux et d'assainissement de la ville[52] ». Soutenu par les conseillers communistes, avant leur éviction de la vie politique en 1948, le projet fut finalement adopté en octobre 1947. Comme en Argentine, des prêts consentis par des banques d'État assuraient le financement. Mais le temps pressait. Commencé en janvier 1948, les travaux furent suivis presque quotidiennement par la presse, qui exaltait l'esprit de sacrifice des ouvriers. De même, Mario Filho et José Lins do Rêgo, l'écrivain moderniste et régionaliste qui avait lui aussi contribué à anoblir le *futebol*[53], insistaient sur « la nécessité d'un stade public, monument dédié à la modernité et qui favoriserait la participation populaire et l'union entre les zones riches et pauvres de la ville[54] ». Finalement le stade municipal, surnommé Maracanã, du nom de la petite rivière qui coule à ses pieds, fut inauguré une semaine avant l'ouverture de la Coupe du monde le 24 juin 1950. De forme ovale, il était doté de la plus grande capacité du monde, puisqu'il pouvait accueillir plus de 155 000 spectateurs assis et jusqu'à 200 000 debout. Si un toit en béton armé les protégeait théoriquement des averses tropicales, ils ne bénéficiaient pas de conditions de confort optimales. « Dans les gradins, rapportait le journaliste français Jacques de Ryswick à l'occasion du match Brésil-Espagne, les spectateurs surcomprimés éclatent et débordent dans les enceintes avoisinantes malgré les interventions de la police. Les confrères ayant quitté le centre de la ville à 13 heures ont trouvé surpeuplée une tribune de presse dans laquelle ils se sont casés comme ils ont pu. Des avions survolent le stade. Un tintamarre infernal, auquel la musique et 60 haut-parleurs apportent leur contribution, rend impossible toute concentration d'esprit. Il y a 155 000 spectateurs, soit la plus grande foule jamais massée dans un si petit espace[55]. » Et pour prévenir tout débordement de foule, un vaste fossé séparait les *gerais*, c'est-à-dire les terrasses où les spectateurs se tenaient debout, du terrain de jeu.

De fait la Coupe du monde brésilienne fut celle du gigantisme. Gigantisme de l'espace et surtout de la passion. Après la prestation mitigée du Brésil à São Paulo, le sélectionneur Flavio Costa fut violemment pris à partie. Et avant la rencontre Brésil-Yougoslavie, le préfet de Rio – et général – Angelo Mendes de Moraes s'adressa, *via* les haut-parleurs, aux joueurs brésiliens en les avertissant : « Nous (la municipalité de Rio) avons gagné la première bataille, celle du stade ; il vous reste, à vous, à gagner la seconde bataille, celle de la Coupe. » Autrement dit, pour reprendre encore le témoignage de Jacques de Ryswick : « Sous peine de deuil national le Brésil ne [devait] pas perdre la bataille de la Coupe[56]. »

La sélection brésilienne s'était aisément qualifiée pour la poule finale en disposant du Mexique 4-0 et de la Yougoslavie 2-0, le seul incident de parcours ayant donc été le nul concédé à l'équipe helvétique. Cette faute de goût fut effacée des mémoires par les deux triomphes obtenus aux dépens de la Suède et de l'Espagne. Qualifiées avec le Brésil et l'Uruguay, ces deux formations n'étaient pas les premières venues. Le football suédois formait de jeunes talents que les clubs italiens s'arrachaient. Le football espagnol se relevait des années chaotiques de la guerre civile autour de clubs que le régime franquiste soutenait.

Malgré une organisation tactique un peu lâche, le jeu en feinte, en déviation, en dribbles déroutants des attaquants brésiliens, notamment Ademir, Zizinho et Jaïr, emporta les solides défenses suédoise et espagnole. Il est possible que les joueurs scandinaves aient été un peu « surpris par l'atmosphère créée par une foule passionnée[57] ». Ils ne s'inclinèrent pas moins sur le score de 7 buts à 1, les Espagnols n'encaissant qu'un petit but de moins (1-6).

Le dernier match programmé contre l'Uruguay, le 16 juillet, passait donc pour une formalité, même si cette formation, déjà une fois championne du monde, avait remporté son match contre la Suède 3-2 et fait match nul avec l'Espagne 2-2. En cas de victoire face au Brésil, elle pouvait donc être mathématiquement couronnée. Qu'importe ! La veille du match, la *Gazeta Esportiva* de São Paulo prédisait à sa une : « Demain nous allons battre l'Uruguay. » *O Mundo* de Rio présentait la photographie de l'équipe brésilienne sous la légende : « Voici les champions du monde[58]. »

173 850 spectateurs avaient acquis leur ticket pour assister à la finale de la Coupe du monde. Ils apprirent « dès avant le match que le préfet de Rio, M. Mendes Moraes, remettr[ait] la Coupe du monde au Brésil[59] » ! Or, les Uruguayens s'appuyaient sur une organisation défensive plus rigoureuse que les précédents adversaires des Brésiliens. Ils n'encaissèrent un but qu'à la première minute de la seconde mi-temps, quand Friaça trompa la vigilance du goal uruguayen Maspoli. Mais les ex-champions du monde, au départ impressionnés par la pression de la foule, surent réagir. À la 66e minute, l'ailier droit Ghiggia dribblait l'arrière-gauche brésilien Bigode, centrait pour Schiaffino qui égalisait dans un silence de cathédrale. Treize minutes plus tard, Ghiggia passait à nouveau Bigode, avançait sur la droite du goal brésilien Barbosa et, au lieu de centrer, tirait dans l'angle mort et marquait. Après avoir crié « Gooool do

Uruguay », le reporter de Rádio Globo, Luiz Mendes, s'interrogea : « Gol do Uruguay ? », avant de confirmer que c'était bien la *Celeste* qui avait pris l'avantage. Une dizaine de minutes plus tard, le match s'achevait dans la stupeur générale. Habitués à mener largement, les joueurs brésiliens s'étaient montrés incapables de réagir. Comme le raconte Jules Rimet dans ses Mémoires, une « cérémonie grandiose » était prévue pour que le capitaine brésilien reçoive la coupe éponyme. « Du coup, rapporte Rimet, il n'y eut plus ni garde d'honneur, ni hymne national, ni discours devant le micro, ni remise solennelle du trophée[60]. » Emporté par la foule déconfite, Rimet eut toutes les peines du monde à trouver le capitaine uruguayen Obdulio Varela pour lui remettre furtivement la coupe. Malgré cette débandade finale, une partie du public était restée « dans les gradins et applaudit les vainqueurs, ce qui fut interprété comme une preuve de la civilité des Brésiliens[61] ».

La presse européenne se plut toutefois à décrire les scènes de désarroi national comme ce Joas da Silva « âgé de 58 ans » qui, selon *L'Équipe*, « s'écria : "Le Brésil est mort..." Et sur ces mots, il mourut[62] ». Quant aux journaux brésiliens, ils se partageaient entre résignation devant le « destin supérieur » qui avait empêché le Brésil d'être champion *(La Gazeta esportiva)* et les réquisitoires prononcés à l'encontre de dirigeants qui avaient négligé de « donner tous leurs soins à l'équipe » *(Jornal dos Sports)*. Le drame de 1950 est devenu l'un des lieux de mémoire malheureux construits et ressassés par la culture de masse brésilienne. Durant le reste de leur vie, les « coupables », en premier lieu le gardien de but Barbosa et l'arrière Bigode, durent porter cette défaite comme une croix. En 2000, peu avant sa mort, Moacyr Barbosa rappelait encore amèrement : « Au Brésil la peine maximale est de trente ans, j'ai fait cinquante ans. » Le fait que les défenseurs brésiliens étaient noirs fut sans doute une circonstance aggravante.

Mais loin d'être le Waterloo du football brésilien, le titre de vice-champion marqua une nouvelle étape vers la conquête de la suprématie mondiale en matière de football. Certes, la Coupe du monde 1954 disputée en Suisse ne laissa pas un souvenir impérissable. Les joueurs brésiliens furent éliminés en quart de finale par la « grande » équipe de Hongrie 4 buts à 2. Le match se termina, comme on l'a vu, en bagarre générale se poursuivant jusque dans les vestiaires, ce qui fit écrire au journaliste français Jacques Ferran : « [...] les nerfs brésiliens avaient cédé, plutôt que la qualité du football sud-américain. »

Quatre ans plus tard, les préjugés négatifs et parfois condescendants des Européens laissaient place à une admiration unanime pour le maillot or et vert. Depuis 1954, les joueurs brésiliens avaient abandonné leur traditionnel maillot blanc pour une tenue conçue par Aldyr Garcia Schlee. Vainqueur d'un concours organisé par le journal carioca *Correio da Manhã*, ce jeune homme de 19 ans dessina un maillot jaune avec un col et des ourlets verts, un short bleu orné d'une bande verticale blanche et enfin des chaussettes blanches surmontées de bandes jaune et verte. Le jaune tirant sur l'or ne fut pas pour rien dans la fascination exercée par l'équipe du Brésil, qui remporta trois Coupes du monde en 1958, 1962 et 1970.

Alors que le drame de 1950 avait pu être interprété en Europe comme une nouvelle manifestation de la démesure et de l'irrationalité brésiliennes, c'est une tout autre image qu'offrirent les équipes dans lesquelles s'illustrèrent Didi, Garrincha, Pelé ou encore Carlos Alberto. Avec eux, le Brésil n'était plus la version mineure et vaincue du football sud-américain mais bien plutôt le nouveau pays du football et de son roi incontesté, Pelé.

La campagne suédoise de 1958 avait été préparée avec soin. Elle reçut le soutien financier du gouvernement du président Juscelino Kubitschek et fut placée sous le signe de la modernité de la capitale qui s'édifiait, Brasilia.

Par mesure de précaution, le personnel féminin de l'hôtel de Hindas, station balnéaire située au sud de Göteborg où l'équipe du Brésil avait pris ses quartiers, fut prié de prendre des vacances. Et les nudistes de la plage, visibles depuis les fenêtres de l'établissement, durent se montrer plus discrets[63] ! Au sélectionneur Victor Feola, bonhomme d'allure et de manières, avait été adjoint un psychologue qui imposa aux joueurs brésiliens une batterie de tests. Au terme de ceux-ci, Garrincha se vit attribuer le total de 38 points sur 123, soit une « performance » qui ne lui aurait pas permis de postuler pour un emploi de chauffeur de bus à la mairie de Rio. Quant à Pelé, le psychologue soulignait une immaturité incompatible avec la participation à des matchs importants – il n'avait que 17 ans. Feola n'en aligna pas moins ces deux « sous-doués » dans une équipe disposée en 4-2-4 évolutif à la manière de la Hongrie. Pelé glissait en position de milieu offensif et la défense, renforcée, pouvait passer de quatre à trois joueurs quand le Brésil attaquait. Grâce à l'affermissement de ses bases défensives et à l'intelligence de son maître à jouer Didi, l'équipe brésilienne n'encaissa aucun but jusqu'en demi-finale. Elle défit en phase de poule l'Espagne (3-0) et l'URSS (2-0) et fit match nul (0-0) avec l'équipe d'Angleterre qui avait perdu de son lustre. Une victoire « à l'italienne » 1-0 contre le pays de Galles lui ouvrit les portes de la demi-finale. Une formation au palmarès encore vierge mais dont le jeu commençait à enthousiasmer les spectateurs suédois attendait le Brésil : l'équipe de France. La mémoire du football tricolore a gardé du match l'image de la malchance de Robert Jonquet, pièce maîtresse de la défense des Bleus. Alors que les deux équipes étaient encore à égalité 1 but partout, « Jonquet se blesse durement dans un choc avec [...] Vava et sort se faire soigner. Didi en profite pour marquer des vingt-cinq mètres d'un tir fulgurant (38e)[64] ». Dès lors, les Brésiliens dominèrent sans difficulté les tricolores. Garrincha martyrisa le flanc gauche de la défense française et Pelé réalisa son premier et seul triplé dans un match de Coupe du monde. Score final : 5 à 2.

C'est sur la même marque que les Brésiliens surclassèrent leurs hôtes suédois en finale. Après avoir été menés 1-0 dès la 4e minute, les Brésiliens égalisèrent à la 9e. À la mi-temps, ils avaient pris l'avantage 2-1, puis marquèrent encore trois buts. La différence de style fut encore plus flagrante qu'en demi-finale. Les athlétiques Scandinaves, représentants d'un pays où l'on chérissait la fameuse gymnastique hygiénique et suédoise, s'opposaient aux souples et virevoltants Brésiliens. Le but le plus caractéristique de cette opposition fut inscrit par Pelé à la 55e minute du jeu. Le jeune prodige fit passer la balle au-dessus de la tête du dernier défenseur suédois pour la reprendre de volée et marquer. Le « coup du sombrero » parfait. Bien que le capitaine brésilien Bellini fût blanc et reçût au nom de ses coéquipiers la coupe Jules-Rimet, les véritables vainqueurs – Didi, Pelé et Garrincha – étaient noirs ou métissés. La domination brésilienne allait perdurer douze ans.

En 1962, grâce au talent de dribbleur et de buteur de Garrincha, qui compensa la blessure de Pelé, le Brésil conserva son titre au Chili en battant en finale la Tchécoslovaquie de Josef Masopust 3 buts à 1. Deux ans avant le coup d'État militaire qui clôtura la parenthèse démocratique marquée par la brillante présidence de Kubitschek, le football comme la musique avaient donc permis d'inventer ou de réinventer le Brésil. Désormais, aux ressources naturelles comme l'or, le cacao, le caoutchouc ou le café auxquelles le pays était associé s'ajoutaient les produits de la culture physique et musicale. Une publicité sans doute plus efficace et beaucoup plus large que la diplomatie culturelle de Brasilia qui avait cherché, à partir de 1920, à construire et à promouvoir « une image positive du pays[65] » autour des auteurs et des artistes du cru.

Le style spectaculaire et rythmé de Pelé et consorts se mariait bien à l'image tout à la fois moderne et exotique que des films comme *L'Homme de Rio* de Philippe de Broca (1964) diffusaient. Mais à l'inverse des accents mélancoliques des chansons de la bossa nova de Tom Jobim et João Gilberto, l'équipe du Brésil, lorsqu'elle tournait à plein régime, avançait sur des airs de samba. Son style se rapprochait beaucoup plus des rythmes endiablés de l'*Orfeu negro* de Marcel Camus (1959), notamment lorsque ses deux attaquants-vedettes, Garrincha et Pelé, sonnaient la charge.

Si l'on revient aux propos de Gilberto Freyre, le jeu et la vie privée de Manuel Francisco dos Santos, dit « Garrincha », c'est-à-dire « roitelet » (en référence à l'oiseau), symbolisaient la persistance de la face dionysiaque du Brésil. De sang indien et noir, Garrincha présentait un visage régulier, à la fois timide et canaille, mais ses jambes torses, peu communes pour un athlète de haut niveau, lui donnaient, vu du sol, une allure carrément faunesque. Si cette particularité anatomique lui valut une usure précoce des cartilages des genoux, elle ne l'empêcha pas d'humilier les arrières-gauches de la planète par des feintes et de terribles crochets du droit, « ce qui amusait beaucoup le public mais, surtout, désorganisait et démoralisait l'équipe adverse[66] ». Il n'hésitait d'ailleurs pas à attendre son adversaire pour l'effacer à nouveau et même lui faire perdre l'équilibre. Autant dire que Garrincha aimait garder la balle et qu'il était inutile de l'asservir à quelque schéma tactique que ce fût. Mais ses dribbles ravageurs lui permettaient d'entrer dans la surface pour servir finalement les partenaires qui avaient eu la patience d'attendre la fin de son numéro ou de marquer, dans un angle souvent fermé, des buts décisifs.

Né en octobre 1933 à Pau Grande, une petite ville située à 60 kilomètres de Rio, il avait passé « sa jeunesse à chasser, pêcher, forniquer et à jouer au football[67] ». D'informelles et jouées avec les moyens du bord, les parties disputées par Garrincha devinrent progressivement officielles et régies par les lois du jeu. En 1953, à l'âge de 19 ans, il fut repéré par un recruteur du club de Botafogo et quitta l'usine textile – et son équipe – où il était employé comme footballeur-ouvrier pour gagner Rio. Bien qu'il évoluât après 1965 dans divers clubs dont les Corinthians de São Paulo ou Flamengo, Botafogo resta l'équipe de sa vie. Un club dont les dirigeants exploitèrent sans vergogne l'ingénuité, l'épicurisme et l'indifférence aux contingences matérielles de Garrincha. Dès 1957, ses dribbles déroutants permirent à Botafogo de remporter le championnat de Rio, performance rééditée en 1961 et 1962. Pourtant, il était l'un des joueurs les moins bien payés de l'équipe en raison des contrats léonins qu'il signait distraitement. Le football ne signifia d'ailleurs pas pour lui un changement de condition sociale, qu'il ne souhaitait pas. Il continua à vivre dans les quartiers populaires de Pau Grande jusqu'en 1963 avec sa femme et leurs sept enfants. Puis il partit vivre avec la chanteuse Elza Soares, amorce d'une vie chaotique marquée par les blessures (il se blessa pendant le match Brésil-Hongrie perdu 1-3 de la Coupe du monde 1966), l'alcoolisme, la passion des femmes – il aurait eu au moins treize enfants, dont un suédois à la suite de l'expédition victorieuse de 1958. Toutefois, malgré le spectre de la déchéance qui se dessina très vite à l'orée des années 1970, il resta *Garrincha, alegria do povo*, « Garrincha, la joie du peuple », titre du film réalisé en

1962 par Joaquim Pedro de Andrade, l'un des chefs de file du *cinema novo*. Lorsqu'il mourut, alcoolique, à l'âge de 49 ans, en janvier 1983, dans le quartier ouvrier de Bangu à Rio, « le public [fit] la queue pour s'incliner devant le corps » exposé au Maracanã, « le lieu de ses exploits[68] ».

La trajectoire sociale et sportive de Garrincha présente la simplicité des représentations du monde que le football donne à voir. Il semble aisé d'y identifier le déterminisme social et racial structurant la société brésilienne et l'impossibilité de se départir de l'*habitus* culturel. L'histoire d'Edson Arantes do Nascimento, dit Pelé, pourrait faire mentir cette constatation si, pour rester dans les analyses proposées par les disciples du sociologue Pierre Bourdieu, il n'était question de « capital sportif » transmis par le père du champion. Né en décembre 1940 et fils aîné d'un « obscur footballeur de Bauru » à l'intérieur de l'État de São Paulo, Pelé n'eut de cesse, dès son enfance, « de réussir lui-même la carrière qui avait échappé à son père » pour cause de blessure et « de venger sa malchance[69] ». Loin d'être un divertissement hédoniste et gratuit, le football représenta d'abord à ses yeux une profession qu'il embrassa très tôt. Protégé et conseillé par l'ancienne vedette Valdemar de Brito, il réussit, à l'âge de 15 ans, à vaincre les réticences de sa mère et à être recruté par le Santos Futebol Clube, l'équipe du grand port et débouché maritime de São Paulo. Logé dans la *concentraçào*, l'hôtel où les joueurs professionnels accomplissaient leur « mise au vert » la veille des matchs, le jeune Edson mena une vie monacale qui lui permit d'acquérir toutes les ficelles du métier de footballeur, du soin du corps à la plus parfaite maîtrise technique. Dès les débuts de sa carrière, il incarna donc la rationalité sportive et le versant apollinien du football brésilien. Fidèle jusqu'en 1974 à Santos, il permit à son équipe de se construire un palmarès et de devenir l'un des plus grands clubs brésiliens. Alors que le onze au maillot blanc et aux joueurs noirs et métis n'avait remporté, avant l'arrivée de Pelé, qu'un titre de champion de São Paulo, une avalanche de coupes et de trophées jalonna son « règne ». À savoir : douze titres de champion de l'État de São Paulo, cinq Coupes du Brésil, deux Coupes Libertadores, la Coupe sud-américaine des clubs champions, ainsi que deux Coupes intercontinentales (1962 et 1963) face au Benfica Lisbonne et à l'AC Milan. Pelé ne se contenta pas de diriger le jeu d'attaque en devenant la figure emblématique du numéro 10. Il fut aussi le *goleador* par excellence puisqu'il marqua plus de 1 281 buts en 1 365 rencontres jouées, soit 0,93 but par match. Des buts réalisés dans toutes les positions, de la tête, des deux pieds, nécessitant aussi bien l'excellence technique que l'exploit physique. S'il excella dans ses dribbles, courts, longs, alternant crochets courts, grands ponts et petits ponts qui transformaient les défenseurs en pantins vengeurs, ses exploits individuels restaient beaucoup plus directs que ceux de Garrincha. Lorsqu'il dribblait, Pelé avançait dans l'axe pour percer le centre des défenses et se mettre dans la meilleure position de tir possible. Son centre de gravité plutôt bas lui assurait une mobilité et une vitesse d'exécution exceptionnelles. Haut de 1,72 cm pour un poids moyen de 75 kg, chaussant du 39, Pelé n'était en effet pas un colosse. En revanche, c'était un athlète complet, au corps harmonieux et entretenu avec soin, qui put poursuivre sa carrière professionnelle jusqu'à l'âge de 37 ans.

Pelé a parfois été défini comme une « académie du football », tant l'étendue de son savoir-faire de milieu offensif et d'attaquant était grande. Le *Mundial* 1970 joué au Mexique, la première Coupe du monde retransmise en couleur par les chaînes de télévision, fut sans doute son apothéose. Il y marqua quatre buts, dont le premier but de la finale remportée face à l'Italie 4 buts à 1. Une réalisation de la tête, chef-d'œuvre de détente et de « timing » qui surprit les défenseurs italiens, pourtant expérimentés. L'élégant arrière-gauche transalpin Giacinto Facchetti compara Pelé à un hélicoptère capable de rester en position stationnaire au-dessus du sol ! Pelé endossa donc le rôle de meneur de jeu, en simplifiant et en rationalisant les arabesques brésiliennes. Il sut se faire passeur, notamment sur le quatrième but de la finale marqué par le défenseur et capitaine Carlos Alberto. Paradoxalement, les actions les plus marquantes de Pelé furent réalisées pour la « beauté du geste » face aux plus grands gardiens du monde. Pour preuve cette tentative de lob de plus de 50 mètres qui passa de peu à côté du but défendu par le Tchécoslovaque Viktor. Ou encore cette tête parfaite que le *goalkeeper* anglais Gordon Banks arrêta au prix d'un réflexe hors du commun et qui fit dire à Pelé : « J'ai marqué un but mais Banks l'a arrêté. » Ou enfin cette feinte qui lui permit d'effacer le gardien uruguayen en demi-finale avant de rater le plus facile : propulser le ballon dans un but pratiquement vide.

Sans doute la « légende » et surtout l'« icône » Pelé ont-elles bénéficié de la loupe grossissante du petit écran. Les exploits d'un Alfredo Di Stefano, un footballeur au talent certainement aussi grand que celui de Pelé, n'ont été consignés que par des photographies le montrant en train d'accomplir des reprises de volée acrobatiques ou par des films d'actualité au cadrage incertain. Mais d'autres éléments contribuent à expliquer la fascination pour un footballeur dont la vie et la carrière ont inspiré en France un documentaire du réalisateur François Reichenbach, *Le Roi Pelé* (1977), pour lequel le footballeur fraîchement retraité se rendit au Festival de Cannes. Deux biographies lui furent consacrées dès le début des années 1970, celles des journalistes Alain Fontan et François Thébaud[70]. Et très récemment son autobiographie a été traduite en France alors qu'en 1981 *L'Équipe Magazine* l'avait sacré joueur du siècle.

Le parcours de Pelé a de toute évidence la valeur d'un *exemplum* moderne, celui de l'enfant pauvre qui « dès qu'il put mettre un pied devant l'autre eut envie de courir après tout ce qu'il vit rebondir, ballons, boîtes, bouchons[71] ». Un enfant noir plutôt fragile qui triompha des préjugés racistes et sortit de sa condition pour être ensuite accueilli comme un véritable chef d'État. Les livres plus ou moins hagiographiques sur Pelé – on en compterait plus de 1 000 de par le monde, soit presque autant que le nombre de ses buts – répètent à l'envi la trajectoire du Noir qui est devenu blanc grâce au coup de baguette magique de la fée football et qui le vit passer des bidonvilles de Três Corações, sa ville natale, à la fréquentation de l'*establishment* mondial.

Les deux femmes que Pelé a épousées sont blanches. En 1974, il a été l'un des premiers Noirs à signer un contrat publicitaire avec Pepsi-Cola. Et, de 1995 à 1998, il fut ministre extraordinaire du Sport au Brésil, un niveau de responsabilité jamais atteint par un Noir dans ce pays. Certains pourraient lui reprocher d'avoir trahi les siens pour avoir continué sans état d'âme sa carrière de footballeur sous la dictature militaire instaurée en 1964. De fait, le titre mondial de 1970 coïncida avec la politique du général Emilio Garrastazù Medici mêlant répression et censure, et proposant au « bon peuple » les divertissements nationaux et inoffensifs du carnaval et du *futebol*[72]. Toutefois, « la victoire du Brésil à la Coupe du monde de football déclench[a] une vague d'enthousiasme collectif et d'exhibition spontanée des symboles patriotiques surpassant toutes les attentes du gouvernement[73] ». Le ravissement provoqué par l'obtention d'un titre mondial – on le verra à propos de l'Argentine – est d'abord une joie pour soi, partagée entre proches, voisins, et ne rime pas forcément avec l'adhésion envers le pouvoir en place.

Surtout, loin d'avoir été un docile serviteur de l'ordre établi, Pelé a aussi été un transgresseur. D'abord, en faisant fi du racisme des spectateurs qui le traitaient de « macaque » et qu'il réduisait au silence à grand renfort de buts et d'exploits. Ensuite, en se mariant avec des femmes blanches issues pour la première, Rosemarie Cholby, de la bourgeoisie brésilienne, avant de partir aux États-Unis tenter de convertir les foules newyorkaises et américaines aux joies du *soccer* puis de mener une carrière de businessman. Le fait de ne pas avoir subi la déchéance promise à un Garrincha et d'avoir des revenus annuels de 18 millions de dollars en 2001[74] constitue en soi aussi une forme de transgression des codes sociaux du Brésil. Et lorsque Pelé devint ministre des Sports, il tenta de mener à bien une vaste réforme du football brésilien, après en avoir dénoncé la corruption quelques années plus tôt. Il entendait professionnaliser le *futebol* en instaurant la transparence financière par l'obligation faite aux clubs de publier un bilan et en améliorant les conditions contractuelles imposées aux joueurs. Pour ce faire, il dut affronter le représentant de l'*establishment* blanc du football, João Havelange, ainsi que le lobby des dirigeants des clubs, toujours blancs, qui parvinrent à édulcorer le texte de loi voté en 2000, à tel point que Pelé voulut un moment que son nom ne lui fût plus associé[75].

En dehors du Brésil, et au-delà de son exceptionnel talent de footballeur, l'aura de Pelé reflétait aussi la diffusion des idéaux tiers-mondistes, faisant écho au « sanglot de l'homme blanc[76] » confronté à la misère des pays du Sud. En France en particulier, la musique brésilienne et ses déclinaisons françaises, de Claude Nougaro à Bernard Lavilliers, ont fait découvrir la pauvreté du Nordeste ou des *favelas* de Rio, en oubliant un peu vite la modernité brésilienne. Le succès du roman de José Mauro de Vasconcelos, *Mon bel oranger*, paru au Brésil en 1968 et traduit en français trois ans plus tard, participa de ce regard. Le héros du roman, Zézé, un enfant de cinq ans, partage avec Pelé une maturité précoce sans connaître le même destin. On pourra ajouter qu'en Europe, la figure de Pelé proposait un visage plus rassurant de la « négritude » sportive que l'arrogance revendicatrice d'un Mohammed Ali. Quand ce dernier parlait au nom de ses « frères », Pelé se contentait et se contente toujours de vanter les valeurs universelles du sport. Il est vrai qu'il n'a jamais existé au Brésil de véritable mouvement noir.

Pelé et les joueurs brésiliens en général jouirent donc d'une immense popularité. Une renommée qui permit aux clubs brésiliens impécunieux, gérés par des dirigeants amateurs, de faire rentrer dollars et autres devises fortes en signant force contrats pour des tournées à l'étranger. Santos participa ainsi au tournoi de Paris en 1960 et 1961 et le remporta, ce qui permit au public parisien de voir le prodige à l'œuvre. Mais c'est surtout en Afrique que les « entrées » du roi Pelé provoquèrent le plus grand enthousiasme dans l'atmosphère passionnée et chaotique des années postcoloniales. De Dakar à Kinshasa en passant par Abidjan et Libreville, des dizaines de milliers de personnes vinrent attendre leur héros à l'aéroport en scandant « Le Roi ! Le Roi ! » du 28 mai au 11 juin 1967. Sur le terrain, l'équipe de Santos et sa vedette ne forçaient pas leur talent, et pour cause ! « Leurs adversaires, animés d'une volonté extraordinaire, leur opposèrent une rageuse résistance où le béton et l'antijeu ont été la règle. Et Pelé, qui croyait être venu pour faire du spectacle, dut déchanter bien vite. Il ne se livra pas totalement, afin d'éviter les coups de ses garde-corps inconscients[77]. » Cherchant d'abord à se garder des mauvaises blessures, Pelé accomplit aussi le miracle de faire taire temporairement les armes. En 1970, en pleine guerre du Biafra, une trêve de quarante-huit heures fut négociée entre le pouvoir central et les Ibos afin de permettre à Santos de venir se produire à Lagos. Tel était le prestige du roi noir du football mondial sur la terre de ses ancêtres.

Guerres, répression et football

Depuis la fin des années 1960, l'évolution du football sud-américain a alimenté l'exécration des contempteurs du ballon rond qui ne voient dans le football que « peste émotionnelle[78] » ou la « domination opiacée[79] ». Au vrai, une analyse un peu courte et souvent a-historique peut amener à identifier dans le football non seulement l'un des aspects du cycle de violence politique et de répression impitoyable qui s'empara alors du « cône sud », mais aussi l'une de ses causes.

Le football sud-américain donnait lui-même en spectacle ses intempérances et ses excès. Les périodiques sportifs européens suivant de près les péripéties du championnat argentin répercutaient ainsi les incidents impliquant *hinchas* (les supporters) et forces de police. En décembre 1960, le match opposant Boca à Argentinos Juniors, le petit club portègne leader-surprise du championnat, s'acheva sur un lourd bilan. Après plusieurs incidents de jeu et un penalty douteux accordé à Argentinos, la *hinchada* de Boca commença à arroser la pelouse de divers projectiles dont un couteau de cuisine. La police entra alors en scène et, sans crier gare, déchargea presque à bout portant ses fusils-lance-gaz sur les gradins, précipitant la foule vers les portes de sortie. Dans un petit stade aux issues exiguës – et qui le restent aujourd'hui encore –, les spectateurs affolés se mirent à pousser sur les grillages de protection. Ils finirent par les aplatir pour envahir le terrain où les *hinchas* purent enfin régler leurs comptes. Le soir, « le bilan provisoire de l'échauffourée se mont[ait] à plus de dix blessés ». « Un enfant de dix ans a[vait] eu un œil arraché, un policier a[vait] été blessé d'un coup de couteau[80]. »

Ce fut à partir de cette même année 1960 que les footballeurs européens purent éprouver, souvent dans leur chair, la passion sud-américaine pour le football. Avec le développement des transports aériens, il était devenu beaucoup plus aisé de traverser l'Atlantique. Une Coupe intercontinentale, opposant le vainqueur de la Coupe Libertadores à celui de la Coupe d'Europe des clubs champions, fut créée, à l'initiative de l'UEFA et de sa consœur sud-américaine, contre l'avis des dirigeants de la FIFA qui voulaient se réserver le droit « de décerner des titres pour des compétitions internationales[81] ». La nature transatlantique de la compétition, souvent rebaptisée en Argentine Coupe ou Championnat du monde des clubs, la rendit sans doute beaucoup plus populaire en Amérique qu'en Europe. L'adoption de la formule des matchs aller-retour renforça le caractère passionnel de l'épreuve dont la première édition fut remportée par le Real Madrid face au Peñarol Montevideo le 11 septembre 1960.

Bien vite, les rencontres disputées sur leur sol par les champions argentins vainqueurs de la Libertadores se déroulèrent dans une atmosphère enflammée. À tel point que le Racing de Buenos Aires, vainqueur de l'édition 1967 face au Celtic Glasgow après un match d'appui joué à Montevideo, fut qualifié par le journaliste François Thébaud, directeur-fondateur du *Miroir du football*, de « champion du monde de la violence, de la tricherie et de la simulation systématiques[82] ». De fait, les *hinchas* du Racing assommèrent d'un jet de pierre le gardien écossais Simpson, juste avant le début de la rencontre-retour jouée à Avellanada. Les joueurs argentins prirent ensuite le relais en agressant physiquement leurs adversaires, notamment leur élément le plus dangereux, l'attaquant Johnstone. Menant malgré tout 1-0, les Écossais furent rejoints à onze minutes de la mi-temps sur un but hors-jeu. En plein été austral, ils ne purent se désaltérer à la pause car une main inconnue avait coupé l'eau alimentant leurs vestiaires ! Peu après la reprise, les Argentins marquèrent un but, cette fois-ci régulier (2-1). Comme les Écossais avaient gagné le match aller 1-0 et que la règle du but inscrit à l'extérieur n'existait pas encore, une troisième manche fut organisée au stade du Centenaire de Montevideo. Le terrain était *a priori* hostile aux Argentins : ils vinrent accompagnés de 20 000 *hinchas* qui avaient traversé le río de La Plata. Placés sous étroite surveillance par la police uruguayenne, ils eurent peu d'influence sur la rencontre. Mais sur le terrain, les provocations reprirent. Pour faire bonne figure, les joueurs écossais voulurent cette fois « se faire respecter » et finirent par perdre leur sang-froid. Si l'arbitre paraguayen Perez Osorio expulsa trois joueurs écossais et deux argentins, il se laissa abuser par les joueurs du Racing en faisant sortir Johnstone qui, de nouveau, avait bénéficié d'un « traitement de faveur ». Finalement, le club portègne l'emporta par 1 but à 0. Mais l'affaire n'en resta pas là. « Tandis que les *hinchas*, raconte encore Thébaud, se livrent à des manifestations d'une joie hystérique (le terme n'est pas excessif), la *vuelta olimpica* (le tour d'honneur) des champions du monde suscite dans le public uruguayen une colère qui explose lorsqu'ils font mine d'emprunter le tunnel d'accès aux vestiaires. Une pluie de projectiles s'abattant sur eux, plusieurs s'enfuient vers le centre du terrain pour attendre la protection de la police. Le médecin du Racing est blessé par une pierre. Le triomphe s'achève en panique[83]. » Dehors, les échauffourées se multiplièrent et Louis Lucchesi, le photographe accompagnant Thébaud, fut près d'être lynché parce qu'il avait été pris pour un Argentin !

Deux ans plus tard, les Italiens de l'AC Milan, pourtant habitués aux débordements des *tifosi*, furent à leur tour la proie des Argentins. Mais le « vice » latin et la technique des Milanais leur permirent de déjouer le piège tendu par les joueurs et les supporters du club d'Estudiantes de la Plata dans le stade de Boca Juniors, la Bombonera. Après une victoire 3-0 au stade San Siro, ils parvinrent à maîtriser le match malgré les agressions répétées de leurs adversaires. Dès leur entrée sur le terrain, ils avaient été arrosés de café brûlant et leur attaquant franco-argentin Nestor Combin, accusé d'être un déserteur parce qu'il avait choisi d'accomplir son service militaire dans l'Hexagone, bénéficia d'un traitement de choc qui ne l'empêcha pas de marquer le premier but de son équipe. Gianni Rivera accorda l'avantage final 2-1 à ses coéquipiers en évitant la sortie et la tentative de plaquage du gardien argentin. Dès lors, le match ne fut plus qu'une rixe au terme duquel Combin eut le nez et la pommette fracturés après avoir été attaqué par Suarez et avant d'être conduit, complètement groggy, au poste par la police argentine[84]. L'entraîneur milanais Nereo Rocco refusa de repartir sans son joueur, qui fut libéré le lendemain. La police argentine finit par arrêter les plus excités des joueurs d'Estudiantes qui avaient été conditionnés par leurs dirigeants les jours précédant la rencontre. Ce nouvel avatar de la violence endémique du football argentin entama un peu plus la crédibilité de la Coupe intercontinentale. Il révélait, s'il le fallait encore, l'instrumentalisation du machisme sportif par le pouvoir militaire. Le général Onganía, porté au pouvoir par le coup d'État militaire du 28 juin 1966, grand admirateur du « national-catholicisme » franquiste et promoteur de la « Révolution argentine[85] », avait assisté sans broncher au guet-apens tendu par les joueurs du Racing à leurs adversaires écossais. Une présence qui illustrait l'analyse postérieure du journaliste italien Antonio Ghirelli : « Immaturité sportive et nationalisme puéril continueront, d'autre part, à empoisonner le football sud-américain aussi longtemps que ces pays seront condamnés à l'exploitation coloniale et aux dictatures militaires[86]. »

En juillet 1969, un événement militaire frappant l'Amérique centrale parut confirmer cette prophétie : la guerre de Cent Heures qui opposa le Salvador au Honduras, connue du monde sportif sous le nom de « guerre du football ». La mémoire sportive a en effet retenu que ce conflit court mais meurtrier aurait été déclenché par les matchs aller-retour de qualification pour la Coupe du monde 1970 opposant au mois de juin 1969 les équipes nationales des deux pays. Un raccourci, voire pour certains une erreur, qu'il faut expliquer en restituant les rencontres dans l'histoire générale et sportive de l'Amérique centrale.

À l'exception du Mexique, les pays centre-américains faisaient figure de tard-venus dans le football international. L'une des fédérations les plus importantes, celle du Costa Rica, créée en 1921 et membre de la FIFA depuis 1927, ne comptait encore, en 1932, que 20 clubs affiliés répartis en trois divisions dans lesquelles jouaient 1 622 joueurs[87]. La FIFA chercha à faire adhérer ces jeunes fédérations qui commençaient à se rencontrer au sein des Jeux centre-américains. Ivo Schricker, le secrétaire général de la Fédération internationale, écrivit ainsi en octobre 1937 à Esteban Diaz, le président de la fédération de football du Honduras, pour lui présenter les avantages d'une adhésion, à savoir « jouer contre n'importe quelle Association appartenant à la FIFA sans demander une permission spéciale[88] ». Bien souvent les fédérations n'étaient que des sous-sections des Directions sportives des ministères de l'Instruction publique ou de Commissions nationales des sports fortement liées au pouvoir en place. Mais, outre les rivalités politiques entre ces petites républiques dominées par les aristocraties foncières et l'armée, le principal obstacle opposé au développement du football résidait dans la concurrence des sports nord-américains. Une grande partie de l'Amérique centrale, comme nombre de pays de la Caraïbe, appartenait en effet à l'aire culturelle et sportive yankee. « Au Nicaragua, écrivait en 1938 Hector Beeche, le président de la fédération costaricaine qui secondait Schricker dans sa campagne de ralliement, [...] on ne joue presque pas au football ; si la *Comision Nacional de Deportes* décide son adhésion, ce sera seulement pour le désir de figurer comme membre de la FIFA, car les sports nationaux sont le base-ball, en premier lieu, et le basket-ball en second chef[89]. » Le même Beeche formulait un constat identique lors des deuxièmes Jeux de l'Amérique centrale et des Caraïbes organisés à Panamá en février 1938. Seules les équipes de la Colombie, du Costa Rica, du Salvador, du Mexique, du Panamá et du Venezuela participaient au tournoi de football. Relevant que « le peu de public qui assista » aux parties de ballon rond avait été « correct », le président de la fédération costaricaine ne pouvait que reconnaître l'hégémonie des sports américains : « Il est impossible, écrivait-il encore, d'exiger que tout le monde assiste à tous les sports ; les parties de base-ball et de basket-ball laissaient les gens assez fatigués et je comprends fort bien que le public préférait son sport favori, le base-ball ou le basket-ball, à n'importe quel autre[90]. » Le Nicaragua et Panamá symbolisaient, il est vrai, l'impérialisme américain en Amérique centrale et la politique du « Big Stick » du président Theodore Roosevelt.

Si les efforts de Beeche ne débouchèrent que sur l'affiliation des fédérations salvadorienne et panaméenne en 1938, ils favorisèrent la création d'une *Confederación Centroamericana y del Caribe de Futbol Asociacion* ; Beeche en fut le premier président. Loin d'être une simple courroie de transmission de la FIFA, le nouvel organisme autorisé depuis le congrès de Berlin se fit immédiatement l'écho des griefs sud-américains à l'encontre de l'européocentrisme de la FIFA. Dès mars 1938, Beeche suggérait de « donner deux représentations au groupe de l'Amérique centrale à cause du grand nombre de pays qui peuvent s'inscrire et sont désireux de participer à des tournois où ils auront beaucoup à apprendre ». Et, signe de la prégnance des sports américains, il proposait que la FIFA s'inspire de l'organisation de la Fédération internationale de basket amateur (FIBA) qui « permet à chaque continent de s'organiser en groupements qu'elle appelle zone ; non seulement elle le permet, mais elle le recherche et le recommande également[91] ».

Il fallut attendre 1982 pour que deux places permanentes fussent allouées à l'Amérique centrale réunie dans la CONCACAF (Confederation of North, Central America and Caribbean Association Football), l'organisme continental né en 1961 de la fusion de deux confédérations, celle de l'Amérique centrale et des Caraïbes d'une part, celle de l'Amérique du Nord de l'autre. Pourtant, à partir des années 1940, le football centre-américain connut un extraordinaire développement. Un championnat « continental », dominé par le Costa Rica (5 victoires), fut organisé depuis 1941. Si le Mexique n'y participait pas, Haïti et les Antilles hollandaises avaient rejoint les petites républiques mésoaméricaines dans les joutes passionnées et passionnelles du football international.

Au début des années 1960, l'envoyé du *Miroir du football* Jesus Villamor estimait à au moins 500 000 le nombre de footballeurs de la zone – 500 000 joueurs pour 14 millions d'habitants : le ratio était exceptionnel puisqu'il se montait à « 1 footballeur pour 28 habitants, contre 1 pour 84 en France[92] ». Surtout, les capitales étaient désormais dotées de vastes enceintes à même de mobiliser les foules. Le stade Doroteo-Flores au Guatemala comprenait 60 000 places, soit une contenance représentant 10 % de la population locale ; l'Estadio Nacional du Salvador comme son pendant de Tegucigalpa au Honduras en comptaient 40 000. Les matchs internationaux et nationaux, les tournées d'équipes sud-américaines, notamment les passages du Santos de Pelé, faisaient vivre ces enceintes réalisées grâce au soutien actif de pouvoirs publics très présents dans le domaine du sport. Ces rencontres provoquaient de multiples débordements. « Les incidents sur les stades sont fréquents, rapportait encore Villamor. Il y a des bagarres, parfois des blessés. Il est arrivé qu'une poignée d'excités mît le feu à un stade. D'autres, plus avisés, ont enlevé quelquefois les guichets... avec la caisse. » L'esprit national expliquerait ces excès : « Disons qu'ils sont fougueux à l'extrême, expliquait toujours le reporter du *Miroir du football*. Il faut d'abord expliquer que la population de l'Amérique centrale est un composé d'Indiens, de Noirs et d'Espagnols. Le creuset des siècles a mêlé les trois tendances, sans en atténuer les caractères initiaux. Alors, c'est un public emporté, partisan, généreux aussi, aux revirements instantanés. »

En d'autres termes, l'Amérique centrale était une terre de violences ; celles de la nature d'abord, rythmées par les tremblements de terre et des éruptions volcaniques ; celles des hommes, ensuite. Entre « une succession de tyrans pittoresques » et les interventions des marines, « certaines républiques attendirent jusqu'aux années 1950 pour entrer de plain-pied dans le XXe siècle[93] ». Depuis l'indépendance, l'évolution de territoires aux histoires entremêlées et aux frontières floues fut ponctuée par des guerres civiles dépassant toujours le cadre national. Conservateurs et libéraux du Guatemala, du Honduras ou du Salvador avaient constitué une société transnationale poursuivant leur lutte hors des frontières, à l'image d'un « Morazán, paladin du fédéralisme, tour à tour chef de l'État libéral au Honduras, au Salvador et au Costa Rica[94] », où il fut finalement fusillé par les conservateurs en 1842. Plus globalement, la violence s'inscrivait dans le mode de colonisation espagnol, qui, faute de trouver de l'or, fit du travail de masses indiennes divisées mais souvent insoumises la principale richesse de l'Amérique centrale. « Pour certains sociologues, le *machismo* centraméricain procéderait lui-même de ce schéma central, le "sentiment de supériorité de l'Espagnol et le mépris de l'indigène", à travers le viol fondateur et le génocide initial[95] ». L'ouverture au monde s'opéra par le café, production reine du Salvador, du Guatemala et du Costa Rica, par les fruits exotiques pour le Honduras, vite devenu la proie de la *United Fruits* nord-américaine qui lui valut en premier le surnom de « république bananière ». Bénéficiant de l'attention des présidents américains, notamment John Fitzgerald Kennedy et Lyndon Johnson, les pays méso-américains connurent des taux de croissance records de leur PNB : 5,3 % en moyenne entre 1950 et 1978. Les exportations de produits agricoles mais aussi un début d'industrialisation, orientée surtout vers la production de biens de consommation, soutinrent la croissance et transformèrent les villes. Une classe ouvrière encadrée par des organisations syndicales de masse et les travailleurs d'un secteur informel en plein essor transformèrent les centres urbains et les capitales. L'émergence du football en tant que sport-spectacle était donc portée par le développement économique et urbain de l'Amérique centrale.

Ces mutations économiques avaient aussi provoqué de profondes transformations sociales et affaibli le pouvoir des oligarchies foncières. Au Salvador, en particulier, « la bureaucratie étatique et les militaires prétend[aient] désormais servir de tuteurs aux classes subalternes ; forts de leurs capacités à drainer l'aide internationale ils mett[aient] en place des réseaux clientélistes propres et surtout n'hésit[aient] plus à se poser comme le point de passage obligé entre les paysans sans terre et les grands propriétaires[96] ». La naissance d'un sentiment national favorisa l'éclatement de la « guerre du football », ou plus justement des « Cent Heures ».

Le journaliste polonais Ryszard Kapuściński a popularisé l'idée que les rencontres Salvador-Honduras auraient constitué l'élément central et déclencheur du conflit entre les deux pays, le soubassement social et économique ne constituant que le « contexte » de la guerre[97]. Certes, les matchs furent joués dans un climat haineux. Le 8 juin 1969, l'équipe salvadorienne perdit le match aller à Tegucigalpa par 1 à 0 après avoir été maintenue éveillée la nuit précédente par les supporters honduriens qui assiégèrent leur hôtel, en hurlant et en lançant des cailloux contre les vitres. De sérieux incidents opposèrent supporters des deux bords, la communauté salvadorienne étant, pour des raisons économiques, nombreuse au Honduras. Le match retour, disputé une semaine plus tard, fut ponctué par des violences redoublées. Alors que le bureau de poste attenant à l'hôtel où était logée la délégation hondurienne était incendié, les visiteurs furent conduits au stade de la *Fior Bianca* au milieu des coups de feu et protégés par des blindés. Selon Kapuściński, l'ire des supporters salvadoriens aurait été renforcée par le suicide d'Amelia Bolanios, une jeune fille qui se serait précipitée sur « le bureau de son père où se trouvait un pistolet » lorsque les Honduriens marquèrent au match aller. Elle se serait ensuite tiré « une balle dans le cœur[98] ».

Quoi qu'il en soit, le jour du match, « des centaines de Honduriens venus encourager leur équipe sont molestés et parfois grièvement blessés par la foule des supporters salvadoriens[99] ». « Que rien de plus sérieux encore ne se soit produit fut probablement dû au fait que le Salvador marqua deux buts de plus, et remporta le match par 3 buts à rien[100]. » Restait à jouer le match décisif, sur terrain neutre, ce qui fut fait le 27 juin au stade Aztèque de Mexico. Devant 15 000 spectateurs dans un stade qui pouvait en accueillir 90 000, le match commença sans « poignées de main, ni gestes de courtoisie d'aucune sorte[101] ». Arrivés à la fin du temps réglementaire sur un score de parité de 2 buts partout, les deux équipes durent jouer les prolongations. Et ce ne fut que dans la seconde mi-temps de celles-ci que l'attaquant salvadorien Rodriguez donna l'avantage à son équipe d'un tir des vingt mètres qui propulsait son équipe en finale du groupe méso-américain/caraïbe. Le match s'était déroulé selon la FIFA « sans sérieux incidents, grâce à l'excellente organisation de la fédération mexicaine[102] » et à la présence de forces de l'ordre pléthoriques. Le général Hernandez, président du Salvador, accueillit bien évidemment les joueurs triomphants à leur retour.

Mais ce qui constituait l'environnement et le déroulement assez fréquents des matchs de football en Amérique latine n'était plus alors qu'une péripétie ou, tout au plus, « l'étincelle qui provoqua l'explosion[103] ». Au Honduras en effet, « la veille du premier match une cinquantaine de familles salvadoriennes avaient été expulsées, en application d'un programme de réforme agraire des terres publiques qu'elles cultivaient : seuls les "Honduriens de naissance" pouvaient bénéficier de l'attribution des terres appartenant à l'État[104] ». Des appels au pogrom antisalvadorien furent lancés.

Le match de football et son enjeu sportif – participer pour la première fois à une Coupe du monde de football, disputée de surcroît au Mexique – s'inscrivaient au cœur du conflit politique et social qui opposait les deux pays. Le Salvador ne disposait que d'un territoire exigu et très peuplé (5 millions d'habitants pour un espace de 20 935 km^2) dont les paysans sans terre allaient travailler l'espace agricole plus vaste et surtout moins occupé du voisin hondurien (2,5 millions d'habitants sur 112 088 km^2). En juin 1969, plus de 300 000 Salvadoriens vivaient au Honduras ; certains étaient munis de papiers d'identité généreusement distribués par l'administration locale.

Du coup, l'expulsion des paysans salvadoriens posait le problème de leur réintégration sociale et économique dans leur pays d'origine. Dans une structure agricole marquée par le règne des latifundistes, « la fermeture de la frontière hondurienne ne laissait à long terme de choix qu'entre une réforme agraire ou une révolution agraire et à court terme qu'entre la guerre avec le Honduras ou un bouleversement du *statu quo* socio-économique[105] ». Alors que l'armée salvadorienne était considérée comme la première force militaire de la région, « la guerre fournissait la solution ultime pour préserver le pouvoir du groupe dirigeant qui sait sur quel volcan – au propre et au figuré – il est assis[106] ». L'offensive salvadorienne lancée le 14 juillet commença par une guerre-éclair avant de s'enliser en raison d'une résistance inattendue du Honduras et des conditions climatiques et topographiques de son territoire. Après des attaques aériennes menées de chaque côté avec des appareils datant de la Seconde Guerre mondiale, les belligérants cessèrent les combats. Sous la pression de l'Organisation des États américains (OEA), le Salvador retira ses troupes des territoires frontaliers que son armée occupait le 3 août.

Le football n'avait été qu'un détonateur de la crise opposant les deux pays. Produit d'une culture de masse participant de la nationalisation des populations centraméricaines, il avait certes servi de vecteur aux pulsions nationalistes. Mais les discours radiophoniques enflammés appelant à l'union sacrée pour défendre les frères salvadoriens avaient sans doute joué un rôle tout aussi important. De son côté, la FIFA avait observé de loin l'événement et cherché à savoir si ses délégués-inspecteurs s'étaient bien comportés au cours des trois rencontres opposant footballeurs salvadoriens et honduriens. Elle reconnaissait la gravité des incidents entourant le match à Salvador mais affirmait avec raison, malgré le plaidoyer *pro domo*, « que le football n'était certainement pas la cause[107] » du conflit.

Restait à jouer les derniers matchs décisifs. Au terme de trois matchs disputés face à Haïti, l'équipe du Salvador arracha sa qualification en battant son adversaire 1-0 dans le match d'appui disputé en Jamaïque. Mais elle ne fit que de la figuration au Mexique. Elle encaissa en effet 9 buts et n'en marqua aucun, après s'être inclinée 0-3 face à la Belgique, 0-4 contre le Mexique et 0-2 devant l'URSS.

L'ironie du sort et du... sport, pour citer la chronique tenue par le « hussard » Antoine Blondin dans *L'Équipe*, voudra que les formations du Salvador et du... Honduras se qualifient pour la Coupe du monde 1982. Si les Honduriens représentèrent avec honneur l'Amérique centrale en tenant tête à l'ancien colonisateur et pays hôte espagnol (1-1) de même qu'à l'Irlande du Nord, tout en étant battus de justesse par la Yougoslavie, le Salvador subit encore trois défaites, dont le plus lourd score encaissé en phase finale de la Coupe du monde : 10 buts à 1 de la part des footballeurs hongrois. Mais désormais la violence politique s'exerçait contre la population salvadorienne elle-même, suite au coup d'État militaire de 1979 et aux répercussions de la révolution sandiniste dans la région.

La guerre de Cent Heures avait constitué une exception dans le sous-continent. En effet, depuis le sanglant conflit du Chaco qui avait opposé la Bolivie et le Paraguay de mai 1933 à juin 1935, l'éclatement de conflits interétatiques avait été évité par l'application de la charte de Bogotá (1948), qui organisait la concertation intergouvernementale des États de l'OEA. Soit dit en passant, la guerre du Chaco porta un sérieux coup d'arrêt au développement du football au Paraguay. Presque un an et demi après l'arrêt des combats, les dirigeants de la Liga Paraguaya de Football, la fédération paraguayenne, précisait à la FIFA que « tous les clubs affiliés [avaient] souffert des horribles conséquences de la guerre ». Surtout, ajoutaient-ils « le Stadium de la Liga comme celui des clubs furent totalement détruits après avoir été utilisés comme camps de concentration de soldats[108] ».

À partir des années 1970, les enceintes sportives allaient être elles aussi associées à la violence militaire. Il n'était plus question d'agresser un voisin – sauf s'il était britannique dans le cas de la guerre des Malouines (1982) – mais d'écraser la subversion révolutionnaire en plein essor, en Uruguay et en Argentine notamment. Les deux principaux épisodes de ces heures sombres du football international furent les matchs de barrage pour la qualification à la Coupe du monde opposant l'URSS au Chili et, bien sûr, le *Mundial* organisé dans l'Argentine du général Videla en 1978.

Le Chili avait suivi la voie des autres fédérations sud-américaines en organisant son premier championnat professionnel en 1933. Toutefois, sa seule véritable affirmation sur la scène internationale fut l'organisation de la Coupe du monde 1962, deux ans après le terrible tremblement de terre du 22 mai 1960. Regroupant la compétition sur quatre stades au lieu de huit, dont deux (Viña del Mar et Rancagna) à proximité de Santiago du Chili, le Comité d'organisation put réduire son budget et même rembourser les fonds octroyés par le gouvernement chilien afin de les consacrer à la reconstruction. La FIFA décida de son côté de réserver 20 % de la part des recettes qui lui étaient dues (5 % des recettes globales) au fonds de reconstruction nationale[109]. La persévérance paya puisqu'au 30 mai 1962 les conditions techniques étaient réunies pour assister au triomphe du Brésil de Garrincha... et voir l'équipe du Chili remporter la troisième place du tournoi dans un pays où les conditions de vie demeuraient difficiles. Le succès sportif fut gagné au prix d'un soutien particulièrement chauvin des spectateurs, notamment lors d'un match « musclé » remporté sur l'Italie au premier tour. « La foule exaltée jusqu'au délire, les joueurs chiliens drogués au moins sur le plan psychologique, l'arbitre anglais Aston, hostile et provocateur, conspirèrent pour faire perdre la tête aux *azzurri*[110]. » Telle fut en tout cas la version italienne d'un match perdu 2 buts et... deux expulsés à 0.

Les deux Coupes du monde suivantes brillèrent d'un moindre éclat. Admis à la phase finale de l'édition 1966, le Chili fut éliminé dès le premier tour en subissant la loi d'une Italie revancharde (0-2), de l'URSS (1-2) et en obtenant le match nul face à la surprise de la compétition, la Corée du Nord. L'équipe ne parvint pas à se qualifier pour la compétition disputée au Mexique. Pour la Coupe du monde 1974, l'équipe chilienne devait, après avoir éliminé le Pérou, rencontrer le vainqueur du groupe 9 de l'UEFA, l'URSS, qui avait écarté l'Irlande du Sud et la France de la route menant au *Fussball-Weltmeisterschaft*.

Il fallut d'abord trouver une date convenant aux deux fédérations puis résoudre les tracasseries administratives inhérentes à l'entrée d'une délégation sportive en Union soviétique. Les parties s'accordèrent pour un match aller le 26 septembre à Moscou et retour à Santiago le 21 novembre 1973. La première rencontre se conclut sur un nul 0-0. Elle s'était déroulée quinze jours après le coup d'État qui avait renversé le président Salvador Allende. Entre-temps, la police et l'armée du général Pinochet avaient réquisitionné le stade national de la capitale chilienne pour y parquer, trier et torturer les milliers d'opposants arrêtés depuis le 11 septembre. L'enceinte n'était pas donc « libre » pour y disputer un match de football. Mais les dirigeants sportifs et les nouvelles autorités sportives du Chili promirent de faire place nette pour que le match puisse avoir lieu. Le Comité d'organisation de la FIFA prit acte et décida le 13 octobre 1973 que le match aurait lieu au Chili « à la date même, pourvu que le rapport de la délégation d'enquête soit satisfaisant[111] ». Ladite délégation était composée de deux membres, le secrétaire général de la FIFA, Helmut Käser, un homme d'ordre, fier de ses périodes accomplies en tant qu'officier d'artillerie de l'armée suisse, et Abilio d'Almeida, le vice-président brésilien de la FIFA, un proche de João Havelange, alors président de la fédération brésilienne. Autant dire que les deux hommes ne voyaient pas d'un mauvais œil la dictature installée par Pinochet. Le rapport qu'ils rendirent en témoigne. Dépeignant l'atmosphère régnant à Santiago, ils écrivirent : « Nous avons trouvé que le cours de la vie était normal, il y avait beaucoup de voitures et de piétons, les gens avaient l'air heureux et les magasins étaient ouverts et on nous a dit que contrairement à l'époque précédant le 11 septembre la nourriture et d'autres biens étaient disponibles[112]. » Et pour cause : le syndicat des camionneurs ne paralysait plus le pays !

Ils souscrivirent aussi au discours des officiels de la fédération de football chilienne qui affirmait que « la population chilienne attendait avec impatience ce match vital de l'équipe nationale ». Mais l'expression la plus évidente de la mauvaise foi et/ou de l'esprit partisan concernait la visite de l'enceinte sportive que la presse internationale appelait désormais le « stade de la mort ». Après un rendez-vous au ministère de la Défense, où les deux hommes, reçus « très courtoisement » par le vice-amiral Patricio Varvajal Prado, eurent avec lui « un échange de vues très ouvert », l'Estadio Nacional s'offrit à leur inspection. Selon les deux visiteurs, « le stade [était] alors utilisé comme un "centre d'orientation" et les gens n'y [étaient] pas des prisonniers mais seulement des détenus dont l'identité rest[ait] à établir (un grand nombre d'étrangers sans documents valides) de même que le rôle qu'ils [avaient] joué avant et après les événements de septembre[113] ». Un tel assaut de casuistique supposait une conclusion évidente. Le match devait être joué : un télégramme défendant cette option fut envoyé à la fédération soviétique.

Bien que l'URSS ne puisse être considérée comme une championne en matière de droits de l'homme, la fédération soviétique, soutenue par les associations des pays frères, demanda que la rencontre fût déplacée dans un pays tiers[114]. Ce que la FIFA refusa. Le 21 novembre 1973, dans un stade national « débarrassé » de ses prisonniers, de ses geôliers et de ses tortionnaires, l'équipe nationale du Chili s'aligna pour la forme à l'heure du coup d'envoi, attendant l'hypothétique entrée des joueurs soviétiques. Ceux-ci ayant déclaré « forfait », le Chili gagna son billet pour l'Allemagne de l'Ouest. Elle y fournit une prestation médiocre : défaite 0-1 face à la *Mannschaft* ouest-allemande, partage des points 1-1 avec son homologue est-allemande et 0-0 avec l'équipe d'Australie. Surtout, les joueurs chiliens durent subir les lazzis et les chants des réfugiés politiques venus en nombre dans les stades de la Coupe du monde protester contre les crimes de la dictature.

Osons toutefois une interrogation. Si le régime de Pinochet n'avait pas utilisé l'Estado Nacional comme véritable camp de concentration, l'équipe soviétique aurait-elle joué à Santiago ? Par-delà les circonstances dramatiques et le caractère meurtrier de la dictature chilienne qui provoqua plus de 3 000 morts, l'affaire posait la question du sport international. Le football était-il un lieu neutre s'affranchissant des contingences politiques ? Ne devait-il au contraire n'être joué qu'entre pays démocratiques ? Rien dans les statuts de la FIFA ne le prévoyait et le ballon rond s'était joué des confrontations idéologiques. Lorsque les pays africains décidèrent de boycotter les Jeux olympiques de Montréal pour protester contre la présence de la Nouvelle-Zélande, pays dont des rugbymen effectuaient une tournée au pays de l'apartheid, ils ne pouvaient invoquer, pour la plupart, l'idéal démocratique, apparaissant plutôt comme des régimes autoritaires, voire, pour certains, des dictatures au passé et au présent sanglants. Sur les 22 Comité nationaux olympiques qui se retirèrent sur ordre de l'Organisation de l'unité africaine (OUA) figuraient notamment l'Ouganda d'Idi Amin Dada, la Libye du colonel Kadhafi, ou encore le Togo de Gnassingbé Eyadéma[115].

Le régime argentin qui accueillit la Coupe du monde 1978 ne déparait pas dans cet aréopage de dictatures meurtrières. Il avait eu pour prélude, entre 1973 et 1976, un court intermède démocratique marqué notamment par le retour de Perón, sa mort, la présidence de sa femme María Estela Martínez, Isabel Perón en politique. Une situation économique désastreuse, l'agitation des péronistes de gauche, la guérilla marxiste dans la région du Tucuman justifièrent aux yeux des militaires leur retour au pouvoir. Si tous les régimes autoritaires et militaires argentins avaient réprimé par la force les oppositions, la junte militaire au pouvoir après le coup d'État du 24 mars 1976 se distingua par un système de violence exercé à l'égard de tous ceux qui passaient pour subversifs. Son chef, le général Jorge Rafael Videla, commandant en chef de l'armée de terre, avait fixé la doctrine au XIe congrès des Forces armées américaines de Montevideo : « Nous tuerons autant de gens qu'il faudra pour que la paix revienne en Argentine[116]. » C'est donc un terrorisme d'État qui s'abattit sur le pays, après avoir été le fait, sous la présidence d'Isabel Perón, de forces paramilitaires. Des groupes comme l'Alliance anticommuniste d'Argentine avaient multiplié les enlèvements et les assassinats politiques, prétendant offrir une réponse aux exactions des groupes terroristes de gauche depuis 1969. Les Montoneros, dont l'idéologie « mêlait le catholicisme, le marxisme et surtout le péronisme[117] », avaient en effet inauguré cette saison de violence en enlevant puis en assassinant l'ancien chef de l'État argentin, le général Aramburu.

Afin d'éviter la surenchère entre les fédérations candidates et de laisser le temps aux pays hôtes de préparer la tenue de la Coupe du monde, la FIFA avait instauré en 1964 une programmation sur plus de dix-huit ans qui prévoyait une alternance entre Europe et Amérique. Le Mexique ayant été choisi pour accueillir l'édition 1970, l'Argentine se voyait désignée pour celle de 1978. Mais, au début des années 1970, la situation du pays préoccupait les dirigeants de la FIFA. Dès octobre 1973, lors de la première séance du Comité d'organisation, Stanley Rous, alors encore président, « demanda quelques assurances concernant la Coupe du monde 1978, étant donné les fréquents changements d'intervenants, de membres du Comité [d'organisation local] et de gouvernement argentins[118] ».

D'une certaine manière, le coup d'État militaire rassura les dirigeants de la FIFA. Concluant le rapport d'une visite commencée quatre jours après la prise de pouvoir de la junte, l'Allemand Hermann Neuberger, vice-président de la FIFA, président du DFB et du Comité d'organisation, ne cachait pas son enthousiasme. Il affirmait à ses pairs que « tout à fait indépendamment de la situation politique, la nation argentine sembl[ait] accorder la plus grande importance à l'organisation de la Coupe du monde[119] ». Raison pour laquelle le même Neuberger ne vit « aucune objection » à la création en 1976 de l'Ente Autarquico Mundial 1978 (EAM 78) qui étatisait l'organisation d'une compétition qui aurait dû rester, en vertu des règlements fédéraux, le fait d'un comité autonome, désormais seulement responsable sur le plan sportif. De fait, l'AFA, la fédération de football argentine, avait été reprise en main après le coup d'État.

Les fédérations européennes s'inquiétaient malgré tout de la sécurité de leurs joueurs. Le Nord-Irlandais Henry Cavan, vice-président de la FIFA représentant l'UEFA, soulignait « qu'en raison des fréquentes informations rapportant des affaires de kidnapping en Amérique du Sud, de nombreux clubs européens avaient peur de faire courir des risques à leurs joueurs de grande valeur[120] ».

Il est vrai que les enlèvements politiques avaient aussi fait la une en Uruguay avec le rapt de l'agent du FBI Dan Mitrione par les Tupamaros en juillet 1970. La sanglante prise d'otages dont fut victime la délégation israélienne aux Jeux olympiques de Munich deux ans plus tard confirma l'idée que les sportifs pouvaient être aussi des cibles. Cela explique sans doute qu'à la veille de la Coupe du monde argentine, les membres du Comité d'organisation écoutèrent sans broncher l'amiral Lacoste

– devenu président de l'EAM 78 après l'assassinat en août 1976 de son premier dirigeant le général Omar Actis[121] – affirmer « que des mesures de sécurité très drastiques [avaient] été adoptées, même si elles n'[étaient] pas toujours visibles ». « Il faut assurer le Comité que tout ce qui est possible [de faire] a été fait[122] », concluait-il. L'amiral Lacoste parlait en orfèvre. Entre mars et décembre 1976, « plus de 2 300 personnes [avaient] été officiellement] tuées par la police et l'armée ». Et à la veille du *Mundial* on comptait « près de 20 000 disparitions et plus de 10 000 détenus dans les prisons et les camps de concentration ». Les techniques de torture les plus barbares étaient utilisées : « *picana* (torture par l'électricité), viols, mutilation des parties génitales, vivisection sans anesthésie, [...] brûlures à la cigarette ou au chalumeau, arrachage des ongles ou de la peau du visage », etc. furent employés pour exterminer les opposants[123].

Dans un autre registre, les questions économiques et matérielles taraudaient les dirigeants de la FIFA : entre autres, l'achèvement des stades, dont un totalement neuf à Mar del Plata, l'obtention des visas, la libre convertibilité et la stabilité du peso, enfin le passage à la couleur de la télévision argentine. Ils furent vite convaincus par l'activisme de l'amiral Lacoste, qui, soutenu par la junte, coordonna les énormes travaux d'infrastructures qu'imposait l'organisation de la compétition. Pour financer la modernisation des équipements de télécommunication, le pouvoir signa des accords avec les firmes multinationales américaines et européennes. « C'est Siemens qui passera le réseau TV à la couleur pour 48 millions de dollars. Sa filiale majoritaire Osram fournit le matériel d'éclairage. Bosch livre les salles de mixage, les caméras et les cars de retransmission, L. M. Ericsson construit un centre de télex international et un central téléphonique international automatique[124]. » Ainsi, le marché intérieur argentin s'ouvrait, au prix de l'augmentation de la dette extérieure, qui grossit de quelques centaines de millions de dollars afin d'achever l'aéroport d'Ezeiza et de nouvelles autoroutes urbaines, de réaménager ou de construire les stades. Au total, le *Mundial* généra plus de 700 millions de dollars de dépenses, soit 10 % du PNB annuel de l'Argentine. Des dépenses d'investissement dont la junte se targua, même si elles avaient amené à construire un « éléphant blanc » (le stade de Mar del Plata, ville balnéaire de basket-ball et de tennis) et portaient la marque de l'affairisme de Lacoste.

En mai 1978, l'Argentine était donc « prête ». Buenos Aires comme les autres cités hôtes, Rosario ou Mendoza, avaient été « nettoyées » de tout élément suspect. Le pouvoir était allé jusqu'à évacuer l'un des plus grands bidonvilles portègnes, Villa de Colegiales, fin 1977, afin « de donner à la ville une image plus présentable[125] ». Toutefois, des voix commencèrent à s'élever en Europe contre le *Mundial* de la junte. Dans une tribune publiée par le quotidien *Le Monde* en octobre 1977, l'écrivain Marek Halter dénonçait les crimes de la junte argentine, à commencer par l'enlèvement et l'assassinat de deux membres de sa famille[126]. De manière plus collective, le COBA, Comité pour le boycott du Mundial en Argentine, martela le parallèle qu'il convenait d'établir entre la Coupe du monde 1978 et les Jeux de 1936. Si la violence barbare infligée aux prisonniers politiques ainsi que le retour de l'antisémitisme justifiaient ce rapprochement, la menace que le régime argentin faisait peser sur la stabilité du monde était infime rapportée à la machine de guerre hitlérienne. Animée par Jean-Marie Brohm, la revue *Quel Corps ?* qui était, avec Amnesty International et la Ligue des droits de l'homme, le fer de lance du COBA, stigmatisa l'aveuglement des institutions sportives[127]. Des mouvements similaires furent lancés « aux Pays-Bas, au Danemark, en Italie, en République fédérale d'Allemagne, en Suisse, aux États-Unis, en Suède, en Finlande, et, à un degré moindre au Mexique, en Espagne et en Israël[128] », si bien que le régime argentin lança à son tour une campagne de propagande contre la « campagne anti-Argentine ».

Le danger n'était cependant pas bien grand. Dans leur ensemble, les opinions publiques des pays qualifiés se montraient favorables à la participation de leurs équipes à la compétition. En France, aucun grand parti, à commencer par le Parti communiste et le Parti socialiste, ne s'opposa publiquement. La raison d'État prévalut donc, en Europe de l'Ouest comme en URSS ou en Israël – dont les sélections n'étaient pas admises à concourir. Nul n'entendait orchestrer une campagne qui pût nuire aux échanges économiques allant des investissements de Fiat et de Renault à la vente des missiles Matra Exocet qui devaient s'illustrer pendant la guerre des Malouines. Les filiales argentines des entreprises automobiles européennes profitèrent au demeurant de la répression militaire pour juguler l'agitation sociale qui sévissait dans leurs usines[129].

Seules quelques voix isolées, humanistes et courageuses, protestèrent plus ou moins fortement. Le capitaine de l'équipe néerlandaise, Wim Van Hanegem, et sa grande vedette Johan Cruyff refusèrent d'accompagner leurs coéquipiers pour des raisons politiques. Sur place, le sélectionneur français Michel Hidalgo s'enquit sérieusement de la destinée de onze disparus, s'interrogeant sur le sort de deux religieuses françaises enlevées en décembre 1977 et torturées à mort. Si la plupart des bleus, Michel Platini en tête, voulaient séparer le sportif du politique, une poignée d'entre eux comme Dominique Rocheteau, Dominique Baratelli, Patrick Battiston ou Jean-Marc Guillou exprimèrent d'une manière ou d'une autre leur préoccupation.

Commencée le 1er juin, la Coupe du monde s'acheva sur un triomphe argentin le 25 juin 1978. La compétition avait été préparée avec le plus grand soin. Plus de 130 joueurs avaient été triés pour former un groupe de 40 joueurs mis à disposition du sélectionneur par leur club depuis le 15 février, à l'exception de Mario Kempès, le maître à jouer de la sélection opérant à Valence en Espagne. Dans un *Mundial* jugé ennuyeux en raison de l'uniformisation des styles de jeu et des tactiques défensives employées par les formations, en particulier par le Brésil, on sut gré à Menotti d'être parvenu à allier technique argentine et préparation physique. Les Argentins pratiquèrent un football ouvert, habile contrepoint de la politique répressive et fermée du régime. Une opposition de style voulue par les généraux pour certains, mais qui exprimait aussi les convictions progressistes de Menotti. En « jouant un football libre, créatif, l'équipe évoquait non seulement le football argentin d'antan, mais aussi le souvenir d'une Argentine libre et créative[130] ».

En attendant, le parcours de l'équipe dirigée par le sélectionneur Luis Cesar Menotti fut pavé d'embûches. Certes, la formation argentine remporta son premier match face à la Hongrie 2-1. Mais elle dut surtout à l'ingénuité des joueurs français de pouvoir vaincre les Bleus sur le même score. Après avoir transformé un penalty accordé généreusement sur une main au sol du défenseur Marius Trésor (45e minute), les Argentins furent rejoints à la marque par un beau mouvement d'ensemble français achevé par Michel Platini (60e). Sans la fébrilité de l'ailier gauche Didier Six, qui tira de peu à côté du but argentin alors qu'il se présentait face au gardien de but Fillol, l'équipe d'Argentine aurait pu être menée. Mais elle finit par marquer un second but par Luque (70ᵉ). Elle n'en fut pas moins battue 1-0 par une sélection italienne en plein renouveau lors du troisième match, la reléguant ainsi à la deuxième place du groupe.

Depuis 1974, un système de poule, identique à celui qui avait été adopté au Brésil en 1950, à l'exception de la finale disputée sur un seul match, organisait le deuxième tour. Il autorisait tous les calculs, d'autant que l'Argentine, en raison de sa défaite face à l'Italie, était reversée dans un groupe disputant ses matchs à Rosario et dans lequel on comptait, outre la Pologne et le Pérou, le grand adversaire sud-américain : le Brésil. Au terme des deux premiers matchs, les deux rivaux se retrouvaient à égalité de points, avec avantage au goal-average de deux buts pour le Brésil. Comme celui-ci jouait son dernier match avant l'Argentine, les joueurs de Menotti connaissaient donc, avant le coup d'envoi, le nombre de réalisations nécessaires pour arracher la première place et se qualifier pour la finale : 4. Ils écrasèrent le Pérou 6 buts à 0, une performance jugée surprenante au Brésil comme ailleurs. On évoqua le rôle de Quiroga, le gardien argentin naturalisé péruvien de la sélection andine « qui joua de manière encore plus excentrique que d'habitude[131] ». Des témoignages produits anonymement dans les années 1980 évoquèrent des attachés-cases remplis de dollars circulant dans les vestiaires péruviens... En tout cas, les Argentins se qualifiaient pour la finale face à l'équipe des Pays-Bas, déjà finaliste quatre ans plus tôt à Munich. Au bout des deux prolongations, soutenus par les 71 483 spectateurs lançant force *papelitos* sur la pelouse de l'estadio Monumental, les footballeurs argentins défirent leurs adversaires dans un match heurté remporté sur le score de 3 buts à 1. Leur capitaine, Daniel Passarella, pouvait recevoir le trophée des mains du général Videla et le brandir triomphalement, à quelques centaines de mètres de la sinistre Escuela de Mecánica de la Armada, le principal centre de torture de Buenos Aires.

La junte militaire avait-elle gagné ? En tout cas, la presse argentine proche du régime ou soumise à la censure se voulait revancharde et unanimiste. Elle l'avait montré dès l'ouverture de la compétition. La revue d'actualité *Gente* dressait ainsi le catalogue des réalisations du gouvernement : stabilité, efficacité, modernité, unité, et énumérait les engagements finalement tenus, au rebours des prévisions pessimistes avancées par la presse étrangère[132]. Au lendemain du succès argentin, *El Gráfico* rabâchait un nationalisme « régressif », dominé par un sentiment de revanche provinciale sur les critiques et la supposée condescendance européennes. La presse exaltait également le style « autochtone » qu'aurait pratiqué la sélection argentine dans un pays fortement structuré par le cosmopolitisme[133]. L'événement était *in fine* décrété historique, dans le sens où il incarnait le dépassement consenti par la participation de tous les Argentins. Le suremploi par la presse argentine de formules suggérant un « collectif inclusif » comme *nosotros*, *todos* ou *los Argentinos*, la publication de photos témoignant de la participation des femmes et des classes populaires mettaient en forme l'unanimisme que le régime recherchait. Hormis les réprouvés, les Argentins devaient entrer, tous ensemble, dans une ère nouvelle, comme l'annonçait l'un des périodiques du puissant groupe de presse Atlantida sur une photo de Videla les bras levés : « Un pays qui a changé[134] ».

Était-ce le cas ? Le succès suscita une liesse populaire d'autant plus forte qu'elle permettait d'exprimer librement sa joie dans un pays sous haute surveillance policière. Le sentiment national joua bien sûr, mais il était certainement renforcé par les courts moments de liberté et de manifestations populaires que permirent les victoires argentines. Cette allégresse restait cependant très difficile à supporter et à partager pour les familles des disparus, et encore plus pour les prisonniers politiques qui, selon leur régime de détention et leur état physique et moral, pouvaient se croire encore plus oubliés. Cette joie, enfin, présentait toutes les propriétés de l'exaltation sportive, en premier lieu celle d'être éphémère et volatile. Bien vite, la continuation de la répression et surtout l'incurie économique et financière de la junte ramenèrent les plus exaltés à la raison.

Quatre ans plus tard, les militaires tentèrent de remobiliser les Argentins autour de la reconquête des îles Malouines. Ce projet pouvait également rassembler puisqu'il entendait aussi lutter contre l'impérialisme anglais. Comme on le sait, l'issue se révéla désastreuse, les troupes d'élite et la marine britanniques procédant à la reconquête des « Falklands » en juin 1982. Alors que le taux annuel d'inflation dépassait les 100 %, que l'endettement extérieur explosait et que le mécontentement populaire s'exprimait ouvertement, les militaires durent adopter pour seul expédient le retour à la démocratie, en n'oubliant pas « de faire promulguer le 25 septembre 1983 une loi d'amnistie qui, sous couvert de réconciliation nationale, absolvait la répression organisée de l'appareil militaire au nom du sacrosaint impératif de la sécurité nationale[135] ». Avec l'élection du radical Raúl Alfonsín à la présidence de la République à la fin du mois d'octobre 1983, l'Argentine renaissait à la démocratie.

Sur le plan du football, Diego Armando Maradona occupait désormais la place de Mario Kempès. Alors que le joueur de Valence était grand, élancé, courtois, le numéro 10 d'Argentinos Juniors, de Barcelone et de Naples, était petit, râblé et souvent impoli, pour ne pas dire plus. Kempès était un enfant des classes moyennes de Rosario, mais Maradona appartenait à une famille provinciale immigrée dans le quartier populaire de Lanus à Buenos Aires. Repéré dès l'âge de 10 ans en 1970 par le club d'Argentinos Juniors, il entama sa carrière professionnelle six ans plus tard. Bien que Luis Cesar Menotti l'ait jugé un peu tendre pour disputer le *Mundial*, Maradona se rattrapa l'année suivante en remportant le Championnat du monde Junior disputé au Japon et en s'y faisant sacrer meilleur joueur du tournoi. De 1981 à 1983, il joua pour le club du quartier populaire de La Boca, Boca Juniors. Il devint alors le véritable héros du peuple, infligeant plusieurs défaites cinglantes au club « bourgeois » de River Plate.

Avec la fin de la dictature, l'empreinte « autarcique [136] » qui marquait le football argentin tendait à s'effacer. Dès le lendemain de la Coupe du monde, quatre joueurs de l'équipe nationale avaient gagné l'Europe [137], un mouvement toutefois arrêté par le scandale des faux certificats de naissance qui avaient permis à des joueurs argentins de se faire engager en tant qu'*oriundo*, c'est-à-dire de descendants d'Espagnols, par des clubs ibériques. Du coup, plus de 28 joueurs argentins revinrent vers la mère patrie pour préparer la Coupe du monde 1982 [138]. Mais alors que le championnat italien ouvrait de nouveau ses portes aux étrangers et que les difficultés financières s'accumulaient sur l'Argentine, le commerce des joueurs devint l'une des sources de revenus essentielles des clubs argentins à partir du milieu des années 1980. Ainsi, « en 1989, Platense, un petit club de Buenos Aires, reçut 400 000 $ des Grasshoppers de Zurich pour le transfert de son buteur Néstor de Vicente. Ce qui représentait plus d'argent que les recettes au guichet d'une saison entière [139] ».

Boca Juniors avait anticipé cette évolution. En manque de fonds, le club avait cédé Maradona au FC Barcelone pour 12 millions de dollars en 1982. Après avoir été le *pibe de oro*, le « garçon en or » qui avait fait gagner le club argentin le plus populaire, au premier sens du terme (c'est-à-dire représentant le peuple), Maradona devenait le symbole des revanches du Sud sur le Nord. Ses habitudes canailles, ses frasques et la cour qui l'entourait constituèrent des freins culturels à son adaptation dans le club catalan. Des blessures dont une très grave infligée par le défenseur de l'Athletic Bilbao Andoni Goikoetxea limitèrent également son rendement. Il marqua toutefois 38 buts en 58 matchs tout en concluant son séjour catalan par une bagarre générale avec les joueurs de Bilbao en finale de la Copa del Rey 1984 où, sous les yeux de Juan Carlos, il put régler ses comptes avec son agresseur. Il se montra plus à l'aise à Naples où il fut transféré au début de la saison 1984 pour 14 milliards de lires. Il devint alors un consommateur régulier de cocaïne et de prostituées et resta dans la ville plus de sept ans.

En 1986, il avait offert à l'Argentine sa seconde Coupe du monde, un titre cette fois remporté hors du pays, au Mexique, et sous un régime démocratique. Dans une équipe sans doute moins brillante que celle de 1978, mais construite pour lui et autour de lui, Maradona fut le véritable *deus ex machina* de la victoire argentine. Il avait beaucoup appris depuis la précédente Coupe du monde espagnole pendant laquelle il avait été agressé par les défenseurs adverses, notamment par le vicieux latéral droit italien Claudio Gentile lors des matchs d'un second tour disputé encore sous la forme d'une confrontation par poule. Exaspéré par le traitement reçu de la part des Italiens, Maradona ne put contrôler ses nerfs au match suivant : il agressa le Brésilien Batista qui venait d'entrer en jeu et fut expulsé. Au bout du compte, battue par l'Italie (1-2) et le Brésil (1-3), l'Argentine, éliminée, perdait sa couronne.

Quatre ans plus tard, Maradona, ayant gagné en maturité, s'était trouvé une nouvelle patrie à Naples et bénéficiait de la pleine confiance du sélectionneur argentin, Carlos Bilardo, un médecin qui s'était distingué dans l'équipe d'Estudiantes de la Plata qui avait su si bien « accueillir » l'AC Milan en finale de la Coupe intercontinentale 1969. L'Argentine se qualifia facilement pour les huitièmes de finale en battant la Corée du Sud (3-1), la Bulgarie (2-0) et en faisant match nul (1-1) avec l'Italie. On était repassé à un système par élimination directe qui interdisait tout calcul. Les Argentins battirent difficilement les Uruguayens 1 but à 0. L'arbitre italien Luigi Agnolin dut sortir en cette occasion sept cartons jaunes pour calmer les ardeurs des joueurs du río de La Plata.

Mais le morceau de bravoure restait à venir. Il vint au match suivant, le quart de finale opposant l'Argentine à l'Angleterre. La presse glosa sur la revanche sportive qui se présentait un peu plus de trois ans après la capitulation des troupes argentines aux Malouines. Le nationalisme argentin de droite avait été nourri, depuis l'époque de Rosas (1829-1852), puis dans les années 1930, par la dénonciation de l'impérialisme britannique[140]. Et le thème des Malouines, ces îles battues par le vent de l'Atlantique Sud habitées surtout par des troupeaux d'ovins, était mobilisateur. Même si la défaite avait provoqué le départ des militaires, de nombreuses couches de la population ne l'en avaient pas moins ressentie comme une nouvelle humiliation et une atteinte à la souveraineté nationale.

Aussi la victoire obtenue sur l'Angleterre 2 buts à 1 apparut vite comme une revanche obtenue grâce aux multiples talents de Maradona. Tout d'abord celui du gamin des rues qui transgressa le tabou suprême du football en s'élevant au-dessus du goal anglais Peter Shilton pour marquer, de la main, le premier but argentin à la 51ᵉ minute. C'était la célèbre *mano de dios*, une « main de Dieu » peu conforme aux lois et à l'esprit du jeu, mais qui, pour Maradona, réparait toutes les humiliations subies de la part de la « perfide Albion », et notamment la reconquête des Falklands. Un geste illicite justifié beaucoup plus tard par le numéro 10 argentin par la différence de taille de plus de vingt centimètres existant entre lui et Shilton. Quatre minutes plus tard, le « but du siècle » succédait à celui de la tricherie. Cette fois-ci, Maradona se livra à une démonstration (régulière) de football. Recevant la balle dans son camp, il dribbla cinq joueurs anglais pour marquer le deuxième but sur une action totalement individuelle dans laquelle l'art de l'esquive et la capacité d'accélération du gaucher argentin atteignirent, aux yeux des *aficionados*, le sublime.

Pour Maradona, le match valait une finale, mais le titre restait à conquérir. La Belgique fut facilement effacée 2 buts à 0. Mais en finale, l'adversaire ouest-allemand qui venait d'éliminer la France sur le même score s'avéra beaucoup plus coriace. En effet, après avoir mené 2 buts à 0 grâce à José Luis Brown (23e) et Jorge Valdano (56e), l'équipe argentine fut rejointe sur des buts pleins d'opportunisme et de hargne de Karl-Heinz Rummenigge (74e) et Rudi Völler (81e). Maradona joua alors un rôle encore déterminant. Après avoir usé tout le long du match la défense ouest-allemande par ses crochets, ses accélérations, ses passes et ses tirs, il sut galvaniser, en bon capitaine et chef de bande, ses coéquipiers-complices. Trois minutes après l'égalisation, il recevait la balle dans le rond central et lançait instantanément Jorge Burruchaga qui trompait le gardien Harald Schumacher (84e). L'Argentine était à nouveau *campeón mundial*.

Un an plus tard, Maradona devenait derechef le justicier du Sud en forgeant la victoire de l'Associazione Calcio Napoli dans le championnat de série A avec trois points d'avance sur la Juventus de Turin. Alors que l'équipe napolitaine était accueillie dans les stades du nord-est de l'Italie par des banderoles et des slogans l'invitant « à se laver » ou lui souhaitant « bienvenue en Italie », le génie et la roublardise de Maradona avaient tout à la fois combattu et confirmé les préjugés septentrionaux à l'égard de la ville de la Camorra. Grâce à sa personnalité Janus, sa petite taille et sa chevelure bouclée et rebelle, l'enfant de Buenos Aires était devenu une sorte d'idéal type du *scugnizzo*, le garnement napolitain, voire un nouveau San Gennaro[141], accomplissant le miracle de donner au *Mezzogiorno* son premier *scudetto*[142]. Il était aussi devenu plus globalement le symbole de la revanche des dominés. Une revanche qui se préparait aussi en Afrique.

7

Les revanches des dominés

Des trois continents ayant subi le joug colonial, l'Afrique devint seule la terre d'élection du ballon rond. Pourtant, les préjugés nourris à l'égard des indigènes y limitèrent un temps la diffusion du football. Mais, dès l'entre-deux-guerres, les élites des peuples dominés, puis les classes moyennes et populaires, commencèrent à s'approprier le ballon des colonisateurs, selon des modalités diverses dans lesquelles l'historien peut lire et l'esprit et les formes de la domination européenne.

À la veille de la Seconde Guerre mondiale, les terrains de football devinrent un lieu cristallisant les identités africaines et servirent d'agora à la popularisation des premières revendications nationalistes. Cette configuration s'accentua dans les années 1940 et 1950. La croissance économique et urbaine renforça alors l'attraction et la fascination du football. Le jeu intervint donc dans les combats pour l'indépendance.

Familiers du football, quand ils n'étaient pas eux-mêmes d'anciens pratiquants, les leaders des indépendances surent le travestir en instrument de contrôle et de mobilisation nationale. De même, le ballon rond contribua, non sans difficulté, à insérer l'Afrique dans les relations internationales. Pourtant, alors que les équipes africaines s'affirmaient, les premiers symptômes de l'ubiquité du football continental se manifestèrent à l'orée des années 1980. Deux footballs se développèrent en parallèle : l'un autochtone, officiellement amateur et fortement politisé ; l'autre expatrié, professionnel et occidentalisé.

Les ballons du missionnaire

À l'exception des colonies britanniques, le football fut d'abord un jeu réservé aux colons jusqu'au début des années 1920. Des missionnaires, des militaires et des commerçants européens commencèrent cependant à vouloir le diffuser auprès de ceux que l'on appelait les « indigènes » ou les *natives*. Des considérations utilitaires ainsi que des préjugés raciaux opposèrent toutefois de sérieux obstacles à la « conversion » des peuples. En Afrique-Occidentale française (A.-O.F.), les autorités militaires, déplorant un taux de réforme élevé dans le recrutement des tirailleurs sénégalais, entendirent d'abord promouvoir une éducation physique censée renforcer et redresser les corps. La fameuse « force noire » du général Mangin dut donc patienter avant de s'affirmer sur les terrains de football. En 1928, le général Jung, commandant supérieur des troupes d'A.-O.F., considérait encore que ce jeu était trop compliqué pour les « nègres ». « Avec de la patience on [pouvait arriver] à leur faire comprendre le rôle de chaque joueur, la place qu'il [devait] tenir et surtout l'importance et le but de la passe[1] », précisait-il toutefois.

D'autres agents de la colonisation avaient manifesté moins de réserves. Au Congo belge, le père flamand Raphaël de la Kethulle de Ryhove et ses confrères soulignaient le pouvoir pacificateur du ballon rond. Pour les missionnaires belges en effet, « le jeu du football bien organisé [était] un excellent moyen éducatif : souvent les nègres y [devaient] brider leur passion innée de se battre ». Plus encore, il offrait « également une occasion favorable au missionnaire d'établir des contacts avec les nègres adultes, on [pouvait] même dire que plusieurs conversions se réalis[aient] par ce chemin[2] ». Appliquant ce postulat, la Kethulle, prêtre de la congrégation des Scheutistes, l'avait placé au cœur de la pédagogie de l'école Saint-Joseph qu'il dirigeait à Léopoldville. De fait, nul petit Congolais ne pouvait se soustraire à la partie de football de la récréation sous peine de tâter des godillots du missionnaire. Mais la Kethulle ne se contenta pas de dispenser un apostolat sportif musclé. Créant en 1919 l'Association sportive congolaise, devenue « royale » (ARSC) après la visite du roi Léopold III au Congo en 1939, il rendit le football accessible aux natifs. Le sport congolais lui dut par ailleurs la construction des principaux terrains de la capitale coloniale, dont le stade de la Reine-Astrid, enceinte d'une capacité de 25 000 places, réalisée en pleine « Cité indigène ». Quant à l'ARSC, elle comptait au début de la Seconde Guerre mondiale plus de 815 joueurs inscrits dans 53 patronages.

Les missionnaires belges n'étaient pas les seuls ecclésiastiques à pratiquer cette forme d'apostolat. Outre les Églises protestantes britanniques dont l'action auprès des élites *native* à la fin du XIXe siècle a été évoquée, les pères français promurent également la conversion par le ballon. D'abord réticents à l'égard du sport parce qu'il détournait leurs ouailles du chemin de la messe ou qu'il permettait « aux demoiselles [de] venir voir à leur aise nos jeunes gens en costume léger[3] », les missionnaires français « assimilèrent très vite le goût des Africains pour les sports et ils en vinrent même à les encourager au sein de leurs œuvres de jeunesse pour les rendre plus attrayantes[4] ». Une grande partie des clubs se baptisèrent Jeanne d'Arc, une dénomination que les patronages catholiques avaient fréquemment employée en métropole. Le club de Dakar, créé en 1921 par le père Lecocq, comme les formations de Saint-Louis en 1933, de Conakry fondée dans les années 1930 ou de Bamako formée par un père blanc, le père Bouvier, en 1939, suivirent ce chemin. Ces sociétés omnisports comptèrent parmi elles les premières grandes équipes de football de l'Afrique de l'Ouest. La Jeanne d'Arc de Dakar remporta ainsi par trois fois la Coupe de l'A.-O.F. en 1951, 1952 et 1953, celle de Bamako s'adjugeant l'édition de 1956.

Cette excellence sportive se construisit aussi sur la recherche de l'exclusive. Quand l'Union sportive indigène (USI), la première équipe exclusivement composée par les Africains, fut formée à Dakar en juillet 1929, ses membres se virent menacés d'excommunication par le père Lecocq s'ils venaient à jouer contre la Jeanne d'Arc. Le chemin du stade devait obligatoirement passer par l'église. Les Jeanne d'Arc essaimèrent jusqu'au Gabon. Le révérend père René Lefebvre, frère du célèbre évêque schismatique, développa les activités culturelles, musicales et sportives au sein de la paroisse Saint-Pierre de Libreville dont il fut le curé de 1931 à 1953. Il y créa l'une des premières équipes de football gabonaises, la Jeanne d'Arc de Libreville, à la fin des années 1930.

Cependant, ce football « officiel » et confessionnel restait alors pratiqué par une infime minorité d'habitants de l'Afrique subsaharienne. La ségrégation était le plus souvent de mise. On jouait entre Blancs et entre Noirs, un « entre-soi » qui visait à éviter tout incident susceptible de contester l'autorité des maîtres. Elle fut aussi parfois renforcée par l'application de doctrines racistes totalitaires. Ainsi, dans les colonies italiennes, le Comité olympique national italien veilla d'abord à organiser le football pour les colons et à circonscrire le développement du football indigène. En Érythrée, par exemple, six équipes indigènes érythréennes, portant des noms éminemment fascistes comme Ardita ou Vittoria, furent réunies en décembre 1936 dans une ligue séparée. Ses matchs se disputaient sur des terrains fournis par l'administration coloniale afin que les footballeurs indigènes ne risquassent pas de défaire les colons[5]. L'apartheid sportif valait aussi pour l'Éthiopie où, un an après l'invasion du Duce, l'occupant fasciste créa un « Office indigène des sports ». Les équipes formées par des Éthiopiens durent adopter des dénominations italiennes – et le club de Saint-Georges se mua en Littoria Wufe Sefer. Se produisant parfois devant un public italien, les footballeurs autochtones devaient, selon les souvenirs d'Yidnekatchew Tessema, le premier grand footballeur éthiopien et président de la Confédération africaine de football (CAF) de 1972 à 1987, jouer pieds nus pour correspondre à l'image de l'indigène véhiculée par la propagande fasciste et des chansons populaires comme *Faccetta nera*. Les spectateurs vociférant les encourageaient aussi à se battre, mêlant les préjugés racistes sur la « sauvagerie » présumée des Éthiopiens à la culture fasciste de la violence[6].

De fait, les historiens transalpins ont réévalué le caractère raciste et meurtrier du colonialisme italien[7]. Ce mépris pour les races inférieures se manifestait aussi sur les terrains européens. En témoigne le dédain affiché par la presse fasciste pour l'équipe de France de football qui, depuis 1931, alignait des joueurs de couleur. Lorsqu'en novembre 1938 les équipes italienne et française se rencontrèrent à Naples, la presse italienne évoqua avec ironie le *negro tricolore* Larbi Ben Barek, et se félicita de « ne pas compter, parmi les *Azzurri*, des hommes de chocolat[8] ». Cela ne signifiait toutefois pas que Ben Barek, originaire de Casablanca et joueur de l'Olympique de Marseille, ait été mieux traité par la presse française qui le présenta, dès son arrivée en

France en 1937, comme un « grand enfant » attaché à sa mère et finalement comme un musulman inassimilable[9].

Ben Barek ne fut pas le seul Arabe à jouer en Europe dans l'entre-deux-guerres. Les footballeurs égyptiens avaient signé des performances remarquées. Au tournoi olympique de 1924, ils avaient éliminé les Hongrois par 3 buts à 0 et ils obtinrent la quatrième place. Ces succès ne les exonèrent pas de commentaires condescendants. Le rapport officiel des Jeux de Paris notait après leur défaite 0-5 face à la Suède (1er juin 1924) : « À la fougue des Africains, les Suédois opposèrent un jeu calme et raisonné qui affirma indiscutablement leur supériorité[10]. » Trois ans plus tard, le quotidien *L'Auto*, présentant un match de fin de saison opposant le Red Star de Saint-Ouen au S.C. Arsenal du Caire, mentionnait que « l'équipe égyptienne [était] complètement formée de naturels du pays ». « Six de ces joueurs sont nègres, poursuivait le journal, l'un d'eux appartient même au Soudan égyptien », « les cinq autres [étant] de race arabe[11] ».

Malgré ces préjugés, l'équipe nationale d'Égypte devint la première équipe africaine à participer à une phase finale de Coupe du monde en 1934. Au premier tour, les joueurs égyptiens donnèrent à nouveau du fil à retordre aux joueurs magyars. Ils parvinrent en effet à remonter un désavantage initial de 2 buts à 0 pour arriver à égaliser avant la mi-temps et finalement céder devant « l'équipe qui s'était révélée la plus complète » dans le second temps de jeu sur le score de 2 buts à 4. À proprement parler, l'équipe égyptienne ne représentait toutefois pas complètement le monde colonisé : en 1922, l'Égypte avait bénéficié d'une reconnaissance formelle d'indépendance de la part du Royaume-Uni, mais elle subit jusqu'en 1945 la domination britannique.

Au-delà du racisme appliqué au sport, auquel Jesse Owens et les athlètes noirs engagés à Berlin avaient apporté un brillant démenti, il pouvait sembler dangereux, vu des métropoles, de faire concourir des équipes portant les couleurs des peuples dominés. Si Pierre de Coubertin avait suggéré en 1923 d'organiser des Jeux africains, les puissances coloniales lui opposèrent une fin de non-recevoir[12]. Les dirigeants de la FIFA se considéraient pour leur part comme des missionnaires, cherchant à gagner à la cause du football mondial tant les petits pays isolés et sous influence culturelle (ceux de l'Amérique centrale par exemple) que les territoires placés sous tutelle européenne par la Société des Nations. Bien sûr, le devenir sportif des peuples sous domination directe restait l'affaire des métropoles. Et les chances d'apparaître sur la scène internationale étaient proches du néant pour un footballeur indigène – à moins d'être placé sous la férule d'une France assimilationniste qui semblait moins regardante sur la couleur de peau de ses athlètes. De même, la carte du monde dessinée par les publications de la FIFA dans les années 1930 – annuaires ou revues – laissait peu de place au monde dominé. Elle mentionnait tout au plus les ligues et fédérations affiliées aux fédérations des métropoles. Et lorsque des équipes africaines étaient représentées, il s'agissait de footballeurs européens !

Les stades de l'indépendance

Pourtant, le football commençait à servir de tribune nationaliste. En Afrique du Nord, « l'impact de la Grande Guerre, l'officialisation des compétitions et la popularisation du football[13] » entraînèrent, comme en Europe, un accroissement significatif du nombre de clubs. Hésitant entre la préservation du statut « inférieur » de « musulman » et la renonciation à cette identité imposée par l'assimilation, c'est-à-dire la naturalisation complète, les élites « indigènes » n'en furent pas moins attirées par les charmes du ballon rond. Les premiers clubs musulmans naquirent dès les lendemains de l'armistice, à commencer par le Mouloudia Club Algérois (MCA) fondé le 7 août 1921. Créée en 1918, la Ligue d'Alger rassembla 36 clubs pendant la saison 1923-1924, dont 4 au moins étaient musulmans. Son homologue de Constantine, née deux années plus tard, regroupait, lors de la même saison, 4 associations musulmanes sur un total de 23 clubs. Les clubs musulmans étaient cependant plus nombreux dans la ligue d'Oran fondée en 1920 puisqu'ils étaient une dizaine sur 40[14].

Jusque dans la première moitié des années 1930, ces clubs adoptèrent une ligne neutraliste. Certes, le Mouloudia d'Alger se battait sous l'étendard du vert « couleur de l'islam » et du rouge, « l'une des couleurs préférées du prophète » ; mais il s'agissait avant tout de pratiquer le sport à des fins récréatives et hygiéniques, une version « très fortement imprégnée de morale islamique[15] » adoptée par des milieux sportifs qui entendaient lutter contre l'alcoolisme et les périls vénériens. Cet avatar de la Chrétienté musculaire se plaçait ainsi sous le signe du croissant. Progressivement, les matchs prirent un sens plus politique. De fait, « le match de football renfor[çait] l'instinct d'attaque, de combativité, l'intériorisation du désir de vaincre l'Européen colonisateur [...][16] ». Afin de combattre la cristallisation sportive de l'identité algérienne, qui penchait néanmoins plus vers les oulémas que vers l'action révolutionnaire d'un Messali Hadj, les autorités françaises cherchèrent à interdire les rencontres entre Européens et musulmans. Cette action emprunta notamment la forme d'un « quota obligatoire d'au moins trois joueurs européens [qui] fut instauré pour les équipes musulmanes en 1930, chiffre porté à cinq en 1935[17] ».

Du côté des protectorats, les clubs de football pallièrent aussi, à leur façon, les limites que les autorités coloniales imposaient aux activités politiques. En 1921, les musulmans créèrent les premiers clubs, au moment où la Ligue de Tunisie – affiliée comme la Ligue d'Alger à la Fédération française de football – était fondée. Ainsi naquirent l'Espérance sportive de Tunis (1919) et le Club Africain (1920) dans la capitale, l'Étoile sportive du Sahel (1925) à Sousse et le Club Tunisien (1928) à Sfax. Comme le montrèrent les conditions imposées par les autorités du protectorat à l'agrément du Club Africain (président français, renonciation aux couleurs – rouge et blanc – et à l'emblème – croissant et étoile – nationaux), qui devait initialement porter le nom de Club islamique africain, le football devint vite un lieu d'affirmation nationale pour une jeunesse et une bourgeoisie déçues par l'immobilisme colonial. Fondée le 15 janvier 1919 dans un quartier populaire de Tunis et premier club musulman du protectorat, l'Espérance sportive devint dès l'entre-deux-guerres le porte-drapeau du nationalisme, réalité que révélèrent ses confrontations avec le Stade gaulois ou le club israélite de l'Union sportive tunisienne. Alors qu'il éveillait une très grande ferveur populaire, les autorités françaises n'eurent de cesse de freiner l'activité du club pendant qu'Habib Bourguiba, leader du parti nationaliste du Néo-Destour et père de la future indépendance tunisienne, en devenait le supporter le plus célèbre[18]. De même, la suspicion des autorités françaises n'empêcha pas la constitution d'une sélection de la Ligue de Tunisie comprenant des joueurs de toutes origines qui rencontra à partir de 1928 l'équipe de France B (défaites 2-3 en 1928, 1-6 en 1930 et en 1933) et les sélections de la Ligue de Constantine et d'Alger.

Au Maroc enfin, le Wydad Athletic Club (WAC), créé à Casablanca le 8 mai 1937, incarna également la

« résistance à l'occupant ». L'équipe du WAC était composée en majorité de Marocains musulmans. Les matchs remportés face à l'Union sportive marocaine (USM), considérée comme le porte-drapeau des Français du Maroc, furent fêtés par ses supporters comme autant de victoires sur la domination française[19].

À partir de la Seconde Guerre mondiale, la signification politique des matchs de football se renforça, d'autant que les « indigènes » avaient puissamment contribué à l'effort de guerre britannique ou français. Le Nigeria fut l'un des laboratoires de cette revanche. Dès la fin des années 1930, des rencontres mêlant Noirs et Blancs avaient tempéré la pratique séparée du football par des Européens et des Africains opérant dans des ligues distinctes. Dans la décennie qui suivit, un match opposant une sélection européenne à une sélection africaine vint ponctuer le début ou la fin de la saison de football. De leur côté, des formations d'expatriés ou de militaires, comme l'équipe de la Royal Air Force, participaient, chaussées, à des compétitions racialement mixtes aux côtés de formations africaines telles que le Zic Athletic Club (ZAC), qui jouaient pieds nus. En 1942, le ZAC, fondé et financé par l'homme d'affaires Nnamdi Azikiwe, avait remporté la finale de la War Memorial Cup (1-0), après un premier match nul face à l'équipe européenne des « Services » devant 8 000 spectateurs – majoritairement africains – massés dans l'Association Grounds de Lagos. Né dans la première capitale du Nigeria en 1904, Nnamdi Azikiwe dit « Zik » avait été éduqué dans les écoles presbytériennes de la ville. Il commença à y jouer au football avant de tenter sa chance aux États-Unis. Après avoir été blanchisseur, mineur et même boxeur, il étudia à l'université de Pennsylvanie où il obtint un doctorat en science politique. Fasciné par l'importance que les médias et le sport professionnel revêtaient dans le Nouveau Monde, il fonda à son retour en Afrique au milieu des années 1930 un groupe de presse autour du quotidien *Western African Pilot*[20]. Sachant associer les ressorts du sport-spectacle à ceux de la propagande politique, il organisa, en 1941 et 1943, deux tournées du ZAC sur tout le territoire nigérian. Il s'agissait officiellement de récolter de l'argent pour soutenir la métropole en guerre. En réalité, le périple sportif se présenta comme une véritable tournée nationaliste dans un territoire que marquaient les fractures religieuses entre musulmans du Nord et chrétiens du Sud et, plus généralement, entre les ethnies. À l'issue des rencontres, Azikiwe se lançait dans de vibrantes diatribes contre la politique britannique et réclamait réformes et démocratie[21]. Passant du terrain de football à celui de la politique, il fonda en 1944 le premier parti nationaliste nigérian : le National Council of Nigeria and Cameroons (NCNC). Seize ans plus tard, les fêtes qui accompagnèrent l'accession du Nigeria à l'indépendance en octobre 1960 comptèrent parmi leurs attractions des matchs de football auxquels assistèrent le premier gouverneur général puis président du pays Nnamdi Azikiwe ainsi que le Premier ministre musulman originaire du Nord, Alhaji Tafawa Balewa, qui patronnait depuis 1958 la Nigeria Referees Association, l'association des arbitres du Nigeria. Les grands féodaux du Nord, d'abord adeptes du cricket, s'étaient convertis aux joies plus populaires du football.

Dès les années 1940, la politisation du football s'était donc renforcée au gré des transformations de son environnement économique, social et culturel. En effet, l'essor urbain qui marqua les années 1940 et 1950 en Afrique comme les progrès de la scolarisation favorisèrent la diffusion du ballon rond. Certes, le nombre de footballeurs indigènes officiellement enregistrés restait faible dans les territoires soumis à la domination coloniale puisque, dans les années 1950, le nombre de licenciés en A.-O.F. passa d'environ 8 000 à 18 000, dont 60 % pour le football[22]. Mais il convient de ne pas sous-estimer l'apport du football pratiqué de manière plus ou moins informelle dans les paroisses et les quartiers indigènes, souvent avec des ballons et sur des terrains de fortune.

Les réformes statutaires engagées après la guerre à la suite de la conférence de Brazzaville (janvier 1944) bénéficièrent également au sport et à son organisation. En effet, « certaines associations, comme les groupes sportifs extrascolaires, étaient souvent encouragées par l'administration qui voyait en elles un dérivatif aux préoccupations politiques et des structures de compromis social[23] ». À partir de 1955, les cadres du mouvement sportif furent progressivement africanisés. Les jeunes membres des associations sportives purent s'y familiariser avec le fonctionnement de la vie démocratique tout en exprimant une identité collective « africaine ».

L'internationalisation du football continental prit aussi sa part dans l'essor du nationalisme et la cristallisation d'identités nouvelles. En mars 1946 avait été créée à Dakar la Ligue de football d'A.-O.F., rattachée à la Fédération française de football. Son rayon d'action ne devait pas initialement dépasser la ville de Dakar, mais, dès 1947, la ligue organisa une coupe réservée aux quatre districts du Sénégal qui devint, l'année suivante, la Coupe de l'A.-O.F. grâce à la participation de formations venues des districts d'Abidjan, de Conakry et de Bamako auxquelles s'ajoutèrent en 1950 les représentants de la Haute-Volta et de Cotonou. Si 16 formations participèrent à la première édition en 1947, plus de 280 la disputaient en 1960, en dépit du coût élevé du transport en Afrique de l'Ouest[24].

Cette Coupe concentrait les ambivalences du sport colonial après la Seconde Guerre mondiale. La disputer signifiait accepter la communauté de destin formalisée par l'Union française. Dans le même temps, les confrontations entre grands clubs (Jeanne d'Arc de Dakar ou de Bamako, ASEC d'Abidjan, Étoile filante de Lomé ou Racing club de Conakry) aiguisaient les particularismes et les rivalités de peuples aux langues, cultures et religions fort diverses. Comme dans la première moitié du xxe siècle, en Europe et en Amérique, le football contribuait ainsi à la construction d'une « communauté imaginée » magnifiant les mérites athlétiques et les vertus supposées des membres d'une association sportive non seulement pour s'opposer au pouvoir colonial, mais également pour se différencier des frères africains. De fait, certains membres de la Ligue d'A.-O.F. comme les Dahoméens comptèrent parmi les partisans les plus fervents de sa « balkanisation », en s'opposant à la création d'un organe directeur basé à Dakar qui, selon eux, se montrait peu soucieux d'apporter une aide matérielle au développement du football[25]. Les deux visions antagonistes du futur de l'Afrique française inspiraient donc les plans conçus pour le football. Le projet unitaire promu par Léopold Sedar Senghor, Modibo Keita et Mamadou Keita, envisageait « la formation aussi rapide que possible d'une "nation négro-africaine de l'Ouest" ». La conception portée par Houphouët-Boigny défendait une « communauté durable "multinationale et intercontinentale"[26] », en clair la constitution d'États-nations indépendants à l'égard de la métropole et de leurs voisins. De fait, les matchs étaient parfois suivis par plus de 10 000 spectateurs dont le soutien empruntait souvent une tournure agressive. En 1951, l'issue houleuse d'un match troublé par des affrontements opposant spectateurs nigériens et dahoméens entraîna l'interdiction pendant un mois de toute rencontre de football par l'autorité coloniale du Niger[27].

Le paradoxe de la Coupe de l'A.-O.F. se prolongea après l'application de la loi-cadre de Gaston Defferre qui accorda en 1956 une amorce d'autonomie interne aux différents territoires. N'y avait-il pas une réelle ambiguïté à vouloir préserver une structure supranationale alors même que les revendications des différents territoires militaient en faveur d'une indépendance immédiate ? Ainsi, Sékou Touré, après avoir rejeté en 1958 la Communauté française proposée par le général de Gaulle et opté pour l'indépendance, maintint la participation des clubs guinéens à la Coupe de l'A.-O.F. au cours de la saison 1958-1959. Il montrait un attachement paradoxal à une compétition qui épousait toujours, tout en contribuant à l'ébranler, le cadre colonial. Avant que l'Organisation de l'unité africaine (OUA) adopte le principe de l'intangibilité des frontières (1963), les matchs de football sanctionnaient, il est vrai, la division territoriale imposée par les colonisateurs.

Alors que les organismes régissant le football dans les colonies françaises restaient avant tout des « ligues » dépendant d'un organisme central, la Fédération française de football, des *Football Association* avaient été créées dans les colonies britanniques – Nigeria, Gold Coast (Ghana), Sierra Leone ou Ouganda. Dirigées par des Britanniques jusqu'à l'indépendance, et affiliées à la fédération anglaise, elles n'en permirent pas moins d'organiser des matchs internationaux. Une première rencontre gagnée 2-0 par le Nigeria face à la Sierra Leone avait été disputée à Freetown en octobre 1949. Une Jalco Cup fut créée deux ans plus tard. Elle opposait tous les ans la Gold Coast et le Nigeria et commença par une victoire cinglante de la première sur le second par 5 buts à 0. Disputée à Accra, l'édition 1955 fut suivie par plus de 20 000 spectateurs. Ainsi naquit une rivalité sportive qui contribua à nourrir l'imaginaire national des deux pays.

Comme dans les colonies françaises, l'influence des *natives* dans les organes fédéraux grandissait. Outre Nnamdi Azikiwe au Nigeria, Richard Akwei, surnommé *the Gold Coast football King*, joua un rôle fondateur dans le futur Ghana. Après des études au Christ Church College d'Oxford, Akwei était revenu enseigner à Accra. Désireux de dépasser les oppositions ethniques susceptibles de fragiliser la création d'un football national, notamment entre les formations Ashanti de Kumasi et les équipes de la capitale, il était parvenu à organiser la première rencontre entre une sélection de footballeurs africains de la Gold Coast et du Nigeria en 1945. Il avait également monté en 1951 une tournée de footballeurs ghanéens au Royaume-Uni, deux ans après un premier voyage de footballeurs nigérians qui jouèrent, comme leurs homologues de la Gold Coast, pieds nus tout en obtenant d'honorables résultats. Akwei fut élu, en octobre 1952, président de la United Gold Coast Amateur Football Association qui regroupait déjà plus de 2 000 joueurs opérant dans 132 clubs[28]. L'essor du football encouragea les dirigeants nigérians à proposer dès 1950 l'affiliation de la Nigeria Football Association à la FIFA. Et leurs homologues de la Gold Coast demandèrent trois ans plus tard aux dirigeants de Zurich de bien vouloir enregistrer le résultat de la confrontation annuelle opposant les deux territoires parmi les « matchs internationaux » recensés par la fédération[29].

Le même processus se déroulait en Afrique de l'Est, où une *Football Association* avait été fondée dès 1925 au Kenya, suivie en 1926 d'une Uganda FA Challenge Cup et d'une Ligue. Mais les colons blancs en avaient été les premiers participants et avaient fourni l'effectif de l'équipe les opposant à leurs compatriotes installés au Kenya en 1926. Ce premier match Ouganda-Kenya donna le coup d'envoi à la Gossage Cup promue par le fabricant de savon Charles Gossage et disputée annuellement par les deux colonies, rejointes par le Tanganyika dès 1945 puis Zanzibar à partir de 1947. Désormais, les joueurs indigènes défendaient leurs propres couleurs et effectuèrent même une tournée au Royaume-Uni en 1956. L'équipe d'Ouganda remporta à neuf reprises la Gossage Cup dans les années 1940 et 1950.

Parfois, le football fut aussi utilisé afin de « diviser pour régner ». Ainsi, au Cameroun, le championnat « national » de football reflétait la répartition ethnique des grandes métropoles. À Douala, le Caïman d'Akwa défendait l'honneur du quartier des Douala, l'Oryx Bellois celui de la communauté Bassa, alors qu'à Yaoundé, le Canon de Nkondongo et le Tonnerre de Mvog-Ada représentaient deux quartiers Ewondo, le second ayant été formé par des dissidents du premier. Loin de les prohiber, les administrateurs coloniaux encouragèrent les appellations ethniques des clubs qui exprimaient, sur le plan sportif, leurs préoccupations de gestionnaires : « Il fallait classer et fixer ces populations mouvantes dont les noms, les langues et les coutumes paraissaient aussi nombreux que confus[30]. »

Sur le terrain, les manifestations sportives du nationalisme empruntèrent un tour plus agressif. Dans les années 1950, des clubs belges effectuaient chaque année une tournée au Congo. Ils y rencontraient des sélections congolaises, d'abord mixtes, puis noires, devant les tribunes archicombles du stade du Roi-Baudouin, une enceinte de 70 000 places achevée en 1952 dont la réalisation était à porter, une fois encore, au crédit du père de la Kethulle. Les Congolais venaient voir à l'œuvre les professionnels belges tout en espérant ouvertement assister à une victoire des leurs. Le 16 juin 1957, le match opposant la Sélection africaine du Congo belge à l'Union Saint-Gilloise de Bruxelles tourna à l'émeute.

L'Union l'avait emporté par 4 buts à 2 en raison, aux yeux du public congolais, des décisions partisanes de l'arbitre belge. À l'issue de la rencontre, la foule s'en prit aux Européens présents et à leurs voitures. Horions et slogans tels que « Macaques de Flamands », « Sales petits Belges » ou « Retournez en Belgique » accompagnèrent la retraite du public blanc. La presse coloniale stigmatisa en cette occasion le « chauvinisme congolais » de même que « le racisme anti-Blancs ». Avec le recul, certains historiens ont assimilé ces manifestations sportivo-politiques à une forme de répétition générale des émeutes de 1959 qui précipitèrent l'accession à l'indépendance de la colonie en 1960[31]. Des manifestations comparables se produisirent aussi en Afrique anglophone. Un an plus tôt, un match disputé au Kenya entre une équipe de colons renforcée par la star anglaise Stanley Matthews et une formation indigène « était devenu une démonstration africaine anticoloniale quand le camp africain l'emporta[32] ».

Ce fut toutefois en Algérie que le football s'inséra le plus radicalement dans les combats pour l'indépendance. Après avoir interdit aux équipes musulmanes toute participation aux championnats disputés sur le territoire algérien, le Front de libération nationale (FLN) s'attaqua tout d'abord aux enceintes sportives. Le 10 février 1957, au début de la « bataille d'Alger », deux attentats meurtriers visèrent les stades d'El-Biar, la banlieue chic d'Alger, et du quartier de Belcourt. Les bombes qui explosèrent pendant les rencontres opposant le RCU El-Biar au Racing universitaire d'Alger (RUA) et le Gallia à Guyotville tuèrent 10 personnes, dont un enfant de neuf ans, et causèrent plus de 36 blessés[33]. De même, le FLN choisit le cadre de la finale de la Coupe de France 1957 au stade de Colombes pour frapper l'un de ceux qu'il considérait comme un « traître ». À l'issue de la partie remportée 6 à 3 par Toulouse FC face au

SCO Angers, un sicaire du FLN, Mohamed Ben Sadok, assassina le député algérien Ali Chekkal, partisan d'une voie moyenne entre l'indépendance et l'Algérie française. Chekkal avait assisté au match au côté du président de la République René Coty[34].

Si ces tragédies noyées dans le bain de sang algérien sont aujourd'hui oubliées, la tournée de propagande menée par des joueurs professionnels algériens entre 1958 et 1962 a plus fortement marqué la mémoire sportive. Les années 1950 avaient vu l'exode de footballeurs maghrébins en France. Plus de 45 d'entre eux participèrent au championnat de France lors de la saison 1957-1958[35]. Suivant l'exemple de Larbi Ben Barek, ils avaient endossé le maillot de l'équipe de France. À la veille de la Coupe du monde 1958, le défenseur central algérien de l'AS Monaco, Mustapha Zitouni, était considéré comme l'une des pièces maîtresses de la défense tricolore, alors que son jeune compatriote Rachid Mekhloufi, espoir de l'AS Saint-Étienne, était devenu champion du monde militaire avec l'équipe de France en 1957. Pourtant, le 15 avril 1958 à Tunis, le FLN annonçait qu'« un certain nombre de sportifs professionnels algériens [venaient] de quitter la France et la principauté de Monaco à l'appel de l'Algérie combattante ». La veille, 9 footballeurs professionnels dont Zitouni, Mekhloufi et Abdelaziz Ben Tifour avaient abandonné clandestinement le club avec lequel ils étaient sous contrat. Un ancien joueur du Mans, Mohamed Boumezrag, et la fédération du FLN de France avaient coordonné leur défection.

Si ce volet sportif de la guerre d'Algérie a justifié la rédaction d'ouvrages à fort caractère mémoriel publiés notamment pour le cinquantenaire de l'affaire et célébrant le patriotisme des joueurs algériens[36], il n'en fut pas moins marqué par des choix et des déchirements douloureux. Même si le communiqué du FLN indiquait que, « comme tous les Algériens, [les joueurs avaient] eu à souffrir du climat raciste anti-nord-africain et antimusulman qui s'est rapidement développé[37] », les 29 footballeurs algériens qui gagnèrent successivement Tunis de 1958 à 1961 étaient loin d'être des déracinés. Certes, ils avaient souvent quitté l'Algérie en 1956, après l'oukase lancé par le FLN aux clubs musulmans. Certes, ils avaient dû adopter, depuis l'école primaire, la langue du colonisateur. Mais la France découverte sur le continent n'était pas celle qui dominait l'Algérie. Sur l'autre rive de la Méditerranée, le « Monsieur » remplaçait le tutoiement automatique qui n'était plus que sportif, un standard de vie aisé effaçait la pauvreté algérienne, et, ce qui n'était pas rien, les perspectives d'ascension sociale étaient ouvertes. Même s'ils payaient la cotisation au FLN, l'impôt révolutionnaire, le départ fut sans doute difficile pour des hommes qui laissaient derrière eux une forme de seconde famille, des amis et une carrière, et qui avaient parfois épousé des Françaises[38]. Ceux qui étaient au sommet de leur art virent s'envoler leurs espoirs de gloire, à l'image d'un Mustapha Zitouni. Toutefois, la radicalisation du contexte algérien consécutif à la bataille d'Alger puis au bombardement du village tunisien de Sakiet-Sidi-Youssef le 8 février 1958 rendait, pour des hommes qui avaient laissé leurs parents en Algérie, la situation de privilégiés de plus en plus difficile à tenir.

L'entraînement à Tunis et les tournées qui les conduisirent de l'Afrique du Nord au Moyen-Orient, au-delà du rideau de fer ainsi qu'en Asie de l'Est et du Sud-Est, contribuèrent sans aucun doute à forger leur conscience politique. En Chine et au Vietnam du Nord, les footballeurs du FLN furent reçus par Zhou Enlai et Hô Chi Minh, posèrent en compagnie du maréchal Giap, tout en remportant 9 victoires sur 9 rencontres, avec des scores importants au Vietnam, 5 à 0 à Hanoi et 11 à 0 à Haiphong. Des pays à faible tradition footballistique il est vrai.

L'impact d'une telle aventure sur la guerre d'Algérie fut malgré tout faible, d'autant qu'aux yeux des fellaghas les plus endurcis les vedettes du FLN pouvaient passer pour des embusqués. Certes, la défection fit la une de la presse française. *Paris Match* consacra à l'affaire deux doubles pages, la première titrant « Vedettes du foot français les voici fellagha ». Dans les pages suivantes, trois photos montraient les « déserteurs » trinquant, coupe de champagne à la main, avec leur famille ou dans le bar que Ben Tifour possédait à Nice. Le commentaire de *Paris Match* se voulait volontiers ironique : « Maintenant ils sont au pays des femmes voilées et de l'eau », pour finir sur un ton sentencieux : « Ils n'étaient pas si malheureux en France[39]. »

Deux événements occultèrent en partie la défection des joueurs algériens, dont l'impact financier et sportif avait été douloureux pour les clubs : la crise du 13 mai 1958 et le retour du général de Gaulle d'une part, et de l'autre la troisième place obtenue par la France à la Coupe du monde 1958 grâce à une équipe composée d'immigrés venant d'autres souches, polonaise pour Raymond Kopa ou italienne pour Roger Piantoni. De plus, des figures algériennes du football français, comme l'entraîneur de Nîmes Kader Firoud, restèrent fidèles au poste tout au long des « événements d'Algérie ».

La Fédération française de football n'en alerta pas moins immédiatement la FIFA pour exclure les fugitifs et les fédérations qui accepteraient de jouer contre la sélection mise sur pied par le FLN. Le 7 mai 1958, la FIFA décida, à la requête de la Fédération française de football, de suspendre les joueurs algériens de toute activité sportive. Mais le stade Chedli-Zouiten de Tunis accueillit les 9 et 11 mai le premier tournoi de l'histoire sportive du Maghreb indépendant où participèrent les équipes nationales de Libye, du Maroc, de la Tunisie et de... l'Algérie. Cette dernière domina nettement ses rivales (1re journée : Tunisie-Libye 4-1 ; Algérie-Maroc : 2-1 ; 2e journée : Maroc-Libye et Algérie-Tunisie : 4-1). Mal en prit à la Tunisie et au Maroc qui accueillit ensuite les joueurs du FLN. La FIFA ajourna l'examen de leur admission *sine die* dès le mois de juin 1958. Avoir fait jouer leurs équipes nationales « contre une "équipe nationale algérienne" composée de joueurs professionnels musulmans français » fut considéré en effet comme « inadmissible[40] » par le Comité exécutif de la Fédération internationale. La suspension de l'affiliation provisoire fut donc confirmée au mois de décembre suivant[41]. La pression ne se relâcha pas sur les deux organisations maghrébines qui avaient contrevenu à l'une des raisons d'être de la FIFA depuis les origines : lutter contre les joueurs gyrovagues et hors la loi.

D'autres fédérations tirèrent les leçons qui s'imposaient. L'Égypte de Nasser, la principale alliée du FLN, ne reçut jamais son équipe représentative, craignant de perdre les positions chèrement acquises dans le football international depuis les années 1920 et le leadership sportif africain. Quant aux démocraties populaires, elles se contentèrent de faire passer les équipes qui affrontaient la sélection « algérienne » pour des formations représentant des syndicats ou des entreprises publiques non affiliées. Les dirigeants marocains tentèrent bien d'infléchir la position de la FIFA. Allant en délégation à Canossa, ou plutôt à Zurich, le docteur Boucetta, président de la fédération marocaine, tenta de se justifier en prétendant que « la F.R.M.F. avait offert 1 million de francs pour que l'équipe des joueurs algériens ne vienne pas jouer des matchs au Maroc mais que le Gouvernement, par suite des événements politiques qui se sont produits dans la région à cette époque, les avait obligés de faire jouer les matchs[42] ». Finalement, ces suspensions ne furent levées que le 27 avril 1959, l'affiliation définitive des deux fédérations nord-africaines intervenant au congrès de Rome le 22 août 1960.

Une seule colonie fut épargnée par la fièvre nationaliste touchant le football : Madagascar. Non que le sport n'ait pas eu partie liée avec la colonisation. La création d'associations indigènes débuta à la veille de la Première Guerre mondiale et les missionnaires protestants furent d'habiles propagandistes des exercices physiques. Mais les élites des hauts plateaux s'approprièrent le rugby, le jeu préféré de l'armée française. Dès 1913, l'équipe malgache du Stade olympique de l'Emyrne battit ses rivaux militaires. Les traditions de combat et de défi physique des populations du centre de l'île trouvèrent un terrain d'expression presque idéal dans l'ovalie.

Le football des indépendances

L'affaire des joueurs du FLN annonçait pour la FIFA une nouvelle vague de politisation du football dont l'épicentre se situerait, deux décennies durant, sur le continent africain. Cependant, l'équipe du FLN était, sportivement parlant, européenne dans le sens où elle consacrait le savoir tactique et l'excellence physique et technique de joueurs évoluant dans le championnat de France, à l'époque du « grand » Stade de Reims. À la fin de la guerre d'Algérie, les joueurs en âge de regagner leur club le firent. Après un séjour de six mois au Servette de Genève, Rachid Mekhloufi revint à Saint-Étienne et devint la grande vedette des verts des années 1960. Habitué au haut niveau européen, il ne pouvait se résoudre à disputer les compétitions amateur de l'Algérie et de l'Afrique indépendantes.

Dans la plupart des pays ayant accédé à l'indépendance, l'affiliation à la FIFA sonnait comme une autre reconnaissance de la souveraineté nationale. De multiples témoignages d'Européens insistaient sur l'enthousiasme et la passion que suscitait le football. Ainsi, le rapport de l'arbitre français Robert Masson envoyé en mission en Algérie par la FIFA valait sans doute pour la plupart des pays africains : « En ce qui concerne le plan général du football en Algérie, écrivait-il en 1965, le succès de ce sport "national" est étonnant. Les stades sont généralement combles. Des spectateurs n'hésitent pas à s'y rendre plusieurs heures avant le coup d'envoi, malgré la chaleur. Ces stades sont environnés de dizaines et de dizaines de gamins âgés de huit à douze ans qui, le plus souvent, entrent gratuitement à la mi-temps et qui n'ont qu'une idée : jouer au football. Il y a là pour le nouveau gouvernement algérien un problème social très important, car il est indispensable de trouver des terrains réglementaires pour tous ces jeunes, de leur donner la possibilité d'avoir des équipements et les faire jouer[43]. »

De fait, l'indépendance se traduisit presque aussitôt par l'intervention de l'État dans le football. En Côte d'Ivoire, par exemple, Coffi Gadeau, ministre de l'Intérieur, fut le premier président de la fédération, Mathieu Ekra, ministre de l'Information, devenant son secrétaire général[44]. Effet du pouvoir d'attraction du ballon rond sur les foules ; résultat aussi de la faiblesse de la société civile et de la présence envahissante de l'État qui, comme l'a montré Jean-François Bayart à propos du Cameroun, impose une « prééminence de l'administration » dans tous les domaines de la vie nationale, du politique à l'économique[45]. Cette situation signait aussi en partie l'héritage de l'ex-colonisateur qui avait étatisé le sport depuis le régime de Vichy et le gouvernement provisoire en instituant le principe de la délégation accordée par l'État aux fédérations sportives. Cette configuration fut reprise par l'établissement de Conseils nationaux des sports, des organismes para-étatiques ou publics coiffant le système fédéral jusque dans les anciennes colonies britanniques. Ainsi, dans l'ancienne Gold Coast, la Ghana Amateur Football Federation fut placée à partir de 1962 sous la tutelle d'une « Central Organisation of Sport » dont le « patron à vie » n'était autre que Kwame Nkrumah. En Égypte, le coup d'État des jeunes officiers en 1952, puis l'établissement du régime nassérien se traduisirent par une prise en main du football. En décembre 1959, le maréchal Abdel Hakim Amer, ministre de la Guerre, fut « élu unanimement » président de la fédération égyptienne de football en remplacement de l'ingénieur Abdallah Abdelaziz Salem « démissionnaire ». Dès lors, l'élite footballistique égyptienne fut au moins formellement incorporée dans l'armée égyptienne.

Cette situation qui avait peu à envier avec la position du sport sous les dictatures européennes de l'entre-deux-guerres déconcertait profondément les plus hautes instances de la FIFA. Ancien maître d'école devenu arbitre international, Stanley Rous présidait alors aux destinées de la Fédération internationale. Ce Britannique défendait une vision libérale de l'organisation. Pour lui, comme pour beaucoup de ses compatriotes, le football était l'affaire d'une « armée de volontaires » et l'État devait intervenir *a minima* dans sa destinée. De retour d'un voyage au Congo-Brazzaville effectué en 1965, Rous s'étonna, devant les membres de son Comité exécutif, de la profondeur des liens unissant le football et le pouvoir dans cette partie de l'Afrique où, d'après lui, les fédérations étaient devenues de simples auxiliaires des gouvernements[46].

La plupart des grands leaders, et le plus souvent dictateurs, des « soleils des indépendances[47] » se passionnaient, il est vrai, pour le football ou tout du moins l'utilisèrent par le biais de subordonnés pour raffermir leur pouvoir. Parfois à leurs dépens. Le coup d'État d'Houari Boumediene qui déposa Ahmed Ben Bella intervint deux jours après le match Algérie-Brésil disputé à Oran auquel le premier président de l'Algérie indépendante, bon footballeur et passionné de football, avait tenu à assister. Il avait ensuite reçu, avec les honneurs qui leur étaient dus, Pelé, Garrincha et leurs coéquipiers. Rentré le lendemain à Alger, Ben Bella fut arrêté en pyjama dans la nuit du 19 juin 1965.

Le ballon rond s'inscrivit surtout au cœur des constructions idéologiques mêlant allègrement marxisme-léninisme, nationalisme et panafricanisme, aboutissant en fin de compte à une « véritable mystique du football[48] ». Les statuts de la fédération guinéenne donnaient le ton. Ils reprenaient confusément la phraséologie employée par les zélateurs du sport socialiste en assignant au sport une fonction éducative et politique : « L'option fondamentale est, écrivaient les disciples tropicaux de Marx et du ballon rond, de tout créer avec le souci de la sauvegarde de l'unité politique afin de réaliser un contenu humain[49]. » Concrètement, les équipes guinéennes devaient être réunies dans le cadre de la « Section du parti[50] » unique, le Parti démocratique de Guinée, alors que les finales des compétitions étaient disputées devant Sékou Touré qui remettait « les coupes en personne ». Enfin, au cas où il aurait oublié sa licence, le footballeur guinéen pouvait toujours produire sa carte du parti pour être inscrit sur la feuille de match... Si ce contrôle politique chiffonnait le secrétaire général de la FIFA Kurt Gassmann, les révolutionnaires du football guinéen avaient réponse à tout. Concernant la question du défaut de licence, ils surent se justifier : « Dans les règlements des autres pays, nous savons que c'est la carte d'identité, mais en Afrique particulièrement où le pays n'a pas connu l'extension de l'état civil, pour permettre à tout le monde de pratiquer le football au lieu de la licence, nous exigerons la carte du Parti national que détiennent 90 % des Populations et qui est plus facile à obtenir que la carte d'identité[51]. »

Plus prosaïquement, le football permit souvent de donner, pendant quatre-vingt-dix minutes, l'illusion de l'unité nationale dans des pays travaillés par la force centrifuge des conflits ethniques. L'ancien Congo belge constitua sans doute un idéal-type de cette politisation du sport. La tourmente des troubles qui ponctuèrent l'histoire du pays jusqu'au coup d'État de Mobutu Sese Seko emporta tout d'abord le football. En octobre 1961, les dirigeants de l'Association sportive nationale du Katanga (ASKAT) avaient adressé à la FIFA une demande d'affiliation. La sécession fomentée en sous-main par les compagnies minières belges se voulaient aussi sportive[52]. La FIFA ne donna pas suite à la requête. Mais l'expatriation de ceux que l'on appelait les Belgicains posa un problème d'une tout autre ampleur au football congolais. Profitant de l'anarchie politique et sportive, les clubs belges avaient en effet recruté plus de 25 joueurs de l'ex-colonie entre 1961 et 1963, arguant qu'il n'y existait plus alors de « groupement ou de fédération reconnus par la FIFA[53] ». Figuraient parmi eux le « Puskas de Léopoldville », Julien Kialunda, ainsi que le meneur de jeu du Standard de Liège, Paul Bonga Bonga.

Une fois arrivé au pouvoir, Mobutu n'eut de cesse de faire revenir ces « Belgicains » qui devaient lui permettre de briller sur la scène internationale. Afin d'éviter de perdre les forces vives du sport national, la circulation des footballeurs devint donc une affaire d'État. Désormais, le départ des joueurs congolais était subordonné à une autorisation préalable du « Haut Commissariat à la Jeunesse et aux Sports du Gouvernement Central[54] ».

Ainsi, « le Congo [entendait] s'assurer que l'expatriation éventuelle de ses citoyens ne puisse nuire aux intérêts supérieurs du pays ». Jusqu'au début des années 1970, les relations entre les deux fédérations furent émaillées de différends sur les transferts. D'un côté, les clubs belges cherchaient à attirer à vil prix les meilleurs Congolais ; de l'autre, les autorités sportives du futur Zaïre rapatriaient les joueurs nationaux opérant dans le « plat pays » en transformant la convocation temporaire d'une sélection en retour définitif, sans paiement d'indemnités. La politique de nationalisation des joueurs précédait en quelque sorte la « zaïrianisation » des entreprises étrangères opérée en 1973[55]. De manière démagogique et sans respect de la liberté individuelle, le régime de Mobutu, par l'intermédiaire d'une fédération soumise, veillait ainsi à protéger la richesse nationale en plaçant sur le même plan footballeurs, cuivre et diamants.

Lorsqu'une partie des Belgicains revinrent en 1966, Mobutu leur remit personnellement leur feuille de route. « Si je vous ai rappelés, leur redit-il, c'est dans l'unique but de former une équipe à la mesure de ce grand pays. Nous devons, chacun dans son domaine, faire le maximum pour défendre dignement le prestige national. Et pour moi, le sport est tout aussi important que l'économie. » Dès le 21 janvier 1968, les joueurs congolais battirent l'équipe du Ghana en finale de la Coupe d'Afrique des nations (CAN) au stade Haïlé-Sélassié d'Addis-Abeba. Mais le point d'orgue de cette politique protectionniste fut atteint en décembre 1973 lorsque les « Léopards », surnom trouvé par « le guide » en référence à l'animal fétiche dont la peau couvrait sa toque de dictateur, conquirent l'unique place réservée à l'Afrique pour la phase finale de la Coupe du monde disputée en Allemagne fédérale. Plus dure fut la chute. Désorganisés, peu habitués à la rigueur des compétitions mondiales, les Léopards subirent la loi des footballeurs écossais (0-2), brésiliens (0-3) et surtout yougoslaves qui leur infligèrent un humiliant 0-9, l'une des plus lourdes défaites jamais encaissées en Coupe du monde. Aux yeux des Européens, cette déroute justifiait les préjugés qu'ils nourrissaient à l'encontre d'un football africain qui devait encore grandir. « En Coupe du monde, concluait l'hebdomadaire de référence *France Football*, l'Afrique ne bénéficie que d'une seule place. On en revendique plus, mais à quoi cela peut-il servir dans une manifestation où elle a pour l'instant des difficultés à s'imposer[56] ? »

Revendications et affirmations mondiales

Heureusement, la Confédération africaine de football (CAF), créée à Khartoum le 8 février 1957 par les représentants des fédérations égyptienne, éthiopienne, soudanaise et sud-africaine, avait su militer pour que la FIFA entrouvre un peu plus la porte aux pays africains. De fait, une unique place avait été réservée aux continents africain, asiatique et océanien à la phase finale de la Coupe du monde 1966 disputée en Angleterre, et ils devaient de surcroît se la disputer. À l'initiative du Ghana de Nkrumah, les pays africains décidèrent par conséquent de boycotter les compétitions préliminaires. Le directeur des sports ghanéens, Ohene Djan, par ailleurs représentant africain au Comité exécutif de la FIFA, télégraphia à ses collègues africains afin qu'ils réfutent « les absurdités des prétendues considérations géographiques et économiques qui gouvernèrent le groupement des associations d'Afrique et d'Asie[57] ».

Quatre ans plus tard, l'Afrique disposait d'une place réservée, occupée par l'équipe du Maroc, certes éliminée au premier tour, mais avec les honneurs. L'équipe forgée par l'entraîneur français Guy Cluseau et entraînée pour l'occasion par le Yougoslave Blagoje Vidinic tint d'abord la dragée haute à la RFA, menant à la marque avant de s'incliner par 2 à 1. Elle subit ensuite la loi du Pérou emmené par Téofilo Cubillas (0-3) et finit par arracher enfin le match nul à la Bulgarie un but partout. Au même moment, João Havelange, le président de la fédération brésilienne, comprit que l'appui de l'Afrique serait déterminant pour conquérir la présidence de la FIFA. Il entendait battre Stanley Rous qui, non content d'adopter une attitude paternaliste à l'égard de l'Afrique, affichait une complaisance certaine dans le dossier de l'apartheid sportif. Outre la construction d'un puissant réseau de relations avec les dirigeants africains qui s'avéra très utile le jour du vote, Havelange organisa en 1972 un tournoi célébrant le 150e anniversaire de l'indépendance du Brésil. Une sélection de l'Afrique y fut invitée. Cette mini-Coupe du monde offrait donc une tribune aux fédérations du Sud. Malgré des résultats mitigés[58], l'Afrique put faire valoir son unité et « montrer – selon Yidnekatchew Tessema, le président éthiopien de la Confédération africaine de football – aux Européens, à la FIFA et surtout à l'Amérique du Sud qu'il [existait] en Afrique du bon football[59] ». Le tournoi préfigurait en fait l'accès plus large à la Coupe du monde qu'Havelange désirait accorder aux pays du tiers-monde footballistique, et notamment à l'Afrique. Il annonçait ainsi la politique de développement qu'il projetait de lancer pour accompagner cette ouverture au nom des valeurs de la FIFA, « association qui [pouvait] à travers le sport étendre les liens de solidarité et fraternité humaines[60] ».

Dès le deuxième tour des élections organisées lors du congrès de Francfort le 11 juin 1974, Havelange recueillit 68 voix contre 52 à Rous. Il fut élu pour un bail qui ne s'achèverait qu'en 1998[61]. Dès septembre 1974, il réitérait ses promesses à un trio de journalistes africains, tout en insistant sur le développement et en restant un peu évasif sur le calendrier des réformes[62]. De fait, Havelange dut compter sur les résistances de l'Europe qu'orchestra le président de l'Union des associations européennes de football (UEFA), Artemio Franchi. Le *Mundial* argentin se joua donc sous le signe du statu quo. Seuls représentants de l'Afrique, bien préparés tactiquement et physiquement par le sélectionneur Abdelmadjid Chetali afin de ne pas subir le sort des Zaïrois, les footballeurs tunisiens signèrent la première victoire africaine en phase finale de la Coupe du monde en surclassant l'équipe du Mexique dès le premier match par 3 buts à 1. Ils donnèrent ensuite du fil à retordre à deux des meilleures équipes européennes, en étant battus seulement 1 à 0 par la Pologne, troisième de la Coupe du monde 1974, et en menaçant jusqu'au bout l'équipe ouest-allemande, championne du monde en titre obligée de concéder le match nul 0 à 0.

La serrure de la Coupe du monde finit par être forcée au mois de mars 1979 lorsque le Comité exécutif de la FIFA décida que la représentation à la phase finale de l'Asie et de l'Afrique serait doublée dès le *Mundial* espagnol de 1982[63]. Le boycott par les pays africains des Jeux de Montréal en 1976, le front commun des délégués africains et asiatiques au congrès de Buenos Aires deux ans plus tard, ainsi que les résultats honorables de la Tunisie et de l'Iran pendant la Coupe du monde 1978[64] ou la perspective pour les pays européens de voir augmenter leur propre contingent avaient finalement triomphé des résistances.

La Coupe du monde 1982 permit d'ailleurs aux deux pays qualifiés, l'Algérie et le Cameroun, de prouver sur le terrain le bien-fondé des revendications africaines. La première se voyait versée au premier tour dans le groupe 2 où elle devait affronter respectivement les équipes de la RFA, de l'Autriche et du Chili. À la veille de la première rencontre, le ton était donné quant à l'estime que portaient les équipes du Vieux Continent au nouveau venu algérien. Le sélectionneur allemand Jupp Derwall fanfaronnait devant la presse : « Si nous ne battons pas l'Algérie, je rentre par le premier train. » Or l'équipe algérienne disposait de nombreux atouts. Dirigée par Rachid Mekhloufi, revenu au pays après avoir achevé sa carrière professionnelle à Bastia, l'équipe associait en un savant alliage jeunes espoirs formés en Algérie et dans les compétitions africaines (comme les attaquants Rabah Madjer, Lakdhar Belloumi ou Salah Assad) et dix professionnels aguerris évoluant en Europe (tels que Mustapha Dahleb, Nourredine Kourichi ou Faouzi Mansouri). De plus, les puissants joueurs allemands avaient toujours connu des difficultés face aux gabarits des joueurs maghrébins, petits mais plus rapides. Leurs aînés avaient même été battus en match amical à Alger en janvier 1964 sur le score de 2 buts à 0. Ce souvenir semblait avoir été effacé de la mémoire allemande puisque joueurs et entraîneurs d'outre-Rhin considéraient ce match comme une formalité. Pourtant, le 16 juin 1982 dans le stade de Gijon, ils durent vite déchanter : les feux follets algériens pratiquèrent un jeu mobile et technique qui déséquilibra la défense allemande. Après avoir atteint la mi-temps sur un score de parité 0 à 0, les footballeurs algériens posèrent une première banderille en signant le premier but par Madjer à la 54e minute, puis portèrent l'estocade par Belloumi à la 68e minute, 37 secondes seulement après l'égalisation de Rummenigge. Mais après une victoire (2-1), les Algériens furent piégés par le réalisme autrichien en encaissant 2 buts sans pouvoir en marquer un seul. Ils finirent par être les victimes du « match de la honte » opposant ou associant plutôt la RFA et l'Autriche, décrit pudiquement par le rapport de la FIFA comme ayant été « gouverné par la règle à calcul »... En effet, après la victoire de l'Algérie sur le Chili par 3 buts à 2, les profits et pertes furent vite répartis entre les cousins germaniques. À la dixième minute du dernier match du groupe 2, l'avant-centre allemand Horst Hrubesch signa l'unique but d'une partie qui se résuma ensuite à un jeu de « passes à dix » puisqu'une victoire 1 à 0 de la RFA qualifiait à coup sûr les deux équipes. Cependant, si la presse internationale et algérienne stigmatisa l'arrangement illustrant dans le champ du sport la domination du Nord sur le Sud, si les dissensions internes et les attaques contre les « étrangers », c'est-à-dire les professionnels algériens ou Mekhloufi, avaient ponctué la préparation de l'équipe algérienne, la victoire de Gijon suffisait au bonheur de tout un peuple qui, en cette occasion, avait pour la première fois manifesté librement une joie d'une intensité aussi forte que celle démontrée le 5 juillet 1962, le jour de l'indépendance[65].

Par contraste, les performances du Cameroun, qualifié après avoir éliminé successivement le Malawi, le Zimbabwe, le Zaïre et pour finir le Maroc en allant gagner 2-0 à Kenitra puis en s'imposant 2-1 à Yaoundé, parurent ternes. Pourtant à égalité de points avec l'Italie, mais en ayant marqué un but de moins, les « Lions indomptables » étaient éliminés sans avoir été ni vaincus ni battus. Ils avaient enchaîné trois matchs nuls 0-0 contre un pâle Pérou, puis contre une brillante sélection polonaise emmenée par Zbigniew Boniek et finalement 1-1 face à une Italie balbutiant son football mais aussi future championne du monde. Composée essentiellement de joueurs évoluant au pays à l'exception de cinq éléments, dont le « Bastiais » Roger Milla et le vétéran Jean-Pierre Tokoto parti finir sa carrière en Floride à Jacksonville, la formation camerounaise séduisit les observateurs et le public espagnol par son jeu athlétique et collectif, la puissance de frappe de ses joueurs, la sûreté de son capitaine et gardien de but Thomas Nkono. Elle déçut cependant par son incapacité à concrétiser et à s'affranchir du schéma tactique fort prudent conçu par l'entraîneur français Jean Vincent. Toutefois, deuxième formation à représenter l'Afrique noire et craignant, avant le début de la compétition, de subir le même sort que le Zaïre, le Cameroun avait produit des prestations d'excellente facture et prouvé que l'on pouvait combiner les prouesses physiques et techniques propres au football africain avec l'imperméabilité défensive du jeu européen, tout en accumulant un capital-confiance utile pour les futures confrontations mondiales.

L'Afrique du football est-elle mal partie ?

En Afrique, le football devint autant un élément d'unité qu'un facteur de conflit entre les États et les peuples. Dès les débuts du football international indépendant, le chauvinisme et la violence marquèrent les rencontres. Un premier heurt opposa le Gabon au Congo-Brazzaville sept ans avant la « guerre des Cent Heures ». Les équipes nationales des deux voisins se rencontrèrent dans les matchs de qualification de la Coupe des Tropiques en 1962. Au match aller le 13 juillet 1962, le Gabon l'avait emporté 3 buts à 2 ; le 16 septembre suivant, le Congo-Brazzaville prit sa revanche sur le même score. De violentes émeutes éclatèrent alors à Libreville. Des Gabonais fomentèrent des pogroms contre les Congolais, « molestés et même tués. La plupart d'entre eux port[aient] autour du cou une sorte de collier sur lequel [était] incrusté un numéro de matricule. Ils [furent] expulsés manu militari par bateau jusqu'à Pointe-Noire[66] ». Le bilan officiel recensa 9 morts et plus de 3 000 expulsés. En retour, Gabonais, mais aussi Dahoméens et Togolais étaient pourchassés à Brazzaville et Pointe-Noire. Les deux pays rompirent leurs relations diplomatiques et il fallut l'intervention de la France et de l'Union africaine et malgache (UAM) pour que les deux pays dirigés par Léon Mba (Gabon) et Fulbert Youlou (Congo) se réconcilient à la conférence de Douala, au début du mois de novembre 1962.

Le football avait une nouvelle fois servi de vecteur aux formes les plus agressives du nationalisme ; il avait favorisé « l'imprégnation des consciences, aussi bien que de l'espace[67] » par le sentiment national. Cependant, l'exaltation des esprits sportifs ne fut pas l'apanage de l'Afrique centrale. Sans doute pour prévenir de tels événements, Djibrilla Hima, le secrétaire général de la fédération nigérienne, expliquait à son homologue voltaïque en novembre 1969 les raisons qui avaient poussé son organisme à refuser de disputer une rencontre à Ouagadougou : « Si nous n'avons pas répondu à votre invitation c'est qu'il y a une raison qui consiste à ne pas compromettre les bonnes relations de fraternité et d'amitié entre nos deux peuples et à les sauvegarder à tout prix. En effet, nous avions constaté qu'à chaque rencontre avec votre équipe de foot, l'atmosphère devient explosive en raison de la conduite antisportive tant sur le terrain que dans les tribunes de votre délégation aux rencontres à Niamey. À nos rencontres à Ouaga, en plus de l'atmosphère créée par le public que nous comprenons parfaitement, nos athlètes se sentent un peu séquestrés dans leur repos, dans leur alimentation, dans leur liberté de mouvement [...]. Les dirigeants eux-mêmes ne sont pas soustraits à la règle[68]. »

Hima résumait bien les risques auxquels s'exposait toute équipe visiteuse dans l'Afrique des indépendances. Surtout, ces incompréhensions et ces tensions rappelaient que le sport aidait à créer les identités nationales en les opposant, en construisant un puzzle de différences (religieuse, territoriale, linguistique, économique) dont les morceaux s'ajustaient de façon singulière selon les adversaires. Elles montraient aussi une constante de ces rencontres internationales : la difficulté de jouer, et bien sûr de gagner une rencontre à l'extérieur, le stade national étant considéré comme un sanctuaire inviolable par le public, l'équipe et les officiels locaux. Certains matchs furent marqués par des violences caractérisées dont les visiteurs (joueurs et arbitres) firent les frais. Les bus des joueurs étaient aussi régulièrement attaqués, comme le rapportait le chef de la délégation ghanéenne venu disputer l'Independence Cup à Lagos le 29 octobre 1960. Étant parvenus à arracher le match nul, les joueurs ghanéens furent assaillis par la foule alors qu'ils sortaient du stade pour rejoindre leur car. Contraints de se replier dans leurs vestiaires, réussissant au bout d'une heure et demie à regagner le véhicule, ils durent cette fois-ci essuyer une véritable guérilla tout le long du parcours qui les menait à l'hôtel. Les « fans nigérians » s'étaient déployés dans les tournants et expédiaient un jet nourri de pierres dès que le bus « devait ralentir pour négocier un virage[69] ». Au bout du compte, les assaillants avaient brisé cinq vitres du véhicule, blessant le sélectionneur de nationalité hongroise Josef Ember, son assistant et trois joueurs ghanéens.

Mais ce qui ulcérait le plus les Ghanéens étaient l'incurie, voire la complicité passive de la fédération et de la police nigérianes. L'affaire mettait en évidence deux points : « 1) Les dirigeants de la Nigeria Football Association s'étaient montrés complètement incapables de contrôler la foule hostile ; 2) La Police nigériane s'est montrée complètement indifférente et ne fit aucun effort sérieux [...][70]. » Dans son rapport, le célèbre arbitre anglais Ken G. Aston interprétait ainsi les violences :

« L'attitude du public après le match ne peut s'expliquer que par sa très grande déception de ne pas gagner un match de grand prestige national. [...] Aucun élément ne justifiait l'attaque des joueurs ghanéens après le match, mais les spectateurs ont manifestement été montés par des meneurs à la fin du match. Un esprit "anti-Ghana" s'était répandu parmi le public et la presse plusieurs jours avant le match[71]. » Il s'agissait il est vrai de la quatrième rencontre entre les deux équipes en moins de deux mois à l'issue desquelles le Ghana venait d'éliminer le Nigeria dans la course à la qualification pour la Coupe du monde 1962.

Mais bien souvent, privilège de l'homme blanc ici, l'arbitre n'était pas seulement un témoin ou un juge. Il faisait partie des suspects, sinon des coupables habituels pour la foule et les autorités du pays. On pourrait rapporter de multiples exemples d'arbitres vilipendés, molestés, poursuivis. Mais le cas le plus célèbre reste le sort réservé à un trio arbitral ghanéen (encore !) envoyé arbitrer le match de qualification de la Coupe d'Afrique des nations opposant le Mali à la Côte d'Ivoire le 19 juin 1977 à Bamako. Selon le rapport spécial envoyé à la FIFA par l'arbitre ghanéen, le colonel D.S.K. Amengor, le directeur de jeu et ses assesseurs subirent, à l'issue du match pourtant remporté 1 à 0 par le Mali, des brutalités répétées orchestrées par le chef de la sécurité nationale malienne, le lieutenant-colonel Tiékoro Bagayoko, par ailleurs président de la Commission des arbitres et président d'honneur de la fédération malienne. Ce dernier pénétra dans le vestiaire des arbitres accompagnés « de soldats et de policiers, armés de fusils, de bâtons et de ceintures[72] » pour se plaindre de la blessure de deux joueurs maliens et des deux penaltys que l'arbitre aurait dû siffler pour le Mali. Et pour solde de tout compte, il fit infliger un passage à tabac en règle au trio arbitral, suivi d'une chasse à l'homme qu'il dirigea en personne après que, par miracle, les arbitres ghanéens eurent réussi à se glisser dans la voiture fournie par leur ambassade. Ils y trouvèrent finalement refuge avant de pouvoir regagner leur pays. L'affaire fit grand bruit non seulement à la Confédération africaine de football (CAF), mais aussi à la FIFA, d'autant que des faits similaires s'étaient produits au Cameroun. Pour expliquer cette bavure, les Maliens, tout en disculpant Bagayoko pour mieux incriminer des lampistes, invoquaient une « atmosphère [qui] n'était point au beau fixe » ainsi que le « comportement provocateur » des invités[73]. Autrement dit, bien que regrettables, les événements n'étaient qu'une réponse à l'attitude irrespectueuse des visiteurs.

Bagayoko fut finalement radié à vie par la CAF, sanction conforme aux vœux des dirigeants de la FIFA qui entendaient « intervenir [...], afin qu'une fois pour toutes cessent des incidents de ce genre, uniques (Bamako et Yaoundé) dans les annales des 146 Associations Nationales, membres de la FIFA[74] ». Au-delà du sous-produit de la violence du régime de Moussa Traoré, dont Bagayoko finit par être la victime après en avoir été le chef d'orchestre[75], la stigmatisation de l'arbitre n'était guère originale. Elle répondait à la fonction presque sacrificielle des « hommes en noir ». Une fonction qui, dépassant très largement le champ sportif, s'insère dans l'économie de la violence et du sacré telle que la décrit René Girard : « C'est la communauté entière que le sacrifice protège de *sa* propre violence, c'est la communauté entière qu'il détourne vers des victimes qui lui sont extérieures[76]. »

Certains arbitres comme Amengor refusaient d'endosser le rôle du bouc émissaire. D'autres l'évitaient en avantageant l'équipe locale contre diverses compensations matérielles ou charnelles. Quelques exaltés l'acceptaient, comme l'arbitre ivoirien Pierre Goudal Lohourignon. « Chez moi en Côte d'Ivoire, les supporters ne protègent pas les arbitres. Pour eux, l'arbitre est toujours injuste. Il est traité de tout et même quelquefois menacé. Cela ne m'effraye pas... Le public et les dirigeants sont pardonnables ; ils ne sont pas éduqués et ignorent les lois du jeu que la FIFA a élaborées, il y a environ soixante-cinq ans. Moi, je suis toujours désireux de rester pour longtemps encore un des gardiens, des magistrats sportifs, car celui qui fait bien son travail ne doit pas craindre d'être martyrisé », écrivait-il à Helmut Käser, le secrétaire général de la FIFA, en 1969.

Les arbitres n'étaient toutefois pas toujours innocents. Après l'élimination de l'équipe d'Éthiopie par le Nigeria de la course aux Jeux olympiques 1968, Yidnekatchew Tessema qui avait été, après avoir combattu la ségrégation raciale sous la courte mais meurtrière invasion italienne, la première grande vedette du football éthiopien, puis l'un de ses efficaces administrateurs, dénonçait à la FIFA l'arbitrage partisan du directeur de jeu kenyan Ngaah Williams. Plus globalement, il dressait un sombre tableau des conditions générales de l'arbitrage sur le continent : « La corruption risque de [faire] dégénérer l'arbitrage en Afrique. Les affinités politiques, raciales et religieuses nous causent déjà des problèmes très graves. L'ingérence des pouvoirs politiques dans le sport rend souvent théorique l'indépendance morale des arbitres. [...] Comment pourrons-nous libérer les arbitres africains de ces préjugés politiques, linguistiques et religieux si nous ne frappons pas fort sur les fautifs[77] ? »

Comme le soulignait Tessema, le football pouvait être la caisse de résonance des maux de l'Afrique. De fait, s'il donnait l'illusion de l'unanimisme national le temps d'un match, le ballon rond servit également de cadre aux affrontements internes créés par la force du sentiment ethnique que les colonisateurs avaient, comme au Rwanda, pour partie construit en transformant la dichotomie sociale entre Hutu et Tutsi en ethno-type racial et culturel. Parfois, le football contribuait tout simplement à alimenter des oppositions séculaires à l'instar de l'Algérie où les Kabyles tentaient de faire reconnaître les droits des Berbères face à la majorité arabophone, y compris dans les stades. Fondé en 1946, leur club de cœur, la Jeunesse sportive de Kabylie, connut son heure de gloire dans les années 1970 en remportant le doublé coupe-championnat en 1977. Damant le pion aux clubs algérois, surveillé par le pouvoir central, il fut même rebaptisé en 1977, alors que les entreprises publiques entraient dans le football algérien, en un plus neutre « Jeunesse électrique de Tizi-Ouzou ». Ailleurs, la structure multiethnique rendait presque ingouvernable le football, notamment en Afrique de l'Est où, comme au Kenya, les communautés arabe et indienne s'ajoutaient aux populations africaines.

Au Congo-Brazzaville, le football fut l'une des éprouvettes où se précipita la cristallisation des représentations identitaires comme le confirme, à Brazzaville même, l'invention dans les années 1950 de la tradition du derby opposant le club des Diables noirs à celui l'Étoile du Congo. La première équipe représentait le quartier de Bacongo, « un quartier conçu comme le prolongement du centre urbain européen[78] ». Les Diables noirs prétendaient ainsi pratiquer un jeu scientifique et prenaient pour surnoms les patronymes de grands footballeurs du Vieux Continent : Gento, Kopa ou Piantoni. Leurs rivaux défendaient l'honneur sportif d'un quartier moins fasciné par le modèle blanc, « où la survie exig[eait] des acteurs une constante résistance physique ou symbolique. Les pseudonymes des joueurs l'indiqu[aient] : *Bamana* (l'enfant terrible), *Mbono* (le sorcier)[79] ». Mais alors que la composition de la population de ces quartiers était multiethnique, l'une des conséquences de l'indépendance fut d'homogénéiser le peuplement. Dès lors, les ressortissants Kongo originaires du Sud du pays quittèrent Poto ; à l'inverse les Mbochi issus du Nord désertèrent Bacongo. Le derby changea de sens. Il symbolisa désormais l'opposition entre les deux parties du Congo-Brazzaville et leurs ethnies majoritaires. Le règne d'un des deux clubs correspondait à la domination politique d'un des deux grands groupes de population et de leurs chefs, à tel point qu'une contre-performance s'interprétait comme le signe annonciateur d'un changement de régime[80] !

Pour battre l'adversaire, qu'il fût national ou international, les ressorts de la sorcellerie pouvaient s'ajouter à l'appui politique. La « pensée magique » était et reste l'une des choses les mieux partagées au sud du Sahara : l'arrosage du terrain de jeu d'un liquide préparé spécialement par les féticheurs qui accompagnaient les équipes ou le sacrifice d'animaux et l'exposition de leurs dépouilles avaient un effet suggestif non négligeable sur nombre de footballeurs africains. De même, certains arbitres exigeaient parfois, sur la demande des adversaires, que des gardiens enlèvent une chaîne ou un morceau de tissu censés leur assurer l'invincibilité ! Et les contre-performances du Zaïre à la Coupe du monde 1974 furent attribuées au mécontentement des paysans du Bas-Congo, qui, obligés de verser un impôt pour financer le voyage des « Léopards » en Allemagne, se vengèrent par la sorcellerie[81].

Élu président de la Confédération africaine de football deux ans plus tôt, Tessema plaidait devant les représentants des fédérations africaines en février 1974 : « Je lance un appel à notre Assemblée Générale afin qu'elle affirme que l'Afrique est Une et Indivisible, que nous œuvrons dans le sens de son unité avec tous les organismes poursuivant le même noble but ; que nous condamnons la superstition, le tribalisme, la discrimination sous toutes ses formes au sein de notre Football et dans tous les domaines de la vie ; que nous n'acceptons pas au sein de notre organisation la division de l'Afrique en Francophones, Anglophones ou Arabophones. Arabes de l'Afrique du Nord ou Zoulous de l'Afrique du Sud, nous sommes tous des Africains authentiques. Ceux qui essayent de nous diviser par le truchement du Football ne sont pas nos amis[82]. »

L'ubiquité naissante du football africain

Durant les vingt premières années de l'indépendance sportive se dessina l'ubiquité fondamentale qui caractérise aujourd'hui encore le football africain. À savoir le contraste entre le jeu tel qu'il était pratiqué, vécu et organisé sur le continent noir et celui que pratiquaient les élites du ballon rond que les clubs français, belges, portugais et espagnols commençaient à recruter.

Le football continental souffrait des problèmes de sous-développement qui affectaient la vie économique et sociale. Tout restait à faire au début des années 1960. En 1962, les anciens départements français d'Algérie comptaient seulement 27 000 joueurs licenciés et 254 clubs répartis dans trois ligues (Alger, Sud-Algérien, Oranie)[83]. Le Nigeria disposait de 25 000 footballeurs en règle et 1 200 clubs[84]. Un National Stadium était en construction à Lagos. De son côté, la fédération du Congo-Kinshasa pouvait s'enorgueillir, avant la guerre civile, de réunir sous son contrôle l'ex-stade du Roi-Baudouin et plus de 7 250 footballeurs, basés en majorité dans l'ancienne Léopoldville. Plus d'un million de Congolais et d'Européens avaient fréquenté ce terrain durant la saison 1960-1961, témoignant ainsi de l'enracinement de ce spectacle déjà populaire[85].

Mais ces réalités concernaient les trois mastodontes du football africain. Ailleurs, les effectifs demeuraient plus modestes, même si de nombreux joueurs échappaient aux statistiques des organismes fédéraux. Leur nombre était souvent inférieur à 5 000 : le Sénégal en recensait environ 3 254 répartis dans 132 sociétés sportives[86], la Tunisie 4 200 pour 106 clubs[87]. La taille des stades restait le plus souvent modeste. Au Mali, leur capacité variait « de 2 000 (en brousse) à 10 000 places (à Bamako)[88] ». Bien souvent, cette faiblesse numérique se doublait d'un profond dénuement matériel et surtout humain, le personnel qualifié faisant cruellement défaut. Si les colons avaient introduit et diffusé le football, ils n'avaient pas toujours laissé des infrastructures sportives dignes de ce nom et surtout, après une période de transition d'une durée variable, ils avaient quitté les postes d'encadrement des clubs et des fédérations.

Les dirigeants des fédérations nationales misèrent alors, comme dans le domaine de l'économie, sur un développement endogène, à l'instar de ce qu'avait réalisé Mobutu. Quand elle ne s'opposait pas à l'ancien colonisateur, cette stratégie recourait aux compétences occidentales. En effet, le football et la construction d'infrastructures sportives s'inscrivirent dans les politiques de coopération proposées par les puissances européennes de l'Ouest comme de l'Est. Des entraîneurs et des joueurs africains étaient invités en stage à l'Institut national des sports à Paris. Des techniciens européens s'installaient sur les bancs de touche africains. Les pouvoirs cherchaient tant à éviter les conflits interethniques en recourant au « toubab » qu'à bénéficier de l'expérience de techniciens parfois renommés.

Les entraîneurs des démocraties populaires recueillirent tout d'abord les faveurs des dirigeants africains. Le souvenir de l'équipe de Ferenc Puskas et l'attrait du modèle sportif des pays « progressistes », ainsi que la promotion d'un jeu technique et collectif privilégiant la circulation de balle plaidèrent pour le recrutement des

Magyars Josef Ember au Ghana, Jozsef Zakarias et Lazlo Budai en Guinée, Nandor Hidegkuti en Égypte ou Ferenc Csanadi au Zaïre. Les Yougoslaves offrirent leurs talents. Blagoje Vidinic se rendit au Maroc puis au Zaïre, Ante Busenic en Zambie, Milan Kristic en Tunisie et Branko Zutic au Cameroun. Mais le sérieux et la solidité du football ouest-allemand ainsi que les efforts de la coopération de la RFA suscita l'expatriation de techniciens allemands. Si la plupart préconisèrent un jeu physique qui ne convenait pas toujours aux footballeurs africains, Peter Schnittger fit exception. Professeur de sport originaire de Hanovre, employé de la GTZ (*Gesellschaft für technische Zusammenarbeit*/Société pour la coopération technique), organe du ministère ouest-allemand des Affaires étrangères, il fut envoyé en Côte d'Ivoire en 1968 où il prit en main la sélection nationale pour la mener en demi-finale de la CAN en 1970. Passé au Cameroun, colonie allemande avant la Première Guerre mondiale, il entraîna l'équipe nationale et le Canon de Yaoundé avec lequel il gagna la Coupe des clubs champions en 1971. En poste en Éthiopie puis à Madagascar, il construisit *in fine* les bases de la montée en puissance de la sélection sénégalaise à partir de 1994.

Comme il le confiait en 1972 au bimensuel catholique *L'Effort camerounais*, la tâche de l'entraîneur, même étranger, n'était pas aisée face à un public partisan massé à peu de distance de la ligne de touche : « Il faut préciser que le public n'a pas droit, avant même qu'un joueur n'ait touché la balle de crier par exemple : "Mouthé dehors" ou "Evou dehors". Si l'entraîneur a décidé par exemple d'aligner un joueur comme Evou, il n'est pas sportif qu'on le décourage dès les premières minutes, ou que quelques radio-speakers formulent à son endroit des critiques qui ne se basent pas sur le fair-play[89]. » Schnittger tenta aussi de former des jeunes joueurs et de renforcer les structures locales. Selon lui, l'une des tâches les plus difficiles en Afrique subsaharienne était de préserver les acquis de plusieurs années de travail.

La coopération porta également sur les infrastructures à renouveler ou à construire. Dans un premier temps, les pays de l'ouest et de l'est de l'Europe se disputèrent les faveurs des gouvernements. Ainsi, des ingénieurs soviétiques construisirent au début des années 1960 le stade du 28-Septembre à Conakry. Les camarades bulgares suivirent, édifiant en 1967 le stade d'El-Menzah de Tunis, en 1969 le stade omnisports de Bamako et en 1972 le stade du 5-Juillet à Alger. Allemands de l'Ouest et Français ne restèrent pas sur le banc de touche. Les premiers signèrent en 1973 le stade Surulere de Lagos, les seconds, forts des relais dont ils disposaient dans leurs anciennes colonies, édifièrent le stade Houphouët-Boigny d'Abidjan inauguré en 1963 ainsi que le stade de la Révolution de Brazzaville, achevé en 1965. La Société des travaux de l'Est, enfin, réalisa en 1972 le stade omnisports Ahidjo de Yaoundé et celui de la Réunification de Douala au Cameroun. Souvent conçus pour accueillir les Jeux africains, ces premiers stades auraient pu passer pour d'inutiles « éléphants blancs » si le football ne les avait pas remplis. Capables d'accueillir dans des conditions spartiates jusqu'à 120 000 spectateurs au Caire ou à Yaoundé, ils n'étaient pas pensés pour le spectacle du football. Leurs pelouses mal entretenues, pelées et trouées étaient loin d'offrir des conditions idéales à la pratique d'un spectacle de qualité. Mais cette réalité n'empêcha pas la Chine populaire de concevoir et de financer de nouveaux complexes. Les fédérations africaines avaient en effet soutenu Pékin dans sa lutte sportivo-politique contre Taipei et le continent noir devint, à partir du début des années 1980, un espace où la Chine expérimenta son ouverture au monde.

L'appel à des entraîneurs étrangers et la construction d'infrastructures devaient permettre de s'affirmer au moins sur le plan continental, chemin suivi par Mobutu à la fin des années 1960. C'est à Khartoum le 8 février 1957 que fut créée la Confédération africaine de football (CAF) à l'occasion de la première Coupe d'Afrique des nations (CAN). Depuis la première moitié des années 1950, l'ingénieur Salem, président de la fédération égyptienne, et son homologue soudanais, le docteur Abdel Halim Mohamed, militaient en effet pour une organisation continentale du football. Dès octobre 1954, Salem envoya à Kurt Gassmann, secrétaire général de la FIFA, un projet de statut reprenant les grandes finalités de la Fédération internationale puisque la CAF entendait « coordonner et promouvoir les relations entre les associations africaines de football et promouvoir le football en Afrique ». Plus particulièrement, la CAF s'assignait la mission d'« organiser un championnat africain régulièrement », de mettre sur pied « des tournées entre membres de la CAF et l'extérieur », de « faire appliquer les règlements de la FIFA », ou encore de « promouvoir le football, les jeunes espoirs, la qualité des arbitres, le niveau technique, la protection médicale et sociale des joueurs[90] ». En raison de la situation politique, la CAF ne prit son véritable départ qu'au début des années 1960. Son siège était situé au Caire et elle bénéficiait des subsides du régime nassérien. Jusqu'en 1972, ses présidents furent soit égyptien (le général Abdelaziz Mostafa à partir de 1957), soit soudanais (Abdel Halim Mohamed lui succéda à partir de 1968). Après la création de l'OUA le 25 mai 1963 puis son installation à Addis-Abeba, la capitale éthiopienne, le gouvernement égyptien décida même de prendre en charge le voyage des délégués aux assemblées générales et des membres du Comité exécutif de la CAF, afin d'en conserver son siège. La confédération comptait alors plus de 23 membres.

Sur le plan purement administratif, les assemblées générales ou les séances du Comité exécutif offraient davantage l'occasion de se déchirer que de s'unir. Les différences linguistiques entre anglophones et francophones, sources éminentes de malentendus, jouaient un rôle même si l'utilisation d'interprètes, les progrès en anglais de dirigeants francophones et la fixation en 1974 de trois langues officielles – l'arabe s'ajoutant à l'anglais et au français – permirent de mieux se comprendre. La lutte contre les apartheids sud-africain et rhodésien et la promotion mondiale du football continental sur le plan mondial offrirent cependant deux dénominateurs communs.

L'essentiel de la CAF se jouait toutefois sur les terrains de football. En 1970, dans son discours à l'assemblée générale de Khartoum, le président Abdel Halim Mohamed et son secrétaire général Mourad Fahmy se félicitèrent : plus de 200 matchs internationaux avaient été disputés au cours des années 1968 et 1969[91]. Ils soulignaient ainsi le principal mérite de la confédération africaine : réussir à bâtir deux compétitions extrêmement populaires, la Coupe d'Afrique des nations dès 1957, puis la Coupe d'Afrique des clubs (champions) à partir de 1964 malgré les difficultés matérielles. Les problèmes de transport obligeaient parfois certains arbitres à passer par un aéroport européen pour gagner leur destination africaine ! Bien entendu, l'extrême politisation du football, des services d'ordre défaillants ou complaisants hors et dans les stades ne permirent pas toujours de faire jouer les matchs dans la plus grande sérénité. Il n'en reste pas moins que les compétitions africaines épaulèrent la construction des premières traditions et hiérarchies sportives du continent.

Si les deux premières éditions de la CAN disputées en 1957 à Khartoum et en 1959 au Caire par trois équipes (l'Égypte, l'Éthiopie et le Soudan) consacrèrent deux fois les footballeurs de Nasser, rompus de longue date aux joutes internationales, les années 1960 et 1970 furent dominées par le football de l'Afrique centrale et occidentale. Certes, en 1962 à Addis-Abeba, l'Éthiopie emmenée par trois joueurs de grand talent, Worku Menguistou et les frères Vassalo, triompha, sur le score de 4 buts à 2, de la République arabe unie qui avait, dans le champ du sport et du football, conservé deux équipes nationales en Égypte et en Syrie. Certes, le Soudan l'emporta sur un but généreusement accordé par l'arbitre éthiopien Gebresys Tesfaye devant un public bouillant de chauvinisme en finale à Khartoum face au Ghana en 1970. Il battit le Maroc à Addis-Abeba en 1976 dans une Éthiopie où le Négus venait d'être renversé mais où Tessema avait malgré tout réussi à organiser la compétition finale. De même, l'Égypte renoua en 1986 avec la victoire en battant à l'issue des tirs aux buts le Cameroun au... Caire (0-0 à la fin des prolongations et 5 penaltys à 4). Toutefois, l'Afrique sub-saharienne domina nettement les débats pendant les trente premières années de la CAN. Le « Black Star » du Ghana, enfant chéri de Nkrumah, puis de la junte militaire dirigée par le général Acheampong et enfin du régime « progressiste » mais musclé du capitaine Jerry Rawlings, s'adjugea à quatre reprises, avec deux générations de joueurs, le titre continental en 1963 à Accra, en 1965 à Tunis, puis en 1978 de nouveau à Accra et en 1982 à Tripoli. Grâce à ce troisième sacre, la capitale ghanéenne conserva définitivement le trophée offert au nom de l'Égypte par l'ingénieur Salem en 1957. Les victoires du Congo-Kinshasa/Zaïre en 1968 à Addis-Abeba et en 1974 au Caire, du Congo-Brazzaville à Douala en 1972 ou du Nigeria en 1980 à Lagos appliquèrent la même recette : des footballeurs de talent souvent dirigés par des entraîneurs étrangers et très largement poussés par les régimes dictatoriaux qui faisaient leur miel de ces victoires sportives.

Proposé en 1962, le principe d'un Tournoi des clubs champions fut retenu lors de l'assemblée extraordinaire de la CAF tenue au Caire en janvier 1963 : le vainqueur remporterait la Coupe Nkrumah offerte par le président du Ghana au président Mostafa. La formule de la première édition disputée en 1964-1965 reprenait globalement le principe de la CAN : éliminatoires par matchs aller-retour puis phase finale à quatre (remportée à Accra par l'Oryx de Douala en février 1965). À partir de la seconde édition jouée en 1966, le principe d'une finale par match aller-retour se substitua à cette coûteuse formule ; il perdure aujourd'hui encore. Quoi qu'il en soit, les clubs de l'Afrique sub-saharienne très largement soutenus par le pouvoir politique comme le Hafia FC de Conakry ou le Tout-Puissant Englebert/Mazembe dominèrent désormais la compétition. À la fin des années 1970, sur 30 équipes finalistes, 27 provenaient en effet de l'Afrique noire, principalement centrale et occidentale, et trois représentaient l'Afrique arabomusulmane. Seuls le club égyptien d'al-Ismaily Sporting Club en 1969 et le Mouloudia d'Alger en 1976 parvinrent à remporter la compétition.

Ainsi le Hafia FC de Conakry composé de footballeurs étudiants choyés par le régime de Sékou Touré imprima sa marque sur les quinze premières années de la Coupe des clubs champions. Il remporta le titre en 1972, en 1975 et en 1977, obtenant ainsi le droit de conserver définitivement la coupe Nkrumah. La finale se disputant selon la formule de matchs aller-retour, la victoire paraissait d'autant plus belle qu'elle était obtenue à l'extérieur. En décembre 1972, le Hafia remporta ainsi son deuxième titre continental en battant à deux reprises le Simba FC 4-2 à Conakry et surtout 3-2 à Kampala sous les yeux d'un Idi Amin Dada qui avait reçu l'équipe dans sa résidence d'Entebbe[92]. Le sanglant dictateur ougandais s'était montré plus fair-play que la fédération « mobutienne » du Zaïre qui avait refusé de jouer la demi-finale retour, prétextant que les trois arbitres gambiens désignés pour la rencontre n'étaient pas dûment enregistrés sur les listes des arbitres internationaux[93]. Mais de sérieux doutes pesaient également sur l'authenticité des licences sportives que détenaient certains joueurs guinéens...

Quand le Hafia remporta une deuxième fois le trophée en disposant à Lagos des Enugu Rangers (2-1) après s'être imposé 1-0 à Conakry, les héros et la Coupe furent présentés au peuple de Conakry au stade du 28-Septembre. Thiam Ousmane Tolo, le capitaine du Hafia, s'adressa alors à Sékou Touré : « Camarade Responsable Suprême de la Révolution, nous sommes heureux et fiers d'avoir fait notre devoir, d'avoir tenu les engagements que nous avions pris à notre retour de Bissao où nous venions de remporter la Coupe Amilcar-Cabral. Nous avions promis ce jour-là qu'avant la fin de 1975, la Coupe portant le nom de l'immortel Kwame NKrumah viendrait rejoindre celle de son frère de combat, également martyr[94]. » Comme juste récompense, Sékou Touré décerna à l'équipe du Hafia la « croix de chevalier de l'Ordre national » et ses joueurs furent invités à effectuer « une tournée à travers les chefs lieux de tous les ministères de Développement Rural (MDR)[95] ».

Les aspects folkloriques du football africain n'avaient pas échappé aux médias européens, principalement français, de même que les joyaux que recelaient ses équipes. À partir de 1970, l'hebdomadaire *France Football* décerna un Ballon d'or africain au meilleur joueur du continent. Si son premier lauréat, l'attaquant malien Salif Keita, évoluait en Europe, ses successeurs appartenaient tous à des clubs africains à l'instar du milieu de terrain ghanéen Ibrahim Sunday, récipiendaire du Ballon d'or en 1971, et joueur de l'Asante Kotoko. De même, Cherif Souleymane, le « canonnier national » du Hafia, menait également l'attaque du « Syli » ou éléphant, le surnom donné à l'équipe de Guinée, couronnée en 1972. L'avant-centre de la sélection marocaine et de Mohammedia, Ahmed Faras, fut également élu meilleur joueur du continent en 1975. La plupart de ces footballeurs se distinguaient par leur prestance physique, une technique souvent « brésilienne » et un sens de l'improvisation nécessaire pour parer aux nombreux imprévus des stades africains.

Militaires ou fonctionnaires, bénéficiant en général d'un emploi de complaisance puisque les fédérations africaines se refusaient à adopter le professionnalisme, les joueurs étaient choyés par le régime en place, surtout s'ils gagnaient. Ainsi Mulamba Ndaye affichait une prospérité qui échappait à la majorité de la population de son pays. Ailier de l'AS Vita-Club et de la sélection zaïroise, victorieux de la Coupe d'Afrique des clubs en 1973, il s'affirma, avec neuf réalisations, comme le meilleur buteur de la Coupe d'Afrique des nations en 1974. Originaire du Katanga, le football lui permit aussi de gagner la capitale, Kinshasa, et d'en découvrir tous les charmes. « La réussite sportive de ce joueur, écrivait en 1974 le journaliste zaïrois Matope Kibili, s'est logiquement accompagnée d'une enviable réussite sociale. Il a sa V.W. Passat, cadeau du très sportif président de la République à tous les Léopards, avec laquelle il fend le vent avec encore moins de dextérité car venant à peine d'apprendre à conduire, il a placé un peu d'argent en banque (il refuse de dévoiler le montant) et bientôt entrera en possession d'une jolie maison dans la nouvelle cité CNCEI dans la zone de Lemba, cadeau également du Président Mobutu Sese Seko à tous les joueurs de notre équipe nationale[96]. »

Cette position d'apparatchik tropical du ballon rond était loin de satisfaire l'ensemble des joueurs africains. Certains, comme les Zaïrois ou les Guinéens, n'avaient pas le choix. Pour la plupart, la carrière pouvait s'arrêter sur un mauvais coup ou une blessure contractée sur les pelouses bosselées, pelées ou non tondues des stades africains. Mulamba Ndaye avait même été « proprement rossé par une meute d'agents de l'ordre survoltés[97] » à l'Independence Stadium de Lusaka en novembre 1973. Certains parvinrent toutefois à quitter le football africain, confortable mais dangereux. Les tournées des clubs sud-américains et européens, les reportages radiophoniques, la lecture de la presse du Vieux Continent nourrissaient le désir de gagner les terres du professionnalisme. Les jeunes joueurs africains aimaient d'ailleurs se parer de surnoms empruntés aux grands du football mondial, se baptisant qui « Garrincha », qui « Tostao », qui « Fontaine ».

Depuis les indépendances, les portes jadis largement ouvertes du championnat de France tendaient à se refermer. En effet, les joueurs africains détenaient désormais des passeports de leur pays d'origine. Or, le Groupement des clubs professionnels français, principal importateur de joueurs africains avec leurs homologues belges et portugais, avait interdit de recruter des footballeurs étrangers en 1955[98]. Dans un premier temps, cette mesure avait bénéficié aux joueurs africains, d'Afrique noire notamment, qui gagnèrent nombreux la métropole comme le suggère l'exemple de Zacharie Noah, le père du célèbre tennisman. À l'orée de la saison 1958-1959, plus d'une trentaine opéraient ainsi dans les championnats de première et deuxième divisions[99].

À partir de 1966, les footballeurs étrangers furent à nouveau acceptés, au nombre de deux par équipe. Mais les joueurs africains affrontaient désormais un dilemme cornélien : soit ils recouvraient, par leur naturalisation, la nationalité de l'ancien colonisateur et ils pouvaient jouer ; soit ils subissaient la concurrence des footballeurs yougoslaves ou sud-américains. Quelques-uns refusèrent de redevenir français, comme le célèbre footballeur malien Salif Keita. Après avoir quitté le Real Bamako où il avait perdu à l'âge de 20 ans la finale de la Coupe d'Afrique des clubs champions face au stade d'Abidjan en décembre 1966, Keita s'était échappé clandestinement vers la France et l'Europe. Son escapade resta dans les annales : après avoir gagné le Liberia, il s'envola pour Orly où les dirigeants de l'AS Saint-Étienne devaient l'attendre. Ne trouvant personne, le jeune Salif, sans un sou en poche, héla un taxi dont le chauffeur, compréhensif, l'emmena jusqu'à la cité industrielle du Forez. La migration de Keita n'était toutefois pas improvisée. Elle avait été préparée grâce aux liens qu'un commerçant libanais de Bamako, Charles Dagher, entretenait avec les « Verts ». Toutefois, comme beaucoup de migrants africains, l'attaquant malien dut aussi subir la loi d'airain imposée par les dirigeants français. Un joueur africain était sous-payé par rapport à ses collègues européens. D'abord qualifié amateur en raison des études de droit qu'il avait entamées en France, il dut batailler, conseillé par son coéquipier camerounais Frédéric N'Doumbé, pour obtenir une plus juste rétribution de ses talents et des 120 buts qu'il marqua en 149 matchs joués sous le maillot vert.

Passé en 1972 à l'Olympique de Marseille, il affronta à nouveau les exigences de ses dirigeants qui l'incitèrent à se faire naturaliser. « Assimilé », il pourrait alors être aligné au côté des deux autres vedettes étrangères du club, le Yougoslave Josip Skoblar et le Suédois Roger

Magnusson. Keita jugeait le terme « assimilation » dégradant et se refusa à perdre toute chance de jouer pour le Mali. « L'accepter eût été dénoncer son pays, ses origines, sa famille, ses amis. Il ne s'en sentait pas le droit. D'autant qu'il aurait par ce geste entraîné derrière lui tous les jeunes Maliens, chacun rêvant d'imiter l'idole, le "grand frère"[100]. » La « panthère noire », comme l'appelait la presse française, jamais avare de dénomination animale pour décrire le talent des joueurs africains, dut donc quitter l'équipe phocéenne pour l'étranger, d'abord en Espagne à Valence, puis au Sporting Portugal et enfin aux États-Unis à Boston.

Ces mésaventures ne dévoilaient cependant que la partie émergée de l'« iceberg » des discriminations. Certes, les Africains entraient en concurrence avec les autres joueurs étrangers dans les clubs de première division : 4 peuvent être décomptés pendant la saison 1974-1975, 16 en 1976-1977 – mais certains étaient naturalisés à l'instar du Congolais François M'Pelé au Paris-Saint-Germain. Sur un effectif d'environ 250 professionnels, ces chiffres demeuraient modestes. Mais les joueurs africains étaient également recrutés en deuxième division – 20 en 1974-1975, 16 en 1976-1977 (sur un total d'environ 500 footballeurs). Le statut de ces derniers était alors très inégal. Les uns poursuivaient leurs études tout en jouant au football et gardaient un statut d'amateur ou de semi-professionnel ; d'autres tentaient d'y poursuivre ou de relancer leur carrière professionnelle à l'image de l'avant-centre camerounais Emmanuel Koum passé de Monaco en 1974 au club plus obscur de Chaumont dans le département de la Haute-Marne.

Tous ne connurent pas la réussite sportive et finalement matérielle d'un Salif Keita, qui, après avoir suivi d'ultimes études de management aux États-Unis, revint gérer ses biens à Bamako. Dans les années 1970, *France*

Football (édition africaine) consacra même un dossier aux « difficultés que conn[aissait] le footballeur africain en France[101] ». Selon cette enquête, nombre de joueurs, souvent des internationaux diplômés, subissaient un véritable déclassement. Sollicitant directement les clubs français, ils arrivaient en général en Europe à l'âge de 25 ans ; leur carrière, assez courte, était souvent moins bien rétribuée que celle de leurs collègues européens. Par la suite, leur reconversion se révélait ardue. Privés de l'aura du footballeur, ils subissaient le racisme réservé aux travailleurs immigrés les plus humbles comme le suggère l'exemple du footballeur malien Bako Touré.

Le père de l'international français José Touré avait entamé sa carrière française en 1959 à l'Olympique de Marseille. Après des passages à Nantes, Toulouse, Nancy puis Toulon, victime d'une grave blessure, il acheva son parcours à Blois, club de deuxième division, où il resta de 1968 à 1975. En 1973, il confiait son amertume : « Je me trouve, après douze ans de carrière dans le professionnalisme, sans le moindre métier. Je ne peux pas compter sur le club de Blois qui est un club d'amateurs. Je tente d'ouvrir un bar-restaurant, encore faut-il savoir le gérer, car restaurateur est aussi un métier. » À ces difficultés s'ajoutaient les *a priori* de la population d'une petite ville de province. « Voyez-vous, reprenait Touré, le footballeur africain est accepté en France en échange de sa rentabilité au sein de l'équipe. Il est applaudi, aimé, estimé. Mais malheur à celui qui essaie de s'élever. Les difficultés ? J'en ai connu et combien sont-elles nombreuses. Une chose dont j'ai souffert durant ma carrière, c'est le manque d'amitié. Dans le milieu français, je ne me suis jamais fait d'amis, de vrais amis[102]. » Subissant les aléas de la vie sportive, le footballeur africain était de plus confronté, en tant qu'homme, à une société française qui après avoir tenu l'Africain pour un indigène le considérait comme un travailleur immigré.

Cependant, les prestations des équipes africaines à la Coupe du monde 1982, l'ouverture plus large des frontières du football européen et l'affaiblissement des nationalismes africains allaient changer la donne dans les deux dernières décennies du XXe siècle. Le football africain serait désormais doué d'ubiquité... ou de schizophrénie. Subsistait un football continental toujours très politisé, peu regardant, en particulier au sud du Sahara, sur les règlements et bien souvent informel. Mais se dessinait de plus en plus nettement un autre football africain, expatrié celui-là. Le football des élites professionnelles, des migrants « balle au pied » ou des enfants d'émigrés économiques formerait progressivement la quasi-totalité des effectifs des sélections nationales africaines, tout en jouant pour les clubs du Vieux Continent.

8
L'Europe du football

Le découpage de la géographie du ballon rond en confédérations continentales autorisa l'Afrique à tenter une unification sportive ; mais il contribua à renforcer paradoxalement le poids du Vieux Continent. Née sous la forme de l'Union des associations européennes de football (UEFA), l'Europe du football forma en effet une branche originale de la construction européenne puisqu'elle enjambait le rideau de fer. Cette Europe sportive, faut-il l'avouer, se rapprocha également de l'Europe des marchands.

Après les premières tentatives des années 1930, l'Europe du football naquit à Paris et à Madrid, fruit d'un mariage unissant le quotidien français *L'Équipe* et le club phare de l'Espagne franquiste, le Real Madrid. La meilleure équipe du Portugal de Salazar prit le relais avant que l'Europe de la croissance qui se dessinait entre Milan et Rotterdam n'assume l'hégémonie européenne. Le football présenterait alors un visage d'abord conservateur et calculateur en Italie, avant de hisser, au travers du « football total » néerlandais, les couleurs de l'esprit libéral de la fin des années 1960. Mais le football serait aussi partie prenante de la société de consommation comme le prouve le succès des équipementiers allemands Adidas et Puma.

Le football de l'Atlantique à l'Anatolie

En décidant de créer la Coupe du monde en 1928, les dirigeants de la FIFA avaient délibérément choisi de s'émanciper du cadre primal européen. Toutefois, la société européenne du sport et du football entretenait quelques liens avec la conscience européenne née sur les décombres de la Grande Guerre. Cette conscience s'incarnait dans une pluralité de projets, de mouvements et de réalisations que portaient intellectuels, politiciens et industriels du Vieux Continent.

L'européisme sportif, s'il exista, fut d'abord nourri par une certaine forme d'antiaméricanisme. Organisés à Los Angeles en 1932, les Jeux olympiques s'étaient conclus par le triomphe américain. La délégation du pays hôte avait raflé 41 médailles d'or contre 12 pour celle de l'Italie fasciste (2e) et 10 pour l'équipe de France (3e). Le même écart caractérisait le nombre absolu de médailles, puisque les Américains avaient gagné 105 trophées contre 36 à l'Italie – à nouveau dauphine – et 25 pour la Finlande (3e). La démonstration avait été particulièrement impressionnante en athlétisme, les athlètes étatsuniens remportant 16 médailles d'or sur un total de 29.

Pour combattre cette hégémonie, l'Association européenne d'athlétisme (EAA), fondée en janvier 1934 et membre de l'International Amateur Athletic Federation (IAAF), avait décidé de créer des championnats d'Europe d'athlétisme[1] dont la première édition se déroula au stade Mussolini de Turin en septembre 1934. Le cadre européen ne constituait cependant pas une nouveauté. Des compétitions de patinage et de boxe avaient opposé dans l'avant-guerre les nations du Vieux Continent. Elles s'étaient également affrontées lors des premiers championnats d'Europe de natation disputés en 1926 à

Budapest et durant la coupe européenne de basket-ball disputée neuf ans plus tard en Suisse.

Mais l'Europe du football restait alors dans les limbes. Certes, les clubs autrichiens, hongrois, italiens et tchécoslovaques, que rejoignaient par intermittence équipes suisses, roumaines et yougoslaves, participèrent, à la fin des saisons nationales, à la Coupe de l'Europe centrale (Mitropa Cup) entre 1927 et 1939. Son promoteur, Hugo Meisl, entendait ainsi accroître les revenus des clubs danubiens. La Juventus et Bologne, premier clubs italiens à y concourir en 1931, ne s'y méprenaient pas : « Des considérations de nature financière, expliquait alors *La Stampa*, ont conduit nos deux Sociétés à accepter l'invitation que leur avait adressée les organisateurs. Des parties qui mettent aux prises les équipes d'Europe les plus fortes sont en effet destinées à produire des recettes non négligeables, même si l'époque à laquelle elles seront jouées n'est guère propice aux matchs de *calcio*. Tant la Juventus que la Roma pourront tirer de ces rencontres des bénéfices financiers importants[2]. » Le mode de répartition des recettes confortait cet attrait : 40 % allaient aux frais d'organisation, le solde se partageant entre le club jouant à domicile (70 %) et l'équipe visiteuse (30 % avec un minimum de 1 600 dollars)[3].

Si l'intérêt financier était sauf, la Mitropa Cup ne favorisa pas toujours le rapprochement des peuples. Ainsi, le match Admira Vienne-Genova (dénomination italianisée par le régime fasciste de Genoa) disputée au Prater de Vienne le 4 juillet 1937 s'acheva dans le chaos. Une bagarre générale éclata après que l'arbitre eut accordé un penalty à l'Admira. Le joueur génois Morselli sortit du terrain avec une triple fracture de la mandibule. L'affaire dégénéra en incident diplomatique. Sur la foi du rapport de l'ambassadeur d'Italie en Autriche, Francesco Salata, le Duce interdit l'organisation du match retour. Les joueurs viennois, qui étaient déjà en route et espéraient une conclusion heureuse de l'incident, se virent ordonner de rentrer au pays par l'hôtelier vénitien chez qui ils attendaient l'autorisation de gagner le port ligure[4].

Les rencontres de la Coupe internationale que disputèrent les mêmes pays de 1927 à 1960 suscitèrent les mêmes incidents. Quelques mois plus tôt, la rencontre Autriche-Italie jouée au Prater avait été interrompue par l'arbitre en raison des violences commises sur le terrain alors que les Autrichiens menaient 2 buts à 0. À la sortie du stade, de violents affrontements opposèrent les 105 supporters triestins venus en bus assister à la rencontre à des spectateurs viennois antifascistes. « Entre crachats, insultes et saluts poings fermés, les Italiens réussirent à fuir du Prater escortés par la police, emportant avec eux 16 blessés[5]. » Ce Caporetto footballistique tombait mal : au même moment, les antifascistes italiens repoussaient à Guadalajara les assauts du corps expéditionnaire envoyé secourir les nationalistes espagnols. L'incident, surtout, anticipait la politisation des affrontements qui émaillerait la Coupe d'Europe dans les décennies 1970-1980.

L'idée de compétitions européennes de football avait pourtant retenu l'attention des journalistes et dirigeants français, toujours prompts à compenser l'insuffisance des performances nationales par de ronflantes propositions. Alors que *Le Miroir des sports* et Gabriel Hanot lançaient en 1934 l'idée d'échanges internationaux qui consisteraient à envoyer pour une saison deux équipes de chaque grand pays européen disputer un championnat étranger, Jean-Bernard Lévy, le président du Racing Club de Paris, proposa carrément de créer un championnat d'Europe « avec sa division européenne et sa division internationale », autrement dit sa première et sa deuxième division. Outre l'argument financier, la révolution des transports permettait selon lui de concevoir une telle compétition. « L'avion n'est-il pas désormais entré dans nos mœurs ? Il ne faut que : 2 heures pour Londres, 2 h 30 pour Amsterdam ; 6 heures pour Vienne, 8 heures pour Budapest, 12 heures pour Bucarest, trajets de plus courte durée que celui de Roubaix-Nice en chemin de fer[6]. » Lévy prévoyait également qu'une Coupe d'Europe formerait le « prélude du championnat d'Europe » et que « cette épreuve aurait un succès sportif et financier ». « La grosse difficulté serait, évidemment, la participation des équipes anglaises. » Elle ne serait « pas insurmontable[7] » pour autant.

Visionnaire, Jean-Bernard Lévy n'eut pas l'heur de voir ses prédictions se réaliser puisqu'il tomba sous l'uniforme pendant la campagne de France. Mais l'idée européenne lui survivrait.

Le ballon rond avait d'abord offert un vecteur original pour opérer la réinsertion internationale des vaincus, l'Italie et la République fédérale d'Allemagne notamment, dont la fédération avait été admise au sein de la FIFA en 1952, trois ans après sa création. Au vrai, il avait parfois été mobilisé pour de plus sombres desseins. Le haut-commissaire français Gilbert Grandval avait par exemple espéré renforcer le sentiment autonomiste de la Sarre, une région allemande que la France souhaitait séparer de la future Allemagne. Ainsi, les autorités françaises tentèrent d'intégrer le FC Sarrebruck et les équipes de football sarroises au sein de la FFF, alors même qu'un Comité olympique sarrois avait été créé. Mais la tentative fit long feu puisque les représentants de la Ligue d'Alsace de football organisèrent une fronde antisarroise. Le projet, rejeté en juillet 1949 par le Conseil fédéral, entraîna dans sa chute le vieux président Rimet qui l'avait soutenu[8]. La création de la République fédérale d'Allemagne (RFA) et son intégration au bloc occidental avait changé la donne. En février 1951, le gouvernement français accepta la reprise des relations sportives avec l'Allemagne et le football sarrois rejoignit la fédération ouest-allemande reconstituée.

L'équipe de France accueillit et battit pour la première fois l'équipe de RFA au stade de Colombes le 5 octobre 1952 par 3 buts à 1. Les fantômes du passé n'étaient pas exorcisés pour autant. Un ancien résistant revêtit son pyjama de déporté pour assister à la rencontre. Et le haut fonctionnaire chargé de représenter la République française aux côtés du conseiller d'ambassade et du délégué ouest-allemands à la Communauté européenne de défense n'était autre que le secrétaire général de la Préfecture de Paris, Maurice Papon[9]...

L'idée d'une compétition européenne resurgit cependant avec les premiers projets européens d'après-guerre. Plus qu'unir les peuples du Vieux Continent, il s'agissait au premier chef d'établir une hiérarchie en organisant une confrontation régulière des clubs continentaux. Même la presse sportive communiste française soutint l'entreprise. Le journaliste François Thébaud, futur directeur du *Miroir du football*, la souhaitait dès mars 1948 tout en constatant : « Un climat général plus favorable, des relations entre les pays du continent très différentes de celles qui règnent aujourd'hui, sont les conditions nécessaires à la réalisation d'un projet sportif, qui en dépend fatalement[10]. » L'avenir confirma cette prédiction puisque la Coupe d'Europe naquit pendant le Dégel. Mais la presse « bourgeoise » en serait à l'initiative, épaulée par les dirigeants des clubs de l'Espagne franquiste et du Portugal salazariste.

Depuis la fin de la Seconde Guerre mondiale, l'idée de rassembler les peuples latins dans un organisme de coopération internationale avait en effet cheminé. Fondée en 1948 à Paris, l'Union latine matérialisa ce projet de coopération culturelle et politique qui contribua surtout à sortir l'Espagne de son isolement. La diplomatie du Caudillo multiplia les initiatives qui eurent leur contrepartie sportive[11]. Ainsi, la Real Federación Española de Fútbol (RFEF) proposa de créer une Coupe latine qui reposait sur un principe élémentaire. Comme la Mitropa Cup, la compétition serait organisée en fin de saison ; elle réunirait les champions d'Espagne, de France, d'Italie et du Portugal et se déroulerait en cycles quadriennaux. Au terme de chacun d'entre eux, la fédération nationale dont les clubs auraient gagné le plus de matchs conserverait le trophée offert par la fédération espagnole. Le FC Barcelone remporta la première édition en 1949 à Madrid. Toutefois, la formule ne rencontra pas véritablement de succès populaire, en raison notamment de la légèreté de fédérations qui, à l'instar de l'Italie, ne déléguèrent pas toujours leur champion.

L'édition 1953 réunit cependant les quatre champions en titre : Juventus de Turin, FC Barcelone, Sporting du Portugal et OGC Nice. « Les matchs disputés au Parc des Princes en nocturne (demi-finale) et en semi-nocturne (finale) attirèrent un public considérable. Le vainqueur fut Barcelone qui élimina [la] Juventus en demi-finale (4-2), après un match remarquable, et qui, en finale, battit l'OGC Nice (1-0). En demi-finale, le champion de France avait "sorti" le champion portugais (4-2). Le classement établi sur les 4 années fut le suivant : 1. Espagne, 2. France, 3. Italie, 4. Portugal. Ce succès décida de la reconduction de l'épreuve[12] » en 1955 puisqu'en raison de la Coupe du monde suisse, l'édition 1954 ne fut pas disputée. Tenue à Lisbonne, la Coupe latine 1955 consacra le Stade de Reims, vainqueur en finale par 3 buts à 0 de l'AC Milan – mais devant une foule clairsemée de 8 000 spectateurs seulement.

Or, les lignes commençaient à bouger sur le front continental. Depuis 1950, trois représentants de la jeune

Europe des Six – le secrétaire général de la fédération belge José Crahay, son homologue français Henri Delaunay et le président de la fédération italienne, Ottorino Barassi – avaient commencé à étudier la possibilité de regrouper le football européen. Le congrès de la FIFA organisé à l'occasion des Jeux olympiques d'Helsinki en 1952 les conforta dans leur conviction. Non sans débats. « Sur toutes les questions à l'ordre du jour, âprement et longuement discutées, tandis que les délégués sud-américains prenaient tour à tour la parole pour défendre une opinion soigneusement étudiée, les associations européennes, en agissant en ordre dispersé et sans contestation préalable, faillirent commettre des erreurs irréparables[13] », releva José Crahay.

La réorganisation du Comité exécutif de la FIFA et l'autorisation des groupements représentant les fédérations appartenant à un même continent décidées au congrès extraordinaire de Paris en 1953 ouvrirent définitivement la voie à la constitution d'une confédération européenne, placée en position de force puisqu'elle serait représentée au Comité exécutif par deux vice-présidents sur cinq, sans compter les représentants de l'URSS et du Royaume-Uni. Les associations européennes compteraient également quatre membres simples sur neuf[14]. Au même moment, une vingtaine de fédérations, rassemblées dans la capitale française, discutaient de la création de la confédération européenne. Un Comité européen de six membres fut *in fine* élu à Bâle en juin 1954. Sur proposition de Stanley Rous, le principe « de ne désigner que des hommes qui ne siégeraient pas à la FIFA, afin de sauvegarder leur indépendance[15] » fut acté. José Crahay et Henri Delaunay, l'Autrichien Josef Gerö, George Graham (Écosse), Ebbe Schwartz (Danemark) et Gusztáv Sebes (Hongrie) figuraient au nombre des heureux élus. Après avoir porté le Danois Schwartz à la présidence à Berne au mois de juin, l'organisation prit, en octobre à Copenhague, le nom d'*Union of the European Football Associations* (UEFA, Union des associations européennes de football).

La définition géographique de l'Europe du football dépassait cependant les bornes que les géographes du XVIIIe siècle lui avaient assignées. Les footballeurs représentés par l'UEFA jouaient non seulement en Asie centrale en vertu de l'extension territoriale de l'URSS, mais aussi jusqu'aux frontières de l'Irak et de la Syrie. Dès 1955, en effet, la fédération turque courtisa l'Union pour obtenir son admission, en avançant d'abord des arguments sportifs : alors que le professionnalisme avait été adopté en 1952, l'équipe nationale turque s'était qualifiée pour la Coupe du monde 1954 aux dépens de l'Espagne. Malgré de médiocres résultats en Suisse (deux défaites 1-4 et 2-7 subies face à la RFA et une victoire 7-0 sur la Corée du Sud), la Turquie se plaçait dans l'orbite du football moderne quand le reste du continent asiatique se confinait aux horizons bornés de l'amateurisme et du football postcolonial. Mais des éléments géographiques et géopolitiques pesaient également. L'Asian Football Confederation, la confédération asiatique, se développait à partir de l'Extrême-Orient, bien loin de l'Anatolie. De même, les incertitudes politiques limitaient les progrès des chétives équipes du Moyen-Orient. À l'inverse, la Turquie s'était depuis les débuts de la guerre froide rapprochée du camp occidental en adhérant à l'OTAN en 1952. Dès 1959, elle avait demandé le statut d'État associé auprès de la Communauté économique européenne qu'elle obtint en 1963. En 1961, le président de la fédération turque, Orhan Şeraf Apak, résumait le sentiment d'Ankara : « Certaines affinités nous rapprochent des équipes d'Europe tant du point de vue géographique que [de] celui de l'équilibre des forces[16]. »

Dès 1955, son équipe junior participa au tournoi européen organisé par l'UEFA. En 1956, Galatasaray, champion de Turquie, fut invité à disputer le tour préliminaire de la Coupe des clubs champions. Mais la FIFA ne l'entendait pas de cette oreille. Son Comité exécutif décida, dans sa séance du 17 septembre 1955, que la fédération turque appartenait au continent asiatique tout en admettant qu'elle puisse participer à des compétitions organisées par l'UEFA[17] ! Il s'agissait de ne pas affaiblir l'AFC que minaient les conflits de la guerre froide et du Proche-Orient. La bataille ne dura guère : le congrès de Santiago ratifia l'admission définitive de la Turquie à l'UEFA en 1962. Aux yeux des footballeurs tout du moins, la Turquie faisait bien partie de l'Europe.

Pour l'heure, les formations turques se montraient moins menaçantes que les troupes ottomanes assiégeant Vienne en 1683. Jusqu'au début des années 1990, la sélection et les clubs turcs furent régulièrement laminés par leurs adversaires européens. En novembre 1984 à Istanbul, comme en avril 1988 à Londres, l'équipe nationale turque fut écrasée 8 buts à 0 par l'Angleterre, ce qui, aux yeux du romancier turc Orhan Pamuk, offrait « une métaphore de la condition du pays et de son sentiment d'humiliation[18] ». Ces mornes résultats pouvaient nourrir le *hüzün*, cette mélancolie stambouliote suscitée par le sentiment de déclin et de défaite décrite dans le livre autobiographique évoquant la capitale déchue de la Sublime Porte[19].

Beaucoup plus tard, l'UEFA accueillerait un autre membre extra-européen : Israël. Héritière de la Palestine Football Association, organisation multiconfessionnelle fondée en juillet 1928 par des colons juifs et affiliée à la FIFA depuis juillet 1929, sa sélection avait participé aux épreuves qualificatives pour les Coupes du monde 1934 (éliminée par l'Égypte) et 1938 (battue par la Grèce). La fédération israélienne devait désormais trouver sa place dans l'organisation continentale de la FIFA. Membre fondateur de l'AFC, la fédération israélienne suscita aussitôt des boycotts répétés pour l'empêcher de jouer. Dès 1962, Stanley Rous suggérait que l'association fût versée dans la confédération européenne[20]. Après la guerre des Six-Jours (1967), le front anti-israélien se durcit. Cinq pays arabes (Arabie saoudite, Irak, Jordanie, Liban et Syrie) refusèrent d'intégrer l'AFC tant qu'Israël en serait membre[21]. Finalement, la fédération israélienne fut exclue des tournois de l'AFC en 1974, puis radiée en 1976. Les conflits israélo-arabes, la crise pétrolière et le blocage du fonctionnement de l'AFC avaient convaincu les pays de l'Asie du Sud-Est et de l'Est de souhaiter le départ de l'État hébreu. Si Helmut Käser, le secrétaire général de la FIFA, rappelait à Datuk Teoh Chye Hin, son homologue de l'AFC que « la haine, l'animosité et l'intolérance n'ont jamais été bonne conseillère[22] », son interlocuteur se montrait avant tout pragmatique. Pour la cheville ouvrière malaisienne de la confédération asiatique, le maintien d'Israël bridait le développement du football sur le continent. L'intervention personnelle de João Havelange, nouveau président de la FIFA, n'y changea rien[23]. Mais la résolution de ce conflit passa d'abord par une adhésion à la Confédération océanienne afin qu'Israël puisse participer aux phases préliminaires de la Coupe du monde avant que l'UEFA n'accepte, après l'effondrement d'un bloc soviétique résolument hostile, l'adhésion de la fédération israélienne en 1993.

Une Europe conçue à Paris et...

Les conflits politiques n'épargnèrent pas l'Europe du football. Ainsi, les débuts de la Coupe d'Europe des nations-Coupe Henri-Delaunay, disputée depuis 1960 et appelée à partir de 1968 Championnat d'Europe des nations (notre actuel Euro) furent contrariés par les fractures politiques du continent. En 1960, le régime franquiste interdit à ses footballeurs de recevoir l'équipe soviétique pour les quarts de finale, avançant que des hommes de la division *Azul* qui avaient combattu sur le front russe croupissaient encore dans les immensités désolées de la Sibérie. Quatre ans plus tard, l'Albanie et la Grèce refusèrent de s'affronter dans les éliminatoires. Mais l'une des spécificités de l'intrusion du politique résidait désormais dans le mélange des genres. En effet, l'essor des enjeux économiques propres au football, l'irruption renouvelée de puissants intérêts économiques s'accompagnèrent de formes ouvertes ou larvées de politisation, bien qu'une sorte d'Europe des marchands ait d'abord dominé sous la forme d'un attelage unissant *L'Équipe* et le Real Madrid.

Les premiers dirigeants européens cherchèrent très tôt à traiter des problèmes à fort contenu économique, qu'il s'agisse de la création d'une compétition européenne, de la radio, de la télévision, des concours de pronostics ou du calendrier des matchs internationaux[24]. Ils ne s'en montrèrent pas moins prudents et désireux d'avancer lentement. Ainsi, lors du premier congrès de l'UEFA organisé en mars 1955 à Vienne – ville symbole des destins contrariés de l'Europe –, les délégués des fédérations européennes jugèrent « prématuré » le projet imaginé par Henri Delaunay de créer un Championnat d'Europe des nations. De même, Stanley Rous, alors secrétaire général de la Football Association, déclara en privé que « l'Union européenne de football n'était pas faite pour organiser des compétitions, mais pour défendre des intérêts communs[25] ».

C'était oublier un peu vite le poids des intérêts privés. L'UEFA devait en effet concilier la logique d'une organisation bureaucratique du football disant le droit et organisant le calendrier sportif et les impératifs d'un football-business naissant qui tentait d'échapper à son emprise. L'Union fut d'abord débordée par un groupe de presse soucieux de créer l'événement sportif. Les dirigeants de *L'Équipe*, quotidien créé le 28 février 1946 sur les ruines de son ancêtre *L'Auto* « soupçonné de collaboration avec l'ennemi[26] », donc interdit de parution, avaient renforcé leur intérêt pour le football. Si le cyclisme restait le produit phare, les compétitions de football soutenaient les ventes le reste de l'année. Constatant la popularité croissante du ballon rond, la SOPUSI, société éditrice de *L'Équipe*, avait même créé une forme de supplément intitulé *France Football* que dirigeait le journaliste Jacques Ferran. Paraissant le mardi, cet hebdomadaire allait vite devenir la « Bible du football ». Le titre trouva son public[27], « en allant au fond des choses, en éclairant toutes les facettes de l'actualité du football, au travers de reportages, comptes rendus, analyses techniques, échos, photographies que même son père nourricier, *L'Équipe*, ne peut publier, faute de place et par souci de ne pas incommoder un public moins spécialisé[28] ».

Alors que la langue française était encore lue et/ou parlée par une partie des élites européennes, dirigeants et journalistes du football compris, *L'Équipe* et *France Football* s'imposèrent sur le Vieux Continent. Partageant, pour le premier, l'organisation du Tour de France avec *Le Parisien libéré*, ils disposaient surtout de l'expertise nécessaire pour créer l'événement sportif et… européen.

Un prétexte servit de détonateur. Le *Daily Mail* avait affirmé un peu vite que Wolverhampton, champion d'Angleterre en titre, serait le meilleur club du monde parce qu'il avait battu sur son terrain le Honved Budapest (3-2) – le club du grand Puskas – et le Spartak Moscou (4-0). Rédacteur à *L'Équipe*, Gabriel Hanot balaya cette assertion dans l'édition du 15 décembre 1954, et ce « pour deux raisons : l'équipe anglaise n'a[vait] pas évolué à l'extérieur lors de matchs retour et n'a[vait] pas rencontré d'autres clubs de grande valeur[29] ». Encouragé par Jacques de Ryswick, le chef de la rubrique football, Hanot proposa donc de créer un Championnat d'Europe interclubs. Face aux évidents problèmes de calendrier, il substitua en janvier 1955 à l'idée de ligue la formule de Coupe, de fait moins contraignante. Dès lors, *L'Équipe* devint le propagandiste zélé (et intéressé) du projet. Selon le premier règlement de la Coupe d'Europe des clubs présenté le 4 février 1955 par Jacques Ferran, les champions de chaque fédération participante devaient se rencontrer par match aller-retour le mercredi – le jour où les ventes accusaient un creux faute d'actualité sportive. La nouvelle compétition permettrait donc de relancer les tirages en milieu de semaine, tout en soutenant ceux de *France Football* qui paraissait le mardi.

Même si l'UEFA refusait encore d'organiser une compétition européenne, Jacques Goddet, le patron de *L'Équipe*, et les rédacteurs de la section football du journal surent obtenir le soutien d'Henri Delaunay et de Jules Rimet. Les rapports incestueux unissant presse et fédérations sportives en France jouèrent : Rimet par exemple comptait parmi les actionnaires de la SOPUSI[30]. Quoi qu'il en soit, ils décidèrent de traiter directement avec les dirigeants des clubs qu'ils souhaitaient inviter à la première édition. Une réunion organisée le 2 avril 1955 permit de s'accorder sur chaque article du règlement. Rapid de Vienne (Autriche), Anderlecht (Belgique), Bold Klub Copenhague (Danemark), Hibernian (Écosse), Real Madrid (Espagne), Stade de Reims (France), Voros Lobogo (Hongrie), AC Milan (Italie), Holland Sport La Haye (Pays-Bas), Sporting Portugal (Portugal), Rot Weiss Essen (RFA), Djurgarden (Suède), Servette de Genève (Suisse), Partizan Belgrade (Yougoslavie) furent les quatorze premiers admis auxquels vinrent s'ajouter le Gwardia Varsovie (remplaçant le FC

Chelsea) ainsi que le FC Sarrebruck, digne représentant d'une Sarre qui allait voter à une écrasante majorité au mois d'octobre 1955 son intégration dans la RFA. Les Anglais préférèrent attendre pour voir, d'autant qu'une délégation d'Europe continentale infligea à Belfast un sévère 4-1 à une sélection britannique (13 août 1955), administrant froidement une nouvelle preuve du déclin de la perfide Albion !

En tout cas, l'Europe du football se jouait des fractures de la guerre froide. Elle réunissait tant les représentants des dictatures ibériques que les footballeurs des démocraties populaires du camp soviétique, ce qui n'était pas acquis d'avance. Ce pari hasardeux fut néanmoins remporté lorsque le Real Madrid dut affronter l'Étoile Rouge de Belgrade en quart de finale le 25 décembre 1955 (match aller à Madrid) et le 29 janvier 1956 (match retour à Belgrade). Les deux rencontres eurent bien lieu, les Madrilènes se qualifiant sur le score cumulé de 4-3. Surtout, les joueurs fraternisèrent sous la neige de Belgrade. Dès la deuxième édition, d'autres équipes du bloc de l'Est se joignirent à la compétition continentale, à l'instar du Dinamo Bucarest (Roumanie), du Slovan Bratislava (Tchécoslovaquie) et du CSKA Sofia (Bulgarie). En revanche, la première équipe soviétique – le Torpedo Moscou – n'entra en lice qu'en 1966.

Les dirigeants de la FIFA avaient vu d'un mauvais œil un projet soutenu par des intérêts privés qui risquait de renforcer le poids de l'Europe au détriment du reste de la planète football. Le Comité d'urgence de la Fédération internationale réuni les 8 et 9 mai 1955 émit donc trois conditions pour adouber la compétition. D'abord que « les clubs engagés soient autorisés par leur association nationale ». Ensuite que « la compétition soit organisée par l'Union européenne des associations de football sous son autorité et sa responsabilité ». Enfin, que « le nom

"Europe" ne puisse être utilisé que pour des compétitions d'équipes représentatives d'associations nationales[31] ». La compétition s'appellerait donc « Coupe des clubs champions européens ». Le 21 juin 1955, l'UEFA accepta de former un comité d'organisation, *L'Équipe* offrant le trophée[32]. L'année suivante, *France Football* créait à son tour une récompense, le Ballon d'or, qui désignait le meilleur joueur du continent élu par un collège de journalistes européens.

... enfantée à Madrid

Le Real Madrid domina sans partage les cinq premières éditions de la compétition en défaisant plus ou moins facilement lors du match final la Fiorentina 2-0 (1957), l'AC Milan 3-2 (1958) puis l'Eintracht Francfort 7-3 (1960) et battant à deux reprises le Stade de Reims (4-3 en 1956, 2-0 en 1959). La première finale contribua fortement à la popularité de la compétition. Le 13 juin 1956, dans un Parc des Princes rempli de Parisiens attirés par les étoiles madrilènes et rémoises, les deux équipes livrèrent un match presque idéal, riche en prouesses techniques et en retournements de situation. Ayant mené 2-0 au bout de dix minutes de jeu, les Rémois étaient rejoints par les Madrilènes après les buts d'Alfredo Di Stéfano (14e minute) et de Héctor Rial (30e). Ils prirent à nouveau l'avantage grâce à Michel Hidalgo (62e) mais se firent à nouveau rejoindre par Marcos Alonsos Imaz dit « Marquitos » (79e), avant que Rial ne porte l'estocade finale (79e). Le grand homme du match avait été sans conteste Di Stéfano, la *saeta rubia*, la « flèche blonde », symbole de la politique dispendieuse du président du club. Santiago Bernabéu fit du Real un Grand d'Espagne, puis d'Europe.

Au vrai, Bernabéu n'avait pas été le premier à transformer le Real en club de millionnaires. Dès les débuts de la Seconde République, les dirigeants du FC Madrid – devenu Real depuis qu'Alphonse XIII avait accepté en 1920 d'en devenir le patron – avaient acquis à prix d'or des vedettes comme Ricardo Zamora ou José Samitier, à telle enseigne que le Real fut surnommé l'*equipo del millón* de pesetas. S'étant rapproché « des cercles financiers et patronaux, ainsi que des sphères élitistes de la société madrilène[33] », le club bénéficiait aussi du soutien de ses 6 000 *socios* et des quelque 13 000 spectateurs qui assistaient en moyenne aux matchs joués dans son stade de Chamartin[34]. Surtout, vainqueur de deux *Ligas* (1931 et 1934) et d'un *Campeonato de España*, c'est-à-dire la *Copa del Presidente de la República* (1934), le Real s'imposa comme *le* club représentant la capitale, au détriment de l'Athletic son rival au recrutement théoriquement plus populaire. Entre 6 000 et 10 000 Madrilènes vinrent fêter à la gare d'Atocha les joueurs du Real revenant de la finale jouée et gagnée contre Valence (2-1) à Montjuich le 6 mai 1934. Ce nouveau statut n'allait pas sans inconvénients puisque les millionnaires du Real endossaient aux yeux de l'Espagne l'identité d'une ville-parasite, où les fonctionnaires et le gouvernement absorbaient la richesse des autres régions[35].

La guerre civile vint cependant ruiner ce bel édifice financier... et politique. En 1935, en effet, Rafael Sánchez Guerra fut élu à la présidence du club. Il n'était autre que le secrétaire de la présidence de la République espagnole sous Niceto Alcalá Zamora, le président libéral destitué par le *Frente Popular*. Plus que tout autre club espagnol, le Real souffrit du conflit. Sa direction, épurée des membres considérés comme « fascistes », fut complétée par des hommes provenant des organisations ouvrières. L'avancée des troupes nationalistes qui assiégèrent Madrid à partir du mois de novembre 1936 et la résistance de la ville interrompirent ensuite ses activités. En effet, l'extension des zones contrôlées par le camp nationaliste privait le club d'adversaires potentiels pour constituer un championnat interrégional. Les nouveaux dirigeants eurent beau demander à intégrer le championnat de Catalogne, ils se heurtèrent à une fin de non-recevoir de la part du FC Barcelone, peu désireux de secourir son principal rival[36].

La politique sportive du régime franquiste ressembla fort à celle de l'Italie fasciste et de l'Allemagne nazie, au moins sur le plan organisationnel. Le pouvoir créa, le 22 février 1941, la *Delegación Nacional de Deportes de Phalange Tradicional Española y de la J.O.N.S* (DND), un organisme dépendant directement du *Movimiento Nacional*, le parti unique associant phalangistes et monarchistes. Le général José Moscardó, le défenseur héroïque de l'Alcazar, en fut le premier chef jusqu'à sa mort en 1955. Après l'élimination des dirigeants ou sportifs *rojos*, la DND imposa le principe de la démocratie « organique ». Un système hiérarchique, autoritaire et censitaire se substitua au principe électif qui régissait tant le choix du président de la fédération de football (RFEF) qu'opéraient les associations affiliées, que celui des dirigeants de club, que formulaient les *socios*. Désormais, les présidents étaient nommés et les assemblées générales des clubs n'accueillaient plus que les *socios* les plus riches. Toutefois, la DND disposait de moyens matériels très réduits. Les équipements sportifs restèrent l'affaire de clubs privés, écartant ainsi une majeure partie de la population sportive de la pratique sportive officielle. Malgré les discours musclés sur la nécessaire « régénération de la race », Franco ne conçut cependant pas le projet mussolinien de transformer l'Espagne en une « nation sportive ». Pour preuve les piètres résultats obtenus aux

Jeux olympiques : lors des six Olympiades disputées au temps de la dictature franquiste, les athlètes espagnols ne remportèrent en tout et pour tout qu'une médaille d'or, deux d'argent et deux de bronze !

Le rayonnement sportif de l'Espagne fut donc assuré par le football. Lorsqu'en 1950 l'équipe d'Espagne battit la sélection anglaise (1-0) au premier tour de la Coupe du monde organisée au Brésil, Armando Muñoz Calero, le président (phalangiste) de la RFEF, adressa un télégramme à Franco exultant : « Caudillo ! Nous avons battu la perfide Albion[37] ! » Toutefois, hormis un titre de champion d'Europe obtenu face à l'ennemi soviétique en 1964, la diplomatie sportive passa essentiellement par les clubs et en premier lieu par le Real Madrid.

Jusqu'en 1953, le club madrilène n'obtint pas de résultat probant, excepté un doublé dans la *Copa del Generalisimo* – nouvelle dénomination de la Coupe du président de la République – en 1946 et 1947. À l'inverse d'une mémoire sportive adepte de la théorie du « complot » qui érigerait un peu vite le Real en équipe du régime, les formations qui dominèrent l'après-guerre furent au contraire des clubs réputés de gauche ou porteurs d'une forte identité régionale. D'abord, le rival madrilène l'Athletic de Madrid, considéré comme un fief des socialistes, devenu Aviación depuis sa fusion avec l'Aviación Nacional, une équipe de propagande formée au sein de l'armée de l'air. Bénéficiant du soutien du général Yagüe, le *Jefe* des aviateurs, le club put librement accéder au carburant et aux véhicules militaires, ce qui n'était pas sans utilité dans l'Espagne en ruine de l'après-guerre. Il gagna ainsi deux *Ligas* en 1940 et 1941, puis deux autres encore en 1948 et 1949 après avoir recouvré sa dénomination originelle.

Cependant, les équipes qui dominèrent la scène du football espagnol jusqu'au début des années 1950 furent les représentants de deux provinces incarnant la

« traîtrise » et la subversion aux yeux du franquisme : le Pays basque et la Catalogne. Outre les sanctions appliquées aux dirigeants et joueurs barcelonais qui avaient organisé en 1937 une tournée de propagande au Mexique et aux États-Unis, les clubs durent, comme dans l'Italie fasciste, effacer tout ce qui rappelait l'étranger dans leurs dénominations. L'*Athletic* Bilbao devint l'*Atletico* Bilbao, et le *Football Club Barcelona* dut renoncer à son préfixe anglais transformé en *Club de Fútbol de Barcelona*. Sous la férule de phalangistes détestés par une grande partie des *socios*, les deux clubs dominèrent les années les plus noires du franquisme, jusqu'au tournant de 1951. Bilbao remporta une *Liga* (1943) et trois *Copas* (1943, 1944 et 1945) en n'engageant, suivant la politique établie depuis le début des années 1920, que des joueurs basques. Barcelone s'adjugea trois titres de champions (1945, 1948 et 1949) et une coupe (1942).

L'affirmation catalane se poursuivrait au moment où la présence de ministres formés dans l'Action catholique et par l'Opus Dei se renforçait, signe d'une relative libéralisation du régime qu'incarnait Joaquin Ruiz-Jiménez, ministre de l'Éducation nationale en 1951. Dans le même temps, l'Espagne, longtemps dénoncée comme le « dernier bastion du fascisme » par l'ONU, entamait sa réintégration dans le système international, en Europe notamment. La guerre froide venait à point nommé. Après la réouverture de la frontière française en février 1948, le Sénat américain approuva « l'octroi d'un prêt à l'Espagne perçu comme une compensation parcimonieuse de son exclusion de l'aide Marshall[38] ». En 1953, l'Espagne franquiste signa un concordat avec le Vatican avant de conclure un traité d'assistance mutuelle avec les États-Unis. Enfin, en décembre 1955, elle rejoignit, comme membre de plein droit, l'Organisation des Nations unies.

Des ambassadeurs de Franco ?

Encore fallait-il offrir, du moins en apparence, un autre visage de l'Espagne. Les dirigeants des clubs surent profiter de cette ouverture et de la guerre froide pour faire office, dans le cas du Real Madrid, de « meilleur ambassadeur » de leur pays. Mais dans l'immédiat, le « Barça » réussit à s'emparer de la question des footballeurs de l'Est qui, comme l'indiquait le livre du transfuge soviétique Victor Kravchenko, avaient « choisi la liberté ». En janvier 1949, l'attaquant Laszlo Kubala, l'un des meilleurs joueurs du Vasas Budapest, franchit la frontière pour se réfugier dans la zone d'occupation américaine de l'Autriche. Après avoir gagné l'Italie pour y disputer des rencontres avec une équipe d'exilés magyars baptisée Hungaria, il rejoignit l'Espagne. L'idée était excellente. Les journaux et la presse franquistes mirent en exergue l'histoire de ces sportifs qui avaient fui la « terreur rouge[39] ». Les performances de Kubala n'échappèrent pas aux dirigeants du Real et de Barcelone. En juillet 1950, à la dissolution du Hungaria, José Samitier, revenu dans la capitale catalane, obtint la signature de l'as hongrois. Et, coïncidence ou non avec la fin de l'isolement international de l'Espagne, le président de la fédération espagnole Armando Muñoz Calero fut élu au Comité exécutif de la Fédération internationale, se faisant fort de régler la question.

Car Kubala avait été disqualifié à vie pour avoir quitté le Vasas sans autorisation de la fédération hongroise. Pis encore, le pouvoir hongrois le poursuivit pour escroquerie[40], tandis que son ancien club dénonçait auprès de la FIFA son caractère amoral et antisocial. Ainsi, « noceur, batailleur », il aurait mené « une vie insportive *(sic)*, aux mœurs dépravées » avant de délaisser « sa patrie, son club et ses parents, sans aucun travail ou aide matériel *(sic)*[41] ». Bien évidemment, le pouvoir sportif franquiste ne l'entendait pas de cette oreille. Pour la RFEF, la radiation de Kubala présentait un caractère essentiellement politique, attestant – entre autres preuves – la réalité de l'oppression communiste. Le joueur avait choisi de gagner le « monde libre » pour échapper à une « menace imminente de mort[42] ». En somme, faire jouer Kubala équivalait à faire respecter les « droits de l'homme ». Kubala entendait sans conteste échapper à la « terrifiante dictature du parti communiste[43] », mais les deux parties éludaient une question fondamentale. En effet, comme l'affirmait Jules Rimet, président de la FIFA : « Personne n'émettait l'hypothèse que Kubala, joueur de qualité reconnue, aurait simplement recherché hors de chez lui des avantages d'ordre matériel qu'il était assuré d'obtenir à l'étranger.[44] » Autrement dit, la figure du footballeur-réfugié dépassait en complexité le « verbiage qui [faisait] partie du style des régimes autocratiques, qu'ils [fussent] communistes ou franquistes[45] ». Si l'appel de la liberté pesait, il voisinait également, pour le représentant d'une élite professionnelle toujours plus courtisée, avec le désir de bénéficier des salaires alléchants pratiqués dans les championnats capitalistes d'Espagne ou d'Italie. Il anticipait ainsi l'appel de la société de consommation occidentale auquel répondraient tant d'Européens vivant au-delà du rideau de fer.

Pour l'heure, Kubala ne fut autorisé à jouer que des matchs amicaux ; il dut attendre le mois de mars 1951 pour se voir définitivement libéré et participer à la victoire en Coupe du Généralissime obtenue la même année. Entraîné par Ferdinand Daucik, un autre transfuge hongrois, il prit ensuite une part prépondérante dans les deux doublés coupe-championnat remportés consécutivement en 1951-1952 et 1952-1953. Ayant obtenu la nationalité espagnole, il joua avec un bonheur inégal pour la sélection nationale à partir de 1953 tout en devenant un porte-parole patenté de l'anticommunisme. Le cinéma franquiste lui consacra même en 1954 un film intitulé *Los Ases buscan la paz* (Les As recherchent la paix) où il interprétait son propre rôle de victime des « rouges » au côté de la superbe actrice Iran Eory qui incarnait son épouse.

Avec Kubala, Barcelone avait pris une avance indiscutable dans la rivalité qui l'opposait au Real Madrid. Cet antagonisme avait dégénéré en scandale en juin 1943 lors des matchs opposant les deux clubs en *Copa del Generalisimo*. Lors de la rencontre aller disputée dans le stade de Las Corts, Barcelone gagna par 3 buts à 0. Le public exprima son sentiment de revanche sportivo-politique par des insultes et des gestes hostiles adressés aux dirigeants et aux joueurs madrilènes. Au match retour, le Real prit une revanche éclatante, s'imposant par 11 buts à 1 – le plus grand écart enregistré entre les deux clubs jusqu'à ce jour. À leur tour, les supporters du Real s'en donnèrent à cœur joie, invectivant les Barcelonais. Ces manifestations contredisaient le discours phalangiste sur la capacité du football à « unir les différents peuples d'Espagne[46] ». Outre une amende salée, les présidents pourtant phalangistes durent démissionner. L'heure de Santiago Bernabéu allait alors sonner.

Né en 1895 près d'Albacete dans une famille aisée de propriétaires fonciers et d'avocats, Bernabéu présentait toutes les garanties politiques. Au début de la guerre civile, il avait échappé à la prison républicaine en se réfugiant à l'ambassade de France. En 1938, il réussit à gagner les lignes franquistes, s'engagea dans les rangs nationalistes et combattit sur le front catalan. Mais aux yeux des *socios* du Real, Bernabéu incarnait surtout la légitimité sportive. Il avait compté parmi les éléments clés des différentes formations madrilènes de 1914 à

1928 en qualité d'intérieur ou d'avant-centre, sans jamais être appelé dans une équipe nationale que dominaient les joueurs basques et catalans. Amateur, il avait en parallèle poursuivi des études de droit, devenant fonctionnaire du ministère des Finances. Un métier qui lui laissait le temps d'être un dirigeant spécialisé dans la supervision des joueurs que le Real convoitait.

Nommé en septembre 1943 président du club, Bernabéu présenta immédiatement son projet : transformer le stade de Chamartin en une enceinte pouvant contenir entre 50 000 et 75 000 places. Malgré son entregent, Bernabéu n'obtint aucune aide du régime et c'est grâce à un prêt et une souscription obligatoire réalisés auprès du Banco Mercantil e Industrial que le projet vit le jour[47]. Commencés en juin 1945, les travaux étaient achevés deux ans plus tard. Dans une Espagne isolée et autarcique, avare de ses matériaux de construction, la réalisation de la nouvelle enceinte concurrençait la réalisation de l'aéroport de Barajas et de la Valle de los Caidos, le monument à la gloire des « martyrs » du nationalisme. Le nouveau stade de Chamartin se composait de deux amphithéâtres superposés, auxquels vint s'ajouter un troisième au début des années 1950, surnommé le *gallinero*, le « poulailler ». Désormais, ses gradins pouvaient accueillir plus de 120 000 spectateurs, record atteint lors de la finale de la Coupe d'Europe 1957 gagnée contre la Fiorentina. La stratégie de Bernabéu était claire. Il s'agissait d'attirer un public plus populaire, en abaissant notamment le prix des places, afin d'affermir les bases financières du club et de devancer la concurrence qui disposait de stades plus modestes. Les recettes au guichet resteraient l'essentiel des ressources des clubs jusque dans les années 1970, alors que la télévision payait encore chichement le droit de retransmettre les parties dans les foyers espagnols. Dès 1948, cette stratégie s'avéra payante : 42 000 *socios*, dont

5 642 femmes et 4 235 enfants[48] soutenaient le club, assistant à toutes les rencontres de *Liga*. Et pour défendre les intérêts du Real, Bernabéu n'hésita pas à critiquer vertement les taxes qu'imposait la DND au football professionnel afin de financer le développement du sport espagnol.

On comprend donc l'intérêt de Bernabéu pour une Coupe d'Europe qui permettrait d'amortir et d'exploiter au mieux l'investissement. Alors que les recettes au guichet déclarées étaient passées de 9 à 23 millions de pesetas entre 1947 et 1952, elles atteignirent 39 millions pour la saison 1954-1955 pour culminer à 94 millions en 1959-1960[49] ! Mécaniquement, l'accroissement de ces revenus autorisa Bernabéu à se lancer dans une politique d'achat de vedettes dispendieuse mais avisée. La première acquisition fut fondamentale. Alfredo Di Stéfano fut arraché à la convoitise des dirigeants de Barcelone après un imbroglio juridique impliquant les Millonarios de Bogota dont, comme on l'a vu, l'attaquant argentin était parti « illégalement », River Plate, son club d'origine qui se sentait lésé, et la FIFA. Finalement, pour obtenir l'engagement de la « flèche blonde », le Real déboursa 5 750 000 de pesetas en indemnités diverses versées à Barcelone, Millonarios et River Plate auxquelles s'ajoutèrent 1 350 000 de prime de transfert au joueur, 650 000 de prime d'engagement annuelle, un salaire de 16 000 pesetas et des primes de match doublées par rapport à ses coéquipiers. En tout, plus de 40 % des recettes annuelles du club ! Mais l'investissement se révéla productif : Di Stéfano fut à la fois le buteur et le maître à jouer de l'équipe qui brisa l'hégémonie du Barcelone de Kubala en conquérant les *Ligas* en 1954, 1955, 1957 et 1958 et en remportant cinq Coupes d'Europe d'affilée. À titre individuel, Di Stéfano remporta deux Ballons d'or *France Football* en 1957 et 1959.

Le club utilisa aussi les recettes barcelonaises en profitant du vaste exode de joueurs hongrois après l'échec de l'insurrection de Budapest. L'équipe de Honved, véritable colonne vertébrale de l'équipe nationale magyare, choisit, avec l'assentiment d'Imre Nagy prétendit Ferenc Puskas en décembre 1956[50], de partir en tournée à l'Ouest pour représenter la résistance hongroise. Plus de 240 joueurs hongrois suivirent[51]. Mais tous ne reçurent pas l'accueil réservé aux vedettes de Honved. Après avoir joué des rencontres amicales en Autriche et en Allemagne, Puskas et ses coéquipiers vinrent disputer le 21 novembre la Coupe d'Europe contre l'Athletic Bilbao, le vainqueur de la Liga. Ils perdirent de peu au Pays basque par 3 buts à 2, puis durent concéder le match nul 3-3 au match retour organisé à Bruxelles le 20 décembre suivant. Éliminés, ils avaient cependant été reçus en Espagne avec les honneurs dus à leur rang de victimes du communisme. Ils avaient été aussi fortement courtisés. Leur compatriote Kubala les avait accueillis avec des fleurs sur le terrain de Barcelone où ils étaient venus se produire. Ferenc Puskas prit alors le chemin du Real tandis que ses coéquipiers Zoltan Czibor et Sandor Kocsis gagnaient le FC Barcelone. Comme dans le cas Kubala, la fédération hongroise tenta de faire radier à vie les joueurs magyars, prestement « interdits [par la FIFA] de matchs officiels, de compétition, etc., ou amicaux, d'entraînement ou de n'importe quel genre, pendant l'année d'attente et la période de suspension[52] ».

Après avoir résisté à la tentation de la bière et des saucisses, ses deux péchés mignons, Puskas rejoignit finalement dans la ligne d'attaque du Real Alfredo Di Stéfano, le Français Raymond Kopa, l'Argentin Héctor Rial et le Galicien Francisco Gento à l'orée de la saison 1958-1959. Âgé alors de 31 ans, il avait conservé ses qualités techniques et son sens du but. Il signa ainsi quatre des sept réalisations du Real dans la finale gagné dans l'Hampden Park de Glasgow le 18 mai 1960. Et comme Kubala, il plaça son anticommunisme au service du régime, en appelant à voter en faveur du référendum de 1966 portant sur la Loi organique espagnole[53].

Refuge pour les victimes du communisme, le football de l'époque franquiste diffusait aussi une image positive de l'Espagne. D'abord par son jeu offensif à risque qui contrastait avec le *catenaccio* adopté par la plupart des clubs italiens. L'habileté de Santiago Bernabéu et de son bras droit le secrétaire général Raimundo Saporta fut de réussir à faire jouer ensemble de grandes vedettes et de convaincre Kopa de laisser la position d'avant-centre à Di Stéfano pour jouer au poste d'ailier droit. La vista de ce dernier, les longues ouvertures de Rial pour le rapide Gento sur l'aile gauche, la force de pénétration de Puskas et l'art du dribble et de la passe de Kopa formèrent ainsi un ensemble harmonieux. José Solis, le ministre-secrétaire du Mouvement national pouvait chanter, le 21 octobre 1959, les mérites du Real. S'adressant aux dirigeants et aux joueurs du club en déplacement au Luxembourg pour un match de Coupe d'Europe, il déclara : « Les gens qui nous haïssaient maintenant nous comprennent, grâce à vous, parce que vous avez fait tomber nombre de murailles... Vos victoires constituent un orgueil légitime pour tous les Espagnols, dans et hors de la patrie[54]. »

De fait, à l'heure où des centaines de milliers d'Espagnols s'étaient exilés afin de gagner leur vie en France ou en Suisse, les succès du Real pouvaient constituer un motif de fierté adoucissant la dure condition d'immigré. Pour services rendus au sport (et à la presse française), Santiago Bernabéu se vit par ailleurs décerner la Légion d'honneur en 1959, une décoration qui avait jusque-là été surtout attribuée à des personnalités républicaines. Toutefois, la figure du commandeur incarnée par Bernabéu, dont le nom avait servi à baptiser le nouveau Chamartin en 1955, était aussi celle d'un caudillisme sportif. Il reposait toutefois, au contraire de Franco, sur une popularité et un charisme authentiques. Au club, la démocratie organique était véritablement appliquée, les assemblées générales se résumant à un discours d'autocélébration du président même s'« il n'était pas un brillant orateur[55] ». À l'égard des joueurs, le président témoignait d'un paternalisme résolu, tout en laissant agir une séduction certaine. « Un avocat corpulent, chaleureux, qui fume d'énormes cigares, se souvient Raymond Kopa. Son charme, sa gentillesse, tout son personnage me touchent. J'ai face à moi un grand dirigeant[56]. »

De même, les dirigeants du Real, ainsi que ceux de nombreux clubs espagnols, avaient contribué à forger l'industrie du spectacle. Au cinéma, au théâtre, dans la littérature populaire, cette *cultura de evasión* devait éviter aux Espagnols, selon la formule du président (phalangiste) Vicente Calderón, de l'Atletico Madrid, de « penser à des choses dangereuses[57] ». Que le dirigeant phalangiste Manuel Fernández Cuesta ait créé en 1938 le périodique *Marca* – dont les tirages quotidiens atteignirent vite les 400 000 exemplaires – ne relève bien entendu pas du hasard. *Marca* diffusa un discours lénifiant sur le football non sans avoir accommodé à la sauce nationaliste le thème de la *furia española*. Ainsi, le commentateur Matías Prats n'hésita pas à comparer sur Radio Nacional les défenseurs espagnols aux fameux Tercios des Flandres, les troupes de Philippe II, et les attaquants au Cid[58].

Alors franquiste le Real ? Sans doute faut-il d'abord souscrire pour partie à ce qu'affirmait Raimundo Saporta en décembre 1978, trois ans après la mort de Franco, l'année de la disparition de Bernabéu, dans *El País* : « Le Real Madrid est et a été apolitique. Il a toujours été assez puissant pour être au service de la colonne vertébrale de l'État. Quand il fut fondé en 1902, il respectait Alphonse XIII, en 31 la République, en 39 le Généralissime et maintenant il respecte sa majesté don Juan Carlos. Parce qu'il est un club discipliné et qu'il se soumet avec loyauté à l'institution qui dirige la nation[59]. » En d'autres termes, les dirigeants du Real surent toujours se montrer proches de l'establishment et du pouvoir. Sous le franquisme, il représentait la frange monarchiste du régime, sensible à l'ordre et à un état d'esprit « chevaleresque », loin cependant des démonstrations musclées des chemises *azul* et des mains levées gantées de cuir. Si Bernabéu n'entretint jamais de relations directes avec Franco, Saporta s'occupant de dialoguer avec le pouvoir et notamment le ministère des Affaires étrangères, il multiplia les déclarations de loyalisme. « Je crois que nous avons simplement accompli notre devoir[60] », affirma-t-il au quotidien *ABC* après le premier sacre européen le 13 juin 1956.

Sous l'œil de la PIDE[61]

Du fait de son ancienneté, la dictature salazariste avait davantage subi l'influence fasciste et national-socialiste que son homologue franquiste. L'organisation nationale de la Jeunesse portugaise *(Mocidade Portuguesa)* fut ainsi créée sur le modèle des *Balilla* et de la *Hitlerjugend*. L'inscription était « obligatoire pour les élèves de l'enseignement primaire et secondaire », d'autant que l'organisme « détenait le monopole de toutes les activités sportives[62] ». Mais le sport-spectacle ne fut pas banni pour autant. À l'instar de l'Espagne franquiste, il fut exploité comme instrument de mobilisation nationaliste.

À une exception près et de taille. Autant le *caudillo* était un *aficionado*, autant le docteur Salazar n'hésitait pas à exprimer le mépris que nombre d'intellectuels éprouvaient pour le *people's game*. Certes, le sport et les exercices physiques devaient servir à inculquer et renforcer le sens de la morale et de la discipline au sein de la jeunesse portugaise. Mais le football représentait « pour lui le symbole de la modernité, celui d'un sport urbain, de masses, antinomique, de ses valeurs à la fois élitistes, rurales et passéistes[63] ». Il occupait donc une place particulière et ambivalente dans les trois F (Fado, Fatima, Football) qui auraient servi d'opium au peuple portugais sous la dictature salazariste.

Il n'en reste pas moins que la période salzariste vit le Portugal devenir une puissance de la géopolitique du football. Au début des années 1950, les principales villes portugaises se couvrirent d'enceintes aux formes elliptiques construites par les clubs ou les autorités municipales et souvent inaugurées un 28 mai, date commémorative du coup d'État de 1926, matrice de l'Estado Novo du professeur docteur Oliveira Salazar. Le coup d'envoi fut donné à Braga en 1950 avec un stade de 42 000 places réalisé par la municipalité puis cédé au club local. Deux ans plus tard naissait l'Estadio Das Antas, propriété du FC Porto (90 000 places). En 1956, les formations lisboètes du Sporting Club Portugal et du Club de Futebol Os Belenenses ouvraient chacune un nouvel équipement. Propriété du Sporting, l'Estadio José Alvalade pouvait accueillir 75 230 spectateurs ; réalisé par le conseil municipal de Lisbonne, l'Estadio do Restelo réunissait plus de 40 000 personnes. Mais le point d'orgue fut atteint le 1er décembre lorsque le Sport Lisboa e Benfica étrenna l'Estadio Sport Lisboa e Benfica, dit Estádio da Luz, qui rivalisait avec Chamartin-Bernabéu en termes de contenance puisqu'il offrait 80 000 places[64].

Pour produire un spectacle digne de ces cathédrales, les clubs portugais recoururent au vivier colonial. Le décret du 11 juin 1951 avait en effet métamorphosé le Portugal en puissance « afro-européenne ». Les colonies d'Angola, du Cap-Vert, de Guinée-Bissau, du Mozambique et de São Tomé et Principe devinrent par la grâce de cette opération cosmétique « provinces d'outre-mer ». L'objectif, au mépris de l'évidence, tentait de nier l'existence d'un Empire lusitanien afin de faciliter l'entrée du Portugal à l'ONU. L'affichage de développement d'une société « pluriraciale » eut peu d'effets immédiats sur des populations soumises à la domination d'un État policier qui comptaient parfois plus de 99 % d'analphabètes comme en Guinée-Bissau.

Une petite petite-bourgeoisie de métis et d'assimilés n'en existait pas moins. Et ses enfants avaient commencé à jouer avec brio au football. Les grands clubs portugais (Benfica, Porto et Sporting de Lisbonne) disposaient notamment à Lourenço Marquès, capitale de la « province d'outre-mer du Mozambique », d'équipes filiales dont le principal concurrent local était le club de Ferroviario, émanation de la compagnie de chemins de fer du Mozambique. De plus, ils venaient disputer lors de leurs tournées d'été des matchs au stade Salazar de Lourenço Marquès qui leur permettaient de recruter les talents prometteurs. Le métis mozambicain José Antonio Barreto Travaços fut ainsi engagé en 1946 par le Sporting, devenant le premier joueur de couleur à endosser le maillot de l'équipe nationale portugaise. Mais il fallut attendre l'arrivée de Lucas Sebastião da Fonseca, dit « Matateu », pour que le football d'« outre-mer » transfigure le football portugais.

Né en 1927 à Lourenço Marquès, fils d'un typographe, il fut engagé par Belenenses en 1951. Doté d'une force de frappe explosive, il s'adjugea le titre de meilleur buteur du championnat portugais pendant les saisons 1952-1953 et 1954-1955 tout en aidant le modeste club de Lisbonne à secouer le joug du Sporting et de Porto. Surtout, il contribua fortement aux premiers succès de prestige obtenus par la sélection nationale. Alors que le Portugal avait été battu 10-0 à Lisbonne par l'Angleterre en avril 1947, il participa à la première victoire lusitanienne sur les joueurs anglais en mai 1955 en signant l'un des trois buts d'une victoire ne concédant qu'un petit point à ses adversaires. Matateu fut aussi un joueur d'une longévité extraordinaire puisque, après avoir émigré en Amérique du Nord, il acheva sa carrière au Canada lors de la saison 1977-1978 à plus de 50 ans !

Entre-temps, les joueurs des provinces d'outre-mer avaient permis au Portugal de recueillir, presque à l'égal du Brésil, les suffrages des amateurs d'un jeu spectaculaire et offensif qui offrit à l'équipe nationale la troisième place de la Coupe du monde organisée en 1966 en Angleterre. Sans oublier le talent des défenseurs Rosário Hilário ou Lucas Vicente, Mario Coluña et surtout Eusebio Da Silva Ferreiro, tous deux originaires du Mozambique, en furent les principaux artisans. Le premier, fils d'un commerçant de Lourenço Marquès supporter de Benfica, engagé comme attaquant par le club lisboète en 1954, avait joué un grand rôle, replacé en position d'inter, dans la conquête d'une première Coupe d'Europe des clubs champions en 1961 face au FC Barcelone (3-2). Le second était tout simplement « Eusebio ».

Issu d'une famille très modeste de huit enfants, orphelin d'un père mécanicien dans les chemins de fer, Eusebio fut repéré à l'âge de 19 ans dans les petits clubs de Lourenço Marquès où il se jouait des défenses adverses. Le Sporting et Benfica se disputèrent cet avant-centre de talent. Sa mère trancha : elle signa pour son fils, encore mineur, son premier contrat professionnel en faveur de... Benfica. Eusebio fit ses premiers pas à la fin de la saison 1960-1961 et participa au deuxième succès en Coupe d'Europe en marquant 2 buts en finale face au Real Madrid (victoire finale 5-3). Dès 1965, il fut le premier joueur d'origine africaine à obtenir le Ballon d'or décerné par *France Football* au meilleur joueur... européen. Et surtout, l'année suivante, il devint la véritable « star » de la Coupe du monde de football. Il détrôna même le « roi » Pelé après la victoire 3 à 1 du Portugal sur le Brésil au premier tour, puis requinqua la sélection du Portugal menée 3-0 par la Corée du Nord en quart de finale en marquant 4 buts (dont 2 penaltys) permettant *in fine* de remporter la victoire finale par 5 à 3. Battue de peu par l'Angleterre (1-2) en demi-finale, l'équipe du Portugal, dont sept éléments étaient d'origine africaine, s'adjugea finalement la troisième place aux dépens de l'URSS (2-1).

Eusebio achevait la compétition avec le titre de meilleur buteur (9 réalisations) et le surnom aux relents quelque peu colonialistes de « panthère noire », une invention de la presse anglaise. Ce faisant, et tout comme la reine du fado, Amalia Rodriguez, il servait à son corps défendant de vitrine au régime salazariste, au moins aux yeux de l'étranger. La dictature s'enlisait alors dans les guerres de décolonisation. En 1962, en effet, avait été créé le Front de libération du Mozambique (FRELIMO) qui se lança en 1964 dans la lutte armée, trois ans après les guérilleros de Guinée Bissau et un an après ceux de l'Angola. Toutefois, si l'on a pu dire que Salazar avait inscrit Eusebio au patrimoine national portugais et opposé son veto à tout transfert vers l'Italie et la Juventus[65], la réalité semble plus complexe. Lorsqu'en 1962, le club turinois exprima son intérêt pour lui, l'attaquant mozambicain accomplissait son service militaire. Et quand l'Inter fit, en 1966, des manœuvres d'approche, celles-ci tournèrent court en raison de la fermeture aux joueurs étrangers du championnat de série A à la suite de l'élimination prématurée de la *squadra azzurra* dans la Coupe du monde anglaise[66]. En tout cas, considérant qu'ils les sortaient de la misère de l'Angola ou du Mozambique, les clubs lisboètes sous-payaient leurs joueurs africains. Et, alors que Lisbonne s'efforçait simultanément de briser la « subversion » en envoyant des renforts lourdement armés, d'organiser l'émigration de dizaines de milliers de familles paysannes portugaises vers l'Angola et le Mozambique tout en amorçant un processus de promotion sociale des populations de couleur, Eusebio et ses camarades étaient exhibés comme les meilleurs produits du « lusotropicalisme », vivantes incarnations d'une société « pluriraciale » soi-disant égalitaire. Les joueurs portugais furent donc toujours accompagnés dans leurs déplacements à l'étranger, à l'Est notamment, par des agents de la Police internationale de défense de l'État (PIDE), la police politique du Portugal, censés les préserver de la contagion révolutionnaire. Pour rappeler à l'ordre les joueurs portugais, la PIDE pouvait agiter l'exemple de l'Angolais Santana Joaquim, inter du Benfica victorieux de Barcelone en 1961. Coupable d'avoir milité pour l'indépendance des colonies portugaises, il passa cinq années en prison, ce qui l'empêcha notamment de disputer la Coupe du monde 1966. Le monde du football jeta un voile pudique sur son sort à l'exception notoire de l'hebdomadaire français *Miroir du football*. Eusebio de son côté ne renia jamais « l'œuvre » du docteur Salazar, prenant encore en mai 2008 sa défense : « Salazar aimait son pays, assurait-il à des journalistes suisses, et, pour autant que je sache, il n'a volé personne et est mort pauvre[67]. »

Miracles à Milan

Au cours des années 1960, le sens du devoir ne suffit plus. Le Real remporta une sixième Coupe d'Europe en 1966 mais la concurrence européenne s'exacerba. Désormais, elle provenait surtout des villes de l'axe qui se dessinait de Rotterdam à Milan autour de la croissance, des échanges intra-européens et de l'ouverture au commerce mondial. L'émergence de générations de joueurs surdoués et à forte personnalité, le soutien financier de puissants mécènes ou de firmes multinationales, des conceptions nouvelles de l'entraînement et de l'organisation tactique contribuèrent à déplacer l'excellence footballistique vers l'Europe du Nord-Ouest.

L'équipe de Benfica joua également trois finales infructueuses en Coupe des champions. En 1963, les Lisboètes furent battus par l'AC Milan (2-1) avant d'être surclassés, deux ans plus tard, par l'Inter sur le score minimal de 1 but à 0. Ces victoires consacraient le renouveau du football italien, vingt ans après la chute de Mussolini. Ce football représentait d'abord une ville, voire une partie de la population urbaine, beaucoup plus qu'une nation. L'équipe nationale avait connu nombre de déboires dont le plus célèbre fut l'élimination par la Corée du Nord des *Azzurri* au premier tour de la Coupe du monde 1966. Véritable « Adoua[68] » sportif, la défaite (0-1) provoqua l'ire des *tifosi* mais aussi celle des parlementaires, à l'exemple du démocrate-chrétien Luigi D'Amato qui, à Montecitorio en août 1966, pressa le Comité olympique national italien (CONI) de « ramener le football à son ancienne et méritée splendeur[69] ». Comme en Espagne où les piètres résultats de la sélection menée par les naturalisés Puskas et Di Stéfano à la Coupe du monde 1962 avaient entraîné l'interdiction d'importer des étrangers qui courut jusqu'en 1973, les dirigeants italiens choisirent comme boucs émissaires les Scandinaves et autres Sud-Américains qui avaient fait les beaux jours de leurs clubs depuis l'après-guerre. Dès le début de la saison 1966, l'achat de footballeurs étrangers fut prohibé.

La passion des Italiens pour le *calcio* n'était pas nouvelle. Mais elle avait pris, depuis les années 1950 et la fin de la geste cycliste de Gino Bartali et de Fausto Coppi, un caractère hégémonique qui ne s'est jamais démenti depuis. Le mouvement d'urbanisation accompagnant les années du « miracle », notamment après 1955 lors de la migration « biblique » des travailleurs méridionaux vers le Piémont et la Lombardie, joua un rôle fondamental dans cet essor. La population de Turin passa ainsi de 719 300 habitants en 1951 à 1 124 714 en 1967, celle de Milan de 1 651 754 à 2 188 160[70]. L'acculturation urbaine, parfois même l'allégeance professionnelle, passèrent alors aussi par le *calcio* à l'image des Méridionaux et de leurs enfants qui, à Turin, « support[aient] désormais eux aussi, comme tout bon ouvrier Fiat qui se respecte, l'équipe des patrons[71] ». Les stades ne désemplissaient pas, ce que confirme la moyenne des spectateurs par match pendant la saison 1958-1959 : 17 700 et 26 900 pour le Torino et la Juventus, 41 400 et 39 400 pour l'Inter et le Milan AC et 40 000 pour la Roma. La capacité des plus grands stades (80 000 places) ne suffisait souvent plus à satisfaire la demande de billets pour les grandes rencontres[72].

Le *Totocalcio*, le système de paris sportifs créé après la Seconde Guerre mondiale, stimulait également l'intérêt pour le ballon rond. Alors que le régime fasciste s'était toujours refusé à instaurer un tel système, la République italienne avait considéré qu'il s'agissait du seul moyen de financer le Comité olympique national italien tout en faisant rentrer de l'argent dans les caisses de l'État. Le succès des paris résida avant tout dans l'espérance de devenir « millionnaire ». Les réclames publiées dans la presse rappelaient ainsi en janvier 1949 que 2 milliards et 205 millions de lires avaient été distribués en seulement trois mois et que le « *Totocalcio* [continuerait] en 1949 à fabriquer des millionnaires ». Plus incisifs et sans doute plus incitatifs furent les reportages qui montraient comment le *Totocalcio* avait transfiguré la vie de gens modestes. En novembre 1949, un article narrait le conte vécu par Prospera Barberis, une marchande ambulante de Turin, qui avait gagné 20 millions de lires en remplissant son bulletin sur les conseils de son neveu, « un brave ouvrier électricien[73] ». Les gains les moins importants étaient également célébrés. Il arrivait par exemple que le *Totocalcio* offrît des prix secondaires en nature. En janvier 1950, par exemple, des FIAT 500 C furent mises en jeu et le fruit du hasard fut encore exemplaire : « Le vainqueur, Antonio Ventura, habite à Turin, il réside dans notre cité depuis sept ans. Il est de Catane, et a 29 ans, il travaille comme ouvrier à la SNIA-VISCOSA. Il habite avec sa femme et ses deux enfants dans une seule pièce et est un joueur passionné de *Totocalcio*[74]. »

L'horizon des joueurs du *Totocalcio* dépassait largement les foules masculines qui se pressaient dans les stades. Les prix en nature, l'espérance de gagner une forte somme d'argent stimulaient le désir d'enrichissement et de consommation. Une envie que Raffaele Mattioli, président de la Banca Commerciale Italiana, décrirait en 1960 comme un « appétit d'adolescent » insatisfait[75]. Mais la multiplication des lieux de validation des *schedine*, les tickets de jeu, sur le territoire italien montrait aussi que le *Totocalcio* participait des nouvelles formes de consommation induites par le football. Le phénomène s'observait d'ailleurs sous d'autres latitudes. En Espagne, le général Moscardó avait aussi instauré un système de paris sportifs dès l'après-guerre dont 22 % des recettes finançaient la DND et le sport espagnol au début des années 1960[76]. En 1938, le Bâlois Ernst Thommen avait fondé la société Sport-Toto qui prospéra vite en dépit de la guerre. De 2 millions de francs suisses pour la saison 1938-1939, le montant des sommes jouées passa à 7,2 millions en 1944-1945 puis à 25,8 millions en 1949-1950. Il atteignait 50,8 millions à la mort de l'entrepreneur en 1962[77], qui, après avoir été élu président de la fédération de football helvétique en 1947, puis membre du Comité exécutif de la FIFA (1950), accéda à la vice-présidence de la Fédération internationale en 1954. Le mélange des genres n'effarouchait guère le businessman helvète !

Cependant, l'engouement pour les paris bénéficiait peu aux clubs. En Italie, leur structure financière et administrative restait fragile. Depuis les années 1920, les dirigeants italiens regardaient avec envie le système des *socios*. Le système des abonnements avait certes été instauré à l'orée de la saison 1940-1941 par la Juventus de Turin dans le but de sécuriser les recettes en garantissant, *La Gazzetta dello Sport* dixit, « un total de 800 000 lires [...] pour les caisses de la Juventus. Ce qui [constituait] une base solide pour l'année à venir[78] ». Il s'agissait aussi, dans la phraséologie de la politique antibourgeoise, de suivre « la consigne du Chef : "aller vers le peuple"[79] ». Toutefois, le peuple *bianconero* était souvent versatile et seule la présence d'un solide mécène mettant la main à la poche garantissait la solvabilité des clubs.

Aussi, le football italien du miracle fut à nouveau celui des mécènes. La troisième génération Agnelli revint derechef à la tête de la Juventus. L'aîné, Giovanni, dit Gianni puis l'*avvocato*, était devenu en septembre 1947, à l'âge de 26 ans, le plus jeune président des clubs de Série A. À la plus grande satisfaction de l'ingénieur Valletta, le patron de FIAT, qui pouvait avoir les coudées franches avant que le « prince héritier » ne soit en mesure de lui succéder[80]. Gianni Agnelli se fit remarquer par sa générosité à l'égard des joueurs en matière de primes de match et remporta deux *scudetti* en 1950 et 1952. L'attaquant danois John Hansen, engagé en 1948 après sa prestation des Jeux olympiques de Londres, reçut par exemple un salaire de 83 000 lires par mois, plus 20 000 lires pour chaque victoire et 10 000 lires pour un nul[81]. En comptant des primes annexes, le salaire annuel de Hansen atteignait facilement 1 500 000 lires, somme mythique pour de nombreux Italiens qu'épargnait encore le miracle économique[82].

D'autres présidents cumulaient eux aussi la direction de leur club avec celle de leur entreprise. Le destin de la Lazio Rome, par exemple, dépendait en 1957 de Leonardo Siliato, un homme d'affaires génois traitant avec l'AGIP, et possédant un petit groupe industriel dans le secteur du textile et des savonneries[83]. Mais les sautes d'humeur du mécène constituaient une grave menace. En quittant la présidence, il cherchait souvent à récupérer sa mise. Ainsi, en 1952, alors que l'industriel Masseroni menaçait de démissionner de la présidence de l'Inter, un conseiller du club confiait à *Tuttosport* : « Masseroni pense quitter l'Inter en octobre prochain et si Masseroni veut rentrer dans ses fonds, il peut aisément liquider l'équipe avant de la passer à ses successeurs[84]. » Le même dilemme frappait l'équipe de Genoa, financée dans la seconde moitié des années 1950 par l'industriel Piaggio, le fabricant de la fameuse Vespa. « Personne n'ignore en effet, remarquait la presse sportive, que le Genoa d'aujourd'hui est "alimenté" par un seul homme, Piaggio, et que s'il partait, il ne resterait plus aux autres dirigeants qu'à signer des traités renouvelables, jusqu'à l'infini[85]. »

Pour certains, comme Achille Lauro, l'armateur napolitain, l'investissement dans le football revêtait également un sens politique. D'abord président du Napoli de 1936 à 1940, Lauro reprit sa charge en même temps qu'il accédait à la tête de la mairie de Naples. L'un de ses premiers gestes consista à acquérir l'attaquant suédois Hasse Jeppson, acheté à l'Atalanta de Bergame pour plus de 105 millions de lires. « Un grand Napoli pour une grande Naples[86] » : tel était le slogan lancé par Lauro. Il résumait à merveille la collusion des intérêts sportifs et politiques.

Mais l'heure de la revanche du Sud n'avait pas encore sonné. La domination économique du Nord s'exprimait dans les stades, en particulier à Milan dans les années 1950. Tout au long de la décennie, l'AC Milan et l'Inter remportèrent en effet quatre *scudetti* pour le premier, deux pour le second. Patronné par la famille Rizzoli, qui, dans les années 1930, avait bâti sa fortune sur la littérature populaire et la presse illustrée, le Milan représentait le Milan *popolare* au contraire de l'Inter, champion des Milanais *per bene*, plus collet monté. Le directeur sportif Giuseppe Vani avait su lancer, depuis la fin des années 1950, de jeunes talents italiens. Gianni Rivera, pur produit comme d'autres vedettes italiennes du *calcio d'oratorio*, avait débuté en septembre 1960 sous les couleurs *rossonere* à l'âge de 17 ans. D'abord ailier droit puis milieu de terrain, il devint le maître à jouer du Milan jusqu'à la fin d'une carrière achevée en 1979. D'une constitution plutôt frêle, il excellait dans un jeu d'évitement et de passe qui lui valut sarcasmes et succès. Le journaliste Gianni Brera le qualifia d'*abatino* (« petit abbé ») pour stigmatiser son manque d'engagement physique et le fait qu'il fallait construire un milieu de terrain de porteurs d'eau pour le soulager des tâches défensives. Pourtant, l'entraîneur des succès du Milan en Coupe d'Europe (victoire en 1963 et 1969) Nereo Rocco, un rude Vénitien mêlant volontiers le dialecte à une langue vantant les valeurs « viriles », sut l'utiliser avec profit. Même si Rivera récusait la pratique du *catenaccio* (cadenas), avatar italien du verrou suisse qui consistait à aligner quatre défenseurs, commandés par le libero, un arrière-central placé en retrait, les succès du Milan reposèrent d'abord sur la solidité de sa défense, les arrières centraux Giovanni Trapattoni et Cesare Maldini notamment, sans oublier bien sûr l'habileté de Rivera à faire la passe décisive. L'*oriundo* José Altafini, né au Brésil puis transféré au Milan après le titre de champion du monde dans l'équipe de Pelé en 1958, lui dut les deux buts qui donnèrent la victoire aux Milanais face au Benfica d'Eusebio et de Coluña (2-1) dans le stade de Wembley le 22 mai 1963. De même, l'attaquant Pierino Prati se vit offrir au moins deux des trois réalisations qui permirent au Milan d'écraser l'Ajax d'Amsterdam en finale de la Coupe des champions au stade Santiago-Bernabéu le 28 mai 1969 (4-1).

Cependant, plus que Nereo Rocco, l'entraîneur vedette de la capitale lombarde était celui de l'Inter : *il mago* Helenio Herrera. Sa vie eut un caractère romanesque affirmé. Un roman picaresque tout d'abord – celui d'un *self made man*. Fils d'émigrés andalous ayant échoué dans leur projet d'établissement en Argentine, il était né en 1910 à Buenos Aires. Arrivé dès l'âge de 4 ans dans le protectorat marocain avec ses parents, il y apprit le français et un peu d'arabe et commença surtout à jouer au football. Il fut ensuite engagé comme défenseur à Charleville, puis au Red Star avec lequel il gagna la Coupe de France 1942. C'est sous le régime de Vichy qu'il suivit une première formation d'entraîneur puisqu'il appartint à la première promotion de moniteursentraîneurs de football qui posa, selon la coutume, torse nu à l'École normale d'éducation physique en juillet 1941[87]. Est-ce pour cette raison qu'il devint un entraîneur à poigne, adepte de l'ascétisme et du moralisme ? En tout cas, après la Seconde Guerre mondiale, il mena une carrière itinérante qui le conduisit du Stade français (1944-1948), à l'Espagne jusqu'en 1960 où il entraîna notamment le FC Barcelone, avant qu'il ne pose ses valises à l'Inter de Milan de 1960 à 1968.

L'Inter était soutenu depuis 1955 par le président Angelo Moratti, « le plus grand industriel du pétrole privé d'Italie[88] ». Grâce à lui, pendant l'été 1958, l'Inter de Milan recruta pour une somme totale de 350 millions. Si 150 millions avaient été réunis par la vente de joueurs, 200 millions avaient été directement déboursés par Moratti[89]. Arrivé deux ans plus tard, Herrera mit en ordre l'équipe *interista* avec des méthodes nouvelles et autoritaires. En 1961, il décida ainsi de faire transférer à Rome l'*oriundo* argentin Valentin Angelillo, en raison de ses performances irrégulières et de sa vie privée. Herrera désapprouvait en effet la liaison du joueur avec la chanteuse Ilya Lopez[90]. Afin de mieux contrôler ses joueurs, il recourut sans hésiter aux mises au vert, notamment pour s'assurer de l'abstinence de ses troupes. La préparation, pour ne pas dire le conditionnement psychologique, compta aussi parmi ses armes fétiches. Des slogans étaient affichés dans les vestiaires et proclamaient : « Classe + préparation. Athlétisme + intelligence = le championnat. » De même réussit-il à souder une équipe de stars en prétendant en faire une nouvelle famille. Ainsi, celui que la presse appelait *il mago*, c'est-à-dire le mage, accomplit le miracle de remporter deux Coupes des champions en 1964 et en 1965[91] et trois *scudetti* (1963, 1965 et 1966). Il fit aussi sortir de l'anonymat des hommes qui étaient souvent considérés comme de simples *factotum* par leurs présidents. Et, *last but not least*, la profession d'entraîneur devint avec lui un métier fort bien rémunéré.

Sur le terrain, Herrera est réputé pour avoir inventé le *catenaccio*. Il prétendit avoir lui-même expérimenté le rôle de libero en 1945, mais c'est à l'Inter qu'il l'appliqua avec le plus de succès, en organisant sa défense autour d'Armando Picchi, du meneur de jeu espagnol Luis Suarez et du rival de Gianni Rivera, le jeune attaquant ou milieu offensif Sandro Mazzola, fils du capitaine du Torino disparu dans l'accident d'avion de Superga. Discipline, marquage des adversaires, repli défensif et contre-attaque ultra-rapide : la recette n'était pas particulièrement originale mais elle suffit pour vaincre le Real en finale de la Coupe des champions 3-1 à Vienne en mai 1964 puis pour défaire Benfica, l'année suivante. La seule originalité résidait dans l'utilisation d'un arrière-gauche n'hésitant pas à attaquer et à déborder. Le Bergamasque Giacinto Facchetti, doué techniquement et d'un fair-play à toute épreuve, occupait cette fonction qui permettait à Herrera de réfuter les attaques contre un jeu jugé trop défensif.

Certains prétendirent aussi que des miracles accomplis par le « sorcier » – son surnom au Stade français – émanaient aussi de mystérieux chaudrons. Les amphétamines utilisées par les pilotes d'avion pendant la Seconde Guerre mondiale avaient d'abord fait leur apparition dans les pelotons cyclistes avant d'être introduites dans le monde du *calcio*. Au moins doit-on porter au crédit d'Herrera le fait que la Ligue de football italienne s'empara de la question du *doping*, comme on l'appelait à l'époque, en 1961 soit au tout début de sa période milanaise. Pour Ottorino Barassi, le président de la *Lega*, la menace du *doping* procédait de la multiplication des compétitions provoquée par les Coupes d'Europe, le Championnat d'Europe des nations, le Championnat et la Coupe d'Italie. « Le nouvel élément, expliquait-il en présentant les résultats publiés de l'enquête menée par des scientifiques italiens du 12 mars au 18 juin 1961, est le "rythme", qui est tout à fait différent du passé[92]. » Recherchant tous les produits médicaux potentiellement utilisés pour le dopage par les médecins des équipes de Série A et B, l'enquête établit que les analeptiques (stimulants, dont les amphétamines) étaient utilisés par 66 % des formations de Série A et 45 % de Série B. Les pourcentages de l'usage des hormones s'élevaient à respectivement 72 % et 70 %, celui des sédatifs et tranquillisants à 28 % et 15 %[93]. L'année suivante s'ouvrait « officiellement le premier laboratoire "anti-doping" au monde à Florence[94] ». La mort suspecte de certains joueurs de l'Inter d'Herrera, en premier lieu Armando Picchi foudroyé en 1971 à l'âge de 36 ans par un cancer de la colonne vertébrale, a depuis relancé les suspicions. Mais les joueurs de l'époque se refusent à parler et préfèrent, comme le dit Sandro Mazzola, « laver le linge sale en famille ». Quant à Herrera, mort en 1997, il a toujours nié avoir fait avaler des pastilles à ses joueurs ou les avoir invités à boire des cafés particulièrement « chargés ».

La libération du « football total »

Le discours autoritaire d'Herrera seyait parfaitement à l'hypocrisie du milieu du football et à l'Italie des gouvernements de centre gauche où la croissance de la consommation ne s'accompagnait pas d'une évolution des mœurs. Le divorce ne fut ainsi autorisé qu'en décembre 1970. Hormis quelques trublions, les joueurs de football faisaient profil bas. Ceux qui entendaient mener leur existence comme ils l'entendaient sans pour autant sacrifier leur devoir de professionnel eurent la vie dure, à l'instar de l'ailier droit du Torino, Gigi Meroni, peintre à ses heures, artiste sur le terrain et vivant en concubinage notoire avec une femme mariée. Son style de jeu et de vie limita ses sélections chez les *Azzurri*. Pour finir, celui qui menait une vie de bohème fut fauché à l'âge de 24 ans par une voiture dans la capitale de l'automobile italienne en 1967[95].

Ailleurs, Mai 68 ne fut pas sans répercussions footballistiques. À Paris, la Fédération française de football (FFF) fut occupée par un collectif de joueurs et de journalistes prétendant rendre « le football aux footballeurs » et désirant rompre avec le népotisme et le conservatisme pratiqués jusqu'alors[96]. Le mouvement eut en tout cas une conséquence pratique. Il donna un second souffle au combat des footballeurs professionnels que Just Fontaine, le Camerounais N'Jo-Léa (AS Saint-Étienne) et l'attaquant suisse du Stade français Norbert Eschmann, avaient lancé à la fin de l'année 1961 en créant l'Union nationale des footballeurs professionnels (UNFP), un syndicat de joueurs chargé de défendre leurs droits et de lutter pour l'adoption du contrat « à temps », c'est-à-dire à durée déterminée. En juin 1963, Raymond Kopa employa à ce propos le terme d'« esclavage » dans une interview publiée par *France-Dimanche*, s'attirant les foudres des dirigeants du Groupement, la Ligue de football professionnel. Lui qui avait signé au Real parce que le club lui proposait un contrat à temps de trois ans au contraire de l'AC Milan était retombé à son retour en France dans les rets du contrat « à vie ». C'est donc dans la foulée des revendications sociales de Mai 1968 que les footballeurs français obtinrent l'abrogation de cette exception footballistique et l'instauration de contrats à durée limitée[97]. Un début de liberté professionnelle.

Surpassant le football français, c'est aux Pays-Bas que l'esprit d'imagination et de liberté de Mai 68 inspira le plus les joueurs. Jusqu'aux années 1950, la fédération néerlandaise avait, avec les pays scandinaves, appartenu au bastion conservateur de la FIFA. Fidèles à l'esprit de l'amateurisme, ses dirigeants n'avaient autorisé une « prudente forme de semi-professionnalisme[98] » qu'en 1954, forçant les vedettes hollandaises à s'exiler (Servaas Wilkes joua notamment à l'Inter de Milan entre 1949 et 1952) et les excluant de l'équipe nationale jusqu'en 1956. Dans les années 1960, les footballeurs néerlandais étaient encore des semi-professionnels. Sur le plan international, l'équipe des Pays-Bas était donc inexistante. Elle n'avait participé qu'à une phase finale de la Coupe du monde en 1934 en Italie où elle avait été éliminée au premier tour par la Suisse.

Mais les choses changèrent dans les années 1960, grâce à une génération de footballeurs particulièrement doués de l'Ajax d'Amsterdam, dont Johan Cruyff fut le héros, et l'entraîneur Rinus Michels, le pygmalion. Avant la Seconde Guerre mondiale, l'Ajax avait été le club favori de la communauté juive d'Amsterdam. Les marchands et les industriels juifs du textile épargnés par la Shoah continuèrent à le soutenir après la libération, en offrant notamment des emplois aux joueurs[99]. Le président du grand Ajax, Jaap Van Praag, avait lui-même passé une partie de la guerre caché au-dessus d'un magasin de photographie mais, au contraire d'Anne Frank et de sa famille, il ne fut pas dénoncé.

Lorsque le jeune Cruyff fit ses débuts dans l'équipe en 1964, l'Ajax devait compter avec des rivaux locaux comme le DWS qui gagna le championnat néerlandais la même année et le Blauw Wit qui jouait aussi en première division. Pendant plusieurs saisons, le club lutta pour ne pas se voir relégué aux dernières places. Non qu'il fût dépourvu de tout style : des entraîneurs britanniques lui avaient inculqué le virus de l'attaque. Mais ce fut l'enrôlement de Rinus Michels en 1965 qui changea la donne. Ancien joueur, il exerçait la profession d'enseignant d'éducation physique. Extrêmement dur et rigoureux à l'entraînement, il inventa avec l'aide de ses joueurs ce que l'on a appelé le « football total », tout en obtenant des dirigeants que les joueurs deviennent des professionnels à part entière. Le journaliste Willy Meisl, frère d'Hugo, avait prédit l'émergence de cette nouvelle conception du jeu dans son ouvrage *Soccer Revolution*, prophétisant en 1955 qu'un temps viendrait où les postes occupés par les joueurs seraient interchangeables. Il l'appelait *the Whirl* (« le tourbillon »), dont l'un des principes fondamentaux était que chaque équipier « puisse temporairement occuper le job d'un autre sans difficulté aucune[100] ». De fait, dans l'organisation tactique de l'Ajax, les arrières pouvaient, si la situation de jeu le permettait, attaquer le but adverse. Un simple mouvement sur l'échiquier rééquilibrait l'équipe. Au cas où l'arrière gauche montait, le milieu droit prenait automatiquement sa place, l'ailier droit descendant d'un cran. Ainsi, Ruud Krol, l'arrière-gauche de l'Ajax, devint le spécialiste des montées offensives. Mais, contrairement à Facchetti à l'Inter, il n'était pas le seul à le faire. Cruyff l'attaquant-meneur de jeu de l'équipe évoluait en électron libre tout en prenant soin de régler pendant tout le match la position de ses partenaires. L'autre versant du football total fut le *pressing*. Au lieu d'attendre l'adversaire quand celui-ci avait la balle, les joueurs de l'Ajax montaient, harcelaient le porteur de balle, en particulier le milieu défensif Johan Neeskens dont l'agressivité effrayait les meilleurs milieux offensifs adverses, ainsi que les gardiens de but puisqu'il était doté d'une frappe de balle exceptionnelle.

Ainsi, en réduisant l'espace et le temps dans lesquels évoluait l'adversaire, les joueurs de l'Ajax évitaient les longues courses, accaparaient vite le ballon, marquaient souvent dans les premières minutes et décourageaient l'adversaire. Certains auteurs affirment que cette révolution dans l'espace du jeu procède du rapport particulier que les Néerlandais entretiennent avec leur sol. Habitués à vivre sur un territoire plat et étroit menacé par la mer comme lors de la grande inondation de 1953, le peuple hollandais aurait été obligé d'inventer des stratégies pour endiguer l'eau en cas de crue et gagner des mètres sur la mer pour accroître leurs terres. De manière intuitive, joueurs et entraîneur de l'Ajax surent réinventer le terrain de football en agrandissant par le *pressing* leur surface de jeu et en la rendant *a contrario* toujours plus exiguë pour leur adversaire[101].

Le club sut aussi embaucher des footballeurs étrangers de talent comme les arrières centraux yougoslave Velibor Vasovic et allemand Horst Blankenburg. Les succès nationaux ne tardèrent pas à venir. Après avoir frôlé la relégation en 1965, l'équipe fut sacrée championne en 1966, 1967 et 1968, puis en 1970, 1972 et 1973. Sur le plan européen, l'apprentissage fut plus long. L'Ajax parvint en finale de la Coupe des clubs champions en 1969 mais fut laminé par l'AC Milan de Gianni Rivera. En 1970, le titre fut remporté par le rival de Rotterdam, l'équipe de Feyenoord. L'hégémonie batave sur la Coupe d'Europe s'amorçait. L'Ajax remporta en effet la compétition en 1971 en battant le Panathinaïkos (2-0), avant de s'imposer sur deux adeptes plus orthodoxes du *catenaccio*, l'Inter (2-0 en 1972) et la Juventus (1-0 en 1973). Les buts italiens avaient été difficiles à forcer, conférant à la victoire une valeur symbolique.

Les succès de l'Ajax, son jeu et le style de ses footballeurs, cheveux longs au vent, collaient à l'air du temps. Malgré la rigueur de leurs séances d'entraînement, les joueurs pratiquaient la démocratie et une forme d'autogestion. Ils élisaient ainsi chaque année leur capitaine. De même, le football total, s'il exigeait des joueurs automatismes et concentration, sortait du cadre d'un football caporalisé dans lequel les défenseurs devaient marquer

« à la culotte » un adversaire désigné à l'avance. Les joueurs de l'Ajax pratiquaient en effet la défense de « zone » qui consistait à surveiller l'adversaire qui se trouvait le plus près de soi. On était loin des joueurs-marionnettes que les « mages » actionnaient au gré de leur inspiration. Le football s'ajouta à la peinture pour devenir un signe distinctif néerlandais, un pays qui affichait sa tolérance à l'égard de la liberté sexuelle et des drogues douces. Un pays européen entré également dans une ère de prospérité exceptionnelle.

Conscient de ses intérêts et de ceux de ses coéquipiers, Johan Cruyff sut négocier avec les dirigeants d'Ajax et notamment le président Jaap Van Praag l'augmentation des salaires, en avançant un argument très hollandais donc fort pragmatique : « Quand ma carrière sera achevée, je ne pourrai pas aller chez le boulanger et dire, je suis Johan Cruyff, donnez-moi du pain[102]. » Si les affluences des matchs de championnat néerlandais disputés au stade De-Meer ne dépassaient pas les 15 000 personnes, les rencontres de Coupe d'Europe attiraient des spectateurs de tout le pays. Mais le club tablait aussi sur le soutien de commerçants et d'industriels juifs amstellodamois ainsi que sur celui des frères Freek et Wim Van der Meijden, des entrepreneurs qui avaient fait fortune pendant la guerre en construisant… des blockhaus pour les Allemands[103] ! L'action de ces mécènes empruntait des formes multiples. Elle pouvait être dispensée en nature : Leo Horn, l'un des dirigeants, accueillait les arbitres étrangers dans son « sex club », le Yab Yum[104], pratique semble-t-il courante au regard de l'histoire du football qui trouvait de toute évidence un terrain d'élection à Amsterdam… Les frères Van der Meijden se chargeaient des transferts, des salaires, des amendes infligées aux joueurs, de leurs automobiles de fonction, des Volkswagen, et jusqu'à leurs maisons construites dans la « nouvelle banlieue de Buitenveldert, qui, curieusement, remplaçait alors le vieux quartier juif comme foyer pour de nombreux Juifs d'Amsterdam[105] ».

L'appel des clubs étrangers – essentiellement espagnols – finit cependant par être le plus fort. Déçu d'avoir perdu son brassard de capitaine pendant l'été à la suite du vote de ses coéquipiers, Johan Cruyff fut le premier à gagner la péninsule Ibérique à l'automne 1973. Il était aussi bien décidé à bénéficier des salaires mirobolants de la *Liga* bien qu'ils fussent libellés en pesetas. Le départ du joueur suscita un commentaire lapidaire du président Van Praag : « Cruyff a choisi l'argent plutôt que le football. C'est son affaire, ce n'est plus la nôtre[106]. » En tout cas, farouche apôtre de la liberté individuelle, le joueur se refusait à payer les impôts et charges sociales destinés à financer le *welfare state* hollandais, restant fidèle à l'une de ses devises : « Je ne veux pas me voler moi-même[107]. »

Il signa au FC Barcelone, dans une Catalogne devenue, de la Costa Brava à la Costa Dorada, la destination estivale de nombreux touristes hollandais au cours des années 1960. S'il avait brillé au début des années 1950, ce club avait ensuite souffert de l'hégémonie du Real Madrid tant du point de vue national qu'au point de vue européen. De 1953 à l'arrivée du joueur hollandais, le club catalan ne remporta que deux *Ligas* contre treize pour son adversaire madrilène, désastre que ses *socios* et supporters attribuaient à un « complot » des arbitres. Sur la scène européenne, le « Barça » dut se contenter de briller dans l'une des compétitions européennes secondaires créées par l'UEFA. Vint en effet s'ajouter à la Coupe des champions, une Coupe d'Europe des villes de foire dont la première édition s'acheva en 1958. Baptisée Coupe de l'UEFA en 1972, elle fut ouverte aux clubs classés immédiatement après le champion selon un système de péréquation intégrant les résultats par fédération. En 1961, une Coupe des vainqueurs de Coupe compléta le tableau des compétitions européennes de football par club. Mais ce fut dans la Coupe des villes de foire – pensée entre autres par Stanley Rous et Ernst Thommen – que Barcelone s'illustra en remportant les deux premières éditions en 1958 et 1960. Le principe qui présidait à cette compétition symbolisait la défiance qu'éprouvaient certains Européens à l'égard de l'européisme puisque la compétition entendait promouvoir les foires internationales et les villes qui les organisaient. « Fait significatif, les Anglais, restés en dehors de la Coupe des clubs champions, étaient prêts à y participer[108]. » Ce faisant, les clubs devenaient plus des représentants de commerce chargés de vanter leur cité que des concurrents participant à l'élaboration d'une hiérarchie sportive européenne.

Avec Cruyff, Barcelone disposait d'un joueur capable de transcender l'équipe et de lui permettre de reconquérir le titre de champion. Cruyff ne tarda pas à s'imposer comme symbole de la Catalogne. Au point d'avoir appelé son fils Jordi et de résider depuis à Barcelone. Sous le franquisme, le stade de Las Corts puis le Camp Nou inauguré en 1957 avec des capacités égales à celles du Bernabéu (90 000/120 000 spectateurs) étaient devenus de rares lieux où l'on pouvait parler catalan et agiter les *Senyeras*, les drapeaux rouge et or prohibés par le franquisme sans être menacé d'arrestation. Les dirigeants du club, patrons de l'industrie textile catalane et d'abord phalangistes, avaient accepté de défendre certaines spécificités régionales. Constatant ainsi que leurs statuts comportaient un vide juridique concernant la nomination des présidents, ils avaient organisé des élections en 1953. Plus de 17 000 *socios* élirent, à la fureur du général Moscardó, le jeune Francesc Miró Sans, un franquiste bon teint mais défenseur du Barça qui lança la construction du nouveau stade. Après un accord entre différentes factions du club, un cataloniste pur jus, Narcís de Carreras, accéda au pouvoir en janvier 1968, « le premier président du FC Barcelone [à être] politiquement le plus conscient et controversé après Josep Sunyol[109] ». Ce dernier, industriel et nationaliste catalan, avait été le président-martyr des années de la République, d'autant que les franquistes l'avaient fusillé en août 1936.

Or, un vent de liberté relative flottait sur le football espagnol à la fin des années 1960. Les sentiments régionalistes s'exprimaient plus ouvertement. Après une défaite en finale de Coupe d'Espagne face à Barcelone, Santiago Bernabéu se permit d'affirmer dans une interview à *Murcia Deportiva* en juillet 1968 : « J'aime et j'admire [la Catalogne], en dépit des Catalans[110]. » De son côté, en décembre 1973, le candidat puis président Agustí Montal inventa une formule qui fit florès : « *el Barça es mes que un club* » (« le Barça est plus qu'un club »). La saison en cours confirma cet adage. Le dimanche 17 février 1974, l'équipe menée par Johan Cruyff et la vedette catalane Carles Rexach écrasa le Real 5 buts à 0 sur la pelouse de Santiago-Bernabéu. Toute la nuit les Ramblas furent envahies de supporters agitant force *senyeras* et entonnant *Els segadors*, l'hymne catalan interdit. Les mêmes scènes se répétèrent lorsque le titre fut définitivement acquis à la fin de la saison.

Johan Cruyff avait donc vaincu sur tous les terrains d'Europe. Il lui restait à remporter le titre mondial lors du *Weltmeisterschaft 74*, la Coupe du monde organisée par la RFA. L'équipe des Pays-Bas s'était difficilement qualifiée aux dépens de la Belgique, grâce à un but belge qui avait été invalidé par l'arbitre bien qu'il fût tout à fait régulier. Pour la seconde phase finale de son histoire, l'équipe au maillot orange était dirigée par Rinus Michels. Michels avait entraîné l'Ajax jusqu'en

1972, date à laquelle le technicien roumain Stefan Kovacs l'avait remplacé. La sélection batave amalgamait savamment joueurs de Feyenoord comme le milieu de terrain et fin passeur Wim van Hanegem, Néerlandais expatriés comme l'ailier gauche d'Anderlecht Rob Rensenbrink, et principaux éléments de l'Ajax dont quelques nouveaux venus, l'ailier droit Johnny Rep par exemple. Tous assimilèrent très vite le football total et l'art du *pressing*.

L'équipe des Pays-Bas fut sans conteste la meilleure formation d'une compétition disputée dans une RFA à l'insolente prospérité. La finale se déroula dans le stade olympique de Munich, dans cette Bavière qui avait puissamment contribué au « miracle » allemand dans la sphère de l'industrie automobile (BMW) comme dans le domaine de l'équipement sportif dont Puma et Adidas étaient les fleurons. Globalement, la Coupe du monde se déroula sans incident, évitant les épisodes dramatiques dont les Jeux olympiques avaient été le théâtre, deux années auparavant.

Les joueurs orange passèrent facilement le premier tour en écrasant la Bulgarie (4-1) et l'Uruguay (2-0) puis en concédant le match nul à une équipe au profil identique, la Suède. Ils donnèrent leur pleine mesure au second tour organisé, comme en 1950, selon le principe d'un groupe qualificatif pour la finale. Ils administrèrent une véritable leçon de football à leurs adversaires sud-américains. 4-0 face à l'Argentine, et 2-0 contre les champions du monde en titre, les Brésiliens, qui sous les yeux de Pelé multiplièrent les brutalités. Ayant en prime battu 2-0 les footballeurs de la République démocratique allemande, dont ce fut la première et dernière participation à une phase finale de Coupe du monde, le capitaine Cruyff et ses coéquipiers faisaient figure de favoris dans la finale qui devait les opposer au pays hôte.

L'équipe de RFA n'était pas la première venue. Sacrée championne d'Europe deux ans plus tôt, elle s'appuyait sur les cadres du Bayern Munich comme le gardien de but Sepp Maier, le libero Franz Beckenbauer, l'arrière-gauche Paul Breitner et l'avant-centre Gerd Müller qui venaient, pour la première fois, de remporter la Coupe d'Europe des clubs champions. Le défenseur Berti Vogts, le milieu Rainer Bonhof et l'attaquant Jupp Heynckes du Borussia Mönchengladbach ne déparaient pas un ensemble où se distinguait également le meneur de jeu du FC Cologne, Wolfgang Overath.

Ces joueurs opéraient dans la *Bundesliga*, un championnat aussi récent que prospère. En effet, c'est seulement en juillet 1962 que l'assemblée générale du DFB avait décidé la création d'une ligue nationale et professionnelle. Les mauvais résultats de la *Mannschaft* à la Coupe du monde 1962 et des clubs allemands engagés dans la Coupe des clubs champions, l'exode des vedettes à l'étranger avaient eu raison des dernières réticences des puristes. La *Bundesliga* démarra en août 1963 et prospéra très rapidement. Les limitations imposées aux salaires et aux indemnités de transfert furent vite dépassées alors que le public sportif se muait en spectateurs-consommateurs[111]. L'éthique sportive eut naturellement à en souffrir. En 1971, Horst Gregario Canellas, le président des Kickers d'Offenbach qui venaient d'être relégués dans la division inférieure, révéla un vaste système de corruption dont on ne sait s'il en fut partie prenante ou pas. Plus de cinquante joueurs, deux entraîneurs et six dirigeants représentant sept clubs[112] furent convaincus d'avoir acheté ou vendu des matchs. Beaucoup furent radiés à vie avant d'être amnistiés par souci de concorde nationale à la veille de la Coupe du monde[113]. En matière de football, l'Europe du Sud n'avait pas le monopole de la *combinazione*[114].

En tout cas, le parcours des joueurs ouest-allemands fut d'abord plus laborieux que celui des Hollandais. Au premier tour, les footballeurs dirigés par le sélectionneur Helmut Schön avaient battu d'un seul but d'écart la chétive sélection chilienne. Si elle disposa ensuite de l'Australie (3-0), une nation qui comptait peu sur l'échiquier mondial du football, elle fut battue par les frères ennemis est-allemands 1-0. Cette sélection comptait il est vrai quatre joueurs redoutables dont le buteur du match Jürgen Sparwasser. Ce dernier évoluait au FC Magdebourg qui venait de remporter la Coupe des coupes. De surcroît, l'équipe est-allemande connaissait bien ses adversaires grâce à la télévision ouest-allemande[115]. Déception sur le plan sportif, la rencontre eut aussi un goût politique amer puisqu'elle consacrait symboliquement la séparation des deux Allemagnes scellée par le traité fondamental d'avril 1972 reconnaissant l'intangibilité de leurs frontières.

L'équipe de RFA monta en puissance au second tour où elle battit des adversaires très techniques comme l'équipe de Yougoslavie (2-0) ou de Pologne (1-0), ou adeptes d'un football total comme la Suède (4-2). Les difficultés rencontrées au premier tour raffermirent sans doute une confiance dont les joueurs allemands n'étaient cependant aucunement dépourvus. Le 7 juillet 1974, jour de la finale, ils surent faire le dos rond après avoir encaissé un but sur un penalty tiré en force en plein milieu du but par Neeskens au bout de deux minutes de jeu. Une longue cavalcade de Johan Cruyff arrêté par un tacle irrégulier d'Uli Hoeness en avait été l'origine. Mais dès la 25ᵉ minute la RFA égalisait sur un penalty généreux transformé par Paul Breitner avant de prendre l'avantage sur un but plein d'à-propos du « Bomber » Gerd Müller sur un centre en retrait de Bonhoff. Pendant toute la seconde mi-temps, l'équipe de Hollande s'épuisa à faire le siège du but défendu par

Sepp Maier. Franz Beckenbauer pouvait finalement brandir le tout nouveau trophée dessiné par le sculpteur italien Silvio Gazzaniga, le Brésil conservant après trois victoires la Coupe Jules-Rimet.

Ce succès marquait-il la victoire de la ligne Siegfried sur l'inspiration libertaire de Mai 68 ? De la discipline allemande sur le libéralisme néerlandais ? En aucun cas. D'abord parce que l'équipe de RFA était composée de fortes personnalités s'opposant ouvertement. Ainsi, Paul Breitner qui se proclamait « maoïste » ne pouvait souffrir Beckenbauer, fils de postier bavarois avide de reconnaissance et de respectabilité. Lors de la préparation de la compétition, ses coéquipiers durent le convaincre de ne pas quitter un camp placé sous haute surveillance pour éviter toute attaque terroriste. De son côté, le « Kaiser » négociait pied à pied avec le président du DFB Hermann Neuberger la prime dévolue aux joueurs en cas de victoire finale. Les joueurs allemands durent finalement transiger à 75 000 marks par tête[116], ce qui représentait une année de revenus pour un bon joueur de *Bundesliga*, le championnat allemand.

Surtout, l'équipe de RFA pratiquait à sa façon un football total. Couvert par le rugueux stopper Hanz-Georg Schwarzenbeck, Beckenbauer orientait le jeu et n'hésitait pas à monter, de même que Paul Breitner sur l'aile gauche. La formation championne du monde disposait également d'un joueur aussi inspiré dans ses dribbles que dans ses passes en la personne du gaucher Wolfgang Overath. Quoi qu'il en soit, la finale marquait l'hégémonie d'un football européen que ses propres compétitions avaient renforcé, ce que Pelé constatait sans ambages : « Les progrès techniques de celui-ci m'ont surpris. Et comme il n'a rien perdu de sa force athlétique et de sa vitesse de jeu, les équipes européennes sont maintenant plus complètes que les équipes sud-américaines[117] », affirmait le « Roi » après la finale.

Les hommes-sandwichs des pelouses

La puissance du football européen procédait aussi de la prospérité économique du Vieux Continent. Les équipes de l'Est brillèrent d'un faible éclat dans les Coupes d'Europe, sinon dans les compétitions subalternes comme la Coupe des coupes que le Dynamo de Kiev remporta en 1975 en pratiquant aussi un « football total ». Au vrai, les vedettes ukrainiennes, en particulier l'ailier gauche Oleg Blokhine, bénéficiaient des avantages accordés à la nomenklatura. Blokhine, Ballon d'or 1975, exhibait fièrement aux représentants de la presse bourgeoise sa Dacia Berlina, la version roumaine de la Renault 12 à traction avant.

À l'Ouest, griffes ou logos de sponsor sur les maillots de footballeurs apparurent dans la première moitié des années 1970. Les précurseurs avaient été les footballeurs de l'Austria de Vienne qui arborèrent un verre de bière, symbole de la Schwechater, la plus grande brasserie autrichienne de l'époque[118], sur leur maillot dès la saison 1966-1967. En France, les marques de prêt-à-porter, d'ameublement ou de boissons sans alcool commencèrent à figurer sur la tenue des joueurs tandis qu'une tête de cerf, logo de la marque de liqueur Jägermeister, fut la première à l'orner en Allemagne avec l'Eintracht Braunschweig en mars 1973. Ce mouvement toucherait l'Italie, l'Espagne et l'Angleterre dans les années 1980. Mais une publicité plus insidieuse était en permanence présente sur les terrains de football, y compris au-delà du rideau de fer, celle des équipementiers Adidas et Puma.

Après avoir importé du Royaume-Uni maillots, chaussures et ballons, les continentaux commencèrent à en produire. Dès l'entre-deux-guerres, les vedettes italiennes s'associèrent avec des fabricants de chaussures de cuir pour fabriquer des modèles portant leurs noms. Les producteurs de ballons cherchèrent aussi à associer leurs produits aux grandes compétitions. Le programme officiel de la Coupe du monde 1934 présentait ainsi le *Federale 102*, le ballon de l'*Ente Centrale Approvvigionamenti Sportivi*. La réclame précisait que les clubs italiens avaient « le devoir de remplacer les ballons étrangers par cet authentique produit de la ténacité et du travail national[119] ». Pour la Coupe du monde 1938, un contrat fut signé avec la Maison Allen qui s'engagea à fournir les ballons de la compétition[120].

Jusque dans les années 1960, la production d'équipements sportifs fut marquée par la dispersion. Quelques marques nationales émergèrent, comme Hungaria... en France. Déposé en 1931 en l'honneur de l'équipe de Hongrie par le fabricant orléanais de chaussures Plaut et Pradet, le nom Hungaria fut attribué à des chaussures et à des ballons d'excellente qualité qui équipèrent dans les années 1950 le Stade de Reims et l'OGC Nice. Le ballon Scaphandre et ses 14 panneaux de cuir était réputé inusable[121]. Mais Hungaria fut concurrencé à la fin des années 1950 par la marque Kopa créée en 1954 par le footballeur vedette qui s'associa alors avec le fabricant Noël.

L'avenir de la chaussure et du ballon de football se situait toutefois outre-Rhin dans la petite ville de Herzogenaurach en Franconie spécialisée dans l'industrie de la chaussure. Depuis l'entre-deux-guerres, deux frères, Adolf « Adi » et Rudolph Dassler avaient lancé une fabrique de chaussures de sport. Le premier, technicien de talent, inventait et produisait notamment des « pointes » d'athlétisme, le second se chargeant de les vendre. La finesse du cuir alliée à la légèreté de leurs produits leur valurent une première renommée lors des Jeux olympiques de Berlin en 1936 puisque Jesse Owens portait leurs chaussures lors de ses retentissantes victoires[122].

Après la Seconde Guerre mondiale, l'entente des frères tourna au vinaigre en raison des tourments de la dénazification dont Rudolph eut à souffrir et dont il tint son frère responsable. En avril 1948, les deux hommes se séparèrent. Le technicien créa une compagnie portant tout simplement son nom puisque Adidas est l'abréviation d'Adi Dassler. Le commercial voulut appeler la sienne de la même manière, à savoir Ruda. Mais Rudolph Dassler, trouvant que cette dénomination sonnait mal, décida finalement d'adopter le nom de Puma. Davantage que l'athlétisme, sport pour lequel Adidas et Puma se livrèrent aussi une lutte féroce, le football offrait des perspectives d'expansion. Les grandes fédérations européennes dépassaient à l'orée des années 1950 les 300 000 licenciés et l'on pouvait concevoir une fabrication à grande échelle alors que le pouvoir d'achat ne cessait de croître.

Adi Dassler comprit vite qu'il fallait innover. Jusque dans les années 1950, les chaussures de football restaient des sortes de brodequins montants, avec une semelle de cuir souvent dure sur laquelle on clouait des crampons ou des barrettes de cuir. Il conçut d'abord les crampons vissés – ce que revendiqua aussi son frère – qui permettaient d'adapter leur taille et d'utiliser l'aluminium qui assurait légèreté et rigidité. L'invention joua un rôle non négligeable dans la conquête par l'équipe de RFA de la Coupe Jules-Rimet en 1954, dont la finale, à Berne, se joua sous une pluie battante. Le sélectionneur allemand Sepp Herberger insista d'ailleurs pour que Adi Dassler fût inclus dans la photographie du groupe allemand victorieux[123]. Dassler sut aussi utiliser très tôt le caoutchouc artificiel et les matières synthétiques, comme le polyamide pour mouler les semelles, ainsi que le cuir souple et résistant du kangourou pour fabriquer des chaussures libérant le pied des footballeurs et leur assurant de bien meilleures sensations. Mais le génie des frères Dassler consista aussi dans le marketing. Ils surent choisir des logos reconnaissables entre tous. Les trois bandes qui permettaient de distinguer clairement les modèles Adidas furent enregistrées en même temps que la compagnie en mars 1949. Le logo de Puma, qui avait été déclaré comme la société en octobre 1948, déployait une bande incurvée en un mouvement dynamique, se rétrécissant sur le talon[124]. Les deux étaient facilement identifiables et, au début des années 1970, une publicité présentant les produits d'Adi Dassler invoquait un réflexe pavlovien : « Qui voit trois bandes pense Adidas[125] » !

Désormais, Adi Dassler bénéficiait du savoir-faire de son fils Horst à qui avait été confiée la direction de la filiale française installée à Landersheim en Alsace. Produisant les chaussures dans la région, puis les textiles dans les Landes, Adidas France devint vite plus dynamique que la maison mère allemande, malgré la concurrence du Coq Sportif pour les textiles sportifs, de Hungaria, devenu ensuite Hunga, Kopa-Noël, Duarig et Patrick pour les ballons et les chaussures. Horst Dassler se fit la spécialité d'embaucher des champions en fin de carrière. Just Fontaine, dont la carrière avait été brisée par une blessure, investit des économies dans un magasin de sport à Toulouse, mais travailla aussi pour Adidas. Constatant que Hungaria posait comme condition à la livraison de ses ballons fort prisés la commande de ses chaussures, il incita le jeune Dassler à se lancer dans la production de sphères de cuir[126]. Après de nombreux essais, le Telstar, un ballon composé de 32 panneaux de cuir, noir et blanc, fut proposé au monde du football et au grand public. Choisi comme ballon officiel des Coupes du monde 1970 et 1974, il suscita la convoitise de millions de jeunes garçons et connut un succès mondial.

Tenant table ouverte à l'auberge du Kochersberg, le polyglotte Horst Dassler savait aussi recevoir vedettes du sport et relations d'affaires, mêlant habilement amitiés et business. Cela ne suffit pas toujours à faire signer les meilleurs joueurs. Horst et son cousin Armin, le fils de Rudolph, conclurent ainsi un pacte de non-agression à propos de Pelé. Mais le nouveau patron de Puma ne put résister longtemps à la tentation de faire signer le « Roi ». Avant la Coupe du monde 1970, ce dernier parapha un contrat prévoyant le versement annuel de 25 000 dollars et de 10 % de royalties sur les chaussures portant son nom[127]. Une forte somme pour l'époque mais *a posteriori* dérisoire puisque les contrats portent aujourd'hui sur des millions de dollars. Adidas échoua aussi à faire signer Johan Cruyff que Puma avait repéré dès les débuts de sa carrière. Toutefois, secondé par son beau-père, l'homme d'affaires Cor Coster, la vedette hollandaise sut jouer de la rivalité entre les deux firmes cousines pour obtenir des revalorisations contractuelles, tout en signant un accord avec Le Coq Sportif pour les tenues de sport. Surtout, alors que l'équipe des Pays-Bas était équipée par Adidas, il obtint, outre le droit de jouer avec des chaussures Puma, de disposer de maillots et de shorts spécifiquement fabriqués pour lui. Ces tenues n'étaient ornées que de deux lignes noires contrairement à celles de ses partenaires qui arboraient les trois bandes de la marque ! Multinationale toujours plus influente, Adidas devint à partir du milieu des années 1970 un acteur essentiel qui contribua largement à modeler le football contemporain.

9
L'exception française

« Les Français sont des footballeurs enthousiastes, jouant au soccer sur tout le territoire et au rugby en grande partie dans les villes, à l'exception du Nord et de l'Est. [...] Le cyclisme est un sport qui passionne le peuple français : si votre unité trouve l'occasion d'organiser une course de bicyclettes avec les champions locaux, une grande partie du voisinage viendra assister à l'épreuve[1]. » Ainsi se résumait la géopolitique du sport français selon la brochure destinée à l'usage des soldats britanniques devant débarquer en Normandie en juin 1944. Sans être stratégique, cette information attestait une fine connaissance de la culture sportive française, qu'elle fût d'élite, populaire ou de masse.

Il existe en effet un paradoxe français en matière de sport. Comme dans tous les pays européens, le ballon rond est vite devenu, autour de la Grande Guerre, le sport le plus populaire. Mais il n'a jamais véritablement été *le* sport national. De surcroît, les Waterloo ont longtemps succédé aux Azincourt sportifs. Et si nos voisins non francophones ont traduit le mot football, le plus souvent très littéralement, nous avons gardé l'essentiel du vocabulaire original du jeu, du *penalty* au *corner*. De même, alors que la France prétend être la deuxième puissance économique du continent, son championnat de football de première division, la Ligue 1, n'a jamais été que le cinquième, en termes de renommée et de puissance financière, se plaçant loin derrière les compétitions anglaise, espagnole, italienne et allemande.

Mais le football français a tout de même réussi à trouver une voie originale de développement autour de la tradition inventée de la Coupe de France et d'un métissage aussi précoce que douloureux.

La balkanisation du premier football français

En 1872, le Havre Athletic Club (HAC) fut le premier club de football à être fondé, treize années seulement après le Sheffield Football Club et un an avant la création de la première grande organisation nationale de gymnastique, l'Union des sociétés de gymnastique de France (USGF). Il « était patronné par F. F. Langstaff, le chef de la South Western Railway qui exploitait la ligne de Southampton, et comprenait dans ses rangs le personnel des agences et filiales des maisons de transport et de commerce d'outre-Manche[2] ». Quel football jouait ce club doyen, déclinaison normande de la *Muscular Christianity* que deux révérends présidèrent au départ ? Il semble que l'entre-soi britannique et la *combination*, ce mélange des deux footballs, se soient maintenus jusque dans les années 1890. Autrement dit le HAC fut aussi bien le père du rugby que du football association en France, mais ce père resta pour le moins distant à l'égard de ses rejetons français.

La véritable introduction du football se produisit en fait à Paris dans la dernière décennie du xixe siècle. Après un éphémère Paris Football Club en 1887, des membres de la colonie britannique venus travailler à la construction de la tour Eiffel fondèrent le Standard Athletic Club en 1891. Il disputa ses premières rencontres sur les terrains des fortifications[3] qui accueillaient déjà, bien avant la construction du périphérique, une grande partie des *grounds* de la capitale. La même année, un autre club britannique – essentiellement composé d'Écossais –, les White Rovers, naissait à Bécon-les-Bruyères dans la banlieue nord-ouest, se posant en principal adversaire du Standard. Mais alors que le football association s'ancrait et que sa pratique se diffusait à partir des grands centres urbains, le jeu subit la concurrence du rugby, d'autant plus aisément promu au rang de vrai football par les parangons français de l'amateurisme que les divisions fratricides des fédérations l'épargnaient.

Les créations du Standard et des Rovers intervinrent alors qu'une véritable fièvre athlétique s'emparait des élites et de l'école françaises. En septembre 1882, des élèves du lycée Condorcet et du collège Monge avaient fondé le Racing Club de France au bois de Boulogne. Leurs camarades du lycée Saint-Louis leur emboîtèrent le pas en créant le Stade français au Luxembourg en décembre 1883. Se voulant d'abord *pedestrians*, c'est-à-dire adeptes de la course à pied, ils se muèrent, sous l'influence de Georges de Saint-Clair, ancien consul de France à Édimbourg, en *sportsmen* éprouvant « un goût immodéré pour "tous les sports"[4] ». Ils professaient ainsi la foi du converti pour le strict amateurisme revendiqué outre-Manche par l'Amateur Athletic Association. De fait, « éviter la spécialisation sportive[5] » était aussi le meilleur moyen de se prémunir contre le professionnalisme. D'abord regroupés en 1887 dans l'Union des sociétés françaises de course à pied, Racingmen et Stadistes participèrent deux ans plus tard à la transformation de cet organisme en Union des sociétés françaises de sports athlétiques (USFSA), grande fédération omnisports qui dominerait jusqu'en 1919 et deviendrait la matrice des actuelles fédérations disciplinaires.

Dans un premier temps, toutefois, la création de l'USFSA compromit le développement du football en France. Pour les dirigeants « unionistes », le véritable football était celui du collège de Rugby et non « l'association » comme leur organe officiel, *Les Sports athlétiques*, baptisait, non sans dédain, le ballon rond. La question du professionnalisme naissant en Angleterre confortait ce mépris pour le *people's game*. La dénomination « football » fut donc réservée au rugby dont la seule évocation plongeait Pierre de Coubertin dans une extase mystique lorsque, « seul dans la grande chapelle gothique de Rugby », il se tenait « au crépuscule, [...] les yeux fixés sur la dalle funéraire où s'inscrit, sans épitaphe, ce grand nom de Thomas Arnold »[6].

Tout en dominant la scène sportive et en obtenant ses entrées dans les antichambres ministérielles, l'USFSA fut loin d'être le seul pionnier du sport français. Car au moment de sa fondation, une violente controverse autour du surmenage secoua le monde éducatif. Si l'école était devenue laïque, gratuite et obligatoire, lois Ferry obligent (1881-1882), les programmes scolaires, jugés encyclopédiques, suscitaient la crainte des médecins qui appréhendaient « la multiplication des "victimes scolaires", des "forts en thème tuberculeux", des "amputés de l'intelligence"[7] ». Dans sa séance du 9 août 1887, l'Académie de médecine conclut à la « nécessité de soumettre tous les élèves à des exercices quotidiens d'entraînement physique proportionnés à leur âge ». Une commission dirigée par le physiologiste Marey fut donc chargée de « réviser les programmes relatifs à l'enseignement de la gymnastique ». Il s'agissait certes de défendre la patrie, mais surtout de protéger et de renforcer la « race française ». La gymnastique militaire

– dont les bataillons scolaires avaient proposé au début des années 1880 une version outrancière – se métamorphosa en une « éducation physique » soumise à l'expertise du corps médical ; et la controverse autour des travaux de la commission soulignèrent l'importance du jeu sportif.

Trois organisations vantèrent alors les jeux de plein air tout en s'affrontant pour obtenir le soutien (et les subsides) des pouvoirs publics. En mai 1888, l'USFSA avec Georges de Saint-Clair et Pierre de Coubertin, son secrétaire général, fonda un comité *ad hoc*, le « Comité pour la propagation des exercices physiques dans l'éducation » qui se baptisa ensuite Comité Jules-Simon, se flattant de l'illustre patronage du philosophe et républicain conservateur. Vint ensuite la Ligue nationale de l'éducation physique, créée au mois d'octobre suivant par l'ancien communard Paschal Grousset, la Ligue girondine de l'éducation physique, formée en décembre 1888 par le docteur Philippe Tissié, fermant le ban. Si la polémique du surmenage et du plein air retomba assez vite, les ressorts politiques de la concurrence entre ces organisations, l'opposition entre élitisme et démocratisation notamment marquèrent dès les années 1892-1893 et pour longtemps le sport comme le football français. Bénéficiant du soutien de Georges Clemenceau, de Louis Pasteur, de Jules Verne et d'Émile Zola, Grousset stigmatisait en effet le « mauvais patriotisme », le « sectarisme social » et l'« élitisme antipopulaire[8] » du Comité Jules-Simon et de l'USFSA. Il voulait développer des jeux *français*, mais à forte connotation sportive, non seulement dans le secondaire mais aussi dans l'enseignement de masse, c'est-à-dire le primaire, et jusque dans le supérieur. Ce débat sur le patriotisme athlétique et la démocratisation sportive affecterait fortement la Belle Époque du muscle alors que la question religieuse s'invitait sur les stades.

Dans l'immédiat, la controverse sur le surmenage lança le sport scolaire et surtout civil. Contestant l'entre-soi britannique du Standard et des Rovers, de jeunes Parisiens fondèrent des clubs ou des équipes nationaux, comme le Club français, le Cercle athlétique de Neuilly-sur-Seine, ou le Cercle pédestre d'Asnières. Le bois de Boulogne et la ligne de chemin de fer menant à la gare Saint-Lazare furent donc les berceaux de ce football français primitif qu'animaient des expatriés britanniques et de jeunes bourgeois de la capitale. Une commission de l'association fut même créée au sein d'une USFSA soucieuse de garder un œil sur l'essor du ballon le plus populaire. Elle organisa le premier championnat qui réunit les cinq clubs déjà nommés ainsi que l'International FC à l'existence plus intermittente. Opposant le 5 mai 1894 les deux clubs britanniques, la première finale, disputée sur la pelouse du vélodrome de Courbevoie, vit la victoire du Standard par 2 buts à 0. Le football devrait de longues années encore composer avec l'hégémonie du cyclisme comme sport-spectacle. Au demeurant, trois des plus grands stades français actuels sont d'anciens vélodromes dont l'usage se maintint jusque dans les années 1970-1980 : le Parc des Princes à Paris, le Stade Vélodrome de Marseille et le stade Chaban-Delmas à Bordeaux. En contrepartie, les entrepreneurs sportifs tels le dramaturge Tristan Bernard, gérant du vélodrome Buffalo à Montrouge, fourniront aux footballeurs – moyennant finances – leurs premières infrastructures sportives.

Les adeptes du ballon rond étaient également des provinciaux qui se convertirent aux joies de l'association dans les lycées et suivirent l'exemple des initiateurs étrangers. Comme dans le reste de l'Europe méditerranéenne, les Suisses jouèrent un rôle important à Marseille et en Corse. Dans la cité phocéenne, des membres de la colonie helvétique composée à plus de 80 % de négociants, de transitaires et de banquiers à la fin du siècle[9] avaient créé en 1856 la Société de gymnastique des Suisses de Marseille afin de « soutenir le canton de Neuchâtel dont l'indépendance obtenue en 1848 était contestée par son ancien souverain, le roi de Prusse[10] ». Le même esprit de solidarité présida à la formation d'une équipe au sein du Cercle helvétique, un club de notables, qui engendra un club sportif autonome. Baptisé Stade helvétique, ce dernier s'adjugea le titre de champion de France USFSA de football en 1909 et en 1911. De même, ce fut un citoyen suisse, Ruesch, « assistant d'allemand au lycée de la ville », qui porta sur les fonts baptismaux, et avec l'aide de ses élèves, le Sporting Club de Bastia en 1905[11]. Toutefois, l'influence britannique demeurait. Elle s'exerçait notamment par le truchement des professeurs d'anglais, bons médiateurs culturels, à Amiens (où fut créée en 1898 l'association du lycée) comme à Tourcoing où « un autre professeur d'anglais, Beltette, fut à l'origine de l'US Tourcoing bâtie avec quelques anciens élèves[12] ». Parfois, c'est le cas de Sète, l'action conjuguée du professeur d'anglais et de l'expatrié suisse fut à l'origine du premier club de football en 1894[13].

Quoi qu'il en soit, ce furent les villes les plus ouvertes et les plus industrialisées qui adoptèrent le football. Souvent, le patronat et la jeunesse bourgeoise de ces cités industrielles avaient noué d'étroites relations avec le Royaume-Uni, à l'instar de Roubaix où le Racing Club fut fondé en 1895. Les agglomérations du Nord et du Pas-de-Calais se situent donc au cœur d'un développement rapidement teinté d'internationalisme : dès 1899, le Sporting Club de Tourcoing organisa un Challenge international du Nord « pour le moins novateur, dans la mesure où il s'agi[ssait] d'une confrontation transfrontalière, qui oppos[ait] les rares équipes françaises de l'agglomération lilloise (Sporting Club de Tourcoing, Union sportive tourquennoise, Racing Club de Roubaix auxquels se joi[gnit] le Havre Athlétic Club) à leurs homologues et voisins belges (FC Bruges, Daring, Racing et Léopold-Club de Bruxelles)[14] ».

La dissémination dans des villes plus petites ou plus enclavées intervint à partir de 1900. Ici encore, les lycées semblent avoir constitué des lieux privilégiés de diffusion, tout comme les garnisons. Fondé en 1904, le Racing Club de Franche-Comté pratiqua dès l'année suivante le football association. Au nord du Doubs, le Racing Club Valentigney, dans la périphérie industrielle de Montbéliard, fut créé en 1905, les Sports réunis d'Audincourt suivant en 1906[15].

À cette date, d'autres acteurs étaient entrés en lice, d'autant que la loi sur les associations de 1901 offrait un cadre simple et légal. Suivant les préceptes de l'encyclique *Rerum Novarum* (1891), les apôtres du catholicisme social investirent ainsi le champ sportif. Fondée en 1898, l'Union des sociétés de gymnastique et d'instruction militaire des patronages et œuvres de jeunesse de France fut dès 1903 rebaptisée sous la dénomination plus moderne de Fédération gymnastique et sportive des patronages de France (FGSPF). Le patronage devint alors un lieu d'essaimage essentiel du football, en particulier dans la France granitique et cléricale de l'Ouest. En Bretagne, cette diffusion « spontanée et irrésistible[16] » favorisa cette œuvre de conversion que renforçait une sociabilité mêlant le sport au mutualisme agricole.

Dans cette version catholique de la Chrétienté du muscle, le football, qu'il fût initialement rugby ou association, se voyait paré des plus nobles vertus : moralisation, santé et discipline, d'autant qu'il renforçait l'« esprit d'union parmi les membres d'une même société[17] » organique. « Les compétitions inter-patronages comport[aient] une particularité : une note d'exactitude et de tenue allant de 1 à 5 [était] attribuée aux deux équipes et elle fai[sait] la différence en cas de match nul[18]. » Mais bien vite ce fut « l'assoce », comme on l'appelait familièrement, qui emporta les suffrages du clergé et des dirigeants laïques de la FGSPF, notamment Charles Simon, son secrétaire général. Ce dernier estimait en effet que le football association présentait par rapport au rugby un triple avantage : d'abord il était beaucoup moins brutal ; ensuite il ne réclamait que onze joueurs. Enfin et surtout, à l'inverse de la nature supposée aristocratique du rugby, son caractère populaire répondait au souci d'une Église désireuse de s'adresser aux nouvelles classes populaires.

Les équipes de la FGSPF s'insérèrent donc rapidement dans le paysage footballistique français. Un premier championnat de France fut organisé dès la saison 1904-1905 et son lauréat, le patronage parisien de l'Étoile des Deux Lacs, implanté il est vrai dans le XVIe arrondissement, se paya ensuite le luxe de battre le champion de l'USFSA, le Gallia Club, sur le score de 2 buts à 1. Mais les passions franco-françaises, en particulier le débat sur la laïcité envenimé par la loi de séparation des Églises et de l'État (1905) rattrapèrent rapidement le football confessionnel. Prétextant le pèlerinage à Rome en 1906 d'une délégation de gymnastes catholiques, les dirigeants de l'USFSA, souvent d'obédience radicale, décidèrent d'exclure la quinzaine de « patros » unionistes et d'interdire toute rencontre avec les clubs de la FGSPF. Loin de porter un coup d'arrêt à l'expansion de la fédération, ce sectarisme renforça sa légitimité auprès de la hiérarchie catholique. « Ses effectifs, à la veille de la Première Guerre mondiale, rivalisaient avec ceux de l'UFSA et dépassaient ceux de l'USGF (13 sociétés en 1898, 234 en 1907, 1 500 à 2 000 en 1914 [...][19]. »

Depuis la loi sur l'obligation du repos hebdomadaire (1906), le temps libre, il est vrai, informait le paysage social. Entre la messe dominicale et les vêpres, les patronages avaient tout loisir d'organiser des matchs. C'est d'ailleurs dans ces premières années du football catholique que naquit un club promis à un bel avenir, l'AJ Auxerre. Ce qui « n'était alors rien d'autre », au moment de sa création en décembre 1905, « que la section sportive du patronage Saint-Joseph » choisit quatre ans plus tard comme signes distinctifs « le bleu et le blanc, couleurs de la Sainte Vierge » et « la croix de Malte, qui fut l'insigne de l'Association catholique de la jeunesse française (ACJF) disparue en 1956[20] ».

Une seconde erreur des dirigeants de l'USFSA favorisa l'émergence de la FGSPF. Partisans de l'intransigeance en matière d'amateurisme, ils s'étaient engagés dans la scission intervenue entre amateurs et professionnels anglais en juillet 1907 et avaient décidé, par solidarité avec les gentlemen anglais, de quitter la FIFA. Les footballeurs français se retrouvèrent alors sans représentation internationale. Or, la FGSPF, en recherche d'alliés, avait constitué en 1907 un Comité français interfédéral (CFI) intégrant de petites fédérations pratiquant également le football, comme la Fédération cycliste et amateur de France (FCAF). Attribuant un titre de champion interfédéral, le CFI frappa à la porte de la FIFA en octobre 1908 et en devint le représentant français. Dès lors, l'USFSA se trouva en position de faiblesse. Mécontents de l'isolement international auquel ils se trouvaient réduits, les dirigeants de quelques clubs parisiens comme le Red Star ou le CAP décidèrent de faire sécession en août 1910 pour créer la Ligue de football association et choisirent d'adhérer au CFI. Jules Rimet, un ancien sillonniste licencié en droit qui avait fondé le Red Star en 1897 à destination des ouvriers, prit la tête du mouvement.

Encerclée de toutes parts, en passe d'être marginalisée, l'USFSA dut transiger. Sous la houlette de son souple et opportuniste secrétaire général, Frantz Reichel, soucieux de garder la main sur les deux footballs, l'Union signa finalement un « traité de paix » et intégra le CFI en janvier 1913. Au terme de cet « édit de tolérance sportive[21] » réservant l'administration du rugby à la « fédération neutre », l'USFSA, et celle du football au CFI, chaque fédération conservait son autonomie et ses compétitions. Un Trophée de France venait toutefois ponctuer la saison, ce tournoi final opposant les champions de chaque organe fédéral.

Malgré ces conflits où les questions religieuses et sociales revêtaient les chaussures du football, le ballon rond gagnait du terrain. S'il reste difficile avant la création de la Fédération française de football association (avril 1919) de proposer un recensement fiable du nombre de footballeurs, plusieurs signes invitent à conclure à une croissance, notamment dans les années 1910-1914. Constatant que les « joueurs d'association » étaient désormais « plus nombreux que les joueurs de rugby[22] », *La Vie au grand air*, pourtant adepte du football rugby, consacra ainsi un numéro spécial à l'« association triomphante ». Pour appuyer le panégyrique du ballon rond récité par ses premières stars, Pierre Chayriguès, Gabriel Hanot ou Henri Bard, l'hebdomadaire proposa à ses lecteurs un reportage sur la « fête sportive nationale » qu'incarnait, aux yeux du journaliste Robert Desmarest, la finale de la FA Cup.

Outre l'apostolat sportif de la FGSPF ainsi que l'amélioration relative du niveau de vie des Français de la Belle Époque, l'armée joua un rôle non négligeable dans cet essor. À partir de 1906, la Grande Muette s'était en effet convertie au sport. Une enquête fut alors lancée afin de mesurer l'ampleur de la pratique sportive au sein des régiments ainsi que son influence sur « la valeur physique des hommes de troupe » et « leur valeur morale[23] ». L'année suivante, le général Panard expliqua dans *Tous les sports*, l'organe de l'USFSA, les bienfaits que l'armée pouvait en tirer[24]. Dès 1909, l'USFSA fut chargée d'organiser les championnats sportifs militaires avant que le *Règlement d'éducation physique approuvée par le Ministère de la Guerre le 21 janvier 1910* n'inscrive au menu de l'instruction les sports individuels et collectifs. Les footballs association et rugby y figuraient en bonne place et les militaires de carrière comme les conscrits devinrent d'ardents prosélytes dans les villes de garnison.

Le statut social et symbolique du ballon ovale dépassait cependant celui du ballon rond. Dans le sud-ouest de la France, le radicalisme et l'anticléricalisme alliés à la force du régionalisme lui avaient permis de conquérir des places fortes dans les villes et les bourgs de l'Aquitaine et du Midi toulousain[25]. En Béarn et au Pays basque, la force de la pratique religieuse avaient certes permis de développer le football à l'intérieur des terres, mais le littoral laïque et républicain, fort de ses colonies britanniques, avaient vu s'épanouir le rugby de Bayonne à Saint-Jean-de-Luz. Le rugby restait enfin le sport collectif de référence. Le titre de champion de France était disputé par le Racing Club de France, le Stade français et le Stade bordelais, autant de clubs représentant l'élite sociale.

Surtout, la « chance du rugby français, celle qui échappa à l'allemand, fut d'être convié au débat international[26] ». Conséquence ou non de la signature de l'Entente cordiale en 1904, l'équipe néo-zélandaise des All Blacks s'invita à Paris pour battre l'équipe de France le 1er janvier 1906 par 38 à 8. Alors que les contacts se multipliaient avec les nations britanniques et certains dominions, les rugbymen français furent finalement admis en 1910 dans ce qui devint le Tournoi des cinq nations. Le 2 janvier 1911, à Colombes, l'équipe d'Écosse fut la première nation britannique à mordre la poussière. « Après trente ans de coups de pied maladroits sur les terrains de football, il arrive qu'un jour les journaux impriment en manchette comme s'il s'agissait d'une guerre européenne : *La France a battu l'Écosse...* », concluait Georges Rozet[27].

Waterloo, morne pelouse

Au contraire du rugby, le football français s'imposa tardivement dans le concert des nations sportives. Avant 1914, il était au mieux inexistant, au pis ridicule. Les joueurs français subirent tout d'abord la loi des maîtres anglais. De 1906 à 1910, les joueurs arborant le maillot blanc frappé des deux anneaux de l'USFSA encaissèrent en 4 rencontres 48 buts sans en rendre un seul. Joué à Milan le 18 mai 1910, le premier match Italie-France se solda par la victoire écrasante de 6 buts à 2 des *Azzurri* qui disputaient là leur première rencontre internationale. Mais les heures les plus difficiles furent vécues au tournoi des Jeux olympiques de Londres où l'USFSA avait dépêché, dans la plus grande improvisation, deux équipes de France. Face au Danemark, l'équipe B ne fut battue *que* sur la marque de 9 buts à 0 alors que la formation A, supposée supérieure, était étrillée sur le score fleuve de 17 réalisations à 1 ! Si les joueurs français, commenta ensuite *La Vie au grand air*, l'hebdomadaire sur papier glacé de l'éditeur Pierre Lafitte, tenaient autant que cela à aller faire un petit voyage gratuit à Londres, les officiels auraient agi sagement en le leur offrant, mais à condition de leur interdire de jouer au football association. » Notre « prestige aurait eu l'avantage de ne pas être diminué et nos couleurs n'auraient pas fait piètre figure », déplorait-il, avant de conclure sur un ton plus facétieux : « Les spectateurs ont assisté à un intermède comique vraiment amusant, et ils ont cru se rendre compte que la race des clowns n'était pas encore éteinte dans notre patrie[28]. »

Pour cause de division dans le monde du football français, l'équipe de France ne fut pas dépêchée aux Jeux de Stockholm. Par la suite, les résultats s'améliorèrent. Les Français obtinrent une première victoire contre l'Italie à Turin en 1912. La charge sur le gardien étant alors autorisée, les puissants attaquants français, comme l'avant-centre Eugène Maës, en usèrent et en abusèrent, au point de contraindre le gardien de but italien Vittorio Faroppa à encaisser 4 buts « par terreur des assauts adverses[29] ». Les Français battirent ensuite leurs adversaires transalpins devant 5 000 supporters à Saint-Ouen 1 à 0 le 12 janvier 1913.

Toutefois, la prise en main de l'équipe nationale par le Comité français interfédéral en janvier 1913 n'inversa guère un *trend* désespérément négatif. Au premier semestre 1914, les *Azzurri* renouèrent avec leurs bonnes habitudes, battant les Blancs par 2 buts à 0 en mars. Surtout, l'équipe du Luxembourg l'emporta en février sur le score de 5 buts à 4, suscitant le tollé de la presse sportive qui dénonça des sélections effectuées à l'emporte-pièce, parfois par simple avis de presse. On espérait la présence de tel ou tel joueur dont la profession ou le statut rendaient la venue aléatoire. Ainsi, les joueurs retenus pour cette rencontre n'avaient été convoqués que quatre jours avant le match. Les appelés, nombreux depuis que la loi André (1905) avait fortement limité les exemptions du service militaire, ne purent satisfaire au délai nécessaire pour obtenir une permission. « Permissions pour les militaires. Autorisations pour les civils. Équipes bâties de bric et de broc, avec les joueurs disponibles. Rassemblements de dernière heure. Valeur technique très inférieure. Dans cette préhistoire, le football français n'en [était] encore qu'à l'âge de pierre[30]. » Les Français, enfin, furent laminés 5-1 par la Hongrie à Budapest, en mai.

Ces premiers pas maladroits dans le football international n'empêchèrent pas les dirigeants du Comité français interfédéral de proposer en janvier 1917 une tournée dans les pays neutres. Cette odyssée aurait dû conduire l'équipe de France en Espagne puis en Amérique du Sud où elle disputerait des matchs au Chili, en Uruguay et au Paraguay avant de gagner le Canada et les États-Unis. Il s'agissait avant tout de faire de la propagande et d'affirmer « malgré la guerre, aux yeux des neutres, la vitalité de la race française[31] ». Toutefois, le ministère de la Guerre refusa d'accorder les permissions nécessaires, affirmant que « l'opinion publique ne comprendrait pas qu'une élite de jeunesse, vigoureuse entre toute, soit dérobée à l'honneur de servir le pays au premier rang, au moment décisif[32] ». Ce n'était que partie remise : dès l'automne 1919, une équipe militaire répondit à l'invitation du consul général de France à Stockholm qui, « à la suite d'une tournée faite en Suède par des footballeurs allemands, [avait] sollicité du gouvernement français l'envoi d'une équipe de football dans le but de contrebalancer l'influence germanique[33] ». Elle partait toutefois sous les quolibets. « S'exposer au mal de mer et à huit jours pour aller encaisser goal sur goal, c'est pénible[34] ! » s'étonnaient de mauvais augures. La tournée aurait démenti les Cassandre et l'honneur français n'aurait pas été trop malmené malgré deux défaites sur trois matchs dont la première sur le score sans appel de 7 buts à 1 !

Après une flatteuse quatrième place obtenue par l'équipe civile au tournoi olympique d'Anvers en 1920, une nouvelle tournée fut organisée chez l'allié yougoslave avec le soutien du Service des œuvres françaises à l'étranger (SOFE). Elle se solda par deux victoires en Slovénie et en Serbie et deux défaites en Croatie. Cette fois-ci, le sacrifice des poilus n'avait pas été vainement mis en jeu sur un terrain de football. Sur le territoire de l'ancien Empire austro-hongrois, l'équipe fit forte impression, au point qu'à Ljubljana les spectateurs se seraient exclamés, au dire, certes, du traducteur yougoslave : « En voyant jouer les Français, comme on comprend qu'ils aient gagné la guerre[35]. »

On serait toutefois tenté de retourner cette appréciation en écrivant que dans l'entre-deux-guerres, les prestations des « Bleus » – puisque telle était la couleur de leur maillot frappé du coq depuis 1919 – annonçaient la déroute de 1940... De fait, les résultats de l'équipe de France, irréguliers, oscillèrent entre victoires prometteuses mais sans lendemains, Sedan footballistiques répétés et défaites malheureuses sans avoir, comme à Bazeilles, brûlé les dernières cartouches. Globalement, le bilan fut en effet négatif : sur 117 rencontres, 67 se soldèrent par une défaite, 37 par une victoire et 11 par un match nul. Certaines années furent particulièrement désastreuses : au printemps 1927, l'équipe de France fut laminée 4 buts à 1 par l'Espagne, 6-0 par l'Angleterre et même 13 buts à 1 par la Hongrie. Par ailleurs, elle ne dépassa pas, on l'a vu, le stade des quarts de finale pendant les trois premières Coupes du monde.

On reprochait non seulement aux Français de perdre, mais aussi de mal jouer. « Comme le soulignent les journalistes de l'époque, le style de jeu de l'équipe de France demeur[ait] bien énigmatique [...][36]. » Les espoirs émis dans les années 1920 par Henri Bard, capitaine de l'équipe de France olympique de 1920, mirent du temps à se concrétiser. « Faudrait-il en déduire, écrivait-il en 1927, que le football français, plus impétueux, est d'un ordre inférieur ? En aucune façon ! La *furia francese* que notre tempérament national a transportée jusque dans le domaine sportif, loin de diminuer nos capacités sur le terrain d'association peut, si elle est raisonnée et disciplinée, faire du joueur français un des plus redoutables parmi les joueurs d'équipes internationales[37]. »

Mais l'alchimie ne fonctionna pas. Contrairement aux autres nations sportives qui, au lendemain de la Coupe du monde 1934, s'étaient vu attribuer un style national par l'hebdomadaire *Football*, le football français ne fut gratifié par le dessinateur Ben que d'un modeste « en pleine ascension[38] ». Alors que la « hantise du déclin[39] » taraudait les décideurs français, ce sentiment demeurait étranger aux dirigeants du football hexagonal, qui, jusqu'à la fin des années 1950, se montrèrent plutôt habités par la recherche sisyphienne d'une première affirmation internationale.

Il fallut donc attendre l'orée des Trente Glorieuses pour que le football français commence à être identifié sur la scène internationale. Le championnat de France de football connaissait alors un âge d'or. Les équipes de l'OGC Nice, du Racing Club de Paris et surtout du Stade de Reims proposaient un jeu offensif que d'aucuns qualifiaient un peu facilement de « football-champagne ». Les meilleurs buteurs de première division franchissaient allègrement la barre des 30 buts pas saison (35 buts pour Gunnar Andersson, l'avant-centre suédois de l'Olympique de Marseille en 1951-1952 ; 34 pour Just Fontaine, canonnier de Reims en 1957-1958), alors que 18 équipes seulement étaient engagées. Dans les meilleures formations, l'amalgame de joueurs étrangers permit de mettre en scène un plaisant spectacle sportif. Aux joueurs provenant de l'Amérique du Sud et de l'Europe du Nord se mêlaient des footballeurs issus de familles françaises ou fraîchement immigrées, voire d'éléments puisés dans les colonies – Fontaine était né à Marrakech d'un père français et d'une mère espagnole.

Son point d'orgue fut bien sûr la troisième place obtenue par les Bleus à la Coupe du monde disputée en Suède en juin 1958. Si l'équipe de France fut surclassée par le Brésil de Pelé, Didi et Garrincha en demi-finale (2-5), son parcours fut ponctué de scores fleuves. Les Français étrillèrent au premier tour les Paraguayens (7-3), les Irlandais du Nord (4-0) en quart de finale et les Allemands de l'Ouest tenants du titre (6-3) en match de classement pour la troisième place. Avec Raymond Kopa pour meneur de jeu, les chevau-légers Roger Piantoni et Jean Vincent percèrent les défenses adverses pour alimenter l'implacable Just Fontaine, meilleur buteur de la compétition avec 13 buts. Ce record tient encore ; il place également Fontaine au troisième rang des réalisateurs, derrière le Brésilien Ronaldo (15 buts en trois coupes) et l'Allemand Gerd Müller (14 en deux coupes). Reposant sur la maîtrise technique, la mobilité et les passes, le style français était servi par de petits gabarits (Just Fontaine mesurait 1,74 m, Raymond Kopa 1,68 m) se jouant de formations plus puissantes comme l'Allemagne. Il resterait une référence jusqu'à la génération Platini.

Toutefois, il conservait le goût de l'inachevé et les fâcheux pouvaient aussi y diagnostiquer le syndrome de la « glorieuse défaite ». Rappelons que la blessure de Robert Jonquet avait eu sa part dans le match perdu face au Brésil. Et jusqu'en 1984, date des premiers sacres internationaux de l'équipe de France (Euro 84 et médaille d'or aux Jeux de Los Angeles) et 1993 (victoire de l'Olympique de Marseille dans la première Ligue des champions), l'histoire du football français serait émaillée de « victoires morales », de poteaux carrés, de mains… de l'adversaire et de multiples manifestations d'ingénuité et d'amateurisme.

L'« épopée des Verts » offre une éclatante manifestation de ce syndrome. Sous la houlette d'un jeune entraîneur, Robert Herbin, convaincu que le football exigeait « aujourd'hui une formation plus approfondie et plus sérieuse[40] », l'équipe de l'AS Saint-Étienne (ASSE), composée de jeunes issus du centre de formation du club, de vieux briscards et de deux joueurs étrangers d'expérience, l'arrière-central argentin Oswaldo Piazza et le gardien de but yougoslave Yvan Curkovic, plongea la France giscardienne dans un délire vert teinté de *revival* ouvriériste.

Dotés d'un *fighting spirit* alors peu commun chez les footballeurs français, le plus souvent résignés à quitter les compétitions européennes dès les premiers tours, les joueurs stéphanois, emmenés par leur capitaine Jean-Michel Larqué, atteignirent la demi-finale de la Coupe d'Europe des clubs champions en 1975, la finale en 1976 et les quarts de finale en 1977. Ils eurent d'abord pour spécialité de retourner des situations désespérées. Ainsi, en 1974, après avoir été balayés (1-4) par les Yougoslaves de Hadjuk Split en match aller de huitième de finale, ils renversèrent la vapeur en s'imposant 5 buts à 1 au match retour dans le stade de Geoffroy-Guichard. De même, à la fin de l'hiver 1976, ils remontèrent le 0-2 encaissé à Simféropol face au Dynamo de Kiev en s'imposant 3 buts à 0 après prolongations. Mais ces succès remportés face aux footballeurs socialistes n'apportèrent aucun titre continental à l'ASSE dont la légende fut aussi, et peut-être surtout, forgée dans l'injustice et le romantisme de la défaite.

Le 12 mai 1976, dans le stade d'Hampden Park, ils furent défaits, devant plus de 28 millions de téléspectateurs français – une audience de 77 %[41] –, (0-1) en finale de la Coupe des clubs champions par le Bayern Munich des champions du monde Franz Beckenbauer,

Sepp Maier et Gerd Müller. Un but sur coup franc du demi-défensif Roth suffit aux Bavarois pour s'imposer. Les Stéphanois avaient quant à eux tiré deux fois sur la barre transversale de Maier : un tir puissant de Bathenay de plus de vingt mètres et une tête à bout portant de Santini allaient alimenter une glose savante sur les mérites comparés des poteaux français et britanniques. Particularité écossaise, les montants et la barre des buts étaient à Hampden Park de section carrée. D'aucuns affirmèrent bien vite que si les buts avaient été ronds, Saint-Étienne aurait remporté la victoire ! Certains spéculaient sur la blessure dont sortait à peine Dominique Rocheteau, l'« ange vert », qui limitait son temps de jeu à une vingtaine de minutes. Remplaçant Christian Sarramagna à la 81e minute, il réussit tout de même à donner le tournis aux défenseurs bavarois sur son aile droite. Ah, si Rocheteau avait été complètement valide et avait joué l'intégralité de la rencontre, le sort en aurait été tout autre ! Et la presse française de rapporter les commentaires désobligeants de son homologue britannique, qui assimilait le succès du Bayern à un « larcin[42] ». Mais l'aigreur de la défaite se transforma vite en plaisir ambigu. Dès le lendemain, une flottille de Renault 5 à toit ouvrant, la petite voiture économique que la Régie produisait depuis 1972, fut affrétée pour faire descendre les Champs-Élysées aux vaincus dans une cohue inattendue. Comme l'expliquait Yvan Curkovic : « Nous n'étions que vice-champions, mais cela a semblé suffisant à beaucoup de Français pour nous fêter comme de véritables vainqueurs, comme des héros[43]. »

Le « complexe de Poulidor » avait encore frappé. Ce sentiment qui faisait préférer à une majorité de Français les secondes places du coureur limousin, représentant de l'agriculture archaïque des bordures du Massif central, aux succès et aux records scientifiques de Jacques Anquetil, le champion normand, suppôt de l'agriculture capitaliste et mécanisée[44], comptait pour beaucoup dans la popularité des Stéphanois. Sans rapporter de coupe, ces derniers furent ensuite reçus à l'Élysée par un Valéry Giscard d'Estaing en veine d'émotion populaire et sportive. L'histoire des Verts en dit sans doute long sur la France giscardienne partagée entre désir de modernité, crise industrielle qui frappait particulièrement le bassin de Saint-Étienne et poussées d'une gauche communiant dans ses utopies étatistes et prolétariennes. Manufrance, le sponsor qui s'affichait sur le maillot des Verts lors des matchs de championnat de France, représentait à lui seul un symbole. Certes, il était alors connu dans la France entière : le catalogue de la Manufacture française d'armes et de cycles de Saint-Étienne avait fait rêver des générations de Français qui avaient presque appris à lire en déchiffrant le descriptif accompagnant l'image de tel fusil ou de telle bicyclette. Mais cette entreprise de vente par correspondance entamait son déclin. L'entreprise disparut en 1986, deux ans après la descente de l'ASSE en deuxième division.

L'épopée verte révélait aussi une France marquée par le complexe allemand : trente ans après la fin de l'Occupation, la RFA, géant économique de la CEE, devenait le modèle à suivre en matière de lutte contre la crise. Si les joueurs stéphanois étaient promenés en Renault 5, les joueurs bavarois, vainqueurs de trois Coupes d'Europe consécutives, roulaient eux en puissantes BMW et Mercedes !

L'année suivante, le culte de la belle défaite fut renouvelé par l'élimination, toujours avec les honneurs, de Saint-Étienne par le Liverpool FC en quart de finale de la Coupe d'Europe des clubs champions, dans le stade d'Anfield Road. Après avoir remporté le match aller sur le score étriqué de 1 but à 0, les joueurs stéphanois furent cueillis à froid par un centre-tir de la vedette de Liverpool, Kevin Keegan. Toutefois, ils surent se reprendre. À la 50ᵉ minute, le milieu de terrain défensif Dominique Bathenay signa du pied gauche un but qui sortait de l'ordinaire français : « Le Kop ne vit pas un Vert cueillir le ballon à soixante mètres de Clemence, racontait de manière emphatique le journaliste de *L'Équipe* Gérard Ernault, car, à soixante mètres, dites-nous d'où pourrait naître le danger pour le Kop et pour le grand "Clem". Le Kop ne devina donc jamais que Dominique Bathenay, de trente-cinq mètres, allait bientôt crucifier Clemence, ce qui lui évita de se taire. Une fois la balle au fond des filets, il beugla encore un instant, le temps de se rendre compte. Et puis, un silence grave tomba sur la mer. Bathenay se tenait bras levés, immobile, conjuguant une réussite inouïe avec une froideur de statue. C'est dans cette posture que la télé anglaise le cueillit et le servit, superbe, sur tous les écrans de France. Il avait les cheveux de Jeanne d'Arc et il pourfendait l'Anglais. On pourrait en faire une légende[45]. » Mais comme dans les nombreuses guerres livrées à la perfide Albion, le match se conclut par une défaite. L'attaquant remplaçant de Liverpool, le rouquin David Fairclough, spécialiste des entrées en jeu tonitruantes et pour cette raison surnommé « super sub », c'est-à-dire super remplaçant, marqua le troisième but de la qualification à la 84ᵉ minute (score final 3-1).

Les clubs français dont l'hégémonie succéda à celle de Saint-Étienne connurent eux aussi leur lot de défaites honorables et injustes. Ayant réussi à se qualifier en 1985 pour les demi-finales de la Coupe des clubs champions, les Girondins de Bordeaux virent leurs espoirs déçus en encaissant un sec 3-0 au *stadio comunale* de Turin face à la Juventus de Michel Platini. Au retour, ils parvinrent toutefois à remonter deux buts avant que leur maladresse ou leur fébrilité ne leur fassent manquer l'occasion de revenir à égalité sur l'ensemble des deux matchs. Mais les deux buts marqués par l'avant-centre allemand Dieter Müller et l'arrière français Patrick Battiston étaient de belle facture, et l'on en avait remontré, au moins en termes de jeu, aux maîtres du réalisme piémontais. *A posteriori*, l'élimination des Girondins épargna aux supporters bordelais la venue au stade du Heysel de Bruxelles où, quelques semaines plus tard, 39 *tifosi* de la Juventus allaient trouver la mort. Plus amère fut la déconvenue des joueurs de l'Olympique de Marseille qui en 1989 avaient atteint le même stade de la compétition. Après avoir défait le Benfica Lisbonne 2-1 au match aller au Stade Vélodrome, ils furent éliminés par un but marqué de la main par l'attaquant angolais et lisboète Vata sans que l'arbitre bronche. Bernard Tapie, président de l'OM, déclara qu'il savait désormais que les matchs de Coupe d'Europe ne se gagnaient pas seulement sur le terrain...

Le football français subit des Trafalgar moins romantiques, au goût amer de faute professionnelle. Témoin, la défaite de l'équipe de France (0-1) à Strasbourg, œuvre de modestes amateurs norvégiens le 6 novembre 1968 en phase qualificative de la Coupe du monde 1970. Ce résultat condamna les Bleus à regarder les exploits de Pelé à la télévision. Il fut suivi au mois de mars 1969 d'un cinglant 0-5 subi devant les 85 000 spectateurs anglais de Wembley. Intrigues de palais, incompétence des sélectionneurs et inexpérience internationale des joueurs expliquent ces cuisants échecs que prolongea la non-qualification à la Coupe du monde 1974.

L'effondrement de novembre 1993 constitua un modèle du genre résumant tout à la fois la présomption des joueurs français, les querelles intestines créées par la rivalité entre l'Olympique de Marseille et le Paris-Saint-Germain et l'incapacité du football français à affronter de grands rendez-vous. Concourant pour participer à la phase finale de la Coupe du monde qui devait être organisée en 1994 aux États-Unis, l'équipe de France avait parfaitement réussi son parcours dans le groupe 6 de qualification jusqu'au mois d'août. Elle avait alors engrangé 13 points sur 14 possibles. Il suffisait aux Bleus d'une victoire en trois matchs pour se qualifier. L'objectif fut presque atteint en Suède le 22 août 1993. Menant 1-0 à la 76e minute grâce à un tir puissant du milieu de terrain Franck Sauzée des 22 mètres, ils furent finalement rejoints à trois minutes de la fin du match sur un but de l'attaquant suédois Dahlin. Désormais, un match nul leur ouvrait les portes de l'Amérique. Las ! Les Bleus perdirent leur première chance en s'inclinant face à l'équipe d'Israël 2-3, après avoir mené 2-1 et alors que l'équipe de France l'avait emporté 4-0 au match aller à Tel-Aviv. Lors du match de la dernière chance le 17 novembre face à la Bulgarie, les Français eurent longtemps leur billet en main. Mais à la 90e minute, l'attaquant Kostadinov lancé sur le flanc droit partit battre le gardien français Bernard Lama d'un tir millimétré sous la barre transversale ! La Bulgarie soufflait *in extremis* à la France sa qualification au Mondial de la FIFA World Cup USA'94.

Ce qui pouvait apparaître comme un extraordinaire concours de circonstances révélait en fait les fissures qui minaient un groupe de joueurs de classe mondiale. Parmi les battus, on relevait les noms de Laurent Blanc, Marcel Desailly, Didier Deschamps ou Emmanuel Petit, autant de futurs champions du monde, et un duo d'attaque composé de Jean-Pierre Papin et d'Éric Cantona. Le but vainqueur de Kostadinov révélait lui-même l'inconséquence de certains joueurs. David Ginola, l'attaquant du Paris-Saint-Germain qui revendiquait haut et fort dans la presse une place de titulaire, en fut l'un des responsables. Rentré en cours de match, il semblait désireux de réaliser un coup d'éclat individuel, en rééditant, pourquoi pas, le superbe but qu'il avait marqué contre les Israéliens. Bénéficiant à la dernière minute de jeu d'un coup franc près du poteau de corner bulgare, il choisit de centrer au lieu de garder la balle pour attendre le coup de sifflet final, ce qui permit à l'adversaire de récupérer le ballon et de lancer pour finir l'implacable Kostadinov.

Comme le releva Aimé Jacquet dans ses Mémoires écrits après le glorieux 12 juillet 1998, « les mauvaises langues et les persifleurs diront qu'une catastrophe aussi hallucinante ne pouvait arriver qu'à des Français[46]... ». Pour ses compatriotes dotés d'une conscience historique, cet échec évoquait, certes sur un mode mineur, les désastres militaires que le pays avait subis depuis 1870. Les réactions furent évidemment excessives. Gérard Houiller, le sélectionneur battu, avait parfaitement mené sa barque jusqu'au mois d'octobre 1993. Signant un manuel à l'usage des entraîneurs au sous-titre malheureux, *Les détails qui font gagner*[47], il dénonça en conférence de presse le « crime » qu'aurait commis Ginola contre l'équipe. Si la une de *L'Équipe* stigmatisait par le jeu de mots « Inqualifiable ! » le comportement des joueurs tricolores[48], celle de *Libération* annonçait que les Bleus seraient présents en 1998 puisque la France accueillerait alors le Mondial. Les Tricolores étaient donc qualifiés d'office pour l'édition suivante, mais en qualité de pays organisateur !

Football et capitalisme français : histoire d'un divorce ?

L'ironie à l'égard des footballeurs français renvoyait aussi au statut que la culture française accordait au *people's game*. La situation du football hexagonal a, au vrai, toujours été paradoxale. Ce sport, le plus diffusé, emprunte les traits de la modernité sans pour autant passer pour un élément constitutif de l'identité française – à supposer que celle-ci puisse être définie tant elle semble plurielle. Dès les lendemains de la Grande Guerre, Gabriel Hanot, capitaine de l'équipe de France et journaliste au tout nouvel hebdomadaire *Le Miroir des sports*, avait dessiné la carte du football français dans un opuscule de vulgarisation. « Le football association est sinon le sport national – car il n'y a pas encore de sport national chez nous –, du moins le *sport populaire français*. Il est sans rival dans le Nord, dans l'Ouest, dans l'Est, en Lorraine et en Alsace, sur la Côte d'Azur, dans des îlots comme Nîmes et Cette [Sète aujourd'hui] dans ces différentes provinces, il est pratiqué, sans distinction de classes, par tous les jeunes gens avides de grand air et de sport. Il est prépondérant à Paris et dans la région lyonnaise, où il a à subir la concurrence du rugby : l'observation s'y vérifie, que le football est le jeu du plus grand nombre, *le jeu démocratique*, tandis que le rugby est le sport des milieux bourgeois et universitaires. Le football est aussi représenté à Bordeaux, où 10 équipes de première série se disputent le championnat de la Côte d'Argent. Enfin, dans presque toutes les villes du Sud-Ouest et du Midi, fief du rugby, il est timidement et obscurément pratiqué par des groupes indépendants ou par des patronages[49]. »

Entre les deux conflits mondiaux, la pratique du football poursuivit son expansion. De 35 000 licenciés en 1921[50], le nombre de ses adeptes officiellement dénombrés par la FFFA passa à 116 277 en 1930[51], chiffre auquel s'ajoutent les membres des fédérations « affinitaires[52] » populaires telles que la fédération des patronages de France ou les organisations du sport ouvrier. Ainsi, les statistiques seraient plus proches des 200 000 que des 100 000 « encartés » par la FFFA. Si le *Deutscher Fussball-Bund* comptait dès 1921 quelque

467 962 membres, joueurs et dirigeants confondus[53], dans un pays il est vrai plus peuplé, le football était bien, à la mesure de la France, un sport de masse alors que les effectifs des autres fédérations latines, au palmarès plus glorieux, ne dépassaient pas ceux de la fédération française. En 1931, par exemple, la péninsule italienne ne comptait que 108 442 footballeurs officiellement recensés[54], chiffre qui ne s'accrut guère durant les années 1930.

Comme des disciplines plus neuves telles que le basket-ball ou le handball, le football bénéficia de l'essor de la pratique sportive sous Vichy. Au nombre de 188 760 en 1938, les footballeurs étaient 216 527 dès 1942 et 277 832 en 1944[55]. Ce succès se confirma durant les Trente Glorieuses. Dès 1950, les footballeurs licenciés dépassaient les 440 000, frôlant les 700 000 vingt ans plus tard. Et en 1980, 1 412 718 footballeurs détenaient leur carte de la FFF[56].

Après la Grande Guerre, le football association ne fut donc plus l'apanage du patriciat urbain des cités du Sud-Est ni des rejetons des dynasties industrielles nordistes[57]. En se diffusant dans toutes les couches de la société, il devint un poids-lourd du sport français, représentant à lui seul un tiers environ des titulaires d'une licence fédérale[58]. Il prit alors, et la mutation s'accentua dans les années 1940-1950, le visage d'un sport populaire, sinon prolétaire. En ce sens, l'homogénéisation de la classe ouvrière induite par la modernisation de l'industrie et l'essaimage de grandes unités de production dans la métallurgie, la chimie, voire la construction électrique[59] joua sans doute un rôle dans la standardisation des pratiques populaires dont le football constituait à la fois le vecteur et l'expression. Le football devint ainsi l'activité essentielle des clubs sportifs d'entreprise, chez Berliet ou Peugeot, voire à Billancourt où Louis Renault avait créé le Club olympique des usines Renault[60] ; de même s'inscrivait-il au cœur du football militant que la FSGT tenta de développer après sa création en 1934 dans la banlieue rouge de Paris[61]. La tentative ne fut pas un succès si l'on considère l'exemple du bassin minier de Lens où le football corporatif comme professionnel fut plutôt porteur, après la nationalisation des Houillères, des valeurs traditionnelles de la classe ouvrière, « solidarité, courage, virilité[62] » que des mots d'ordre communisants propagés par la CGT et le PCF.

Cependant, cette popularisation portait en elle-même ses limites. Moins élitiste, incarnant la civilisation industrielle, investi par une partie du patronat, le football ne put gagner les faveurs de la « génération intellectuelle » issue du front, qui espérait retrouver dans le sport l'esprit des tranchées et aspirait à fonder une éthique sportive exigeante. Certes, Jean Giraudoux préfaça en 1933 un recueil de nouvelles intitulé *La Gloire du football* puis *30 shots au but* en 1949 où il affirmait que « plus encore que roi des sports, le Football [était] le roi des jeux[63] » ; Henry de Montherlant prétendit retrouver sur les pelouses la fraternité des tranchées – et aussi les jeunes gens – dans *Les Olympiques* (1924) ; le romancier lyonnais Joseph Jolinon associa la pratique du jeu au refus de la médiocrité de la vie provinciale (*Le Joueur de balle*, 1929). Mais les écrivains sportifs – Jean Prévost ou Marcel Berger – plébiscitèrent le vrai football, c'est-à-dire le rugby, contre « l'assoce », ce jeu de manchots, de mercenaires que dominaient les intérêts financiers[64].

De fait, et au plus haut niveau, la France industrielle s'arrogeait l'exclusivité du football. Les équipes participant au premier championnat professionnel de première division appartenaient toutes à la France de l'Est, à l'exception du Stade Rennais[65]. Cinq ans plus tard, lors de la saison 1937-1938, le club disputant le championnat de l'élite situé le plus à l'ouest était le

FC Sète – une cité industrialo-portuaire. Jusqu'au milieu des années 1950, la ligne Le Havre-Marseille continua à séparer la France du football professionnel de celle du rugby et, dans le cas de l'Ouest armoricain, du football amateur. Ainsi, pendant la saison 1954-1955, seuls deux clubs de première division, Bordeaux et Toulouse, portaient les couleurs de la France de l'Ouest. La majorité des équipes représentaient des grandes villes ou des bassins industriels.

Cette adéquation avec la France urbaine et industrielle constitua peut-être un frein à l'adoubement du ballon rond comme sport national. De fait, la position sociale des premiers promoteurs du professionnalisme inscrivait le football dans la France du capital et du profit. Président du FC Sète, Georges Bayrou était un important négociant en vins ; patron du Racing Club de Paris, Jean-Bernard Lévy un homme d'affaires de la capitale travaillant dans le secteur de l'immobilier ; le président de l'AS Saint-Étienne, Pierre Guichard, était le fils du fondateur du groupe de distribution de produits alimentaires Casino. Créateur du FC Sochaux, Jean-Pierre Peugeot dirigeait alors le groupe automobile familial à l'instar du constructeur automobile alsacien Émile Mathis, président du RC Strasbourg. Dans une France communiant dans l'amour de la petite propriété et la dénonciation des trusts et par ailleurs secouée par de multiples scandales financiers, le football, sport professionnel par excellence, n'eut donc pas toujours bonne presse. De plus, dans un pays où la population urbaine n'était devenue majoritaire qu'en 1931, il restait également le sport de la ville quand le cyclisme demeurait, grâce aux courses sur route et au Tour de France, le sport-spectacle qui s'invitait encore et toujours dans les campagnes.

Après 1945, les relations entre football et capitalisme français prirent l'allure d'un divorce, d'autant que nombre d'entreprises françaises avaient été nationalisées à la Libération. Si certaines, comme Renault, devinrent des « laboratoires sociaux », leur action en faveur du sport passa surtout par la promotion des loisirs que chapeautaient leurs comités d'entreprise, voire, mais plus timidement, par la course automobile qu'elles servaient comme sponsor ou comme compétiteur. Pour celles qui avaient conservé leur indépendance, comme Peugeot, l'heure n'était plus aux fastes du professionnalisme. L'entreprise de Montbéliard maintint son engagement dans le football mais son club, le FC Sochaux, choisit plutôt la voie de la formation et de la vertu sportive, au rebours de ses homologues européens. La Juventus de Turin, partie intégrante du groupe FIAT à partir des années 1960, devint au contraire le fer de lance d'un coûteux professionnalisme[66]. Les Rizzoli, Piaggio ou Lauro qui confortaient le système du mécénat sportif en Italie ne se retrouvent pas dans la France des années 1950. Quand ils présidaient aux destinées de clubs, les chefs d'entreprise prêchaient la vertu, à l'exemple des frères Laurant, fondateurs en 1945 des Draperies sedanaises, une entreprise textile d'une trentaine de salariés, et présidents de l'Union athlétique Sedan-Torcy l'année suivante. Ils exclurent d'embaucher des professionnels à temps plein, même lorsque leur équipe accéda à la deuxième division en 1953 et remporta la Coupe de France en 1956. Les joueurs approchés se voyaient plutôt proposer un emploi dans l'entreprise, offre qui perpétuait le système du footballeur-ouvrier. Ce régime de semi-professionnalisme imaginé vingt ans plus tôt apparaissait encore comme la « seule solution viable[67] », d'autant que les Laurant ne disposaient pas du capital financier des grands capitaines d'industrie italiens. Ils surent toutefois vendre à bon prix les jeunes talents qui émergeaient à Sedan dont le dernier fut, en 1974, l'attaquant algérien Mustapha Dahleb cédé au Paris-Saint-Germain.

De même, bien que Henri Germain, le président du Stade de Reims des fastes années 1950, ait été cadre chez les champagnes Pommery, il dut jongler avec les expédients pour financer sa politique de vedettariat. Le club joua ainsi ses rencontres de Coupe d'Europe au Parc des Princes afin de bénéficier de l'affluence du public parisien. Germain tenta même de priver Raymond Kopa de la prime d'engagement de 500 000 francs que le joueur réclamait pour son transfert d'Angers à Reims. Devant l'obstination du premier footballeur de classe mondiale que compta le football français – il joua par la suite un rôle essentiel dans la reconnaissance des droits sociaux des joueurs –, il renonça[68]. Ce furent par conséquent des motifs essentiellement financiers qui expliquent le déclin du Stade de Reims dans les années 1960. Ses dirigeants ne purent mobiliser les maisons de champagne peu enclines à soutenir un sport jugé trop populaire par rapport au produit qu'elles commercialisaient. Lorsqu'il revint aux affaires en 1970 après avoir été nommé président d'honneur, Henri Germain bénéficia en revanche du soutien de la « municipalité rémoise [qui avait] consenti un gros effort pour relancer le Stade de Reims vers les sommets[69] ».

Faute d'un engagement des grandes entreprises françaises, les dirigeants comptèrent, à partir des années 1970, sur le soutien de maires conscients que la promotion de leur ville pouvait passer par le sport. Certes, l'intervention des pouvoirs publics n'était pas nouvelle. Mais elle avait suivi des chemins différents, selon qu'il s'agissait de l'État ou des collectivités locales.

Depuis 1927, la finale de la Coupe de France bénéficiait de la présence du président de la République. Toutefois, les premières politiques sportives visèrent plutôt à réduire la place du professionnalisme, voire à l'éradiquer. Léo Lagrange, on l'a vu, avait refusé de soutenir la construction d'un stade de 100 000 places pour la Coupe du monde 1938. Le régime de Vichy tenta ensuite, avec Jean Borotra, de « moraliser » le football en imposant la suppression du professionnalisme en trois ans[70]. Successeur de Borotra au commissariat général aux Sports lors du retour de Pierre Laval au pouvoir (avril 1942), le colonel Pascot, un ancien rugbyman, accéléra l'extinction du professionnalisme en procédant à la « fonctionnarisation » des footballeurs. À partir de juin 1943, ces derniers furent versés dans l'un des 16 « clubs fédéraux » représentant une académie et une province. Joueurs-moniteurs, ils devaient aussi encadrer des groupes de jeunes footballeurs. Toutefois, la création de ces clubs fédéraux buta sur de rudes obstacles. Les dirigeants des clubs professionnels spoliés affichèrent ouvertement leur mécontentement. À Saint-Étienne, le président Pierre Guichard sollicita l'intervention d'Antoine Pinay auprès de Pascot afin que Lyon ne soit pas retenu comme club fédéral en lieu et place de sa ville. La démarche ayant échoué, il démissionna de la présidence du club[71]. D'autres dirigeants s'engagèrent dans une sorte de dissidence sportive en se réunissant secrètement pour préparer la restauration du Groupement des clubs autorisés qui réunissait les clubs professionnels[72]

Une fois la république rétablie, le championnat professionnel reprit, sans pour autant gagner la considération des gouvernements de la Quatrième et de la Cinquième République. Partageant l'élitisme de Borotra, Maurice Herzog, le haut-commissaire à la Jeunesse et aux Sports du général de Gaulle, privilégiait plutôt le rugby et les sports olympiques. Il est vrai que la guerre froide avait investi l'arène olympique depuis les Jeux d'Helsinki en

1952 : faire monter des athlètes français sur le podium revenait à enfoncer un coin dans l'affrontement entre les deux supergrands. En 1961, Herzog promulgua même un décret limitant la saison de football à huit mois et s'appliquant essentiellement aux amateurs[73]. Cette mesure revenait à favoriser l'athlétisme, discipline olympique par excellence. Le général de Gaulle devint lui-même moins assidu aux finales de la Coupe de France, déléguant le soin de remettre le trophée à son secrétaire d'État ou à son ministre des Sports. Ce qui ne l'empêcha pas d'inscrire une nouvelle page sportive à la geste gaullienne, après l'arrêt du peloton du Tour de France à Colombey-les-Deux-Églises en juillet 1960. Lors de la finale du cinquantenaire de la Coupe de France Lyon-Sochaux disputée au Parc des Princes le 21 mai 1967, le Général effectua « la plus inattendue des rentrées en touche[74] » en renvoyant bras tendus au-dessus de la tête le ballon expédié dans la tribune présidentielle par le Lyonnais Hector Maison.

Rien cependant n'échappait au volontarisme étatique de la Cinquième République. Le football finit donc par entrer dans la ligne de mire de l'État. Au début des années 1970, le football français nageait dans le marasme. L'équipe de France était devenue l'une des plus faibles du continent ; les clubs se voyaient éliminés sans pitié par leurs adversaires européens dès les premiers tours des compétitions continentales. Ne bénéficiant pas du soutien du capitalisme français, redéfinir un modèle de développement tant sportif qu'économique s'imposait. Telle fut la mission confiée en décembre 1972 à un jeune énarque né à Tunis et passionné de football, Philippe Séguin. Après avoir rencontré les principaux acteurs du secteur, ce dernier affirma qu'« un football professionnel jouant pleinement son rôle mérite de voir son utilité reconnue et peut prétendre à l'aide des Pouvoirs publics[75] ». Autrement dit, le spectacle du football, en raison de son « rôle éducatif », ne devait pas être soumis à la seule logique commerciale puisqu'il promouvait « outre des qualités morales comme la volonté, le courage et le sens de l'abnégation, un sens social et une certaine aptitude à la vie collective[76] ». De même, « sa vocation distractive [était] largement comparable à celle de certaines activités culturelles[77] ». Mais le soutien de la puissance publique n'allait pas sans conditions. Le football devait rationaliser « sa gestion financière » et trouver un juste milieu quant à la rémunération et au statut des joueurs.

Philippe Séguin fut en partie entendu. « Première sorte de "convention collective" des métiers du football[78] », la Charte du football (1973) institua un système de formation promu par Georges Boulogne, sélectionneur de l'équipe de France de 1969 à 1973. Sans être ni un apôtre du beau jeu, ni un « père la Victoire », Boulogne eut le mérite de préparer la formule qui allait permettre le renouvellement des jeunes talents et l'émergence des grandes vedettes françaises jusqu'à Zinedine Zidane. Et l'État par le biais des conseillers techniques régionaux et départementaux, agents des directions de la Jeunesse et des Sports, paya son écot. Ce système désireux de moraliser l'entrée dans le professionnalisme en conciliant études et apprentissage du métier contribua « également à la production de jeunes joueurs plus compétents, plus universels, donc mieux adaptés au marché[79] ». Le FC Nantes, l'AJ Auxerre, le FC Sochaux-Montbéliard ou l'AS Cannes furent, suivant des modalités différentes, les modèles des clubs-formateurs promouvant souvent le beau jeu.

Cependant, l'intervention publique s'opéra aussi de manière plus débridée, se matérialisant par exemple par des montages financiers dans lesquels croissait le poids des collectivités locales. Toujours selon le rapport Séguin, le montant total des subventions versées par les municipalités à l'ensemble des clubs de première division – Sedan et Sochaux exceptés – avait augmenté de 38 % entre la saison 1969-1970 et la saison 1971-1972, passant de 5 662 372 à 7 827 300 francs[80]. Toutefois, il s'agissait d'une transfusion de liquidités assurant davantage la survie des clubs que la définition d'une politique ambitieuse. Cette évolution marquait également la suite logique des politiques de construction d'infrastructures sportives lancées dans les années 1930. Ravalé au rang d'obscure discipline olympique, le cyclisme sur piste rapportait certes des médailles mais ne pouvait plus remplir les gradins de stades-vélodromes comptant parfois plus de 20 000 places. Dès les lendemains de la Seconde Guerre mondiale, des municipalités de gauche comme de droite commencèrent donc à verser des subventions aux clubs professionnels, fonction qu'assumaient les Offices municipaux des sports dont le gouvernement provisoire prôna la généralisation en décembre 1944. Mais les exploits de Saint-Étienne aiguisèrent les désirs de maires et de présidents ambitieux : le pourcentage des subsides municipaux dans les recettes des clubs professionnels passèrent alors de 18 % en 1970-1971 à 24 % en 1990-1991[81]. Les lois de décentralisation de 1982-1983, de même que la médiatisation du football, accentuèrent cette « prise en compte du fait sportif à l'échelle communale[82] ».

Négociations de maquignons, alliances entre parvenus du sport et des affaires d'une part, barons du gaullisme et du socialisme de l'autre, le rôle des municipalités nourrit par la suite les débats de prétoires appelés à juger affaires de « caisse noire » et faillites frauduleuses de grands clubs que pimentaient parfois des affaires d'enrichissement personnel. Le styliste Daniel Hechter fut ainsi radié à vie des fonctions de dirigeant du football français pour une affaire de double billetterie au Paris-Saint-Germain. Dans un livre plaidoyer publié un an après son procès, il narra les difficiles tractations qu'il avait engagées en passant par... Philippe Séguin pour obtenir une subvention de Jacques Chirac, fraîchement élu maire de Paris. Une première aide de « 140 millions de centimes », soit 1,4 million de francs, plus 16 détaxes sur les matchs à venir, fut accordée au club parisien[83]. Cette somme encore modeste devait permettre d'acquérir le *goleador* argentin du Stade de Reims, Carlos Bianchi.

Ce furent douze années de confiance qui lièrent Jacques Chaban-Delmas à Claude Bez, un expert-comptable parvenu à la présidence des Girondins de Bordeaux en 1978. Faute d'avoir pu imposer la « Nouvelle Société » et de succéder à Georges Pompidou, Chaban avait réduit ses ambitions au perchoir de l'Assemblée nationale et à la mairie de Bordeaux. Ancien rugbyman (une sélection en équipe de France militaire le 28 avril 1945) et tennisman (classé en première série), ce sportif passionné estimait que des succès français et européens en football serviraient la notoriété de sa ville. De la saison 1978-1979 à 1985-1986, le montant de la subvention annuelle versée aux Girondins passa de 1,3 million à 6 millions de francs[84] avant qu'à l'été 1990 la municipalité bordelaise ne garantisse un emprunt de 120 millions de francs destinés au renforcement du club. Mais le socialiste François-Xavier Bordeaux évoqua aussitôt un déficit de 150 millions que l'ouverture judiciaire déclenchée par le parquet de Bordeaux réévalua, dès le mois de novembre, à 242 millions. Accusé « d'escroquerie, d'abus de biens sociaux, d'abus de confiance, de complicité de faux, de recel[85] », Claude Bez fut incarcéré. Outre de forts retraits en liquide destinés à fournir des prostituées aux arbitres chargés d'intervenir lors des matchs de Coupe d'Europe et à les soudoyer, l'instruction révéla un système de fausses factures bénéficiant au président des Girondins et à son fils[86].

Si les édiles des villes de football furent parfois dépassés par les agissements de leurs mandataires, comme à Bordeaux, ils n'en demeuraient pas moins omniprésents, comme le relevait Alfred Wahl pour le début des années 1980 : « De fait, le contrôle des mairies se fait toujours plus pesant ; leurs représentants siègent aux réunions des comités de Metz, Nancy, Nice, Toulouse ou Lens. Le président de l'AJ Auxerre est conseiller municipal. Dans le cas de Lens, l'osmose est totale, puisque le maire Delelis a été aussi, un moment, le président du club. Et il est significatif que l'entraîneur de Toulon, Christian Dalger, ait dû quitter ses fonctions sur les injonctions du maire en 1985[87]. »

Ce contrôle municipal n'empêcha pourtant pas la malédiction du football français de se réaliser. Elle condamne inexorablement les clubs dominant à la faillite, les équipes à la rétrogradation, leurs dirigeants à la prison. Tel fut le destin des Girondins de Bordeaux, de l'Olympique de Marseille et de l'AS Saint-Étienne. L'affaire de la « caisse noire » entraîna la chute de l'omnipotent président stéphanois Roger Rocher en 1982, et la mise en cause de vedettes comme Michel Platini qui avaient bénéficié de revenus non déclarés. D'autres faillites, petites et grandes, financières, frauduleuses ou mafieuses, se produisirent également, comme celle du Racing Club Franc-Comtois en 1986, celle du Brest Armorique en 1991, voire du Sporting Club de Toulon en 1993.

La mégalomanie d'hommes nouveaux ne résistant pas à la lumière médiatique joua évidemment son rôle. Fils d'un petit patron de travaux publics, titulaire du certificat d'études primaires, Roger Rocher se vantait des dix années passées comme mineur de fond qui valaient, disait-il, « toutes les universités[88] ». Claude Bez, un comptable bègue, était assoiffé de reconnaissance. Les méthodes de gestion hétérodoxes du football français l'avaient certes longtemps privé du financement des grandes entreprises, en dehors du sponsoring. Mais les déconvenues qu'essuya un Jean-Luc Lagardère avec le Matra Racing ne firent que conforter la méfiance des grands patrons. L'un des rares films consacrés au football en France, *Coup de tête*, tourné en 1979 par Jean-Jacques Annaud avec Patrick Dewaere et l'assistance sportive de l'AJ Auxerre, loin de célébrer les vertus morales du football, en dénonçait d'ailleurs les turpitudes, sur fond de manœuvres politiciennes ourdies dans une petite ville de province...

Coupe de France et immigration : les pierres angulaires de l'exception française

Faut-il conclure au caractère artificiel, voire factice de l'implantation du football en France ? Un football se résumant à des échecs internationaux et à l'affairisme ? En aucun cas. Les dirigeants français surent se montrer visionnaires sur le plan international alors même que les footballeurs peinaient à s'y insérer ; surtout, le ballon rond hexagonal (si l'on permet cette image) a su ouvrir deux fronts pionniers : la Coupe de France et l'intégration des étrangers.

Si le génie français existe, s'il s'incarne dans le champ du football, c'est bien pour avoir paré la plus populaire de sa « tradition inventée » ou plutôt « importée » – la Coupe de France – des attributs de la fête républicaine. On sait que la Coupe de France, créée pendant la Grande Guerre sur le front intérieur, bénéficia aussitôt du soutien du groupe Hachette. La compétition continua à honorer les footballeurs morts pour la France durant un entre-deux-guerres sur lequel planait l'ombre tutélaire des anciens combattants. Pendant la saison 1939-1940, elle redevint la Coupe Charles-Simon, comme un retour aux sources patriotiques. Toutefois, sa popularité entre 1919 et 1939 acquit aussi un autre sens. Elle fut bien vite surnommée la « fête nationale du football français », par analogie avec le 14 Juillet[89].

La Coupe de France réemployait ainsi pour partie la thématique des « petites patries » développée par les instituteurs tertio-républicains[90] et déclinée déjà, au début du siècle, par Henri Desgrange, le patron du Tour. Ouverte à toutes les équipes affiliées à partir de 1919 à la Fédération française de football association (FFFA puis FFF), la Coupe faisait concourir toutes les France dont l'association des particularismes reflétait la richesse nationale : Paris et la province, les France rurale et urbaine, laïque et catholique, ouvrière et bourgeoise, professionnelle et amateur[91]. Issue en partie de la fraternisation des tranchées entre les « hussards » de la République et les curés « sac au dos », elle reprenait donc indirectement l'héritage de la fête révolutionnaire, lieu d'édification et de glorification de la nation. Elle célébrait alors la sécularisation du football – sport d'abord promu par la FGSPF et donc associé jusqu'au premier conflit mondial au cléricalisme – et, par voie de conséquence, exaltait un consensus républicain alors à son apogée avant qu'il ne s'effrite dans les années 1930.

De même, elle symbolisait la « trahison des clercs », celle, par exemple, d'un Henri Delaunay, désormais secrétaire général de la FFFA et ancien des patronages, qui avait abjuré l'idéal religieux de la FGSPF en optant pour le « dieu unique » du football. À partir de 1927, la présence à la finale du président de la République, du truculent Gaston Doumergue au pâle Albert Lebrun, instaura une forme de rituel républicain avec accueil du plus haut magistrat de l'État à l'entrée d'un stade pavoisé de drapeaux tricolores, présentation des joueurs sur la pelouse et remise du trophée. De fait, les valeurs de la Coupe de France coïncidaient largement avec les idéaux méritocratiques républicains. Ainsi, la compétition semblait illustrer les vertus de la promotion républicaine, « d'une société en progrès où l'ascension sociale individuelle d'abord, la démocratisation ensuite constituent le destin promis à tous[92] », un principe qui proposait « un modèle attractif pour toute une fraction de la société [...], dans la classe moyenne certes, mais aussi dans une fraction non négligeable du monde ouvrier[93] ».

La formule de la Coupe récompensait – davantage que le système du championnat par point – le courage et la motivation. Sur un terrain de football comme dans la vie, l'argent et le don ne faisaient pas tout, le travail, la persévérance, l'abnégation constituant des facteurs tout aussi décisifs. Dans une compétition qui se jouait par élimination directe, l'égalité des chances semblait en partie rétablie et, comme l'écrivait Louis Aubert, l'éditeur du *Livre d'or de la Coupe de France* paru en 1936 : « Les chèvres de M. Seguin sont certes condamnées à être mangées. Mais en Coupe de France, il est des chèvres qui mettent en déroute plusieurs gros loups avant d'abaisser leurs cornes et de toucher de leur barbichette l'herbe du pré[94]... » Ainsi, la Coupe réinstaurait dans un football français rongé pour certains par l'amateurisme marron puis le professionnalisme le principe méritocratique, une petite équipe pouvant parvenir à passer quelques tours, voire à figurer en finale. Elle transposait dans le champ du sport la figure du boursier[95] de l'école tertio-républicaine qui s'élevait, à force de sacrifices, au-dessus de l'horizon que lui assignait sa condition sociale. La Coupe de France offrait donc un espace où s'exprimait cet idéal méritocratique s'idéalisant dans la revanche des « petits » contre les « gros », des « honnêtes gens » contre les « mercantis » du football professionnel : les Jean-Pierre Peugeot, Jean-Bernard Lévy et autres Georges Bayrou.

Mariant donc l'incertitude propre à la compétition sportive aux idéaux de la République, la compétition connut un succès avéré aussi bien par le nombre de participants (202 équipes en 1921-1922, 562 en 1934-1935 et même 778 en 1939-1940) que par le public de la finale dont le nombre dépassa les 40 000 spectateurs dès l'affiche FC Sète-Marseille disputée le 6 mai 1934 à Colombes. Le régime de Vichy tenta de l'accommoder à sa sauce idéologique. Le banquet suivant la finale de l'« année jubilaire » 1943 permit ainsi à Abel Bonnard de gloser sur la moralisation de la jeunesse française : « Nous l'avons dit bien souvent, affirma dans son discours le ministre de l'Éducation nationale et de la Jeunesse, avec mon cher collaborateur le colonel Pascot, avec lequel je me trouve dans un accord parfait : les âmes doivent aujourd'hui renaître dans les corps et par les corps[96]. » La saison suivante, la Coupe fut disputée par les représentants des « communautés naturelles » que formaient les provinces. Le 12 mai 1944, l'équipe de Nancy-Lorraine composée des éléments du FC Sochaux s'imposa face à Reims-Champagne sur le score de 4 buts à 0 dans un Parc des Princes rempli par plus de 30 000 spectateurs enthousiastes.

Cet engouement ne se démentit pas après la Seconde Guerre mondiale. Il assura jusqu'au temps de la télévision triomphante et des « partenaires » l'essentiel des revenus de la Fédération française de football, tout en demeurant également bien ancré dans la symbolique sportive nationale. Ainsi, plus de 1 010 clubs petits et grands participèrent à l'épreuve au cours de la saison 1950-1951 qui vit l'US Valenciennes-Anzin alors en deuxième division atteindre la finale « grâce, selon Henri Delaunay, au grand courage dont firent preuve ses joueurs[97] », le RC Strasbourg remportant la victoire. « Ainsi, poursuivait Delaunay, l'Alsace détient le trophée qui perpétue la mémoire de Charles Simon, ce précurseur de notre indépendance. Jamais notre finale n'a mieux illustré que cette année ses droits à son titre de fête nationale du football et le président de la République, par sa présence fidèle, a rehaussé une fois de plus le prestige de l'épreuve et de notre sport national[98]. »

Outre la venue de Vincent Auriol puis de René Coty, la Coupe de France restait fidèle aux idéaux méritocratiques en des temps où l'unité nationale était passablement troublée. Lors de la saison 1954-1955, les clubs nord-africains, admis à l'épreuve, participèrent à la rhétorique égalitariste de la « Coupe » devant des foules ardentes. Ainsi, dès la saison 1956-1957, les amateurs algérois d'El-Biar « sortent » de l'épreuve le Stade de Reims, récent finaliste de la Coupe d'Europe des clubs champions. Depuis, l'intérêt de l'épreuve repose toujours sur cette « chasse au gros » et la promotion du « petit », comme le confirment les parcours d'Auxerre, finaliste malheureux face à Nantes en 1979, et de Calais, « Petit Poucet de la Coupe » évoluant en Championnat de France amateur, certes battu de justesse par « l'ogre » de Loire-Atlantique en 2000 mais éminent représentant d'une France « d'en bas » avide d'égalité.

Outre la diffusion des valeurs républicaines, la Coupe de France illustrait également l'intégration des immigrés par le sport. En mai 1944, l'une des vedettes de la finale des provinces n'avait-elle pas été un petit joueur aux cheveux de jais du nom de Parmegiani ?

Une vision irénique verrait dans le football français l'incarnation de la conception de la nation française « plébiscite de tous les jours » pour reprendre la célèbre formule d'Ernest Renan[99], une nation fondée sur le droit du sol et non sur celui du sang. Très tôt, le football et ses dirigeants ont su composer avec un impératif découlant de la structure de la population française : l'appel nécessaire à une main-d'œuvre étrangère pour combler le manque d'hommes d'un pays qui, dès la première moitié du XIXe siècle, avait été le premier à réaliser sa transition démographique. De fait, après l'embauche initiale de Britanniques, les clubs français commencèrent dans les années 1920 et 1930 à importer des footballeurs de l'Europe danubienne, productrice de talents que les difficultés économiques et politiques rencontrées par la Hongrie et l'Autriche forçaient à monnayer leur talent à l'étranger. Durant les années 1930, les équipes françaises comptèrent, selon les saisons, de 20 à 35 % de footballeurs étrangers majoritairement originaires de l'Europe centrale puis de l'Amérique du Sud[100]. Cette présence témoignait directement de la nécessité d'importer des travailleurs qualifiés qui manquaient à l'économie du football et de manière plus indirecte de compenser la terrible saignée de la Grande Guerre qui avait atteint les forces vives de la population. Quoi qu'il en soit, le football français, largement cosmopolite, recourut alors massivement aux naturalisations – celles des Viennois Gusti Jordan ou Rudi Hiden qui renforcèrent tant le Racing Club de Paris que l'équipe de France, pour ne citer que ces deux exemples. En ce sens, les dirigeants des clubs contribuèrent au large flot de naturalisations, d'origines et de motivations diverses, qui marquèrent l'entre-deux-guerres[101]. Avec l'incorporation du « Marocain » Larbi Ben Barek en 1938 ou celle de Raoul Diagne, fils du député du Sénégal, sept ans plus tôt, l'équipe et le championnat de France présentaient un visage affirmé de cosmopolitisme, en puisant dans le vivier des colonies. Elles incarnaient sur les terrains de football « la mosaïque France[102] », terre d'accueil dans une Europe déchirée par le nationalisme et la xénophobie, nation élective pour ceux qui n'avaient pas eu l'heur d'y être nés.

Il serait cependant excessif de considérer le football comme une véritable machine à intégrer. Raymond

Kopaszewski, alias Kopa, dut renoncer à une première sélection en équipe de France junior en avril 1948 parce que « étant d'origine polonaise » il ne pouvait « obtenir la nationalité française qu'à vingt et un ans, âge de [sa] majorité[103] ». Ses premières recherches d'emploi de surface avaient d'ailleurs buté sur son patronyme slave, ce qui lui fit conclure : « Je comprends qu'il n'y a plus d'espoir. Que le sort d'un Polonais est lié à la mine[104]. »

La légende sportive de Kopa se construisit cependant beaucoup plus autour du thème du « petit galibot » qui avait échappé à la mine grâce à ses talents de footballeur que sur celui du fils de Polonais devenu français. Il était « un exemple et un modèle pour une société dont l'idéologie est fondée sur le culte de l'effort et du travail comme conditions de la réussite[105] ». Aux yeux du mensuel communiste illustré *Regards*, Kopa restait ce « petit gars » du bassin houiller pour qui le football « était [la] seule distraction après une semaine dans les galeries de la mine[106] ». Il représentait ce « prototype de l'homme nouveau, haute figure du prolétariat », « symbole des stigmates de la condition ouvrière[107] » qu'incarnait le mineur dans la littérature communiste. Kopa perdit lui-même les deux dernières phalanges de l'index gauche dans un accident du travail. Mais sa fuite vers une carrière internationale, une reconnaissance sociale et une réussite matérielle inespérées peut aussi s'interpréter comme la capacité d'adaptation d'une génération ouvrière confrontée tant à la dégradation des conditions de travail à la mine qu'à l'irruption de la société de consommation. Kopa ne reviendra d'ailleurs pas vivre à Nœux-les-Mines ; il s'installera dans la douceur angevine où, une fois sa carrière terminée, il continuera sa carrière d'entrepreneur.

Si le football professionnel et l'équipe de France ont, jusqu'à aujourd'hui, illustré la France comme terre d'immigration, ce fut d'abord parce que le ballon rond restait le sport populaire par excellence et que les immigrés, au sein du prolétariat industriel, avaient pris la place des enfants des ouvriers français partis se fondre dans les classes moyennes. Après l'affirmation de l'équipe de 1958 et de ses enfants de Polonais et d'Italiens, le premier sacre international fut obtenu en 1984 par une équipe multiculturelle menée par Michel Platini. Alors au faîte de son art, le petit-fils d'immigrants piémontais compta pour beaucoup dans la victoire au championnat d'Europe 1984 organisé dans l'Hexagone. Meilleur buteur de la compétition, Platini marqua des points décisifs, notamment en demi-finale où dans le Stade Vélodrome de Marseille, à la fin des prolongations, il signa, sur une passe en retrait de Jean Tigana, le troisième but synonyme de victoire sur le Portugal. De même, il marqua le premier but de la finale (57e minute de jeu), grâce à la complicité involontaire du gardien de but espagnol Luis Arconada qui relâcha derrière sa ligne de but un de ses fameux coups francs. Après un second but sur contre de l'ailier gauche de Monaco Bruno Bellone (score final 2-0), Platini pouvait soulever sous les yeux de François Mitterrand la coupe Henri-Delaunay.

Faut-il alors considérer l'Euro 1984 comme une victoire de l'intégration, alors même que les banlieues commençaient à s'embraser ? Entre titulaires et remplaçants, on dénombrait en tout cas 4 joueurs de souche italienne (Battiston, Bellone, Genghini, Platini), 3 de souche espagnole (Amoros, Fernandez, Giresse) ainsi qu'un joueur d'origine africaine (Tigana), leurs coéquipiers portant en revanche des patronymes fleurant bon les provinces de France (Domergue, Lacombe ou Le Roux). Mais il serait faux de comparer le parcours d'un Platini à celui d'un Tigana, bien qu'ils fussent complémentaires, formant avec leurs partenaires du milieu de terrain Fernandez et Giresse un carré magique incarnant le « football-champagne ». De fait, si « l'histoire des Platini est classique » et s'insère dans celle de l'immigration italienne dans le bassin de Lorraine, la famille s'était rapidement affranchie de la condition ouvrière. Le grand-père maçon, Francesco, avait réussi à acheter un café à Jœuf et son père Aldo devint professeur de mathématiques dans le Centre d'enseignement technique de Wendel-Sidelor. Vivant à l'aube de sa carrière « avec ses parents dans une villa moderne et simple, à Saint-Max, dans la banlieue nancéienne[108] », Platini était donc d'abord un enfant des classes moyennes françaises, bien qu'il soit culturellement resté au contact de l'entre-soi de la communauté italienne de Jœuf[109]. Après son transfert de l'AS Saint-Étienne à la Juventus de Turin en 1982, considéré comme un Français, il fut conspué comme tel par les nombreux *tifosi* ennemis de la Juventus. On l'appela toujours « Michel » et non « Michele » et il s'exprima toujours dans un italien mâtiné d'un accent français prononcé.

Tout autre fut le parcours de Jean Amadou Tigana né à Bamako en 1955. Comme le rappelaient Stéphane Beaud et Gérard Noiriel, « l'enfant du Mali » eut à subir « les mêmes affronts » que Kopa « une génération plus tard[110] ». Traité de « sale petit nègre ou d'arabe pourri », il dut comme Luis Fernandez, né à Tarifa en Espagne et élevé dans le quartier des Minguettes à Vénissieux, essuyer sur les terrains de football, et en dehors, la xénophobie et le racisme ordinaires de la société française qu'avaient eu à subir avant eux Larbi Ben Barek et Salif Keita. Le constat vaut aussi pour Robert Abdesselam, le tennisman de la banlieue chic d'Alger, fils de notable kabyle et d'une mère catholique, élève de Sciences Po et de la faculté de droit de Paris, qui « jusqu'aux premières années de la Libération [...] s'était vu affubler du plus détestable des surnoms : "Bicot"[111] ». Le revers bien trouble de la légende intégratrice du sport.

On peut donc dire qu'en matière d'immigration, le football français fit de nécessité vertu. Disposant d'un vivier de jeunes aspirant à sortir de leur condition et à embrasser un métier qui devint à partir des années 1950 un véritable tremplin social, il retint au bout d'un processus difficile et particulièrement sélectif une poignée de jeunes talents, enfants d'immigrés, dont il faut excepter les fils d'Algériens désireux d'effectuer leur service militaire dans leur pays d'origine et de porter les couleurs vert et blanc. La logique de l'excellence sportive l'emporta donc clairement sur le souci de l'intégration. Toutefois, des clubs communautaires s'étaient multipliés, qu'il s'agisse des sokols polonais du Pas-de-Calais au début du XXe siècle, des clubs de cyclisme et de football italiens dans le bassin de Briey, des clubs juifs et arméniens dans l'entre-deux-guerres, ou des associations sportives portugaises, antillaises et maghrébines pendant les Trente Glorieuses. Et ce football communautaire ne fut pas seulement un lieu où l'on cultivait l'entre-soi. Malgré des confrontations parfois musclées nourries par le désir de prendre sa revanche sur un terrain où le capital culturel, économique et linguistique ne comptait guère, ce « football associatif fut également une passerelle d'échange avec la société française[112] ».

S'il convient donc de nuancer avant la France black-blanc-beur de 1998 la relation immigration-football en France, on peut finalement s'interroger sur la réalité de l'acculturation du football en France. Trois ans après la déconvenue bulgare du 17 novembre 1993, un observateur britannique écrivait encore que le football français était « une religion sans foi, convenant à des agnostiques[113] ». Une adhésion de raison, sinon du bout des lèvres. Telle était du moins l'explication que retenaient les dirigeants français pour expliquer la crise du football hexagonal au début des années 1970.

Le football : un corps étranger ?

Bien qu'au début des années 1970 la FFF fût, en termes de licenciés, la quatrième association nationale de la zone UEFA après l'Allemagne, l'URSS et l'Angleterre, le nouveau président de la FFF, Fernand Sastre, invoquait un « indice de rayonnement » (soit « le quotient du nombre de licenciés par le nombre de milliers d'habitants ») défavorable à l'Hexagone. L'indice français (17 ‰) se serait alors situé en dessous de la moyenne européenne (20 ‰), largement devancé par les deux nations phares du football européen de la première moitié des années 1970 : les Pays-Bas (67 ‰) et la RFA (46 ‰)[114]. Selon Philippe Séguin, les dirigeants de la FFF et du Groupement des clubs autorisés tenaient alors « l'indice de rayonnement » pour un handicap structurel indépassable. Si l'on pouvait espérer une rationalisation de ses modes de gestion, « le football français était à sa place dans la hiérarchie européenne ». Cette position, au fond, ne faisait que refléter un « indice de rayonnement tout simplement moyen qui lui-même [était] à rattacher à une constatation d'évidence : la France est un pays moyennement sportif[115] ».

Ce constat engendrait une première conséquence : les spectateurs désertaient les stades. En 1950, un match de première division attirait en moyenne 11 403 spectateurs ; dix ans plus tard, il ne réunissait que 8 244 personnes et seulement 6 555 en 1968. En deuxième division, la moyenne passa d'environ 5 000 en 1959 pour descendre à 1 803 en 1969[116]. Si l'aventure des Verts et le renouveau de l'équipe de France permirent de revenir dans les années 1980 au niveau des années 1950 pour atteindre une moyenne de 13 252 spectateurs par match pendant la saison 1995-1996, ces chiffres plaçaient la France loin derrière l'Italie (29 852), l'Allemagne (29 383), l'Angleterre (27 745) et l'Espagne (27 218)[117]. L'effondrement des années 1960 et la faiblesse relative des années 1980-1990 avaient deux manifestations connexes : le rapport problématique de la capitale avec le football et le développement du football professionnel « des champs », en d'autres termes de la France rurale et de la France de l'Ouest.

Il n'est pas fortuit que dans un État et une nation progressivement forgés par le centralisme royal puis jacobin, où le poids démographique de la région parisienne s'accrut pendant les Trente Glorieuses au point d'atteindre presque 20 % de la population totale du pays, le football professionnel ait sombré à Paris dans les années 1960. Faute de ressources financières et de spectateurs, le Racing Club de Paris abandonna en effet son statut professionnel pendant la saison 1965-1966 et disparut pour de longues années de l'élite du football. Un autre club aux origines glorieuses, le Stade français, déclara forfait en plein championnat de deuxième division en 1968. Seuls le Red Star et le Paris Football Club continuèrent à exister, oscillant entre première et seconde divisions, sans attirer les foules.

Les transformations spatiales du Paris intra-muros pendant les Trente Glorieuses avaient, il est vrai, porté un coup au caractère populaire et ouvrier d'une partie de la capitale[118], que redoublèrent les effets de la décentralisation industrielle. Les Parisiens devenaient une population de cols blancs, moins encline à aller soutenir une équipe de football qu'à assister à une rencontre de rugby. Elle se comportait, en outre, comme un groupe de consommateurs exigeant quant à la qualité du spectacle plus que comme une communauté de supporteurs fidèles à son équipe. La reconstruction du Parc des Princes où évoluèrent le Paris FC et le Paris-Saint-Germain dès les années 1970 constitue à ce titre un symbole exemplaire : le stade se situe sur la bordure ouest de Paris, à la limite du XVIe arrondissement et de la partie « bourgeoise » de Boulogne-Billancourt, loin des périphéries ouvrières du Nord et de l'Est parisien. D'autres éléments pourraient expliquer les difficultés du football professionnel à Paris, la double identité provinciale et parisienne revendiquée par une grande partie des déracinés que compte la population de la capitale ou la place particulière du « show sportif » dans l'industrie du spectacle par exemple. Les spectateurs parisiens ont longtemps privilégié la qualité du spectacle, le statut des protagonistes à la défense d'une identité parisienne. Ainsi, lorsque le Paris-Saint-Germain recevait l'AS Saint-Étienne à la grande époque des Verts, le Parc des Princes avait les yeux de Chimène pour Rocheteau et les siens. Un constat ne s'en impose pas moins : la place mineure alors occupée par le ballon rond dans la culture parisienne détermina pour partie sa position relativement marginale dans une culture nationale largement construite sur un modèle centralisateur.

Les places fortes du football français peuvent dès lors être considérées comme des isolats culturels où le succès relatif du football s'explique par les conditions locales de son enracinement. Certes, après la Seconde Guerre mondiale, le football d'élite conquit des positions à l'ouest de la ligne Le Havre-Marseille, à Angers, Rennes et Nantes, dans ou à la périphérie de l'aire bretonne. Il se développa au sein même de la zone de prédilection du rugby à Toulouse et, de manière plus pérenne, à Bordeaux – qui remporta dès 1950 un premier titre de champion de France[119]. Si en comptant le championnat de deuxième division des « interstices » étaient comblés entre les « trois pôles originels » de la France de l'Est (Paris, le département du Nord et le littoral méditerranéen jusqu'à Sète)[120], le football n'en demeura pas moins un spectacle propre à la France la plus urbanisée. C'est la tradition de port et de ville d'immigration qui, à Marseille, avait tôt fait du Stade Vélodrome un creuset d'intégration des populations italienne, espagnole, corse et pour finir africaine ; c'est encore la culture ouvrière à Lens comme à Saint-Étienne qui, dans des espaces urbains déstructurés, impose l'enceinte sportive comme l'un des rares lieux de sociabilité et de partage alors que les cultures communiste et syndicale commencent à s'effondrer.

Surtout, les raisons de la réussite du football ne sont pas à rechercher dans une problématique nationale, à la différence de l'Italie. Dans la péninsule, le rapport à l'autre, qu'il s'agisse d'une frange de la population d'une ville considérée comme potentiellement antagoniste ou des autres cités, a constitué un puissant vecteur de développement. Ce constat vaut également pour les spécificités locales qui font que la passion pour le football se distingue de la moyenne nationale et peut être partiellement rapportée à celle qui caractérise les masses anglaises ou espagnoles.

Le particularisme de ces isolats explique également que de modestes villes accèdent à l'élite, grâce à l'action de fortes personnalités soutenues par des municipalités volontaristes telles Auxerre[121] ou Guingamp[122]. La montée en puissance du football corse au début des années 1970 pourrait en revanche constituer une exception « italienne » dans le paysage français. Après avoir accédé à la deuxième division en 1965, l'AC Ajaccio et le SC Bastia intégrèrent l'élite du football professionnel respectivement en 1967 et 1968. Bastia atteignit même la finale de la Coupe de France en 1972 et celle de l'UEFA en 1978. L'un des ressorts de la passion du « peuple corse » pour le football se situerait alors dans le basculement d'une identité sportive insulaire sombrant dans le « victimisme », faute de se voir intégrée dans la nation française, et cultivant de ce fait un nationalisme ombrageux. Alors que les autorités du football français avaient longtemps rechigné à laisser entrer les clubs corses dans les compétitions nationales, cette intégration s'était révélée fort décevante. Très rapidement en effet, la presse nationale et continentale stigmatisa les particularismes des footballeurs et supporters corses à l'occasion d'« affaires » ou d'incidents ayant émaillé les rencontres Lens-Bastia en mai 1972 ou Bastia-Nice en avril 1976. Dès lors, au sentiment d'intégration dans la communauté sportive nationale se serait substituée une sensibilité exacerbée de l'opinion insulaire, excédée de voir systématiquement assimiler les « peccadilles » des spectateurs les plus passionnés du stade de Furiani à la manifestation d'une culture étrangère aux usages traditionnels du football français[123].

Par-delà le cas d'espèce que représentent la Corse et son football, il est tentant de considérer que le système français, combinant la métropolisation du football à un relatif essaimage du football de haut niveau dans la France rurale, signe le relatif désintérêt que les Français éprouvent pour ce sport. Dans les grandes villes, en particulier à Paris, la passion n'a jamais été assez forte pour pérenniser l'existence de deux clubs professionnels, à l'inverse de Barcelone, Madrid, Milan, Turin, Manchester ou Munich. Dans les campagnes, c'est bien la faiblesse du football des grands centres urbains qui facilite l'émergence de clubs. Grâce à des recrutements avisés et à une active politique de formation, certains sont parvenus au sommet, Auxerre réalisant par exemple le doublé coupe-championnat trois ans après avoir atteint en 1993 les demi-finales de la Coupe de l'UEFA. Ces éclatantes réussites ne doivent pas voiler une réalité moins amène : dans les « grands pays » de football, les bastions du ballon rond sont d'abord les grandes villes et notamment, dans le cas anglais, la capitale. De même, si le supportérisme a embrassé avec l'AS Saint-Étienne le carnavalesque, avec l'OM la culture ultra italienne, certains supporters du PSG adoptant pour leur part le hooliganisme, ces pratiques n'ont rien d'original. Elles empruntent jusqu'à leurs chants à des pays où le football s'inscrit plus fortement qu'en France dans la culture masculine. Si des hommes politiques, des artistes, des écrivains ont pu depuis l'entre-deux-guerres professer leur foi pour tel ou tel club en Angleterre, en Espagne ou en Italie, ce phénomène d'identification épargne largement la France. Sauf, peut-être, depuis une quinzaine d'années.

La victoire des Bleus au Mondial 1998 a sans doute joué un rôle important dans ce retournement du regard sur le football. Mais c'est surtout l'émergence de la télévision comme acteur essentiel dans l'économie et le spectacle du football qui a contribué, depuis la diffusion par Canal + du premier match de championnat de première division en novembre 1984, à modifier la donne. La prise en main du Paris-Saint-Germain par la chaîne cryptée (1991) a largement contribué à fabriquer des identités partiellement inventées dans un pays à tradition jacobine. Les confrontations entre le Paris-Saint-Germain et l'Olympique de Marseille, que certains journalistes surnomment *el clásico* par référence aux duels Real Madrid-FC Barcelone, ont suivi une logique autant sportive qu'économique destinée à donner un peu de couleur au produit d'appel de la télévision à péage, également devenu progressivement celui du quotidien *L'Équipe*. De même, la « divine surprise » de 1998 et ses suites ont attiré vers le football la sympathie d'un nouveau public de téléspectatrices rompant partiellement le caractère intrinsèquement masculin de la culture football. Le football français est alors entré – à ses risques et périls – dans l'ère de la mondialisation.

10

Le football contemporain

Jusque dans les années 1960-1970, le cadre sportif, économique et médiatique du football évolua peu. Mais l'irruption de la télévision et l'insertion du sport-roi dans les produits de la société de consommation provoquèrent une mue profonde dans le *people's game*. Le football devint le spectacle que nous suivons au travers des multiples médias qui, le faisant sortir du stade, le transportent sur les écrans de centaines de millions de sportifs en chambre. Le pouvoir économique de la télévision s'est également insinué dans les choix et les instances du pouvoir sportif. L'association entre le *calcio* et la télévision est même entrée dans le cocktail politique que Silvio Berlusconi élabora dans la première moitié des années 1990.

Un football où la place assignée à chacun a aussi changé. Désormais, les spectateurs – supporters, ultras ou même hooligans – participent du spectacle « total » du sport, réclamant même un droit de regard sur la gouvernance de leurs clubs favoris. Cet engagement partisan signe aussi une quête d'identité dans des sociétés où les repères religieux, politiques et familiaux s'érodent. Mais depuis les années 1970, les éléments les plus radicaux ont aussi inauguré la saison meurtrière d'une violence sportive qui ne marque plus seulement l'indignation ou la révolte : elle devient une fin en soi que l'on poursuit dans et en dehors du stade.

La naissance du football cathodique

L'irruption des caméras de télévision dans les enceintes sportives a joué un rôle décisif dans l'avènement d'une nouvelle ère du football. Elle a en effet permis de toucher des catégories de population – femmes, enfants, personnes âgées – qui fréquentaient peu les enceintes sportives. Elle a tout autant transcendé les classes sociales puisque l'on pouvait désormais apprécier ce divertissement populaire sans côtoyer un public plébéien, tout en adoptant en privé ses usages. Dans son roman *Moi, Franco* (1994), l'écrivain barcelonais Manuel Vázquez Montalbán fait avouer au *Caudillo* son goût pour un football apprécié non de la tribune présidentielle du stade Santiago-Bernabéu mais depuis le palais du Pardo : « Malgré les attentions, explique ce Franco de fiction, dont je suis comblé dans mes déplacements, je préfère regarder le football à la maison, à la télévision : je peux commenter la partie plus librement, je n'ai pas à surveiller mes paroles et mes gestes comme dans une tribune, avec tous les yeux fixés sur moi[1]. » Par la grâce du petit écran, le rituel collectif du football devint aussi un spectacle privé que l'on pouvait goûter à l'abri du regard d'autrui.

Deux réalités coexistent donc : celle du spectacle sportif apprécié de visu par les dizaines de milliers de spectateurs amassés dans les gradins ; celle qui rassemble des millions de téléspectateurs. Il n'est pas sûr que la première permette de saisir la réalité du « drame » qui se joue sur le terrain. Ainsi, les spectateurs du Stade de France ne purent voir la « main » de Thierry Henry lors du fameux match de barrage disputé contre l'équipe de la république d'Irlande le 18 novembre 2009, quand les millions de Français et d'Irlandais constataient, grâce au ralenti, l'irrégularité du but marqué finalement par William Gallas. Dans le même temps, la réalité de la télévision reste partielle et virtuelle, malgré les progrès de la réalisation qu'inspirent les techniques de retransmission des sports américains. Si les caméras saisissent au ralenti les détails qui échappent au regard du spectateur, elles écrasent l'image du sport et ne peuvent rendre la vitesse d'exécution des footballeurs. Elles filment de surcroît la zone immédiate de l'action, les duels entre attaquants et défenseurs, mais l'affrontement tactique comme la répartition des joueurs sur le terrain leur échappent presque totalement.

Pourtant, la télévision est devenue l'élément central du système. Elle a transformé la logique économique du jeu et modelé ses formes d'instrumentalisation politique. Elle a finalement érigé le football au rang de « spectacle total » dans lequel spectateurs et joueurs composent un théâtre dont l'emplacement des caméras et les choix du réalisateur fixent les rôles.

Deux étapes scandèrent l'accouchement du football cathodique. La première se situe entre la fin des années 1930 et la Coupe du monde 1982. Après de timides fiançailles, le mariage fut consacré lors de la Coupe du monde 1966. Grâce à cette union, la compétition inventée par Henri Delaunay et Jules Rimet acquit une dimension véritablement mondiale et résolument satellitaire. Mais les clubs et les ligues professionnelles se défièrent longtemps d'une technologie qu'ils ne maîtrisaient pas et dont ils pensaient, en outre, qu'elle risquait de vider les stades. La seconde étape courut jusqu'au milieu des années 1990. Désormais, les dirigeants de clubs, dissipant leurs réticences initiales, surent monnayer les prestations télévisées de leurs équipes tout en se construisant parfois une destinée autour de l'union de la politique et du ballon rond.

Les premières tentatives de retransmission de sport et de football s'amorcèrent donc dès les années 1930. Les Jeux de Berlin furent ainsi couverts par un système en circuit fermé auquel accédaient de 150 000 à 200 000 téléspectateurs. En pointe dans le domaine télévisé, le Royaume-Uni fut le premier pays à essayer de retransmettre des matchs. Une première expérience fut tentée en septembre 1937 dans le stade d'Highbury à Londres entre les équipes première et réserve d'Arsenal. L'essai se révélant concluant, les matchs Angleterre-Écosse et la finale de la FA Cup opposant Huddersfield Town à Preston North End furent diffusés en avril 1938.

Il fallut toutefois attendre le début des années 1950 pour que le football attire des millions de téléspectateurs. Avec les mariages royaux et les enterrements des grands de ce monde, les matchs de football contribuèrent à populariser la télévision tant au Royaume-Uni que sur le continent. Ainsi, plus de 1 000 récepteurs auraient été achetés la veille du match France-RFA qui, le 2 octobre 1952, scella l'établissement de relations sportives entre les deux États[2]. L'année suivante, les téléspectateurs anglais purent assister à une finale de FA Cup à suspense que marqua la victoire de Blackpool FC sur les Bolton Wanderers (4-3). Emmenée par le vétéran Stanley Matthews, l'équipe représentant la station balnéaire la plus populaire d'Angleterre réussit à l'emporter dans les dernières minutes. Grâce à deux passes décisives sur les trois derniers buts de Blackpool, Matthews put enfin tenir dans ses mains un trophée qui s'était refusé à lui tout au long de sa carrière. Les louanges déferlèrent : le *Times* « mit une touche de patriotisme et fit quelques analogies avec Churchill[3] ». Son journaliste vedette, Geoffrey Green, pontifiait :

« Ce fut alors son heure de gloire […], l'avènement légitime d'une grande carrière[4]. »

Le sacre de Stanley Matthews aurait revêtu moins d'éclat s'il n'avait été télévisé. Alors qu'une seule mi-temps de la finale avait été diffusée en 1951 et aucune en 1952, plus de 10 millions de téléspectateurs suivirent la rencontre, « la plupart en famille et avec des amis et beaucoup sur des postes de télévision achetés spécialement pour le couronnement d'Elizabeth II la même année[5] ». Les images de l'entrée de la reine et du duc d'Édimbourg dans la loge royale de Wembley associèrent définitivement les rencontres sportives, et notamment de football, aux grands événements retransmis par la télévision. Élevant le football à la hauteur du cricket, la finale de 1953 nationalisa plus encore le jeu en lui enlevant une part de sa connotation prolétaire pour lui attribuer une place éminente dans la culture que la BBC promouvait. Les préventions des dirigeants de la League à l'égard des étranges lucarnes n'avaient pas disparu pour autant. Il fallut attendre le 2 octobre 1983 pour qu'un match de championnat de première division anglaise, en l'occurrence Tottenham-Nottingham Forest, soit intégralement retransmis en direct[6]. Ainsi, les progrès du football cathodique se mesurèrent d'abord dans les compétitions internationales.

La télévision apparut pour la première fois lors de la Coupe du monde organisée en 1954 dans la Confédération helvétique. Le Comité d'organisation se montra plus sensible à la question du remplissage des stades qu'aux profits que la FIFA et la fédération suisse pouvaient escompter des retransmissions. Ne seraient filmés que les matchs dont la réservation de tickets aurait bien marché. En raison de la clause de réciprocité, les pays membres de l'Union européenne de radiodiffusion (UER), créée en 1950, n'auraient aucun droit de retransmission à acquitter. Il fut en revanche décidé que les compagnies privées, notamment américaines, devraient acheter le droit de diffuser des rencontres, si elles le souhaitaient[7]. Finalement, seuls sept pays choisirent de diffuser dix rencontres dont les demi-finales et les finales[8], avec des potentiels très inégaux. Alors que l'Angleterre comptait déjà 4 millions de récepteurs, la France n'en possédait que 108 000, l'Italie 40 000, l'Allemagne occidentale 30 000 et le Danemark 1 500[9]. Il n'empêche. Comme le relevait le livre officiel de la Coupe du monde : « La glace est désormais rompue, nous a confié un fabricant de récepteurs de télévision, le public a pris plaisir à ces reportages télévisés et il s'y intéresse de plus en plus. Une enquête effectuée auprès des principales fabriques d'Allemagne, de Hollande, de France, d'Italie et de Suisse a permis de constater que les ventes de télé-récepteurs avaient considérablement augmenté pendant le mois de juin et que les demandes affluent à un rythme réjouissant[10]. »

Cet enthousiasme ne suffit pas à faire tomber les réticences des organisateurs de la Coupe du monde 1958, disputée en Suède. Dix matchs devaient être télédiffusés moyennant 1 500 000 couronnes versées par la Compagnie suédoise de télévision. Mais le Comité d'organisation tenta de souscrire une assurance « pour garantir une somme fixe de recettes[11] » pour les matchs qui seraient retransmis. Quant à la fédération danoise, dont l'équipe n'était pas qualifiée pour la phase finale, elle menaça carrément de ne pas retransmettre les matchs au motif que le « Danemark et la Norvège jou[aient] des matchs inter-nations les 28 et 29 juin 1958 ». Or, ce désistement risquait tout bonnement de « couper la télévision pour le reste de l'Europe, le canal passant par le Danemark[12] » ! Un arrangement fut finalement conclu mais le rapprochement de la Coupe du monde et des écrans s'apparentait encore au mariage de la carpe et du lapin.

Il fallut attendre les années 1960 pour que les dirigeants de la FIFA et les organisateurs des Coupes du monde considèrent la télévision d'un autre œil. La multiplication des postes dans les foyers européens exerça de toute évidence un effet mécanique. Par ailleurs, l'éparpillement des lieux de compétition, désormais disséminés aux quatre coins de la planète, justifiait de toute évidence la retransmission des rencontres. Enfin, l'Anglais Stanley Rous fut élu président de la FIFA. En tant que secrétaire général de la FA, il s'était toujours montré favorable à la télévision : ancien maître d'école, il considérait avec bienveillance son travail de vulgarisation. Les noces entre le ballon rond et le petit écran furent donc consommées lors de la Coupe du monde 1966, organisée pour la première fois dans la mère patrie du football.

Loin de s'affaiblir sous l'effet de la concurrence télévisée, les liens entre le football et la radio s'affermirent en parallèle. Certains *aficionados* voulurent conserver le commentaire emphatique, pittoresque (et parfois fort éloigné de la réalité) des commentaires radiophoniques au point de couper le son de leur téléviseur pendant les retransmissions. Surtout, l'invention du transistor à pile permit de suivre le déroulement des matchs jusque sur les lieux de vacances ou de loisir et dans les... stades. À partir des années 1960, il deviendrait courant de voir en Italie les chefs de famille effectuant la *passeggiata* dominicale avec femme et enfants l'oreille rivée à une petite radio pour suivre la journée de série A dont les matchs commençaient rituellement à 15 heures. Le poste transistor accordait donc aux *tifosi* et autres *fans* le don d'ubiquité qui se révélait gênant lorsque celui-ci était utilisé au sein de l'enceinte sportive. Lors des quarts de finale de la Coupe du monde 1962 disputée au Chili, les supporters chiliens venus assister au quart de finale Yougoslavie-RFA dans le stade de Santiago avaient emporté avec eux leur poste transistor. Ils suivirent avec une attention aiguisée le quart de finale que leur équipe nationale disputait au même moment à Arica face à l'URSS, ce qui, aux yeux du Comité d'organisation de la FIFA, ne fut pas du meilleur effet. Le comportement des spectateurs chiliens « avait créé une atmosphère hautement désagréable, se plaignirent les officiels de la FIFA [...], troublant le déroulement normal du match[13] ». Les manifestations intempestives des Chiliens lorsqu'ils apprenaient que leur équipe marquait agacèrent au plus haut point les étrangers.

Sans contribuer à l'essor du football télévisé, la Coupe du monde 1962 avait pointé un enjeu fondamental du « village global » sportif naissant : l'éloignement de la compétition mondiale de son premier marché, l'Europe. Compte tenu du décalage horaire et des difficultés techniques, les matchs ne furent diffusés qu'en différé sur le Vieux Continent. Les aléas des qualifications rétrécirent également les acheteurs potentiels d'images. En janvier 1962, la Commission d'organisation déplorait que « l'Europe, à la suite de la défaite de la France en Bulgarie, a[it] perdu un pays de plus qui s'intéressait à ce reportage[14] ». D'ailleurs, afin de couvrir les pertes éventuelles provoquées par l'achat des images de la compétition, il fut décidé de coupler les droits TV des éditions 1962-1966. Ainsi, l'UER acquit en même temps (et pour 75 000 dollars) les images en différé du Chili, payant 800 000 dollars pour diffuser en direct les matchs joués en Angleterre.

En 1966, les téléspectateurs en eurent pour leur argent. L'événement planétaire télévisé que constitue aujourd'hui la Coupe du monde est en effet né dans les stades anglais. « Pour la première fois dans l'histoire d'un événement sportif majeur, la télévision apparaissait comme l'une des conditions nécessaires de l'organisation[15]. » La Coupe Jules-Rimet devenait un événement télévisuel en soi comme avaient pu l'être, un an auparavant, les obsèques de Winston Churchill. Plus de 1,6 million de tickets avaient été vendus, notamment à des spectateurs étrangers. Et 2 000 journalistes ou groupes de presse représentant 62 pays se déplacèrent. En outre, Intelsat I, le satellite surnommé Early Bird, pouvait, depuis son lancement en avril 1965, relayer les images de football sur toute la planète. Aussi, « avec une estimation globale de l'audience télévisée et radio de 600 millions d'individus et une recette record de 204 805 livres, la finale entre les hôtes et l'Allemagne de l'Ouest devint le match de football le plus lucratif de tous les temps, regardé par plus de personnes qu'aucun match auparavant[16] ».

La mise en scène avait été mûrement méditée. Les stades accueillant l'épreuve[17] furent non seulement rénovés mais aussi adaptés afin d'installer au mieux les caméras. Dans chaque stade accueillant des matchs, une haute plate-forme avait été aménagée face à la ligne médiane pour supporter deux caméras électroniques couvrant l'ensemble du terrain pour les besoins du direct et six caméras 16 mm destinées aux pays qui diffuseraient les images en différé. Une autre caméra électronique, postée au bord du terrain, filmerait « les principaux faits du match – buts marqués, fautes, blessures, etc. – le plus près possible[18] ». Une quatrième caméra fut enfin réservée à la salle d'interview. La BBC manquant de matériels et d'hommes, elle recourut à ses partenaires de l'UER. Les techniciens de la RAI, la chaîne publique italienne, investirent ainsi le stade de Goodison Park à Liverpool, leurs collègues français de l'ORTF le Roker Park Ground de Sunderland.

Si les caméras étrangères envahissaient le sol anglais, l'équipe nationale sut résister aux assauts des formations sud-américaines et européennes. Coachés par l'ancien manager d'Ipswich Town, Alf Ramsey, les Anglais avaient adopté une tactique plus défensive, convenant aussi mieux à leur jeu direct, le 4-3-3. La colonne vertébrale de l'équipe s'adossait à deux solides remparts : le gardien de but Gordon Banks et l'arrière-central Bobby Moore. Le premier tour, simple tour de chauffe, amena l'équipe anglaise au match nul avec l'Uruguay (0-0) et à une victoire sans grandeur sur le Mexique (2-0) et une équipe de France bien pâlichonne. Les choses sérieuses commencèrent avec le quart de finale contre l'Argentine. À la 35e minute de jeu, le capitaine argentin Antonio Rattín fut expulsé pour avoir injurié en castillan l'arbitre allemand Rudolf Kreitlein. Or celui-ci ne comprenait pas l'espagnol. Il fallut l'intervention de deux *policemen* pour que Rattín sorte du terrain. Finalement, à la 78e minute d'un match heurté, l'attaquant de West Ham United Geoff Hurst marqua l'unique but d'une rencontre qui ne contribua guère à améliorer les relations entre les deux pays. Les Sud-Américains considérèrent l'arbitrage comme l'œuvre d'une conspiration européenne, Alf Ramsey répliquant, à la fin de la rencontre, que les Argentins s'étaient comportés comme des « animaux ». Alors que le match de demi-finale contre le Portugal d'Eusebio devait se tenir à Goodison Park, il fut finalement programmé à Wembley, le fief de l'équipe d'Angleterre, ce qui conforta la théorie du complot. Fatigué par un quart de finale à rallonge joué contre la surprenante équipe nord-coréenne, au cours duquel ils avaient dû remonter un retard initial de trois buts pour l'emporter finalement 5-3, les Portugais s'inclinèrent 2-1. La grande finale s'ouvrait à l'équipe d'Angleterre ainsi que la perspective d'un match à forte coloration historique puisque, moins de vingt ans après la fin de la Seconde Guerre mondiale, les Anglais affrontaient la RFA. Au total, la couverture télévisée en noir et blanc, l'attention exceptionnelle que des populations européennes prospères accordaient à l'événement consacrèrent la Coupe du monde comme un véritable rendez-vous mondial. Bien entendu, la presse anglaise se montra prodigue en commentaires nationalistes, stigmatisant l'appétence des Allemands pour le *Kriegspiel*, qu'il fût réel ou simulé. Le jour J, le *Daily Mail* prévenait : « Si l'Allemagne nous bat cet après-midi à notre jeu national, nous pouvons toujours lui signaler que nous l'avons récemment battue deux fois à son propre jeu[19]. »

Le match tint toutes ses promesses. Comme dans la bataille d'Angleterre ou dans la guerre du désert, les adversaires rendirent coup pour coup. Après avoir ouvert le score dès la 12e minute par Helmut Haller qui récupéra une balle mal renvoyée par la défense anglaise et trompa Banks d'un tir croisé, les Allemands furent rejoints six minutes plus tard sur un superbe but de la tête de Geoff Hurst. En prenant l'avantage à la 78e minute grâce à Martin Peters (qui reprit un tir contré de Hurst), les Anglais crurent avoir achevé le travail, mais une minute avant la fin de la rencontre Wolfgang Weber ramenait son équipe dans le match au terme d'une véritable guerre de tranchées devant le but anglais. Il fallut donc jouer les prolongations. À la 101e minute de jeu, Hurst, dans la surface de réparation germanique, recevait un centre à ras de terre de la droite et plaçait un tir sec sous la barre transversale du gardien allemand Tilkowski. En redescendant, la balle avait-elle franchi complètement la ligne de but ? Cette énigme n'a jamais été éclaircie. En tout cas, pour le juge de ligne soviétique Tofik Bakhramov, il y avait but. L'arbitre central, le Suisse allemand Gottfried Dienst, valida donc la réalisation. Les chaînes de télévision allemandes eurent beau repasser à l'envi l'action, soupçonnant la main d'un KGB désireux d'abaisser la gloire du sport ouest-allemand alors que la séparation sportive entre les deux Allemagnes venait d'être consommée, nul argument pour ou contre la validation ne put être trouvé. Dans son autobiographie, Geoff Hurst l'avoue : « Était-ce un but ? La balle avait-elle franchi la ligne ? Deux de ces questions m'ont hanté pendant une grande partie de ma vie d'adulte. Ce sont les questions que l'on m'a posées le plus souvent – et je n'en connais pas les réponses. Je pense ne jamais les connaître[20]. » En tout cas, le but était accordé et, face aux Allemands, Hurst, toujours lui, décochait à la 120ᵉ minute un tir magnifique du pied gauche qui alla se ficher dans la lucarne allemande. L'Angleterre l'avait emporté par 4 buts à 2 au terme d'une des plus belles finales de la compétition. Le capitaine anglais Bobby Moore, après s'être essuyé les mains sur un maillot trempé de sueur et presque de sang, pour reprendre un accent churchillien alors en vogue dans la presse londonienne, s'inclina ensuite respectueusement devant la reine Elizabeth II pour recevoir de ses mains le trophée.

Toutefois, les autres peuples britanniques avaient suivi le parcours de l'Angleterre avec indifférence. Denis Law, l'attaquant écossais de Manchester United, choisit même de jouer au golf l'après-midi de la finale, affirmant ultérieurement que l'Angleterre n'avait gagné que parce qu'elle jouait à domicile et sans avoir eu besoin de se qualifier pour la phase finale[21]. Mais si la *Britishness* ne sortit pas victorieuse du tournoi, la compétition avait largement popularisé le football (télévisé), auprès du public féminin notamment. Peter Dimmock, le célèbre commentateur de la BBC, s'extasiait : « Les femmes commencent à comprendre que le football, ce n'est pas seulement 22 types qui tapent dans un ballon, mais que cela demande beaucoup d'adresse. À Wembley ce mardi, une femme devant moi, croyant que l'un de nos joueurs allait faire une passe trop rapide, hurlait "Garde-le ! garde-le !". Elle m'avoua plus tard qu'elle n'avait jamais assisté à un match de foot auparavant. Elle avait tout appris à la télé[22]. »

Des modifications des lois du jeu avaient contribué à rendre le football plus compréhensible et plus attractif. Depuis l'édition 1950, les joueurs disputant la Coupe Jules-Rimet portaient un numéro cousu puis floqué sur le dos de leur maillot qui facilitait leur identification d'autant que la question du remplacement évolua de manière notoire à la fin des années 1950. Les fédérations sud-américaine et nord-américaine pressaient l'International Board et la FIFA de transiger sur l'interdiction du remplacement et d'en finir avec des rencontres s'achevant à 10 contre 11 et avec les joueurs blessés jouant les utilités sur les ailes. Finalement, en 1958, étaient autorisés le remplacement du gardien pendant toute la partie et celui d'un joueur jusqu'à la fin de la première mi-temps à la condition que tous deux aient été blessés[23]. Puis en 1965, on put choisir deux remplaçants parmi cinq joueurs attendant sur le bord du terrain pour effectuer deux remplacements sans que ceux-ci aient à être justifiés auprès de l'arbitre. C'était élargir la dramaturgie du match au banc de touche et à ceux qui y étaient relégués et espéraient en sortir. Les caméras de télévision sauraient saisir le psychodrame qui s'y jouait. Par ailleurs, à la suite du match Angleterre-Argentine, l'arbitre anglais Ken Aston réfléchit au moyen de signifier clairement et sans avoir à utiliser un idiome étranger l'avertissement ou l'expulsion d'un joueur. Quelques années plus tard, à l'arrêt devant un feu tricolore, il eut l'idée de deux cartons de couleurs jaune et rouge pour signifier ces décisions. Les *yellow* et *red cards* furent utilisées dès le tournoi de football des Jeux de Mexico (1968) et de la Coupe du monde elle aussi mexicaine

(1970). Ce qui tombait à pic puisque ces deux compétitions étaient retransmises en couleur !

Le Premier ministre Harold Wilson avait quant à lui beaucoup appris de la compétition. Si la BBC rejeta sa proposition de commentaire à la mi-temps du match, le chef du parti travailliste parvint à se glisser parmi les vainqueurs au balcon du Royal Garden Hotel puis au banquet final[24]. Il ne fut pas le dernier dirigeant à célébrer les noces du football, de la télévision et de la politique.

Du Mexique au Mexique

Dans l'immédiat, la Coupe du monde 1966 avait scellé un pacte faustien avec la télévision dont les premiers effets se firent sentir lors de la Coupe du monde mexicaine en 1970. Dès le mois de juin 1967, l'Union européenne de radiotélévision (UER) et l'Organisation internationale de radiodiffusion et de télévision (OIRT) qui se réservaient la diffusion des images télévisées en Europe se répartirent les tâches. La première s'attribua l'Ouest du continent, la seconde s'empara de l'Est, les deux précisant que « les matchs qui se disputer[aient] à 20 heures, heure mexicaine (4 heures, temps de l'Europe centrale) ne [pouvaient] intéresser l'Europe pour une transmission en direct. Dans ces conditions, la FIFA ne [pouvait] s'attendre à ce que l'UER lui paie "des droits pour temps de transmission en direct"[25] ». De plus, au cas où deux matchs de quart de finale se dérouleraient le même jour et à la même heure, l'UER prétendait ne pouvoir en diffuser qu'un seul. En effet, alors que les foyers européens commençaient à s'équiper de télévisions couleur, il devenait certain que la Coupe du monde mexicaine abandonnerait le noir et blanc. Or, la « télévision en couleur nécessit[ait] une bande plus large et occup[ait] toute la place disponible sur le satellite[26] ».

L'embouteillage guettait. Mais à tout problème sa solution, d'autant que Guillermo Cañedo, président de la fédération mexicaine et vice-président de la FIFA depuis 1962, comptait aussi parmi les dirigeants de Telesistema, le premier réseau de télévision privée du Mexique fondé en 1955 par la famille Azcárraga. En février 1968, il fut donc décidé que le coup d'envoi des rencontres disputées le dimanche, soit les quarts de finale et la finale, serait donné à midi, sous un soleil brûlant. Les téléspectateurs européens pourraient ainsi goûter le récital de Pelé et de ses amis en fin d'après-midi. À la requête des chaînes de télévision s'étaient joints des patrons de presse, représentés par Jacques Ferran de *L'Équipe* et *France Football*, désireux de pouvoir boucler dans la soirée l'édition qu'ils consacreraient aux grands matchs de la Coupe[27].

La télévision était donc devenue un acteur incontournable des Coupes du monde, amorçant une inflation des droits télévisés dont l'édition ouest-allemande de 1974 posa le premier jalon. Les taux d'équipement des foyers européens en matière de télévision étaient excellents et certaines familles achetaient un second récepteur. Par ailleurs, les Jeux olympiques (également organisés en RFA en 1972) comme la Coupe du monde devinrent des périodes commerciales stratégiques pour les fabricants de postes de télé. Enfin, la compétition ne souffrait d'aucun problème de décalage horaire, en particulier pour les matchs organisés le soir. La télévision couleur obligea seulement à investir dans un éclairage suffisamment puissant pour assurer une bonne prise de vue. Aussi, l'UER et l'Organización de Televisión Iberoamericana (OTI), un organisme fondé en 1971 par… Guillermo Cañedo en personne dans le but de renforcer la coopération entre les chaînes de télévision nord-américaines, latino-américaines et européennes, et les chaînes allemandes ARD et ZDF négocièrent un contrat de 15 millions de marks avec le Comité d'organisation pour la retransmission des matchs[28]. Un an plus tard, les membres du Comité d'organisation se félicitaient encore de cette affaire juteuse, comme le prouve la résolution adoptée lors d'une séance dudit comité en 1972 : « Se référant au contrat de télévision, la Commission accepte que les sommes y relatives [sic] soient publiées, ce qui est une bonne publicité pour la FIFA et les organisateurs[29]. »

Les lourds investissements consentis pour l'organisation de la Coupe du monde 1978 par la junte militaire argentine avaient concerné, on l'a vu, la rénovation du réseau de télévision, condition *sine qua non* pour organiser l'épreuve. Alors que 400 millions de personnes avaient regardé la finale de la Coupe du monde 1966, 1,5 milliard de téléspectateurs suivirent les matchs en 1978 puis 1,8 milliard en 1982[30] soit presque 41 % de la population mondiale. En termes de développement du jeu mais aussi de recettes publicitaires et télévisuelles, l'enjeu était de taille. Dans l'alternance Europe-Amérique du Sud, la Colombie avait été choisie pour organiser l'édition 1986. Mais la guerre civile qui déchirait le pays au début des années 1980 et un « cahier des charges draconien en matière de communication et de transport[31] » obligèrent la fédération colombienne à jeter l'éponge en 1982. S'ensuivit une compétition entre les fédérations brésilienne et mexicaine d'une part et la fédération américaine de l'autre, que soutenaient un comité d'une dizaine de firmes multinationale et Henry Kissinger, passionné de football en raison de ses origines juives allemandes. Un conflit l'opposant à son compatriote Giulite Coutinho, président de l'association brésilienne, le président de la FIFA, João Havelange, s'opposa à la candidature de son pays, ce qui, soit dit en passant, arrangeait le puissant groupe de communication Rede Globo. « Avec un Mundial brésilien, Rede Globo [aurait dû] composer avec les multiples chaînes locales pour la retransmission des matchs. Un Mundial hors des frontières lui permettrait en revanche d'obtenir une exclusivité des droits, source de retombées publicitaires lucratives[32]. » Restaient donc les candidatures américaine et mexicaine. Alors que l'ex-secrétaire d'État de Richard Nixon faisait miroiter un pactole de 500 millions de dollars si son pays était retenu et rappelait que le Mexique avait déjà été choisi en 1970, les *gringos* perdirent – contre toute attente. La candidature mexicaine était portée par l'omniprésent Cañedo, proche de João Havelange depuis que ce dernier avait été élu président de la FIFA. Telesistema, devenue Televisa depuis sa fusion avec Tim, une autre compagnie de télévision mexicaine en 1972, prit l'affaire en charge et mit en ondes la première Coupe du monde entièrement privée de l'Histoire.

Le moment Berlusconi

En 1986, les clubs et les ligues de football avaient modifié leur attitude à l'égard de la télévision. En Europe, l'Espagne et l'Italie s'étaient montrées précurseurs en la matière, le pays de Franco n'étant sans doute pas exempt de préoccupations politiques.

En 1960, le niveau technologique de Televisión Española (TVE), la chaîne de télévision nationale tout juste créée quatre ans plus tôt, ne lui permettait de retransmettre que la finale de la Coupe du Généralissime et les grands matchs européens disputés par le Real Madrid. Au mois de mars, la rencontre de Coupe d'Europe Real Madrid-Nice suscita la première retransmission de TVE pour l'Europe à travers l'Eurovision. En mars, la première finale de Coupe intercontinentale opposant le Real Madrid au Peñarol Montevideo fut suivie par 150 millions de téléspectateurs[33]. Cinq ans plus tard, même une obscure rencontre de *Liga* comme Elche-Pontevedra était retransmise, de même que les matchs amicaux de l'équipe nationale ou les premiers tours des Coupes d'Europe. Et en 1970, les caméras de télévision filmaient tous les matchs de championnat[34]. L'organisation de compétitions estivales, qu'il s'agisse des tournois Juan-Gamper (FC Barcelone) et Santiago-Bernabéu (Real Madrid), dûment télévisées, renforça cette inflation. Deux ans après la mort de Franco, TVE retransmettait 51 rencontres en intégralité. À ces matchs s'ajoutèrent des émissions spécifiques comme *Moviola* programmée le lundi après 21 heures et devenue en 1972 *Studio Estadio*. Le programme tirait « son nom de l'appareil de projection sonore, utilisé pour le montage » et qui servait « à montrer, le lendemain des journées de championnat, les phases de jeu suspectes. Le principe de l'émission était de demander à un arbitre international son avis sur la faute commise et ce qu'il aurait sifflé en pareil cas s'il avait été arbitre du match[35] ». Contestant l'autorité des directeurs de jeu et la souveraineté des commissions d'arbitrage et de discipline, ce type d'émission présentait l'immense avantage, sous un régime dictatorial, de créer des polémiques détournant les Espagnols de problèmes plus sérieux... même si dans le cas du Barça ou de l'Atletico Bilbao les affaires d'arbitrage ramenaient toujours à la politique.

L'appareil de ralenti participa également aux célébrations dominicales de l'église cathodique du *calcio*. Dès 1970, Uno RAI 1, le premier canal de la télévision publique, créait *Novantesimo minuto*, diffusée à 18 h 15. Cette émission faisait le tour des stades de la péninsule, diffusait les actions marquantes et les buts des rencontres de série A, tout en recueillant les premiers commentaires[36]. Mais l'exégèse savante des buts était réservée à *La Domenica Sportiva*. Diffusée après 22 heures, cette émission à l'horaire tardif accordait la part du lion à la diffusion et à la discussion par des journalistes, des arbitres et des anciens joueurs des actions projetées au ralenti par la *moviola*. En 1982, vingt millions de téléspectateurs transalpins suivaient cette émission dominicale[37].

La première moitié des années 1980 aboutit à redéfinir les rapports entre télévision et clubs de football. Jusque-là, les ligues d'Europe du Nord-Ouest, notamment en Angleterre et en RFA, avaient freiné des quatre fers pour limiter les retransmissions télévisées. Mais plusieurs facteurs vinrent infléchir cette position que motivait la crainte de voir les spectateurs déserter les stades. L'arrivée de nouveaux opérateurs privés fit monter les enchères, qu'il s'agisse en Allemagne de RTL-Plus (1984) et de la chaîne satellitaire SAT-1 (1985), en France de Canal + (1984) qui affichait pour produits d'appel films X et football sans oublier British Sky Broadcasting (1990) au Royaume-Uni. De plus, des compagnies distribuant des boissons diverses et parfois fortement alcoolisées accordèrent outre-Manche leur parrainage à certaines compétitions. « Le whisky Bell mit son nom sur la Scottish League Cup en 1979, pendant que les compagnies de spiritueux Morand, Hennessy et Smirnoff lui emboîtaient le pas pour les principales compétitions de coupe et de ligue d'Irlande du Nord[38]. » La tempérance régna davantage en Angleterre où le National Dairy Council, l'organe d'information et le lobby du lait, signa en 1982 un contrat de 2 millions de livres portant sur quatre ans, stipulant que la League Cup, créée en 1961 et disputée seulement par les clubs professionnels, deviendrait la Milk Cup. Des mutations culturelles et économiques, comme l'abolition du salaire maximum de 20 livres par semaine imposée aux clubs anglais en janvier 1961, avaient également joué un rôle. La télévision et ses sources de revenus devaient permettre de compenser l'inflation salariale et la concurrence européenne, d'autant que le tournant libéral thatchérien des années 1980 bouleversait le cadre monopolistique de la télévision et valorisait l'esprit d'entreprise et le goût du profit, y compris dans le champ du sport.

Les clubs italiens dont la fédération venait de lever l'interdiction d'importer des joueurs étrangers (1980) firent à nouveau leurs emplettes en Europe et en Amérique latine dans la limite de deux joueurs par équipe. Le Brésilien Falcão prit le chemin de la Roma, le Français Platini et le Polonais Boniek celui de la Juventus. Même si les mécènes soutenaient toujours ces grands clubs, l'argent de la télévision était plus que bienvenu. Alors que les clubs transalpins s'étaient partagé 45 millions de lires (4 millions de francs) octroyés par la RAI pour la saison 1970-1971, le gâteau des droits grossit à 7 milliards de lires (33 millions de francs) en 1983-1984 et atteignit 42,5 milliards (195 millions de francs) en 1986-1987[39]. Une mi-temps complète d'un match de série A était, il est vrai, désormais diffusée dans *Novantesimo minuto*. Par comparaison, le DFB se montra plus timide. Pour prix « des extraits en différé des matchs de 1re et 2e divisions diffusés dans *Sportschau* et *Sportstudio* », les tarifs passèrent plus modestement de 3,6 millions de francs en 1970-1971 à 24 millions en 1983-1984 mais se montèrent à 53 millions en 1986-1987[40].

En France, Canal + acheta les matchs de championnat diffusés toute l'année au prix unitaire de 250 000 francs en 1984, avant d'acquitter la somme de 2,5 millions quatre ans plus tard. L'augmentation toucha aussi l'émission culte *Téléfoot*. Le football, porté par les exploits de l'AS Saint-Étienne et le renouveau de l'équipe de France de Michel Platini, devenait le fer de lance de la percée médiatique du spectacle sportif. En septembre 1976, *Stade 2*, l'émission hebdomadaire dirigée par Robert Chapatte sur Antenne 2, retransmettait une séquence fameuse de buts étrangers, notamment les tirs surpuissants des Allemands Franz Beckenbauer ou Rainer Bonhoff. Un an plus tard, TF1 ajouta un créneau sportif à des programmes qu'agrémentait déjà *Auto-Moto*. La première chaîne du service public acheta pour 200 000 francs à la Ligue nationale de football (LNF) le droit de diffuser *Téléfoot* avec quatre mois d'essai. Présentée par le journaliste corse Pierre Cangioni, l'émission proposait des résumés des matchs de première division le vendredi ou le samedi soir à des horaires souvent fluctuants et tardifs ! Malgré les aléas de la programmation, le contrat fut reconduit pour 1,5 million de francs annuels en 1978, 12 millions en 1984 et finalement 45 millions en 1987 lors de la privatisation de TF1[41]. La même inflation accompagna la diffusion des matchs internationaux en direct. Si le droit de retransmettre une rencontre de Coupe d'Europe ne coûtait encore que 150 000 francs en 1982, il revint six ans plus tard à 7,5 millions. Le tarif des matchs de l'équipe nationale et de la finale de la Coupe de France s'établissait à 6 millions de francs.

L'appétence de la télévision pour un spectacle dont le scénario n'était jamais écrit d'avance fit flamber le « prix » des joueurs. En 1984, le Napoli débarqua 75 millions de francs pour arracher Diego Armando Maradona à Barcelone, la Fiorentina versa 35 millions pour s'attacher les services du milieu de terrain brésilien Socrates qui évoluait aux Corinthians de São Paulo, l'Udinese payant 30 millions pour obtenir le paraphe du « Pélé blanc », le Brésilien Zico (Flamengo). Les marchés allemand, espagnol et anglais paraissaient en comparaison bien sages. Le montant du transfert le plus élevé de la saison 1985-1986 ne dépassa pas 2,7 millions en Allemagne, 13,2 millions en Espagne et 11 millions en Angleterre[42].

L'inflation profita aussi à l'ensemble des joueurs professionnels. En France, un footballeur touchait en moyenne 8 500 francs par mois, soit une somme correspondant aux émoluments d'un cadre moyen. Il perçut rapidement 45 000 francs, soit le salaire d'un cadre supérieur, voire d'un dirigeant d'entreprise[43]. Mais les grandes vedettes tirèrent des profits autrement plus substantiels. Diego Maradona aurait gagné à Naples 7,5 millions de francs par an en 1985-1986, Karlheinz Rummenigge 6 millions à l'Inter et Michel Platini 4,5 millions à la Juventus[44].

Après être passé en 1979 de son club formateur l'AS Nancy-Lorraine à l'AS Saint-Étienne, la formation phare du football français, Platini fut recruté par le club piémontais en 1982. Si ses débuts déçurent, en raison d'une pubalgie récalcitrante, Platini fit vite apprécier l'étendue de son talent de buteur et de meneur de jeu. Il remporta avec la « Vieille Dame » deux *scudetti* (1984-1986), une *Coppa Italia* (1983) au niveau national, une Coupe des coupes (1984), une Coupe des clubs champions (1985) et la Coupe intercontinentale (1985) au niveau international. À titre personnel, il fut sacré *capocannoniere*, c'est-à-dire meilleur buteur de série A trois années de suite entre 1983 et 1985, période durant laquelle il fut également couronné du Ballon d'or de *France Football*. Avec son agent-associé Alain Genestar, il signa des contrats publicitaires lucratifs, notamment avec Patrick, « mini-multinationale française » de la chaussure de sport et de football, aux « 230 millions de chiffre d'affaires », qui résistait encore à Adidas[45]. Plutôt patriote dans ses choix de partenariat, le numéro 10 obtint 18 millions de francs sur trois ans (1984-1987) pour vanter les mérites des téléviseurs et des premiers produits de micro-informatique de Thomson, afin, il est vrai, de renflouer les caisses de sa société Grand Stade – en déficit chronique. Le joueur dont les journalistes appréciaient le sens de la repartie multiplia ses prestations sur les plateaux de télévision en animant sur Antenne 2 en français et sur la RAI en italien l'émission *Numéro 10* qui fit toutefois long feu, tout en lui rapportant 3 millions de francs en 1984[46]. C'est finalement du monde de la télévision que lui parvint l'offre sportive la plus élevée qu'il ait jamais reçue. En 1986, Silvio Berlusconi, le patron du Milan AC, proposa à Platini en fin de contrat à la Juventus un « pactole taquin[ant] les 100 millions de francs pour deux saisons, soit 4,6 millions de francs par mois et une reconversion assurée dans le groupe de communication Fininvest[47] ». Il fallut l'intervention personnelle de Gianni Agnelli pour que Platini restât à Turin.

Le magnat de l'industrie automobile allait passer la main à l'étoile montante du capitalisme italien. Dans l'Italie en pleine renaissance économique des *condottieri*, la résurrection puis l'hégémonie du Milan AC reflétait tant l'intégration du football dans de nouvelles stratégies économiques que la tertiarisation de l'économie transalpine. Né en 1936 à Milan, Silvio Berlusconi était le fils d'un employé de banque devenu à la force du poignet directeur général de la banque Rasini. Après avoir réussi dans l'immobilier et acheté la somptueuse villa d'Arcore, il se lança dans la télévision locale avec Telemilano (1978). L'audiovisuel italien était alors un système compassé et soumis au principe de la *lottizzazione* : RAI 1 revenait à la Démocratie chrétienne, RAI 2 au Parti socialiste et RAI 3 au Parti communiste. En forçant parfois la légalité, Berlusconi proposa en regard une télévision champagne et souvent vulgaire diffusant force séries et films américains ainsi que des émissions de variété et des jeux qu'égayaient des « soubrettes[48] ». Canale 5, nouvelle dénomination de Telemilano (1980), Italia 1 racheté au groupe éditorial Rusconi en 1982 et Rete 4 vendu par l'éditeur Mondadori en 1984 diffusaient cette télévision tapageuse qui plaisait néanmoins aux Italiens parce qu'elle rompait avec l'ordre moral que la Démocratie chrétienne et l'Église catholique persistaient à imposer. Seul le *calcio* manquait à l'appel en raison d'une législation réservant les retransmissions sportives en direct au service public. Qu'à cela ne tienne ! Berlusconi racheta les droits de la Copa de Oro/Mundialito, une compétition réunissant en Uruguay au début de l'année 1981 les équipes nationales ayant déjà remporté un titre mondial, avant de créer un Mundialito des clubs à Milan. Mais il faudrait attendre 1990 pour qu'une liberté totale soit laissée aux télévisions privées, ce qui permit au groupe Mediaset, dirigé par Berlusconi, de retransmettre les rencontres de football[49]. Désormais, le magnat jouerait à égalité avec la RAI, « marquant à la culotte » les programmes de la télévision publique.

Dans les années 1980, le football tenait aussi salon avec l'émission *Il Processo del Lunedi*, série de débats byzantins animés par le journaliste communiste Aldo Biscardi sur RAI 3. En 1989, Mediaset ajouta en 1990 un *Appello del Martedi* dirigé sur Italia 1 par Maurizio Mosca, un histrion volcanique vêtu d'une toge de juge qui s'entourait de nymphettes et des compagnes de joueurs. Caractéristique d'un moment de *calcistizzazione*[50] de la société italienne dans les années précédant l'affaire *Tangentepoli* qui virent les Italiens se détourner du débat politique pour lui préférer les divertissements télévisés dont le *calcio*, ces émissions empruntaient aussi la forme télévisée d'une passion sportive qui s'assouvit « dans la consommation des nouvelles, les commentaires des journaux, dans la conversation et les palabres[51] ».

Entre-temps, Berlusconi était en personne descendu dans l'arène. D'abord *tifoso* de l'Inter au point, selon certains, de vouloir racheter le club *interista* au début des années 1980[52], il reprit le rival *milanista* en 1986. Le Milan AC s'était perdu dans le scandale du *Totonero*, l'envers illégal du *Totocalcio*, un système de paris clandestins élaboré par deux restaurateurs romains dérivant en une sorte de *sottogoverno* du football puisqu'il impliqua au moins 38 joueurs ainsi que le président du Milan AC, Felice Colombo. Le scandale eut pour conséquence de reléguer en série B le club lombard et la Lazio, de radier à vie Colombo et de suspendre pour deux ans l'étoile montante Paolo Rossi[53]. Un an après avoir repris le Milan AC, Berlusconi eut le flair d'engager le jeune entraîneur de Parme Arrigo Sacchi adepte d'un jeu rompant avec le *catenaccio* traditionnel pour miser sur le *pressing* et le football total chers à l'Ajax d'Amsterdam. Grâce à l'acquisition du trio hollandais composé du milieu de terrain Frank Rijkaard, du numéro 10 Ruud Gullit et de l'avant-centre Marco Van Basten, qui venaient de remporter le premier titre des Orange à l'Euro 1988 organisé en Allemagne, grâce, également, à l'organisation d'une solide défense de zone autour du libero Franco Baresi et de l'arrière gauche Paolo Maldini, le « noble déchu » du *calcio* redora son blason. Sous la direction d'Arrigo Sacchi puis de Fabio Capello, le Milan AC remporta en effet de 1988 à 1994 quatre titres de champion d'Italie (1988, 1992, 1993 et 1994) et trois Coupes d'Europe des clubs champions (1989, 1990 et 1994). Le point d'orgue fut atteint le 18 mai 1994 au stade olympique d'Athènes, quand les *rossoneri* humilièrent par 4 buts à 0 le FC Barcelone entraîné par Johan Cruyff, l'un des inventeurs du football total.

Pour *sua emittenza*, il ne s'agissait pas seulement de victoire sportive, ni même d'intégrer le Milan AC dans la holding Fininvest, qui, outre Mediaset, comptait aussi le groupe d'assurances Mediolanum et les éditions Mondadori. Autant le style de l'équipe que la personnalité des joueurs participaient à la construction d'une image ouverte, dynamique, conquérante du *self made man* milanais, digne représentant du caractère moderne et européen de la capitale lombarde. D'autant que le Milan AC fut l'un des premiers clubs italiens à engager des joueurs de couleur, comme le néerlandais Ruud Gullit, joueur d'exception et forte personnalité à la coiffure rasta, ou le milieu défensif français Marcel Desailly (1993). Ainsi, lorsque l'ancien protégé de Bettino Craxi dut entrer en politique pour faire voter les lois qui le protégeraient contre les investigations du pool financier des juges milanais, il sut exploiter le capital symbolique accumulé par le Milan AC, l'équipe de « l'Italie qui gagne[54] ». Rameutant ses partisans au travers des Milan Club disséminés sur tout le territoire, il choisit pour baptiser son parti le cri d'encouragement des tifosi, *Forza Italia*. En comblant le vide laissé à droite par la quasi-disparition de la Démocratie chrétienne, *Forza Italia* remporta les élections législatives de 1994 et Silvio Berlusconi accéda une première fois à la présidence du Conseil de la République italienne.

Questions d'identités

Aucune retransmission n'omet de montrer l'attitude du public, ses mouvements organisés (comme la fameuse *ola*, la vague de spectateurs se levant en même temps bras levés pour faire ensuite le tour du stade, popularisée *via* satellite pendant la Coupe du monde 1986) ou la vision plus funèbre de cadavres étendus sur les pelouses à la suite de paniques provoquées par des supporters agressifs. De fait, le statut et la fonction des spectateurs ont bien changé depuis plus de quarante ans. Qu'on les baptise spectateurs, supporters, ultras ou hooligans, ils constituent désormais un élément central du système.

De la fin des années 1950 au début de la décennie 1990, une segmentation croissante partagea le public du football. Même si les études quantitatives manquent[55], plusieurs catégories de fidèles se distinguent. De simples spectateurs se rendent « avant tout au stade pour goûter le spectacle offert par les joueurs[56] » et participent peu, hormis au passage de la *ola*. La rénovation des enceintes sportives réalisée à l'occasion de la Coupe du monde 1966, ainsi que la construction de stades entièrement pourvus de places assises comme le Parc des Princes de Paris, inauguré en 1972, ont comblé ces consommateurs du spectacle sportif, de même que la mise en place d'une véritable offre télévisée au début des années 1980.

Viennent ensuite les supporters « classiques » qui veulent voir gagner leur équipe « tout en profitant d'un spectacle de qualité[57] ». Pourquoi devient-on supporter ? Dans les pays à forte tradition footballistique, l'attirance se manifeste souvent dès l'enfance ou l'adolescence et la « profession de foi » pour telle ou telle équipe procède souvent d'une tradition familiale que renforce, en Espagne par exemple, le statut de *socio* qui se transmet de père en fils. Le souci d'échapper à l'autorité paternelle peut cependant conduire à défendre l'équipe rivale de celle que le père soutient. La question de l'identité masculine apparaît donc centrale et se construit par l'intégration dans la sociabilité masculine du stade.

Dans les villes représentées par deux ou plusieurs clubs, le choix relève d'abord d'une logique sociale. À Madrid, la bourgeoisie conservatrice soutenait le Real, quand les classes populaires soutenaient l'Atletico. De même, si la Lazio Rome représentait d'abord l'aristocratie romaine, le petit peuple de l'Urbs accourait au stade du Testaccio pour soutenir la Roma. Le derby turinois fut longtemps considéré comme l'archétype de cet affrontement entre les « deux villes », pour reprendre le titre du roman de Mario Soldati. L'écrivain et scénariste italien, lui-même *tifoso* de la Juventus, utilisa la métaphore de l'affrontement du *calcio* pour décrire l'antagonisme social fondant la division de la capitale piémontaise dans son roman *Le due città* paru en 1964. Décrivant les deux amis et principaux protagonistes du livre, il écrivait : « Emilio, naturellement, tenait pour la Juventus, l'équipe des gentlemen, des pionniers de l'industrie, des Jésuites, des bien-pensants, de ceux qui avaient fait le lycée : des bourgeois riches, en un mot. Giraudo, tout aussi naturellement, était pour le Toro, l'équipe des ouvriers, des boutiquiers, des immigrés venus des localités voisines ou des provinces de Cuneo ou d'Alexandrie, de ceux qui avaient fait les écoles techniques, c'est-à-dire des petits-bourgeois et des pauvres[58]. »

Si Soldati décrivait le Turin des années 1920, le processus de représentation de soi-même et des autres qu'engage la construction identitaire n'est pas définitivement gravé dans le béton des gradins. Il épouse aussi les mutations de la société urbaine qui environne le club. La Lazio est ainsi devenue, hormis les engagements politiques de certains de ses ultras, le club du Latium quand l'AS Roma se pose plutôt comme celui des habitants de la Ville éternelle – alors même que les deux équipes partagent le Stadio Olimpico. À Turin, l'immigration méridionale a métamorphosé la composition de ses soutiens. Dès les années 1930, à l'époque du quinquennat *juventino* qui avait vu le club présidé par Edoardo Agnelli remporter cinq *scudetti* consécutifs entre 1931 et 1935, le club turinois était devenu le premier club transalpin à dimension nationale. Ses succès implacables, le chic de ses dirigeants, le fait qu'il représentait en Italie l'une des capitales de la modernité avaient séduit une grande partie de la population mâle et urbaine du Mezzogiorno. Installés dans la métropole piémontaise, les ouvriers originaires de Campanie ou de Sicile soutinrent donc presque naturellement l'équipe de leur patron. À sa façon, le football reproduisait le grand bouleversement subi par la ville à l'aube des années 1960 : la Juventus portait les couleurs de FIAT et de ses ouvriers sudistes ; le Torino représentait les Piémontais ainsi que les petits patrons qui suaient sang et eau pour fournir en pièces détachées la « *mamma* FIAT ».

L'aventure marseillaise au temps de Bernard Tapie (1987-1993) a aussi participé de cette quête d'identité que compliquèrent les rapports consanguins (et bien français) liant clubs de football et collectivités locales. L'Olympique de Marseille avait déjà connu avec Marcel Leclerc un président médiatique et sulfureux entre 1965 et 1972. Ce dernier avait très tôt compris l'importance du petit écran puisqu'il avait « créé au milieu des années 1950 *Télé-Magazine,* le premier hebdomadaire entièrement consacré aux programmes des émissions télévisées[59] ». Menant une politique tapageuse de recrutement qui attira dans la cité phocéenne Josip Skoblar, Roger Magnusson, Bernard Bosquier et Georges Carnus, n'hésitant jamais à payer de sa personne – il sauta dans le Vieux-Port après la victoire en Coupe de France en 1969 et assura lui-même l'entraînement des joueurs après avoir limogé l'entraîneur Robert Domergue –, il fit de l'OM le principal adversaire de l'AS Saint-Étienne. Après une remontée en première division en 1966, le club remporta la Coupe de France en 1969, le championnat en 1971 et le doublé coupe-championnat en 1972. Accusé en juillet 1972 de malversations, il dut quitter l'OM tout en laissant aux groupes de supporters marseillais un souvenir impérissable.

Le maire socialiste, Gaston Defferre, avait entretenu avec Leclerc des rapports d'abord conflictuels avant de consentir à verser une subvention record de 750 000 francs[60]. Quatorze ans plus tard, l'édile fit appel à un *self made man* à la française, hâbleur et au teint perpétuellement bronzé, Bernard Tapie. Mais le contexte marseillais avait bien changé. L'essor urbain des Trente Glorieuses et le dynamisme économique, insufflés notamment par les rapatriés d'Algérie, s'essoufflaient et le club comme la ville étaient en crise. Au terme de gestions calamiteuses, l'OM, descendue en deuxième division en 1980, n'était sorti de ce purgatoire qu'au printemps 1984, grâce à l'enthousiasme de jeunes joueurs du centre de formation affectueusement surnommés les « Minots ». La situation, pourtant, ne tarda pas à évoluer. Grâce, d'abord, à une politique de recrutement des meilleurs joueurs français (Jean-Pierre Papin, Franck Sauzée, Basile Boli entre autres) et étrangers (Karl-Heinz Förster, Chris Waddle, Abedi Pelé ou Rudi Völler). Par l'appel, ensuite, aux techniciens mondiaux les plus doués (le « Kaiser » Franz Beckenbauer). Par des pratiques, enfin, dont une partie seulement fut dévoilée lors du procès Valenciennes-OM, qui révéla en 1993 que trois joueurs du club nordiste avaient été achetés. Quoi qu'il en soit, Tapie imposa une hégémonie sans partage sur le championnat de France de 1989 à 1993[61] et surtout accomplit la conquête du Graal européen, la *Champions' League* remportée 1-0 face au Milan AC au Stade olympique de Munich le 26 mai 1993.

L'épopée ou la galéjade de l'ère Tapie, selon le point de vue que l'on adopte, ne saurait être dissociée du soutien qu'apportèrent les supporters phocéens. Au même moment, Jean-Luc Lagardère, le patron du groupe Matra-Hachette, avait lui aussi investi massivement dans le football, après avoir opéré la fusion du Paris FC et de la section football du Racing Club de France en 1983. Trois ans plus tard, il engageait les attaquants allemand et uruguayen Pierre Littbarski et Enzo Francescoli, ainsi que le milieu de terrain international Luis Fernandez qui bénéficia du salaire astronomique de 700 000 francs mensuels (106 000 euros). Baptisé Matra-Racing, le club marquait l'intégration de l'identité sportive dans un conglomérat dont le cœur de métier était l'industrie d'armement. Est-ce pour cette raison que Jean-Luc Lagardère se montra impuissant à ressusciter l'enthousiasme des Parisiens pour les « pingouins », surnom des Racingmen dans les années 1930 ? En tout cas, l'aventure tourna court, à la fois en raison des pièges posés par un milieu hostile à l'entrée d'un grand patron dans son pré carré, du manque de sérieux de certains joueurs et surtout de l'absence de soutien populaire. Lagardère se désengagea du club en 1989.

La cité phocéenne échappa à ce triste sort. Le premier club de supporters de l'OM, créé en 1967 sous la présidence Leclerc par des membres des classes moyennes marseillaises, se restructura en 1981 sous le nom de Club central des supporters. Le CCS était divisé « en une trentaine de sections – comprenant chacune au moins 25 adhérents – qui [étaie]nt implantées dans des quartiers populaires de Marseille [...] mais plus encore dans les communes ouvrières de la cité phocéenne[62] ». Au cours des années 1980, d'autres formations de supporters se constituèrent autour de critères professionnels comme le groupe des Apie's Boys fondé en 1986 par de jeunes entrepreneurs admirateurs du *self made man*. Désireux d'imiter les pratiques de soutien en vogue en Italie depuis les années 1970, les commandos ultras commencèrent pour leur part à investir le virage sud en 1986-1987, suivis par la North Yankee Army dans le virage nord en 1988 et de nouveaux groupes dissidents (Fanatics, Winners, etc.). Si les ultras, quelle que fût leur dénomination, durent batailler pour imposer leurs pratiques de soutien, tous communiaient dans une défense de l'identité marseillaise qu'auraient menacée d'abord l'arrogance bordelaise, puis le centralisme parisien.

Autour de slogans tels que « Fiers d'être marseillais » déployés sur de vastes banderoles, ils reprenaient ainsi la vieille antienne de la cité rebelle, frondeuse, consciente de son « identité bafouée[63] ». D'autant que si la ville aime à se présenter comme un creuset, elle n'a jamais été tendre avec les nouveaux venus, Italiens au XIXe siècle, Comoriens aujourd'hui. La crise sociale et la montée du chômage des années 1980 firent le lit de la section marseillaise du Front national à laquelle la journaliste Anne Tristan consacra un essai pénétrant en 1987[64]. Aussi le discours identitaire des supporters et ultras marseillais stigmatisant l'autre – qu'il fût bordelais puis parisien – fut une autre façon d'exorciser la xénophobie qui travaillait la société phocéenne. L'utopie du Stade Vélodrome où le Marseille populaire et africain des quartiers nord venait à la rencontre du Marseille bourgeois et européen des quartiers sud faisait mentir, le temps d'un match, la dureté des rapports sociaux et ethniques.

Loin d'être unique, la passion « partisane » marseillaise participait aussi des évolutions sociales et culturelles des pays industrialisées ou émergents. Le recul des idéologies, notamment la perte d'influence du communisme à partir des années 1970, a amplifié l'expression des identités sportives, de même que la baisse de la pratique religieuse. Les « messalisants » sont désormais autant ceux qui fréquentent les églises que ceux qui se rendent au stade. Le terme foi imprègne d'ailleurs le discours des fidèles de cette religion sans transcendance qu'est devenu le football. L'éclatement des structures sociales traditionnelles, l'érosion des valeurs familiales et des liens intergénérationnels ont aussi favorisé l'émergence du spectacle et de la société des supporters. Pour beaucoup, le football offre en effet « surtout une occasion quasiment unique dans notre société de participer à un événement social (nonobstant sa périodicité)[65] ».

Dans ce contexte, la télévision a aussi joué un rôle important en diffusant la « geste » des clubs et en popularisant la figure des dirigeants ou des joueurs. S'il fut autant moqué que célébré, Jean-Pierre Papin, l'avant-centre de Marseille et du Milan, n'en devint pas moins un personnage familier de millions de Français par la grâce du petit écran. Ce média a aussi parachevé la nationalisation sportive des masses en faisant accéder certaines équipes au rang de club national. Le Real Madrid en Espagne (malgré les réticences de la Catalogne et du Pays basque), le Bayern de Munich en Allemagne, le Milan AC et l'Inter en Italie, Saint-Étienne, Marseille et le Paris-Saint-Germain en France ont bénéficié de ce statut grâce à la retransmission de leurs exploits européens que suivirent des millions de téléspectateurs. Ils profitèrent ensuite du soutien qu'apportaient les clubs de supporters maillant l'ensemble du territoire national.

Des fedelissimi aux ultras

Jusque dans les années 1950, les spectateurs en général et les supporters en particulier pesaient peu dans la destinée du football. Certes, ils pouvaient voter « avec les pieds » en désertant les tribunes lorsque le spectacle proposé les décevait. Mais ils se voyaient en général exclus des conseils de direction des clubs. Le soutien se limitait à des chants, des cris ou à l'exhibition des couleurs du club. Les habitués des tribunes d'honneur désireux de conserver leur dignité arboraient en Italie un *distintivo* – un pin's portant les couleurs de leur formation fétiche. Les plus exubérants se massaient contre les grillages séparant les virages du terrain et agitaient frénétiquement le drapeau rayé de noir et de bleu, dans le cas de l'Inter, de noir et de rouge dans celui du Milan. Si la presse se plaisait à individualiser tel ou tel supporter se distinguant par une tenue ou un comportement originaux, ou caractériser des groupes régionaux comme les *tifosi* napolitains réputés amateurs de pétards, les spectateurs furent longtemps dépeints sous la forme de foule, de *crowd* ou de *folla* indivises.

La séparation entre le monde des dirigeants et celui des spectateurs s'imposa donc durant de longues décennies. Aux premiers revenaient la compétence et l'élaboration de la stratégie devant mener le club à la victoire. Aux seconds était dévolu le seul droit de soutenir leur équipe à domicile ou à l'extérieur – ils réservaient alors leur place dans les trains ou les bus affrétés par la direction des clubs. Mais à partir des années 1950, les supporters exprimèrent le vœu d'être écoutés et reconnus ; ils ne tardèrent pas à refléter l'émergence d'une catégorie en passe d'être identifiée comme telle et de s'imposer par ses comportements et sa consommation : les jeunes.

À Turin, les *tifosi*, forts de leur légitimité, entendirent intervenir dans la conduite du club. Après la catastrophe aérienne de Superga qui avait provoqué la disparition de l'équipe du *grande Torino*, les dirigeants éprouvèrent de sérieuses difficultés pour restaurer la splendeur passée de la formation grenat. Considérant qu'ils devaient avoir voix au chapitre, en raison du soutien financier qu'ils apportaient en achetant billets et abonnements, un groupe de supporters que l'on classait depuis une quinzaine d'années parmi les *fedelissimi*, les plus fidèles, décidèrent de se constituer en association.

Selon eux, les « tifosi du *calcio* ne [vivaient] pas isolés, au contraire ils [ressentaient] le besoin de se rencontrer fréquemment, dans les cafés du centre ou de la périphérie, pour donner libre cours à leur passion[66] ». Mais ils demandaient également à être écoutés et surtout reconnus comme « un pouvoir représentatif ». Ce n'étaient pas les premiers à s'organiser en clubs de supporters. Ceux-ci étaient nés dès le début du siècle en Angleterre, puis dans l'entre-deux-guerres en Belgique et en France. En 1952, l'Angleterre aurait compté plus de 400 clubs de supporters rassemblant un total de 700 000 membres[67]. Suivant l'exemple des partisans de l'OGC Nice, l'*Associazione sostenitori dell'AC Torino* entendait d'abord « réunir les sympathisants grenat pour échanger des idées et établir une ligne commune de conduite vis-à-vis de la société[68] ». Elle manifestait un souci initial de respectabilité puisque le premier président de l'association était un médecin et que le conseil de direction comptait deux *dottori* et un *avvocato*. Mais après avoir ouvert un siège social dans le centre de Turin, l'association des *sostenitori* se constitua en août 1956 en « groupe sportif » qui se baptisa *Fedelisimi Granata*. Son but : « Réunir en une seule association tous les *tifosi* sincères du Torino pour organiser tous les déplacements possibles à la suite de l'équipe et défendre l'existence de la société contre toute fusion éventuelle[69]. » Était en effet évoquée avec insistance un projet d'union avec le voisin abhorré de la Juventus. Dès janvier 1957, le vice-président des *fedelissimi*, Ignazio Tedesco, exigea le départ des dirigeants considérés comme absentéistes[70]. Ces activistes des stades obtinrent une première victoire quand le président du Torino, s'adressant au public par haut-parleurs, invoquant leur « traditionnelle solidarité » avant le début d'un match, annonça un « élargissement de la structure sociale[71] ». Autrement dit, face à des supporters organisés et autonomes, le président devait désormais composer et se comporter comme un « tribun » du peuple du *Toro*, non comme un sénateur insensible à la plèbe sportive. Les *fedelissimi* s'adressaient également aux joueurs pour exiger qu'ils descendent « sur le terrain avec en tête le souvenir de [leurs] grands prédécesseurs et dans le cœur une seule palpitation, une seule âcre volonté : le Toro ne peut mourir, il doit vivre, vive le Toro[72] ! ». Ils surent se mobiliser lorsque l'équipe fut menacée de relégation au printemps 1959. Puis pendant une année de purgatoire en série B, les *fedelissimi* envoyèrent des représentants à chaque déplacement et participèrent ainsi activement à la remontée en série A. Milan suivit l'exemple turinois : en « 1960 un groupe de supporters *nerazzurri*, encouragés personnellement par le président Angelo Moratti, avait donné vie à l'Inter Club Moschettieri[73] ». Dès lors, les associations du type *fedelissimi* essaimèrent dans la péninsule. Les supporters de football se distinguaient désormais de la masse indistincte des spectateurs et il faudrait compter avec eux.

À partir des années 1960, les tribunes se parèrent de couleurs plus vives. Au Royaume-Uni comme en Italie, les supporters arborèrent drapeaux, écharpes, perruques ou vêtements aux couleurs du club. Cette évolution confirmait que les codes vestimentaires changeaient avec l'évolution des mœurs, mais elle attestait également des progrès d'une société de consommation où le prix des produits textiles diminuait, entraînant la diversification de leur usage. Si les sociologues se sont davantage intéressés aux phénomènes de déviance et de délinquance que résument les violences commises par les supporters, ils ont moins traité du spectacle qu'ils proposent. En revanche, les ethnologues, en réinvestissant les contrées moins exotiques du continent européen, ont cherché à réfléchir sur les us et coutumes des « tribus » des stades, se penchant en particulier sur les représentations que donnait chaque week-end le nouveau « peuple » des tribunes populaires et des virages, les « ultras ».

Ce théâtre dans le théâtre apparut dans la première moitié des années 1960. En déplacement en mai 1965 à Liverpool pour une demi-finale de la Coupe des clubs champions, les supporters *interisti* furent subjugués par le soutien énergique des supporters anglais, notamment ceux du Kop, la tribune populaire où se massaient les plus virulents. Le nom avait été emprunté à un épisode de la guerre des Boers durant lequel les Afrikaners avaient repoussé les troupes britanniques lors de la bataille de Spion Kop, littéralement « la colline des espions ». « Un chef historique du *tifo interista* dira plus tard qu'il avait éprouvé le mal de mer face aux figures impétueuses, continues et colorées, dessinées par le mouvement des fans anglais sur les gradins[74]. »

Comme l'a observé l'ethnologue Christian Bromberger à Marseille, Naples et Turin à la fin des années 1980, une culture et une ritualité nouvelles naquirent alors dans les tribunes. Désormais, « les supporters tien[draient] ainsi trois rôles qu'ils combinent et assument avec plus ou moins d'intensité aux différents moments de la partie : ils regardent, agissent, font le spectacle[75] ». Un spectacle fortement ritualisé et organisé. Bien vite les *capi*, les chefs ultras, organisèrent et disciplinèrent les démonstrations de leurs troupes : « Les slogans et les chants que les supporters entonnent à un moment bien déterminé [...], l'exhibition des étendards, des écharpes, des emblèmes pendant la demi-heure qui précède le coup d'envoi, puis, à l'entrée des joueurs sur le terrain, le retentissement des cornes de brume, l'embrasement des fumigènes multicolores ; à l'annonce de la composition de l'équipe, les ultras lèvent le bras en cadence, la main ou le poing fermé, et, pendant le match, ils exécutent invariablement des figures gestuelles sous les ordres du *capo tifoso*[76]. » Le spectacle des ultras repose donc sur une ambivalence certaine et assumée : d'un côté, « une organisation rigoureuse, un comportement qui nécessite de l'ordre, de la discipline et du sérieux » ; de l'autre « un aspect festif et volontairement chaotique[77] ». Aussi s'agissait-il d'« un spectacle qui tenait à la fois du carnaval de Rio et d'un défilé militaire à Moscou : la liesse orgiaque du premier, associée à la rigueur disciplinée du second[78] ».

Autant dire que l'ultra est d'abord un homme jeune dont la « participation mimétique et visible se traduit par une dépense corporelle festive, c'est-à-dire *excessive*, affranchie des pesanteurs de la bienséance et du travail quotidiens[79] ». Cette participation constitue parfois une forme de seconde profession, en raison des multiples déplacements qu'effectuent les ultras jusqu'au-boutistes. Beaucoup vivent dans un entre-deux, oscillant entre adolescence et entrée dans l'âge adulte, vivant de petits boulots, d'intérim, de temps partiel qui offrent la liberté de suivre l'équipe de cœur. La condition d'ultra forme ainsi un rite de passage qui s'éternise parfois de longues années durant ! Et comme tous les rites de passage, il postule une part de transgression empruntant souvent la forme d'affrontements verbaux et physiques.

« *We hate humans* »

« On estime que trois cents personnes ont trouvé la mort depuis 1945 lors de matchs opposant des équipes britanniques[80] », auxquels s'ajoutent les 39 *tifosi* de la Juventus de Turin morts dans le stade du Heysel à Bruxelles le 29 mai 1985, les 46 victimes du stade d'Orkney en Afrique du Sud le 14 janvier 1991, les 15 personnes mortes coincées dans l'effondrement d'une tribune provisoire au stade de Furiani à Bastia ou les 82 spectateurs décédés à Guatemala en 1996.

Cet aperçu du livre noir du football a offert des arguments de poids aux procureurs des procès médiatiques régulièrement intentés au ballon rond. Encore faut-il éviter un amalgame facile qui confond volontiers exubérance et violences juvéniles d'une part et incompétence de l'organisation et des forces de police de l'autre. Reconnaissons néanmoins que la passion des supporters de football, jusqu'à la fin des années 1950, ne les avait jamais conduits à commettre des meurtres. Dans des sociétés de plus en plus sûres où « le tabou du sang s'impose avec une puissance extraordinaire[81] », la mort dans l'après-midi sur le terrain de football a fortement terni l'image du *people's game*. Elle a même suscité des œuvres cinématographiques. *À mort l'arbitre* de Jean-Pierre Mocky (1983) retrace ainsi l'histoire d'un directeur de jeu interprété par Eddy Mitchell poursuivi par un groupe de supporters fanatiques. Le chef de cette bande, joué par Michel Serrault, parvient finalement à pousser dans un précipice la voiture dans laquelle le malheureux arbitre et sa petite amie tentaient de fuir. De même, le film *Ultras* (1991) de Ricky Tognazzi narre avec emphase le déplacement périlleux d'un groupe d'ultras *giallorossi*, c'est-à-dire de l'AS Roma, à Turin. Le film s'achève au *Stadio Comunale* dans une atmosphère de guerre civile et sur la vision du cadavre de Smilzo, l'un des protagonistes du film, poignardé accidentellement par le chef de la bande !

Jouant sur le registre de la satire sociale ou de la désespérance de la jeunesse, ces deux fictions pointent la singularité de la violence sportive apparue au cours des *sixties* : une violence désormais déconnectée du match qui devient une fin en soi. Ils signalent aussi un phénomène social fortement médiatisé depuis les années 1950 : le retour des bandes de jeunes. Le baby-boom a en effet entraîné l'apparition d'une jeunesse pléthorique dans la plupart des pays européens. Si sa culture fut reconnue sur le modèle américain des *teenagers*, son autonomie inquiéta. La préoccupation n'était pas neuve : au début du XXe siècle, les bandes d'Apaches défrayaient la chronique et faisaient les gros titres (et les plantureux tirages) de la presse à un sou. La presse à sensation reprit donc ce sujet juteux à la fin des années 1950 : « Des "rebelles sans cause", tricheurs, dragueurs et violents y surgissent, tant dans les pays capitalistes que dans les États socialistes : *teddy boys* (ou *girls*) anglais, *vitelloni* italiens, *nozems* néerlandais ou belges, *stliagues* soviétiques, *skinn knuttar* suédois, "blousons noirs" français[82]. »

Dans ce contexte apparurent les signes d'une ère inédite de violence sportive. Si les débordements s'étaient apaisés dans l'Angleterre de l'entre-deux-guerres, ils n'avaient pas pour autant totalement disparu. Entre 1946 et 1958, la Football Association et la Football League recensèrent plus de 238 cas d'indiscipline du public s'interprétant, jusqu'au milieu des années 1950, comme une manifestation de virilité de la classe ouvrière britannique. Mais les choses ne tardèrent pas à évoluer en raison du caractère juvénile et concerté des violences : bouteilles lancées sur les joueurs, saccages de trains, prise de contrôle des *ends* – les tribunes populaires situées derrière les buts –, qui étaient fortement liées aux bagarres opposant Mods et Teddy Boys. « Entre 1954 et 1966, les jeunes deviennent les consommateurs dominants de spectacles sportifs, comme de musique populaire. Ils ont de l'argent à dépenser et revendiquent le droit de profiter de leur jeunesse[83]. » Ils entendaient donc participer à ces moments festifs que représentaient les concerts de musique rock et les matchs de football mais « en y prenant part de façon non conventionnelle, en chantant ou en cherchant à se battre avec d'autres supporters[84] ».

La violence de ceux que la presse anglaise appela vite les *thugs* ou les *hooligans* s'inscrivait donc dans une forme de culture hédoniste et désinhibée qui associait la violence à la libération sexuelle et à la consommation de drogue ou d'alcool. Bien vite, les tabloïds se délectèrent de ces turpitudes tout en prétendant les blâmer. En 1967, après un match West Ham-Manchester United particulièrement violent, *News of the World* invoquait un *soccer's day of shame* pour conclure : « Pendant des années nous avons méprisé les Latins pour leurs comportements hystériques et violents. En 1967, les supporters britanniques sont tombés en disgrâce aux yeux du monde[85]. » La représentation d'une jeunesse dangereuse et barbare à laquelle Stanley Kubrick consacrera l'un de ses chefs-d'œuvre, *Orange mécanique* (1971), adapté du roman d'Anthony Burgess (1962), se corrélait ainsi au thème du déclin politique et de la décadence morale du Royaume-Uni dont la désastreuse équipée de Suez (1956), les cheveux longs et l'hystérie supposée de la jeunesse offraient de sûrs indices.

Toutefois, au milieu des années 1970, la même presse se plut à suivre ce qu'elle appelait la *Thugs League*, le championnat des truands. Car ces derniers s'étaient organisés en bandes. La première connue fut la Red Army de Manchester United qui à partir de 1970 se définit à partir du principe « *We hate humans*[86] ». Outre l'appétence pour la violence, il s'agissait aussi de contrôler le territoire. Défense du stade contre les envahisseurs, investissement des *ends* ennemis que réussissait la Red Army en 1972 à Highbury, le stade d'Arsenal... l'espace sportif devenait autant de forteresses à prendre. Les groupes qui naquirent ensuite à Chelsea, Leeds,

Liverpool développèrent donc une organisation militaire et hiérarchisée experte à mener des opérations de guérilla urbaine. Plans de bataille et embuscades étaient soigneusement médités, des « scouts » repérant au préalable la position des « ennemis » et des forces de police.

Les visages des hooligans changèrent toutefois avec le temps. Avec la fin des années 1960 émergèrent les skinheads du nord-est de l'Angleterre et de l'East End londonien. Arborant le crâne rasé des bagnards, ils se chaussaient de solides souliers Doc Martens. Il ne s'agissait plus d'exprimer l'hédonisme des *sixties* mais la frustration de prolétaires frappés de plein fouet par la crise industrielle et le chômage. À la haine des supporters des équipes adverses s'ajoutait l'exécration des immigrés pakistanais qu'attisait aussi le National Front, le parti d'extrême droite anglais. Au début des années 1980, les skinheads furent rejoints par ceux que l'on désigna sous le nom de *casuals* parce qu'ils s'habillaient comme M. Tout-le-Monde pour se fondre dans la masse des spectateurs et échapper à une surveillance policière renforcée par Margaret Thatcher.

Ces phénomènes de violence récurrente n'échappèrent pas à la perspicacité des sociologues britanniques qui proposèrent deux types d'interprétation s'appuyant d'ailleurs sur des analyses socio-historiques[87].

La première porte sur le déclin de la culture de la classe ouvrière anglaise, dont on sait, après Edward Thompson, qu'elle s'est constituée dès la première moitié du XIXe siècle[88]. Pour Ian Taylor, la naissance du hooliganisme dans les années 1960 s'apparente à une forme de réaction dirigée contre l'évolution du football. Pour préparer au mieux la Coupe du monde 1966 et sortir du déclin sportif, les clubs anglais se seraient davantage professionnalisés tout en augmentant le tarif des billets, s'éloignant *in fine* de leur public populaire. La « démocratie participative » du *people's game*, une démocratie vivant de la proximité de footballeurs-ouvriers prompts à boire ensemble une bière dans un pub populaire, se serait disloquée. L'interprétation de John Clarke complète celle de Taylor dans la mesure où elle assimile les violences à l'érosion de la société ouvrière consécutive à la crise industrielle. Les liens intergénérationnels se seraient alors brisés, interrompant le parrainage des jeunes supporters par les anciens et les faisant échapper à leur contrôle. Les groupes de jeunes libérés de cette tutelle auraient multiplié les actes de violence pour protester contre une société leur refusant l'emploi et la sécurité d'antan. Le football ne pouvait plus exprimer la respectabilité du prolétariat puisqu'on refusait désormais à cette classe une vie de dignité.

La seconde interprétation a été avancée par l'école de sociologie de Leicester, fondée par Norbert Elias et défendue dans le champ du sport par son disciple Eric Dunning. Les violences des hooligans s'interprètent ici à l'aune de la théorie du « processus de civilisation ». On sait que ce concept a éclairé les débuts et l'invention du football. Pour Elias et Dunning, le spectacle sportif jouait son rôle dans l'économie émotionnelle de la société moderne. Plus la civilisation industrielle étendait son emprise sur les populations européennes, plus le mécanisme d'autocontrainte était mobilisé. Pulsions, désirs, émotions se plaçaient désormais sous le contrôle qu'exerçaient tant les institutions scolaires et familiales que l'individu lui-même. Le match de football aurait alors marqué un temps de libération, une opération cathartique, à condition de ne pas aller trop loin dans l'expression de ses émotions. Dunning considère que si la majorité de la population et de la classe ouvrière anglaises s'est insérée dans ce processus, les hooligans appartiennent en réalité à un segment du prolétariat qui refuse d'abandonner la violence et la virilité traditionnelles. De fait, les violences sont commises par une infime minorité de spectateurs. « Ainsi, les mâles, explique Dunning, appartenant aux fractions "dures" des couches ouvrières inférieures fondent leur identité sur des formes de masculinité *macho* qui, par rapport aux normes dominantes en Grande-Bretagne aujourd'hui, sont ouvertement agressives. Ils manifestent aussi un investissement émotionnel élevé dans la réputation d'agressivité et de dureté de leur famille, de leurs communautés et, lorsqu'il s'agit de football, de leurs "camps"[89]. » Chacune de ces interprétations a subi un inventaire critique dûment administré par la communauté scientifique. Reste que les événements qui se produisirent dans les années 1980 suggérèrent que le processus évolutionniste théorisé par Norbert Elias régressait.

Morts dans l'après-midi

L'Europe continentale devint alors un nouveau territoire à conquérir, d'autant que les forces de l'ordre, novices en la matière, se montraient moins aguerries pour affronter ces groupes déterminés. Les clubs anglais avaient tardé à briller au firmament de la Coupe des clubs champions. Le crash aérien de Munich du 6 février 1958 dans lequel huit joueurs de Manchester United avaient trouvé la mort avait oblitéré leurs premières chances. L'entraîneur mancunien Matt Busby, en choisissant la voie de la formation des jeunes joueurs après les sévères défaites subies par l'équipe d'Angleterre contre la Hongrie (1953-1954), avait réussi à monter une équipe prometteuse. Elle revenait du match retour de Coupe d'Europe joué à Belgrade où elle avait réalisé un match nul (3-3) et réussi à se qualifier pour la demi-finale de l'épreuve. Las, l'étoile montante du football anglais Duncan Edwards décéda dans l'accident. Tout ne fut pas perdu. Parmi les « Busby Babes », surnom affectueux donné aux jeunes joueurs qui avaient survécu, figurait Bobby Charlton, futur artisan du triomphe mondial de 1966.

Dix ans plus tard, le même Charlton associé notamment à l'Écossais Denis Law et au Nord-Irlandais George Best rendait un bel hommage aux compagnons disparus en gagnant la première Coupe d'Europe des clubs champions jamais remportée par un club anglais, en balayant en finale le Benfica d'Eusebio (4-1). Mais aux vertus de la jeunesse prêtées aux Busby Babes s'était substitué le génie dionysiaque de George Best. Dribbleur incomparable, Best symbolisait aussi les *swinging sixties* jusque dans leurs excès. Premier joueur anglais à apparaître dans des publicités télévisées, il dépensa sans compter l'argent que lui rapportèrent ses coups de génie, roulant en Jaguar type E, se faisant construire à l'âge de 23 ans une villa avec piscine intérieure ou investissant dans un magasin de vêtements à la mode. Mais il devint vite un buveur impénitent, négligeant l'entraînement et prenant du poids. À partir du début des années 1970 sa carrière prit un tour chaotique. Il changea fréquemment de club jusqu'en 1984, date à laquelle il arrêta de jouer, avant de mourir en 2005 des suites de ses excès.

Entre-temps, l'équipe de Leeds United conduite par le bouillant milieu de terrain écossais Billy Bremner avait été le second club anglais à atteindre la finale de la Coupe d'Europe. Le 28 mai 1975, les joueurs de Leeds dominèrent les Bavarois du Bayern de Munich mais furent victimes des décisions partisanes de l'arbitre français Michel Kitabdjian qui leur refusa un penalty indiscutable et annula un but pour un hors-jeu inexistant. Le Bayern marqua sur deux contres et s'adjugea une deuxième fois le trophée européen. Mais les supporters de

Leeds ne l'entendirent pas de cette oreille : ils saccagèrent le tout nouveau Parc des Princes en arrachant les sièges pour les lancer sur les forces de l'ordre. La *Thugs League* avait ouvert une succursale sur le continent, même si, pour deux ans, Leeds United fut interdit de coupe d'Europe.

En septembre 1977, le premier tour de la Coupe des coupes opposant l'AS Saint-Étienne à Manchester United devenait à nouveau le théâtre de violents incidents provoqués par l'expédition de la Red Army dans la cité forézienne. Après s'être livrés à des actes de vandalisme sur des commerces stéphanois, les membres de l'« armée rouge » affrontèrent dans les tribunes et jusque sur la pelouse les supporters des Verts. Le score du match finalement joué fut de 1 but partout... et 50 blessés.

Les occasions de déplacer le théâtre des opérations se multipliaient. Les clubs anglais régnaient désormais sur le football continental grâce à des formations composées des meilleurs joueurs britanniques et coachées par des entraîneurs à forte personnalité comme Brian Clough, le manager de Nottingham Forest. Bien organisées, déployant un jeu simple et efficace, les équipes anglaises s'imposèrent aussi grâce à leur détermination en remportant souvent les finales sur le score de 1 à 0, voire dans l'épreuve des tirs au but. Liverpool fut par exemple consacré grand d'Europe en remportant l'épreuve à quatre reprises (1977, 1978, 1981 et 1984). Le premier titre fut sans doute le plus accompli quand, après avoir éliminé Saint-Étienne en quarts de finale, les *reds* surpassèrent, sous la baguette de leur chef d'orchestre Kevin Keegan, le Borussia Mönchengladbach du champion du monde Berti Vogts et du virevoltant ailier danois Allan Simonsen 3 buts à 1 dans la finale disputée au *Stadio Olimpico* de Rome. Parti à Hambourg, Keegan fut remplacé avec succès par le meneur de jeu du Celtic Glasgow, l'Écossais Kenny Dalglish, puisqu'un deuxième titre consécutif fut acquis en 1978, quoique difficilement (1-0), aux dépens du FC Bruges à Wembley. Bénéficiant de l'efficacité de l'avant-centre gallois Ian Rush et de la vista du milieu écossais Graham Souness, Liverpool ajouta deux autres titres en 1981 et 1984, qui s'intercalèrent entre les sacres européens de Nottingham Forest (1979-1980) et d'Aston Villa (1982).

La victoire de 1984 avait été remportée de haute lutte au Stade olympique de Rome face à l'équipe locale l'AS Roma. À l'issue des prolongations achevées sur le score de 1 à 1 débuta l'épreuve des tirs au but. Les tireurs romains se montrèrent déconcertés par les gesticulations du Sud-Africain Bruce Grobelaar, le gardien de but des *reds*. Mais les choses n'en restèrent pas là. Dès l'issue de la rencontre, les partisans de la Roma se lancèrent dans une véritable chasse à l'Anglais, pourchassant les *scousers* jusqu'aux portes de l'ambassade du Royaume-Uni à Rome ! Même si les faits furent peu médiatisés, un sentiment de revanche animait sans doute les supporters les plus violents de Liverpool, renforcés par certains groupes de hooligans de Millwall et d'autres formations secondaires anglaises, quand ils arrivèrent au stade du Heysel de Bruxelles, le 29 mai 1985, où devait se disputer la finale de la Coupe des clubs champions opposant leur club fétiche à la Juventus.

L'après-midi bruxellois avait débuté sous de sombres auspices : un ultra de la Juventus avait poignardé un supporter de Liverpool alors que 20 hooligans anglais dévalisaient une bijouterie[90]. Mais, outre l'antagonisme et l'agressivité des hooligans de Liverpool, l'impéritie des autorités belges joua un rôle fondamental dans la catastrophe qui se produisit dans l'après-midi. Alors que les portes d'entrée devaient ouvrir à 17 heures, l'accès aux tribunes ne fut autorisé qu'une heure plus tard, attisant l'impatience des supporters. Surtout, aucun sas de sécurité n'avait été aménagé entre Italiens et Anglais. Des tribunes peuplées de spectateurs neutres étaient censées séparer les belligérants ; mais elles furent occupées par des immigrés italiens travaillant en Belgique ou en France qui avaient acheté des billets pour les cousins résidant dans la péninsule. Bien vite les supporters de la Juventus du secteur « Z » furent la cible de jets de bouteilles et de morceaux de béton que les hooligans anglais arrachaient sur la structure vétuste du Heysel. Dans la foulée, ces derniers voulurent porter le combat dans la tribune même des Italiens et franchirent facilement les grilles de séparation. Totalement débordés, les policiers et les gendarmes belges pensèrent d'abord à se protéger de la violence des hooligans anglais avant de recevoir les renforts de la police montée. Mais la panique avait gagné les Italiens, qui tentèrent de sortir du piège de la tribune. De conception ancienne, le stade du Heysel n'était percé que des portes étroites. Sous la pression de spectateurs affolés, un mur finit par s'effondrer, précipitant à terre des milliers de spectateurs. Plus de 39 personnes (32 Italiens, 4 Belges, 2 Français et 1 Britannique) trouvèrent la mort écrasées et même empalées sur les montants métalliques des grillages. Dans l'affolement général, la direction de l'UEFA et son président français Jacques Georges décidèrent de faire jouer le match afin d'éviter une émeute plus grave encore. Après avoir découvert grâce à l'Eurovision l'ampleur du désastre, les spectateurs européens assistèrent à une parodie de match que la Juventus remporta sur le score de 1 à 0 (but de Michel Platini sur penalty, « fêté par ses coéquipiers[91] »). « Au même moment en Italie, de nombreux *tifosi bianconeri* qui suivaient la partie à la télévision et qui, peu de temps auparavant, avaient assisté aux terribles scènes de foule, succombaient à l'enthousiasme : à Turin les habituelles fêtes de victoire ne firent pas défaut pendant toute la nuit[92]. »

Aux yeux de la presse européenne, le désastre du Heysel marquait l'apogée d'une escalade de violence qui avait débuté à l'orée des années 1970. L'UEFA bannit les clubs anglais pour cinq ans des coupes européennes avec une suspension supplémentaire de deux ans pour le FC Liverpool. Mais ce désastre n'était que le second de cette *annus horribilis*. Quelques semaines plus tôt, 56 spectateurs avaient trouvé la mort écrasés, asphyxiés ou brûlés vifs dans l'incendie du stade de Valley Parade à Bradford dans le Yorkshire à l'occasion d'une rencontre de troisième division qui s'était déroulée le 11 mai 1985. Des monceaux de détritus laissés sous la tribune centrale allumés par de jeunes inconscients avaient provoqué un incendie qui embrasa presque immédiatement la structure de bois, piégeant de nombreux spectateurs. Le football anglais but le calice jusqu'à la lie quand, quatre ans plus tard, le 15 avril 1989, une terrible bousculade au début du match de demi-finale de la Coupe d'Angleterre Liverpool FC-Nottingham Forest provoqua la mort de 95 personnes dans le stade d'Hillsborough à Sheffield.

L'État britannique ne tenait traditionnellement pas à intervenir dans les affaires du sport. Mais Margaret Thatcher déclara la guerre au hooliganisme. Un arsenal juridique fut voté autour du *Public Order Act* (1986) réprimant sévèrement l'introduction d'alcool et d'objets dangereux dans les stades et facilitant la fouille du public. Le *Football Spectator Bill* (1989) prévoyait même l'introduction d'une carte d'identité que le spectateur de football devrait produire pour accéder à sa place. Une stratégie d'infiltration, digne de celle menée pour contrer les attentats de l'IRA, fut également appliquée, les hooligans convaincus de violences se voyant condamnés à de lourdes peines de prison. Après Hillsborough, la direction d'une commission d'enquête fut confiée au Lord Justice Peter Taylor. Loin de se borner à stigmatiser les supporters qui avaient forcé le passage du stade et provoqué une bousculade meurtrière, le magistrat britannique établissait dans son rapport (1990) un désolant état des lieux des stades anglais. Selon lui, il fallait d'abord entreprendre une vaste œuvre de rénovation, généraliser les places assises, faire en sorte que les spectateurs n'aient pas l'impression d'entrer dans les stades comme « des colonnes de prisonniers de guerre[93] ». En outre, il fallait de toute évidence améliorer les procédures de maintien de l'ordre.

Alors que s'annonçait l'Euro 1996 dont l'organisation avait été confiée à la Football Association et que les clubs anglais réintégraient la Coupe d'Europe, la lutte contre le hooliganisme était en passe d'être gagnée. Les stades britanniques devenaient parmi les plus modernes du monde. Et s'amorçait, surtout, une nouvelle ère économique et sportive dans laquelle le football anglais entrait de plain-pied.

Prolongations
Le IIIe siècle du football

Le football a connu trois siècles de métamorphoses. Couvrant presque tout le siècle des révolutions, le premier a été marqué par une lente formalisation du jeu reposant notamment sur une domestication de la violence et la séparation du football association de son cousin, le football rugby. Une première mondialisation du jeu vit la conversion des élites sud-américaines, européennes et même bengalies. S'ouvrant sur la création de la FIFA (1904), le deuxième siècle amorça une dépossession de l'invention anglaise. Au sein de l'internationalisme consacré par la création de la Coupe du monde en 1930, les pays d'Europe centrale et latine comme ceux de l'Amérique élaborèrent de nouvelles manières de jouer. Associant étroitement le *people's game* tant à la sphère politique qu'à une certaine idée de la nation, ils impulsèrent un professionnalisme débridé. Les pays colonisés, notamment africains, héritèrent également d'un jeu qui offrait, quatre-vingt-dix minutes durant, l'illusion de l'unité nationale. La caisse de résonance de la télévision amplifia encore la séduction du ballon rond, le métamorphosant en sport du « village global ».

Jusqu'au milieu des années 1990, les dirigeants du football, souvent des juristes, avaient veillé à faire coïncider l'organisation du jeu avec le cadre sacro-saint de l'État-nation en limitant notamment l'importation de joueurs étrangers. Supprimant l'exception sportive dans le droit du travail européen, l'arrêt Bosman (1995) a aussi contribué à rompre les digues du protectionnisme footballistique. Désormais, un club de football appartenant à l'Union européenne peut aligner onze joueurs ne possédant pas la nationalité du pays où ils exercent leur art. L'ouverture des frontières du football a alors nourri les flux de travailleurs, signant l'émergence d'un IIIe siècle que ponctuent d'autres mutations. Le ballon rond devint par exemple un miroir plus ou moins fidèle de la quatrième étape de la globalisation, la mondialisation « post-coloniale[1] », qui s'est emparée de notre temps.

Le football s'est alors imposé comme l'un des supports les plus remarquables de la dynamique contradictoire de la mondialisation. Agent de la standardisation culturelle, il porte tout autant la revendication identitaire. Ses stars et ses compétitions promeuvent une culture mondiale tout en valorisant l'existence de communautés imaginées et bricolées. L'accélération de la globalisation a transposé ce processus jusque dans les territoires longtemps demeurés terres de mission, ainsi qu'auprès de la moitié (féminine) de l'humanité dont la conversion reste encore à opérer. Mais la culture ou les valeurs ne sont pas seules en cause ; l'argent, à l'orée du XXIe siècle, est encore et toujours plus de la partie. L'explosion des droits télévisés comme la puissance commerciale et marketing des grands équipementiers sportifs ont fait basculer le centre de gravité des organisations sportives du droit vers le business. Depuis une vingtaine d'années, la crise a épargné l'entreprise football, alors que l'attachement à un territoire, à une couleur, à un drapeau, voire à un logo, alimente le fond de commerce des grandes compétitions internationales.

L'exceptionnalisme américain

« Existe-t-il une pratique culturelle plus globale que le football ? Les rites de naissance, de mort et de mariage sont universels, mais infinis dans leur diversité. Le football est joué selon les mêmes règles partout[2]. » Ce constat inspira le journaliste David Goldblatt, auteur de la première histoire globale du jeu. Mais il s'applique tout autant aux sports qui ont pour première caractéristique de reposer sur des règles universellement acceptées. Encore faut-il qu'elles soient appréciées *urbi et orbi*. Comme pour les religions subsistent en effet des terres de mission dont relève l'ex-aire impériale britannique, puisque le football n'arrive qu'en seconde, voire en quatrième position, surclassé des Antilles britanniques à l'Océanie par le cricket, les différentes déclinaisons du football et le hockey sur gazon. La prégnance de la culture sportive nord-américaine a tout autant limité le nombre de conversions aux États-Unis et dans une partie de l'Extrême-Orient.

Le *soccer* n'est cependant absent ni des États-Unis, ni même du Canada, puisque leurs équipes nationales ont disputé au moins une phase finale de la Coupe du monde : huit pour l'équipe américaine[3], une pour la formation canadienne (1986). Des territoires dont les pelouses synthétiques ont été foulées dans les années 1970 par des stars nommées Pelé, Cruyff, Eusebio, Best ou Beckenbauer. Ces vedettes, certes en préretraite sportive, contribuèrent à l'expérience de la North American Soccer League (NASL), la première ligue professionnelle à caractère national créée en 1968, et même binationale puisque des équipes canadiennes y participèrent. Le *soccer* avait cependant été joué sur le sol étatsunien bien avant la présidence de Lyndon Johnson ! L'Oneida Football Club, le premier club de football américain, aurait été fondé à Boston en 1862[4]. Comme au Montreal Football Club, créé deux ans plus tard[5], on y pratiquait sans doute un football encore mixte. Mais le ballon rond fut d'abord l'affaire des collèges. La rencontre opposant le 6 novembre 1869 à New Brunswick (États-Unis) l'équipe de Rutgers, l'université de l'État du New Jersey, à celle de Princeton est considérée comme le premier match de football intercollèges. Cinq ans plus tard, le football figurait au menu athlétique des étudiants de Toronto.

Oscillant entre association et rugby au sein de l'alma mater, le football commença à conquérir le reste de la population dans les années 1870-1880. Dès 1881, on dénombrait plus de 60 clubs[6] au Canada, et à la fin du siècle il essaimait du nord-est à l'ouest des États-Unis, en particulier à Chicago, Saint Louis, Denver et Los Angeles. Dans la capitale de l'Illinois, le *soccer* accompagna le développement industriel et urbain des années 1890 *via* la création d'équipes de quartier ou de clubs d'entreprises. À la célèbre Pullman Palace Sleeping Car Company, le président-fondateur, George Pullman, « avait été l'un des premiers employeurs à saisir le potentiel des sports comme moyen d'améliorer les relations du travail » et « à recruter quelques-uns des meilleurs joueurs de la zone sur la promesse d'un travail »[7]. Enfin, les immigrants fondèrent des clubs ethniques, de Winnipeg à Saint Louis en passant par Chicago, dans la décennie précédant la Première Guerre mondiale, qu'ils fussent italiens, britanniques ou venus de Bohême en quête de liberté et d'une vie meilleure que promettait le Nouveau Monde.

Jusqu'à la Grande Guerre, le potentiel de développement du *soccer* ne déparait pas celui du football européen. En 1914, la Canada Football Association, fondée deux ans auparavant, adhérait à la FIFA. De même, Randolph Manning, un médecin juif allemand qui avait joué un rôle important dans la naissance du football dans le sud-ouest de l'Allemagne avant d'émigrer aux États-Unis (1905), plaidait la cause de l'admission définitive au sein de la Fédération internationale de l'United States Football Association (USFA) devant le congrès de Christiana. Délégué de l'USFA, il « affirmait que son association avait remarquablement progressé l'année précédente grâce à la reconnaissance provisoire de la Fédération, bien qu'elle ait eu à surmonter des difficultés d'ordre multiple, principalement le management du football professionnel[8] ».

Cependant, malgré le dynamisme et l'enthousiasme d'hommes tels que Manning, le *soccer* n'occuperait, comme au Canada, que les marges de l'espace sportif nord-américain, annexé par les jeunes, les femmes et les immigrants. Si les effectifs n'étaient pas négligeables, ils restaient insuffisants pour l'imposer comme symbole d'une identité nationale qu'incarnent plutôt le base-ball, le football (américain), le basket-ball et, dans les États longeant la frontière canadienne, le hockey sur glace.

Historiens et même politistes ont tenté d'expliquer cet exceptionnalisme nord-américain, invoquant par exemple l'espace sportif et son occupation. Malgré sa pratique précoce, le football n'était en effet qu'un tard venu. Selon le politiste américain Andrei Markovits : « L'évacuation du football s'explique d'abord par le fait que la bourgeoisie américaine a mis en place avec succès son propre sport national, le base-ball, à l'époque même où le football s'imposait en Grande-Bretagne comme sport de masse[9]. » Les relations ambivalentes avec l'ancienne métropole, empreintes de la conviction de partager une même culture mais aussi du désir de s'en distinguer, firent le reste, d'autant que le base-ball, un dérivé du jeu de batte anglais, le *rounders*, « n'eut jamais à entrer en compétition avec un prédécesseur doctrinaire, retranché dans ses institutions, comme le *Turnen* allemand[10] ». Si le football restait un produit d'importation introduit par les immigrants avec leurs pauvres effets, le base-ball coïncidait avec la réaction nativiste qui refusait depuis la seconde moitié du XIXe l'immigration de populations catholiques ou celtiques, puis juives, orthodoxes et asiatiques. Alors que les Knickerbockers de New York avaient été la première équipe à jouer un base-ball moderne en 1845 et qu'en 1897 « seuls trois des 168 joueurs de la National League provenaient du Sud rural, alors que 31 venaient du seul Massachussetts[11] », toute une littérature pastorale se plut à présenter le base-ball comme le sport de l'Amérique authentique, celle des campagnes épargnées par la corruption du monde urbain. En 1907, l'élection d'Abner Doubleday, un héros nordiste de la guerre de Sécession, au rang de créateur du jeu par la Ligue nationale participa de cette idéologie. Si l'on en croit le mythe fondateur, Doubleday aurait en 1839, à l'âge de 20 ans, inventé le jeu sur les verts pâturages de Cooperstown (État de New York) avec ses camarades WASP. Le baseball incarnerait donc l'espace et la nature conquis par les descendants des pères fondateurs, jeu du nouveau peuple élu et de sa terre promise.

La passion du football (américain) qui s'empara des campus dans les années 1890 exprima tout autant l'exceptionnalisme yankee. À la fin du siècle, plus de 250 000 Américains étudiaient dans les universités et les collèges. Comme au Royaume-Uni, le rugby devint vite le sport universitaire par excellence, notamment parce qu'il « autorisait le plus grand usage de la force physique – en d'autres termes qu'il était un jeu "plus dur" ou plus violent[12] », dans une société où la puissance publique ne disposait pas du monopole de la violence légitime, le port d'arme restant un droit constitutionnel. Les voyageurs étrangers ne s'y trompaient pas. Paul Bourget estimait ainsi que « pour l'Américain, le *sport* ne va pas sans quelque danger, parce qu'il ne va pas sans la conception de la lutte et de l'audace[13] ». Après avoir assisté à Cambridge (Massachusetts) à un match opposant le *team* local de Harvard à celui de l'université de Pennsylvanie, l'écrivain s'enthousiasmait : « Le signal est donné et le jeu commence. Terrible jeu et qui suffirait seul à mesurer la différence qui sépare le monde Anglo-Saxon et le monde Latin ; jeu de jeunes dogues élevés à mordre, à se ruer dans la curée ; jeu d'une race faite pour les attaques sauvages, la défense violente, la conquête implacable et la lutte à outrance[14] ! » En d'autres termes, la conquête de l'Ouest, l'esprit hardi des pionniers, la résistance aux raids des Indiens, toute l'Amérique rêvée des jeunes Européens s'incarnait aussi dans le football local.

La violence déployée dans le jeu avait toutefois un prix : en 1905, 18 étudiants trouvèrent la mort sur les terrains de jeu et 159 furent sérieusement blessés[15]. Le président Theodore Roosevelt, pourtant chaud partisan de l'éducation virile, menaça d'interdire le football. Dès 1906, une réforme fondamentale des règles du jeu était introduite avec la passe en avant qui limitait l'affrontement physique en aérant et en accélérant le jeu. L'innovation avait aussi le mérite de nationaliser plus encore le football en le distinguant définitivement du rugby. Mais la fascination pour le jeu résidait toujours dans sa violence et les stratégies utilisées pour vaincre. L'agressivité déployée pouvait être remobilisée, sans la violence physique, par les classes supérieures pour conquérir le pouvoir et les secteurs clés de l'économie.

Le base-ball et le football s'imposèrent donc comme sport national, aux yeux des masses comme des élites, le *soccer* restant l'apanage des immigrants. Au fur et à mesure de leur intégration dans la société américaine, il perdit les faveurs des Écossais, puis des populations originaires d'Europe centrale, pour gagner celle des Latino-Américains de New York, de Floride et de Californie. Il n'en joua pas moins les trublions. Les dirigeants du *soccer* revendiquèrent auprès de la FIFA leur exceptionnalisme, en demandant dès les années 1960 que les lois du jeu soient aménagées. Ils réclamèrent ainsi des pauses régulières afin d'insérer dans les retransmissions télévisées davantage de publicités, l'autorisation d'utiliser cinq remplaçants par match, mais aussi et surtout l'élargissement des buts, voire la fin du hors-jeu pour rompre avec le malthusianisme du football. De fait, si la modeste Europe ou la pauvre Amérique latine pouvaient se contenter de scores maigrichons, la société d'abondance et de record états-unienne ne peut admettre un 0-0[16] ! La FIFA résista, ne tolérant qu'une ligne de hors-jeu fixée à 35 yards (32 mètres) du but et une séance de tirs très particulière organisée à la fin de chaque match de la NASL s'achevant sur un score nul. Cinq joueurs de chaque camp s'élançaient alors balle au pied de la ligne des 35 yards pour tenter de tromper le gardien adverse. Ces ruses n'empêchèrent pas la NASL d'interrompre en 1984 son activité, faute de spectateurs et de revenus publicitaires et télévisés conséquents.

João Havelange rêvait pourtant de convertir les Américains. Leur fédération fut donc retenue pour organiser la Coupe du monde 1994. Les grands stades du football américain furent mobilisés pour accueillir leurs bien lointains cousins et les horaires aménagés pour intégrer les différences de fuseau horaire avec l'Europe. Le coup d'envoi de certains matchs fut ainsi donné à 11 h 30 ou 12 heures, celui des deux finales à 15 h 30. FIFA World Cup USA 1994 établit un record pour le remplissage des stades. Les vastes enceintes nord-américaines accueillirent plus de 3,5 millions de spectateurs avec une moyenne de 68 991 par match contre 48 391 en Italie quatre ans plus tôt et 43 512 en France quatre ans plus tard. Mais le président Clinton eut beau assister au match d'ouverture à Detroit, la compétition ne bouleversa pas la hiérarchie sportive aux États-Unis, d'autant que la finale opposant un Brésil prudent à une Italie défensive au Rose Bowl de Los Angeles offrit la quintessence d'un football stérile. Au terme des prolongations et d'un score vierge de 0 à 0, le pays de Pelé l'emporta par 3 buts à 2. Deux ans plus tard, conformément à un engagement souscrit par la fédération américaine en échange de l'organisation de la Coupe, une nouvelle ligue professionnelle voyait le jour : la Major League Soccer (MLS). Afin d'éviter la concurrence du football, le championnat de la MLS se dispute entre avril et octobre mais reste une compétition mineure dans l'espace médiatique. Elle a pourtant offert des ponts d'or à des vedettes en déclin, parfois habituées des journaux people comme l'Anglais David Beckham, ou à des préretraités comme les Français Youri Djorkaeff ou Thierry Henry. Mais l'immensité des États-Unis a aussi transformé le *soccer* en une pratique de masse réunissant 4,18 millions de joueurs et joueuses licenciés aux États-Unis (et 865 712 au Canada)[17].

Le football se lève à l'Est

En 2006, la FIFA confia à l'institut de sondage zurichois Lamprecht & Stamm SFB AG le soin de recenser ses ouailles, qu'elles fussent ou non licenciées. Si le nombre de joueurs, arbitres, dirigeants « impliqués dans le football » était estimé à presque 89 millions de personnes dans la zone couverte par l'Asian Football Confederation (AFC), ce chiffre tombait à 4,040 millions pour les joueurs réellement enregistrés – soit 0,1 % d'une population globale de plus de 3,8 milliards d'habitants[18]. Par comparaison, la zone UEFA ne comptait que 64 millions de personnes actives dans le football mais plus de 21 millions de joueurs étaient encartés, soit 2,48 % de la population totale.

L'Asie reste donc une terre de mission, encore qu'il convienne de distinguer trois sous-ensembles. Le premier se compose d'empires ouverts de bon ou de mauvais gré à l'influence américano-européenne, bien qu'ils aient conservé tout ou partie de leur souveraineté. Dès la fin du XIXe siècle, le football y fut considéré comme l'une des nouveautés occidentales susceptibles d'épauler la modernisation. Si la Turquie choisit, on l'a vu, d'appartenir à l'Europe du ballon rond, la Chine, le Japon et l'Iran l'adoptèrent lentement mais constituent aujourd'hui des marchés prometteurs pour le spectacle sportif ou le nationalisme du muscle. Le deuxième sous-ensemble regroupe les territoires placés au cours du XIXe siècle sous domination coloniale. Les fédérations créées dans les années 1930 et 1940 ont généralement adhéré à la FIFA à partir des années 1950. Ici, les colons (militaires, enseignants, missionnaires) britanniques, français, néerlandais et portugais introduisirent le football qui, en retour, endossa les couleurs de l'indépendance sitôt la liberté recouvrée. Ainsi, lors des fêtes célébrant au début du mois de septembre 1957 la souveraineté acquise de haute lutte par les Malais, un Malaya Football Festival fut organisé et permit d'inaugurer de la meilleure des façons le Kuala Lumpur Stadium d'une capacité de 30 000 places[19]. Enfin, le troisième groupe concerne les pays de la péninsule Arabique dont les fédérations, hormis celle du Yémen fondée en 1936[20], naquirent à partir des années 1950. Le football de la Péninsule arabique s'est alors ouvert à l'influence étrangère, et a cherché, dès les années soixante, à recruter des entraîneurs étrangers, puis des joueurs. L'or noir joua naturellement son rôle. Les compagnies pétrolières elles-mêmes, organisaient, notamment au Koweït, des ligues pour leurs employés. Faibles numériquement, ces associations nationales ont pris du poids sur la scène asiatique et internationale à partir des années 1970. La flambée des prix du pétrole permit notamment d'importer des joueurs musulmans en Arabie saoudite ; des professionnels sud-américains, européens ou africains en préretraite sportive et/ou alléchés par les pétrodollars prirent le chemin du Qatar ou des Émirats arabes unis.

En Asie, l'essor du football se heurta pourtant à trois obstacles. Le ballon rond fut parfois stigmatisé comme un vecteur d'occidentalisation. L'importance de la population rurale et l'exiguïté de l'espace urbain ont pu aussi constituer un frein. Enfin, les déchirements politiques, de l'expansion japonaise au conflit israélo-arabe en passant par la guerre froide ont entravé son développement.

Évoquant en 1925 les difficiles débuts du football en Chine, Kwai Chung, l'un de ses pionniers hongkongais, rappelait les obstacles culturels qui bridaient sa diffusion. « Les Chinois de Hong Kong, écrivait-il, furent les premiers indigènes à avoir le privilège de voir le football joué et à l'apprendre, bien qu'il fallût quarante ans pour apprécier ses bonnes qualités et pour sortir de l'ornière du mépris et pour tenter d'y jouer[21]. » En effet, malgré l'exemple des marins et des soldats anglais stationnés dans le territoire chinois cédé en 1842 au Royaume-Uni, malgré l'existence de deux écoles de garçons fondées par le colonisateur, les exercices de plein air ne correspondaient pas au code de conduite traditionnel seyant aux jeunes Chinois[22]. Plus au nord, les sentiments antioccidentaux développés depuis la révolte des Boxers (1900) entravèrent l'adoption d'un sport considéré comme l'expression athlétique de l'impérialisme occidental[23]. Il fut donc d'abord pratiqué dans le sud de la Chine comme à Canton ou dans une ville internationale telle que Shanghai, devenant également le sport des établissements scolaires chrétiens qui se réunirent pour disputer une première compétition nationale à Nankin en 1910. La China National Amateur Athletic Federation, fondée dans la capitale de la première république chinoise en 1924, adhéra à la FIFA en 1931. Plus tard, l'entassement de la population hongkongaise constituerait un frein sérieux au développement du jeu. Pour y remédier, le gouvernement de Hong Kong construisit dans les années 1950 des terrains de football à 7 utilisés par la Hong Kong Miniature Football Association qui promouvait un « football miniature » moins gourmand en mètres carrés[24].

Entre-temps, dès le mois de mai 1917, une rencontre victorieuse (8-0) avait opposé à Tokyo une équipe chinoise à une formation japonaise. Elle inaugurait une série de sept matchs jouée jusqu'en 1934 et dominée par des Chinois qui bénéficiaient, *via* Hong Kong, de l'expertise britannique. La Nippon Shukyu Kiokai, la fédération japonaise de football, avait été lancée en 1921 avant d'être admise au sein de la FIFA en 1929. Le football avait été intégré dans les pratiques corporelles des lycéens et étudiants japonais, ses valeurs s'accommodant à la sauce stoïcienne et spirituelle de l'éthique de samouraïs tout dévoués à l'empereur ; mais il subissait la concurrence du base-ball. Depuis que les canonnières du commodore Perry avaient forcé l'entrée de l'archipel nippon, l'influence culturelle américaine s'exprimait aussi dans le champ sportif. Et, au contraire de son rival, le base-ball avait réussi à « transcender la frontière entre l'école et la vie de tous les jours[25] », en s'intégrant tant à la culture de masse qu'à celle des fins lettrés.

Pour l'heure, il s'agissait aussi de lancer des rencontres internationales dans l'Asie de l'Est et du Sud-Est afin de préparer l'entrée des équipes asiatiques dans les compétitions mondiales. Le président américain du

« Soccer Football Committee of the Philippine Amateur Athletic Federation », J. M. Cleland, en voyage en Europe en 1939, rencontra ainsi Ivo Schricker, le secrétaire général de la FIFA, pour lui demander conseils et aide à propos d'une compétition prévue à Manille en mars 1940. Cette épreuve inter-asiatique réunirait les équipes de Chine, des Indes néerlandaises, de Hong Kong, d'Indochine, du Japon, des Philippines, de Shanghai et de la Singapore Football Association. Elle entendait jauger les forces avant de dépêcher une ou plusieurs équipes aux Jeux olympiques qui devaient se dérouler en juillet 1940 à Helsinki.

Cette perspective ne pouvait que combler l'esprit missionnaire de Schricker, d'autant que la timide présence asiatique dans les tournois mondiaux avait été accueillie avec scepticisme. Les équipes de Chine et du Japon avaient en effet participé au tournoi olympique de Berlin en 1936. Certes, la première fut éliminée au premier tour avec les honneurs sur le score de 2 buts à 0 par l'équipe amateur représentant la Grande-Bretagne. Après avoir battu une formation européenne, la Suède, par 3 réalisations à 2, le Japon avait subi une véritable correction (0-8) en quart de finale de la part de l'Italie, future championne olympique. Malgré tout, les organisateurs français de la Coupe du monde 1938 espéraient la présence du Japon, d'autant que sa puissance s'affirmait aussi, dans les années 1930, dans l'ensemble des disciplines sportives. Les athlètes nippons avaient ainsi obtenu la cinquième place au classement des délégations aux Jeux de 1932 puis la huitième à Berlin. Mais l'expansionnisme japonais en décida autrement et la Coupe du monde 1938 offrit un avant-goût des difficultés que rencontrerait l'Asie pour construire son football et s'intégrer dans le saint des saints du ballon rond.

Pour venir en France, les Japonais devaient éliminer les futurs Indonésiens, mais le match qualificatif prévu à

Shanghai en janvier 1938 fut annulé[26]. En raison de l'attaque nippone lancée le 26 juillet 1937 contre la Chine, Ivo Schricker jugea « impossible qu'une équipe japonaise » jouât dans la ville chinoise[27], avis partagé par son homologue de la fédération française, Henri Delaunay, qui proposa alors Saigon ou « une autre ville de la péninsule Indochinoise possédant un stade mieux aménagé[28] ». La fédération japonaise se retirant finalement de la compétition, la voie s'ouvrait aux Indes néerlandaises, perspective qui ne suscitait guère l'enthousiasme, notamment pour des raisons financières. Delaunay cherchait en effet à limiter les dépenses, provoquant dès décembre 1937 la protestation de la fédération asiatique. Par l'intermédiaire de Karel Lotsy, le membre hollandais du Comité exécutif de la FIFA, elle se plaignit qu'on ne la plaçât pas « au même pied que les autres Associations extra-européennes qui [recevaient] suivant le Règlement de la Coupe du monde tous leurs frais de voyage[29] ». Or, le Comité d'organisation borna le remboursement des frais à 200 000 francs en exigeant que la délégation indonésienne se contentât de la troisième classe au lieu de la deuxième à laquelle elle avait statutairement droit ! De plus, seuls les deux tiers des frais de voyage de Batavia à Marseille seraient couverts : cette équipe « pas très connue en Europe » devrait donc disputer des matchs amicaux pour financer sa participation[30].

Indifférents aux problèmes soulevés par l'entraînement de joueurs cantonnés sur les ponts exigus de troisième classe, les organisateurs français se montraient réticents à l'égard d'équipes inconnues dont la participation risquait de fausser les résultats ou de n'être tout simplement pas à la hauteur. Ainsi, Lotsy, revenant sur son parrainage initial, voulut éviter que les joueurs de Java et Sumatra ne disputent des matchs d'entraînement contre des clubs néerlandais avant leur premier tour de

compétition. D'après lui, les clubs bataves les battraient
« avec des scores très élevés », ce qui serait un « trop
grand risque pour le pays organisateur[31] ». La *Revue de
la Coupe du monde de football 1938* présentait pour sa
part la formation « indigène » comme « une équipe
inconnue, totalement inconnue, et qui a fait un très long
voyage pour montrer aux spectateurs continentaux une
valeur que les initiés présentent comme appréciable[32] ».
Et son rédacteur terminait par une affirmation volontiers ambiguë ou ironique : « Une des attractions de la
Coupe du monde. » L'attraction en question n'eut qu'une
journée de représentation puisque le 5 juin la Hongrie
l'élimina dès le premier tour sur le score sans appel de 6
à 0 au stade municipal de Reims.

L'Asie dut ensuite se contenter, comme d'ailleurs
l'Afrique, d'un strapontin dans le théâtre mondial du
football jusque dans les années 1980-1990. En 1956,
deux ans après la création de l'AFC, une compétition
continentale réunissant les sélections nationales des
pays asiatiques voyait le jour : l'Asian Nations Cup, la
Coupe d'Asie des nations. Lors de la première édition
organisée à Hong Kong, la Corée du Sud remporta la
victoire. Mais représentant aussi l'Asie à la Coupe du
monde suisse, elle encaissa 16 buts en deux rencontres
sans en marquer un seul ! Le football asiatique restait
encore dans les limbes. Au début des années 1950, les
trois ligues de l'ancienne Indochine comptaient par
exemple trois divisions dont une, réservée aux équipes
jouant « pieds nus », alignait quinze formations dans les
ligues du Sud et du Nord-Vietnam en 1951[33].

Certes, la guerre d'Indochine battait alors son plein.
Mais d'autres obstacles limitèrent le développement du
football international en Asie. La Chine populaire décida
ainsi en 1958 de quitter la FIFA, l'accusant d'être « l'instrument politique de l'impérialisme US[34] », puisqu'elle

avait accepté que la fédération de la Chine nationaliste garde la dénomination de China National Amateur Athletic Federation. Il fallut attendre 1979 pour que ce conflit trouve un début de solution. Les dirigeants de la FIFA décidèrent que la fédération taïwanaise serait intégrée à condition qu'elle adopte la dénomination de Chinese Taipei Football Association, formulation que les dirigeants formosans acceptèrent de mauvaise grâce avant que le problème ne soit définitivement réglé en 1983. L'organisation de l'Asian Nations Cup fut également entravée par de redoutables problèmes logistiques – les petits pays déclarant forfait pour des raisons économiques – et politiques : la présence israélienne suscita par exemple le retrait des équipes pakistanaise et afghane dès la première édition. En 1980 encore, plus de onze équipes refusèrent pour différents motifs de disputer la compétition organisée au Koweït.

L'émergence économique de l'Asie contribua toutefois à conforter son assurance sur le plan sportif. Longtemps, les équipes asiatiques souffrirent d'un complexe d'infériorité à l'égard des formations occidentales. Certes, la performance surprise de la Corée du Nord qui battit (1-0) et élimina l'Italie au premier tour de la Coupe du monde 1966 avant de mener 3-0 face au Portugal d'Eusebio et de perdre finalement 5 buts à 3 fut considérée par l'AFC comme une étape historique. Mais les équipes qui représentèrent ensuite le continent à la Coupe du monde firent surtout de la figuration. De 1978 à 1998, les représentants de l'Asie dont le nombre fut porté à deux (1982), puis à quatre (1998) subirent en effet 26 défaites, obtinrent 7 matchs nuls et ne remportèrent que 3 victoires sur 36 rencontres disputées ! Seule l'équipe d'Arabie saoudite parvint à sortir du premier tour en 1994 après avoir battu le Maroc (2-1) et la Belgique (1-0), avant d'être écartée en huitième de finale par la Suède (1-3)[35]. Ces prestations furent parfois agrémentées d'incidents folkloriques. Le cheik Fahad al-Ahmad al-Saban, frère de l'émir du Koweït et président du Comité olympique et de la fédération de football koweïtis, ordonna à ses joueurs de quitter le terrain après que le Français Alain Giresse eut marqué un quatrième but dans la rencontre France-Koweït comptant pour le premier tour de la Coupe du monde 1982. Un coup de sifflet avait retenti des tribunes, donnant à penser que l'arbitre soviétique Miroslav Stupar avait arrêté le jeu. Finalement, alors que les joueurs du Golfe acceptaient de reprendre le match, ce but parfaitement valable fut annulé !

L'intervention intempestive du cheik, qui fut ensuite exécuté sommairement par les soldats irakiens lors de l'invasion du Koweït en août 1990, reflétait un mode d'affirmation spécifique. Le continent était avant tout porté par les pétrodollars et les succès économiques qu'enregistraient le Japon et les dragons tels que la Corée du Sud. C'est après avoir été régulièrement écartée de la phase finale de la Coupe du monde par son ancienne colonie, dont les équipes professionnelles étaient adossées aux puissants *chaebols*, que le Japon décida de rompre avec un football amateur et universitaire pour instaurer en mai 1993 la J. League (Japan Professional Soccer League). Pendant cinq ans un groupe de réflexion potassa la question en étudiant les modèles existant en Europe et en cherchant à associer les grands groupes industriels japonais au projet. La démarche paya son tribut au marketing puisqu'il fallait « trouver un nom qui soit évident pour chacun comme étant celui d'une ligue professionnelle japonaise, comme peuvent l'être la *Bundesliga* allemande ou la Série A italienne[36] ». Recrutant des joueurs et entraîneurs brésiliens et européens, la J. League connut un succès populaire immédiat, notamment auprès d'un public jeune et féminin déjà acculturé par les compétitions nationales qui opposaient les équipes des lycées japonais depuis 1918. En 1976, la finale du All Japan High School Football Tournament joué au stade national de Tokyo avait été suivie par plus de 51 000 spectateurs ! Le football scolaire avait revivifié l'esprit de loyauté et de mystique sacrificielle chez les jeunes lycéens après la Seconde Guerre mondiale tout en nourrissant les rêveries romantiques des adolescents nippons[37]. La J. League permit aussi à des entraîneurs européens de relancer leur carrière. Démis de ses fonctions par la direction de l'AS Monaco, le français Arsène Wenger dirigea entre 1994 et 1996 l'équipe de Nagoya Grampus qui remporta une Coupe du Japon et obtint une seconde place en J. League. Wenger fut ensuite recruté par le club anglais d'Arsenal avec le succès que l'on sait.

Dès 1994, la Chine populaire, qui avait commencé à se convertir à l'économie de marché depuis le début des années 1980, emboîtait le pas au Japon. Conseillée par le groupe de marketing sportif américain IMG, la fédération chinoise lança la Jia A, la première ligue professionnelle chinoise, appelée aussi Marlboro Chinese Football League parce qu'elle était sponsorisée par le groupe Philip Morris[38]. Après un durcissement de la législation antitabac, des sociétés occidentales désireuses d'affirmer leurs positions en Chine comme Pepsi Cola ou Siemens remplacèrent la marque du cow-boy. Disputée dans les villes de la Chine de la croissance, la compétition attira en 2001 une moyenne de 18 000 spectateurs, chiffre modeste au regard du potentiel humain de l'empire du Milieu. Mais l'introduction du professionnalisme avait porté ses fruits puisque la sélection chinoise se qualifia pour la première fois à une phase finale de la Coupe du monde en 2002. Elle y subit cependant trois défaites administrées par le Costa Rica (0-2), le Brésil (0-4) et la Turquie (0-3).

À l'instar du Japon, les entraîneurs et joueurs étrangers comme les Français Claude Leroy et Nicolas Ouédec poursuivirent ou achevèrent leurs carrières dans la ligue chinoise. Certains observateurs et acteurs occidentaux s'étonnèrent du niveau élevé de corruption d'un sport gangréné par les paris et les intérêts particuliers. En janvier 2010, Nan Yong et Yang Yimin, vice-présidents de la fédération chinoise, et Zhang Jianqiang, ancien directeur de la commission d'arbitrage de la fédération, furent arrêtés sous ce chef[39]. Alors que la sélection chinoise n'a pu se qualifier pour le Mondial 2006 ni pour celui de 2010, le football chinois semble à l'arrêt. Toutefois, les Jeux de Pékin ont prouvé, malgré les critiques formulées par les ONG et certains observateurs occidentaux, la capacité du régime à construire de beaux stades et à les remplir. Il y a fort à parier que la Chine accueillera l'une des prochaines compétitions en raison de sa stature de géant économique.

La femme est-elle l'avenir du football ?

La Coupe du monde organisée en 1998 en France a été marquée par une féminisation de l'audience télévisée. Si ce phénomène semble plus difficile à discerner dans les travées des stades où se disputent les matchs, le constat renvoie aussi à la place mineure de spectatrices que le monde du football assigne aux femmes depuis la fin du XIXe siècle. L'augmentation de la présence féminine dans les tribunes populaires a parfois été interprétée comme un sûr indice de la pacification des stades anglais durant l'entre-deux-guerres ; certains clubs huppés – la Juventus par exemple – ont compté parmi leurs sociétaires des « dames patronnesses » (plus de 167 en janvier 1920 à Turin[40]) ; rien n'y a fait : le deuxième sexe ne participa longtemps au football que sur un mode passif.

Dès la fin du XIXe siècle, des jeunes femmes éprises d'émancipation avaient pourtant tenté de s'approprier ce jeu bien masculin. L'aristocrate et voyageuse britannique Florence Dixie accepta en 1895 la présidence du British Ladies Football Club (BLFC) dont les premiers matchs réunirent jusqu'à 7 000 spectateurs. Mais ces derniers étaient sans doute animés par la curiosité un peu malsaine de voir des jeunes filles de bonne famille se disputer une sphère de cuir. Dès 1902, la Football Association interdit à ses membres de rencontrer des équipes féminines[41] et, malgré quelques initiatives sporadiques jusqu'en Russie en 1911, il fallut attendre la Grande Guerre pour que le football féminin connaisse un premier essor.

Alors qu'au Royaume-Uni des industriels avaient aidé à la diffusion du jeu parmi les munitionnettes, pour en faire ensuite un spectacle sportif à part entière à l'exemple de l'équipe des Dick, Kerr's Ladies[42], le premier match de football féminin hexagonal ne se joua à Paris qu'en septembre 1917, opposant des membres du club Femina Sport fondé cinq ans plus tôt. Après avoir disputé des rencontres contre de jeunes lycéens parisiens, les joueuses du Femina remportèrent en 1919 le premier championnat de France organisé par la Fédération des sociétés féminines sportives de France (FSFSF). Sous l'égide de la FSFSF (elle-même fondée en janvier 1918 et vite dirigée par Alice Milliat, la grande pionnière du sport des Françaises), le football féminin connut un certain essor, surtout à Paris, auprès de joueuses d'origine populaire ou petite-bourgeoise. Dès le printemps 1920, une sélection des meilleures joueuses françaises était invitée à disputer quatre rencontres contre l'équipe nationale féminine anglaise. Les matchs joués au printemps attirèrent des foules de 30 000 à 40 000 spectateurs. Un intérêt certain entoura ensuite la venue des footballeuses anglaises à Paris à l'automne suivant. Plus de 10 000 spectateurs dont Jules Rimet, le président de la FFFA et de la FIFA, assistèrent aux deux matchs, au stade Pershing d'abord, à Roubaix ensuite. Le regard que portaient les organes sportifs et le public – en grande partie masculin – restait toutefois ambigu. Il oscillait entre la désapprobation pour une activité censée menacer les fonctions procréatrices et la reconnaissance des nouvelles fonctions sociales que les femmes assumaient depuis la Grande Guerre[43]. Avec le retour à l'ordre de la fin des années 1920, le football féminin s'effaça ou se dissimula. En Italie, Leandro Arpinati, le président fasciste de la fédération de football, autorisa un groupe de sportives milanaises à pratiquer le football à condition qu'elles ne le fassent pas en public[44].

Il fallut attendre les prodromes de la libération de la femme pour que le football féminin resurgisse d'abord dans des pays qui, comme les États-Unis ou les nations scandinaves, avaient les premiers accordé le droit de vote aux femmes et pour lesquels l'égalité entre les sexes n'était pas un vain mot. La première initiative visant à bâtir des compétitions féminines vint pourtant de l'Italie. Un groupe d'hommes d'affaires et d'avocats turinois avait créé en 1968 une *Federazione Italiana di Calcio Femminile* suivie, l'année suivante, par une Fédération internationale et européenne de football féminin (FIEFF). À l'entreprise n'était attaché aucun objectif féministe : « Il ne s'agi[ssait] pas pour eux de militer pour une quelconque égalité des sexes, mais bien d'exploiter l'aspect sensationnel et inédit du football féminin[45]. » Après un premier championnat d'Europe, ces affairistes organisèrent deux « Coupes du monde féminines » en Italie (1970) et au Mexique (1971) avec un sens particulier de l'éthique sportive : les tirages au sort désignant l'ordre des rencontres pouvaient être refaits afin que l'équipe du pays hôte puisse rencontrer en finale la formation la plus forte, celle du Danemark en l'occurrence ! Toutefois, les deux compétitions connurent un extraordinaire succès populaire en particulier au Mexique où les matchs, retransmis des deux côtés du Rio Grande, furent suivis par plus de 90 000 personnes accourues au stade Aztèque.

Ce frémissement eut peu d'écho dans des fédérations officielles qui se désintéressaient du football féminin quand elles ne l'interdisaient pas, affirmant que cette pratique aurait été « contre nature ». Toutefois les préventions commençaient à tomber, d'autant que des femmes du Sud-Est asiatique se mettaient elles aussi aussi au *soccer*, dans un contexte il est vrai plus favorable. En Asie, le *soccer* était associé de manière assez lointaine à l'identité masculine en raison de son développement inégal. « Fondée en 1968 par des femmes issues des couches supérieures de Hong Kong, Malaisie, Singapour et Taïwan[46] », l'Asian Ladies Football Confederation (ALFC) regroupa aussi à partir de 1974 les footballeuses de l'Océanie. Après une première Coupe d'Asie organisée en 1975, une Coupe du monde féminine sur invitation vit le jour trois ans plus tard à Taïwan. Seules trois formations européennes participèrent aux côtés de huit équipes asiatiques. Le Stade de Reims, le meilleur club féminin français des années 1970, ainsi que l'équipe finnoise du HJK Helsinki furent classées premières ex-æquo.

Toutefois, l'ALFC commençait à agacer tant l'AFC que la FIFA. Si João Havelange, en patricien sud-américain, nourrissait des griefs esthétiques à l'égard du football féminin, il se montrait surtout sensible à la menace que pouvait incarner une fédération féminine autonome susceptible d'attirer les dissidents de tout poil. C'est donc surtout pour défendre leur pré carré que les dirigeants zurichois se penchèrent sur la destinée footballistique du deuxième sexe. Un « comité pour le football féminin [vit] le jour en 1986 où une seule femme siège[a] pendant de nombreuses années[47] ». Surtout, João Havelange eut l'habileté de mêler au thème du football féminin les entrelacs de la géopolitique asiatique. Alors que la fédération taïwanaise s'était portée candidate pour accueillir une première Coupe du monde féminine officielle, ses dirigeants refusèrent obstinément d'accueillir une délégation sportive composée de « communistes ». Le tournoi d'essai prévu en 1987 fut donc confié à la... Chine populaire, qui consacra les moyens nécessaires pour que la compétition soit un succès. Elle le fut avec « 20 000 spectateurs par match en moyenne ; retransmissions des rencontres, en direct ou en différé, dans 15 pays différents ; niveau technique et tactique satisfaisant avec, notamment, une moyenne de 3 buts par match[48] ». Dès lors, le système sportif centralisé chinois investit dans le football féminin pour contrer les « revanchards » de Taïwan et organiser la première Coupe du monde de football féminin de la FIFA.

Depuis 1991, cinq compétitions mondiales se sont déroulées auxquelles s'ajoutent les quatre tournois olympiques dédiés aux footballeuses depuis 1996. La FIFA a tenu logiquement à choisir des pays organisateurs où le football féminin compte : la Chine (1991 et 2007), les États-Unis (1999 et 2003) et la Suède (1995). Du point de vue de l'affluence, les Coupes du monde féminines ont drainé moitié moins de spectateurs que leurs homologues masculines. Les moyennes les plus basses ont été enregistrées en Suède (1995) avec 4 315 spectateurs par match, les plus hautes aux États-Unis (1999) avec 37 319 individus par rencontre. Les finales rassemblèrent entre 17 158 personnes dans le Rasunda Stadium de Solna (banlieue de Stockholm) en 1995 et 90 185 spectateurs massés dans le Rose Bowl Stadium de Los Angeles quatre ans plus tard.

Ces compétitions ont vite dessiné une hiérarchie que dominent trois pays : les États-Unis (deux Coupes du monde en 1991 et 1999 et trois tournois olympiques en 1996, 2004 et 2008), l'Allemagne (deux titres mondiaux en 2003 et 2007) et la Norvège (deux médailles d'or en 1995 et 2000). En clair, la hiérarchie du football féminin illustre d'abord le rapport entre droits des femmes et excellence sportive, puis, dans les cas américain, norvégien et, par extension, chinois, la place laissée vacante par un football masculin non hégémonique. Aux États-Unis, des pédagogues avaient plaidé pour l'introduction du football association dans l'éducation physique des collèges féminins dès l'entre-deux-guerres[49]. Moins violent et souffrant surtout d'une moindre connotation masculine que le football et le hockey sur glace, le *soccer* permettait aux jeunes filles de pratiquer un jeu à l'air libre – au contraire du basket-ball – et sans le truchement de la batte et du gant du base-ball. Il serait joué aujourd'hui de manière plus ou moins régulière par 9 millions de jeunes Américaines et sur 88,6 % des campus[50]. Et l'immense réservoir de footballeuses américaines alimente régulièrement l'équipe nationale en jeunes talents. L'exceptionnalisme américain réside donc aussi dans la force du soccer féminin, décalque négatif de la relative faiblesse de son homologue masculin.

Toutefois, le football féminin n'a pas produit de véritable professionnalisme. Nombre de joueuses en Europe et aux États-Unis sont, osons le mot, des semi-professionnelles. L'expérience de la Women's United Soccer Association (WUSA), la ligue professionnelle créée aux États-Unis en 2000, a par exemple tourné court. Après avoir attiré les meilleures joueuses du monde dont la meneuse de jeu chinoise Sun Wen et l'avant-centre tricolore Marinette Pichon, la WUSA a disparu en septembre 2003, faute de recettes suffisantes.

Les bases du *soccer* restent avant tout universitaires et s'il existe des vedettes mondiales comme le milieu offensif américain Mia Hamm désormais à la retraite, la buteuse allemande Birgit Prinz ou l'attaquante brésilienne Marta, sacrée meilleure joueuse du monde par la FIFA de 2006 à 2009, ces sportives de haut niveau sont surtout connues dans leur pays et par les passionnés de football les moins machistes !

Et il n'est pas fortuit que les pays où les succès des équipes nationales féminines suscitent un enthousiasme comparable voire parfois supérieur à celui créé par les victoires hommes soient ceux où le *Women's Lib* a changé la société. Ainsi, la finale de la Coupe du monde 2003, opposant l'Allemagne et la Suède, a établi un véritable record d'audience outre-Rhin : plus de 13 millions de téléspectateurs suivirent l'événement, « soit plus que pour le match de qualification de l'euro 2004, pourtant décisif, disputé la veille par la Mannschaft masculine[51] ». De même, sur les bords de la Baltique, le match perdu par les Suédoises permit à la chaîne TV4 d'enregistrer « la meilleure performance de son histoire avec 4 millions de téléspectateurs, soit 40 % de part d'audience[52] ».

En fait, l'avenir du football féminin dépend surtout de l'amélioration de la condition féminine. L'essor des fondamentalismes religieux pressant les femmes à se replier dans la sphère privée et à sortir couvertes de la tête au pied, comme le poids des conservatismes sociaux forment autant d'obstacles à son épanouissement. Ainsi, deux équipes, le Nigéria et le Brésil, dominent le football féminin africain et sud-américain en raison de la pauvreté et/ou de la condition que les autres pays réservent au deuxième sexe. À ce titre, l'autorisation du port du voile décrétée à titre d'essai par les membres (tous masculins) de l'International Football Association Board en octobre 2012 à Glasgow et confirmée, à titre définitif, le 1er mars 2014, recèle bien des ambiguïtés. Certes, le voile « sportif » n'est pas le hidjab de la vie quotidienne et ne doit pas, pour des raisons de sécurité, être attaché au maillot. Certes, il doit permettre aux jeunes filles et aux jeunes femmes des pays respectant la charia de pouvoir jouer au football. Et, comble du paradoxe, au nom de l'interdiction de « toute discrimination d'un pays, d'un individu ou d'un groupe de personnes pour des raisons de couleur de peau, d'origine ethnique, géographique ou sociale, de sexe, de religion » (article 3 des statuts de la FIFA), l'autorisation a été étendue au port du turban revendiqué par les footballeurs sikhs ! Toutefois, la décision de l'IFAB reflète surtout le poids des fédérations du Moyen Orient au sein de la FIFA, même si c'est une fédération moins influente que celle du Qatar qui a fait la promotion du voile footballistique depuis plusieurs années, à savoir l'Iran. Or, si les dirigeants de la FIFA et de l'IFAB se défendent, en arguant de leur volonté de développer le football et de conserver son caractère universel, il y a en la matière deux poids et deux mesures. Si la fédération – et le pouvoir – iraniens ont réussi à faire autoriser une tenue conforme aux préceptes religieux en vigueur à Téhéran, ils continuent à interdire aux femmes de pénétrer dans des stades où jouent les hommes ! Une situation que Sepp Blatter a d'ailleurs déplorée, en septembre 2013, en déclarant : « Pour le moment, la législation du pays ne le permet pas. Je ne sais pas s'il sera un jour de remédier à cette situation intolérable[53]. »

Il semble qu'il aurait été possible d'opposer des critères purement sportifs à l'autorisation de se couvrir complètement le crâne. Comment atteindre l'excellence sportive, lorsque le port du voile entraîne une hypersudation et entrave partiellement la joueuse ou le joueur lorsqu'il exécute une tête ? Surtout, dans des contextes géopolitiques très différents, ne peut-on pas penser que, de même que les États fascistes ont voulu rompre avec la neutralité du sport en imposant le salut bras levé sur les pelouses des années trente, l'obtention de l'autorisation du port du voile n'est pas une autre manière de subvertir l'universalisme sportif par le port d'un signe distinctif religieux ? En football comme dans d'autres manifestations de la vie internationale, l'enfer est pavé de bonnes intentions.

Libre circulation et extraversion

Alors que la France allait célébrer la victoire de l'équipe « black-blanc-beur » le 12 juillet 1998, des autorités en matière de football proclamèrent outre-Rhin la mort de l'État-nation comme référence suprême de l'organisation du jeu. « Pour Franz Beckenbauer, aucun doute n'était permis : "un jour, il n'y aura plus d'équipes nationales, l'Europe se soude[54]." »

Autrement dit, les forces dissolvantes de la mondialisation et de la construction européenne auraient raison des frontières de l'État (sportif) westphalien, la fin des territoires prédite par de bons politistes[55] n'épargnant pas le ballon rond.

Le retour brutal de la question territoriale au cœur de la géopolitique a fait justice de conceptions évacuant trop prestement les pesanteurs de l'Histoire comme la force du contrôle étatique et du sentiment national qui nourrissent, depuis les origines, le football international. Les fondateurs de la FIFA ne visaient-ils pas à calquer le modèle organisationnel du football sur le cadre de l'*État-nation* ? À vouloir contrôler la circulation des joueurs entre les associations *nationales* ? Et à faire du match *inter-nations* le summum de l'excellence ?

Ce constat n'empêche pas pour autant de mesurer les forces qui érodent depuis une quinzaine d'années la configuration nationale et internationale du football pour l'insérer dans une dimension transnationale. Le tremblement de terre a bien évidemment été l'arrêt Bosman rendu par la Cour de justice européenne le 15 décembre 1995. Du nom d'un obscur footballeur belge désireux de recouvrer sa liberté contractuelle, cette décision étendait le principe de la libre circulation des travailleurs aux sportifs professionnels. L'arrêt Malaja, rendu par le Conseil d'État en faveur de la basketteuse polonaise Lilia Malaja (30 décembre 2002), accorda les dispositions de l'arrêt Bosman aux ressortissants des pays ayant signé un traité d'association avec l'Union européenne. Certains États, telle l'Allemagne, avaient néanmoins appliqué cette extension dès 1996.

Ces dispositions amplifièrent les flux de joueurs étrangers qui s'étaient réamorcés au début des années 1980. À la veille de l'arrêt Bosman, la plupart des fédérations de l'Europe de l'Ouest admettaient en effet trois joueurs étrangers par équipe de club. « Dans beaucoup de pays européens, la réglementation Bosman [pouvait] être vue comme une excuse de la dérégulation, plutôt que comme sa cause[56] », d'autant que l'ouverture des frontières a surtout bénéficié aux joueurs sud-américains et africains, moins onéreux pour les finances des clubs. Les performances du Cameroun à la Coupe du monde 1990 convainquirent les recruteurs italiens, jusque-là réticents, de la justesse des choix qu'avaient opérés leurs collègues belges et français. Dans le match d'ouverture, les footballeurs camerounais avaient battu l'Argentine, le champion du monde sortant, sur une tête ponctuant une superbe extension de l'attaquant François Omam-Biyik. Ils avaient ensuite donné le tournis à l'équipe d'Angleterre en quart de finale avant d'être éliminé de justesse (2-3). Le Sénégal confirma cette flatteuse impression en 2002 : après avoir éliminé l'ancien colonisateur au premier tour, il échoua d'un rien face à la Turquie en quart de finale (0-1).

Alors qu'en 2001-2002, 57,9 % des footballeurs de la *Bundesliga* étaient des nationaux, cette proportion tomba à 51,7 % en 2007-2008 ; en France, la chute fut moins prononcée (de 75,7 à 63,6 %) qu'en Angleterre (de 61,5 à 47,5 %) pour les mêmes saisons[57]. La libre circulation des joueurs eut donc des effets inégaux malgré la jurisprudence Bosman qui stipulait que tout joueur en fin de contrat n'avait plus de compte à rendre à son ancien club et pouvait par conséquent s'engager là où il le désirait.

Les puissances moyennes du football, comme la France, ou à économie sportive plus faible, comme la Belgique et les Pays-Bas, ont sans doute fait les frais, au niveau des clubs, de cette disposition. Le club bruxellois d'Anderlecht et l'Ajax d'Amsterdam ne sont plus des grands et leur qualification en quarts de finale de la Champions League relève désormais de l'exploit. De même, l'ascension des clubs français sur la scène européenne – l'Olympique de Marseille remportant la Champions League en 1993 ; le Paris-Saint-Germain, la Coupe des coupes face au Rapid de Vienne en 1996 – a été stoppée net. Tant que le nombre d'étrangers était limité à trois par équipe, les meilleures formations françaises pouvaient s'offrir le « premier choix » en matière de recrues européennes ou sud-américaines. Après l'arrêt Bosman, ils durent se contenter du second, voire du troisième. La présence du Brésilien Ronaldhino au Paris-Saint-Germain entre 2001 et 2003 a constitué une exception, le jeune joueur voulant surtout s'acclimater au football européen dans un championnat réputé moins difficile que la Liga qu'il rejoignit par la suite. Grâce à son système de formation créé à l'orée des années 1970 et appuyé sur ses réseaux post-coloniaux en Afrique, la France est devenue un pays « naisseur » ou de transit où les jeunes footballeurs s'arrêtent un temps avant de gagner les zones « d'embouche » que forment les grands clubs européens. L'accession de l'AS Monaco en finale de la Champions League en 2004 releva presque d'un miracle qu'expliquent la fiscalité arrangeante de la principauté à l'égard des joueurs extra-communautaires, l'expertise du jeune entraîneur Didier Deschamps et l'émergence d'une nouvelle génération de joueurs talentueux. Las, les saisons suivantes, la majorité de ces jeunes étoiles migrèrent vers des cieux plus argentés.

La formule de la Champions League contribua aussi, il est vrai, à creuser les écarts entre les ligues nationales fortunées... et les autres. L'UEFA, installée à Nyon (Suisse romande) en 1995, révisa à de multiples reprises les règles de la compétition imaginée par Gabriel Hanot. À partir de la saison 1992-1993, un système de groupes remplaça à certains stades de la compétition l'élimination directe. Dès la saison 1999-2000, jusqu'à trois autres clubs par fédération eurent le droit de concourir avec le champion, en fonction d'un barème intégrant les performances nationales. Visant à réduire les conséquences économiques de l'incertitude sportive, ces changements ont aussi cherché à amortir, au profit des grandes fédérations d'Europe de l'Ouest, les effets de la prolifération étatique, le nombre de fédérations affiliées à l'UEFA passant de 34 en 1989 à 53 en 2008.

Si l'UEFA se plia au droit européen, la FIFA tenta de limiter les effets de la libre circulation sur les sélections nationales en proposant le système du 6 + 5 : chaque club devrait aligner six joueurs nationaux dans leur onze de départ. Parfaitement illégale au regard du droit européen, cette mesure invoquait la spécificité du sport mais fut rejetée en 2008 par la Commission de Bruxelles. Elle semble avoir été totalement enterrée après que le Français Jérôme Champagne, directeur des relations internationales de la Fédération et porteur, au nom du président Sepp Blatter, du projet a quitté la FIFA en janvier 2010.

Toutefois, la libre circulation des joueurs n'a pas forcément handicapé les sélections nationales. En Afrique, elle a bénéficié à la stratégie d'extraversion décrite par le politologue Jean-François Bayart[58]. Pour ce dernier, les élites africaines ont en partie détourné à leur profit la dépendance des pays africains à l'égard de l'Occident, qu'il s'agisse de l'endettement, de la domination économique ou de l'aide au développement, en appliquant des stratégies variées allant de l'instrumentalisation des organisations non gouvernementales (ONG) à la captation d'une grande partie de la rente pétrolière dans le golfe de Guinée. Appliquée au football, cette politique de l'extraversion est parfaitement illustrée par le parcours des jeunes joueurs. En effet, selon le géographe Raffaele Poli, l'abolition des limites à la circulation des joueurs, l'aide à l'implantation de centres de formation et le rapatriement périodique des meilleurs footballeurs par le biais des convocations en sélection sont autant d'éléments de l'« extraversion » du football africain. Au final, l'exportation de footballeurs vers le marché européen associe étroitement élites et intermédiaires africains, coopérants et clubs européens dans un réseau qui s'étend des périphéries des grandes métropoles africaines aux plus grands stades du monde où ont joué le Malien Mahamadou Diarra (Real Madrid), l'Ivoirien Didier Drogba, le Ghanéen Michael Essien (Chelsea) ou le Camerounais Samuel Eto'o (Milan AC)[59]. Le phénomène pourrait porter un jour une sélection africaine vers le titre mondial.

Ce constat pourrait aussi valoir pour l'Hexagone. Jamais l'équipe de France ne s'est aussi bien portée depuis que la majorité de ses joueurs évoluent dans des championnats étrangers. Qu'on en juge : de 1996 à 2010, les Bleus se sont qualifiés à tous les rendez-vous mondiaux et européens, rendus certes plus accessibles par l'élargissement de leurs portes d'entrée. Trente-deux sélections nationales sont admises à la phase finale du Mondial 2010 (contre 16 en 1978), 16 à celle de l'Euro 2012 et 24 en 2016 (contre 8 en 1980). Il n'empêche, l'équipe de France est parvenue à réaliser ce qu'elle n'avait jamais accompli jusque-là : atteindre deux finales de Coupe du monde (1998 et 2006), en gagner une (1998) et remporter un Euro à l'extérieur (2000). Plusieurs éléments expliquent ce succès : la réussite lors d'épreuves de tir au but ou dans une prolongation placée sous le signe du « golden goal », une tactique ultra-défensive imposée par le sélectionneur Aimé Jacquet, les coups de génie de Zinedine Zidane, digne successeur de Raymond Kopa et de Michel Platini. Mais l'élément essentiel a sans doute été l'expatriation des joueurs-cadres qui ont appris dans les grands championnats européens la « culture de la gagne ». Ce que les clubs français ont perdu en termes de joueurs nationaux, l'équipe de France l'a gagné en plus-value sportive.

Le football entre géopolitique et géoéconomie

L'évolution essentielle de l'économie du football dans les quinze dernières années se résume par l'inflation des droits télévisés. Le coup d'envoi avait été donné par le magnat américano-australien Rupert Murdoch dont la chaîne par satellite BSkyB signa en 1992 un accord historique avec la Première League. En vertu de ce contrat, la chaîne acquérait contre 300 millions de livres le droit de retransmettre certains matchs du championnat de première division anglais pour cinq ans[60]. Le pari était tout à la fois audacieux et réaliste. Le renchérissement du coût des tickets donnant accès aux stades allait écarter une partie du public populaire. Ce dernier reporterait son intérêt sur les équipes des divisions inférieures mais voudrait aussi regarder les matchs disputés par les « Big Four » – Arsenal, Chelsea, Liverpool et Manchester United. Le pari a été gagné puisqu'en 2007 le montant des droits de la Première League a été porté à 1,782 milliard de livres pour la période courant de 2007 à 2010 ! Même si le football anglais a aussi été marqué par des faillites retentissantes, celle de Leeds United en 2007 par exemple, l'argent de la télévision couplé à une politique de marketing et de merchandising agressive a transformé les grands clubs en centres de profit. C'est pour cette raison que les Glazer, une famille de riches entrepreneurs sportifs américains, s'empara du Manchester United en 2005 au terme d'un montage financier astucieux puisque la moitié de l'emprunt souscrit pour racheter les actions du club fut payée par le club lui-même.

La recapitalisation des clubs *via* les droits télévisés, l'importation massive de joueurs dont le Français Eric Cantona fut sans doute le plus emblématique durant son séjour manchestérien (1992-1997), permirent de replacer le football anglais sur le devant de la scène. Manchester United remporta deux Champions League en 1999 et 2008, Liverpool se contentant d'une victoire en 2005. À l'instar de l'Angleterre thatchérienne qui avait ouvert les frontières du marché national au risque de faire disparaître des pans entiers de l'industrie, le football d'Albion a privilégié la renaissance de ses clubs pour capter les nouveaux publics asiatiques et européens reliés aux stades d'Old Trafford ou d'Anfield Road *via* la télévision par satellite. Et ce, au détriment de son équipe nationale dont les jeunes talents peinent à s'intégrer dans les équipes cosmopolites que sont devenues, par exemple, les formations londoniennes de Chelsea et d'Arsenal.

De manière plus générale, l'activité des vingt premiers clubs européens en termes de revenus n'a cessé de croître. Selon le cabinet d'audit Deloitte, observateur attentif de l'économie du ballon rond *via* un palmarès qualifié de « Money League » : « Le football reste un sport de croissance, surtout au plus haut niveau. Le revenu total des vingt premiers clubs a augmenté de 6 % (220 millions d'euros) pour atteindre 3,9 milliards d'euros (3,1 milliards de livres) en 2007-2008. Ce chiffre a plus que triplé depuis la première publication de la Money League, en 1996-1997[61]. » Cette expansion n'est pas allée sans dérives et a pris aussi l'allure d'une économie de casino dont le Real Madrid, ses dépenses somptuaires et son endettement tout aussi colossal, constitue sans doute la partie émergée de l'iceberg.

Mais l'inflation des droits télévisés et des revenus dérivés a aussi bénéficié aux organisations internationales. Entre 1998 et 2006, les droits télévisés payés pour la retransmission de la Coupe du monde ont été multipliés par onze, passant de 135 millions à 1,5 milliard de francs suisses[62]. Cette manne ajoutée à celle acquittée par les multinationales telles que Coca-Cola et les quatorze autres partenaires officiels de la FIFA représentant presque tous les domaines de la consommation[63] a transformé la Fédération internationale. En 2003, les revenus annuels de l'organisation s'établissaient à 712 millions de francs suisses, contraignant ses dirigeants à pratiquer un grand écart constant entre la logique des affaires et l'affichage de l'ONG œuvrant *« for the good of the game »*.

La situation actuelle de l'organisation n'a fait pourtant qu'amplifier la logique impulsée sous la présidence de João Havelange (1974-1998). Sous l'impulsion de cet homme d'affaires brésilien et sous l'influence de Coca-Cola et de l'industrieux président d'Adidas-France Horst

Dassler, l'organisation avait entamé une véritable révolution culturelle pour apprendre à monnayer au prix fort les droits télévisés... *via* la société de marketing et de gestion des droits International Sport and Leisure (ISL) créée par Dassler en personne et basée à Lucerne jusqu'à sa faillite en décembre 2001. Ces relations incestueuses ont nourri des livres à charge qui entendent dénoncer la corruption présumée de certains dirigeants[64].

Dans son programme électoral imprimé sur papier glacé, Havelange promettait en 1974, outre l'élargissement de la phase finale de la Coupe du monde, de lancer des politiques d'aide au développement au nom des valeurs de la FIFA, « association qui [pouvait] à travers le sport étendre les liens de solidarité et fraternité humaines[65] ». Une grande partie de l'œuvre d'Havelange est aujourd'hui actualisée dans les programmes que lance la FIFA depuis 1975 avec l'aide de grands partenaires économiques. Ce faisant, la Fédération internationale a signé un pacte « faustien » avec les puissances de l'argent. Dans son organigramme se sont ajoutées une Direction du développement, une Direction du marketing et une Direction de la communication. Mais l'augmentation des flux financiers a été très largement utilisée pour répondre aux objectifs assignés par les statuts actuels de l'organisation dont le but premier consiste à « améliorer constamment le football et [à] le diffuser dans le monde en tenant compte de son impact universel, éducatif, culturel et humanitaire, et ce, en mettant en œuvre des programmes de jeunesse et de développement[66] ». Héritage du combat des pays africains dans les années 1960, l'article 3 des statuts fixe comme principe la « non-discrimination et la lutte contre le racisme » qui sont « expressément interdite[s], sous peine de suspension ou d'exclusion ». L'article 4 reprend le thème cher à Jules Rimet de la « promotion des relations amicales » entre les membres affiliés et même « au sein de la société civile, à des fins humanitaires ».

Œuvrant d'une manière ou d'une autre pour l'égalité et la fraternité (même si ce dernier terme ne figure pas dans les textes statutaires), ces nobles causes s'incarnent dans un ensemble de programmes variés qui concernent tant le développement du football (programmes Futuro, Goal, programme d'assistance financière) que l'aide humanitaire, *via* des partenariats conclus avec l'UNICEF ou des ONG telles que SOS-Villages d'enfants. En 2003, 145 millions de francs suisses, soit 25 % des dépenses de l'organisation furent consacrés au développement et à l'aide aux personnes[67], signe pour certains que la FIFA n'a été ni « pervertie » ni « transformée en une entreprise capitaliste[68] ».

En tout cas, la prégnance de la télévision a conduit la FIFA à se préoccuper aussi de l'évolution des règles du jeu. Il s'est agi de limiter toujours plus la violence des joueurs tout en cherchant à augmenter le temps de jeu et le nombre de buts marqués. Siégeant dans l'International Board (IFAB) à égalité de voix (4) avec les quatre fédérations britanniques, la Fédération internationale a fait procéder à des ajustements du règlement protégeant les joueurs et rendant le jeu plus spectaculaire. Ainsi, l'usage des protège-tibias est obligatoire depuis 1990 (loi IV) et le tacle par-derrière passible d'un carton rouge depuis 1998 (loi XII). De même, en 1992, la passe au gardien qui permettait de gagner du temps était prohibée et sanctionnée d'un coup-franc à l'endroit où la faute avait été commise (loi V). Trois remplacements étaient autorisés au lieu de deux en 1995 (loi III) et le droit de revenir à la faute initiale, si la règle de l'avantage n'a pas profité à l'équipe lésée, était inscrit dans la loi V en 1996.

Le chantier en cours est celui de l'arbitrage vidéo. Longtemps, l'International Board et certaines personnalités du football comme Michel Platini sont restées sourds, au contraire de leur contrepartie rugbystique, aux demandes croissantes d'introduction de la vidéo. Il s'agissait de préserver l'universalité des conditions d'arbitrage. Cependant, la Coupe du monde disputée en 2010, a été le théâtre d'une nouvelle erreur d'arbitrage plaidant pour l'utilisation de nouvelles technologies. En huitième de finale, le capitaine anglais Frank Lampard s'est vu refuser un but évident, une erreur flagrante d'arbitrage qui a pesé sur le cours du match et le résultat. Son équipe était menée 2 buts à 1 lors qu'il plaça, à la 38e minute de jeu, un véritable « missile » sous la barre du gardien allemand. Le ballon franchissait très nettement la ligne de but sans que l'arbitre uruguayen Jorge Larrionda ne le validât. Au coup de sifflet final, l'Allemagne l'emportait sur l'Angleterre 4-1. Et, par une sorte d'ironie de l'histoire, la question de l'assistance électronique et vidéo était relancée deux ans plus tard lors de l'Euro organisé conjointement par la Pologne et l'Ukraine. Lors du dernier match du groupe D, un but parfaitement valable marqué par l'Ukrainien Marko Devic, dont le tir contré trompait le gardien anglais Hart, était oublié par l'arbitre. De fait, le défenseur de Chelsea John Terry, revenu en catastrophe, avait réussi à dégager un ballon manifestement entré dans l'en-but de l'équipe d'Albion. L'évidence échappa non seulement au directeur de jeu mais aussi au « cinquième » arbitre placé sur la ligne de but. L'Angleterre l'emporta 1-0 en éliminant le pays-hôte dès le premier tour de la compétition.

Or, l'arbitrage à cinq avait été autorisé par l'IFAB, à titre d'essai dans la Ligue des Champions, au lendemain de la Coupe du monde sud-africaine. Pour Michel Platini, président de l'UEFA, il s'agissait de la panacée pour contrer les partisans de la technologie. Son adversaire Sepp Blatter eut beau jeu de déclarer sur son compte

Twitter, au lendemain du match Ukraine-Angleterre : « Après le match d'hier, la technologie sur ligne de but n'est plus une alternative, c'est une nécessité. » L'IFAB réagit presque immédiatement en approuvant le 5 juillet le principe de l'utilisation de ce système. On ne voulait donc pas utiliser la vidéo comme au rugby, en visionnant la phase de jeu incriminée, mais seulement autoriser l'usage d'une des technologies permettant de savoir si le ballon a vraiment franchi la ligne de but. Plusieurs moyens techniques peuvent être utilisés à cette fin : une puce installée dans la sphère de cuir (GoalRef), une sorte de radar validant son passage (Hawk-Eye) ou un réseau de 16 caméras balayant l'espace du but (Goal-Control-4D). En même temps, l'IFAB décida de proroger à titre définitif les deux arbitres assistants additionnels campant sur la ligne de but et portant le nombre des arbitres à cinq. Après moult tests, c'est la technologie allemande GoalControl-4D, essayée avec succès lors de la Coupe des confédérations, qui a été retenue par la FIFA en novembre 2013. D'abord, à titre d'essai, pour la Coupe du monde des clubs disputée au Maroc au mois de décembre, puis, à titre définitif, pour la Coupe du monde 2014... à condition que son installation dans les stades brésiliens ait satisfait au programme qualité de la fédération internationale. Quant aux arbitres, ils ne seront que... trois, assistés du quatrième installé entre les deux bancs de touche des équipes.

Reste que l'arbitrage électronique est devenu une nécessité à l'heure où les enjeux financiers du football ne cessent de croître et que l'arbitrage vidéo rugbystique a largement donné les preuves de son utilité. L'augmentation des droits télévisés a en effet renforcé les heurts entre les puissances de la géopolitique du football. Il est loin le temps où l'UEFA n'exigeait de l'UER que 700 000 francs suisses par an pour retransmettre les finales de la Coupe des clubs champions européens et de la Coupe des Coupes[69]. Désormais, les sources de revenus de la confédération européenne sont pratiquement supérieures à celle de la FIFA puisqu'à l'Euro quadriennal s'ajoutent les sommes tirées de la Champions League annuelle. D'après le rapport financier 2007-2008 de l'UEFA, la vente des droits télévisés aurait rapporté plus de 1,3 milliard d'euros à la confédération en 2007-2008 (625,718 millions pour la Champions League et 603,319 millions pour l'Euro) contre 810,759 millions la saison précédente, année sans Coupe Henri-Delaunay[70]. Même si 80 % de ces sommes sont directement reversés aux clubs et aux fédérations participant aux compétitions, le restant offre un confortable trésor de guerre qui permet d'étendre la sphère d'influence de l'UEFA. De fait, une lutte impitoyable a opposé le Suédois Lennart Johansson, président de l'UEFA de 1990 à 2007, à Sepp Blatter intronisé secrétaire général de la FIFA en 1981, élu président depuis 1998, pour la direction de l'organe mondial. Disposant des fonds nécessaires pour promouvoir un programme de redistribution mondiale des revenus du football (projets Vision I et II) et ayant signé un accord de développement avec le continent africain (projet Méridien), Johansson a tenté en vain en 1998 de succéder à Havelange, puis d'imposer le président de la CAF, Issa Hayatou, à la tête de la FIFA (2002).

Son successeur, le Français Michel Platini, plaide pour une Europe sociale du football en soutenant les fédérations orientales et en cherchant à freiner la constitution de l'oligopole que devient la Ligue des champions. Il s'est heurté à l'opposition du G 14, le lobby des quatorze clubs européens les plus prestigieux créé en 2000 dont le siège a été installé à Bruxelles. Tout en s'érigeant en « voix des clubs », le G 14, qui a accueilli quatre nouveaux sociétaires en 2002, n'a eu de cesse de partager entre ses membres les revenus de la Ligue des champions et d'obtenir des compensations pour l'emploi de leurs joueurs par les équipes nationales. Si, après négociations, Michel Platini, représentant les 202 000 clubs et les 21 millions de joueurs que compte l'UEFA, a obtenu en février 2008 l'autodissolution de ce groupe de pression sportivo-économique, il n'en a pas moins accepté la formation de l'European Club Association, forte de 103 membres qui représentent, proportionnellement aux résultats obtenus dans les compétitions européennes, les formations professionnelles des 53 membres de l'UEFA. De même a-t-il dû transiger sur la réforme de la Ligue des champions qu'il voulait plus ouverte : elle n'a subi qu'un léger lifting de son tour préliminaire et de la composition de ses groupes au début de la saison 2009-2010.

Réélu « par acclamation » en 2011, le président lorrain de l'UEFA a enfourché deux nouveaux chevaux de bataille : le fair-play financier et la lutte contre la corruption nourrie notamment par les paris en ligne et clandestins. Il s'agit, pour le premier, « d'améliorer la santé financière générale du football interclubs européen[71] ». En d'autres termes, l'UEFA veut lutter contre les distorsions de concurrence provoquées par l'endettement des grands clubs ou l'arrivée brutale, dans le champ du football, de mécènes injectant massivement de l'argent dans certaines équipes. À cette fin, l'Instance de contrôle financier des clubs (ICFC) doit vérifier que les clubs participant aux compétitions européennes respectent un ensemble de principes de bonne gestion. En premier lieu, ne pas avoir d'arriéré de paiement envers d'autres clubs, des joueurs ou les administrations sociales et fiscales. Comme les États participant à la zone euro, les clubs se voient contraints de circonscrire leurs déficits dans des limites acceptables : 5 millions d'euros par an. De même, doivent-ils s'engager à réduire leur endettement à 45 millions d'euros jusqu'à la saison 2014-2015, 30 millions ensuite. Enfin, l'UEFA se réserve le droit de contrôler la part des revenus des clubs provenant de l'injection de capital de la part du propriétaire, forme de sponsoring devant être en adéquation avec les « prix du marché[72] ». Toute une gamme de sanction est prévue pour les clubs ne respectant pas ces principes du fair-play financier, allant du simple blâme à l'exclusion des compétitions en cours et future, et même jusqu'au « retrait d'un titre ou d'un mérite[73] ». En novembre 2012, 23 clubs étaient placés dans la ligne de mire de l'IFFC, essentiellement des petits poissons du football européen représentant le football des Balkans et de l'Est de l'Europe.

Parmi les clubs incriminés on trouvait toutefois le club stambouliote de Fenerbahçe, exclu en août 2013 pour deux saisons des compétitions européennes, à la suite d'un scandale d'achats de matchs orchestrés par son président Aziz Yildirim. Si la corruption existe depuis les débuts du professionnalisme, force est de constater qu'elle commence à gangréner le football européen. De fait, en février 2013, Europol a annoncé le démantèlement d'un réseau de trucage des matchs concernant 380 matchs disputés sur le vieux continent, surtout dans les championnats turcs, allemands et suisses. Orchestré par des réseaux criminels asiatiques et européens et des bookmakers asiatiques, la manœuvre aurait permis d'approcher au moins un joueur sur deux et de faire circuler des enveloppes de 100 000 euros pour obtenir les résultats voulus jusque dans des matches de qualification à la Coupe du monde.

Le mal a particulièrement frappé le pays de la rigueur financière qu'est l'Allemagne. En novembre 2005, l'arbitre Robert Hoyzer a été condamné à 2 ans et 5 mois de prison pour avoir arbitré des matchs en faveur de la mafia croate. Quatre ans plus tard, à Bochum, un gang croate a été démantelé après avoir orienté les résultats d'au moins 200 matchs dans 9 pays. On notera aussi les footballs multirécidivistes, comme le *calcio*, sont à nouveau frappé par ce fléau porté par les réseaux de jeu en ligne et la mondialisation criminelle et financière. La saison 2010-2011a vu le trucage de plus 22 matchs impliquant des joueurs sur le déclin comme Beppe Signori ou Cristiano Doni et des équipes jouant la promotion-relégation entre séries A et B comme Bologne, l'Atalanta Bergame ou Lecce.

Consciente du danger, l'UEFA a mis en place « un système de détection des fraudes sur les paris à 24 heures (BFDS) qui surveille les matchs à travers l'Europe, y compris ceux de l'UEFA ainsi que toutes les rencontres de première et deuxième divisions et de coupes nationales des 53 associations membres[74] ». Reste que si la confédération européenne bénéficie du soutien des institutions communautaires, de la justice et de la police du vieux continent, le combat n'est pas gagné contre les paris clandestins organisés, hors de ses frontières, par des mafias asiatiques et européennes associés dans l'industrie du crime organisé.

Les stades du business aux révolutions

La financiarisation du ballon rond est régulièrement vilipendée par les nostalgiques d'un jeu qui aurait reposé sur de vraies valeurs. Certes, le sport est devenu un marché dont il convient toutefois de relativiser l'importance, si l'on rapporte le milliard d'euros des revenus annuels des droits télévisés payés à l'UEFA aux 13,9 milliards de bénéfices réalisés par Total en 2008. De même, l'on peut être étonné de l'augmentation des salaires des footballeurs. Un Raimundo Orsi gagnait au début des années 1930 à la Juventus de Turin sept fois le salaire d'un universitaire ou d'un juge italien. En 2006, lors de sa dernière année de contrat au Real Madrid, Zinedine

Zidane aurait touché, contrats publicitaires et revenus annexes inclus, plus de 13 millions d'euros[75], soit au moins 260 fois ce que gagne annuellement un professeur d'université français de bon rang, 806 fois le salaire d'un smicard. Qu'elles soient justifiées ou non par une carrière professionnelle courte, ces sommes reflètent avant tout l'écart toujours croissant entre les bas et les hauts revenus dans les sociétés libérales occidentales.

Chaque âge du football est en réalité choqué par l'augmentation des enjeux financiers en raison du caractère supposé gratuit du jeu. De fait, les grands équipementiers comme Nike, le rival conquérant d'Adidas et de Puma dans les années 1980, ont su capter l'imaginaire du football pour tourner dans la décennie suivante des publicités à grand spectacle mettant en scène les vedettes sous contrat dans des péplums footballistiques. On ne vend plus seulement un matériel supposé être efficace mais un ensemble de représentations composé de logos et de dénominations agressives comme la chaussure de football Predator lancée par Adidas en 1994[76]. Le pouvoir de l'image sportive contribue ainsi grandement à la construction d'un imaginaire masculin mondial.

Mais l'industrie du football ne serait rien sans le rapport au territoire et à la communauté qu'entretiennent ses fidèles. Il est ainsi difficile d'imaginer l'établissement d'un système de franchise sur le modèle américain qui permettrait d'acheter le droit d'utiliser le nom du FC Liverpool pour faire jouer une équipe sous cette bannière à Lille ou à Düsseldorf. Au vrai, les supporters de football restent encore et toujours attachés à la défense d'une communauté imaginée inscrite dans un espace. Ce rapport s'exprime parfois sous le signe de la violence et de la défiance sur le modèle italien. Les groupes d'« ultras » qui se sont constitués au début des années 1970 sous les dénominations évocatrices de *Fighters* (Juventus) et *Boys* (Inter et Roma), puis de *Brigate*

Rossonere (Milan AC) arborent l'étoile à cinq branches des Brigades rouges et l'effigie de Che Guevara[77] ou au contraire se réfèrent au fascisme[78]. La violence se déploie toujours dans et hors des stades en fonction de logiques territoriales et d'un jeu de provocations juvéniles. Elle se conforme ainsi à la « logique des Bédouins », selon laquelle « l'ennemi de mon ennemi est mon ami ». Au nom de ce « principe », un entrelacs d'alliances et de contre-alliances structure les inimitiés entre groupes ultras avec des conséquences toujours dramatiques. D'avril 1963 à novembre 2007, plus de 20 personnes ont trouvé la mort dans des affrontements s'apparentant souvent à une guérilla urbaine[79].

L'écrivain anglais Tim Parks a choisi de suivre pendant la saison 2001-2002 les ultras de l'Hellas Verona en témoin engagé. *Il parocco*[80], comme l'ont surnommé ses compagnons de fortune et d'infortune sur les autoroutes italiennes, a dressé un tableau plutôt nuancé des ultras véronais, souvent traités de racistes et d'antisémites. Certes des *curve*, les virages des stades où ils prennent place, émanent des litanies d'imprécations à l'égard des ennemis. Injures traditionnelles suspectant la moralité maternelle des adversaires : « *Tua madre è una puttana, scopa con tutti*[81]. » Stigmatisation des Méridionaux lorsque leurs équipes rencontrent ou non l'Hellas : « *Meridionali di merda* » ou « *Terroni figli di puttana*[82] ». Ou encore désignation odieuse des parias de l'opulente Troisième Italie, suivie d'une malédiction : « *Africani, Dio Boia !* », « *Albanesi, Dio Boia !* », « *Kurdi, Dio Boia*[83] ». Ces anathèmes, fort inquiétants par ailleurs, sont récités presque mécaniquement comme s'ils étaient criés par des patients atteints du syndrome de Gilles de la Tourette. Ils font encore et toujours partie du rituel transgressif qui est au cœur du « métier » d'ultras et de son théâtre, le stade, lieu relatif d'impunité. En outre, les dirigeants de clubs ne veulent pas s'aliéner le soutien des supporters les plus fidèles, d'autant qu'ils assurent le spectacle... et les recettes.

Cependant, l'exportation du modèle des ultras hors de l'Europe occidentale a pu prendre un tour vraiment politique au sens où ces activistes des stades ne se contentent plus d'arborer des symboles idéologiques comme des fétiches, mais ont joué un rôle important dans des guerres civiles, des formes de contestation des pouvoirs et, finalement, des révolutions.

Au vrai, l'entrée dans la violence politique avait été lancé à la fin des années 1980 en Yougoslavie. Si l'équipe nationale yougoslave avait fait partie des quatre formations européennes présentes en Uruguay en 1930 où elle avait bien figuré en atteignant les demi-finales, « le football de Yougoslavie ne [s'était] imposé au premier plan que longtemps après celui de certaines nations d'Europe centrale[84] ». L'instauration du régime socialiste entraîna la fondation de nouveaux clubs aux dénominations inspirées par l'URSS et par l'histoire de la Seconde Guerre mondiale : Partizan et Étoile Rouge de Belgrade en Serbie et Dinamo Zagreb, en Croatie, la nouvelle appellation du « Gradjanski, dissous à la Libération par le régime titiste[85] ». Certaines équipes fondées au début du XXe siècle, comme le Hajduk Split (1911), purent garder leur nom, le terme Hajduk faisant aux références aux haïdouks, ces bandits de grands chemins, Robin des bois rebelles de l'Empire ottoman.

Sous Tito, le sport se vit immédiatement assigner une fonction politique. Il est vrai que l'une des manifestations de l'existence internationale de la Croatie d'Ante Pavelic et des sinistres Oustachis consista, pendant la Seconde Guerre mondiale, dans l'adhésion à la FIFA en 1941 et la constitution d'une équipe nationale qui disputa plus de 14 rencontres amicales contre les sélections de l'Allemagne et de ses alliés. Si le football a pu porter les forces centrifuges et fascistes minant à terme l'utopie yougoslave, il fut aussi mis au service, comme d'autres sports collectifs (basket-ball, handball), du projet national et fédéral de Tito. Ce dessein fut bien illustré par le rapport préparatoire à l'assemblée constitutive de l'Étoile Rouge de Belgrade du 4 mars 1945 et qui fixait les objectifs de la nouvelle association : « D'abord, entraîner et renforcer le corps dans la perspective de la reconstitution du pays, et, ensuite, rassembler et unir, à travers une activité accessible à tous, les jeunes de notre pays, quels que soient leur âge et leur situation sociale[86]. » Quant au Partizan Belgrade, il resta tout simplement le club officiel de l'armée yougoslave jusqu'en 1963.

Cependant, comme dans les pays socialistes orthodoxes, le football devint vite un divertissement de masse permettant aux identités nationales de s'exprimer via les clubs et de se rassembler autour de l'équipe de Yougoslavie, notamment dans l'immense stade de l'Étoile Rouge, le *Stadion Crvena zvezda*, achevé en 1964 et vite surnommé par les supporters du club *Marakana* parce qu'il pouvait contenir 110 000 spectateurs. Signe d'ouverture du régime titiste, le stade accueillit en 1973 la finale de la Coupe des champions opposant l'Ajax d'Amsterdam à la Juventus Turin et le Championnat d'Europe des nations en 1976. Il fut le théâtre, en cette occasion de l'invention de la fameuse « panenka ». Si Antonin Panenka, le milieu offensif de l'équipe de Tchécoslovaquie, déposa le « brevet » de cette manière audacieuse et ironique de marquer un penalty[87], les footballeurs yougoslaves auraient pu prétendre à une telle invention. Les années 1970, virent en effet l'émergence d'une extraordinaire génération de joueurs, les Dzajic, Surjak ou Susic, secondés par des hommes de rigueur et de devoir tels que Curkovic ou Katalinski. Libéralité sportive du régime titiste, ces vedettes pouvaient, à partir 28 ans, tenter leur chance à l'Ouest. Pendant deux saisons passées sous le maillot bastiais, le

« magicien » serbe Dragan Dzajic mit ainsi au supplice les gardiens des équipes visiteuses au stade de Furiani, notamment par son art du corner direct. Et, avant Zlatan Ibrahimovic, les croates Ivica Surjac et surtout Safet Susic enchantèrent le public du Parc des Princes par leurs dribbles, leurs passes et leurs buts décisifs.

Or, s'ils brillèrent à titre individuel, les joueurs yougoslaves ne parvinrent pas à remporter de titre international, à l'exception du tournoi olympique de football de Rome en 1960. Une compétition que les athlètes d'État de l'Est dominaient en raison de la prohibition du professionnalisme qui frappa cette compétition jusqu'en 1984. De même, ils furent battus, chaque fois en prolongation, dans la demi-finale et dans le match pour la troisième place lors du Championnat d'Europe des nations organisé sur leurs terres en 1976. Signe, pour certains, de la fragilité de leurs nerfs et/ou de défauts de cohésion minant une équipe multinationale.

Paradoxe de l'histoire, c'est au moment où le processus d'implosion de la Yougoslavie commençait, dix ans après la mort de Tito, que compétitivité et brio technique purent être enfin être combinés. L'Étoile Rouge de Belgrade, enfant chéri du régime socialiste, dont le nom « fait référence – selon une histoire officielle du club parue dans les années 1980 – à l'étoile à cinq branches, sous laquelle nous avons versé notre sang pendant la révolution[88] », aligna l'une des équipes les plus brillantes de la scène européenne. Une formation multiethnique qui était, à quelques joueurs près, un décalque de l'équipe nationale yougoslave. « Elle mélangeait à la fois des talents serbes, d'abord (Stojanovic, Jugovic, Lukic, Marovic), mais aussi des talents et cracks macédoniens (Radinovic et Pancev), croate (Prosinecki), bosniaque (Sabanadzovic), monténégrin (Savicevic) ainsi que le Roumain Belodedici[89]. » Le 29 mai 1991, à Bari, cette formation vraiment yougoslave priva l'Olympique de

Marseille d'une première Coupe des Champions par une tactique pleine de calcul qui lui permit de l'emporter dans l'épreuve des tirs au but. Cette fois la maîtrise des nerfs était devenue une vertu balkanique.

Mais il s'agissait des derniers feux de l'expérience yougoslave. Depuis la fin des années 1980, le football contribuait à souffler sur les braises du nationalisme. Les supporters des grands clubs serbes et croates avaient repris à leur compte les rituels et les provocations des ultras italiens. « Ils pratiqu[aie]ent ou du moins exalt[ai]ent l'alcoolisme, la barbarie, le vandalisme, la folie, le sexe et le vocabulaire pornographique[90] » auxquels ils ajoutèrent la haine interethnique. Selon l'ethnologue serbe Ivan Colovic, « le thème de l'identité ethnique, jusque-là sporadique et proscrit, dev[i]nt le motif dominant à partir du milieu de années 80[91] », y compris dans les comptes rendus sportifs des journaux belgradois *Partizanov Vesnik* et *Zvezdina Revija* qui décrivaient à l'envi les supporters du Dinamo Zagreb comme des sauvages et des fascistes. C'est dans le stade du club soutenu par Franjo Tudman, le leader de l'Union démocratique croate (HDZ) vainqueur des premières élections libres de 1990, que le coup d'envoi de la guerre civile fut symboliquement donné. Le 13 mai 1990, une semaine après la victoire électorale du parti de Tudman, l'Étoile Rouge se rendit à Zagreb pour disputer une rencontre d'un championnat qu'elle avait déjà en poche. L'équipe ne vint pas seule. Elle était accompagnée de la frange dure de ses supporters, les *Delije* ou « Braves », organisés en milice paramilitaire par leur chef Zeljko Raznatovic, *alias* Arkan. Si Arkan était absent, les *Delije* n'en entonnèrent pas moins les chants nationalistes serbes et hurlèrent « Zagreb est serbe » et « Nous tuerons Tudjman[92] ». Avant même que le match ne commence, ils se mirent à dévaster la tribune où ils avaient été placés et attaquèrent les supporters croates installés sur les travées les plus proches. Alors que les ultras du Dinamo, les *Bad Blue Boys*, décidaient de se porter au secours des leurs, la police yougoslave, qui avaient laissé les « Braves » agir à leur guise, s'opposa violemment à leur passage. Certains joueurs se mêlèrent à la bataille, à l'instar du capitaine du Dinamo, Zvonimir Boban, qui frappa un policier pour défendre un *Bad Blue Boy* en mauvaise posture. Au total, l'émeute dura soixante-dix minutes et s'acheva officiellement sur un bilan de 138 blessés et 147 arrestations. Malgré le titre européen de l'Étoile Rouge, le glas avait sonné pour le football yougoslave comme pour la Yougoslavie. Au printemps 1991, commençait une guerre civile de dix ans lancée par les déclarations d'indépendance de la Slovénie, de la Croatie et de la Bosnie-Herzégovine. La sélection yougoslave survécut jusqu'à la veille de l'Euro 1992 organisé en Suède. Forte des joueurs des meilleurs clubs serbes et croates qui, pour beaucoup, avaient remporté le titre mondial des moins de 20 ans en 1987, la sélection se qualifia brillamment et figurait parmi les favoris de la compétition. Mais l'embargo voté par le Conseil de sécurité le 30 mai 1992 conduisit l'UEFA à exclure la Yougoslavie du tournoi qui fut remporté... par sa remplaçante au pied levé, la sélection danoise.

Cependant, l'ex-football yougoslave n'en avait pas fini avec la guerre et la politique. Plus d'un millier de « Braves » rejoignirent les rangs des « Tigres » d'Arkan, cette milice paramilitaire qui multiplia les exactions en Bosnie et en Croatie entre 1991 et 1995. Harkan fut même poursuivi en 1997 pour crimes contre l'humanité par le Tribunal pénal international pour l'ex-Yougoslavie. Il ne serait jamais jugé. Lié aux réseaux mafieux yougoslaves, Arkan fut liquidé le 15 janvier 2000 à Belgrade. Quant aux membres des *Bad Blue Boys*, ils n'étaient pas restés les bras croisés. Ils avaient rejoint les rangs de l'armée croate et ne furent pas avares non plus de crimes de guerre. Ils célébrèrent, comme le reste de la nation croate, les performances de l'équipe de Croatie lors de la Coupe du monde 1998. Menée par Zvonimir Boban et Dragan Suker, les joueurs au maillot à damiers rouge et blanc parvinrent en demi-finale où ils tinrent la dragée haute aux Français, avant de remporter le match pour la troisième place.

Le cas yougoslave interroge bien évidemment la violence rituelle des supporters. Si l'on suit Ivan Colovic, il invalide même implicitement les théories sur la fonction civilisatrice du sport et du football de Norbert Elias et de son disciple Eric Dunning. Tout d'abord, parce que les groupes de supporters balkaniques n'ont pas pour fonction d'encadrer, de canaliser l'énergie et la violence juvéniles. Ils visent au contraire à leur militarisation *via*, notamment, la réémergence du folklore tchetnik. Aussi pour l'ethnologue serbe : « La guerre rituelle, symbolique, des supporters agressifs sur les terrains de sport, qui tourne d'ailleurs parfois en règlements de comptes sanglants entre groupes de supporters, semble ne pas être une protection efficace contre l'explosion de la violence dans "la vie réelle"[93] ».

L'engagement des ultras égyptiens des clubs cairotes dans la révolution qui a mené entre 2011 et 2013, à la chute du régime d'Hosni Moubarak, puis à celle du président Morsi, pourrait confirmer cette idée que les supporters contribueraient à une forme de « brutalisation » de la vie publique. De fait, les ultras d'Al-Ahly ont tenu la place Tahrir. Ils payèrent au prix fort leur engagement quand la police assassina soixante-dix des leurs dans le stade de Port-Saïd le 1er février 2012. De même, les supporters du club de Besiktas ont joué un grand rôle dans le mouvement de protestation de la place Taksim à Istanbul en juin 2013, tenant tête aux forces de répression lancées contre eux et nourrissant le grand mouvement de protestation contre le gouvernement de Recep

Tayyip Erdogan. Enfin, les ultras des clubs ukrainiens ont décrété une trêve en février 2104 pour obtenir la destitution du président Ianoukovitch. Ceux du Dynamo Kiev ont constitué les noyaux de la résistance armée sur la place Maïdan et ont bénéficié du soutien moral de leurs adversaires du Shakhtar Donetsk, du Metalist Kharkiv et du Dnipro Dnipropetrovsk.

Le football et ses formes de soutiens radicaux contribueraient-ils donc à alimenter la violence politique et l'ordre nouvellement établi par les urnes ? On pourra faire remarquer à ceux qui seraient tentés d'y voir une autre forme « d'ensauvagement » du monde, que ces violences sportivo-politiques se déroulent dans un cadre très particulier. Celui de territoires où la liberté politique a longtemps été muselée, sinon carrément niée. Les groupes d'ultras nés en Yougoslavie dans les années 1980, dans les années 2000 au Maghreb et pour finir en 2007 et 2008 en Égypte, se sont développés comme des formes de protestation s'insérant dans les quelques interstices de liberté publique que les régimes socialistes ou autoritaires avaient laissé subsister. Ils ont donc constitué et constituent l'un des rares lieux d'expression autonome de la jeunesse. Quant à la Yougoslavie, les exactions des « Braves » de l'Étoile Rouge doivent être restituées dans le contexte d'ultra-violence des guerres d'indépendance et de territoires où l'État est gangréné par ses liens avec des réseaux mafieux et ne s'est pas assuré du monopole de la violence légitime.

Psychodrames franco-français

Depuis 1998, la question nationale a été aussi posée sur un mode certes plus pacifique, mais néanmoins passionné en France. Le titre mondial conquis par les Bleus le 12 juillet 1998, grâce aux deux buts de la tête de

Zinedine Zidane, fils d'immigrés kabyles, a consacré la représentation d'un football intégrateur et rassembleur, alors loué par les élites intellectuelles et politiques de tous bords. Transcendant les divisions communautaires, le spectacle du football a suscité un unanimisme gommant, dans le temps éphémère du sport, les divisions politiques. Et si la finale opposant le Brésil à la France a aussi été interprétée comme l'affrontement entre Nike et Adidas, « l'échappée bleue de 1998 » compterait, selon l'historien Jean-Pierre Rioux, parmi les seize événements qui ont fait la France du XXe siècle[94] !

Bien sûr, le tableau de 1998, réédité deux années plus tard lors de la victoire à l'Euro 2000 incitait d'autant plus à l'optimisme que la croissance économique semblait de retour. D'autres manifestations identitaires le ternirent pourtant, à commencer par le match France-Algérie d'octobre 2001, interrompu par l'invasion du terrain par des supporters algériens[95]. Toutefois ce fut surtout à partir de 2006 que le Janus du football montra son autre visage. L'accession des Bleus en finale de la Coupe du monde 2006 semblait pourtant confirmer les vertus du ballon rond d'autant que les joueurs français dominèrent leurs adversaires italiens. Jusqu'au « coup de boule » asséné par « Zizou » sur le thorax de l'Italien Materazzi devant plus de 20 millions de téléspectateurs hexagonaux. Ce « coup de tête paradoxal, presque contradictoire » rassemblant « dans le même geste, la violence et le contrôle, l'insensé et le calculé, la chaleur irréfléchie de la passion et le sang-froid du buteur professionnel[96] » a définitivement inscrit le football dans les lieux de mémoire français, tout en ranimant les préjugés à l'égard du ballon rond. De fait, dans l'imaginaire national français, il a érigé le joueur madrilène au même niveau qu'un Achille. Comme dans l'*Iliade*, la colère d'Achille privait les Achéens du guerrier capable de vaincre Hector, l'expulsion de Zidane sonna le glas des espérances françaises. N'était-ce pas lui qui, en acceptant de revenir en équipe de France après une première retraite, avait ouvert aux Bleus les portes du *Weltmeisterschaft* 2006 ? N'était-ce pas son réveil « physique » qui permit, après un premier tour calamiteux, de triompher si brillamment de plusieurs favoris du tournoi : l'Espagne (3-1), puis le Brésil et le Portugal (1-0) ? Et l'uchronie sportive n'invite-t-elle pas à penser que la confiance des Bleus aurait été tout autre si « Zizou » les avait guidés au moment des penalties ?

Quoi qu'il en fût, le réflexe du Méditerranéen plaçant au-dessus de tout l'honneur de sa famille a suscité des discours contradictoires, le président Jacques Chirac allant même jusqu'à l'absoudre publiquement. Interviewé sur Canal +, Zidane présenta ses excuses mais ne regretta pas son geste : « On parle toujours de la réaction, dit-il. Forcément, elle est punissable. Mon geste n'est pas pardonnable. Mais s'il n'y a pas de provocation, il n'y a pas de réaction. Le coupable c'est celui qui provoque[97]. » Certains intellectuels lui dédièrent même des livres. Anne Delbée décrouvrit le football au travers de cet homme qui fait passer sa vérité et son honneur avant la loi des hommes[98]. Jean-Philippe Toussaint envisagea le coup de boule sous la forme d'une épreuve existentielle[99]. On put aussi rappeler que Zidane était un multirécidiviste du carton rouge (12 en tout dans sa carrière) et qu'il avait manqué une partie des matchs la Coupe du monde 1998 après avoir essuyé ses crampons sur un joueur saoudien.

Reste que cette sortie étrange de la scène du football a ouvert une période de fortes turbulences pour un football français qui a toujours éprouvé de grandes difficultés à organiser la succession de ses hommes providentiels qu'ils aient été Kopa, Platini ou Zidane. Placé dans le « groupe de la mort » de l'Euro 2008 organisé conjointement par les fédérations suisse et autrichienne, la sélection française sombra, en étant balayé par les Pays-Bas (4-1) et l'Italie (2-0). Contrairement à la logique qui aurait voulu que la FFF mette un terme au contrat de Raymond Domenech pour insuffisance de résultat, ses dirigeants préférèrent miser sur la continuité, sans doute pour éviter d'introduire un technicien non issu du sérail. Mal leur en prit. Les Bleus tombèrent de Charybde en Scylla. Ils ne se qualifièrent pour la Coupe du monde sud-africaine qu'au prix d'un « mauvais geste ». L'attaquant Thierry Henry qui, quatre ans plus tôt, avait sauvé les Bleus à Dublin d'une magnifique frappe enveloppée, fut réduit, dans la prolongation du barrage retour disputé en novembre 2009 face aux mêmes verts irlandais, à contrôler la balle de la main pour la passer à William Gallas, le buteur de la soirée. Là où les Argentins avaient massivement approuvé la « main de Dieu », l'opinion publique française se montra beaucoup plus partagée, certains appelant à rejouer le match. On stigmatisa en particulier la joie indécente exprimée par Thierry Henry. Les rédactions des journaux se déchirèrent et un spécialiste de géopolitique se fendit même d'un plaidoyer au nom d'une sorte de raison d'État sportive[100]. Mais le meilleur, ou le pire, était encore à venir. Arrivés en Afrique du Sud, les Bleus se retranchèrent dans un hôtel de luxe de Knysna dans la province du Cap-Occidental. Bénéficiant d'un groupe de premier tour a priori accessible (Afrique du Sud, Mexique, Uruguay), les Bleus « sauvèrent les meubles » lors du premier match en préservant le match nul contre à l'Uruguay (0-0), avant de s'effondrer face au Mexique (0-2). La veille du dernier match les opposant aux hôtes sud-africains au Free State Stadium de Bloemfontein, ce qui couvait depuis longtemps arriva. Une fronde de joueurs-cadres décida de faire la grève de l'entraînement en refusant de descendre du bus les menant sur les terrains de jeu. Le motif remontait à la mi-temps du match précédent. Raymond Domenech avait décidé de faire sortir l'attaquant Nicolas Anelka coupable d'errements tactiques et d'un comportement nonchalant. Mal lui en prit, Anelka lui reprocha vertement d'avoir dû quitter le terrain dans le langage fleuri des cités. Mais ce qui aurait dû rester à l'abri des vestiaires s'exposa le lendemain à la une de *L'Équipe* : « Va te faire enc..., sale fils de p... », preuve que la sélection tricolore n'était pas à l'abri d'un corbeau ou d'un « traître », pour reprendre le mot employé par le défenseur mancunien Patrice Evra. L'invective valut à son auteur un retour prématuré en Europe, chose qu'il recherchait sans doute. Mais Raymond Domenech dut boire le calice jusqu'à la lie en acceptant de lire à la presse le communiqué des grévistes rédigé par l'agent de l'un d'entre eux.

Le lendemain, l'équipe de France, 9e au classement FIFA, se montra incapable d'imposer sa loi à son modeste adversaire sud-africain, pourtant 83e nation de la planète football. Réduite à dix après l'expulsion de Yohan Gourcuff à la 25e minute, elle s'inclina sur le score de 2 buts à 1, offrant, *volens nolens*, la joie d'une victoire aux joueurs locaux, éliminés eux aussi de la compétition. Cette piteuse campagne était alors devenue une affaire d'État. Le 23 juin, devant l'Assemblée nationale, la ministre des Sports, Roselyne Bachelot, stigmatisa « une équipe de France où des caïds immatures commandent à des gamins apeurés, un coach désemparé et sans autorité, une fédération aux abois ». Revenu en France avec les Bleus, Thierry Henry fut reçu à sa descente d'avion par le président Sarkozy, alors que les motos, les caméras et les micros des chaînes d'information traquaient les « mutins », notamment Patrice Evra. Surtout, les journalistes sportifs se précipitèrent chez leurs éditeurs pour publier des pamphlets à succès, tant l'émotion avait été grande. Pour Pierre Ménès, il fallait sortir le « carton rouge pour les Bleus[101] ». Sur la couverture de son court livre paru dès le 7 juillet, soit un peu plus de deux semaines après l'affaire, Jean-Michel Larqué appâtait le lecteur d'un « Ce que j'ai vu en Afrique du Sud est inimaginable[102] ». À la fin du mois de septembre, le journaliste Vincent Duluc voulait offrir à ses lecteurs une enquête plus approfondie sur le « bus de la honte[103] ». Les trois journalistes s'accordaient sur l'égo démesuré des joueurs, l'incompétence fédérale, le règne de l'argent roi. Des débats tenus dans les *talk-shows* émanaient une angoisse plus sourde et plus trouble. La grève de Knysna, menée par des joueurs originaires des cités, souvent d'origine africaine ou antillaise, aurait fort à voir avec l'embrasement des banlieues françaises survenu cinq ans plus tôt, à l'automne 2005. Elle aurait été symptomatique d'un faible attachement à « l'identité nationale », un débat que le président Nicolas Sarkozy avait voulu lancer un an plus tôt. Des joueurs refusant de chanter la Marseillaise, parfois convertis à l'islam, régis sur le mode de la bande, auraient donc été représentatifs d'une nation en voie d'effritement, à l'heure où les discours déclinistes faisaient florès. On était bien loin de l'unanimisme de l'équipe Black-Blanc-Beur quand, dans l'enthousiasme de la victoire, Charles Pasqua qui, avait fait la chasse aux clandestins en tant que ministre de l'Intérieur, s'était déclaré « soudainement favorable à la régularisation des tous les étrangers en situation irrégulière[104] ».

En 2011, le sociologue Stéphane Beaud a voulu donner une interprétation compréhensive et plus circonstanciée de la grève des Bleus[105]. Pour lui, le mouvement d'humeur des joueurs français doit d'abord être saisi comme « une protestation contre la presse ». La profusion des médias anciens et nouveaux (presse écrite, radio, télévision, Internet) aurait provoqué une cassure entre journalistes et joueurs. D'autant que le capital culturel de ces derniers n'a cessé de diminuer quand celui des hommes de presse n'a fait qu'augmenter. « Aller à la presse » est donc devenu une épreuve sociale pour des « dominés » face à des journalistes volontiers ironiques et représentant le groupe des « dominants ». Surtout, l'équipe de France serait passée, en l'espace de dix ans, d'une culture sportive à une autre. Les vainqueurs de 1998 avaient encore été élevés dans celle du football ouvrier, valorisant, par la voix d'Aimé Jacquet, le collectif et le travail bien fait. Les mutins de 2010 étaient partis très tôt à l'étranger s'engageant dans des carrières plus individualisées, tout en restant imprégnés de l'esprit frondeur des banlieues.

Quoi qu'il en fût, les protagonistes de l'affaire valent mieux que les procès sommaires instruits par les journalistes, même s'ils ont plutôt commis une faute professionnelle qu'un crime de haute-trahison... Les équipes nationales ne représentent que des fédérations et non des États, faut-il le rappeler, même si la nature du football international a depuis toujours entretenu la confusion. *Vae victis* serait-on, en tout cas, tenté de dire. Quatre ans plus tôt, si Zidane n'avait pas été pris d'un coup de sang ou si David Trézéguet n'avait pas envoyé son ballon sur la transversale pendant la séance de tirs au but, les médias auraient peut-être lancé une souscription pour l'édification d'une statue en pied de Raymond Domenech ! Reste que la « glorieuse incertitude du sport » a aussi sécrété quelques discours aux relents nauséabonds que les maladresses des techniciens de la FFF ont pu amplifier. Le site Mediapart publia le verbatim d'une réunion tenue à la FFF le 8 novembre 2010. Le nouveau sélectionneur Laurent Blanc s'y affirmait favorable à l'instauration de quotas pour les joueurs binationaux recrutés à l'INF de Clairefontaine. L'un des entraîneurs, Erik Momberts déplorait en effet que le centre de formation de Clairefontaine ait sorti « quatre internationaux français et 26 internationaux étrangers[106] ».

Il fallait donc s'assurer du recrutement de joueurs ne désirant jouer que pour la France, sur des critères techniques se rapprochant davantage des joueurs espagnols qui venaient de remporter la Coupe du monde. Autrement dit, des joueurs plus petits, mais aussi plus habiles et plus vifs. Étaient donc mis en cause les binationaux qui, faute de pouvoir intégrer l'équipe de France A, se tournaient vers la sélection nationale du pays de leurs parents. Un principe de saine gestion des deniers publics, l'INF étant en partie financé par les deniers de l'État, allié à la volonté de promouvoir des joueurs se sentant « français » poussa certains participants à la réunion à proposer un quota de 30 % maximum de joueurs binationaux. Toutefois, la limite entre choix technique et préjugés raciaux est souvent ténu. Comme le suggère Pap Ndiaye, « le champion noir peut voir son appartenance nationale suspectée (par une frange raciste) en même temps que ses compétences tendent à être naturalisées[107] ». C'est ce qui ressortait du discours de Laurent Blanc se plaignant, dans la même réunion des critères de sélection auxquels devaient satisfaire les candidats des centres de formation : « Grands, costauds, puissants. » Et Blanc d'ajouter : « Qu'est-ce qu'il a actuellement comme grands, costauds, puissants ? Les blacks. Et c'est comme ça. », avant de recommander : « Je crois qu'il faut recentrer, surtout pour des garçons de 13-14 ans, 12-13 ans, avoir d'autres critères, modifiés avec notre propre culture[108]. » L'affaire fit grand bruit, puis retomba. Elle révélait en tout cas que l'universalisme républicain n'avait pas aboli les préjugés nourris par la couleur de peau. Personne ne s'interrogea non plus sur les critères de sélection des joueurs d'origine africaine qui avaient privilégié, depuis les années 1980, les joueurs physiques au détriment des joueurs techniques et donné naissance à ces stéréotypes du footballeur d'Afrique subsaharienne, rappelant la fameuse « force noire » du général Mangin.

L'impact sur l'équipe de France de la grève de Knysna a été en tout cas durable malgré la place de quart de finaliste obtenue par l'équipe de Laurent Blanc à l'Euro 2012. Le travail de son successeur Didier Deschamps, un véritable « père la victoire du football », et le retournement de situation des matchs de barrage disputés contre l'Ukraine, ponctués de torrents de considérations déclinistes, peuvent changer la donne. Les errements des joueurs dirigés par Raymond Domenech ont en tout cas favorisé l'émergence des Bleues, c'est-à-dire de l'équipe de France féminine. Entraînée par Bruno Bini, pratiquant un jeu attrayant et sans tricherie, la bande de filles menée par la capitaine Sandrine Soubeyrand s'est qualifiée avec succès pour la Coupe du monde 2011 disputée en Allemagne et le tournoi olympique 2012. Si ses joueuses comme Louisa Necib, Elodie Thomis ou Gaëtane Thiney ont brillé, elles ont toutefois été frappées du syndrome des équipes de France masculines des années 1970-1980 : le syndrome de la glorieuse défaite. Elles ont en effet échoué à chaque fois au pied du podium en terminant à la quatrième place. Notons néanmoins que les Bleues portant le maillot de l'Olympique lyonnais ont réussi à accomplir, dans le football féminin, le rêve de Jean-Marie Aulas, leur président : remporter la Ligue des Champions. Renforcées par des joueuses étrangères comme la Suédoise Lotta Schelin ou la Suissesse Lara Dickenmann, elle ont même fait mieux en remportant deux titres continentaux consécutifs (2011 et 2012) tout en perdant deux finales (2010 et 2013). Ce faisant, elles ont contribué, avec l'équipe de France, à la percée médiatique du football des femmes, orchestrée notamment par la chaîne Direct 8, en faisant fi de préjugés masculins grâce à leur enthousiasme, leur technique et leur respect de l'esprit du jeu.

De Johannesburg à Rio de Janeiro en passant par Paris

La « grève » des Bleus n'a pas été le seul événement marquant de la Coupe du monde 2010. Le fait qu'elle ait été organisée pour la première fois dans un pays africain était en soit « historique ». En effet, l'attribution de la compétition au pays de Nelson Mandela en 2004 a été une manière pour la FIFA de payer une dette contractée dans les années 1950 et 1960[109]. En 1951, trois fédérations africaine (South African African Football Association – SAAFA créée en 1932), indienne (South African Indian Football Association, SAIFA créée en 1903) et métisse (South African Couloured Football Association, SACFA fondée en 1933) s'étaient réunies pour fonder un organisme unifié rejetant l'apartheid : la South African Soccer Federation (SASF). La SASF n'eut de cesse d'être reconnue par la FIFA comme la fédération représentant les footballeurs sud-africains en lieu et place de la blanche SAFA. Mais les dirigeants de la FIFA firent preuve d'une grande frilosité avant d'afficher une complicité coupable avec l'apartheid sportif, quand Stanley Rous se refusa, malgré les injonctions africaines, de radier définitivement la SAFA après sa suspension au Congrès de Tokyo en 1964. Il fallut attendre 1976 pour que la fédération de l'apartheid rebaptisée FASA fût définitivement exclue de la FIFA. Entre-temps, le football était devenu l'un des éléments les plus visibles de la culture noire sud-africaine. Au début des années 1960 les matchs opposant les Orlando Pirates, aux Moroka Swallows, Durban Hearts ou à Lincoln City (Pretoria) attiraient jusqu'à 20 000 spectateurs. Puis 40 000 dans l'antre de l'Orlando Stadium de Soweto dans la périphérie déshéritée de Johannesburg quand les Kaizer Chiefs, fondés en 1970 par l'attaquant vedette Kaizer Motaung, rencontraient les frères ennemis des Pirates. À partir des années 1970, des hommes d'affaires noirs comme le puissant George Thabe lancèrent des ligues professionnelles. Soutenues par des compagnies de tabac, de spiritueux et des brasseries, ces ligues commencèrent à proposer des matchs et des compétitions interraciaux au niveau professionnel. Ce mouvement aboutit à la création en 1985 de la National Soccer League, une compétition ouvertement multiraciale et soutenue par les mouvements anti-apartheid.

Le sport et le football avaient en effet été placés au cœur des luttes politiques. Nelson Mandela était lui-même un boxeur émérite alors que les prisonniers politiques de l'île de Robben Island arrachèrent de haute lutte en 1966 le droit de fonder la Makana Football Association[110]. S'inspirant du fonctionnement et des règlements de la FIFA, cette fédération organisait un championnat réparti en trois divisions (A, B et C), très structuré tant du point de vue de l'entraînement, du suivi médical que de l'arbitrage et de la discipline. Outre les bienfaits psychologiques et physiques apportés à des condamnés de longues peines, la pratique du football rapprocha les frères ennemis de l'African National Congress (ANC) et du Pan-Africanist Congress (PAC). Les activités de la Makana FA permirent aussi d'inculquer la culture du débat et de la démocratie qui était alors partie intégrante du mode de fonctionnement des fédérations sportives. Le ballon rond renforça ainsi les convictions des combattants africains tout en les préparant à l'après-apartheid.

Après la libération de Nelson Mandela (1990) et les débuts de négociations sur la fin de l'apartheid, la South African Football Association (SAFA) fut reformée le 8 décembre 1991 pour réunir tout le football sud-africain. L'abolition des lois raciales ainsi que le constat fait *de visu* par Issa Hayatou, successeur de Tessema à la tête de la CAF, que dans les stades sud-africains « métis, indiens, blancs et noirs se côtoyaient dans l'allégresse », permit au Comité exécutif de la FIFA de rétablir l'Afrique du Sud dans l'ONU du football le 3 juillet 1992. Quatre jours plus tard, la sélection sud-africaine disputait son premier match international et disposait du Cameroun de Roger Milla par un but à zéro. L'organisation de la CAN 1996 était ensuite confiée à la fédération sud-africaine. L'équipe des « Bafana Bafana » (les garçons en langue zouloue) remportait la finale 2-0 face à la Tunisie. Son capitaine (blanc), Neil Tovey, pouvait recevoir le trophée des mains de Nelson Mandela qui avait revêtu, comme l'année précédente pour la Coupe du monde de rugby, le maillot de l'équipe nationale.

Il était temps de passer à l'échelon supérieur, c'est-à-dire accueillir la Coupe du monde, d'autant que les Bafana Bafana se qualifiaient pour la phase finale de l'édition 1998. Deux ans plus tard, les dirigeants sud-africains essuyaient toutefois une déconvenue. Alors que le président Blatter s'était prononcé en leur faveur, les manœuvres opérées en coulisse par le concurrent allemand et des « pressions insoutenables » provoquaient l'abstention de Charles Dempsey, président de la Confédération océanienne de football et membre du Comité exécutif de la FIFA. À une voix près, le « gouvernement » de la Fédération internationale confiait le mondial 2006 au Deustcher Fussball Bund. Ce n'était que partie remise puisque Sepp Blatter fit entériner le principe d'une rotation de l'organisation de la Coupe du monde commençant en 2010 par l'Afrique. En 2004, l'archevêque Desmond Tutu et Nelson Mandela pouvaient laisser éclater leur joie à Zurich : l'Afrique du Sud avait été préférée au Maroc, à la Libye et à la Tunisie pour accueillir la première Coupe du monde disputée sur le continent africain. Le défi était de taille : il fallait construire dix stades tout neufs dont le Soccer City Stadium de

Johannesburg où devait être jouée la finale. La préparation fut émaillée des habituelles interrogations sur l'avancée des travaux et la capacité des forces de l'ordre locales à assurer la sécurité des supporters dans un pays qui compte parmi les plus violents du monde. Les fédérations anglaise et allemande proposèrent de remplacer l'Afrique du Sud au pied levé, au cas où, alors qu'en juillet 2009, les ouvriers des chantiers de construction se mettaient en grève pour protester contre leurs conditions salariales. Leurs revendications furent satisfaites et le comité d'organisation dirigée par Danny Jordan sut tenir les délais.

Les médias internationaux glosèrent sur ce jour « historique » qui voyait enfin le continent noir organiser un événement sportif majeur. Néanmoins, il s'agissait surtout d'une Coupe du monde sud-africaine même si les autres footballeurs de l'Afrique subsaharienne purent exprimer leur fierté et leur joie de pouvoir disputer la compétition sur leur continent. Les conditions climatiques, l'hiver austral, favorisèrent néanmoins les équipes européennes. Trois d'entre elles (Allemagne, Espagne et Pays-Bas) atteignirent les demi-finales, la finale voyant les joueurs espagnols triompher sur leurs adversaires hollandais (1-0). C'était la confirmation du règne de la *Rioja* et de son jeu fait de passe asphyxiant l'adversaire comme un boa étrangle sa proie. De fait, le succès sud-africain confirma la victoire à l'Euro 2008 et fut prolongé par un nouveau titre européen en 2012.

Même si la *Mannschaft* s'adjugea la troisième place, la compétition signala aussi la résurrection de l'équipe d'Uruguay porté par un système de formation extrêmement performant et des joueurs de classe mondiale comme Diego Forlán ou Luis Suárez coachés par le maître tacticien Oscar Tabárez. Les équipes africaines qui espéraient briller, voire remporter « leur » Coupe du monde, firent long feu. Une seule sur cinq, le Ghana, réussit à se qualifier pour les huitièmes de finale. Si le « Black Star » ne fut éliminé par la *Celeste* en quart de finale qu'à l'issue de l'épreuve des tirs aux buts (1-1 et 4-2), la compétition parut démontrer une nouvelle fois que, pour paraphraser Georges Clemenceau, l'Afrique était un continent d'avenir et qui le resterait longtemps dans le domaine du football. Quant à l'Afrique du Sud, après un match nul prometteur contre le Mexique, elle fut balayée par l'Uruguay 3-0. Seule l'obligeance – et la désinvolture – des joueurs français lui permirent d'obtenir un succès. Mais l'essentiel était ailleurs : l'Afrique du Sud donnait à voir au monde sa grande réconciliation nationale, au-delà des inégalités et du communautarisme qui minaient sa société postapartheid[111]. Certes, Nelson Mandela était trop affaibli pour remettre le trophée à l'équipe victorieuse. Endeuillé par la mort accidentelle d'une de ses arrière-petites filles, il n'avait pu assister à la cérémonie d'ouverture. L'absence de « Madiba » n'empêcha pas le succès de la compétition si on en juge à l'aune des critères occidentaux. La logistique a suivi et on n'eut pas à déplorer, en raison d'un déploiement de policiers digne d'un état de siège et du cantonnement des visiteurs étrangers dans des zones restreintes, de crimes. Les conditions marketing imposées par la FIFA n'en chassèrent pas moins les vendeurs ambulants et toute l'économie informelle de l'Afrique des abords des stades. L'étude de l'Œuvre suisse d'entraide ouvrière concluait, 55 jours après la fin de la compétition, que si le mondial avait « constitué un immense succès commercial pour la FIFA et ses partenaires », il ne restait « quasiment rien pour la population sud-africaine[112] ». Les coûts de l'organisation avaient au contraire dépassé de 1709 % les prévisions initiales, passant de 5,5 à 321 milliards de francs suisses ! Restait également la question des « éléphants blancs », ces stades surdimensionnés par rapport au besoin du championnat national sud-africain et employés partiellement depuis, dans les grandes villes, pour des concerts et des matchs de rugby. Sur un plan strictement sportif, la Coupe du monde n'a pas eu d'effet sur le football sud-africain. Les amateurs de ballon rond préfèrent, comme souvent en Afrique, regarder les matchs de la *Liga* ou de la *Premier League* diffusés par la télévision par satellite, alors que les Bafana Bafana ne sont même pas parvenus à se qualifier pour la Coupe du monde 2014.

Il n'empêche que les mêmes interrogations sur l'utilité de dépenses aussi conséquentes ont été bruyamment formulées en mai-juin 2013 au pays du football-roi. L'organisation de la Coupe des Confédérations, épreuve servant à tester les stades construits ou rénovés, un an avant le coup d'envoi de la Coupe du monde, a en effet donné lieu, dans les grandes villes brésiliennes, à d'importantes manifestations provoquées par la hausse des prix des transports urbains. Ces rassemblements ont été souvent réprimés violemment par la police. Contredisant l'insouciance et la passion pour le football généralement attribués au peuple brésilien, les protestataires ont interrogé le bien-fondé des dépenses somptuaires occasionnées par la Coupe du monde dans un pays où les services de santé et d'éducation sont au pire inexistants, au mieux défaillants pour une grande partie de la population. Au-delà des retards accumulés par les organisateurs, des accidents de chantier, il n'est pas dit que la question sociale ne vienne perturber le déroulement de la compétition. Celle-ci devait consacrer le Brésil comme une puissance émergente aux ambitions mondiales. Sa préparation a, en tout cas, dévoilé ses failles.

Quoiqu'il en soit, l'attribution de la Coupe du monde au géant sud-américain en 2007 a confirmé, avec l'édition sud-africaine, l'intérêt des dirigeants de la FIFA pour les pays émergents, puisqu'en décembre 2010 la Russie et le Qatar ont été désignés pour organiser les

Coupes du monde 2018 et 2022. Si la situation internationale du printemps 2014, en particulier l'annexion de la Crimée par la Russie, et la cuisante leçon des Jeux de Sotchi laissent à penser que les pays européens pourraient revoir leur participation en fonction de l'évolution de la politique étrangère russe, le choix du Qatar a d'ores et déjà fait éclater ce que le magazine *France Football* a appelé un « Qatargate[113] ». Outre les problèmes soulevés par l'organisation de la compétition dans un pays au climat désertique, le succès de la candidature qatarienne a été assuré par l'argent du gaz. Rétribuant royalement les ambassadeurs officiels qu'ont été Zinedine Zidane ou Pep Guardiola, les représentants de l'émirat ont aussi, semble-t-il, procédé à des versements en sous-main à des membres du Comité exécutif, notamment le président de la CONCACAF Jack Warner qui aurait reçu 860 000 euros (plus 538 000 pour son fils) afin qu'il vote pour la candidature qatarienne[114]. On ne prête qu'aux riches : en mai 2011, Jack Warner avait fait l'objet d'une procédure interne à la FIFA. Soupçonné d'avoir été « acheté » par Mohamed Bin Hammam, le président qatarien de l'AFC, pour qu'il fasse voter en sa faveur lors de future élection à la présidence de la Fédération internationale, il démissionnait de toutes ses fonctions dans le football, notamment de sa place au Comité exécutif de la FIFA. Quant à Bin Hammam, il était suspendu à vie de l'organisation internationale. L'année suivante la FIFA nommait le procureur américain Michael Garcia pour enquêter sur l'attribution des Coupes du monde 2018 et 2022. L'homme de loi se disait prêt à mettre « sans la moindre hésitation, tout ce qu'il a sur la table, sans idées préconçues[115] ».

Alors que l'organisation des futures Coupes du monde font l'objet de multiples conjectures, force est de constater que le « pétrofootball » semble imposer sa loi depuis quelques années. Ainsi l'émirat du Qatar a installé le ballon rond au cœur de sa diplomatie sportive en devenant le principal sponsor du FC Barcelone via la *Qatar Foundation* et en rachetant le Paris-Saint-Germain avec pour but affiché de remporter la Champions League. Une stratégie qui vient appuyer un investissement massif dans les médias via Al Jazeera Sport et sa filiale beIN SPORTS qui est devenue le principal concurrent de Canal+ sur le marché français. Ainsi, l'investissement qatarien réinsère le football français dans l'oligopole de plus en plus fermé des prétendants à la Champions League (Bayern Munich, FC Barcelone, FC Chelsea, Real Madrid), tout en bouleversant les structures de « l'exception française ». Le PSG, sauce qatarienne, avec l'AS Monaco, son adversaire-allié reconstruit par le milliardaire russe Dimitri Rybolovlev, a introduit une distorsion de concurrence mettant à mal les gestions vertueuses des Olympiques lyonnais et lillois, en bouchant l'accès à la Champions League. Malgré le Partenariat Public Privé (PPP) mis en œuvre pour la construction des « grands stades » nécessaires pour l'organisation de l'Euro 2016 en France, formule qui consiste souvent dans la mutualisation des pertes et la privatisation des profits, les ex-grands que sont l'OL et l'OM n'ont plus les capitaux nécessaires pour recruter, d'autant que le PSG préfère faire ses « emplettes » à l'étranger, rompant avec la tradition française de redistribution des clubs les plus puissants vers les plus petits, via les transferts. Surtout, alors que le Parc des Princes avait été épuré par le plan Leproux (2010) de ses supporters les plus violents et jugés indésirables, le PSG « galactique » des Zlatan Ibrahimovic, Thiago Silva et autres Edinson Cavani contribue peu à peu, avec l'augmentation du prix des billets, à transformer le public de supporters en public de consommateurs et un sport populaire en spectacle pour classes moyennes supérieures.

O tempora, o mores serait-on tenté de déplorer aux côtés des nostalgiques d'un football « à la papa », conservatoire des vertus ouvrières. Ce serait oublier un peu vite que l'histoire du football a toujours été marquée par l'arrivée de nouvelles fortunes construites dans l'industrie puis les services, des fortunes en quête de paix sociale, de visibilité ou de placement. Que l'on goûte ou non la geste « zlatanesque », le PSG constitue un formidable terrain d'observation de l'économie et de la société française pour l'observateur contemporain et le chercheur de demain. L'histoire du football est toujours en marche.

Notes

Avant-propos à la nouvelle édition

1. Voir le site Internet consacré au projet : www.free-project.eu.

Coup d'envoi

1. « L'U.S. Pro Vercelli, campione italiano di Foot-ball », *Ordine Nuovo*, 15 mai 1922.
2. Antonio Gramsci, « Il "foot-ball" e lo scopone », in *Sotto la Mole*, Turin, Einaudi, 1960, p. 433-434.
3. On citera comme travaux pionniers les livres de Tony Mason, *Association Football and English Society 1863-1915*, Brighton, Harvester Press, 1980 pour l'Angleterre, Antonio Papa et Guido Panico, *Storia sociale del calcio. Dai club dei pionieri alla nazione sportiva*, Bologne, Il Mulino, 1993 pour l'Italie, Alfred Wahl et Pierre Lanfranchi, *Les Footballeurs professionnels des années trente à nos jours*, Paris, Hachette, 1995 pour la France et de Christiane Eisenberg (dir.), *Fussball, soccer, calcio. Ein englischer Sport auf seinem Weg um die Welt*, Munich, DTV, 1997, dans une perspective européenne.
4. Marcel Mauss, « Les techniques du corps », in *Sociologie et anthropologie*, Paris, PUF, 1989, p. 367, 1re éd. 1950. Ce chapitre reproduit un article publié dans le *Journal de psychologie* en 1936.

1. Le jeu de l'Angleterre victorienne

1. Jules Rimet, « Introduction et esquisse historique », *Encyclopédie des sports modernes. Le Football*, Monaco, Union européenne d'éditions, 1954, p. 10.

2. Jean-Jules Jusserand, *Les Sports et jeux d'exercice dans l'ancienne France*, Paris-Genève, Champion-Slatkine, 1986, fac-similé de l'édition de 1901, p. 1.

3. Thierry Bernard-Tambour, « Histoire du jeu de courte paume. Le déclin de la paume », *in* Yves Carlier et Thierry Bernard-Tambour (dir.), *Jeu des rois roi des jeux. Le jeu de paume en France*, Paris, Éditions de la Réunion des Musées nationaux, 2001, p. 71.

4. « Calcio », *Enciclopedia italiana Treccani*, reproduction du volume VIII de l'édition de 1930, Rome, Istituto Poligrafico dello Stato, 1949.

5. *Ibid.*

6. Geoffrey Green, *The History of the Football Association*, Londres, The Naldrett Press, 1953, p. 5-10.

7. Stanley Rous et Donald Ford, *A History of the Laws of Association Football*, Zurich, FIFA, 1974, p. 13.

8. Allen Guttmann, *From Ritual to Record*, New York, Columbia University Press, 1978, p. 54-55.

9. Marc Augé, « Football. De l'histoire sociale à l'anthropologie religieuse », *Le Débat*, n° 19, février 1982, p. 60.

10. Christian Duverger, *L'Esprit du jeu chez les Aztèques*, Paris, Mouton, 1978, p. 53.

11. *Ibid.*, p. 153.

12. Cf. Jean-Michel Mehl, *Les Jeux au royaume de France du XIIIe au début du XVe siècle*, Paris, Fayard, 1990, p. 230-236.

13. Horst Bredekamp, *Le Football florentin. Les jeux et le pouvoir à la Renaissance*, Paris, Diderot éditeur, 1995, p. 36.

14. Robert Muchembled, *Culture populaire et culture des élites dans la France moderne (XVe-XVIIIe siècle)*, Paris, « Champs » Flammarion, 1991, rééd., p. 126.

15. Abbé Alexandre Tollemer, *Un Sire de Gouberville gentilhomme campagnard au Cotentin de 1553 à 1562*, Paris et La Haye, Mouton, 1972, rééd., p. 169.

16. Horst Bredekamp, *op. cit.*, p. 35.

17. En italien *calciare* signifie donner un coup de pied.

18. Horst Bredekamp, *op. cit.*, p. 9.

19. *Ibid.*, p. 13.

20. Alexandre Bouët (texte) et Olivier Perrin (dessins), *Breiz-Izel ou Vie des Bretons de l'Armorique*, Mayenne, José Floch imprimeur-éditeur, 1977, p. 178, réédition.

21. Georges Vigarello, *Une histoire culturelle du sport. Techniques d'hier... et d'aujourd'hui*, Paris, Robert Laffont/EPS, 1988, p. 58.

22. Horst Bredekamp, *op. cit.*, p. 9.

23. Abbé Alexandre Tollemer, *op. cit.*, p. 169.

24. *Ibid.*, p. 171.

25. James Walwin, *The People's Game. The History of Football Revisited*, Édimbourg et Londres, Mainstream Publishing, 1994, nouv. éd., p. 15.

26. Christian Duverger, *op. cit.*, p. 169.

27. Johan Huizinga, *Homo ludens. Essai sur la fonction sociale du jeu*, Paris, Gallimard, 1951, p. 15.

28. *Ibid.*, p. 129.

29. *Ibid.*, p. 35.

30. *Ibid.*, p. 90.

31. *Ibid.*, p. 267.

32. Roger Caillois, *Les Jeux et les Hommes. Le masque et le vertige*, Paris, Gallimard, « Folio essais », 1991, réimpression en poche de l'édition revue et augmentée de 1967, p. 105.

33. Cf. Jean-Paul Thuillier, *Les Jeux athlétiques dans la civilisation étrusque*, Rome, École française de Rome, 1985.

34. Wolfgang Decker et Jean-Paul Thuillier, *Le Sport dans l'Antiquité. Égypte, Grèce, Rome*, Paris, Picard, 2004, p. 181.

35. *Ibid.*, p. 200.

36. Robert Fossier, *Le Moyen Âge. Les mondes nouveaux 350-950*, Paris, Armand Colin, 1986, p. 176.

37. Paul Veyne, *Le Pain et le Cirque. Sociologie historique d'un pluralisme politique*, Paris, Le Seuil, « Points-Histoire », 1995, 1re éd. 1976, p. 367-368.

38. *Ibid.*, p. 368.

39. Norbert Elias, *La Civilisation des mœurs*, Paris, Agora, 1993, rééd., p. 292-293.

40. Norbert Elias et Eric Dunning, *Sport et civilisation. La violence maîtrisée*, Paris, Fayard, 1994, p. 245.

41. John Rafferty, *One Hundred Years of Scottish Football*, Londres, Pan Book Ltd, 1973, p. 2.

42. *Ibid.*, p. 3.

43. Eugen Weber, *La Fin des terroirs. La modernisation de la France rurale 1870-1914*, Paris, Fayard, 1983, p. 550.

44. Richard Holt, *Sport and the British. A Modern History*, Oxford, Clarendon Press, 1992, rééd., p. 38.

45. Sur le déclin de la paume, cf. Élisabeth Belmas, « Grandeur et décadence de la courte paume en France (XVIe-XVIIIe siècle) », *in* Patrick Clastres et Paul Dietschy, *Paume et tennis en France XVe-XXe siècle*, Paris, Nouveau Monde éditions, 2009, p. 59-71.

46. Cf. Jean Favier, *Paris. Deux mille ans d'histoire*, Paris, Fayard, 1997, p. 731.

47. Francis Freundlich, *Le Monde du jeu à Paris 1715-1800*, Paris, Albin Michel, 1995, p. 177.

48. Montesquieu, *Considérations sur les causes de la grandeur des Romains et de leur décadence*, Paris, Garnier-Flammarion, 1968, p. 33-34.

49. Richard Holt, *op. cit.*, p. 23.

50. *Ibid.*, p. 20.

51. Norbert Elias et Eric Dunning, *op. cit.*, p. 218.

52. *Ibid.*, p. 234-236.

53. *Ibid.*, p. 238.

54. Dave Russell, *Football and the English. A Social History of Association Football in England, 1863-1995*, Preston, Carnegie Publishing, 1997, p. 8.

55. *Ibid.*, p. 9.

56. Définition donnée dans les lois du jeu adoptées en décembre 1863 et reproduite *in* Stanley Rous et Donald Ford, *op. cit.*, p. 32.

57. Tony Mason, *Association Football and English Society 1863-1915*, *op. cit.*, 1980, p. 11.

58. Richard Holt, *op. cit.*, p. 80.

59. Thomas Hughes, *Thomas Brown's Schooldays*, Londres, Cassell & Company, 1907, rééd., p. 78.

60. *Ibid.*, p. 123.

61. Tony Mason, *Association Football and English Society 1863-1915*, op. cit., p. 12.

62. James A. Mangan, *The Games Ethic and Imperialism. Aspects of the Diffusion of an Ideal*, Londres, Frank Cass, 1998, p. 18.

63. Anne-Marie Sohn, « *Sois un homme !* » *La construction de la masculinité au XIXe siècle*, Paris, Le Seuil, 2009, p. 29.

64. Cf. Patrick Clastres et Paul Dietschy, *Sport, société et culture en France du XIXe siècle à nos jours*, Paris, Hachette, 2006, p. 25.

65. Anne-Marie Sohn, op. cit., p. 184-185.

66. *Ibid.*, p. 186.

67. Cf. Alex Poyer, « 1854 : aux origines de l'institutionnalisation de la gymnastique scolaire. Contexte et portée de l'arrêté Fortoul », *Staps*, 2006, n° 71, p. 53-69.

68. Pour suivre l'expression de Georges Vigarello sur les pédagogies corporelles visant le redressement et la rectitude des corps. Cf. Georges Vigarello, *Le Corps redressé. Histoire d'un pouvoir pédagogique*, Paris, Armand Colin, 2001, rééd.

69. Adrian Harvey, « "An Epoch in the Annals of National Sport" : Football in Sheffield and the Creation of Modern Soccer and Rugby », *The International Journal of the History of Sport*, vol. 18, décembre 2001, n° 4, p. 55.

70. *Ibid.*, p. 54.

71. Stanley Rous et Donald Ford, op. cit., p. 16.

72. Geoffrey Green, op. cit., p. 17.

73. *Ibid.*, p. 16-17.

74. *Ibid.*, p. 23.

75. *Ibid.*, p. 28.

76. Adrian Harvey, op. cit., p. 68.

77. Geoffrey Green, op. cit., p. 28.

78. *Ibid.*, p. 29.

79. *Ibid.*

80. *Ibid.*

81. *Ibid.*, p. 32.

82. Pierre Galy, Jean-Pierre Dorian, *La Grande Histoire du rugby*, Paris, Nouveau Monde éditions, 2007, p. 18.

83. Richard Holt, op. cit., p. 99.

84. Geoffrey Green, op. cit., p. 92.

85. Dave Russell, *op. cit.*, p. 19.

86. Witold Rybczynski, *Histoire du week-end*, Paris, Liana Levi, 1992, p. 115.

87. Monica Charlot, Roland Marx, *La Société victorienne*, Paris, Armand Colin, 1997, 2ᵉ éd., p. 85.

88. Mike Huggins, John Tolson, « The railways and sport in Victorian Britain. A critical reassessment », *Journal of Transport History*, 2001, vol. 22, n° 2, p. 108.

89. Wray Vamplew, *Pay up and Play the Game. Professional Sport in Britain*, Cambridge, Cambridge University Press, 1988, p. 51.

90. Tony Mason, *op. cit.*, p. 31.

91. Wray Vamplew, *op. cit.*, p. 52.

92. Cf. Hugh McLeod, « La religion et l'essor du sport en Grande-Bretagne », *Revue d'histoire du XIXᵉ siècle*, 2004, n° 28, p. 133-148. Article consulté sur version électronique : http://rh19.revues.org/index6- 24.html, p. 5.

93. Tony Mason, *op. cit.*, p. 25.

94. Cf. Charles P. Korr, *West Ham United : The Making of a Football Club*, Chicago, Londres, Duckworth, 1986 et en français, l'un des premiers articles consacrés au sport de la revue *L'Histoire* : Charles P. Korr, « Angleterre : le "foot", l'ouvrier et le bourgeois », *L'Histoire*, n° 38, octobre 1981, p. 44-51.

95. Claude Boli, « Du local au global : l'invention de Manchester United 1902-2002 », in Yvan Gastaut et Stéphane Mourlane, *Le Football dans nos sociétés 1914-1998. Une culture populaire*, Paris, Autrement, 2006, p. 17. Sur l'histoire du club mancunien cf. Claude Boli, *Manchester United, l'invention d'un club. Deux siècles de métamorphose*, Paris, La Martinière, 2004.

96. Richard Holt, *op. cit.*, p. 150.

97. Georges Vigarello, *Une histoire culturelle du sport…*, *op. cit.*, p. 24.

98. Tony Mason, *op. cit.*, p. 33.

99. Richard Holt, *op. cit.*, p. 103.

100. *Ibid.*, p. 117.

101. *Ibid.*, p. 106.

102. Tony Mason, *op. cit.*, p. 69-70.

103. Dave Russell, *op. cit.*, p. 25.

104. Stanley Rous et Donald Ford, *op. cit.*, p. 42.

105. *Ibid.*, p. 51.
106. *Ibid.*, p. 46.
107. Dave Russell, *op. cit.*, p. 44.
108. Richard Holt, *op. cit.*, p. 163.
109. Matthew Taylor, *The Leaguers. The Making of Professional Football in England, 1900-1939*, Liverpool, Liverpool University Press, 2005, p. 102.
110. *Ibid.*
111. Wray Vamplew, *op. cit.*, p. 205.
112. Tony Mason, *op. cit.*, p. 120.
113. *Ibid.*, p. 121.
114. Wray Vamplew, *op. cit.*, p. 63.
115. *Ibid.*
116. Tony Mason, *op. cit.*, p. 159.
117. Philippe Chassaigne, *Ville et violence. Tensions et conflits dans la Grande-Bretagne victorienne (1840-1914)*, Paris, Presses de l'université Paris-Sorbonne, 2005, p. 242.
118. Tony Mason, *op. cit.*, p. 160.
119. Eric Dunning, Patrick Murphy et John Williams, *The Roots of Football Hooliganism : an Historical and Sociological Study*, Londres, Routledge, 1988, p. 61.
120. *Ibid.*, p. 88.
121. Philippe Chassaigne, *op. cit.*, p. 237.
122. Eric Dunning, Patrick Murphy et John Williams, *The Roots of Football Hooliganism…*, *op. cit.*, p. 47.
123. *Ibid.*, p. 48.
124. *Ibid.*, p. 41.
125. Tony Mason, *op. cit.*, p. 249-250, note 57.
126. Eric Dunning, Patrick Murphy et John Williams, *The Roots of Football Hooliganism…*, *op. cit.*, p. 83.
127. Geoffrey Green, *op. cit.*, p. 264.
128. Eric Hobsbawm et Terence Ranger (dir.), *The Invention of Tradition*, Cambridge, Cambridge University Press, 1983, p. 1.
129. *Ibid.*, p. 288.

2. La première mondialisation du football

1. Martin Johnes, *A History of Sport in Wales*, Cardiff, University of Wales Press, coll. « A Pocket Guide », 2005, p. 1-2.

2. Mike Cronin, *Sport and Nationalism. Gaelic Games, Soccer and Irish Identity since 1884*, Dublin, Four Courts Press, 1999, p. 118.

3. Queen's Park, Clydesdale, Vale of Leven, Dumbreck, Third Lanark, Volunteer Reserves, Eastern, Granville et Kilmarnock.

4. John Rafferty, *op. cit.*, p. 1.

5. *Ibid.*, p. 16.

6. Bill Murray, *The Old Firm. Sectarianism, Sport and Society in Scotland*, Édimbourg, John Donald Publishers, 2000, nouv. éd., p. 47.

7. Patrick Verley, *La Révolution industrielle*, Paris, Gallimard, « Folio histoire », 1997, p. 503.

8. Bill Murray, *op. cit.*, p. 9.

9. Cette assertion est toutefois nuancée par Bill Murray, *ibid.*, p. 46.

10. *Ibid.*, p. 92.

11. *Ibid.*, p. 83.

12. *Ibid.*, p. 6.

13. D'après les calculs de Wray Vamplew, *in op. cit.*, p. 85.

14. Matthew Taylor, *The Association Game. A History of British Football*, Édimbourg, Pearson Education, 2008, p. 103.

15. David Smith, Gareth Williams, *Fields of Praise. The Official History of the Welsh Rugby Union 1881-1981*, Cardiff, University of Wales Press, 1980, p. 95.

16. Martin Johnes, *A History of Sport in Wales*, *op. cit.*, p. 32.

17. Martin Johnes, *Soccer and Society. South Wales, 1900-1939*, Cardiff, University of Wales Press, 2002, p. 181.

18. *Ibid.*, p. 30-31.

19. *Ibid.*, p. 48.

20. Mike Cronin, *op. cit.*, p. 78.

21. *Ibid.*, p. 80.

22. À ne pas confondre avec la nordiste Irish Football Association Ltd.

23. Colin Jose et William F. Rannie, *The Story of Soccer in Canada*, Lincoln, W.F. Rannie-Pubisher, 1982, p. 13.

24. Dutta Ray, *Indian Football Association. West Bengal*, Official Souvenir, Calcutta, 1953, p. 35.

25. Peter Alegi, *Laduma ! Soccer, Politics and Society in South Africa*, Scottville, University of KwaZulu-Natal Press, 2004, p. 15.

26. Cité par James A. Mangan in *The Games Ethic and Imperialism. Aspects of the Diffusion of an Ideal*, Londres, Frank Cass, 1998, nouv. éd., p. 22.

27. *Ibid.*, p. 35.

28. En français dans le texte.

29. *Ibid.*, p. 36.

30. Richard Holt, *op. cit.*, p. 206.

31. *Ibid.*, p. 209.

32. Boria Majumdar et Kausik Bandyopadhyay, *Goalless. The Story of a Unique Footballing Nation*, New Delhi, Viking/Penguin, 2006, p. 13.

33. Cité par Paul Dimeo, *in* « Colonial Bodies, Colonial Sport : "Martial" Punjabis, "Effeminate" Bengalis and the Development of Indian Football », *The International Journal of the History of Sport*, vol. 19, n° 1, mars 2002, p. 84.

34. Richard Holt, *Sport and the British. A Modern History*, *op. cit.*, p. 217.

35. Boria Majumdar et Kausik Bandyopadhyay, *op. cit.*, p. 23.

36. *Ibid.*, p. 41.

37. Paul Dimeo, « "With political Pakistan in the offing..." : Football and Communal Politics in South Asia, 1887-1947 », *Journal of Contemporary History*, vol. 28, n° 3, p. 390.

38. Notamment Tony Mason, « Football on the Maidan : Cultural Imperialism in Calcutta », *The International Journal of the History of Sport*, vol. 7, n° 1, 1990, p. 85-96.

39. Sur l'ensemble de ces débats, cf. Boria Majumdar et Kausik Bandyopadhyay, *op. cit.*, p. 32-50.

40. *Ibid.*, p. 28.

41. Sébastien Darbon, *Diffusion des sports et impérialisme anglo-saxon*, Paris, Éditions de la Maison des sciences de l'homme, 2008, p. 115.

42. *Ibid.*, p. 123.

43. Tony Hilton, *An Association with Soccer. The NZFA celebrates its first 100 years*, Auckland, NZFA, 1991, p. 17.

44. *Ibid.*, p. 15.

45. Dean Allen, « Beating the Mat their own Game : Rugby, the Anglo-Boer War and Afrikaner Nationalism, 1899-1948 », *The International Journal of the History of Sport*, vol. 20, n° 3, septembre 2003, p. 49.

46. *Ibid.*, p. 51-52.

47. Peter Alegi, *op. cit.*, p. 16.

48. *Ibid.*, p. 21-38.

49. *Ibid.*, p. 39-47.

50. Ces éléments historiques sont notamment tirés des documents contenus dans le dossier Ghana des archives FIFA, série Correspondance avec les associations nationales.

51. Deux histoires du football au Nigeria ont été écrites par des journalistes autour de la « saga » des Super Eagles : Adedayo Oke, *From UK Tourists to Super Eagles. The History of Nigeria's National Football Team*, Londres, Orkestra Publications, 2000 et Chuka Onwumechili et Justin Eze, *The Making of Nigeria's Super Eagles*, Rome, Filippo Maria Ricci, 2001.

52. Voir chapitre 10.

53. Vincent Beufe, « Le football à Buenos Aires : implantation et diffusion nationale (1890-1910) », *Bulletin de l'Institut Pierre-Renouvin*, n° 16, automne 2003, p. 37.

54. Tony Mason, *Passion of the People ? Football in South America*, Londres, Verso, 1995, p. 2.

55. Vincent Beufe, *op. cit.*, p. 40.

56. Tony Mason, *Passion of the People ? Football in South America*, *op. cit.*, p. 8.

57. Roberto Salinas Benavides, *Federación Peruana de Fútbol. 75 anniversario*, Federación Peruana de Fútbol, 1997, p. 40.

58. *77 años de fútbol en el Paraguay*, Editorial Veloz, Asunción, 1977, p. 7.

59. *Ibid.*

60. A. Métraux, « La Obra de las Misiones inglesas en el Chaco », *Journal de la Société des américanistes*, 1933, vol. 25, n° 1, p. 208.

61. José S. Garcia, Ch. Mario Griffin Cubas et Héctor Miguel Maradiaga, *Historia del fútbol y su desarrollo en Honduras*, Tegucigalpa, FENAFUTH, 1993, p. 20.

62. Pierre Lanfranchi, « Football et modernité. La Suisse et la pénétration du football sur le continent », *Traverse*, n° 5, 1998, p. 77.

63. Paul Ruoff, « Contribution à l'histoire du football suisse », in coll., *Le Livre d'or du football suisse*, Bâle, Éditions Domprobstei, 1953, p. 14.

64. Pierre Lanfranchi, « Football et modernité... », *op. cit.*, p. 82.
65. Voir chapitre 9.
66. Pierre Lanfranchi, « Football et modernité... », *op. cit.*, p. 82.
67. Gergana Ghanbarian-Baleva, « Ein "englischer Sport" aus der Schweiz. Der bulgarische Fussball von seiner Entstehung bis zum Beginn der 1970er Jahre », *in* Dittmar Dahlmann, Anke Hilbrenner et Britta Lenz, *Überall ist der Ball rund. Zur Geschichte und Gegenwart des Fussballs in Ost- und Südosteuropa*, Essen, Klartext, 2006, p. 159.
68. James Riordan, *Sport in Soviet Society. Development of Sport and Physical Education in Russia and the USSR*, Cambridge, Cambridge University Press, 1977, p. 22.
69. Bogdan Popa, « Beruf : Fussballspieler. Sozialer Aufstieg durch Sport in Rumänien 1920-1940 », *in* Dittmar Dahlmann, Anke Hilbrenner et Britta Lenz, *Überall ist der Ball rund. Zur Geschichte und Gegenwart des Fussballs in Ost- und Südosteuropa Die Zweite Halbzeit*, *op. cit.*, p. 129.
70. Cité dans la version française du site officiel du club : http://www.galatasaray.org/fr/tarih/pages/lacreationdunelegend.php
71. Cf. Paolo Bertoldi, « Torino sportiva », in *Torino città viva. Da capitale a metropoli, 1880-1980*, Turin, Centro Studi Piemontesi, 1980, p. 977.
72. Ian Buruma, *Voltaire's Coconuts or Anglomania in Europe*, Londres, Phoenix, 2000, rééd., p. 298.
73. Sur ce thème et cette obsession littéraires, cf. Annelise Maugue, *L'Identité masculine en crise au tournant du siècle*, Paris, Éditions Rivages, 1987.
74. Élisabeth Badinter, *XY. De l'identité masculine*, Paris, Odile Jacob, 1992, p. 146.
75. Michel Pastoureau, *L'Étoffe du Diable. Une histoire des rayures et des tissus rayés*, Paris, Le Seuil, 1991, p. 127.
76. *Ibid.*
77. Renato Tavella, *Il Romanzo della grande Juventus*, Rome, Newton, 2003, rééd., p. 17.
78. *Ibid.*, p. 27-28.
79. Michel Pastoureau, « Les couleurs du stade », *Vingtième Siècle. Revue d'histoire*, 1990, vol. 26, n° 26, p. 13.

80. Wray Vamplew, *op. cit.*, p. 55.

81. Pierre et J. Garcet de Vauresmont, *Les Sports athlétiques. Football – Course à pied et Saut – Lancement*, Paris, Bibliothèque Larousse, 1912, p. 55.

82. Carlos Sturzenegger, *Football. Leyes que lo rigen y modo de jugarlo*, Montevideo, Talleres Gráficos « El Arte » de O. M. Bertani, 1911, p. 58.

83. George L. Mosse, *The Nationalization of the Masses. Political Symbolism and Mass Movements in Germany from the Napoleonic Wars through the Third Reich*, Ithaca et Londres, Cornell University Press, 1996, p. 83.

84. Christiane Eisenberg, « The Rise of Internationalism in Sport », *in* Martin H. Geyer et Johannes Paulmann (éd.), *The Mechanics of Internationalism. Culture, Society, and Politics from the 1840s to the First World War*, Oxford, Oxford University Press, 2001, p. 386.

85. Christiane Eisenberg, « Les origines de la culture du football en Allemagne », *Sociétés et représentations*, 1998, n° 7, p. 44.

86. Julio David Frydenberg, « Praticas y valores en el proceso de popularización del fútbol », www. efdeportes.com/efd10/jdf10.htm

87. Antonio Papa et Guido Panico, *Storia sociale del calcio in Italia*, Bologne, Il Mulino, 2002, nouv. éd., p. 102.

88. Britta Lenz, « Wisla und Cracovia im "Heiligen Krieg". Die Anfänge eines polnischen Traditionsderbys 1906-1927 », *in* Dittmar Dahlmann, Anke Hilbrenner et Britta Lenz, *Überall ist der Ball rund. Zur Geschichte und Gegenwart des Fussballs in Ost- und Südosteuropa Die Zweite Halbzeit*, Essen, Klartext, 2008, p. 93.

89. Tony Mason, *Association Football and English Society 1863-1915*, *op. cit.*, p. 138.

90. Matthew Taylor, *The Association Game. A History of British Football*, *op. cit.*, p. 101.

91. Martin Johnes, « "Heads in the Sand" : Football, Politics and Crowd Disasters in Twentieth-Century Britain », *in* Paul Darby, Martin Johnes et Gavin Mellor (éd.), *Soccer and Disaster. International Perspectives*, Londres, Routledge, 2005, p. 10.

92. Interprétation de Richard Holt citée par Matthew Taylor, *The Association Game. A History of British Football*, *op. cit.*, p. 104.

93. Heiner Gillmeister, « The first European Soccer Match. Walter Bensemann, a twenty-six-year-old German student, set the ball rolling », *The Sports Historian*, novembre 1997, n° 2, p. 2.

94. *Ibid.*

95. Sur les péripéties ayant accompagné les débuts de la FIFA, voir Alfred Wahl, « La Fédération internationale de football association (1903-1930) », *in* Pierre Arnaud et Alfred Wahl, *Sports et relations internationales. Actes du colloque de Metz-Verdun septembre 1993*, Metz, 1994, p. 31-45.

96. Statuts modifiés de 1905, reproduits dans le *Bulletin officiel de la Fédération internationale de football association*, n° 2, 1er septembre 1905.

97. « Deuxième Congrès de la Fédération internationale de football association », *La Vie sportive*, 28 juin 1905.

98. Daniel Mérillon (dir.), *Rapport officiel des Concours internationaux d'exercices physiques et de sports*, Paris, Imprimerie nationale, 1901, p. 68.

99. *Ibid.*, p. 69.

100. Alfred Wahl, *Les Archives du football. Sport et société en France (1880-1980)*, Paris, Archives-Gallimard, 1989, p. 80.

101. André Drevon, *Les Jeux olympiques oubliés. Paris 1900*, Paris, CNRS Éditions, 2000, p. 34.

102. Hardy Grüne, *Fussball WM Enzyklopädie 1930-2006*, Francfort, Agon, 2002, p. 20.

103. Archives FIFA, série Jeux olympiques. Correspondance, 1912-1932, lettre d'Hirschman à Polignac, 16 août 1923.

104. *Olympic Games of London, 1908. Association Football. Rules and Regulations of Competition*, Londres, British Olympic Council, 1908, p. 3.

105. *The Fourth Olympiad London 1908. Official Report*, Londres, British Olympic Council, 1909, p. 173.

106. *Ibid.*, p. 178.

107. Tony Mason, *Association Football and English Society*, *op. cit.*, p. 141.

108. Christiane Eisenberg, « Histoire du football professionnel en Allemagne », *in* Henri Hélal et Patrick Mignon (dir.), *Football, jeu et société. Les Cahiers de l'INSEP*, n° 25, 1999, p. 165-166.

109. Antonio Papa et Guido Panico, *Storia sociale del calcio in Italia. Dai club dei pionieri alla nazione sportiva (1887-1945)*, Bologne, Il Mulino, 1993, p. 75.

110. Antonio Ghirelli, *Storia del calcio in Italia*, Turin, Einaudi, 1990, 4e éd., p. 41.

111. Archives FIFA, série Jeux olympiques. Correspondance, 1912-1932, lettre de Kornerup à Hirschman datée du 5 décembre 1911.

112. Initialement, 13 équipes devaient concourir mais la France et la Belgique déclarèrent forfait.

113. Erik Bergvall (éd.), *The Official Report of the Olympic Games of Stockholm 1912*, Wahlström et Widstrand, Stockholm, 1913, p. 483.

114. *Ibid.*, planche 194.

115. Christiane Eisenberg, « Deutschland », in Christiane Eisenberg (dir.), *Fussball, soccer, calcio. Ein englischer Sport auf seinem Weg um die Welt*, Munich, DTV, 1997, p. 102.

116. Erik Bergvall (éd.), *The Official Report of the Olympic Games of Stockholm 1912*, *op. cit.*, p. 495.

117. *Ibid.*, p. 486 et 493.

118. *Ibid.*, p. 502.

119. Alain Ehrenberg, « Aimez-vous les stades ? Architecture de masse et mobilisation », *Recherches*, n° 43, avril 1980, p. 25-54.

120. Archives FIFA, série Congrès Procès-verbal du 11e congrès tenu à Christiana, 27 et 28 juin 1914.

3. De la guerre totale au spectacle des masses

1. *La Vie au grand air*, 15 juin 1917.

2. Paul Fussell, *The Great War and Modern Memory*, Oxford, Oxford University Press, 1975, p. 26-29.

3. Antoine Prost, Jay Winter, *Penser la Grande Guerre. Un essai d'historiographie*, Paris, Le Seuil, « Points », 2004, p. 217.

4. Cf. Stéphane Audoin-Rouzeau et Annette Becker, *14-18 retrouver la guerre*, Paris, Gallimard, 2000, 2e partie intitulée « La croisade », p. 109-195.

5. « GOL ! », *La Gazzetta dello Sport*, 4 septembre 1916.

6. Cf. Paul Dietschy, « La guerre ou le "grand match" : le sport, entre représentation de la violence et expérience com-

battante », in Rémy Cazals, Emmanuelle Picard et Denis Rolland (dir.), *La Grande Guerre. Pratiques et expériences*, Toulouse, Privat, 2005, p. 45-54 et « Le sport et la Première Guerre mondiale », in Philippe Tétart (dir.), *Histoire du sport en France du Second Empire au régime de Vichy*, Paris, Vuibert, 2007, p. 57-77.

7. Cité par Colin Veitch, « "Play up ! and Win the War !" Football, the Nation and the First World War 1914-15 », *Journal of Contemporary History*, vol. 20, n° 3, 1985, p. 371.

8. *Ibid.*, p. 375.

9. Extrait du journal du général Jack cité dans John G. Fuller, *Troop Morale and Popular Culture in the British and Dominions Armies 1914-1918*, Oxford, Clarendon Press, 1990, p. 85.

10. Cf. Stanley Weintraub, *Silent Night. The Remarkable Christmas Truce of 1914*, Londres, Pocket Books, 2002, p. 109-137.

11. Extrait de la lettre de Leslie Walkinton, soldat du Queen's Westminster Rifles, à ses parents le 26 décembre 1914, citée par Malcolm Brown, « Un joyeux entracte » dans Marc Ferro, Malcolm Brown, Rémy Cazals, Olaf Mueller, *Frères de tranchées*, Paris, Perrin, coll. « Tempus », 2006, p. 44.

12. Cf. Iain Adams et Trevor Petney, « Germany 3-Scotland 2, 25th December 1914 : Fact or Fiction », dans Jonathan Magee, Alan Bairner et Alan Tomlinson (éd.), *The Bountiful Game ? Football Identities and Finance*, Oxford, Meyer & Meyer Sport, 2005, p. 21-41.

13. John G. Fuller, *Troop Morale and Popular Culture in the British and Dominions Armies 1914-1918*, op. cit., p. 81.

14. *Ibid.*, p. 88.

15. *Ibid.*, p. 89.

16. Cf. Christiane Eisenberg, *« English Sports » und deutsche Bürger. Eine Gesellschaftsgeschichte 1800-1939*, Paderborn, Schöningh, 1999, p. 320.

17. Mario Isnenghi, *Giornali di trincea (1915-1918)*, Turin, Einaudi, 1977, p. 84.

18. Georges Rozet, « Les sports sur le front », dans *Sous le brassard vert*, Paris, Éditions de la Sirène, 1919, p. 212.

19. Service historique de l'armée de terre (SHAT), 7 N 1989, Bien-être du soldat, EMA 3e bureau.

20. Cf. James Roberts, « "The Best Football Team. The Best Platoon" : The Role of Football in the Proletarianization of the British Expeditionary Force, 1914-1918 », *Sports in History*, vol. 26, n° 1, avril 2006, p. 26-46.

21. Centre d'histoire de Sciences po, Fonds Dispan de Floran DF3 Dr 3 Carnets de guerre, Carnet n° II, 13 mars 1915.

22. Cf. John Keegan, *Anatomie de la bataille. Azincourt 1415, Waterloo 1815, La Somme 1916*, Paris, Pocket/Agora, 1995, p. 227.

23. Georges Rozet, « Les sports sur le front », dans *Sous le brassard vert*, op. cit., p. 208.

24. Louis Barthas, *Les Carnets de guerre de Louis Barthas, tonnelier (1914-1918)*, Paris, François Maspero, 1979, p. 93.

25. Frédéric Rousseau, *La Guerre censurée. Une histoire des combattants européens de 14-18*, Paris, Points-Seuil, 2003, nouv. éd., p. 167.

26. Louis Barthas, op. cit., p. 279.

27. Ainsi, l'organe social *Hurrà*, créé tout spécialement pour établir un lien entre les *Juventini* sous les armes en juin 1915, reproduisait dans son premier numéro la lettre d'Enrico Canfari, l'un des fondateurs du club, qui rassurait en ces termes ses camarades au mois de juin 1915 : « Pour le moment je suis encore à... et je m'occupe en faisant des parties des boules et de football sur un magnifique pré. »

28. *La Gazzetta dello Sport*, 18 juin 1917.

29. Ainsi le cuisinier Charles Gueugnier, simple soldat fait très tôt prisonnier, note pour la journée du 1er juillet 1916 : « Après-midi match de football France-1 contre Angleterre-0 et soir match de boxe France contre Angleterre, ce dernier [sic] vainqueur. Suis dans les classiques avec *Le Cid* et *Polyeucte* de Corneille. » *Les Carnets de captivité de Charles Gueugnier 1914-1918*, présentés par Nicole Dabernat-Poitevin, Toulouse, ACCORD édition, 1998, p. 132.

30. Extrait du poème « Sports » cité par René Bourgeois dans *Géo Charles. Un poète de la vie moderne*, Echirolles, Éditions Galerie-Musée Géo-Charles, 1985, p. 15.

31. Cf. Victoria de Grazia, « La sfida dello star system : l'americanismo nella formazione della cultura di massa in Europa, 1920-1965 », *Quaderni storici*, avril 1985, p. 95-127.

32. Ronald Hubscher, Jean Durry, Bernard Jeu, *L'Histoire en mouvements. Le sport dans la société française (XIXe-XXe siècle)*, Paris, Armand Colin, 1992, p. 39.

33. *Un ethnologue dans les tranchées août 1914-avril 1915. Lettres de Robert Hertz à sa femme Alice*, présentées par Alexander Riley et Philippe Besnard, Paris, CNRS Éditions, 2002, p. 208, lettre du 14 février 1915.

34. *Le Football Association. Organe Officiel de la Fédération française de football association (3.F.A.)*, 6 janvier 1922.

35. Arnaud Waquet et Thierry Terret, « Ballons ronds, *tommies* et tranchées : l'impact de la présence britannique dans la diffusion du football association au sein des villes de garnison de la Somme et du Pas-de-Calais (1915-1918) », *Modern & Contemporary France*, vol. 14, n° 4, novembre 2006, p. 449-464.

36. *L'Auto*, 7 décembre 1914.

37. Cf. Pierre Lanfranchi, « La Première Guerre mondiale et le développement du football en Europe : l'exemple italien », *in* Yvan Gastaut et Stéphane Mourlane, *Le Football dans nos sociétés. Une culture populaire 1914-1998*, Paris, Autrement, 2006, p. 142-145.

38. Lauro Rossi, « Libertà di calciare », *Lancilloto e Nausica*, septembre 1987, p. 42.

39. Archivio di Stato di Torino, Gabinetto della Prefettura, serie attrezzature, organizzazioni e manifestazioni sportive diverse, busta n° 402. Rapport du questeur au préfet de Turin daté du 9 décembre 1918.

40. Cf. Christiane Eisenberg, *« English Sports » und deustche Bürger. Eine Gesellschaftsgeschichte 1800-1939*, op. cit., p. 313-314.

41. *Kriegsjahrbuch des Deutschen Fussball-Bundes*, 1915, p. 6-7.

42. Christiane Eisenberg, « Deutschland », *in* Christiane Eisenberg (dir.), *Fussball, soccer, calcio. Ein englischer Sport auf seinem Weg um die Welt*, Munich, DTV, 1997, p. 104.

43. Effectifs reconstitués par Pierre Delaunay, Jacques de Ryswick, Jean Cornu, Dominique Vermand, *100 ans de football en France*, Paris, Atlas, 1998, nouv. éd., p. 399.

44. En janvier 1915, Frantz Reichel, le sportsman « unioniste » dont le cœur balançait entre le rigorisme de l'ovale et

les séductions du ballon rond, proposa tout simplement au Bureau du conseil de l'USFSA, dont il était le secrétaire général, de créer une « Coupe interfédérale » organisée chez « nous », c'est-à-dire au sein de l'USFSA mais « avec les autres fédérations affiliées au CFI » et sous le contrôle du CFI. Autrement dit, sous des apparences de légalité, il s'agissait de reprendre la main face à un comité, le CFI, et une ligue, la LFA, qui tendaient à devenir les organes directeurs du football association. Dans le même esprit, Reichel conseilla par écrit en juillet 1915 aux membres du bureau de l'USFSA, au lendemain de la mort de Charles Simon, le secrétaire général du CFI, que l'on « veille à ce qu'il ne soit pas pourvu à son remplacement ». Archives du Comité national olympique et sportif français (CNOSF), USFSA, Procès-verbaux, Bureau, Conseil et Congrès, 1914-1915, séance du 26 janvier 1915 du Bureau du Conseil, p. 3 et Procès-verbaux, Bureau, Conseil et Congrès, 1915, séance du 13 juillet 1915 du Bureau du Conseil, p. 3.

45. Archives de la Fédération française de football (FFF), dossier Coupe de France, copie de la lettre de Jules Rimet à Henri Delaunay datée du 16 février 1917.

46. Cf. Didier Braun, « La première Coupe de France de football », *L'Histoire*, n° 24, juin 1980, p. 90-91.

47. Archives de la Fédération française de football (FFF), dossier Coupe de France, copie de la lettre d'Henri Delaunay au directeur du *Petit Parisien* datée du 3 octobre 1923.

48. Bruno Cabanes, *La Victoire endeuillée. La sortie de guerre des soldats français (1918-1920)*, Paris, Le Seuil, 2004.

49. Sur cet aspect, cf. Paul Dietschy, « 1918-1920, des tranchées aux stades. Quelques éclairages sur la sortie de guerre des sportifs français et des fédérations de football européennes », *Histoire@Politique. Politique, culture, société. Revue électronique du Centre d'histoire de Sciences po*, n° 3, novembre-décembre 2007, www.histoire-politique.fr

50. *L'Auto*, 28 mai 1918.

51. *L'Auto*, 13 septembre 1918.

52. Jean-Luc Bœuf et Yves Léonard, *La République du Tour de France : 1903-2003*, Paris, Le Seuil, 2003, p. 83.

53. Daniele Marchesini, *L'Italia del Giro d'Italia*, Bologne, Il Mulino, 1996, p. 81.

54. Archives FIFA (Zurich), série Congrès, Minutes of the 11th Annual Congress held at Christiania, 27th & 28th June 1914.

55. *Le Football association. Organe officiel de la Fédération française de football association (3.F.A.)*, 14 février 1920.

56. *Le Sport suisse*, 5 février 1919.

57. Archives FIFA, Série Congrès, « Activity Report May 1919-April 1920 », Lettre de Carl A. W. Hirschman aux fédérations-membres datée du 7 novembre 1919.

58. La formation suisse était composée de joueurs alémaniques.

59. *La Vie sportive. Organe officiel de l'Union royale belge des Sociétés de football association*, 9 septembre 1920.

60. *Ibid.*, 21 octobre 1920.

61. *Le Football Association. Organe officiel de la Fédération française de football association (3.F.A.)*, 15 janvier 1921.

62. Jean-Yves Guillain, *La Coupe du monde de football. L'œuvre de Jules Rimet*, Paris, Amphora, 1998, p. 33.

63. *Ibid.*

64. Archives FIFA, Série Correspondance avec les associations nationales, dossier Syrie, lettre de Carl A.W. Hirschman à Georges Mamamiri datée du 9 décembre 1930.

65. *La Vie sportive*, 3 janvier 1920.

66. *Le Football association. Organe officiel de la Fédération française de football association*, 6 mars 1920.

67. Eric Hobsbawm, *Nations et nationalisme depuis 1780*, Paris, Gallimard, « Folio Histoire », 2001, p. 264.

68. Felix Martialay, *Amberes. Allí nació la furia española*, Madrid, Real Federación Española de Fútbol, 2000, p. 287.

69. Juan Deportista, *La Furia española. De la Olimpiada de Amberes a la de Paris*, Madrid, Renacimiento, 1924, p. 13.

70. *La Vie sportive*, 9 septembre 1920.

71. *Le Football association. Organe officiel de la Fédération française de football association*, 15 janvier 1921.

72. *Ibid.*

73. Georges Carpentier, *Mon match avec la vie*, Paris, Flammarion, 1954, p. 189.

74. Paolo Facchinetti, cité par Antonio Ghirelli, « La Stampa sportiva », dans Valerio Castronovo et Nicola Tranfaglia (dir.), *La Stampa italiana del neocapitalismo*, Bari, Laterza, 1976, p. 326.

75. Jeffrey Hill, « "The Day was an Ugly One" : Wembley, 28th April 1923 », dans Paul Darby, Martin Johnes et Gavin Mellor (éd.), *Soccer and Disaster, op. cit.*, p. 32.

76. *Ibid.*, p. 33.

77. *Ibid.*, p. 35.

78. *Ibid.*, p. 33.

79. *Ibid.*, p. 35.

80. *Ibid.*, p. 36.

81. Nicholas Fishwick, *English Football and Society, 1910-1950*, Manchester, Manchester University Press, 1989, p. 19.

82. *Ibid.*

83. Eric Dunning, Patrick Murphy et John Williams, *The Roots of Football Hooliganism…, op. cit.*, p. 101.

84. *Ibid.*, p. 114-115.

85. *Le Petit Parisien*, 29 avril 1923.

86. *Le Petit Parisien*, 30 avril 1923.

87. « Ce que j'ai vu de la finale de la Coupe d'Angleterre, disputée devant 150 000 spectateurs », *Le Miroir des sports*, 3 mai 1923, n° 148.

88. Didier Braun, « La première Coupe de France de football », *art. cit.*, p. 91.

89. Paul Dietschy, « La Coupe de France "fête nationale du football français" dans l'entre-deux-guerres », *in* André Gounot, Denis Jallat et Benoît Caritey (dir.), *Les Politiques au stade. Étude comparée des manifestations sportives du XIXe au XXIe siècle*, Rennes, PUR, 2007, p. 102.

90. *Le Petit Parisien*, 9 mai 1927.

91. Ulrich Hesse-Lichtenberger, *Tor ! The Story of German Football*, Londres WSC Books, p. 42-43.

92. Michael John, « Österreich », dans Chistiane Eisenberg (dir.), *Fussball, soccer, calcio, op. cit.*, p. 67.

93. *La Stampa*, 2 octobre 1926.

94. *La Stampa*, 30 mai 1927.

95. Andrés A. Artis, *Cincuenta años del C. de F. Barcelona 1899-1949*, Barcelone, C. de F. Barcelona, 1949, p. 56-60.

96. *La Stampa*, 21 octobre 1922.

97. Cf. Florence Pizzorni Itié (dir.), *Les Yeux du stade. Colombes, temple du sport français*, Musée d'art et d'histoire de Colombes, Colombes, Éditions de l'Albaron, 1993.

98. Cf. Élisabeth Lê-Germain, « La construction du stade de Gerland (1913-1919) », *in* Pierre Arnaud et Thierry Terret (dir.), *Jeux et sports, Actes du Congrès du CHTS (Clermont-Ferrand et Pau) 1993-1994*, Paris, Éditions du CTHS, 1995, p. 305-314.

99. *Le Football association. Organe officiel de la Fédération française de football association*, 16 octobre 1920.

100. Andrés A. Artis, *Cincuenta años del C. de F. Barcelona 1899-1949*, op. cit., p. 60-61.

101. Cf. Paul Dietschy, « Pugni, bastoni e rivoltelle. Violence et football dans l'Italie des années vingt et trente », *Mélanges de l'École française de Rome. Italie et Méditerranée*, tome 108, 1996, n° 1, p. 203-240 et Simon Martin, *Football and Fascism. The National Game under Mussolini*, Oxford, Berg, 2004, p. 51-58.

102. *Ordine Nuovo*, 30 mars 1922.

103. George L. Mosse, *De la Grande Guerre au totalitarisme. La brutalisation des sociétés européennes*, Paris, Hachette, 1999, p. 178.

104. Archivio centrale dello Stato (ACS), Ministero degli Interni, Direzione Generale Pubblica Sicurezza, 1925, busta n° 103, télégramme d'Italo Balbo à Luigi Federzoni du 14 mai 1925.

105. Archivio di Stato di Torino, Gabinetto della Prefettura, série Manifestazioni pubbliche, busta n° 568, lettre-circulaire du 14 juillet 1925.

106. *Crítica*, 9 juin 1925, cité par Julio D. Frydenberg, « Le nationalisme sportif argentin : la tournée de Boca Juniors en Europe et le journal *Crítica* », *Histoire & Sociétés. Revue européenne d'histoire sociale*, n° 18-19, juin 2006, p. 84.

107. *Rapport officiel de la VIIIe Olympiade*, Paris, Comité olympique français, 1925, p. 316.

108. Pierre Lanfranchi et Matthew Taylor, *Moving with the Ball*, op. cit., p. 71.

109. « La CONMEBOL y sus integrantes », www.conmebol.com

110. Carlos M. Rama, *Los Afro-Uruguayos*, Montevideo, el Siglo Ilustrado, 1967, p. 16-18.

111. *La Olimpiada de Paris de 1924. Informe de la Delegación de la Asociación Uruguaya de Football Memoria y Finanzas Cor-*

respondiente al Año Olimpico, Montevideo, Talleres Gráficos Rossi, 1925.

112. *Ibid.*, p. 22.

113. *Ibid.*, p. 18.

114. Julio D. Frydenberg, « Le nationalisme sportif argentin : la tournée de Boca Juniors en Europe et le journal *Crítica* », art. cit., p. 82.

115. *Ibid.*, p. 86.

116. Eduardo P. Archetti, « Masculinity and Football : the Formation of National Identity in Argentina », in Richard Giulianotti et John Williams, *Game Without Frontiers. Football, Identity and Modernity*, Arena, Aldershot, 1994, p. 225-243.

117. *Uruguay campeón del mundo. Informes de la delegación olimpica de la asociación uruguaya de football, y otros antecedentes*, Montevideo, Impr. J. Florensa, 1931, p. 110.

4. Professionnalisme et premières Coupes du monde

1. Cité par Roman Horak et Wolfgang Maderthaner, « A culture of urban cosmopolitanism : Uridil and Sindelar as Viennese coffee-house heroes », *The International Journal of the History of Sport*, vol. 13, mars 1996, n° 1, p. 140.

2. Johann Skocek, Wolfgang Weisgram, *Das Spiel ist das Ernste. Ein Jahrhundert Fussball in Österreich*, Vienne, Echomedia Verlag, 2004, p. 38.

3. Vilmos Zsigmond, *Football. 50 ans au service de la balle ronde*, Casablanca, Asaban, 1955, p. 18.

4. Mario Pennachia, *Gli Agnelli e la Juventus*, Milan, Rizzoli, 1985, p. 75.

5. Félix Martialay, *Implantacion del Profesionalismo y nacimento de la Liga*, Madrid, Real Federación Española de Fútbol, 1996, p. 13-14.

6. *Ibid.*, p. 18-19.

7. Andrew McFarland, « Ricardo Zamora : The First Spanish Football Idol », *Soccer and Society*, vol. 7, n° 1, janvier 2006, p. 8.

8. *Cf.* Xavier Breuil, *CASG. Le Club athlétique de la Société générale. Histoire d'une succursale de champions*, Saint-Cyr-sur-Loire, Alan Sutton, 2008, p. 43-47.

9. *Cf.* Alfred Wahl, « Le footballeur français : de l'amateurisme au salariat (1890-1926) », *Le Mouvement social*, avril-juin 1986, n° 135, p. 7-30.

10. Alfred Wahl et Pierre Lanfranchi, *Les Footballeurs professionnels des années trente à nos jours*, Paris, Hachette, 1995, p. 20.

11. *Ibid.*, p. 35.

12. *Cf.* collectif, *Cien años con el Fútbol*, Buenos Aires, Manrique Zago ediciones, 1993, p. 38-41.

13. *Cf.* Julio D. Frydenberg, « El nacimiento del fútbol profesional argentino : resultado inesperado de una huelga de jugadores », Trabajo presentado en el II° Encuentro de Deporte y Ciencias Sociales Facultad de Filosofía y Letras – UBA Organizado por el Area Interdisciplinaria de Estudios del Deporte – 6 de noviembre de 1999, http://www.efdeportes.com/efd17/futpro.htm

14. Waldenyr Caldas, « Aspectos Sociológicos do Futebol Brasileiro », *Revista USP – Dossiê Futebol*, 1994, n° 22, p. 44, 1994.

15. Archives FIFA, série Correspondance avec les associations nationales, dossier Brésil, *Convenio privado* du 6 juin 1934.

16. *Cf.* Christiane Eisenberg, « Histoire du football professionnel en Allemagne », *op. cit.*, p. 163-188.

17. *Ibid.*, p. 173.

18. Les formations battues au premier tour étaient reversées dans une compétition de consolation qui se disputait la troisième place, ce que ne pouvaient faire les équipes éliminées en demi-finale, comme la sélection française.

19. Archives FIFA, Jeux olympiques, Correspondance, 1912-1932, lettre de Delaunay à Hirschman datée du 11 septembre 1923.

20. *Ibid.* Nombre de compétiteurs envisagé par le projet de règlement du tournoi élaboré par la commission d'organisation.

21. Archives FIFA, série Jeux olympiques, Correspondance, 1912-1932, lettre de la Norges Fotballforbund à la FIFA non datée et non signée.

22. Archives FIFA, série Jeux olympiques, Correspondance, 1912-1932, lettre-circulaire du 17 avril 1926, « Opinions from various national associations ».

23. *Ibid.*

24. *Rapport officiel de la VIIIe Olympiade*, Paris, 1925, p. 316.

25. *Ibid.*, chiffres présentés respectivement, p. 318 et 68.

26. Cité par Karl Lennartz « La présidence de Baillet-Latour (1925-1942) », *in* Raymond Gafner (dir.), *Un siècle du Comité international olympique. L'Idée. Les Présidents. L'Œuvre*, Lausanne, CIO, 1994, t. I, p. 183.

27. Extrait de la résolution prise à Prague le 18 novembre 1926, citée par Jules Rimet dans *Histoire merveilleuse de la Coupe du monde*, Monaco, Union européenne d'édition, 1954, p. 30.

28. Archives du CIO, FIFA, Correspondance 1924-1958, lettre de Baillet-Latour à Hirschman, datée du 26 mars 1926.

29. Archives du CIO, FIFA, Correspondance 1924-1958, lettre de Baillet-Latour aux présidents des Comités olympiques d'Autriche, de Hongrie, de Pologne, de Lisbonne, de Roumanie et de Tchécoslovaquie, datée du 7 avril 1926.

30. Archives du CIO, FIFA, Football, Correspondance 1928-1934, lettre de Van Rossem à Baillet-Latour datée du 16 avril 1927.

31. Sur les relations entre le CIO et la FILT dans les années 1920, voir Florence Carpentier, « Aux origines de l'exclusion du tennis des Jeux olympiques. Un conflit institutionnel multiforme dans les années 1920 », *Le Mouvement social*, n° 215, avril-juin 2006, p. 51-66.

32. Archives du CIO, FIFA, lettre de Van Rossem à Baillet-Latour datée du 16 avril 1927.

33. *Ibid.*, lettre de Baillet-Latour à Rimet datée du 20 mai 1927.

34. *Ibid.*, lettre de Baillet-Latour à Wall datée du 22 juin 1927.

35. Karl Lennartz, « La présidence de Baillet-Latour (1925-1942) », dans Raymond Gafner (dir.), *Un siècle du Comité international olympique...*, *op. cit.*, p. 233.

36. George Van Rossem (éd.), *Rapport officiel des Jeux de la IXe Olympiade Amsterdam 1928*, Amsterdam, J. H. de Bussy, 1928, p. 628.

37. *Ibid.*, p. 160.

38. Dans l'ordre, Juventus de Turin, Bologne et Torino.

39. Paul Dietschy, *Football et société à Turin 1920-1960*, thèse de doctorat nouveau régime, Lyon, université Lumière Lyon-II, 1997, p. 276-278.

40. Archives de la Fédération française de football (FFF), « Procès-verbal de la séance du Comité nommé par le Comité exécutif pour étudier la question d'un Championnat International, tenue à Zurich, le 5 février 1927 », *in* documents fournis par Pierre Delaunay sur l'origine de la Coupe du monde en mars 1989.

41. *Ibid.*

42. *Ibid.*, « Fédération internationale de football association. Procès-verbal du 17e congrès annuel ».

43. Archives FIFA, *Fédération internationale de football association. Official Communications*, 10 novembre 1928, « Extrait du Procès-verbal de la Séance de la Commission tenue à Zurich le samedi 8 septembre 1928 ».

44. Archives FIFA, série Congrès, « Minutes of the 18th Annual Congress held at Barcelona on 17th and 18th May 1929 ».

45. *Ibid.*

46. Dépêche du 27 avril 1929, *Negociaciones Internacionales*, Bruxelles, 1932, p. 61.

47. Lettre à Raul Jude datée du 18 mars 1930, *Negociaciones Internacionales*, *op. cit.*, p. 134.

48. *La Olimpiada de Paris de 1924*, *op. cit.*, p. 40.

49. Tour des Hommages.

50. Susana Antola et Cecilia Ponte, « La nación en bronce, mármol y hormigón armado », *in* Gerardo Caetano (dir.), *Los Uruguayos del Centenario. Nación, ciudadanía, religion y educación (1910-1930)*, Montevideo, Ediciones Santillana, 2000, p. 233.

51. Georges Lafond, *L'Amérique du Sud. Venezuela, Guyanes, Paraguay, Uruguay*, Paris, Éditions Pierre Roger, 1927, p. 282.

52. Citons ici le palais de justice, le monument dédié à Artigas inauguré en 1925 ou encore le vaste Centre médical de Montevideo achevé un an plus tard.

53. Compte rendu du quotidien uruguayen *El País*, 19 juillet 1930, reproduit par César Di Candia, supplément « quepasa/historias coleccionables », *El País*, 5 et 12 mai 2001, disponible sur www.uc.org.uy/pm0501.htm

54. John Langenus, *En sifflant par le monde. Souvenirs et impressions de voyages d'un arbitre de football*, Gand, Snoeck-Ducaju et fils éd., 1943, p. 207 et Jules Rimet, *Histoire merveilleuse de la Coupe du Monde*, op. cit., p. 72.

55. *Football*, 21 août 1930.

56. John Langenus, *En sifflant par le monde*, op. cit., p. 209.

57. Jules Rimet, *Histoire merveilleuse de la Coupe du Monde*, op. cit., p. 72-73.

58. John Langenus, op. cit., p. 210.

59. *Le Temps*, 4 août 1930.

60. Georges Vigarello, « Les premières Coupes du monde, ou l'installation du sport moderne », XXe siècle. *Revue d'histoire*, avril-juin 1990, n° 26, p. 9.

61. *Football*, 7 août 1930.

62. Archives FIFA, série Comité exécutif, Procès-verbal de la réunion du Comité exécutif tenu à Stockholm le 15 mai 1932.

63. Archives FIFA, série Congrès, « Minutes of the 21th Annual Congress held at Stockholm on 13th and 14th May 1932 ».

64. Valerio Castronovo, *L'Industria italiana dall'Ottocento a oggi*, Milan, Mondadori, 1990, nouv. éd., p. 192.

65. 5 % des recettes des huitièmes de finale serait alloué à la FIFA, puis 10 % pour les tours suivants.

66. Archives FIFA, série Comité exécutif, Procès-verbal de la réunion du Comité exécutif tenu à Zurich au Secrétariat de la FIFA les 8/9 octobre 1932.

67. Fabio Chisari, « "Une organisation parfaite" : la Coupe du Monde de football de 1934 selon la presse européenne », *in* Yvan Gastaut et Stéphane Mourlane (dir.), op. cit., p. 177-183.

68. Francesco Maria Varrasi, *Economia, Politica e Sport in Italia (1925-1935)*, Florence, FIGC/Fondazione Artemio Franchi, 1997, p. 206.

69. *Ibid.*, p. 219-267.

70. Luisa Passerini, *Mussolini immaginario. Storia di una biografia 1915-1939*, Rome-Bari, Laterza, 1991, p. 100.

71. Pierre Milza, « Mussolini, figure emblématique de l'"homme nouveau" », *in* Marie-Anne Matard-Bonucci et Pierre Milza (dir.), *L'Homme nouveau dans l'Europe fasciste (1922-1945). Entre dictature et totalitarisme*, Paris, Fayard, 2004, p. 78.

72. Antonio Papa et Guido Panico, *Storia sociale del calcio in Italia*, *op. cit.*, p. 129.

73. Cf. Paul Dietschy, Yvan Gastaut et Stéphane Mourlane, *Histoire politique des Coupes du monde de football*, *op. cit.*, p. 97-98.

74. Didier Rey, « La Coupe du monde de football à l'aune de la philatélie (1930-2002) », *in* Alfred Wahl (éd.), *Aspects de l'histoire de la Coupe du monde de football*, Metz, Centre régional universitaire lorrain d'histoire site de Metz et Centre international d'étude du sport, 2007, p. 261.

75. *Coppa del Mondo. Cronistoria del II Campionato di Calcio*, Rome, FIGC, 1936, p. 222.

76. *L'Auto*, 27 mai 1934.

77. Georges Vigarello, « Les premières Coupes du monde… », *op. cit.*, p. 8.

78. *Le Miroir des sports*, 5 juin 1934, n° 767.

79. « Austria batte Francia 3-2 », *La Gazzetta del Popolo*, 28 mai 1934.

80. Les seize équipes finalistes étaient : l'Allemagne, l'Argentine, l'Autriche, la Belgique, le Brésil, l'Égypte, les États-Unis, l'Espagne, la France, la Hongrie, l'Italie, les Pays-Bas, la Roumanie, la Suède, la Suisse et la Tchécoslovaquie.

81. Après avoir été entraîneur du Torino et deux fois sélectionneur en 1912 et 1924, Vittorio Pozzo avait pris en charge la *squadra azzurra* en novembre 1929.

82. Mauro Grimaldi, *La Nazionale del Duce. Fatti, anedotti, uomini e società nell'epoca d'oro del calcio Italiano*, Rome, Società Stampa Sportiva, 2003, p. 58.

83. Le terme de *rimpatriato* était employé pour désigner les joueurs sud-américains d'origine italienne engagés par les clubs italiens.

84. *Le Miroir des sports*, 5 juin 1934.

85. Voir les comptes rendus de l'agence Stefani et de l'ambassade d'Italie à Madrid cités dans Mauro Grimaldi, *La Nazionale del Duce…*, *op. cit.*, p. 73-75.

86. *L'Auto*, 2 juin 1930.

87. Archives du ministère des Affaires étrangères, série Z, Espagne, Affaires culturelles, dossier n° 237, lettre du 2 juin 1934 de J. Herbette, ambassadeur de France en Espagne à Louis Barthou, ministre des Affaires étrangères.

88. Mauro Grimaldi, *La Nazionale del Duce...*, *op. cit.*, p. 80-82.

89. *L'Auto*, 4 juin 1930.

90. Voir photo in *Coppa del Mondo. Cronistoria del II Campionato di Calcio*, *op. cit.*, p. 180.

91. *Le Miroir des sports*, 12 juin 1934, n° 768.

92. *Ibid.*

93. « Alla presenza del Duce gli azzurri vincono per due a uno », *La Gazzetta del Popolo*, 11 juin 1934.

94. Voir photo in *Coppa del Mondo...*, *op. cit.*, p. 180.

95. Jules Rimet, *op. cit.*, p. 99.

96. « Il dovere compiuto », *La Stampa*, 11 juin 1934.

97. Philippe Burrin, « Poings levés et bras tendus. La contagion des symboles au temps du Front populaire », *XXe siècle. Revue d'histoire*, 1986, n° 11, p. 7.

98. Nicolas Violle, *L'Image de l'Italie et des Italiens dans la presse populaire parisienne 1926-1939*, thèse de doctorat, université de la Sorbonne nouvelle-Paris-III, 1997, p. 213.

99. *Coppa del Mondo. Cronistoria del II Campionato di Calcio*, *op. cit.*, p. 217.

100. Archives FIFA, Comité exécutif, Procès-verbal de la réunion du Comité exécutif tenue le 20 avril 1935 à Paris.

101. Archives FFF, Archives de la Coupe du monde 1938, dossier « Organisation du service de presse », Récapitulatif à la date du 8 mai 1938.

102. Paul Dietschy, Yvan Gastaut et Stéphane Mourlane, *Histoire politique des Coupes du monde de football*, *op. cit.*, p. 171.

103. Cité par Joan Tumblety in « La Coupe du monde de football de 1938 en France. Émergence du sport-spectacle et indifférence de l'État », *XXe siècle. Revue d'histoire*, n° 93, janvier-mars 2007, p. 143.

104. « Une bien grande épreuve pour nos petits stades », *Excelsior*, 11 février 1938.

105. Antonio Papa et Guido Panico, *Storia sociale del calcio in Italia*, *op. cit.*, p. 189.

106. « La Coupe du monde de football », *Le Temps*, 21 juin 1938.

107. Entretien de l'auteur avec Pietro Rava, 13 février 1997, à Turin.

108. Antonio Papa et Guido Panico, *Storia sociale del calcio in Italia*, op. cit., p. 182.

109. Emilio De Martino, *Tre volte campioni del mondo*, Milan, Edizioni del Calcio Illustrato, 1938, p. 124.

110. *Football*, 5 juillet 1934, n° 236.

111. *Ibid.*, 2 août 1934, n° 239.

112. *Ibid.*, 26 juillet 1934, n° 238.

113. *Ibid.*, 19 juillet 1934, n° 237.

114. *Ibid.*, 28 juin 1934, n° 235.

115. *Ibid.*, 9 août 1934, n° 240.

116. *Ibid.*, 11 octobre 1934, n° 248.

117. *Ibid.*, 21 juin 1934, n° 234.

118. Tony Mason cité par Peter J. Beck, « Going to War, Peaceful Co-existence or Virtual Membership ? British Football and FIFA, 1928-1946 », *The International Journal of the History of Sport*, vol. 17, n° 1, mars 2000, p. 118.

119. L'expression est de Peter J. Beck, *ibid.*, p. 119.

120. Archives FIFA, série Correspondance avec les associations nationales, dossier Écosse, lettre d'Ivo Schricker à G. Graham, 15 juin 1933.

121. *Ibid.*, lettre de G. Graham à Ivo Schricker du 28 septembre 1933.

122. Archives de la Fédération française de football, Dossier Coupe du monde 1938, lettre d'Ivo Schricker à Henri Delaunay, 11 janvier 1937.

123. *Ibid.*, lettre de Stanley Rous à Henri Delaunay, 6 avril 1938.

124. Cité par Simon Martin, *Football and Fascism. The National Game under Mussolini*, Oxford, Berg, 2004, p. 205.

125. Roman Horak et Wolfgang Maderthaner, « A Culture of Urban Cosmopolitanism : Uridil and Sindelar as Viennese Coffee-House Heroes », *art. cit.*, p. 151.

126. « Un match symbolique », *Football World*, n° 1, année 1938.

127. Jonathan Wilson, *op. cit.*, p. 42.

128. Archives FIFA, série International Board, IFAB 1925 Annual General Meeting Paris 1925, Alterations approved by the International Football Association Board, 13th June, 1925, law 6.

129. Jonathan Wilson, *op. cit.*, p. 43.

130. *Ibid.*, p. 47.

131. Matthew Taylor, *The Leaguers. The Making of Professional Football in England, 1900-1939*, *op. cit.*, p. 217.

132. *Ibid.*, p. 98.

133. *Ibid.*, p. 115.

134. Roman Horak et Wolfgang Maderthaner, « A Culture of Urban Cosmopolitanism... », *op. cit.*, p. 144.

135. Ainsi, en février 1935, le joueur de l'Ambrosiana Francesco Frione fut pris de fièvre et de malaise à l'issue d'une partie disputée à Naples dans des conditions météorologiques difficiles. Vingt jours plus tard, Frione s'éteignait des suites d'une pneumonie. Quelques jours plus tôt, l'Italo-Brésilien Ottavio Fantoni était mort à Rome d'une infection contractée en chutant lourdement à l'occasion de la rencontre Lazio-Torino disputée le 23 janvier de la même année. Enfin, toujours en 1935, Ettore Carpi, joueur de Livourne, décéda lui aussi d'une septicémie provoquée par une angine contractée à l'entraînement.

136. Paul Dietschy, *Football et société à Turin 1920-1960*, *op. cit.*, p. 286-287.

137. Alfred Wahl et Pierre Lanfranchi, *Les Footballeurs professionnels des années trente à nos jours*, *op. cit.*, p. 89.

138. *Ibid.*, p. 90.

139. *Ibid.*, p. 63.

140. *Ibid.*, p. 65.

141. Si l'on considère que, jusqu'en 1935, la parité entre franc et lire resta fixée officiellement à 0,74 franc pour 1 lire, cf. Pierre Baudis, *L'Économie italienne et la lire*, Toulouse, F. Boisseau, 1941, p. 142.

142. Le modèle le plus populaire, la fameuse Fiat Balilla, était proposée en 1932 dans sa version spider à 9 900 lires et en berline à 10 800 lires. *Cf.* publicité Fiat dans *La Stampa*, 1er août 1932.

143. *Il Calcio Illustrato* du 24 avril 1935 avance la somme de 7 000 lires mensuelles alors qu'Antonio Papa et Guido Panico évoquent la somme de 8 000 lires mensuelles, *Storia sociale del calcio in Italia*, *op. cit.*, p. 135.

144. « Dove è in ballo lo "scudetto". Incontro di passione : Torino-Juventus », *La Stampa*, 4 décembre 1932.

145. Cf. Patrick Fridenson, « Les ouvriers de l'automobile et le sport », *Actes de la recherche en sciences sociales*, 1989, n° 79, p. 50-62.

146. Patrizia Dogliani, « Forti e liberi a Torino. Un' inchiesta del 1923 sull' associazionismo operaio », *Italia Contemporanea*, n° 190, mars 1993, p. 119.

147. Fondation Feltrinelli (Milan), Fondo Rinaldo Rigola, Ufficio Internazionale del lavoro, Tempo Libero-Organisation des Loisirs, fascicule n° 9 « Note d'ordine generale e notizie varie sul movimento culturale e sportivo della classe operaia torinese ».

148. Fondation Feltrinelli, Fondo Rinaldo Rigola, Ufficio Internazionale del Lavoro, Tempo Libero-Organisation des Loisirs, fascicule n° 9, rapport d'Oreste Bertero (fin de l'année 1923), « Note d'ordine generale e notizie varie sul movimento culturale e sportivo della classa operaia torinese ».

149. Antoine Mourat, « Football et mono-industrie : création et évolution du "style sochalien" à partir de 1928 », *in* Yvan Gastaut et Stéphane Mourlane, *op. cit.*, p. 59.

150. Archives FFF, Archives de la Coupe du monde 1938, *Revue de la Coupe du monde de football 1938 sous le patronage de la Fédération française de football association*.

151. *Album Nestlé 1935-1936. Sports, contes, explorations*, p. 8-11.

152. « Fils de Dieu ».

153. *La Gazzetta dello Sport*, 7 octobre 1921.

154. Nicholas Fishwick, *English Football and Society, 1910-1950, op. cit.*, p. 120.

155. *Ibid.*, p. 122.

156. Paul Dietschy, *Football et société à Turin 1920-1960, op. cit.*, p. 190-191.

157. Cf. Paul Dietschy, « De l'"arditisme sportif" à la fabrique du consensus : les ambivalences de la presse sportive italienne sous le fascisme », *Le Temps des médias*, n° 9, hiver 2007-2008, p. 63-78.

158. Claude Bellanger, Jacques Godechot, Pierre Guiral et Fernand Terrou, *Histoire générale de la presse française*, tome III : *1871 à 1940*, Paris, PUF, 1972, p. 476.

159. *Il Tifone*, 23 juin 1927, n° 1.

160. Informations tirées du site Internet http://www.premsa-esportiva.cat

161. Voir chapitre 2.

162. Antonio Ghirelli, « La stampa sportiva », in Valerio Castronovo et Nicola Tranfaglia, *La Stampa italiana del neocapitalismo*, Rome-Bari, Laterza, 1976, p. 334.

163. Eduardo P. Archetti, « Estilo y virtudes masculinas en *El Gráfico* : la creación del imaginario del fútbol argentino », http://www.efdeportes. com/efd16/elgraf.htm

164. « Champions et événements du jour. »

165. Cf. Publicité « 10 Campioni a L. 4 », *La Gazzetta dello Sport*, 1er août 1935.

166. Antoine Mourat, « Football et mono-industrie... », *op. cit.*, p. 62.

167. Erberto Levi (« Viri »), *Virginio Rosetta. Piccola storia di un grande atleta*, Sesto San Giovanni, Editrice Popolare Milanese, 1935, p. 200.

168. *Llibre d'Or del Fútbol Català*, Barcelone, Organitzacions « Monjoia » À Cárrec de B. Ribes Bancells, 1927, sans pagination.

169. Jonathan Wilson, *op. cit.*, p. 62.

170. Maurice Pefferkorn, « Les écoles du football », *Encyclopédie des sports modernes*, t. II, Monaco, Union européenne d'éditions, 1954, p. 15.

171. Carlo Levi, *L'Orologio*, Turin, Einaudi Tascabili, 1989 (1re éd. 1950), p. 192.

5. À l'ombre des dictatures

1. Daphné Bolz, *Les Arènes totalitaires. Hitler, Mussolini et les jeux du stade*, Paris, CNRS Éditions, 2008.

2. George L. Mosse, *L'Image de l'homme. L'invention de la virilité moderne*, Paris, Pocket Agora, 1999, p. 179.

3. Robert Edelman, *Serious Fun. A History of Spectator Sport in the USSR*, Oxford, Oxford University Press, 1993, p. 36.

4. Gerhard Fischer et Ulrich Lindner, *Stürmer für Hitler. Vom Zusammenspiel zwischen Fussball und Nationalsozialismus*, Göttingen, Verlag Die Werkstatt, 1999, p. 47.

5. Hubert Dwertmann, « Sportler-Funktionäre-Beteiligte am Massenmord », *SportZeiten. Sport in Ge-schichte, Kultur und Gesellschaft*, 2005, vol. 5, n° 1, p. 16.

6. *Ibid.*, p. 28.

7. Cf. Gehrard Fischer et Ulrich Lindner, *op. cit.*, p. 192-195.

8. Cité par Ulrich Pfeil, « Le Bayern de Munich », www.wearefootball.org

9. *Ibid.*

10. Siegfried Gehrmann, « Volontà ideologica e realtà sociale : movimento sportivo operaio e sport borghese a confonto della Repubblica di Weimar », *Ricerche Storiche*, n° 2, vol. 19, mai-août 1989, p. 325.

11. *Ibid.*, p. 335.

12. *Ibid.*, p. 336.

13. Cf. Sandro Provvisionato, « Terzini d'attacco. L'alternativa di sport e proletariato », *Lancillotto e Nausica*, n° 3, décembre 1986, p. 66-74.

14. « Sport proletario. Gli incontri amichevoli del foot-ball », *Ordine Nuovo*, 3 juillet 1922.

15. Lando Ferretti, *Il Libro dello Sport*, Milan, Libreria del Littorio, 1928, p. 164.

16. Cf. Paul Dietschy, « Le rugby sport fasciste ? Les difficiles débuts du ballon ovale en Italie sous Mussolini (1927-1940) », *in* Jean-Yves Guillain et Patrick Porte, *La planète est rugby. Regards croisés sur l'Ovalie*, t. II, Biarritz, Atlantica, 2007, p. 125-143.

17. Chiffres tirés du *Fussball-Jahrbuch 1937*, p. 66.

18. Antonio Ghirelli, *Storia del calcio in Italia*, *op. cit.*, p. 102. Naples et Lazio avaient fini le championnat précédent à égalité de points et il était nécessaire de renforcer, au côté de l'AS Roma, le contingent des formations centro-méridionales.

19. Antonio Papa et Guido Panico, *Storia sociale del calcio in Italia*, *op. cit.*, p. 130.

20. Ferruccio Pastore, « Droit de la nationalité et migrations internationales : le cas italien », *in* Patrick Weil et Randall Hansen (dir.), *Nationalité et citoyenneté en Europe*, Paris, La Découverte, 1999, p. 95-117.

21. *Ibid.*

22. Pierre Lanfranchi et Matthew Taylor, *Moving with the Ball*, op. cit., p. 83.

23. Christiane Eisenberg, « Histoire du football professionnel en Allemagne », op. cit., p. 175.

24. Nils Havemann, *Fussball unterm Hakenkreuz. Der DFB zwischen Sport, Politik und Kommerz*, Francfort, Campus Verlag, 2005.

25. Lorenz Peiffer et Dietrich Schulz-Marmeling (dir.), *Hakenkreuz und rundes Leder : Fussball im Nationalsozialismus*, Göttingen, Verlag Die Werkstatt, 2008.

26. Christiane Eisenberg, « Histoire du football professionnel en Allemagne », op. cit., p. 174.

27. Jean Solchany, *L'Allemagne au XXe siècle*, Paris, PUF, 2003, p. 233.

28. Pierre Ayçoberry, *La Société allemande sous le IIIe Reich 1933-1945*, Paris, Le Seuil, « Points », 1998, p. 186.

29. « Orsi torna in Argentina », *La Stampa*, 4 avril 1935.

30. Archives FIFA, série Correspondance avec les associations nationales, dossier Argentine, lettre-circulaire d'Ivo Schricker aux associations nationales affiliées datée du 30 septembre 1935.

31. Antonio Ghirelli, *Storia del calcio in Italia*, op. cit., p. 145.

32. Ian Kershaw cité par Matthias Marschik, « Between Manipulation and Resistance : Viennese Football in the Nazi Era », *Journal of Contemporary History*, 1999, vol. 34 n° 2, p. 216.

33. Wolfgang Maderthaner cité par Matthias Marschik, *ibid.*, p. 222.

34. *Ibid.*, p. 225.

35. *Ibid.*, p. 226.

36. *Ibid.*, p. 225.

37. Roman Horak et Wolfgang Maderthaner, « A Culture of Urban Cosmopolitanism... », op. cit., p. 153.

38. Sur le programme GTO, *cf.* James Riordan, *Sport in Soviet Society...*, op. cit., p. 128-130.

39. *Cf.* Mike O'Mahony, *Sport in the USSR. Physical Culture – Visual Culture*, Londres, Reaktion Books, 2006, p. 72-75.

40. *Ibid.*, p. 76-77.

41. Cité par Robert Edelman, *Serious Fun...*, op. cit., p. 71.

42. *Ibid.*, p. 47.

43. *Ibid.*, p. 62.

44. *Ibid.*, p. 57.

45. *Ibid.*, p. 69.

46. La nature de la classe ouvrière soviétique a donné lieu à d'intenses débats aux États-Unis mais aussi en France. Beaucoup de chercheurs ont conclu sur la complexité de la composition sociale de la classe ouvrière, notamment dans les centres industriels les plus anciens où une part importante, voire majoritaire des ouvriers était des ouvriers de la deuxième, voire troisième génération. Le secteur d'activité était aussi une variable importante pour l'accueil des moujiks quittant les campagnes à l'heure de la collectivisation des terres. *Cf.* notamment Jean-Paul Depretto, *Les Ouvriers en URSS (1928-1941)*, Paris, Publications de la Sorbonne/Institut d'études slaves, 1997.

47. Robert Edelman, « A Small Way of Saying No : Moscow Working Men, Spartak Soccer, and the Communist Party, 1900-1945 », *The American Historical Review*, décembre 2002, http://www.history cooperative.org/journals/ahr/107.5/ah0502001441.html.

48. Cf. Robert Edelman, *Serious Fun...*, *op. cit.*, p. 61-62.

49. Robert Edelman, « A Small Way of Saying No... », *op. cit.*

50. Robert Edelman, *Serious Fun...*, *op. cit.*, p. 65.

51. Cité *ibid.*, p. 63.

52. Gianni Isola, « Les hérauts du foot : l'invention du reportage sportif à la radio italienne », *Sociétés et représentations*, n° 7, décembre 1998, p. 296.

53. Antonio Papa, *Storia politica della radio in Italia. Volume 1. Dalle origine agli anni della crisi economica 1924-1934*, Naples, Guida Editori, 1978, p. 144.

54. *Cf.* Pierre Arnaud, « Des jeux de la victoire aux jeux de la paix ? (1919-1924) », *in* Pierre Arnaud et Alfred Wahl, *Sports et relations internationales...*, *op. cit.*, p. 133-155.

55. Robert Edelman, *Serious Fun...*, *op. cit.*, p. 40.

56. Lando Ferretti, *Il Libro dello Sport*, *op. cit.*, p. 225.

57. Cf. Pierre Lanfranchi, « Bologna : "The Team that Shook the World" », *The International Journal of the History of Sport*, vol. 8, décembre 1991, n° 3, p. 336-346.

58. Barbara J. Keys, *Globalizing Sport. National Rivalry and International Community in the 1930s*, Cambridge, Harvard University Press, 2006, p. 129.

59. Richard Holt, « Great Britain : The Amateur Tradition », in Arnd Krüger et William Murray (éd.), *The Nazi Olympics : Sport, Politics and Appeasement in the 1930s*, Urbana, University of Illinois Press, 2003, p. 70.

60. Brian Stoddart, « Sport, Cultural Politics and International Relations : England versus Germany, 1935 », *Soccer and Society*, vol. 7, n° 1, janvier 2006, p. 34.

61. *Ibid.*, p. 42.

62. *Ibid.*

63. Richard Holt, « Great Britain : The Amateur Tradition », *op. cit.*, p. 77.

64. Jeffrey Hill, *Sport, Leisure and Culture in Twentieth-Century Britain*, *op. cit.*, p. 151.

65. Peter J. Beck, *Scoring for Britain. International Football and International Politics 1900-1939*, Londres, Franck Cass, 1999, p. 241.

66. *Ibid.*, p. 5-6.

67. *Cf.* Gehrard Fischer et Ulrich Lindner, *Stürmer für Hitler...*, *op. cit.*, p. 98-102.

68. Sur Karl Rappan, *cf.* Beat Jung, *Die Nati. Die Geschichte der Schweizer Fussball-Nationalmannschaft*, Göttingen, Verlag Die Werkstatt, 2006.

69. Christiane Eisenberg, « Histoire du football professionnel en Allemagne », *op. cit.*, p. 175.

70. Cité par Brian Stoddart, « Sport, Cultural Politics and International Relations... », *op. cit.*, p. 33.

71. Marc Barreaud et Alain Colzy, « Les rencontres de football France-Allemagne, de leur origine à 1970 : déroulement, environnement et perception », *in* Pierre Arnaud et Alfred Wahl, *Sports et relations internationales*, *op. cit.*, p. 118.

72. Cité par Hans Joachim Teichler, « Étapes des relations sportives franco-allemandes de 1933 à 1943 », *in* Jean-Michel Delaplace, Gerhard Treutlein et Giselher Spitzer (dir.), *Le Sport et l'éducation physique en France et en Allemagne. Contribution à une approche socio-historique des relations entre les deux pays*, Clermont-Ferrand, AFRAPS, 1994, p. 62.

73. *Ibid.*
74. Archives FIFA, série Comité exécutif, lettre d'Ivo Schricker aux membres du Comité exécutif datée du 29 mars 1938.
75. *Ibid.*, série Comité exécutif, procès-verbal de la réunion des 3-4 juillet 1939 tenue à Paris.
76. Cité par Barbara Keys, *Globalizing Sport...*, *op. cit.*, p. 170.
77. Sur les contacts internationaux du football soviétique, *cf.* André Gounot, « Vom "Rotsport" zur FIFA. Der sowjetische Fussball und seine internationalen Kontakte 1922-1946 », *in* Dittmar Dahlmann, Anke Hilbrenner et Britta Lenz, *Überall ist der Ball rund...*, *op. cit.*
78. Barbara Keys, *Globalizing Sport...*, *op. cit.*, p. 171.
79. Archives FIFA, série Correspondance avec les associations nationales, dossier Turquie, lettre du 18 juin 1936 d'Hamdi Emin à la FIFA.
80. *Ibid.*, lettre du 7 novembre 1936 d'Hamdi Emin à la FIFA.
81. *Ibid.*, lettre du 16 novembre 1936 d'Ivo Schricker à Hamdi Emin.
82. Archives FIFA, série Correspondance avec les associations nationales, dossier Espagne, copie d'une lettre de José Maria Mengual Febrero, président du Comité exécutif de l'association espagnole, au président de la fédération basque, 8 août 36.
83. *Real Federación Española de Fútbol 1913-1988*, livre officiel des 75 ans de l'association, Madrid, Real Federación Española de Fútbol, 1988, p. 70.
84. Archives FIFA, série Correspondance avec les associations nationales, dossier Espagne, documents démontrant la légalité de l'assemblée réunie à San Sebastián et contenant les accords pris dans la même ville, accompagnés d'un mémoire destiné à la FIFA, 7 septembre 1937.
85. Archives FIFA, série Correspondance avec les associations nationales, dossier Espagne, Lettre de Ricardo Cabot à Jules Rimet datée du 6 avril 1937.
86. Guy Hermet, *La Guerre d'Espagne*, Paris, Le Seuil, « Points », 1989, p. 296-297.
87. Archives FIFA, série Correspondance avec les associations nationales, dossier Espagne, lettre d'Ivo Schricker à Ricardo Cabot, 4 juillet 1937.

88. Klaus J. Bade, *L'Europe en mouvement*, Paris, Le Seuil, 2002, p. 345.

89. Archives FIFA, série Correspondance avec les associations nationales, dossier Espagne, lettre de Schricker à la Fédération de San Sebastián, 27 décembre 1937.

90. Archives FIFA, série Correspondance avec les associations nationales, dossier Espagne, lettre de Schricker à la Fédération de San Sebastián, 13 septembre 1938.

91. Pierre Lanfranchi et Matthew Taylor, *Moving with the Ball*, op. cit., p. 87.

92. Cf. le livre assez orienté (pro-nationaliste) de Carlos Fernández Santander, *El fútbol durante la guerra civil y el franquismo*, Madrid, Editorial San Martin, 1990.

93. Archives FIFA, Série Correspondance avec les associations nationales, dossier Espagne, lettre de Schricker à la Fédération de San Sebastián, 11 octobre 1938.

94. Archives FIFA, série Congrès, « Minutes of the 24th Congress held at Paris on 3rd June 1938 », p. 13.

95. Série Correspondance avec les associations nationales, dossier Portugal, lettre de Schricker au professeur José da Cruz Filip, 10 novembre 1937.

96. Carlos Fernández Santander, *El fútbol durante la guerra civil y el franquismo*, op. cit., p. 30.

97. *World's Football. Official Bulletin of the Fédération internationale de football association*, 15 juin 1935, n° 44.

98. Archives FIFA, série Comité exécutif, procès-verbal de la réunion des 6-7 novembre 1937 tenue à Paris.

99. « Quelques footballeurs ont mis en terre Walter Bensemann », *World's Football. Official Bulletin of the Fédération internationale de football association*, 15 juin 1935, n° 44.

100. *Football World. Official Bulletin of the Fédération internationale de football association*, décembre 1939-janvier 1940.

101. Pierre Delaunay, Jacques De Ryswick, Jean Cornu et Dominique Vermand, *100 ans de football en France*, op. cit., p. 165.

102. Philippe Masson, *Une guerre totale 1939-1945. Stratégies, moyens, controverses*, Paris, Tallandier 1990, p. 536.

103. Robert Edelman, *Serious Fun...*, op. cit., p. 82.

104. « Lo sport fascista è in linea. Il 40° campionato di calcio inizierà domenica prossima », *La Stampa*, 3 octobre 1940.

105. Archivio di Stato di Torino, Gabinetto della Prefettura, busta n° 404, lettre d'Emilio de La Forest au préfet de Turin datée du 5 novembre 1940.

106. Pierre Lanfranchi et Matthew Taylor, « Professional Football in World War Two Britain », *in* Pat Kirkham et David Thoms (éd.), *War Culture. Social Change and Changing Experience in World War Two*, Londres, Lawrence and Wishart, 1995, p. 188.

107. *Ibid.*, p. 192.

108. James Walvin, *The People's Game. The History of Football Revisited*, Édimbourg, Mainstream, 1994, nouvelle édition, p. 144-148.

109. Archives de la Préfecture de police de Paris, série F 22, rapport sur le sport, s.d., p. 12.

110. Source : *Encyclopédie générale des sports et sociétés sportives en France*, 1946.

111. Simon Kuper, *Ajax, the Dutch, the War : Football in Europe During the Second World War*, Londres, Orion, 2003, p. 93.

112. *Ibid.*, p. 107.

113. Alfred Wahl et Pierre Lanfranchi, *Les Footballeurs professionnels des années trente à nos jours*, op. cit., p. 107-108.

114. Bernard Busson, *Héros du sport, héros de France*, Paris, Éditions d'art Athos, 1947, p. 187-188.

115. Torino Club Faenza, *Bruno Neri atleta e partigiano*, Faenza, Torino Club Faenza et Comune di Faenza, 1988, p. 18.

116. Gehrard Fischer et Ulrich Lindner, *Stürmer für Hitler...*, op. cit., p. 219.

117. Sur Arpad Weisz, cf. Matteo Marani, *Dallo scudetto ad Auschwitz. Vita e morte di Arpad Weisz*, Aliberti, Reggio Emilia, 2007.

118. Sur cette affaire politico-sportive dont on ne connaît que les contours, cf. Andy Hogan, *Dynamo. Defending the Honour of Kiev*, Londres, Fourth Estate, 2001.

119. Giovanni De Luna, « Torino in guerra », *in* Nicola Tranfaglia (éd.), *Storia di Torino. VIII Dalla Grande Guerra alla Liberazione (1915-1945)*, Turin, Einaudi, 1998, p. 755.

120. Archives FIFA, série Comité exécutif, lettre d'Ivo Schricker aux membres du Comité exécutif datée du 26 décembre 1939.

121. « Amitié même dans les temps difficiles », *Football World. Official Bulletin of the Fédération internationale de football association*, février-mars 1940, n° 15-16.

122. Archives FIFA, série Comité exécutif, lettre d'Ivo Schricker aux membres du Comité exécutif datée du 28 août 1942.

123. Sur ce sujet cf. Robert Fassolette, *Le Rugby français au cœur d'un enjeu diplomatique anglo-allemand (1931-1941)*, mémoire de DEA « Histoire du XXe siècle », Paris, Institut d'études politiques, 2000.

124. Cité par Alfred Wahl, *La Seconde Histoire du nazisme dans l'Allemagne fédérale depuis 1945*, Paris, Armand Colin, 2006, p. 235.

125. Archives FIFA, série Comité exécutif, lettre d'Ivo Schricker aux membres du Comité exécutif datée de juillet 1941.

126. Archives FIFA, série Comité exécutif, lettre d'Ivo Schricker aux membres du Comité exécutif datée du 23 février 1942.

127. Alfred Wahl, *La Seconde Histoire du nazisme...*, *op. cit.*, p. 235.

128. Archives FIFA, série Correspondance avec les associations nationales, dossier États-Unis, lettre de Randolph Manning à Ivo Schricker datée du 6 mars 1945.

129. Archives FIFA, série Congrès, « Minutes of the XXVth Congress held in Luxemburg on 25th/26th July 1946 ».

130. Archives FIFA, série Correspondance avec les associations nationales, dossier États-Unis, lettre de Joseph J. Barriskill à Ivo Schricker datée du 24 août 1945.

131. Robert Edelman, *Serious Fun...*, *op. cit.*, p. 82.

132. « Comincia il Campionato. La partita di cartello Juventus-Torino », *La Stampa*, 20 septembre 1945.

133. *Gioventù d'Azione. Giustizia e Libertà*, anno 2, n. 4, 27 Maggio 1945 (Lombardia).

134. « Senso di un "grazie" », *La Gazzetta dello Sport*, 10 novembre 1945.

135. *La Nuova Stampa* du 16 mai 1948 publiait en cette occasion un encart en anglais intitulé « Welcome to our British friends », formulant le vœu que « les compétitions entre les

Nations restent toujours limitées aux terrains de sport dans un esprit sportif ».

136. Aurelio Lepre, *Storia della prima Repubblica*, Bologne, Il Mulino, 1993, p. 146.

137. Franco Ossola et Renato Tavella, *Breve storia del Torino calcio*, Rome, Newton, 1995, p. 26.

138. Cf. Paul Dietschy, « The Superga Disaster and the Death of the "Great Torino" », *Soccer and Society*, Summer 2004, vol. 5, n° 2, p. 298-310.

139. Johann Skocek, Wolfgang Weisgram, *Das Spiel ist das Ernste...*, *op. cit.*, p. 82-83.

140. Robert Edelman, *Serious Fun...*, *op. cit.*, p. 87.

141. *Ibid.*, p. 91.

142. François Fejtö, *Budapest, l'insurrection*, Bruxelles, Complexe, 1990, p. 52. Jusqu'en 1953, 2 000 personnes environ furent exécutées et 200 000 emprisonnées.

143. *France Football*, 5 août 1952.

144. *Ibid.*

145. *France Football*, 8 juillet 1952.

146. Cf. Jean-Philippe Réthacker et Jacques Thibert, *La Fabuleuse Histoire du football*. Tome I : *Des origines à la Coupe du monde 1966*, Paris, La Martinière, 1994, rééd., p. 296-298.

147. *But Club/Le Miroir des sports*, 14 juillet 1954.

148. Cf. Alfred Wahl et Pierre Lanfranchi, *Les Footballeurs professionnels des années trente à nos jours*, *op. cit.*, p. 153-158.

149. Miklos Hadas, « Stratégie politique et tactique sportive : esquisse d'une analyse socio-historique du style de jeu de l'équipe d'or hongroise des années cinquante », *in* Henri Hélal et Patrick Mignon (dir.), « Football jeu et société », *Les Cahiers de l'INSEP*, n° 25, année 1999, p. 99.

150. *Regards*, janvier 1954, n° 373.

151. Fabien Archambault, « Communisme et football : les possibilités d'un football populaire dans l'Italie républicaine », *in* Jean-François Loudcher, Christian Vivier, Paul Dietschy et Jean-Nicolas Renaud (dir.), *Sport et idéologie*, tome II, *Actes du VIIe Congrès international du CESH*, Besançon, ACE SHS/BURS, 2004, p. 113-114.

152. Dans le chapitre « La disfatta », « La défaite », de *Don Camillo. Mondo piccolo* publié en 1948 et traduit en français sous le titre *Le Petit Monde de don Camillo*.

153. C'est-à-dire le football de paroisse promu par les prêtres sportifs et le CSI. Sur le rôle du football dans les conflits de l'après-guerre en Italie, cf. la thèse de Fabien Archambault, *Le Contrôle du ballon. Les catholiques, les communistes et le football en Italie, de 1943 au tournant des années 1980*, Grenoble, université Grenoble-2, 2007.

154. *France Football officiel*, 12 juillet 1954.

155. *But Club/Le Miroir des sports*, 21 juillet 1954 et *L'Humanité*, 28 juin 1954.

156. Jacques Ferran, *op. cit.*, p. VI.

157. *L'Humanité*, 2 juillet 1954.

158. *But Club/Le Miroir des sports*, 28 juillet 1954.

159. Cité par Siegfried Gehrmann dans « Le sport comme moyen de réhabilitation nationale au début de la République fédérale d'Allemagne. Les Jeux olympiques de 1952 et la Coupe du monde de football de 1954 », *in* Pierre Arnaud et Alfred Wahl, *Sports et relations internationales...*, *op. cit.*, p. 240.

160. *Ibid.*

161. Cf. « Une "génération superflue" dans le sport allemand ? Sportifs de pointe et sport de compétition dans les circonstances de l'après-guerre », *in* Jean-Michel Delaplace, Gerhard Treutlein et Giselher Spitzer (dir.), *Le Sport et l'éducation physique en France et en Allemagne...*, *op. cit.*, p. 188-212.

162. Alfred Wahl, *La Seconde Histoire du nazisme...*, *op. cit.*, p. 237.

163. *Ibid.*

164. Simon Kuper, *Ajax, the Dutch, the War...*, *op. cit.*, p. 177.

6. Les révolutions sud-américaines

1. Nous empruntons l'expression à Mauro Valeri dans *La Razza in campo. Per una storia della Rivoluzione nera nel calcio*, Rome, Edup Editore, 2005.

2. Archives FIFA, série Jeux olympiques, dossier Jeux de Berlin 1936, lettre de Claudio Martinez, président de la Fede-

ración Peruana de Foot-Ball, à Ivo Schricker datée du 14 juillet 1936.

3. Ce match était justifié par le fait que le tournoi ne pouvait accueillir que 16 équipes pour 18 réellement présentes.

4. J. Rimet (France), G. Mauro (Italie), R. W. Seeldrayers (Belgique), R. Pelikan (Tchécoslovaquie) et A. Johnson (Suède).

5. Organisationskomitee für die XI. Olympiade Berlin 1936, *The XIth Olympic Games Berlin, 1936. Official Report*, vol. II, Berlin, Wilhelm Limpert, 1937, p. 1048.

6. Archives FIFA, série Jeux olympiques, dossier Jeux de Berlin 1936, lettre de Claudio Martinez, président de la Federación Peruana de Foot-Ball, à Jules Rimet datée du 11 août 1936.

7. Guy Walters, *Berlin Games. How Hitler Stole the Olympic Dream*, Londres, John Murray, 2006, p. 290.

8. *Ibid.*, p. 291.

9. Archives FIFA, série Jeux olympiques, dossier Jeux de Berlin 1936, lettre de Claudio Martinez, président de la Federación Peruana de Foot-Ball, à Jules Rimet datée du 11 août 1936.

10. Archives FIFA, série Comité exécutif, lettre d'Ivo Schricker aux membres du Comité exécutif de la FIFA datée du 21 novembre 1936, rendant compte d'un courrier confidentiel envoyé par le secrétaire du Comité d'urgence de la Confédération sud-américaine, le Prof. Tochetti Lespade.

11. *Ibid.*

12. Archives FIFA, série Comité exécutif, Proposition de la Confederación Sud-Americana concernant la composition des comités et jurys d'appel des tournois organisés par la FIFA, document daté du 5 mars 1938 et présenté au Comité exécutif tenu à Paris les 5 et 6 mars 1938.

13. « Le voyage de M. Rimet en Amérique du Sud », *Football World. Bulletin officiel de la Fédération internationale de football association*, n° 6, avril 1939.

14. Archives FIFA, série Comité exécutif, lettre d'Ivo Schricker du 30 juin 1939 aux membres du Comité exécutif reproduisant la lettre de candidature argentine signée par le président Adrian C. Escobar et le secrétaire général Argentino M. Esteves.

15. *Ibid.*

16. Coll., *Cien años con el futbol, op. cit.*, p. 1936.

17. Alain Rouquié, *Pouvoir militaire et société politique en République argentine*, Paris, Presses de la FNSP, 1978, p. 245.

18. Cf. Miguel Ángel Bertolotto, *River. El Campeón del Siglo*, Buenos Aires, Océano/Temas-C.A. River Plate, 2000, p. 80-84.

19. Tony Mason, *Passion of the People ?...*, op. cit., p. 66.

20. Raanan Rein, « *"El Primer Deportista"* : The Political Use and Abuse of Sport in Peronist Argentina », *The International Journal of the History of Sport*, vol. 15, n° 2, août 1998, p. 63.

21. Alicia Dujovne Ortiz, *Eva Perón*, Paris, Grasset, 1995, p. 243.

22. *Ibid.*, p. 244.

23. Raanan Rein, « *"El Primer Deportista"...* », op. cit., p. 72.

24. Christiane Eisenberg, Pierre Lanfranchi, Tony Mason et Alfred Wahl, avec la collaboration de Heidrun Homburg, Paul Dietschy, *FIFA 1904-2004. Le siècle du football*, Paris, Le Cherche-Midi, 2004, p. 81.

25. Miguel Ángel Bertolotto, *River. El Campeón del Siglo*, op. cit., p. 126.

26. María Graciela Rodriguez, « El deporte como politica de Estado (periodo 1945-1955) », www. efdportes.com

27. Christiane Eisenberg et *alii*, *Le Siècle du football*, op. cit., p. 84.

28. *Ibid.*, p. 85.

29. *Ibid.*, p. 88-89.

30. Omar Sivori fut engagé par la Juventus de Turin, Valentin Angelillo par l'Inter de Milan et Humbero Maschio par Bologne.

31. Pierre Lanfranchi et Matthew Taylor, *Moving with the Ball*, op. cit., p. 93.

32. Eduardo Galeano, *Les Veines ouvertes de l'Amérique latine. Une contre-histoire*, Paris, Plon, 1981, p. 10.

33. « Chronique de la Coupe du Monde », *L'Auto*, 19 mai 1938, cité par Carlos Rodrigues, *La Redécouverte du Brésil à travers ses footballeurs (1925-1958)*, mémoire de Master 2 « Sports et sociétés », Besançon, université de Franche-Comté, 2009, p. 65.

34. « Scores plus ou moins serrés », *L'Auto*, 6 juin 1938, *ibid.*, p. 87.

35. « Cubains... Brésiliens... », *L'Auto*, 11 juin 1938, *ibid.*, p. 100.

36. « Le jeu brésilien est habile mais manque par trop de puissance », *L'Auto*, 17 juin 1938, *ibid.*, p. 121.

37. Traduit par Roger Bastide sous le titre de *Maîtres et esclaves*, le maître ouvrage de Gilberto Freyre analyse l'hybridation et le métissage brésiliens, fruit des amours le plus souvent contraintes des maîtres avec leurs esclaves.

38. Antonio Jorge Soares, « Futebol brasileiro e sociedade : a interpretação culturalista de Gilberto Freyre », *in* Pablo Alabarces (dir.), *Futbologías*, numéro spécial « Fútbol, identidade y violencia en América Latina », 2003, vol. 1, p. 151.

39. Mauro Valeri, *La Razza in campo, op. cit.*, p. 56.

40. J. Sergio Leite Lopes et Jean-Pierre Faguer, « L'invention du style brésilien », *Actes de la recherche en sciences sociales*, 1994, vol. 103, n° 1, p. 34.

41. Gilberto Freyre, préface à la première édition de Mário Filho, *O Negro no Futebol Brasileiro*, Rio de Janeiro, Mauad, 4ᵉ éd., 2003, p. 24.

42. *Ibid.*, p. 25.

43. *Ibid.*

44. Stefan Zweig, *Le Brésil, terre d'avenir*, La Tour d'Aigues, éditions de l'Aube, 1994, p. 20-21.

45. Armelle Enders, *Histoire du Brésil*, Bruxelles, Complexe, 1997, p. 117.

46. Plínio José Labriola C. Negreiros, « Fútbol e identidad nacional : el caso de la Copa de 1938 », www.efdportes.com

47. Archives FIFA, série Comité exécutif, lettre d'Ivo Schricker aux membres du Comité exécutif de la FIFA datée du 9 octobre 1942, présentant la traduction du procès-verbal du Congrès de la Confederación Sudamericana tenu en janvier-février 1942.

48. Archives FIFA, série Comité exécutif, procès-verbal de la réunion du Comité exécutif tenue les 10-12 novembre 1945.

49. *Ibid.*, « Report submitted by Dr. Barassi to the Organising Committee Jules Rimet Cup (World Cup) after his stay in Brazil ».

50. Armelle Enders, *Histoire du Brésil, op. cit.*, p. 108.

51. Plínio José Labriola C. Negreiros, « El Estadio de Pacaembú », www.efdportes.com

52. Sergio Leite Lopes ; « Le "Maracanã", cœur du Brésil », *Sociétés et représentations*, n° 7, décembre 1998, p. 131.

53. Cf. Bernardo Borges Buarque de Hollanda, *O Descobrimento do futebol. Modernismo, regionalismo e paixão esportiva em José Lins do Rego*, Rio de Janeiro, Edições Biblioteca Nacional, 2004.

54. Sergio Leite Lopes, « Le "Maracanã", cœur du Brésil », *op. cit.*, p. 132.

55. *L'Équipe*, 14 juillet 1950.

56. *L'Équipe*, 7 juillet 1950.

57. *Ibid.*

58. Alex Bellos, *Futebol. The Brazilian Way of Life*, Londres, Bloomsbury, 2003, p. 49.

59. *L'Équipe*, 15-16 juillet 1950.

60. Jules Rimet, *L'Histoire merveilleuse de la Coupe du Monde, op. cit.*, p. 161.

61. José Sergio Leite Lopes ; « Le "Maracanã", cœur du Brésil », *op. cit.*, p. 136.

62. *L'Équipe*, 18 juillet 1950.

63. Alex Bellos, *Futebol. The Brazilian Way of Life, op. cit.*, p. 100-101.

64. Jean-Claude Hallé, *Football Story. Le onze de France*, Paris, Flammarion, 1978.

65. Juliette Dumont et Anaïs Fléchet, « *Pelo que é nosso !* Naissance et développements de la diplomatie culturelle brésilienne au XXe siècle », *Relations internationales*, 2009/1, n° 137, p. 64.

66. José Sergio Leite Lopes avec Sylvain Maresca, « La disparition de "la joie du peuple". Notes sur la mort d'un joueur de football », *Actes de la recherche en sciences sociales*, 1989, vol. 79, n° 1, p. 26.

67. Alex Bellos, *Futebol. The Brazilian Way of Life, op. cit.*, p. 97.

68. José Sergio Leite Lopes avec Sylvain Maresca, « La disparition de "la joie du peuple"... », *op. cit.*, p. 22.

69. *Ibid.*, p. 34.

70. Alain Fontan, *Le Roi Pelé*, Paris, Calmann-Lévy, 1970 et François Thébaud, *Pelé : une vie, le football, le monde*, Paris, Hatier, 1974.

71. Alain Fontan, *Le Roi Pelé*, Paris, J'ai lu, 1977, nouv. éd., p. 31.

72. Mauro Valeri, *La Razza in campo...*, *op. cit.*, p. 217.

73. Maud Chirio, « Fêtes nationales et régime dictatorial », *XXᵉ siècle. Revue d'histoire*, n° 90, avril-juin 2006, p. 103.

74. Alex Bellos, *Futebol. The Brazilian Way of Life*, *op. cit.*, p. 115.

75. *Ibid.*, p. 292.

76. Pour reprendre l'analyse critique du tiers-mondisme de Pascal Bruckner dans *Le Sanglot de l'homme blanc*, Paris, Le Seuil, 1983.

77. *Miroir du football*, juillet-août 1967.

78. Cf. Jean-Marie Brohm et Marc Perelman, *Le Football une peste émotionnelle. Planète des singes, fêtes des animaux*, Paris, les Éditions de la Passion, 1998.

79. Expression de Patrick Vassort in *Football et politique. Sociologie historique d'une domination*, Paris, les Éditions de la Passion, 1999, p. 153.

80. « Argentinos-Boca : sous le signe de la tragédie », *Miroir du football*, décembre 1960.

81. Archives FIFA, série Comité exécutif, procès-verbal de la réunion du Comité exécutif tenue le 11 septembre 1960 à Rome.

82. « Le Racing de Buenos Aires champion du monde de la violence, de la tricherie et de la simulation systématiques », *Miroir du football*, décembre 1967.

83. *Ibid.*

84. John Foot, *Calcio a History of Italian Football*, Londres, Harper Perennial, 2007, p. 385.

85. Franck Lafage, *L'Argentine des dictatures 1930-1983. Pouvoir militaire et idéologie contre-révolutionnaire*, Paris, L'Harmattan, 1991, p. 95.

86. Antonio Ghirelli, *Storia del calcio in Italia*, *op. cit.*, p. 301.

87. Archives FIFA, série Correspondance avec les associations nationales, dossier Costa Rica, lettre du secrétaire général de la Federacion Deportiva de Costa Rica à Ivo Schricker datée du 19 novembre 1932.

88. *Ibid.*, dossier Honduras, lettre de Ivo Schricker à Esteban Diaz datée du 4 octobre 1937.

89. *Ibid.*, dossier Costa Rica, lettre d'Hector Beeche à Ivo Schricker datée du 23 décembre 1937.

90. *Ibid.*, Rapport sur les Jeux sportifs de l'Amérique centrale et du Caraibe [sic] d'Hector Beeche, n.d.

91. *Ibid.*, lettre d'Hector Beeche à Ivo Schricker datée du 23 décembre 1937.

92. « Au Costa Rica, "l'Uruguay" de l'Amérique centrale. Sept footballeurs pour dix jeunes ! », *Miroir du football*, mai 1961.

93. Alain Rouquié, *Guerres et paix en Amérique centrale*, Paris, Le Seuil, 1992, p. 14.

94. *Ibid.*, p. 36.

95. *Ibid.*, p. 42.

96. Gilles Bataillon, *Genèse des guerres internes en Amérique centrale (1960-1983)*, Paris, Les Belles Lettres, 2003, p. 116.

97. Ryszard Kapuściński, *La Guerre du foot et autres guerres et aventures*, Paris, Plon, 2003, p. 200.

98. *Ibid.*, p. 175.

99. Alain Rouquié, « Honduras-El Salvador. La guerre de Cent Heures : un cas de "désintégration" régionale », *Revue française de science politique*, année 1971, vol. 21, n° 6, p. 1291.

100. Donald Ford et René Courte, *Official FIFA Report World Championship-Jules Rimet Cup 1970*, Londres, The Grange Press, 1970, p. 31.

101. *Ibid.*

102. Archives FIFA, série Commission d'arbitrage, « Agenda of the Meeting n° 14 of the Referees' Committee, 19-20 September 1969 ».

103. *Ibid.*, p. 32.

104. *Ibid.*, p. 1292.

105. *Ibid.*, p. 1304.

106. *Ibid.*

107. *Ibid.*

108. Archives FIFA, série Correspondance avec les associations nationales, dossier Paraguay, lettre de Ramon T. Cartes, président, et Marco Aurelio Nunes, secrétaire général, à la FIFA datée du 9 mai 1936.

109. FIFA, série Congrès, lettre-circulaire de Kurt Gassmann aux associations affiliées datée du 7 octobre 1960.

110. Antonio Ghirelli, *Storia del calcio in Italia*, op. cit., p. 264-265.

111. Archives FIFA, série Coupe du monde, « Minutes of the Meeting n° 8 of the World Cup Organizing Committee 1974 held on the 12 October 1973 at Gelsenkirchen ».

112. *Ibid.*, « Report on visit by Mr. A. d'Almeida, Vice-President and Dr. H. Käser, General Secretary, to Santiago de Chile on 23 and 24 October 1973 ».

113. *Ibid.*

114. « News from the FIFA World Cup Organizing Committee », *FIFA News*, n° 127, décembre 1973.

115. Cf. Éric et Catherine Monnin, « Le boycott politique des Jeux olympiques de Montréal », *Relations internationales*, 2008/2, n° 134, p. 93-113.

116. Comité de défense des droits de l'homme en Argentine, *Argentine : dossier d'un génocide*, Paris, Flammarion, 1978.

117. Franck Lafage, *L'Argentine des dictatures 1930-1983...*, op. cit., p. 100.

118. Archives FIFA, série Coupe du monde, « Minutes of Meeting n° 1 of the 1978 Study Group of the FIFA World Cup Organizing Committee held on 13 October 1973 at the Hotel Maritim, Gelsenkirchen ».

119. *Ibid.*, Procès-verbal de la séance n° 4 de la Commission d'organisation de la Coupe du monde de la FIFA, 1978 (bureau) tenue à l'hôtel Le Méridien, Rio de Janeiro, le 5 avril 1976.

120. *Ibid.*

121. Selon l'enquête du journaliste Eugenio Alte Méndez, dans *Almirante Lacoste, quién mató al General Actis ?*, Córdoba, El Cid Editor, 1984, Lacoste aurait été le principal bénéficiaire de l'attentat et peut-être même son inspirateur.

122. Archives FIFA, série Coupe du monde, procès-verbal de la séance n° 11 de la Commission d'organisation de la Coupe du monde de la FIFA, tenue à l'hôtel Sheraton, Buenos Aires, le 26 mai 1978.

123. Comité de défense des droits de l'homme en Argentine, op. cit., p. 10.

124. Wladimir Andreff, « Les multinationales et le sport dans les pays en développement ou comment faire courir le tiers-

monde après les capitaux », *Tiers-Monde*, 1988, vol. 29, n° 113, p. 80.

125. Serge Schwartzmann, « Transformations urbaines à Palermo Viejo, Buenos Aires : jeu d'acteurs sur fond de gentrification », *Espaces et sociétés*, 2009/3, n° 138, p. 140.

126. « Pour lutter contre la barbarie », *Le Monde*, 19 octobre 1977.

127. Pour un résumé de cette réflexion « critique », cf. Jean-Marie Brohm, *Les Meutes sportives. Critique de la domination*, Paris, L'Harmattan, 1983, p. 73-74 et Jean-Gabriel Contamin et Olivier Le Noé, « La coupe est pleine Videla ! Le Mundial 1978 entre politisation et dépolitisation », *Le Mouvement social*, 2010/1, n° 230, p. 27-46.

128. Raanan Rein et Efraïm Davidi, « Sports, Politics and Exile : Protests in Israel during the World Cup (Argentina, 1978) », *The International Journal of the History of Sport*, vol. 26, n° 5, avril 2009, p. 676.

129. *Cf.* Comité de défense des droits de l'homme en Argentine, *op. cit.*, p. 159-171.

130. Simon Kuper, *Football against the Enemy*, Londres, Orion, 2004, réédition, p. 181.

131. *Ibid.*, p. 176.

132. Cf. Lía M. Ferrero et Daniel Sazbón, « Argentina '78 : la Nación en juego », *Caravelle. Cahiers du monde hispanique et luso-brésilien*, 2007, n° 89, p. 147-148.

133. *Ibid.*, p. 149-150.

134. *Somos*, 30 juin 1978.

135. Franck Lafage, *L'Argentine des dictatures 1930-1983...*, *op. cit.*, p. 132.

136. Pierre Lanfranchi et Matthew Taylor, *Moving with the Ball*, *op. cit.*, p. 100.

137. Osvaldo Ardiles et Ricardo Villa à Tottenham Hotspur, Alberto Tarantini à Birmingham City et Daniel Bertoni à Séville.

138. Pierre Lanfranchi et Matthew Taylor, *Moving with the Ball*, *op. cit.*, p. 101.

139. *Ibid.*, p. 107.

140. *Cf.* Diana Quattrocchi-Woisson, « Discours historiques et identité nationale en Argentine », *XXe siècle. Revue d'histoire*, année 1990, vol. 28, n° 1, p. 41-56.

141. Le saint patron de Naples.
142. Vittorio Dini, « Maradona, héros napolitain », *Actes de la recherche en sciences sociales*, n° 103, juin 1994, p. 75-78.

7. Les revanches des dominés

1. Cité par Bernadette Deville-Danthu, *Le Sport en noir et blanc. Du sport colonial au sport africain dans les anciens territoires français d'Afrique-Occidentale (1920-1965)*, Paris, L'Harmattan, 1997, p. 117.
2. Cité par Roland Renson et Christel Peeters, « Sport et mission au Congo belge : "Tata" Raphaël de la Kethulle (1939-1956) », in Évelyne Combeau-Mari (dir.), *Sports et loisirs dans les colonies XIXe et XXe siècles*, Paris, SEDES, 2004, p. 245.
3. Lettre du père Limbour, supérieur de la Communauté de Rockwell, au supérieur de la Congrégation des Pères du Saint-Esprit, datée du 20 juin 1890 citée par Bernadette Deville-Danthu, *Le Sport en noir et blanc...*, op. cit., p. 58.
4. *Ibid.*, p. 59.
5. Cf. Alex Last, « Containment and Counter-Attack : A History of Eritrean Football », in Gary Armstrong et Richard Giulianotti (éd.), *Football in Africa. Conflict, Conciliation and Community*, Basingstoke, Palgrave McMillan, 2004, p. 27-40.
6. Fédération éthiopienne de football, *Football in Ethiopia. Le Football en Éthiopie*, Addis-Abeba, Fédération éthiopienne de football, 1968, p. 160-161.
7. Notamment Angelo Del Boca, in *Italiani brava gente ? Un mito duro da morire*, Vicenza, Neri Pozza Editore, 2005.
8. « Il "negro tricolore" », *La Stampa*, 17 novembre 1938.
9. Cf. Stanislas Frenkiel, *Larbi Ben Barek, Marcel Cerdan, Ali Mimoun et Alfred Nakache aux frontières de l'assimilation. Essai de déconstruction des regards posés sur quatre champions nord-africains de l'apogée L'Auto, Paris-Soir et Gringoire à la fureur épuratrice*, mémoire de master 2 STAPS, Orsay, université Paris-XI, p. 230-243.
10. Comité olympique français, *Les Jeux de la VIIIe Olympiade. Rapport officiel*, Paris, 1925, p. 332-334.
11. « Nègres et Arabes contre le Red Star », *L'Auto*, 19 juin 1927.

12. Bernadette Deville-Danthu, *Le Sport en noir et blanc...*, *op. cit.*, p. 63-64.

13. Didier Rey, « Les identités multiples : Corse et Algérie au miroir du football 1897-1962 », www.wearefootball.org, p. 2.

14. *Ibid.*

15. Youssef Fatès, « Le club sportif, structure d'encadrement et de formation nationaliste de la jeunesse musulmane pendant la période coloniale », *in* Nicolas Bancel, Daniel Denis et Youssef Fatès, *De l'Indochine à l'Algérie. La jeunesse en mouvements des deux côtés du miroir colonial 1940-1962*, Paris, La Découverte, 2003, p. 157.

16. *Ibid.*, p. 159.

17. Didier Rey, « Les identités multiples... », *op. cit.*, p. 3.

18. Sur l'histoire du football tunisien, *cf.* Mohamed Kilani, *Mémoire de foot. L'histoire du football tunisien à travers les portraits de ses gloires*, Tunis, 1998.

19. Cf. l'excellent historique du Wydad sur la page Internet du club http://www.wydad.com/histoire.php

20. Henri Grimal, *La Décolonisation de 1919 à nos jours*, Bruxelles, Complexe, 1985, p. 235.

21. Cf. Wiebe Boer, « A Story of Heroes, of Epics : The Rise of Football in Nigeria », *in* Gary Armstrong et R. Giulianotti (éd.), *Football in Africa. Conflict, Conciliation and Community*, *op. cit.*, p. 59-79 et « Football, Mobilization and Protestation : Nnamdi Azikiwe the Goodwill Tours of World War II », *Lagos Historical Review*, vol. 6, 2006, p. 39-61.

22. Nicolas Bancel et Jean-Marc Gayman, *Du guerrier à l'athlète. Éléments d'histoire des pratiques corporelles*, Paris, PUF, 2002, p. 341.

23. Hélène d'Almeida-Topor, *L'Afrique au XXe siècle*, Paris, Armand Colin, 1999, p. 190.

24. Sur l'histoire de la Coupe de l'A.-O.F., cf. Bocar Ly, *Foot-Ball. Histoire de la Coupe d'A.-O.F.*, Dakar, 1992.

25. Bernadette Deville-Danthu, *Le Sport en noir et blanc...*, *op. cit.*, p. 329.

26. Henri Grimal, *La Décolonisation...*, *op. cit.*, p. 307.

27. Bernadette Deville-Danthu, *Le Sport en noir et blanc*, *op. cit.*, p. 330.

28. Archives FIFA, série Correspondance avec les associations nationales, dossier Ghana, document « The United Gold Coast Football Association », n.d., reçu par la FIFA le 25 août 1954.

29. Archives FIFA, série Correspondance avec les associations nationales, dossier Ghana, lettre de Richard Akwei à la FIFA datée du 31 août 1953.

30. Catherine Coquery-Vidrovitch, « De la nation en Afrique noire », *Le Débat*, n° 84, mars-avril 1995, p. 128.

31. Cf. François Durpaire, « Sport et colonisation. Le cas du Congo belge (1950-1960) », *Bulletin de l'Institut Pierre-Renouvin*, n° 16, automne 2003, p. 67-74.

32. Philip Goodhart et Christopher Chataway, *War without Weapons*, Londres, W. H. Allen, 1968, p. 21.

33. Cf. Yves Courrière, *La Guerre d'Algérie* – II. *Le temps des Léopards*, Paris, Fayard, 1969, p. 484-485.

34. Cet épisode de la guerre d'Algérie a inspiré à l'écrivain algérien Rachid Boudjedra son roman *Le Vainqueur de coupe*, Paris, Denoël, 1981.

35. Alfred Wahl et Pierre Lanfranchi, *Les Footballeurs professionnels des années trente à nos jours*, *op. cit.*, p. 138.

36. Michel Nait-Challal, *Dribbleurs de l'indépendance. L'incroyable histoire de l'équipe du FLN algérien*, Paris, Éditions Prolongations, 2008, et Kader Abderrahim, *L'Indépendance comme seul but*, Paris, Paris-Méditerranée, 2008.

37. « Le FLN salue dans les footballeurs qui ont abandonné la métropole des "patriotes conséquents" », *Le Monde*, 17 avril 1958.

38. Sur ces déchirements, cf. Stanislas Frenkiel, « Les footballeurs du FLN : des patriotes entre deux rives », *Migrations Société*, vol. 19, n° 110, mars-avril 2007, p. 121-139.

39. *Paris Match*, n° 472, 26 avril 1958.

40. Archives FIFA, série Comité exécutif, procès-verbal de la réunion du Comité exécutif tenue le 3 juin 1958.

41. Archives FIFA, Dossier Maroc, lettre-circulaire du 3 décembre 1958 du secrétaire général Kurt Gassmann aux fédérations affiliées.

42. *Ibid.*, Notes sur l'entrevue que M. K. Gassmann a eue le vendredi 30 janvier 1959 de 10 heures à 10 h 50 au « F.I.F.A.-

House » à Zurich avec une délégation de la Fédération royale marocaine de football. Rapport établi le 2 février 1959.

43. *Ibid.*, dossier Algérie, rapport de Robert Masson au président de la FIFA daté du 13 octobre 1965.

44. Archives FIFA, Série correspondance avec les associations nationales, Dossier Côte d'Ivoire, lettre de C. Nanique conseiller technique de la Fédération ivoirienne de football datée du 6 décembre 1961.

45. Jean-François Bayart, *L'État au Cameroun*, Paris, Presses de la FNSP, 1979, p. 216-224.

46. Archives FIFA, série Présidents, Rapports de visite du Président et autres 1963-1969, rapport de S. Rous intitulé « The problems in Asia and Africa and suggestions as to how they might be eased », 27 septembre 1965.

47. Pour reprendre le titre du roman d'Ahmadou Kourouma publié en 1968.

48. Hélène d'Almeida-Topor, *Naissance des États africains*, Florence, Casterman-Giunti, 1996, p. 63.

49. Archives FIFA, Série correspondance avec les associations nationales, dossier Guinée-Conakry, *Fédération guinéenne de football. Annuaire 1959-1960*.

50. Le Parti démocratique de Guinée.

51. Archives FIFA, Série correspondance avec les associations nationales, lettre des « responsables nationaux de la Fédération guinéenne de football », Sékou Soumah et Yoro Diarra à Kurt Gassmann datée du 18 février 1960.

52. *Ibid.*, Affiliations refusées, Dossier Élisabethville, Demande d'affiliation de l'Association sportive nationale du Katanga (ASKAT) à la FIFA datée du 16 octobre 1961.

53. *Ibid.*, dossier Belgique, lettre de José Crahay, secrétaire général de l'Union royale belge des sociétés de football association datée du 1er février 1961.

54. *Ibid.*, Dossier République démocratique du Congo, lettre de Victor N'Joli, secrétaire général de la Fédération des Associations sportives du Congo à la Fédération belge de football du 2 mars 1966.

55. Elikia M'Bokolo, *L'Afrique au XXe siècle. Le continent convoité*, Paris, Le Seuil, « Points », 1985, p. 219.

56. *France Football*, 11 juin 1974.

57. Archives FIFA, Fonds Faouzi Mahjoub, Confédération africaine de football (CAF), procès-verbal de la réunion du Comité exécutif tenue au Caire les 21 et 22 juillet 1964.

58. Argentine-Afrique 2-0, France-Afrique 2-0, Afrique-CONCACAF 0-0 et Afrique-Colombie 3-0.

59. *France Football* édition africaine, 4 juillet 1972.

60. Archives FIFA, série Présidents, programme du candidat Havelange 1974.

61. Archives FIFA, Congrès, procès-verbal du XXXIXe Congrès ordinaire tenu le mardi 11 juin 1974 à Francfort-sur-le-Main.

62. « Jean Havelange "Mes objectifs pour développer le football mondial" », *France Football édition africaine*, 17 septembre 1974.

63. Paul Darby, *Africa football and FIFA. Politics, Colonialism and Resistance*, Londres, Frank Cass, 2002, p. 99.

64. Le parcours de l'Iran avait été moins brillant que celui de la Tunisie : deux défaites, 1 à 4 face au Pérou et 0 à 3 contre les Pays-Bas et un match nul 1-1 avec l'Écosse.

65. Cf. Paul Dietschy, Yvan Gastaut et Stéphane Mourlane, *Histoire politique des Coupes du monde de football, op. cit.*, p. 295-310.

66. Albert M'Paka, *Démocratie et société civile au Congo-Brazzaville*, Paris, L'Harmattan, 2007, p. 106.

67. Florence Bernault, *Démocraties ambiguës en Afrique centrale, Gabon, Congo-Brazzaville*, Paris, Karthala, 1996, p. 359.

68. Archives FIFA, série Correspondance avec les associations nationales, dossier Burkina Faso, copie de la lettre de Djibrilla Hima, secrétaire général de la Fédération nigérienne de football à Arsène Ouedraogo, secrétaire général de la Fédération voltaïque de football datée du 4 novembre 1969.

69. *Ibid.*, dossier Nigeria, Report on the behaviour of the Nigerian public after the Nigeria versus Ghana football match of 29th October 1960 reçu au siège de la FIFA le 21 novembre 1960.

70. *Ibid.*

71. *Ibid.*, Referee's report/Rapport d'arbitre, Nigeria v. Ghana (Independence Gold Cup) played at Lagos the 29th October at 4.45 o'clock.

72. Archives FIFA, série Correspondance avec les associations nationales, dossier Mali, rapport spécial joint au rapport officiel du match Mali-Côte d'Ivoire, intitulé « Assault on referee and linesmen by the head and members of the security forces » et daté du 19 juin 1977.

73. *Ibid.*, lettre de Amadou Kané, président de la Fédération malienne de football au secrétaire général de la FIFA datée du 8 octobre 1977.

74. *Ibid.*, lettre d'Helmut Käser, secrétaire général de la FIFA, à Mourad Fahmy datée du 29 juin 1977.

75. Tiécoro Bagayoko fut arrêté lors de la tentative de coup d'État de février 1978, condamné à mort et finalement exécuté au bagne de Taoudénit.

76. René Girard, *La Violence et le sacré*, Paris, Pluriel, 1994, rééd., p. 18.

77. Archives FIFA, série Correspondance avec les associations nationales, dossier Kenya, lettre d'Yidnekatchew Tessema à Helmut Käser, secrétaire général de la FIFA, datée du 6 mai 1968.

78. Patrice Yengo, « Le football africain entre passion nationale et sentiments ethniques : le cas du Congo », *Tumultes*, n° 9, 1997, p. 212.

79. *Ibid.*

80. *Ibid.*, p. 214-215.

81. Cf. Michael G. Schatzberg, « La sorcellerie comme mode de causalité politique », *Politique africaine*, n° 79, octobre 2000, p. 41-42.

82. Archives FIFA, Fonds Faouzi Mahjoub, Congrès de la CAF, Allocution d'Yidnekatchew Tessema lors de la XIe assemblée générale de la CAF tenue au Caire le 27 février 1974.

83. Archives FIFA, série Correspondance avec les associations nationales, dossier Algérie, demande d'affiliation reçue le 28 août 1962 au siège de la FIFA.

84. *Ibid.*, dossier Nigeria, lettre du secrétaire général de la fédération nigériane Allen à la FIFA, datée du 25 février 1959.

85. *Ibid.*, dossier République démocratique du Congo, rapport d'activité de l'A.R.S.R.U.-F.R.S.C.L. daté du 10 octobre 1959, accompagnant la lettre du 20 octobre 1960 demandant l'affiliation à la FIFA.

86. *Ibid.*, dossier Sénégal, lettre du président de la fédération sénégalaise Magatte Diack datée du 18 novembre 1960.

87. *Ibid.*, dossier Tunisie, lettre du secrétaire administratif de la fédération tunisienne à la FIFA datée du 10 avril 1957.

88. *Ibid.*, dossier Mali, rapport d'activité joint à la demande d'affiliation à la FIFA datée du 16 mai 1961.

89. *L'Effort camerounais*, 20 février 1972, n° 805.

90. Archives FIFA, série Correspondance avec les Confédérations, dossier CAF, lettre de A.E.A. Salem, président de la fédération algérienne, à Kurt Gassmann, secrétaire général de la FIFA, datée du 6 octobre 1954.

91. Archives FIFA, Fonds Faouzi Mahjoub, Congrès de la CAF, Rapport du secrétaire général à la IXe Assemblée générale ordinaire, Khartoum, 5 février 1970.

92. Cheick Fantamady Condé, *Sport et politique en Afrique. Le Hafia Football-Club de Guinée*, Paris, L'Harmattan, 2008, p. 78.

93. « "L'affaire" de Conakry ou la Coupe d'Afrique des clubs menacée ? », *France Football* édition africaine, 28 novembre 1972.

94. *Ibid.*, p. 110.

95. *Ibid.*, p. 111.

96. Matope Kibili, *Ndaye Mulamba. Roi des buteurs*, Kinshasa, chez l'auteur, 1974, p. 38.

97. *Ibid.*, p. 34.

98. Alfred Wahl et Pierre Lanfranchi, *Les Footballeurs professionnels des années trente à nos jours*, op. cit., p. 137.

99. Almanach *France Football 59*.

100. Igor Follot et Gérard Dreyfus, *Salif Keita mes quatre vérités*, Paris, Chiron, 1977, p. 68.

101. *France Football*, édition africaine, 21 avril 1973.

102. *Ibid.*

8. L'Europe du football

1. Cf. Bertrand Hoze, « Le mouvement sportif a-t-il une vision de l'Europe ? », *in* Sylvain Schirmann (dir.), *Organisations internationales et architectures européennes 1929-1939*, Metz, Centre de recherche histoire et civilisation de l'université de Metz, 2003, p. 171.

2. « I grandi tornei calcistici internazionali. La Juventus e la "Coppa Europa" », *La Stampa*, 17 juin 1931.

3. *Ibid.*

4. Diego Cante, « Propaganda e sport negli anni trenta. Gli incontri di calcio tra Italia e Austria », *Italia contemporanea*, septembre 1996, n° 204, p. 541-542.

5. *Ibid.*, p. 540.

6. « Échanges internationaux », *Le Miroir des sports*, 11 décembre 1934.

7. *Ibid.*

8. Cf. Pierre Lanfranchi, « Le football sarrois de 1947 à 1952. Un contre-pied aux actions diplomatiques », *xxe siècle. Revue d'histoire*, n° 90, avril-juin 1990, p. 59-66.

9. Archives de la Préfecture de police de Paris, série F 22, rapport du 5 octobre 1934.

10. « L'avenir du football : un véritable Championnat d'Europe », *Sports. Tribune des sportifs français*, 11 mars 1948.

11. Cf. Stéphane Mourlane, « La Coupe latine : aspects sportifs, culturels et politiques », *in* Didier Rey (dir.), *Football et société en Méditerranée occidentale*, Corte, université de Corte, à paraître en 2010.

12. Jacques Ferran, « Compétitions internationales », in *Encyclopédie des sports modernes. Le football*, Monaco, Union européenne d'éditions, 1954, p. 88.

13. Coll., *50 ans UEFA : 1954-2004*, Nyon, UEFA, 2004, t. 1.

14. Archives FIFA, série Congrès, Procès-verbal du Congrès extraordinaire tenu les 14 et 15 novembre 1953 à la maison de l'Unesco.

15. Coll., *50 ans UEFA : 1954-2004*, *op. cit.*, p. 46.

16. Archives FIFA, Correspondance avec les associations nationales, dossier Turquie, lettre d'Orhan Şeraf Apak à Helmut Käser, secrétaire général de la FIFA datée du 25 décembre 1961.

17. *Ibid.*, lettre de Helmut Käser, secrétaire général de la FIFA à Hasan Polat, président de la fédération turque, datée du 20 septembre 1955.

18. « Football is faster than words », Interview with Orhan Pamuk, 6 avril 2008, http://www.spiegel.de/international/europe/ 0,1518,557614, 00.html

19. Cf. Orhan Pamuk, *Istanbul. Souvenirs d'une ville*, Paris, Gallimard, 2007, p. 115-134.

20. Archives FIFA, série Confédérations, AFC, Report of a tour by the President and Dr. Barassi to Djakarta 19 to 24 august 62.

21. *Ibid.*, lettre de Koe Ewe Teik secrétaire général de l'AFC à Helmut Käser datée du 29 mai 1968.

22. *Ibid.*, lettre d'Helmut Käser à Datuk Teoh Chye Hin datée du 20 août 1976.

23. *Ibid.*, lettre de João Havelange à Tunku Abdul Rahman Putra président de l'AFC datée du 28 octobre 1976.

24. Coll., *50 ans UEFA : 1954-2004*, *op. cit.*, p. 47.

25. *Ibid.*

26. Gilles Montérémal, « *L'Équipe* : naissance d'un champion », *L'Histoire*, n° 307, mars 2006, p. 23.

27. Le tirage oscilla entre 120 000 et 140 000 exemplaires.

28. Édouard Seidler, *Le Sport et la presse*, Paris, Armand Colin, 1964, p. 102.

29. Gilles Montérémal, « *L'Équipe* : médiateur et producteur de spectacle sportif (1946-1967) », *Le Temps des médias. Revue d'histoire*, n° 9, hiver 2007/2008, p. 113.

30. *Ibid.*

31. Archives FIFA, série Comité d'urgence, Séance du 9 mai 1955 au Park Lane Hotel à Londres, procès-verbal.

32. Gilles Montérémal, « *L'Équipe* : médiateur et producteur de spectacle sportif (1946-1967) », *op. cit.*, p. 115.

33. Eduardo Gonzalez Calleja, « Le Real de Madrid, "équipe du régime" ? Football et enjeux politiques pendant la dictature de Franco », *in* Yvan Gastaut et Stéphane Mourlane, *Le Football dans nos sociétés. Une culture populaire 1914-1998*, *op. cit.*, p. 68.

34. Ángel Bahamonde Magro, *El Real Madrid en la historia de España*, Madrid, Taurus, 2002, p. 165.

35. *Ibid.*, p. 155.

36. *Ibid.*, p. 182.

37. Duncan Shaw, *Fútbol y franquismo*, Madrid, Alianza Editorial, 1987, p. 39.

38. Guy Hermet, *L'Espagne au XXe siècle*, Paris, PUF, 1986, p. 221.

39. Duncan Shaw, *Fútbol y franquismo, op. cit.*, p. 147.

40. Archives FIFA, série Affaires de joueurs, Kubala, Laszlo, copie et traduction du réquisitoire prononcé par le procureur d'État contre Laszlo Kubala et sa mère, daté du 22 mai 1950.

41. *Ibid.*, lettre d'Hermann Bela pour le secrétaire du club Vasas à la FIFA, datée du 16 septembre 1952.

42. *Ibid.*, lettre de Manuel Valdès, président de la Fédération espagnole de football à la FIFA, datée du 24 septembre 1951.

43. *Ibid.*, lettre de Laszlo Kubala à Jules Rimet datée du 15 décembre 1951.

44. Archives FIFA, Affaires de joueurs, Kubala, Laszlo, lettre de Jules Rimet au docteur Munoz Calero, membre espagnol du Comité exécutif de la FIFA, datée du 31 mars 1954.

45. *Ibid.*, lettre de Rodolphe W. Seeldrayers, vice-président de la FIFA à Kurt Gassmann, secrétaire général de la Fédération internationale, datée du 9 janvier 1952.

46. Ángel Bahamonde Magro, *El Real Madrid en la historia de España, op. cit.*, p. 207.

47. *Ibid.*, p. 220.

48. *Ibid.*, p. 224.

49. *Ibid.*, p. 224 et 257.

50. *France Football*, 4 décembre 1956.

51. Archives FIFA, Affaires de joueurs, Suspension des joueurs hongrois 1957, chiffres fournis par Kurt Gassmann dans une lettre au président de la FIFA Arthur Drewry, datée du 1er mai 1957.

52. *Ibid.*, lettre-circulaire du 6 août 1957.

53. Carlos Fernández Santander, *El fútbol durante la guerra civil y el franquismo, op. cit.*, p. 170.

54. Cité dans Duncan Shaw, *Fútbol y franquismo, op. cit.*, p. 18.

55. Julián García Candau, *Bernabéu, el Presidente*, Madrid, Espasa e Hoy, 2002, p. 342.

56. Raymond Kopa, *Kopa par Raymond Kopa*, Paris, Éditions Jacob-Duvernet, 2006, p. 141.

57. Cité dans Duncan Shaw, *Fútbol y franquismo, op. cit.*, p. 106.

58. *Ibid.*, p. 85.

59. *Ibid.*, p. 61.

60. *Ibid.*, p. 88.

61. Police internationale de défense de l'État (PIDE).

62. Fernando Rosas, « Le salazarisme et l'homme nouveau. Essai sur l'État nouveau et la question du totalitarisme dans les années trente et quarante », *in* Marie-Anne Matard-Bonucci et Pierre Milza (dir.), *op. cit.*, p. 102.

63. Yves Léonard, « Le sport dans le Portugal de Salazar, 'instructeur social' plus qu'outil de propagande », in Georges Bensoussan, Paul Dietschy, Caroline François et Hubert Strouk, *Sport, corps et sociétés de masse. Le projet d'un homme nouveau*, Paris, Armand Colin, 2013, p. 253. Sur le football sous Salazar cf. aussi le travail neuf de Ricardo Serrado, *O Jogo de Salazar. A Política e o futebol no Estado Novo*, Alfragide, Casa das Letras, 2009.

64. Les données sur ces stades sont tirées de l'ouvrage de Henrique Parreirão, *1914 Os Anos de Diamante 1989 no 1° Centenário do Futebol Português*, Lisbonne, Edição da Federação Portuguesa de Futebol, s.d., p. 72-73.

65. Gary Armstrong, « The Migration of the Black Panther : An Interview with Eusebio of Mozambique and Portugal », in Gary Armstrong et Richard Giulianotti (ed.), *Football in Africa. Conflict, conciliation and community*, *op. cit.*, p. 260.

66. Yves Léonard, « Le sport dans le Portugal de Salazar, "instructeur social" plus qu'outil de propagande », in Georges Bensoussan, Paul Dietschy, Caroline François et Hubert Strouk, *Sport, corps et sociétés de masse. Le projet d'un homme nouveau*, *op. cit.*, p. 254.

67. Interview réalisée le 27 mai 2008 par swissinfo.ch http://www.swissinfo.ch/fre/index.html?cid=213 664

68. En 1896, les troupes italiennes avaient été écrasées à Adoua dans le nord de l'Éthiopie par l'armée de l'empereur Ménélik II.

69. Antonio Papa et Guido Panico, *Storia sociale del calcio in Italia*, *op. cit.*, p. 317.

70. Paul Ginsborg, *Storia d'Italia dal dopoguerra a oggi. Società e politica 1943-1988*, Turin, Einaudi, 1989, p. 298.

71. Goffredo Fofi *L'immigrazione meridionale a Torino*, Milan, Feltrinelli, 1975, p. 262. L'équipe des patrons est ici la Juventus de Turin.

72. Paul Dietschy, *Football et société à Turin 1920-1960*, *op. cit.*, p. 475-477.

73. « Venti milioni del Totocalcio a una venditrice ambulante e un milione e 364 mila lire del Totip a une tabacchaia », *La Gazzetta del Popolo*, 30 novembre 1948.

74. « Un Fiat 500 del Totocalcio vinta da un operario della Snia », *La Gazzetta del Popolo*, 7 janvier 1950.

75. Aurelio Lepre, *Storia della prima Repubblica*, Bologne, Il Mulino, 1993, p. 184.

76. Duncan Shaw, *Fútbol y franquismo*, *op. cit.*, p. 28.

77. Heidrun Homburg, « Ernst Thommen, die Schweiz und der Weltfussball, 1946-1962 », *Basler Zeitschrift für Geschichte und Altertumskunde*, 2007, vol. 107, p. 84-85.

78. « Lo Stadio Mussolini gremito », *La Gazzetta dello Sport*, 24 octobre 1940.

79. Archivio di Stato di Torino, Gabinetto della Prefettura, busta n° 404, lettre d'Emilio de La Forest au préfet de Turin datée du 5 novembre 1940.

80. Valerio Castronovo, *FIAT 1899-1999. Un secolo di storia italiana*, Milan, Rizzoli, p. 922.

81. Selon *La Gazzetta del Popolo*, 19 novembre 1948.

82. Il s'agit des émoluments déclarés du joueur et non de son coût total (transfert, frais divers) qui multipliait par 5 ou 6 cette somme.

83. « Leonardo Siliato. Un genovese a Roma », *Tuttosport*, 18 janvier 1957.

84. « La rinconferma di Masseroni dopo una notte tempestosa », *Tuttosport*, 30 mai 1952.

85. « Piaggio vuol lasciare il Genoa perchè scontento dei suoi collaborati », *Tuttosport*, 7 juin 1957.

86. Cité dans Antonio Papa et Guido Panico, *Storia sociale del calcio in Italia*, *op. cit.*, p. 269.

87. « Les footballeurs... à l'école du football », *Le Miroir des sports*, 21 juillet 1941.

88. Antonio Papa et Guido Panico, *Storia sociale del calcio in Italia*, *op. cit.*, p. 307.

89. « Inter : Moratti ha sborsato 200 milioni », *Tuttosport*, 13 août 1958.

90. John Foot, *Calcio a history of Italian football*, *op. cit.*, p. 434.

91. Les deux seules à ce jour.

92. Ottorino Barassi, « The new rhythm does not justify doping », in Pr. Dr. Gerardo Ottani, *Doping and Professional Football*, Rome, FIGC, 1961, p. 8.

93. Dr. Gerardo Ottani, « Results », *ibid.*, p. 47-48.

94. Patrick Laure, *Les Alchimistes de la performance. Histoire du dopage et des conduites dopantes*, Paris, Vuibert, 2004, p. 166.

95. Sur Gigi Meroni, cf. Nando Dalla Chiesa, *La farfalla granata. La meravigliosa e malinconica storia di Gigi Meroni il calciatore artista*, Arezzo, Limina, 1995.

96. Cf. François-René Simon, Alain Leiblang, Faouzi Mahjoub, *Les Enragés du football. L'autre mai 68*, Paris, Calmann-Lévy, 2008, p. 76.

97. Sur cette affaire, cf. également Alfred Wahl, « Le Mai 1968 des footballeurs français », *xxe siècle. Revue d'histoire*, n° 26, avril-juin, 1990, p. 73-82.

98. Simon Kuper, *Ajax, the Dutch, the War...*, *op. cit.*, p. 181.

99. *Ibid.*, p. 186.

100. Willy Meisl, *Soccer Revolution*, Londres, Phœnix Sports, 1955, p. 189.

101. Cf. David Winner, *Brilliant Orange. The Neurotic Genius of Dutch Football*, Londres, Bloomsbury, 2001, p. 47-50.

102. Cité in *ibid.*, p. 19.

103. Simon Kuper, *Ajax, the Dutch, the war...*, *op. cit.*, p. 181.

104. *Ibid.*, p. 186.

105. *Ibid.*, p. 182.

106. « Johan Cruyff : sa circonférence est nulle part, son centre est partout », *France Football*, 2 juillet 1974.

107. Cité dans David Winner, *Brilliant Orange...*, *op. cit.*, p. 25.

108. John Idorn, « La Coupe des villes de foire », in Coll., *50 ans UEFA : 1954-2004*, *op. cit.*, p. 133.

109. Duncan Shaw, *Fútbol y franquismo*, *op. cit.*, p. 205.

110. *Ibid.*, p. 46.

111. Cf. Siegfried Gehrmann, « Die Gründung der Fussballbundesliga und die Anfänge des Professionalismus in Westdeutschland im Jahre 1963 », in CTHS, *Jeux et sports dans l'histoire*, t. 1, *Associations et politiques*, Actes du 116e Congrès national des sociétés savantes (Chambéry 1991), Paris, Éditions du CTHS, 1992, p. 178-180.

112. Bielefeld, Brunswick, Cologne, Duisbourg, Hertha Berlin, Schalke 04 et Stuttgart.

113. Cf. Ulrich Hesse-Lichtenberger, *Tor ! The Story of German Football*, op. cit., p. 155-159.

114. Sur le mythe d'une *Bundesliga* beaucoup moins vertueuse qu'elle n'est réellement, *cf.* le livre décapant de Nils Havemann, *Samstags um halb vier. Die Geschichte des Fussballbundesliga*, Munich, Siedler Verlag, 2013.

115. Paul Dietschy, Yvan Gastaut et Stéphane Mourlane, *Histoire politique des Coupes du monde de football*, op. cit., p. 196.

116. Cf. Ulrich Hesse-Lichtenberger, *Tor ! The Story of German Football*, op. cit., p. 189-191.

117. Cité dans Jacques Thibert, *L'Année du football 1974 WM 74*, Paris, Calmann-Lévy, 1974, p. 69.

118. « La publicité sur les maillots », in Coll., *50 ans UEFA : 1954-2004*, op. cit., p. 254.

119. Archives FIFA, Série Coupe du monde, dossier Coupe du monde 1934, FIGC, *Campionato Mondiale di Calcio. Programma Ufficiale*.

120. Archives FFF, Dossier Coupe du monde 1938, *Instructions aux représentants de la FIFA pour l'organisation des matchs de la compétition finale du 4 juin au 19 juin 1938*.

121. Cf. www.hungaria-legende.com

122. Barbara Smit, *Pitch Invasion. Adidas, Puma and the Making of Modern Sport*, Londres, Penguin, 2007, rééd., p. 20.

123. *Ibid.*, p. 50.

124. *Ibid.*, p. 41.

125. *Football 73*, Les Cahiers de L'Équipe, n° 47.

126. Barbara Smit, *Pitch Invasion...*, op. cit., p. 74.

127. *Ibid.*, p. 126.

9. L'exception française

1. *Instructions for British Servicemen in France 1944*, Oxford, Bodleian Library, 2005, rééd.

2. Alfred Wahl, *Les Archives du football...*, op. cit., p. 28.

3. Pierre Delaunay, Jacques de Ryswick, Jean Cornu et Dominique Vermand, *100 ans de football en France*, Paris, Atlas, 1998, nouv. éd., p. 15.

4. Patrick Clastres et Paul Dietschy, *Sport, société et culture en France du XIXe siècle à nos jours*, Paris, Hachette, 2006, p. 47-48.

5. Patrick Clastres, « Pierre de Coubertin et la querelle des quatre footballs », *in* Yvan Gastaut et Stéphane Mourlane (dir.), *Le Football dans nos sociétés...*, *op. cit.*, p. 199.

6. Pierre de Coubertin, *Mémoires de jeunesse*, texte présenté par Patrick Clastres, Paris, Nouveau Monde éditions, 2008, p. 122.

7. Alain Corbin, « La fatigue, le repos et la conquête du temps », *in* Alain Corbin (dir.), *L'Avènement des loisirs 1850-1960*, Paris, Aubier, 1995, p. 277.

8. Patrick Clastres, « Pierre de Coubertin et la querelle des quatre footballs », *op. cit.*, p. 200.

9. Renée Lopez, « Les Suisses à Marseille : une immigration de longue durée », *Revue européenne des migrations internationales*, année 1987, vol. 3, n° 1, p. 161.

10. *Ibid.*, p. 163.

11. Didier Rey, *La Corse et son football 1905-2000*, Ajaccio, Albiana, 2003, p. 19.

12. Alfred Wahl, « La pénétration du football en France », *in* Alfred Wahl, *Football et histoire (recueil d'articles)*, Metz, Centre de recherche Histoire et Civilisation de l'université de Metz, 2004, p. 19, reproduction de l'article paru dans *Sport und Kultur*, Berne, 1983/B, Peter Lang, p. 63-67.

13. Alfred Wahl, *Les Archives du football...*, *op. cit.*, p. 43.

14. Olivier Chovaux, *50 ans de football dans le Pas-de-Calais. « Le temps de l'enracinement (fin XIXe-1940) »*, Arras, Artois Presses Université, 2001, p. 41.

15. François Ruffin et Frédéric Vial, *RCFC-BRC 100 de football à Besançon*, Franois, Empreinte, 2004, p. 9-10.

16. Michel Lagrée, *Religion et cultures en Bretagne*, Paris, Fayard, 1992, p. 413.

17. Alfred Wahl, « Les patronages et le football (1895-1918) », *in* Alfred Wahl, *Football et histoire (recueil d'articles)*, *op. cit.*, p. 110, reproduction de l'article paru dans Yvon Tranvouez et Gérard Cholvy (éd.), *Sport, culture et religion, les patronages catholiques (1898-1998)*, Brest, université de Bretagne occidentale, 1999, p. 193-200.

18. *Ibid.*, p. 112.

19. Laurence Munoz, « La fédération des patronages : lien institutionnel entre le sport et le catholicisme en France (1898-2000) », in Pierre-Alban Lebecq (dir.), *Sports, éducation physique et mouvements affinitaires au XXe siècle*, t. 1, Paris, L'Harmattan, 2004, p. 51.

20. Yvon Tranvouez, « Le sport catholique en France », *XXe siècle. Revue d'histoire*, n° 92, octobre-décembre 2006, p. 171.

21. Patrick Clastres et Paul Dietschy, *Sport, société et culture en France du XIXe siècle à nos jours*, op. cit., p. 55.

22. *La Vie au grand air*, 14 mars 1914.

23. Marcel Spivak, *Éducation physique, sport et nationalisme en France du Second Empire au Front populaire : un aspect original de la défense nationale*, thèse d'État d'histoire contemporaine, sous la direction de Jean-Baptiste Duroselle, Paris, université Paris-I, 1983, p. 778.

24. *Tous les sports*, 15 mars, 1907.

25. Cf. Jean-Pierre Augustin et Alain Garrigou, *Le Rugby démêlé. Essai sur les associations sportives, le pouvoir et les notables*, Bordeaux, Le Mascaret, 1985.

26. Jean-Pierre Bodis, *Histoire mondiale du rugby*, Toulouse, Privat, 1987, p. 153.

27. Georges Rozet, *La Défense et Illustration de la race française*, Paris, Librairie Félix Alcan, 1911.

28. *La Vie au grand air*, 31 octobre 1908, cité par Antoine Mourat, « Le tournoi olympique de football : une propédeutique à la Coupe du monde ? (1896-1928) », in *Aspects de l'histoire de la Coupe du monde de football*, op. cit., p. 18.

29. Antonio Papa et Guido Panico, *Storia sociale del calcio in Italia*, op. cit., p. 152.

30. Jean-Philippe Rhetacker, *L'Équipe de France de football*, Paris, Éditions ODIL, 1976, p. 16.

31. Archives FFF, lettre de Henry Delaunay au ministère des Affaires étrangères, datée du 22 janvier 1917.

32. *Ibid.*, lettre du général directeur de l'Infanterie Margot à Henri Delaunay datée du 4 février 1917.

33. Maurice Pefferkorn, *Le Football association. Théorie et pratique du jeu du football*, Paris, Flammarion, 1921, p. 294.

34. « Notre équipe militaire en Suède », *Le Football association. Organe officiel de la Fédération française de football association (3.F.A.)*, 4 octobre 1919.

35. « Après le retour de Yougo-Slavie », *Le Football association. Organe officiel de la Fédération française de football association (3.F.A.)*, 15 juillet 1921.

36. Olivier Chovaux, « L'équipe de France de football au miroir des styles nationaux : la longue nuit du football français (1930-1950) », in *Aspects de l'histoire de la Coupe du monde de football, op. cit.*, p. 109.

37. Henri Bard et Henri Diffre, *Le Football association. Étude technique et physiologique entraînement. Hygiène*, Paris, Librairie Octave Doin, 1927, p. x.

38. *Football*, 25 octobre 1934, n° 250.

39. Cf. Robert Frank, *La Hantise du déclin : le rang de la France en Europe, 1920-1960 : finances, défense et identité nationale*, Paris, Belin, 1994.

40. Robert Herbin et Jean-Philippe Rethacker, *Football. La technique, la tactique, l'entraînement*, Paris, Robert Laffont, 1976, p. 12.

41. Selon le livre du journaliste Jean-Claude Hallé, *Glasgow 76. Le défi des « Verts »*, Paris, Flammarion, 1976, p. 10.

42. *Ibid.*, p. 226.

43. Yvan Curkovic avec la collaboration de Robert Vergne, *Dans mes buts*, Paris, Calmann-Lévy, 1976, p. 107.

44. Sur cet aspect, *cf.* Michel Winock, « Le complexe de Poulidor », *Chroniques des années soixante*, Paris, Le Seuil, « Points », 1990, p. 138-146.

45. Gérard Ernault, *Bathenay le Vert aux yeux bleus*, Paris, Calmann-Lévy, 1977, p. 14.

46. Aimé Jacquet, *Ma vie pour une étoile*, récit recueilli par Philippe Tournon, Paris, Robert Laffont/Plon, 1999, p. 81.

47. Gérard Houiller et Jacques Crevosier, *Entraîneur compétence et passion. Les détails qui font gagner*, Paris, Canal + Éditions/Albin Michel, 1993.

48. *L'Équipe*, 18 novembre 1993.

49. Gabriel Hanot, *Le Foot Ball. L'association*, Paris, Éditions Nilsson, s.d., p. 3.

50. Alfred Wahl, *Les Archives du football, op. cit.*, p. 179 et 266.

51. Jean Loup, *Les Sports et le droit*, Paris, Dalloz, 1930, p. 49.

52. Les fédérations affinitaires sont les organisations sportives constituées au début du XXe siècle autour des Églises ou des partis ouvriers. En France, dans l'entre-deux-guerres, il s'agit de la catholique Fédération gymnastique et sportive du travail (FGSPF), de l'Union française des œuvres laïques d'éducation physique (UFOLEP), de la Fédération sportive du travail et de l'Union des sociétés sportives et gymniques du travail (communiste et socialiste) qui fusionnent en 1934 en Fédération sportive et gymnique du travail (FSGT).

53. Chiffres tirés du *Fussball-Jahrbuch 1937*, p. 66.

54. La fédération principale (FIGC) réunissait 66 432 footballeurs dont les effectifs étaient complétés par les 42 010 joueurs d'une organisation secondaire destinée aux jeunes et aux amateurs (ULIC). Cf. Antonio Papa et Guido Panico, *Storia sociale del calcio in Italia*, op. cit., p. 145.

55. *Encyclopédie générale des sports et sociétés sportives*, 1946, p. 398.

56. Chiffres proposés dans Pierre Delaunay, Jacques de Ryswick, Jean Cornu et Dominique Vermand, *100 ans de football en France*, op. cit., p. 399.

57. Voir notamment le cas du Racing Club de Lens qui au lendemain de la guerre perd son caractère bourgeois pour devenir « un club minier populaire » soutenu par la Compagnie des Mines du Pas-de-Calais. Cf. Olivier, Chovaux *50 ans de football dans le Pas-de-Calais...*, op. cit., p. 139-142.

58. Jean Loup, op. cit., p. 49. Sur un chiffre global de 300 125 licenciés, la FFFA occupe le premier rang (116 277) devant la fédération de rugby (60 000), celle de boxe (38 281), de cyclisme (27 983) et d'athlétisme (22 000).

59. Gérard Noiriel *Les Ouvriers dans la société française XIXe-XXe siècle*, Paris, Le Seuil, « Points », 1986, p. 123-124.

60. Cf. Patrick Fridenson, « Les ouvriers de l'automobile et le sport », *op. cit.*

61. Nicolas Kssis, *Mouvement ouvrier et ballon rond. L'exemple du football « corporatif » à la F.S.G.T. dans le département de la Seine (1936-1939)*, mémoire de maîtrise, université Paris-I, 1994, p. 95-99.

62. Marion Fontaine, « "Lens les Mines". Le football et les cités », *Histoire & Sociétés. Revue européenne d'histoire sociale*, n° 18-19, juin 2009, p. 188.

63. *30 shots au but*, Paris, Éditions Paris-Vendôme, 1949.

64. Sur le rapport des écrivains français au sport et au football dans l'entre-deux-guerres, cf. Pierre Charreton, *Les Fêtes du corps. Histoire et tendances de la littérature à thème sportif en France 1870-1970*, CIEREC-université de Saint-Étienne, 1985, et *Le Sport, l'ascèse, le plaisir. Éthique et poétique dans la littérature française moderne*, CIEREC-Université de Saint-Étienne, 1990.

65. On placera le FC Sète, le SO Montpellier et l'Olympique Alésien dans cette France de l'Est.

66. Paul Dietschy et Antoine Mourat, « Professionnalisation du football et industrie automobile : les modèles turinois et sochalien », *Histoire et sociétés. Revue européenne d'histoire sociale*, juin 2006, n° 18-19, p. 154-175.

67. Jean-Michel Faure et Charles Suaud, *Le Football professionnel à la française*, Paris, PUF, 1999, p. 63.

68. Cf. Raymond Kopa, *Kopa par Raymond Kopa*, op. cit., p. 80.

69. « Henri Germain et Reims. 10 raisons d'espérer », *France Football*, 27 juillet 1971.

70. Alfred Wahl et Pierre Lanfranchi, *Les Footballeurs professionnels des années trente à nos jours*, op. cit., p. 103.

71. Pascal Charroin, « De Borotra à Pascot ou le professionnalisme sous contrôle : le cas de l'AS Saint-Étienne », in *Le Sport et les Français pendant l'Occupation 1940-1944*, t. 1, textes réunis par Pierre Arnaud, Thierry Terret, Jean-Philippe Saint-Martin, Pierre Gros, Paris, L'Harmattan, 2002, p. 223.

72. Xavier Breuil, « Vichy et le football », www.wearefootball.org, p. 2.

73. François-René Simon, Alain Leiblang, Faouzi Mahjoub, *Les Enragés du football. L'autre mai 68*, Paris, Calmann-Lévy, 2008, p. 76.

74. Pierre Delaunay, Jacques de Ryswick, Jean Cornu et Dominique Vermand, *100 ans de football en France*, op. cit., p. 261.

75. *Rapport à Monsieur le secrétaire d'État auprès du Premier ministre, chargé de la Jeunesse, des Sports et des Loisirs sur cer-*

taines difficultés actuelles du football français, établi par M. Philippe Séguin, auditeur à la Cour des comptes, 12 février 1973, p. 68.

76. *Ibid.*, p. 19.

77. *Ibid.*, p. 20.

78. Jean-Michel Faure et Charles Suaud, *Le Football professionnel à la française*, *op. cit.*, p. 125.

79. *Ibid.*, p. 128.

80. *Rapport à Monsieur le secrétaire d'État…*, *op. cit.*, p. 8.

81. Jean-François Nys, « Trois aspects de l'économie du sport depuis les années 1960 : l'aide publique, la professionnalisation, le marché du sport », in Philippe Tétart (dir.), *Histoire du sport en France de la Libération à nos jours*, Paris, Vuibert, 2007, p. 242.

82. *Ibid.*, p. 240.

83. Cf. Daniel Hechter, *Le Football business*, Paris, Ramsay, 1979, p. 111-124.

84. Alfred Wahl, *Les Archives du football…*, *op. cit.*, p. 328.

85. André Soulier, André Buffard, *Carton rouge ou comment l'argent et la mégalomanie rongent le football français*, Paris, Éditions n° 1, 1994, p. 179.

86. *Ibid.*, p. 172-173.

87. Alfred Wahl, *Les Archives du football…*, *op. cit.*, p. 329.

88. Pascal Charroin, « Roger Rocher. Une figure emblématique de "l'épopée stéphanoise" », in Jean-Michel Delaplace, *L'Histoire du sport, l'histoire des sportifs. Le sportif, l'entraîneur, le dirigeant XIXe et XXe siècles*, Paris, L'Harmattan, 1999, p. 216.

89. Pour une analyse plus longue, cf. Paul Dietschy, « La Coupe de France "fête nationale du football français" dans l'entre-deux-guerres », in André Gounot, Denis Jallat et Benoît Caritey (dir.), *Les Politiques au stade. Étude comparée des manifestations sportives du XIXe au XXIe siècle*, Rennes, PUR, 2007, p. 95-109.

90. Cf. Jean-François Chanet, *L'École républicaine et les petites patries 1879-1940*, Paris, Aubier, 1996.

91. Voir par exemple la liste et les photographies des équipes engagées reproduites dans l'album commémoratif *Le Livre d'or de la Coupe de France (1917-1936)*, Collection « Les sportifs français », Saint-Brieuc, Louis Aubert, 1936.

92. Serge Berstein et Odile Rudelle (dir.), *Le Modèle républicain*, Paris, PUF, 1992, p. 227.

93. *Ibid.*, p. 228.

94. *Le Livre d'or de la Coupe de France (1917-1936)*, *op. cit.*, p. I.

95. Même si selon Jean-François Sirinelli il convient de relativiser un système de promotion bénéficiant surtout aux classes moyennes. Cf. Jean-François Sirinelli, « Des boursiers conquérants ? École et "promotion républicaine" sous la IIIe République », *in* Serge Berstein et Odile Rudelle, *op. cit.*, p. 243-262.

96. « 1943 : une année jubilaire ou 25 ans de Coupe de France », *Le Miroir des sports*, 10 mai 1943.

97. Archives FFF, « Compte rendu moral de l'exercice 1950-1951 par le secrétaire général ».

98. *Ibid.*

99. Dans sa célèbre conférence à la Sorbonne intitulée « Qu'est-ce qu'une nation ? » prononcée le 11 mars 1882. Cf. Ernest Renan, *Qu'est-ce qu'une nation ?*, Paris, Pocket Agora, 1992, p. 55.

100. Cf. Alfred Wahl et Pierre Lanfranchi, *Les Footballeurs professionnels des années trente à nos jours*, *op. cit.*, p. 79-81.

101. Gérard Noiriel, *Le Creuset français. Histoire de l'immigration XIXe-XXe siècle*, Paris, Le Seuil, « Points », 2006, nouv. éd., p. 205-206.

102. Pour reprendre le titre de l'ouvrage d'Yves Lequin paru en 1988 chez Larousse.

103. Raymond Kopa, *Kopa par Raymond Kopa*, *op. cit.*, p. 48.

104. *Ibid.*, p. 28.

105. Alfred Wahl, « Raymond Kopa : une vedette du football, un mythe », *in* Alfred Wahl, *Football et histoire (recueil d'articles)*, *op. cit.*, p. 171, reproduction de l'article paru dans *Sport Histoire. Revue internationale des Sports et des Jeux*, n° 2, 1988, p. 82-96.

106. *Regards*, janvier 1954.

107. Gérard Noiriel, *Les Ouvriers dans la société française*, *op. cit.*, p. 208.

108. Philippe Tournon, *Platini le football en fête*, Paris, Alta, 1977, p. 42.

109. Sur l'italianité de Michel Platini, cf. Stéphane Mourlane, « Platini et l'Italie : les origines en question », *Migrance*, n° 22, 2ᵉ trimestre 2003, p. 111-118.

110. Stéphane Beaud et Gérard Noiriel, « L'immigration dans le football », *XXᵉ siècle. Revue d'histoire*, avril-juin 1990, n° 26, p. 91.

111. Éric Belouet et Michel Dreyfus, *Robert Abdesselam : une vie criblée de balles*, Paris, les quatre chemins, 2009, p. 56.

112. Victor Pereira, « Le football parmi les migrants portugais en France, 1958-1974 », *Migrance*, n° 22, 2ᵉ trimestre 2003, p. 34.

113. Colin Cameron cité par Hugh Dauncey et Geoffrey Hare, « Introduction : la France et "le Mondial 98" », in Hugh Dauncey et Geoffrey Hare (dir.), *Les Français et la Coupe du Monde de 1998*, Paris, Nouveau Monde éditions, 2002, p. 13.

114. *Miroir du football*, 23 mai 1973, n° 193.

115. *Rapport à Monsieur...*, p. 6.

116. Chiffres et estimations proposés par Loïc Ravenel dans *La Géographie du football en France*, Paris, PUF, 1998, p. 88.

117. *Ibid.*, p. 121.

118. Cf. Bernard Marchand, *Paris, histoire d'une ville XIXᵉ-XXᵉ siècle*, Paris, Le Seuil, « Points », 1993, p. 288-305.

119. Cf. Jean-Pierre Augustin, « La percée du football en terre de rugby. L'exemple du Sud-Ouest français et de l'agglomération bordelaise », *XXᵉ siècle. Revue d'histoire*, avril-juin 1990, n° 26, p. 97-109.

120. Loïc Ravenel, *op. cit.*, p. 84.

121. Guy Roux, la « forte personnalité » ayant fait d'Auxerre un club réalisant le doublé coupe-championnat en 1996 avec l'aide d'une équipe soudée a retracé dans un livre d'entretiens en partie hagiographique les étapes de cet incontestable succès. Cf. Guy Roux et Dominique Grimault, *Entre nous*, Paris, Plon, 2006.

122. Sur les ressorts politiques locaux du club de Guingamp, voir François Prigent, « Football, argent et socialisme. En Avant de Guingamp, des instituteurs laïques à Didier Drogba (1912-2003) », *Histoire et sociétés. Revue européenne d'histoire sociale*, juin 2006, n° 18-19, p. 88-96.

123. Didier Rey, *La Corse et son football*, *op. cit.*, p. 243-304.

10. Le football contemporain

1. Manuel Vázquez Montalbán, *Moi, Franco*, Paris, Le Seuil, 1994, p. 448. Le livre a été publié en Espagne en 1992 sous le titre *Autobiografía del general Franco*.

2. Pierre Miquel, *Histoire de la radio et de la télévision*, Paris, Perrin, 1984, rééd., p. 195.

3. Tony Mason, « Stanley Matthews, la genèse d'un symbole », *Actes de la recherche en sciences sociales*, 1994, vol. 103, n° 1, p. 68.

4. *Ibid.*

5. Matthew Taylor, *The Association Game. A History of British Football*, *op. cit.*, p. 235.

6. Bernard Poiseul, *Football et télévision*. II. *La télévision des autres*, Paris, Librairie « Notre siècle », 1987, p. 32.

7. Archives FIFA, série Coupe du monde, dossier Suisse 1954, Procès-verbal de la Séance de la Commission d'Organisation du Championnat du Monde-Coupe Jules Rimet 1954 du 16 novembre 1953 à l'Hôtel Terminus-Saint-Lazare à Paris.

8. L'Angleterre, la RFA, la Belgique, la France, l'Italie, les Pays-Bas et la Suisse.

9. Coll., *Championnat du monde de football 1954*, Olten, Otto Walter SA, 1954, p. 138.

10. *Ibid.*, p. 139.

11. Archives FIFA, série Coupes du monde, dossier Suède 1958, Séance de la Commission d'organisation du 1er juin 1958 à l'Hôtel Foresta, Stockholm.

12. *Ibid.*

13. Archives FIFA, série Coupes du monde, dossier Chili 1962, Organising Committee of FIFA. Meeting n° 10 held on 11th June, 1962 at 10 am at Hotel Carrera, Santiago de Chile.

14. *Ibid.*, Commission d'organisation du Championnat du monde-Coupe Jules-Rimet, séance n° 5 des 18/19 janvier 1962 à l'Hôtel Carrera de Santiago du Chili.

15. Fabio Chisari, « Quand le football s'est mondialisé : la retransmission télévisée de la Coupe du monde 1958 », *Histoire & Sociétés. Revue européenne d'histoire sociale*, n° 18-19, juin 2006, p. 228.

16. Matthew Taylor, *The Association Game. A History of British Football*, op. cit., p. 285.

17. Wembley et White City (Londres), Hillsborough (Sheffield), Villa Park (Birmingham), Goodison Park (Liverpool), Old Trafford (Manchester), Ayresome Park (Middlesborough) et Roker Park Ground (Sunderland).

18. Fabio Chisari, « Quand le football s'est mondialisé : la retransmission télévisée de la Coupe du monde 1958 », op. cit., p. 229.

19. Cité par Matthew Taylor, *The Association Game. A History of British Football*, op. cit., p. 288.

20. Geoff Hurst, *1966 and all that. My Autobiography*, Londres, Headline Book Publishing, 2002, réédition, p. 1.

21. Matthew Taylor, *The Association Game. A History of British Football*, op. cit., p. 289.

22. Cité par Fabio Chisari, « Quand le football s'est mondialisé... », p. 234-235.

23. Stanley Rous et Donald Ford, *A History of the Laws of Association Football*, op. cit., p. 77.

24. Matthew Taylor, *The Association Game. A History of British Football*, op. cit., p. 289.

25. Archives FIFA, série Coupes du monde, dossier Mexique 1970, Commission d'organisation du Championnat du monde-Coupe Jules-Rimet, ordre du jour de la séance n° 3 tenue à l'Hôtel Bayrischer Hof, Munich, le vendredi 2 juin 1967 à 9 h 30.

26. *Ibid.*

27. *Ibid.*, Commission d'organisation du Championnat du monde-Coupe Jules-Rimet, ordre du jour de la séance n° 5 tenue à l'Hôtel Maria Isabel, Mexico, le samedi 12 octobre 1968 à 17 heures.

28. Archives FIFA, série Coupes du monde, dossier RFA 1974, Commission d'organisation du Championnat du monde-Coupe Jules-Rimet, procès-verbal de la séance n° 4 tenue à l'Hôtel Intercontinental, Düsseldorf, le vendredi 16 juillet 1971.

29. *Ibid.*, Commission d'organisation du Championnat du monde-Coupes Jules-Rimet, procès-verbal de la séance n° 4 tenue à l'Hôtel Phœnicia, Beyrouth, le jeudi 3 février 1972.

30. Jean-François Bourg, *Football Business*, Paris, Olivier Orban, 1986, p. 127.

31. *Ibid.*, p. 178.
32. *Ibid.*, p. 179.
33. Ángel Bahamonde Magro, *El Real Madrid en la historia de España*, *op. cit.*, p. 243.
34. Duncan Shaw, *Fútbol y franquismo*, *op. cit.*, p. 111.
35. Bernard Poiseul, *Football et télévision...*, *op. cit.*, p. 71-72.
36. Antonio Papa et Guido Panico, *Storia sociale del calcio in Italia*, *op. cit.*, p. 338.
37. Bernard Poiseul, *Football et télévision*, *op. cit.*, p. 113.
38. Matthew Taylor, *The Association Game. A History of British Football*, *op. cit.*, p. 267.
39. Bernard Poiseul, *Football et télévision*, *op. cit.*, p. 112.
40. *Ibid.*, p. 22.
41. Éric Maitrot, *Sport et télé. Les liaisons secrètes*, Paris, Flammarion, 1995, p. 38.
42. Chiffres proposés par Jean-François Bourg, *Football Business*, *op. cit.*, p. 38-39.
43. Éric Maitrot, *Sport et télé...*, *op. cit.*, 1995, p. 45.
44. Chiffres proposés par Jean-François Bourg, *Football Business*, *op. cit.*, p. 62.
45. *Ibid.*, p. 15.
46. *Ibid.*, p. 16.
47. *Ibid.*, p. 21.
48. Le terme est employé en français pour désigner les jeunes filles dévoilant une partie de leur plastique et participant à l'animation des jeux et shows.
49. Antonio Papa et Guido Panico, *Storia sociale del calcio in Italia*, *op. cit.*, p. 378.
50. Expression inventée par le journaliste Oliviero Beha dans *Anni di cuoio*, Rome, Newton Compton, 1987.
51. Peppino Ortoleva, « Plaisirs ludiques et dynamiques des médias dans les sports de masse », *Le Temps des médias. Revue d'histoire*, n° 9, hiver 2007/2008, p. 31.
52. John Foot, *Calcio a history of Italian football*, *op. cit.*, 411.
53. Voir notamment *ibid.*, p. 254-263.
54. Nicola Porro, « L'innovazione conservatrice. Fininvest, Milan club e Forza Italia », *in* Luciano Gallino et Paolo Ceri, *La società italiana. Cinquant'anni di mutamenti visti dai « quaderni di sociologia »*, Turin, Rosenberg & Sellier, 2002, p. 551.

55. Les enquêtes menées par des sociologues ou des ethnologues ne concernent le plus souvent qu'un secteur d'une tribune.

56. Nicolas Hourcade, « La France des "ultras" », *Sociétés et Représentations*, 1998, n° 7, p. 250.

57. *Ibid.*

58. Mario Soldati, *Les Deux Villes*, traduction française, Paris, Plon, 1966, p. 84.

59. André De Rocca, *L'Olympique de Marseille*, Besançon, La Manufacture, 1991, p. 41.

60. *Ibid.*, p. 42.

61. Le titre 1993 fut retiré à l'OM pour corruption.

62. Christian Bromberger, avec la collaboration d'Alain Hayot et Jean-Marc Mariottini, *Le Match de football. Ethnologie d'une passion partisane à Marseille, Naples et Turin*, Paris, Éditions de la Maison des sciences de l'homme, 1995, p. 234.

63. *Ibid.*, p. 74.

64. Anne Tristan, *Au Front*, Paris, Gallimard, 1987.

65. Alessandro Dal Lago, *Descrizione di una battaglia*, Bologne, Il Mulino, 1990, p. 26.

66. « Gli "attivisti" del tifo granata si presentono con un comunicato », *Tuttosport*, 10 novembre 1951.

67. « Una federazione internazionale dei supporters », *Tuttosport* 15 juin 1952.

68. *Ibid.*

69. « Il Gruppo Fedelissimi Granata si è costituito in Associazione Sportiva », *Tuttosport*, 25 août 1956.

70. « La crisi del Torino », *Tuttosport*, 23 août 1957.

71. « Torino-Roma 1-0 », *Tuttosport*, 11 mars 1957.

72. « Due parole ai vivi », *Il Toro*, 4 mai 1959, numéro unique.

73. Antonio Papa et Guido Panico, *Storia sociale del calcio in Italia*, op. cit., p. 378.

74. *Ibid.*, p. 309.

75. Christian Bromberger *et al.*, *Le Match de football...*, op. cit., p. 298.

76. *Ibid.*, p. 299.

77. Nicolas Hourcade, « La France des "ultras" », *Sociétés et Représentations*, 1998, n° 7, p. 250.

78. *Ibid.*, citation de Philippe Broussard, *Génération supporter. Enquête sur les Ultras du football*, Paris, Robert Laffont, 1990, p. 136.

79. Christian Bromberger et al., *Le Match de football...*, op. cit., p. 298.

80. Patrick Mignon, *La Passion du football*, Paris, Odile Jacob, 1998, p. 93.

81. Robert Muchembled, *Une histoire de la violence*, Paris, Le Seuil, 2008, p. 423.

82. *Ibid.*, p. 446.

83. Patrick Mignon, *La Passion du football*, Paris, op. cit., p. 113.

84. *Ibid.*

85. *Ibid.*, p. 115.

86. *Ibid.*, p. 115.

87. Nous reprenons ici les grandes lignes de l'excellente synthèse de Matthew Taylor, *The Association Game. A History of British Football*, op. cit., p. 309-319.

88. Cf. Edward Thompson, *La Formation de la classe ouvrière anglaise*, Paris, Gallimard, 1988.

89. Norbert Elias et Eric Dunning, *Sport et civilisation*, op. cit., p. 354.

90. Fabio Chisari, « "The Cursed Cup" : Italian Responses to the 1985 Heysel Disaster », *in* Paul Darby, Martin Johnes et Gavin Mellor (éd.), *Soccer and Disaster. International Perspectives*, op. cit., p. 78.

91. Antonio Papa et Guido Panico, *Storia sociale del calcio in Italia*, op. cit., p. 383.

92. *Ibid.*

93. Patrick Mignon, *La Passion du football*, op. cit., p. 151.

Prolongations

1. Caroline Douki et Philippe Minard, « Histoire globale, histoires connectées : un changement d'échelle historiographique ? », *Revue d'histoire moderne et contemporaine*, supplément 2007, n° 54-4 bis, p. 18.

2. David Goldblatt, *The Ball is Round. A Global History of Football*, Londres, Viking, 2006, p. x.

3. 1930-1934-1950-1990-1994-1998-2002-2006.

4. David Trouille, « Association football to fútbol : ethnic succession and the history of Chicago-area soccer, 1890-1920 », *Soccer & Society*, vol. 9, n° 4, octobre 2008, p. 455.

5. Colin Jose et William F. Rannie, *The Story of Soccer in Canada*, op. cit., p. 15.

6. *Ibid.*, p. 24.

7. David Trouille, « Association football to fútbol : ethnic succession and the history of Chicago-area soccer, 1890-1920 », *op. cit.*, p. 461.

8. Archives FIFA, Série Congrès, Meeting of the 11th Annual Congress Held at Christiana, 27th & 28th June 1914.

9. Andrei S. Markovits, « Pourquoi n'y a-t-il pas de football aux États-Unis ? L'autre "exceptionnalisme" américain », *XXe siècle. Revue d'histoire*, 1990, n° 26, p. 24.

10. Allen Guttmann, *From Ritual to Record*, op. cit., p. 100.

11. *Ibid.*

12. Ivan Waddington et Martin Roderick, « American Exceptionalism : Soccer and American Football », *The Sports Historian*, vol. 16, n° 1, p. 38.

13. Paul Bourget, *Outre-Mer. Notes sur l'Amérique*, t. 2, Paris, Plon, 1895, p. 143.

14. *Ibid.*, p. 145.

15. Ivan Waddington et Martin Roderick, *op. cit.*, p. 39.

16. Sur ces discussions, cf. Christiane Eisenberg *et al.*, *Le Siècle du football*, op. cit., p. 133-134.

17. Big Count 2006. Statistical Summary Report by Association, disponible sur le site www.fifa.com

18. Big Count 2006. Statistical Summary Report by Gender/Category/Region, disponible sur le site www.fifa.com

19. Archives FIFA, série Correspondance avec les associations nationales, dossier Malaisie, Lettre de Kwok Kin Keng secrétaire général de la Malaya FA à Kurt Gassmann, secrétaire général de la FIFA, datée du 30 mai 1957.

20. *Ibid.*, dossier Yémen, lettre de Abdo Ali Ahmed, secrétaire de la Aden Sports Association à la FIFA datée du 7 octobre 1965.

21. Ip Kwai Chung, *Soccer in China*, Hong Kong, The Wing Fat Printing Co. Ltd, 1925, p. 1.

22. *Ibid.*, p. 3.

23. *Ibid.*, p. 4.

24. Archives FIFA, Série Correspondance avec les associations nationales, dossier Hong Kong, lettre William S. T. Louey, président de la Hong Kong Football Association Limited à Kurt Gassmann, secrétaire général de la FIFA datée du 23 mars 1960.

25. Atsuo Sugimoto, « School sport, physical education and the development of football culture in Japan », *in* Wolfram Manzenreiter et John Horne (éd.), *Football Goes East. Business, Culture and the People's Game in China, Japan and South Korea*, Londres, Routledge, 2004, p. 107.

26. Archives FIFA, série Correspondance avec les associations nationales, dossier Japon, lettre du Dr Y. Nozu à Ivo Schricker datée du 3 juillet 1937.

27. Archives FFF, Dossier Coupe du monde 1938, Organisation et voyage des Indes néerlandaises, lettre d'Ivo Schricker à Henri Delaunay datée du 18 août 1937.

28. *Ibid.*, lettre d'Henri Delaunay à Ivo Schricker datée du 19 août 1937.

29. *Ibid.*, lettre d'Ivo Schricker à Henri Delaunay datée du 15 décembre 1937.

30. Archives FIFA, série Comité exécutif, procès-verbal de la réunion du Comité exécutif tenue à San Remo les 8 et 9 janvier 1938.

31. Archives FFF, Dossier Coupe du monde 1938, Organisation et voyage des Indes néerlandaises, lettre de Karel Lotsy à Henri Delaunay datée du 12 mai 1938.

32. Archives FFF, *Revue de la Coupe du monde de football 1938*.

33. Archives FIFA, série Correspondance avec les associations nationales, dossier Vietnam, lettre du prince Buu Loc, représentant de l'empereur Bao Dai en France à la FIFA datée du 20 juin 1951.

34. *Ibid.*, dossier République populaire de Chine, lettre de Chang Lien-hua, secrétaire général de la All-China Athletic Federation to Gassmann and Drewry datée du 8 juillet 1975.

35. Les équipes représentant l'Asie : l'Iran (1978-1998), le Koweït (1982), la Nouvelle Zélande ayant pris la deuxième place attribuée à l'espace asiatique-océanien, la Corée du Sud

(1986-1990-1994-1998), l'Irak (1986), les Émirats arabes unis (1990), l'Arabie saoudite (1990-1994-1998).

36. Ichiro Hirose, « The making of a professional football league. The design of the J. League system », *in* Wolfram Manzenreiter et John Horne (éd.), *Football Goes East...*, *op. cit.*, p. 45.

37. Cf. Atsuo Sugimoto, « School sport, physical education and the development of football culture in Japan », *ibid.*, p. 111-113.

38. Robin Jones, « Football in the People's Republic of China », *ibid.*, p. 61.

39. Source : http://www.chine-informations.com/actualite/des-responsables-du-football-chinois-places-en-detention-pour_17814.html#ixz z0gGBY9Uiz

40. *Hurrà !*, janvier 1920.

41. Jean Williams, *A Beautiful Game. International Perspectives on Women's Football*, Oxford, Berg, 2007, p. 118.

42. Cf. Notamment Barbara Jacobs, *The Dick, Kerr's Ladies*, Londres, Constable & Robinson, 2004.

43. Cf. Xavier Breuil et Paul Dietschy, « Le football et l'image de la femme dans l'entre-deux-guerres », *in* Laurent Guido et Gianni Haver (dir.), *Images de la femme sportive*, Genève, Georg-Musée olympique, 2003, p. 99-110.

44. Victoria de Grazia, *Le donne nel regime fascista*, Venise, Marsilio, 1993, p. 293.

45. Xavier Breuil, « Les Coupes du monde féminines entre 1970 et 2003 », *in* Alfred Wahl (dir.), *Aspects de l'histoire de la Coupe du monde de football*, *op. cit.*, p. 308.

46. *Ibid.*, p. 311.

47. Christiane Eisenberg *et al.*, *Le Siècle du football*, *op. cit.*, p. 191.

48. Xavier Breuil, « Les Coupes du monde féminines entre 1970 et 2003 », *op. cit.*, p. 313.

49. Jean Williams, *A Beautiful Game. International Perspectives on Women's Football*, *op. cit.*, p. 50.

50. *Ibid.*, p. 34.

51. Xavier Breuil, *Histoire du football féminin en Europe*, Paris, Nouveau Monde Editions, 2011, p. 316.

52. *Ibid.*

53. Sepp Blatter, « Les mêmes droits pour les femmes et les hommes », *The FIFA Weekly*, n° 4, 15 novembre 2013.

54. Albrecht Sonntag *Les Identités du football européen*, Grenoble, Presses universitaires de Grenoble, 2008, p. 113.

55. Cf. Notamment l'œuvre de Bertrand Badie : avec Marie-Claude Smouts, *Le Retournement du monde. Sociologie de la scène internationale*, Paris, Presses de la FNSP/Dalloz, 1995 ou *La Fin des territoires*, Paris, Fayard, 1995.

56. Cf. Pierre Lanfranchi et Matthew Taylor, *Moving with the Ball*, *op. cit.*, p. 22.

57. Chiffres proposés par Albrecht Sonntag, in *Les Identités du football européen*, *op. cit.*, p. 116.

58. Cf. Jean-François Bayart, « L'Afrique dans le monde : une histoire d'extraversion », *Critique internationale*, n° 5, 1999, p. 97-120.

59. Cf. Raffaele Poli et Paul Dietschy, « Le football africain entre immobilisme et extraversion », *Politique africaine*, n° 102, juin 2006, p. 173-187.

60. Matthew Taylor, *The Association Game. A History of British Football*, *op. cit.*, p. 372.

61. Communiqué de presse de Deloitte daté du 12 février 2009, consultable sur http://www.deloitte. com/view/fr_CH/ ch/presse/pressrelease/ 648149642dff0210VgnVCM 100000-ba42f00aRCRD.htm

62. Source FIFA, disponible sur le site www.fifa.com

63. Pour la Coupe du monde 2006 : Adidas, AVAYA, Budweiser, Coca-Cola, Continental, Deutsche Telekom, Fly Emirates, Fujifilm, Gillette, Hyundai, MasterCard, McDonald's, Philips, Toshiba, et Yahoo.

64. Cf. notamment John Sugden et Alan Tomlinson, *FIFA and the Contest for World Football : Who rules the People's Game ?*, Cambridge, Polity Press, 1998, David Yallop, *How They Stole the Game*, Londres, Poetic Publishing, 1999 dirigé contre João Havelange et Andrew Jennings, *Carton rouge ! Les dessous troublants de la FIFA*, Paris, Presses de la Cité, 2006, dénonçant les méthodes de Sepp Blatter.

65. Archives FIFA, Série Présidents, programme du candidat Havelange 1974.

66. Article 2 des statuts en vigueur en 2007, consultables sur le site www.fifa.org.

67. *FIFA Financial Report 2003*, p. 16.

68. Christiane Eisenberg, « FIFA et politique », *in* Yvan Gastaut et Stéphane Mourlane (dir.), *Le Football dans nos sociétés…*, *op. cit.*, p. 124.

69. En 1969, 1970, 1971 et 1972, « Contrat UER/UEFA », article 1 p. 97 et article 10 p. 99, in *Annuaire de l'UEFA 1968-1969*.

70. *UEFA Financial Report 2007-2008*, disponible sur la page http://www.uefa.com/MultimediaFiles/Download/OfficialDocument/uefa/Others/81/53/06/815306_ DOWNLOAD.pdf

71. « Fair-play financier: tout ce qu'il faut savoir », www.uefa.com, publié le 28 février 2014.

72. *Ibid.*

73. *Ibid.*

74. « Engagement ferme à Nyon contre le trucage de matches », www.uefa.com, publié le vendredi 25 novembre 2011.

75. *L'Équipe Magazine*, 3 mars 2007.

76. Sur l'intégration de cet imaginaire sportif dans la dynamique culturelle de la mondialisation, cf. Benjamin Barber, *Djihad versus Mac World*, Paris, Desclée de Brouwer, 1996.

77. Sébastien Louis, *Le Phénomène ultras en Italie*, Paris, Mare et Martin, 2006, p. 36-39.

78. Dans le cas des clubs de la Lazio de Rome ou de Vérone.

79. Sébastien Louis, « Les morts font-ils partie du système ? », www. wearefootball.org

80. Le « curé ».

81. Tim Parks, *A Season with Verona. Ravels Around Italy in Search of Illusion, National Character and Goals*, Londres, Vintage, 2003, p. 36.

82. *Ibid.*, p. 33.

83. *Ibid.*, p. 36.

84. Lucien Gamblin, « les grands joueurs et les grandes figures du football », in *Encyclopédie des sports modernes. Le Football*, Monaco, Union européenne d'éditions, 1954, p. 209.

85. Chérif Ghemmour, *Terrain miné. Quand la politique s'immisce dans le football*, Paris, Hugo et Cie, 2013, p. 137.

86. Cité par Ivan Colovic, « Le football, les hooligans et la guerre », in Nejbosa Popov (dir.), *Radiographie d'un nationalisme. Les racines du conflit yougoslave*, Paris, les Editions de l'Atelier/Editions Ouvrières, 1998, p. 97.

87. La « panenka » consiste à déposer le ballon au centre du but par une frappe légère alors que le gardien a anticipé en plongeant sur l'un des côtés.

88. Cité par Ivan Colovic, « Le football, les hooligans et la guerre », in *Radiographie d'un nationalisme*, op. cit., p. 187.

89. Chérif Ghemmour, *Terrain miné. Quand la politique s'immisce dans le football*, op. cit., p. 141-142.

90. Ivan Colovic, « Le football, les hooligans et la guerre », in *Radiographie d'un nationalisme*, op. cit., p. 188.

91. *Ibid.*, p. 189.

92. Chérif Ghemmour, *Terrain miné. Quand la politique s'immisce dans le football*, op. cit., p. 141-142.

93. Ivan Colovic, « Le football, les hooligans et la guerre », in *Radiographie d'un nationalisme*, op. cit., p. 200.

94. Cf. Jean-Pierre Rioux, *La France d'un siècle à l'autre, 1914-2000. Dictionnaire critique*, Paris, Hachette, 1999.

95. Sur France 1998 et ses suites, cf. Yvan Gastaut, *Le métissage par le foot. L'intégration, mais jusqu'où ?*, Paris, Autrement, 2008.

96. Olivier Pourriol, *Eloge du mauvais geste*, Paris NIL éditions, 2010.

97. Cité par Eugène Saccomano, *Mes Secrets du foot*, Paris, Plon, 2010, p. 71.

98. Anne Delbée, *La 107ᵉ minute*, Paris, Les Quatre Chemins, 2006.

99. Jean-Philippe Toussaint, *La Mélancolie de Zidane*, Paris, Editions de Minuit, 2006.

100. Pascal Boniface, *Pourquoi tant de haine*, Paris, Editions du Moment, 2010.

101. Pierre Ménès, *Carton rouge pour les Bleus*, Paris, Editions du Rocher, 2010.

102. Jean-Michel Larqué, *Les secrets d'un fiasco*, Paris, Editions du Toucan, 2010.

103. Vincent Duluc, *Le Livre noir des Bleus. Chronique d'un désastre*, Paris, Robert Laffont, 2010.

104. Yvan Gastaut, *Le Métissage par le foot. L'intégration, mais jusqu'où ?*, op. cit., p. 93.

105. Stéphane Beaud avec la collaboration de Philippe Guimard, *Traîtres à la nation ? Un autre regard sur la grève des Bleus en Afrique du Sud*, Paris, La Découverte, 2011.

106. www.médiapart.fr, Verbatim de la réunion du 8 novembre 2010 tenu à la Fédération française de football.

107. Pap Ndiaye, *La Condition noire. Essai sur une minorité française*, Paris, Gallimard, 2009, p. 262.

108. www.mediapart.fr, Verbatim de la réunion du 8 novembre 2010 tenu à la Fédération française de football.

109. Pour une synthèse du football sous l'apartheid s'appuyant sur les archives de la FIFA, cf. Paul Dietschy et David-Claude Kémo-Keïmbou, *Le football et l'Afrique*, Paris, EPA, 2008, p. 200-240. Cf. également Peter Alegi, *Laduma ! Soccer, Politics ans Society in South Africa*, op. cit., p. 64-152.

110. Sur cet épisode longtemps méconnu de l'histoire de l'apartheid, cf. Chuck Korr et Marvin Close, *More than just a game. Football v. Apartheid*, Londres, Collins, 2008.

111. Sur l'histoire de la Coupe du monde cf. Peter Alegi, *Africa's World Cup : Critical Reflections on Play, Patriotism, spectatorship, and Space*, Ann Arbor, University of Michigan Press, 2013.

112. Etude menée par Eddie Cottle, collaborateur de l'Œuvre suisse d'entraide ouvrière en Afrique du Sud consultable sur www.solidar.ch.

113. *France Football*, 29 janvier 2012.

114. « Warner aurait reçu 860 000 euros du Qatar », 18 mars 2014, www.lequipe.fr.

115. *France Football*, 12 mars 2013.

Sources et bibliographie

I. Sources

1. Sources manuscrites

Archives de la FIFA (Zurich)
Série Congrès : procès-verbaux des congrès de la FIFA.
Série Comité exécutif : procès-verbaux des séances du Comité exécutif de la FIFA.
Série Correspondance avec les associations nationales : dossiers contenant les courriers échangés avec les fédérations affiliées à la FIFA.
Série correspondance avec les confédérations : correspondance entre la FIFA et les confédérations reconnues, notamment l'Asian Football Confederation (AFC), la Confédération africaine de football (CAF), la Confederación Sudamericana de Fútbol (CONMEBOL), l'Union des associations européennes de football (UEFA).
Série Coupe du monde FIFA : procès-verbaux des séances des Comités d'organisation.
Série Jeux olympiques Correspondance (1908-1936).
Série affaires de joueurs : dossier Kubala, dossier suspension des joueurs hongrois 1957.

Archives du Musée olympique (Lausanne) :
Série Amateurisme, Général, 1924-1926.
Série FIFA, Correspondance 1924-1958.

Série FIFA, Football, Correspondance 1928-1934.

Archives de la Fédération française de football (Paris et Clairefontaine)

Dossier Coupe du monde 1938.

Documents réunis par Pierre Delaunay sur l'histoire de la Coupe du monde.

Dossier sur l'histoire de la Coupe de France.

2. Sources imprimées

Annuaires et rapports

Coppa del Mondo. Cronistoria del II Campionato di Calcio, Rome, FIGC, 1936.

Coupe du monde de la FIFA 1982 en Espagne. Rapport de la FIFA, édition française, Zurich, 1982.

Coupe du monde de la FIFA – Mexico 86. Rapport officiel, édition française, Zurich, 1986.

FIFA Handbook, 1950.

FIFA Handbook, 1937.

FIFA World Cup 1974 Final Competition. Technical Study, Zurich, 1974.

World Cup 74, Official FIFA Report, Zurich 1974.

FIFA World Cup Argentina 1978, Technical Study and Final Competition, Zurich, 1978.

FIFA World Cup USA'94 Report, Zurich, 1994.

FIFA World Cup France 98. Rapport technique, Zurich, 1998.

2002 FIFA World Cup Korea/Japan. Report and Statistics, Zurich, 2002.

Rapport mondial de la FIFA sur le développement du football, Zurich, 2004.

La Olimpiada de Paris de 1924. Informe de la Delegación de la Asociación Uruguaya de Football Memoria y Finanzas Correspondiente al Año Olimpico, Montevideo, Talleres Gráficos Rossi, 1925.

Rapport officiel de la VIIIe Olympiade, Paris, 1925.

Rapport à Monsieur le secrétaire d'État auprès du Premier ministre, chargé de la Jeunesse, des Sports et des Loisirs sur certaines difficultés actuelles du football français, établi par

M. Philippe Séguin, auditeur à la Cour des comptes, 12 février 1973.

Van Rossem G. (éd.), *Rapport officiel des Jeux de la IXe Olympiade Amsterdam 1928*, Amsterdam, 1928.

World Championship – Jules Rimet Cup 1970 Final Competition. Technical Study, Zurich, 1970.

Ouvrages d'époque

Artis A. A., *Cincuenta años del C. de F. Barcelona 1899-1949*, Barcelone, C. de F. Barcelona, 1949.

Bard H. et Diffre H., *Le Football association. Étude technique et physiologique entraînement. – Hygiène*, Paris, Librairie Octave Doin, 1927.

Boin V., *Le Livre d'or jubilaire de l'U.R.B.S.F.A.*, Bruxelles, Les Éditions Leclercq & De Haas, 1949.

Buero E., *La organización de la Coupe du Monde. Negociaciones Internacionales*, Bruxelles, 1932.

Coll., *Le Livre d'or de la Coupe de France (1917-1936)*, Collection « Les sportifs français », Saint-Brieuc, Louis Aubert, 1936.

De Martino E., *Campioni del Mondo. Da Roveta a Londra*, Milan, Edizioni del Calcio Illustrato, 1935.

De Martino E., *Tre volte campioni del mondo da Berlino a Parigi. Diaro di un giornalista*, Milano, Edizioni del Calcio Illustrato, 1938.

Deportista J., *La Furia Española. De la Olimpiada de Amberes à la de Paris*, Madrid, Renacimiento, 1924.

Garcet de Vauresmont P. et J., *Les Sports athlétiques. Football – Course à pied et Saut – Lancement*, Paris, Bibliothèque Larousse, 1912.

Hanot G., *Le Foot-Ball. L'association*, Paris, Éditions Nilsson, s.d.

Herbin R. et Rethacker J.-P., *Football. La technique, la tactique, l'entraînement*, Paris, Robert Laffont, 1976.

Ip Kwai Chung, *Soccer in China*, Hong Kong, The Wing Fat Printing Co. Ltd, 1925.

Langenus J., *En sifflant par le monde. Souvenirs et impressions de voyages d'un arbitre de football*, Gand, Snoeck-Ducaju et fils éd., 1943.

Pefferkorn M., *Le Football association. Théorie et pratique du jeu du football*, Paris, Flammarion, 1921.

Rimet J., *Le Football et le rapprochement des peuples*, Zurich, FIFA, 1954.
Sturzenegger C., *Football. Leyes que lo rigen y modo de jugarlo*, Montevideo, Talleres Gráficos « El Arte » de O. M. Bertani, 1911.

Périodiques :

L'Auto.
L'Équipe.
FIFA News.
Le Football Association. Organe officiel de la Fédération française de football Association.
Football.
Football World.
France Football.
Il Calcio Illustrato.
La Gazzetta dello Sport.
La Gazzetta del Popolo.
La Stampa.
La Vie au grand air.
La Vie sportive.
Le Miroir des sports.
Miroir du football.
Tuttosport.
World's Football. Official Bulletin of the Fédération Internationale de Football Association.

II. Bibliographie

L'histoire générale du football association et du football rugby

Bodis J.-P., *Histoire mondiale du rugby*, Toulouse, Privat, 1987.
Boli C., *Football. Le triomphe du ballon rond*, Paris, Les Quatre Chemins, 2008.
Coll., *Encyclopédie des sports modernes. Le Football*, Monaco, Union européenne d'éditions, 1954, 2 vol.
Eisenberg C., Lanfranchi P., Mason T. et Wahl A., avec la collaboration de Homburg H., Dietschy P., *FIFA 1904-2004. Le siècle du football*, Paris, Le Cherche-Midi, 2004.

Galy P. et Dorian J.-P., *La Grande Histoire du rugby*, Paris, Nouveau Monde éditions, 2007.

Goldblatt D., *The Ball is Round. A Global History of Football*, Londres, Viking, 2006.

Laget F., Laget S., Cazaban P., Montgermont G., *Jours de foot. La plus belle histoire du foot mondial*, Paris, Chronique Dargaud Editions, 2013.

Mignon P., *La Passion du football*, Paris, Odile Jacob, 1998.

Murray B., *Football. A History of the World Game*, Aldershot, Scholar Press, 1994.

Pera P.-J., *Complètement foot. Petites histoires du football*, Paris, Editions First-Gründ, 2012.

Walwin J., *The People's Game. The History of Football Revisited*, Édimbourg et Londres, Mainstream Publishing, 1994, nouv. éd.

Histoire du football féminin

Breuil X., « Les Coupes du monde féminines entre 1970 et 2003 », in Wahl A. (éd.), *Aspects de l'histoire de la Coupe du monde de football*, Metz, Centre régional universitaire lorrain d'histoire site de Metz et Centre international d'étude du sport, 2007, p. 307-317.

Breuil X. et Dietschy P., « Le football et l'image de la femme in l'entre-deux-guerres », in Laurent Guido et Gianni Haver (dir.), *Images de la femme sportive*, Genève, Georg-Musée olympique, 2003, p. 99-110.

Breuil X., *Histoire du football féminin en Europe*, Paris, Nouveau Monde éditions, 2011.

Jacobs B., *The Dick Kerr's Ladies. The Factory Girls who took on the World*, Londres, Robinson, 2004.

Newsham G., *In a League of Their Own*, Londres, Scarlett Press, 1994.

Prudhomme-Poncet L., *Histoire du football féminin au XXe siècle*, Paris, L'Harmattan, 2003.

Williams J., « A game for rough girls ? » *A History of Women's Football in England*, Londres, Routledge, 2004.

Williams J., *A Beautiful Game. International Perspectives on Women's Football*, Oxford, Berg, 2007.

Les jeux antiques et traditionnels

Bredekamp H., *Le Football florentin. Les jeux et le pouvoir à la Renaissance*, Paris, Diderot éditeur, 1995.

Caillois R., *Les Jeux et les hommes. Le masque et le vertige*, Paris, Gallimard [1967], « Folio essais », 1991, rééd. revue et augmentée.

Carlier Y. et Bernard-Tambour T. (dir.), *Jeu des rois roi des jeux. Le jeu de paume en France*, Paris, Éditions de la Réunion des Musées nationaux, 2001.

Clastres C. et Dietschy P. (dir.), *Paume et tennis en France XVe-XXe siècle*, Paris, Nouveau Monde éditions, 2009.

Decker W. et Thuillier J.-P., *Le Sport dans l'Antiquité. Égypte, Grèce, Rome*, Paris, Picard, 2004.

Duverger C., *L'Esprit du jeu chez les Aztèques*, Paris, Mouton, 1978.

Guttmann A., *From Ritual to Record*, New York, Columbia University Press, 1978.

Huizinga J., *Homo ludens. Essai sur la fonction sociale du jeu*, Paris, Gallimard, 1951.

Jusserand J.-J., *Les Sports et jeux d'exercice dans l'ancienne France*, Paris-Genève, Champion-Slatkine, 1986.

Mehl J.-M., *Les Jeux au royaume de France du XIIIe au début du XVe siècle*, Paris, Fayard, 1990.

Thuillier J.-P., *Les Jeux athlétiques dans la civilisation étrusque*, Rome, École française de Rome, 1985.

Veyne P., *Le Pain et le cirque. Sociologie historique d'un pluralisme politique*, Paris, Le Seuil [1976], « Points-Histoire », 1995.

Histoire du jeu et des règles

Bromberger C., « Du but contre son camp à l'erreur d'arbitrage : les talons d'Achille des footballeurs et de leurs juges », in *Le Temps des savoirs. Revue interdisciplinaire*, n° 2, Paris, Odile Jacob, 2000, p. 17-38.

Chovaux O., « D'un jeu barbare à un jeu intelligent... Les mutations des styles de jeu du football nordiste (1880-1932) », *STAPS*, n° 65, 2004, p. 111-122.

Harvey A., « "An Epoch in the Annals of National Sport" : Football in Sheffield and the Creation of Modern Soccer and Rugby », *The International Journal of the History of Sport*, vol. 18, décembre 2001, n° 4, p. 53-87.

Meisl W., *Soccer Revolution*, Londres, Phœnix Sports, 1955.

Rous S. et Ford D., *A History of the Laws of Association Football*, Zurich, FIFA, 1974.

Tenèze L., *Histoire du football. Le Board et l'analyse des transformations des lois du jeu*, Paris, thèse de doctorat STAPS sous la direction de B. During, 2011.

Vigarello G., *Une histoire culturelle du sport. Techniques d'hier... et d'aujourd'hui*, Paris, Robert Laffont/EPS, 1988.

Wahl A., « Pour une histoire du jeu », in Hélal et Mignon P., « Football. Jeu et société », *Les Cahiers de l'INSEP*, n° 25, année 1999, p. 35-46.

Wilson J., *Inverting the Pyramid. The History of Football Tactics*, Londres, Orion, 2008.

Histoires continentales et nationales du football

Afrique

Alegi P., *Laduma ! Soccer, Politics ans Society in South Africa*, Scottville, University of KwaZulu-Natal Press, 2004.

Bancel N., « L'A.-O.F. entre "sports indigènes" et sport colonial (1945-1960) », in Bancel N. et Gayman J.-M., *Du guerrier à l'a-thlète. Éléments d'histoire des pratiques corporelles*, Paris, PUF, 2002, p. 329-351.

Boer W., « A Story of Heroes, of Epics : The Rise of Football in Nigeria », in Armstrong G. et Giulianotti R. (éd.), *Football in Africa. Conflict, Conciliation and Community*, Basingstoke, Palgrave McMillan, 2004, p. 59-79.

Boer W., « Football, Mobilization and Protestation : Nnamdi Azikiwe the Goodwill Tours of World War II », *Lagos Historical Review*, vol. 6, 2006, p. 39-61.

Combeau-Mari E. (dir.), *Sports et loisirs dans les colonies. XIXe et XXe siècles*, Paris, SEDES, 2004.

Combeau-Mari E., *Le Sport colonial à Madagascar 1896-1960*, Paris, Publications de la Société française d'outre-mer, 2009.

Condé C. F., *Sport et politique en Afrique. Le Hafia Football-Club de Guinée*, Paris, L'Harmattan, 2008.

Darby P., *Africa Football and FIFA. Politics, Colonialism and Resistance*, Londres, Frank Cass, 2002.

Deville-Danthu B., *Le Sport en noir et blanc. Du sport colonial au sport africain dans les anciens territoires français d'Afrique occidentale (1920-1965)*, Paris, L'Harmattan, 1997.

Dietschy P. et Kemo-Keimbou D.-C., *Le Football et l'Afrique*, Paris, EPA, 2008.

Korr C. et Close M., *More than Just a Game. Football v. Apartheid*, Londres, Collins, 2008.

Last A., « Containment and Counter-Attack : A History of Eritrean Football », *in* Armstrong G. et Giulianotti R. (dir.), *Football in Africa. Conflict, Conciliation and Community*, Basingstoke, Palgrave McMillan, 2004, p. 27-40.

Ly B., *Foot-Ball. Histoire de la Coupe d'A.-O.F.*, Dakar, 1992.

Oke A., *From UK Tourists to Super Eagles. The History of Nigeria's National Football Team*, Londres, Orkestra Publications, 2000.

Poli R. et Dietschy P., « Le football africain entre immobilisme et extraversion », *Politique africaine*, n° 102, juin 2006, p. 173-187.

Amérique centrale et du Nord

Garcia J. S., Griffin Cubas C. M. et Maradiaga H. M., *Historia del fútbol y su desarrollo en Honduras*, Tegucigalpa, FENAFUTH, 1993.

Jose C. et Rannie W. F., *The Story of Soccer in Canada*, Lincoln, W.F. Rannie-Pubisher, 1982.

Markovits A. S., « Pourquoi n'y a-t-il pas de football aux États-Unis ? L'autre "exceptionnalisme" américain », *XXe siècle. Revue d'histoire*, 1990, n° 26, p. 19-36.

Markovits A. S. et Hellerman S. L., *Offside : Soccer and American Exceptionalism*, Princeton, Princeton University Press, 2001.

Trouille D., « Association football to fútbol : Ethnic Succession and the History of Chicago-Area Soccer, 1890-1920 », *Soccer & Society*, vol. 9, n° 4, octobre 2008, p. 455-476.

Waddington I. et Roderick M., « American Exceptionalism : Soccer and American Football », *The Sports Historian*, vol. 16, n° 1, p. 28-49.

Amérique latine

Archetti E. P., « Masculinity and Football : The Formation of National Identity in Argentina », in Giulianotti R. et Williams J., *Game without Frontiers. Football, Identity and Modernity*, Arena, Aldershot, 1994, p. 225-243.

Bellos A., *Futebol. The Brazilian Way of Life*, Londres, Bloomsbury, 2003.

Caldas W., « Aspectos Sociológicos do Futebol Brasileiro », *Revista USP – Dossiê Futebol*, 1994, n° 22, p. 40-49.

Leite J. S. Lopes et Faguer J.-P., « L'invention du style brésilien », *Actes de la recherche en sciences sociales*, 1994, vol. 103, n° 1, p. 27-35.

Mason M., *Passion of the People ? Football in South America*, Londres, Verso, 1995.

Salinas Benavides R., *Federación Peruana de Fútbol. 75 anniversario*, Lima, Federación Peruana de Fútbol, 1997.

Asie et Océanie

Dimeo P., « Colonial Bodies, Colonial Sport : "Martial" Punjabis, "Effeminate" Bengalis and the Development of Indian Football », *The International Journal of the History of Sport*, vol. 19, n° 1, mars 2002, p. 72-90.

Dimeo P., « "With Political Pakistan in the Offing..." : Football and Communal Politics in South Asia, 1887-1947 », *Journal of Contemporary History*, 2003, vol. 28, n° 3, p. 377-394.

Dutta R., *Indian Football Association. West Bengal*, Official Souvenir, Calcutta, 1953.

Hilton T., *An Association with Soccer. The NZFA celebrates its first 100 years*, Auckland, NZFA, 1991.

Majumdar B. et Bandyopadhyay K., *Goalless. The Story of a Unique Footballing Nation*, New Delhi, Viking/Penguin, 2006.

Manzenreiter W. et Horne J. (éd.), *Football Goes East. Business, Culture and the People's Game in China, Japan and South Korea*, Londres, Routledge, 2004.

Europe

Beufe V., « Le football à Buenos Aires : implantation et diffusion nationale (1890-1910) », *Bulletin de l'Institut Pierre-Renouvin*, n° 16, automne 2003, p. 37-51.

Coll., *Le Livre d'or du football suisse*, Bâle, Éditions Domprobstei, 1953.

Coll., *50 ans UEFA : 1954-2004*, Nyon, UEFA, 2004, vol. 1 et 2.

Coll., *Real Federación Española de Fútbol 1913-1988*, Madrid, Real Federación Española de Fútbol, 1988.

Dahlmann D., Hilbrenner A. et Lenz B., *Überall ist der Ball rund. Zur Geschichte und Gegenwart des Fussballs in Ost- und Südosteuropa*, Essen, Klartext, 2006.

Dahlmann D., Hilbrenner A. et Lenz B., *Überall ist der Ball rund. Zur Geschichte und Gegenwart des Fussballs in Ost-und Südosteuropa – Die Zweite Halbzeit*, Essen, Klartext, 2008.

Ducret J., *Le Livre d'or du football suisse*, Lausanne, L'Âge d'homme, 1994.

Edelman R., *Serious Fun. A History of Spectator Sport in the USSR*, Oxford, Oxford University Press, 1993.

Eisenberg C. (dir.), *Fussball, soccer, calcio. Ein englischer Sport auf seinem Weg um die Welt*, Munich, DTV, 1997.

Eisenberg C., *"English Sports" und deutsche Bürger. Eine Gesellschaftsgeschichte 1800-1939*, Paderborn, Schöningh, 1999.

Eisenberg C., « Histoire du football professionnel en Allemagne » in Hélal H. et Mignon P., « Football. Jeu et société », *Les Cahiers de l'INSEP*, n° 25, année 1999, p. 163-188.

Fishwick N., *English Football and Society 1910-1950*, Manchester, Manchester University Press, 1993.

Foot J., *Calcio a History of Italian Football*, Londres, Harper Perennial, 2007.

Gastaut Y. et Mourlane S. (dir.), *Le Football dans nos sociétés. Une culture populaire 1914-1918*, Paris, Autrement, 2006.

Ghirelli A., *Storia del calcio in Italia*, Turin, Einaudi, 1990, 4ᵉ éd.

Gillmeister H., « The First European Soccer Match. Walter Bensemann, a twenty-six-year-old German Student, set the ball rolling », *The Sports Historian*, novembre 1997, n° 2, p. 1-11.

Green G., *The History of the Football Association*, Londres, The Naldrett Press, 1953.

Hesse-Lichtenberger U., *Tor ! The Story of German Football*, Londres, WSC Books, 2002.

Holt R., *Sport and the British. A Modern History*, Oxford, Clarendon Press, 1992, rééd.

Horak R., « Austrification as Modernization : Changes in Viennese Football Culture », *in* Giulianotti R. et Williams J. (dir.), *Game without Frontiers. Football, Identity and Modernity*, Arena, Aldershot, 1994, p. 47-71.

Johnes M., *Soccer and Society. South Wales, 1900-1939*, Cardiff, University of Wales Press, 2002.

Johnes M., *A History of Sport in Wales*, Cardiff, University of Wales Press, coll. « A Pocket Guide », 2005.

Jung B., *Die Nati. Die Geschichte der Schweizer Fussball-Nationalmannschaft*, Göttingen, Verlag Die Werkstatt, 2006.

Lanfranchi P., « Exporting Football : Notes on the Development of Football in Europe », *in* Giulianotti R. et Williams J. (dir.), *Game without Frontiers. Football, Identity and Modernity*, Aldershot, Arena, 1994, p. 23-45.

Lanfranchi P., « Football et modernité. La Suisse et la pénétration du football sur le continent », *Traverse*, n° 5, 1998, p. 76-87.

Mcleod H., « La religion et l'essor du sport en Grande-Bretagne », *Revue d'histoire du XIXe siècle*, 2004, n° 28, p. 133-148.

Martialay F., *Implantacion del Profesionalismo y nacimento de la Liga*, Madrid, Real Federación Española de Fútbol, 1996.

Mason T., *Association Football and English Society 1863-1915*, Brighton, Harvester Press, 1980.

Papa A. et Panico G., *Storia sociale del calcio in Italia*, Bologne, Il Mulino, 2002, nouv. éd.

Rafferty J., *One hundred years of Scottish Football*, Londres, Pan Book Ltd, 1973.

Riordan J., *Sport in Soviet Society. Development of Sport and Physical Education in Russia and the USSR*, Cambridge, Cambridge University Press, 1977.

Russell D., *Football and the English. A Social History of Association Football in England, 1863-1995*, Preston, Carnegie Publishing, 1997.

Skocek J., Weisgram W., *Das Spiel ist das Ernste. Ein Jahrhundert Fussball in Österreich*, Vienne, Echomedia Verlag, 2004.

Sonntag A., *Les Identités du football européen*, Grenoble, Presses universitaires de Grenoble, 2008.

Taylor M., *The Association Game. A History of British Football*, Édimbourg, Pearson Education, 2008.

Winner D., *Brilliant Orange. The Neurotic Genius of Dutch Football*, Londres, Bloomsbury, 2001.

France

Beaud S. et Noiriel G., « L'immigration dans le football », *XXe siècle. Revue d'histoire*, avril-juin 1990, n° 26, p. 83-96.

Beaud S. en collaboration avec P. Guimard, *Traîtres à la nation ? Un autre regard sur la grève des Bleus en Afrique du Sud*, Paris, La Découverte, 2011.

Clastres P. et Dietschy P., *Sport, société et culture en France du XIXe siècle à nos jours*, Paris, Hachette, 2006.

Dauncey H. et Hare G., *La France et la Coupe du monde de 1998*, Paris, Nouveau Monde éditions, 2002.

Delaunay P., Ryswick J. de, Cornu J. et Vermand D., *100 ans de football en France*, Paris, Atlas, 1998, nouv. éd.

Dietschy P., « La Coupe de France "fête nationale du football français" dans l'entre-deux-guerres », *in* Gounot A., Jallat D. et Caritey B. (dir.), *Les Politiques au stade. Étude comparée des manifestations sportives du XIXe au XXIe siècle*, Rennes, PUR, 2007, p. 95-109.

Dubois L., *The Soccer Empire. The World Cup and the future of France*, Berkeley, University of California Press, 2010.

Hallé J.-C., *Glasgow 76. Le défi des « Verts »*, Paris, Flammarion, 1976.

Hare G., *Football in France : a Cultural History*, Oxford, Berg, 2003.

Hubscher R., Durry J. et Jeu B., *L'Histoire en mouvements. Le sport dans la société française (XIXe-XXe siècle)*, Paris, Armand Colin, 1992.

Fontaine M., *Le Racing Club de Lens et les « Gueules Noires ». Essai d'histoire sociale*, Paris, Les Indes savantes, 2010.

Krasnoff L. S., *The Making of Les Bleus*, New York, Lexington Books, 2013.

Pfeil U. (dir.), *Football & identité en France et en Allemagne*, Lille, Presses universitaires du Septentrion, 2010.

Ramsay A. et Dietschy P., *Ligue 1. 80 ans de football professionnel. Le championnat de France depuis 1932-1933*, Paris, Solar, 2013.

Ravenel L., *La Géographie du football en France*, Paris, PUF, 1998.

Rhetacker J.-P., *L'Équipe de France de football*, Paris, Éditions ODIL, 1976.

Sorez J., *Le Football dans Paris et ses banlieues. Un sport devenu spectacle*, Rennes, Presses universitaires de Rennes, 2013.

Wahl A., *Les Archives du football*, Paris, Gallimard-Julliard, 1989.

Wahl A., *Football et histoire (recueil d'articles)*, Metz, Centre de recherche histoire et civilisation de l'université de Metz, 2004.

Régions, villes et clubs

Bahamonde Magro A., *El Real Madrid en la historia de España*, Madrid, Taurus, 2002.

Bertolotto M. A., *River. El Campeón del Siglo*, Buenos Aires, Océano/Temas-C.A. River Plate, 2000.

Boli C., *Manchester United, l'invention d'un club. Deux siècles de métamorphose*, Paris, La Martinière, 2004.

Breuil X., *CASG. Le Club athlétique de la Société générale. Histoire d'une succursale de champions*, Saint-Cyr-sur-Loire, Alan Sutton, 2008.

Chovaux O., *50 ans de football dans le Pas-de-Calais. « Le temps de l'enracinement (fin XIXe-1940) »*, Arras, Artois Presses Université, 2001.

Dietschy P., « Une passion urbaine : football et identités dans la première moitié du XXe siècle. L'exemple de Turin et de l'Italie », *Histoire urbaine*, n° 3, juin 2001, p. 133-148.

Dietschy P., « The Superga Disaster and the Death of the "Great Torino" », *Soccer and Society*, été 2004, vol. 5, n° 2, p. 298-310.

Fontaine M., « "Lens les Mines". Le football et les cités », *Histoire & Sociétés. Revue européenne d'histoire sociale*, n° 18-19, juin 2006, p. 176-188.

Garcia Candau J., *Bernabéu, el Presidente*, Madrid, Espasa e Hoy, 2002.

Garcia Candau J., *Madrid-Barça. Historia de un desamor*, Madrid, El Pais/Santillana, 1996.

Gehrmann S., « Volontà ideologica e realtà sociale : movimento sportivo operaio e sport borghese a confonto della Repubblica di Weimar », *Ricerche Storiche*, n° 2, vol. 19, mai-août 1989, p. 315-337.

Gehrmann S., « Football and Identity in the Ruhr : The Case of Schalke 04 », in Giulianotti R. et Williams J. (dir.), *Game without Frontiers. Football, Identity and Modernity*, Aldershot, Arena, 1994, p. 185-205.

Horak R. et Maderthaner W., « A Culture of Urban Cosmopolitanism : Uridil and Sindelar as Viennese Coffee-House Heroes », *The International Journal of the History of Sport*, vol. 13, mars 1996, n° 1, p. 139-155.

Korr C. P., « Angleterre : le "foot", l'ouvrier et le bourgeois », *L'Histoire*, n° 38, octobre 1981, p. 44-51.

Korr C. P., *West Ham United : The Making of a Football Club*, Chicago, Londres, Duckworth, 1986.

Pennachia M., *Gli Agnelli e la Juventus*, Milan, Rizzoli, 1985.

Rey D., *La Corse et son football 1905-2000*, Ajaccio, Albiana, 2003.

Rey D., « Corse : les limites du football identitaire », *Outre-Terre. Revue française de géopolitique*, n° 8, juin 2004, p. 209-224.

Le football et le sport dans les relations internationales et les guerres mondiales

Adams I. et Petney T., « Germany 3-Scotland 2, 25th December, 1914: Fact or Fiction », in Magee J., Bairner A. et Tomlinson A. (éd.), *The Bountiful Game ? Football Identities and Finance*, Oxford, Meyer & Meyer Sport, 2005, p. 21-41.

Arnaud P., « Des jeux de la victoire aux jeux de la paix ? (1919-1924) », in Arnaud P. et Wahl A., *Sports et relations internationales. Actes du colloque de Metz-Verdun 23-24-25 septembre 1993*, Publications du Centre de recherche Histoire et Civilisation de l'université de Metz, 1994, p. 133-155.

Basse P.-L., *Séville 82, le match du siècle*, Paris, Privé, 2005.

Basse P.-L., *Gagner à en mourir*, Paris, Robert Laffont, 2012.

Beck P. J., *Scoring for England. International Football and International Politics 1900-1939*, Londres, Franck Cass, 1999.

Beck P. J., « Going to War, Peaceful Co-existence or Virtual Membership ? British Football and FIFA, 1928-1946 », *The International Journal of the History of Sport*, vol. 17, n° 1, mars 2000, p. 113-134.

Cante D., « Propaganda e sport negli anni trenta. Gli incontri di calcio tra Italia e Austria », *Italia contemporanea*, septembre 1996, n° 204, p. 521-544.

Darbon S., *Diffusion des sports et impérialisme anglo-saxon*, Paris, Éditions de la Maison des sciences de l'homme, 2008.

Darby P., *Africa Football and FIFA. Politics, Colonialism and Resistance*, Londres, Frank Cass, 2002.

Dietschy P., « La guerre ou le "grand match" : le sport, entre représentation de la violence et expérience combattante », *in* Cazals R., Picard E. et Rolland D. (dir.), *La Grande Guerre. Pratiques et expériences*, Toulouse, Privat, 2005, p. 45-54.

Dietschy P., « Le sport et la Première Guerre mondiale », *in* Tétart P. (dir.), *Histoire du sport en France du Second Empire au régime de Vichy*, Paris, Vuibert, 2007, p. 57-77.

Dietschy P., « 1918-1920, des tranchées aux stades. Quelques éclairages sur la sortie de guerre des sportifs français et des fédérations de football européennes », *Histoire@Politique. Politique, culture, société. Revue électronique du Centre d'histoire de Sciences Po*, n° 3, novembre-décembre 2007, www.histoire-politique.fr

Dietschy P., « Making football global ? FIFA, Europe and the non-European football world, 1912-74 », *Journal of Global History*, vol. 8, issue 2, July 2013, p. 279-298.

Dorsey J., *The Turbulent World of Middle East Soccer*, Londres, Hurst & Co Publishers Ltd, 2013.

Durpaire F., « Sport et colonisation. Le cas du Congo belge (1950-1960) », *Bulletin de l'Institut Pierre-Renouvin*, n° 16, automne 2003, p. 67-74.

Edelman B. et Riordan J., « USSR/Russia and the World Cup : "Come on you Reds !" », *in* Sugden J. et Tomlinson A., *Hosts and Champions. Soccer Cultures, National Identities and the USA World Cup*, Aldershot, Arena, 1994, p. 253-278.

Eisenberg C., « The Rise of Internationalism in Sport », *in* Geyer M. H. et Paulmann J. (éd.), *The Mechanics of Interna-*

tionalism. Culture, Society, and Politics from the 1840s to the First World War, Oxford, Oxford University Press, 2001, p. 375-403.

Ferrero L. M. et Sazbón S., « Argentina '78 : la Nación en juego », *Caravelle. Cahiers du monde hispanique et lusobrésilien*, 2007, n° 89, p. 139-155.

Fuller J. G., *Troop Morale and Popular Culture in the British and Dominions Armies 1914-1918*, Oxford, Clarendon Press, 1990.

Ghemmour C., *Terrain miné. Quand la politique s'immisce dans le football*, Paris, Hugo Sport, 2013.

Gehrmann S., « Le sport comme moyen de réhabilitation nationale au début de la République fédérale d'Allemagne. Les Jeux olympiques de 1952 et la Coupe du monde de football de 1954 », in Arnaud P. et Wahl A., *Sports et relations internationales. Actes du colloque de Metz-Verdun 23-24-25 septembre 1993*, Metz, Centre de recherche histoire et civilisation de l'université de Metz, 1994, p. 231-243.

Goodhart P. et Chataway C., *War without Weapons*, Londres, W. H. Allen, 1968.

Hogan A., *Dynamo. Defending the Honour of Kiev*, Londres, Fourth Estate, 2001.

Keys B. J., *Globalizing Sport. National Rivalry and International Community in the 1930s*, Cambridge, Harvard University Press, 2006.

Kuper S., *Football against the Enemy*, Londres, Orion, 2004.

Kuper S., *Ajax, the Dutch, the War : Football in Europe During the Second World War*, Londres, Orion, 2003.

Lanfranchi P. et Taylor M., « Professional Football in World War Two Britain », in Kirkham P. et Thoms D. (dir.), *War Culture. Social Change and Changing Experience in World War Two*, Londres, Lawrence and Wishart, 1995, p. 187-188.

Mangan J. A., *The Games Ethic and Imperialism. Aspects of the Diffusion of an Ideal*, Londres, Frank Cass, 1998.

Monnin E. et Monnin C., « Le boycott politique des Jeux olympiques de Montréal », *Relations internationales*, 2008/2, n° 134, p. 93-113.

Nait-Challal M., *Dribbleurs de l'indépendance. L'incroyable histoire de l'équipe du FLN algérien*, Paris, Éditions Prolongations, 2008.

Prêtet B., *Sportifs et sports en France, 1940-1945*, thèse de doctorat en STAPS, sous la direction de J. Defrance, Nanterre, université Paris Ouest, 2014.

Rein R. et Davidi E., « Sports, Politics and Exile : Protests in Israel during the World Cup (Argentina, 1978) », *The International Journal of the History of Sport*, vol. 26, n° 5, avril 2009, p. 673-692.

Rey D., « La Coupe du monde de football à l'aune de la philatélie (1930-2002) », in Wahl A. (éd.), *Aspects de l'histoire de la Coupe du monde de football*, Metz, Centre régional universitaire lorrain d'histoire site de Metz et Centre international d'étude du sport, 2007, p. 253-285.

Roberts J., « "The Best Football Team, The Best Platoon" : The Role of Football in the Proletarianization of the British Expeditionary Force, 1914-1918 », *Sports in History*, vol. 26, n° 1, avril 2006, p. 26-46.

Rouquié A., « Honduras-El Salvador. La guerre de cent heures : un cas de "désintégration" régionale », *Revue française de science politique*, année 1971, vol. 21, n° 6, p. 1290-1316.

Sorez J., « Le football français et la Grande Guerre : une pratique sportive à l'épreuve du feu », *Matériaux pour l'histoire de notre temps*, 2010/2, n° 106, p. 11-19.

Singaravélou P. et Sorez J. (dir.), *L'Empire des sports. Une histoire de la mondialisation culturelle*, Paris, Belin, 2010.

Spivak M., *Éducation physique, sport et nationalisme en France du Second Empire au Front populaire : un aspect original de la défense nationale*, thèse d'État d'histoire contemporaine, sous la direction de Jean-Baptiste Duroselle, Paris, université Paris-I, 1983.

Veitch C., « "Play up ! and Win the War !" Football, the Nation and the First World War 1914-15 », *Journal of Contemporary History*, vol. 20, n° 3, juillet 1985, p. 363-378.

Waquet A. et Terret T., « Ballons ronds, *tommies* et tranchées : l'impact de la présence britannique dans la diffusion du football association au sein des villes de garnison de la Somme et du Pas-de-calais (1915-1918) », *Modern & Contemporary France*, vol. 14, n° 4, novembre 2006, p. 449-464.

Football, sport, politique et religion

Archambault F., « *Il calcio e l'oratorio* : le mouvement catholique et la médiation du football dans l'Italie du second après-guerre (1944-1960) », *in* Lebecq P.-A. (dir.), *Sports, éducation physique et mouvements affinitaires au XXe siècle. Tome 1 : Les Pratiques affinitaires*, Paris, L'Harmattan, 2004, p. 57-70.

Archambault F., « Communisme et football : les possibilités d'un football populaire dans l'Italie républicaine », *in* Loudcher J.-F., Vivier C., Dietschy P. et Renaud J.-N. (éd.), *Sport et idéologie*, tome II, *Actes du VIIe Congrès international du CESH*, Besançon, ACE SHS/BURS, 2004, p. 109-119.

Archambault F., « Matchs de football et révoltes urbaines dans l'Italie de l'après-guerre », *Histoire & Sociétés. Revue européenne d'histoire sociale*, juin 2006, n° 18-19, p. 190-205.

Archambault F., *Le Contrôle du ballon. Les catholiques, les communistes et le football en Italie*, Rome, École française de Rome, 2012.

Breuil X., « Vichy et le football », *in* Loudcher J.-F., Vivier C., Dietschy P. et Renaud J.-N. (éd.), *Sport et idéologie*, tome II, *Actes du VIIe Congrès international du CESH*, Besançon, ACE SHS/BURS, 2004, p. 53-61.

Cronin M., *Sport and Nationalism. Gaelic Games, Soccer and Irish Identity since 1884*, Dublin, Four Courts Press, 1999.

Dietschy P., « Sport, éducation physique et fascisme sous le regard de l'historien », *Revue d'histoire moderne et contemporaine*, 55-3, juillet-septembre 2008, p. 61-84.

Edelman R., « A Small Way of Saying No : Moscow Working Men, Spartak Soccer, and the Communist Party, 1900-1945 », *The American Historical Review*, décembre 2002, http://www.historycooperative.org/journals/ahr/107.5/ah0502001441.html.

Fatès Y., « Le club sportif, structure d'encadrement et de formation nationaliste de la jeunesse musulmane pendant la période coloniale », *in* Bancel N., Denis D. et Fatès Y., *De l'Indochine à l'Algérie. La jeunesse en mouvements des deux côtés du miroir colonial 1940-1962*, Paris, La Découverte, 2003, p. 150-162.

Fernandez Santander C., *El fútbol durante la guerra civil y el franquismo*, Madrid, Editorial San Martin, 1990.

Fischer G. et Lindner U., *Stürmer für Hitler. Vom Zusammenspiel zwischen Fussball und Nationalsozialismus*, Göttingen, Die Werkstatt, 1999.

Frydenberg J. D., « Le nationalisme sportif argentin : la tournée de Boca Juniors en Europe et le journal *Crítica* », *Histoire & Sociétés. Revue européenne d'histoire sociale*, n° 18-19, juin 2006, p. 76-87.

Frydenberg J. et Daskal R. (dir.), *Fútbol, historia y política*, Buenos Aires, Aurelia Rivera, 2010.

Gastaut Y., *Le Métissage par le foot. L'intégration, mais jusqu'où ?*, Paris, Autrement, 2008.

Grimaldi M., *La Nazionale del Duce. Fatti, anedotti, uomini e società nell'epoca d'oro del calcio Italiano*, Rome, Società Stampa Sportiva, 2003.

Havemann N., *Fussball unterm Hakenkreuz : Der DFB zwischen Sport, Politik und Kommerz*, Francfort, Campus Verlag, 2005.

Hoze B., « Le mouvement sportif a-t-il une vision de l'Europe ? », *in* Schirmann S. (dir.), *Organisations internationales et architectures européennes 1929-1939*, Metz, Centre de recherche histoire et civilisation de l'université de Metz, 2003, p. 163-177.

Lanfranchi P., « Le football sarrois de 1947 à 1952. Un contrepied aux actions diplomatiques », *xxe siècle. Revue d'histoire*, n° 90, avril-juin 1990, p. 59-66.

Léonard Y., « Le sport dans le Portugal de Salazar, "instructeur social" plus qu'outil de propagande », in Bensoussan G., Dietschy P., François C. et Strouk H., *Sport, corps et sociétés de masse. Le projet d'un homme nouveau*, Paris, Armand Colin, 2013, p. 243-255.

Marschik M., « Between Manipulation and Resistance : Viennese Football in the Nazi Era », *Journal of Contemporary History*, 1999, vol. 34 n° 2, p. 215-229.

Martin S., *Football and Fascism. The National Game under Mussolini*, Oxford, Berg, 2004.

Mason T., « Football on the Maidan : Cultural Imperialism in Calcutta », *The International Journal of the History of Sport*, vol. 7, n° 1, 1990, p. 85-96.

Mignon M., « Footballisation de la politique ? Culture du consensus et football en Grande-Bretagne », *Politix*, volume 13, n° 50, 2000, p. 49-72.

Murray B., *The Old Firm : Sectarianism, Sport and Society in Scotland*, Édimbourg, John Donald Publishers, 1984.

Peiffer L. et Schulz-Marmeling D. (dir.), *Hakenkreuz und rundes Leder : Fussball im Nationalsozialismus*, Göttingen, Verlag Die Werkstatt, 2008.

Pfeil U., « Le football allemand sous le national-socialisme », in Bensoussan G., Dietschy P., François C. et Strouk H., *Sport, corps et sociétés de masse. Le projet d'un homme nouveau*, Paris, Armand Colin, 2013, p. 117-133.

Pivato S., *Les Enjeux du sport*, Bruxelles, Casterman Giunti, 1994.

Prigent F., « Football, argent et socialisme. En Avant de Guingamp, des instituteurs laïques à Didier Drogba (1912-2003) », *Histoire et sociétés. Revue européenne d'histoire sociale*, juin 2006, n° 18-19, p. 88-96.

Rein R., « *"El Primer Deportista"* : The Political Use and Abuse of Sport in Peronist Argentina », *The International Journal of the History of Sport*, vol. 15, n° 2, août 1998, p. 54-76.

Serrado R., *O Jogo de Salazar. A Política e o futebol no Estado Novo*, Alfragide, Casa das Letras, 2009.

Shaw D., *Fútbol y franquismo*, Madrid, Alianza Editorial, 1987.

Simon F.-R., Leiblang A., Mahjoub F., *Les Enragés du football. L'autre mai 68*, Paris, Calmann-Lévy, 2008.

Valeri M., *La Razza in campo. Per una storia della Rivoluzione nera nel calcio*, Rome, Edup Editore, 2005.

Yengo P., « Le football africain entre passion nationale et sentiments ethniques : le cas du Congo », *Tumultes*, n° 9, 1997, p. 205-219.

Coupes du monde de football

Chisari F., « Quand le football s'est mondialisé : la retransmission télévisée de la Coupe du monde 1958 », *His-*

toire & Sociétés. Revue européenne d'histoire sociale, n° 18-19, juin 2006, p. 222-237.

Dietschy P., Gastaut Y. et Mourlane S., *Histoire politique des Coupes du monde de football*, Paris, Vuibert, 2006.

Grüne H., *Fussball WM Enzyklopädie 1930-2006*, Francfort, Agon, 2002.

Rinke S. et Schiller K. (éd.), *The FIFA World Cup 1930-2010 : Politics, Commerce, Spectacle and Identities*, Göttingen, Wallstein Verlag Gmbh, 2014.

Tumblety J., « La Coupe du monde de football de 1938 en France. Émergence du sport-spectacle et indifférence de l'État », *XXe siècle. Revue d'histoire*, n° 93, janvier-mars 2007, p. 139-149.

Vigarello G., « Les premières Coupes du monde, ou l'installation du sport moderne », *XXe siècle. Revue d'histoire*, n° 26, avril-juin 1990, p. 5-10.

Wahl A., *Histoire de la Coupe du monde de football. Une mondialisation réussie*, Bruxelles, Peter Lang, 2013.

Football, économie et médias

Andreff W., « Les multinationales et le sport dans les pays en développement ou comment faire courir le tiers-monde après les capitaux », *Tiers-Monde*, 1988, vol. 29, n° 113, p. 73-100.

Bourg J.-F., *Football Business*, Paris, Olivier Orban, 1986.

Drut B., *Économie du football professionnel*, Paris, La Découverte, 2011.

Fridenson P., « Les ouvriers de l'automobile et le sport », *Actes de la recherche en sciences sociales*, 1989, n° 79, p. 50-62.

Hechter D., *Le Football business*, Paris, Ramsay, 1979.

Homburg H., « Ernst Thommen, die Schweiz und der Weltfussball, 1946-1962 », *Basler Zeitschrift für Geschichte und Altertumskunde*, 2007, vol. 107, p. 69-102.

Homburg H., « Financial Aspects of Fifa's World Cup or the Structural Challenges of Growth », *in* Wahl A. (éd.), *Aspects de l'histoire de la Coupe du monde de football*, Metz, Centre régional universitaire lorrain d'histoire site de Metz et Centre international d'étude du sport, 2007, p. 157-209.

Huggins M., Tolson J., « The Railways and Sport in Victorian Britain. A Critical Reassessment », *Journal of Transport History*, 2001, vol. 22, n° 2, p. 108.

Maitrot E., *Sport et télé. Les liaisons secrètes*, Paris, Flammarion, 1995.

Montérémal G., « *L'Équipe* : naissance d'un champion », *L'Histoire*, n° 307, mars 2006, p. 23-24.

Montérémal G., « *L'Équipe* : médiateur et producteur de spectacle sportif (1946-1967) », *Le Temps des médias. Revue d'histoire*, n° 9, hiver 2007/2008, p. 107-120.

Poiseul B., *Football et télévision. II La télévision des autres*, Paris, Librairie « Notre siècle », 1987.

Seidler E., *Le Sport et la presse*, Paris, Armand Colin, 1964.

Smit B., *Pitch Invasion. Adidas, Puma and the Making of Modern Sport*, Londres, Penguin, 2007, rééd.

Vamplew R., *Pay up and Play the Game. Professional Sport in Britain*, Cambridge University Press, 1988.

Les joueurs professionnels : formation et mouvements d'un corps professionnel

Barreaud M., *Dictionnaire des footballeurs étrangers du championnat professionnel français (1932-1997)*, Paris, L'Harmattan, 1998.

Bertrand J., *La Fabrique des footballeurs*, Paris, La Dispute, 2012.

Faure J.-M. et Suaud C., *Le Football professionnel à la française*, Paris, PUF, 1999.

Frenkiel S., « Les footballeurs du FLN : des patriotes entre deux rives », *Migrations Société*, vol. 19, n° 110, mars-avril 2007, p. 121-139.

Frenkiel S., *Une histoire des agents sportifs en France. Les imprésarios de football (1979-2014)*, Neuchâtel, CIES, 2014.

Frydenberg J. D., « El nacimiento del fútbol profesional argentino : resultado inesperado de una huelga de jugadores », Trabajo presentado en el II° Encuentro de Deporte y Ciencias Sociales Facultad de Filosofía y Letras – UBA Organizado por el Area Interdisciplinaria de Estudios del Deporte – 6 de noviembre de 1999, http://www.efdeportes.com/efd17/futpro.htm

Grun L., « Les entraîneurs professionnels et leur influence sur les résultats du football français, 1932-1973 », *Le Mouvement social*, 2013/1, n° 242, p. 115-130.

Poli R., *Les Migrations internationales des footballeurs. Trajectoires de joueurs camerounais en Suisse*, Neuchâtel, CIES, 2004.

Taylor M., *The Leaguers : The Making of Professional Football in England, 1900-1939*, Liverpool, Liverpool University Press, 2005.

Wahl A., « Le Mai 1968 des footballeurs français », *XXe siècle. Revue d'histoire*, n° 26, avril-juin, 1990, p. 73-82.

Wahl A. et Lanfranchi P., *Les Footballeurs professionnels des années trente à nos jours*, Paris, Hachette, 1995.

Les grands protagonistes du football

Armstrong G., « The Migration of the Black Panther : An Interview with Eusebio of Mozambique and Portugal », in Armstrong G. et Giulianotti R. (éd.), *Football in Africa. Conflict, Conciliation and Community*, Basingstoke, Palgrave McMillan, 2004, p. 247-266.

Curkovic Y., avec la collaboration de Vergne R., *Dans mes buts*, Paris, Calmann-Lévy, 1976.

Dalla Chiesa N., *La farfalla granata. La meravigliosa e malinconica storia di Gigi Meroni il calciatore artista*, Arezzo, Limina, 1995.

Dini V., « Maradona, héros napolitain », *Actes de la recherche en sciences sociales*, n° 103, juin 1994, p. 75-78.

Ernault G., *Bathenay le vert aux yeux bleus*, Paris, Calmann-Lévy, 1977.

Follot I. et Dreyfus G., *Salif Keita mes quatre vérités*, Paris, Chiron, 1977.

Fontan A., *Le Roi Pelé*, Paris, Calmann-Lévy, 1970.

Frenkiel S., *Larbi Ben Barek, Marcel Cerdan, Ali Mimoun et Alfred Nakache aux frontières de l'assimilation. Essai de déconstruction des regards posés sur quatre champions nord-africains de l'apogée L'Auto, Paris-Soir et Gringoire à la fureur épuratrice*, mémoire de master 2 STAPS, Orsay, université Paris-XI.

Guillain J.-Y., *La Coupe du monde de football. L'œuvre de Jules Rimet*, Paris, Amphora, 1998.

Hurst G., *1966 and all that. My Autobiography*, Londres, Headline Book Publishing, 2002.

Jacquet A., *Ma vie pour une étoile*, récit recueilli par Philippe Tournon, Paris, Robert Laffont/Plon, 1999.

Kibili M., *Ndaye Mulamba. Roi des buteurs*, Kinshasa, chez l'auteur, 1974.

Kopa R., *Kopa par Raymond Kopa*, Paris, Éditions Jacob-Duvernet, 2006.

Lahouri B., *Zidane une vie secrète*, Paris, Flammarion, 2008.

Lanfranchi P., « Mekloufi, un footballeur français dans la guerre d'Algérie », *Actes de la recherche en sciences sociales*, n° 103, juin 1994, p. 70-74.

Leite Lopes J. S. avec Maresca S., « La disparition de "la joie du peuple". Notes sur la mort d'un joueur de football », *Actes de la recherche en sciences sociales*, 1989, vol. 79, n° 1, p. 21-36.

McFarland A., « Ricardo Zamora : The First Spanish Football Idol », *Soccer and Society*, vol. 7, n° 1, janvier 2006, p. 1-13.

Mason T., « Stanley Matthews, la genèse d'un symbole », *Actes de la recherche en sciences sociales*, n° 103, juin 1994, p. 62-69.

Mourlane S., « Platini et l'Italie : la question des origines », *Migrance*, n° 22, 2ᵉ trimestre 2003, p. 111-118.

Pozzo V., *Campioni del Mondo. Quarant'anni di storia del calcio italiano*, Roma, CEN, 1960.

Rimet, J., *Histoire merveilleuse de la Coupe du monde*, Monaco, Union européenne d'édition, 1954.

Roux G. et Grimault D., *Entre nous*, Paris, Plon, 2006.

Thebaud F., *Pelé : une vie, le football, le monde*, Paris, Hatier, 1974.

Tournon P., *Platini le football en fête*, Paris, Alta, 1977.

Wahl A., « Raymond Kopa : une vedette du football, un mythe », *Sport/Histoire. Revue internationale des Sports et des Jeux*, n° 2, 1988, p. 82-96.

Stades, supporters et rites du football

Augé M., « Football. De l'histoire sociale à l'anthropologie religieuse », *Le Débat*, février 1982, n° 19, p. 59-67.

Baldy dos Reis H. H., *Futebol e Violência*, Campinas, Editoria Autores Associados, 2006.

Bodin D., *Le Hooliganisme*, Paris, PUF, 2003.

Bodin D., Robène L. et Héas S., « Le hooliganisme entre genèse et modernité », *xx*[e] *siècle. Revue d'histoire*, 2005, n° 85, p. 61-83.

Bolz D., *Les Arènes totalitaires. Hitler, Mussolini et les jeux du stade*, Paris, CNRS éditions, 2008.

Bromberger C., avec la collaboration de Havot A. et Mariottini J.-M., *Le Match de football. Ethnologie d'une passion partisane à Marseille, Naples et Turin*, Paris, Éditions de la Maison des sciences de l'homme, 1995.

Bromberger C., *Football, la bagatelle la plus sérieuse du monde*, Paris, Bayard, 1998.

Broussard P., *Génération supporter. Enquête sur les Ultras du football*, Paris, Robert Laffont, 1990.

Buarque de Hollanda B., *O Clube como vontade e representação. O jornalismo esportivo e a formação das torcidas organizadas de futebol do Rio de Janeiro*, Rio de Janeiro, Viveiros de Castro Editora Ltda, 2010.

Dal Lago A., *Descrizione di una battaglia*, Bologne, Il Mulino, 1990.

Darby P., Johnes M. et Mellor G. (dir.), *Soccer and Disaster. International Perspectives*, Londres, Routledge, 2005.

Dietschy P., « Pugni, bastoni e rivoltelle. Violence et football dans l'Italie des années vingt et trente », *in* les *Mélanges de l'École française de Rome. Italie et Méditerranée*, t. 108, 1996, n° 1, p. 203-240.

Dunning E., Murphy P. et Williams J., *The Roots of Football Hooliganism : an Historical and Sociological Study*, Londres, Routledge, 1988.

Ehrenberg A., « Aimez-vous les stades ? Architecture de masse et mobilisation », *Recherches*, n° 43, avril 1980, p. 25-54.

Elias N. et Dunning E., *Sport et civilisation. La violence maîtrisée*, Paris, Fayard, 1994.

Hill J. et Varrasi F., « Creating Wembley : The Construction of a National Monument », *The Sport Historians*, n° 17, 1997, p. 28-43.

Hourcade N., « La France des "ultras" », *Sociétés & Représentations*, décembre 1998, p. 241-261.

Hourcade N., « L'engagement politique des supporters "ultras" français », *Politix*, vol. 13, n° 50, 2000, p. 107-125.

Inglis S., *The Football Grounds of Europe*, Londres, Willow Books, 1990.

Lê-Germain É., « La construction du stade de Gerland (1913-1919) », *in* Arnaud P. et Terret T. (dir.), *Jeux et sports*, Actes du Congrès du CHTS (Clermont-Ferrand et Pau) 1993-1994, Paris Éditions du CTHS, 1995, p. 305-314.

Lanfranchi P. (dir.), *Il calcio e il suo pubblico*, Naples, Edizioni scientifiche italiane, 1992.

Leite Lopes S., « Le "Maracanã", cœur du Brésil », *Sociétés & Représentations*, n° 7, décembre 1998, p. 129-140.

Louis S., *Le Phénomène ultras en Italie*, Paris, Mare et Martin, 2006.

Mignon P., « Un grand club populaire au Stade de France. Que représente une équipe de football ? », *in* Hélal H. et Mignon P. (dir.), « Football. Jeu et société », *Les Cahiers de l'INSEP*, n° 25, 1999, p. 343-369.

Parks T., *A Season with Verona. Travels Around Italy in Search of Illusion, National Character and Goals*, Londres, Vintage, 2003.

Pizzorni Itié F. (dir.), *Les Yeux du stade. Colombes, temple du sport*, Colombes, Éditions de l'Albaron, 1993.

Pourriol O., *Eloge du mauvais geste*, Paris, NIL éditions, 2010.

Ranc D., *Foreign players and football supporters. The Old Firm, Arsenal, Paris Saint-Germain*, Manchester, Manchester University Press, 2012.

Roversi A. (dir.), *Calcio e violenza in Europa*, Bologne, Il Mulino, 1990.

Art, littérature, sport et football

Borges Buarque de Hollanda B., *O Descobrimento do futebol. Modernismo, regionalismo e paixão esportiva em José Lins do Rego*, Rio de Janeiro, Edições Biblioteca Nacional, 2004.

Charreton P., *Les Fêtes du corps. Histoire et tendances de la littérature à thème sportif en France 1870-1970*, CIEREC-université de Saint-Étienne, 1985.

Charreton P., *Le Sport, l'ascèse, le plaisir. Éthique et poétique dans la littérature française moderne*, CIEREC-université de Saint-Étienne, 1990.

Chazaud P., *Art et football : 1860-1960*, Toulaud, Mandala, 1998.

Delbourg P. et Heimermann, *Football & littérature*, Paris, Stock, 1998.

Lesay J.-D., *Les Mots du football*, Paris, Belin, 2006.

O'Mahony M., *Sport in the USSR. Physical Culture-Visual Culture*, Londres, Reaktion Books, 2006.

Les contempteurs du football

Brohm J.-M., *Les Meutes sportives. Critique de la domination*, Paris, L'Harmattan, 1983.

Brohm J.-M. et Perelman M., *Le Football, une peste émotionnelle. Planète des singes, fêtes des animaux*, Paris, les Éditions de la Passion, 1998.

Vassort P., *Football et politique. Sociologie historique d'une domination*, Paris, les Éditions de la Passion, 1999.

Numéros spéciaux de revues

« Le football sport, sport du siècle », *XXe siècle. Revue d'histoire*, avril-juin 1990, n° 26.

« Football et sociétés », *Sociétés & Représentations*, décembre 1998.

« Football. Jeu et société », *Les Cahiers de l'INSEP*, n° 25, 1999.

« Sport et immigration : parcours individuels, histoires collectives », *Migrance*, n° 22, 2e trimestre 2003.

« Football », *Pouvoirs*, n° 101, 2e trimestre 2002.

« Football, sport mondial et sociétés locales », *Histoire et sociétés. Revue européenne d'histoire sociale*, n° 18-19, juin 2006.

« Le foot, du local au mondial », *Vingtième Siècle. Revue d'histoire*, n° 111, juillet-septembre 2011, p. 3-72.

Chronologie historique du football

1846 : Premières règles écrites de l'université de Cambridge.

1857 : Création du Sheffield FC, le premier club de football de l'histoire.

1863 : Fondation de la Football Association (FA) et établissement des 14 premières lois du jeu.

1866 : Première modification de la règle du hors-jeu : un joueur est hors-jeu s'il y a moins de trois adversaires entre lui et la ligne de but adverse.

1867 : Naissance du Buenos Aires FC.

1871 : Fondation de la Rugby Football Union.

1872 : Première finale de la FA Cup, Wanderers-Royal Engineers (1-0). Premier match international Écosse-Angleterre (0-0). Création du Havre Athletic Club.

1883 : L'équipe ouvrière de Blackburn Olympic bat l'équipe bourgeoise des Old Etonians (2-1) en finale de la Coupe d'Angleterre.

1885 : Autorisation du professionnalisme par la Football Association.

1886 : Premier meeting de l'International Football Association Board (IFAB) réunissant les délégués des quatre fédérations de football britanniques.

1888 : Création de la Football League en Angleterre. Fondation du Celtic Football and Athletic Club à Glasgow. Le gardien de but est autorisé à utiliser les mains.

1891 : Introduction de l'arbitre dans le champ de jeu et du *penalty kick*.

1892 : Fondation de l'Indian Football Association (IFA).

1893 : Création du Genoa Football and Cricket Club.

1894 : Fondation du premier club de football féminin, le British Ladies Football Club.

1899 : Création du FC Barcelone.

1900 : Naissance du *Deutscher Fussball Bund* (Fédération allemande de football).

1902 : Catastrophe du stade d'Ibrox Park à Glasgow (27 morts). Premier match international sur le continent européen à Vienne : Autriche-Hongrie (5-0).

1904 : Premier match de l'équipe de France à Bruxelles contre la Belgique (3-3). Fondation de la Fédération internationale de football association (FIFA) à Paris.

1911 : Victoire du club hindou de Mohun Bagan.

1912 : Onze équipes participent au tournoi de football des Jeux olympiques de Stockholm.

1914 : George V, premier souverain anglais à assister à la finale de la FA Cup. Création de bataillons de footballeurs dans l'armée de Kitchener.

1916 : Le capitaine Nevill monte à l'assaut avec ses hommes en shootant dans des ballons de football lors de l'offensive de la Somme. Première édition de la Copa América remportée par l'Uruguay.

1918 : Première finale de la Coupe Charles-Simon/Coupe de France remportée par l'Olympique de Pantin contre le FC Lyon (2-1).

CHRONOLOGIE HISTORIQUE DU FOOTBALL 767

1919 : Création de l'Association sportive congolaise et de l'Espérance sportive de Tunis.

1920 : Victoire de l'équipe de Belgique en finale du tournoi olympique d'Anvers après la sortie du terrain de la sélection de Tchécoslovaquie sur contestation.

1921 : Élection de Jules Rimet à la tête de la FIFA. Fondation de la Jeanne d'Arc de Dakar et du Mouloudia Club d'Alger.

1923 : L'Union égyptienne de football rejoint la FIFA. Inauguration tumultueuse du stade de Wembley à Londres. Edoardo Agnelli devient président de la Juventus de Turin.

1924 : Victoire de l'équipe d'Uruguay en finale du tournoi olympique de Paris face à la Suisse (3-0). Adoption du professionnalisme en Autriche. Création de la China National Amateur Athletic Federation.

1925 : Des supporters de Bologne et de Genoa échangent des coups de feu dans la gare de porta Nuova à Turin. Deuxième réforme du hors-jeu : un joueur est hors-jeu s'il y a moins de deux adversaires entre lui et la ligne de but adverse.

1926 : Arrivée du hiérarque fasciste Leandro Arpinati à la tête de la fédération italienne de football.

1927 : Première édition de la Mitropa Cup remportée par le Sparta Prague. Gaston Doumergue, premier président de la République française à assister à la finale de la Coupe de France.

1928 : Deuxième titre olympique uruguayen après la victoire en finale sur l'Argentine (2-1). La FIFA décide de créer une Coupe du monde de football. La ligue professionnelle espagnole est créée. Inauguration du stade du Dynamo Moscou. Les quatre fédérations britanniques quittent la FIFA.

1930 : Première Coupe du monde organisée et remportée par l'Uruguay (2-1) contre l'Argentine au stade du Centenaire de Montevideo (100 000 places). Arsenal remporte la FA Cup en employant la tactique du WM mise au point par son manager Herbert Chapman.

1931 : Premier match France-Allemagne (1-0). Raoul Diagne, fils du député Blaise Diagne, premier joueur noir à être sélectionné en équipe de France de football.

1932 : Le professionnalisme est autorisé en France et en Uruguay.

1933 : Adoption du football professionnel au Brésil. Expulsion des Juifs et des membres des mouvements sportifs marxistes du DFB.

1934 : Succès transalpin (2-1) contre l'équipe de Tchécoslovaquie dans la deuxième Coupe du monde organisée en Italie sous le regard de Benito Mussolini.

1937 : Tournée de l'équipe d'Euzkadi en Europe et en Amérique. Premier essai de retransmission télévisée d'un match de football.

1938 : Doublé italien lors de la troisième Coupe du monde organisée en France. Victoire 4-2 contre la formation hongroise en finale. Les joueurs de l'équipe d'Angleterre exécutent le salut nazi avant le coup d'envoi de la rencontre Allemagne-Angleterre au Stade olympique de Berlin. Inauguration de l'*estadio Monumental* à Buenos Aires.

1942 : Arrestation et déportation en Sibérie des frères Starostin, joueurs et dirigeants du Spartak de Moscou.

1945 : Tournée du Dynamo Moscou en Angleterre.

1946 : Exclusion de la FIFA des fédérations allemande et japonaise. Retour des fédérations britanniques au sein de la FIFA.

1947 : Première édition de la Coupe de l'A.-O.F. Entrée de la fédération soviétique dans la FIFA.

1948 : Les frères Dassler se séparent pour créer Adidas et Puma. Création de la ligue professionnelle colombienne Dimayor.

1949 : Première édition de la Coupe latine remportée par le FC Barcelone. Catastrophe aérienne de Superga : disparition de l'équipe du grand Torino.

1950 : Inauguration du stade de Maracanã à Rio de Janeiro (200 000 places). La défaite de l'équipe du Brésil en finale de la Coupe du monde 1950 face à la sélection uruguayenne (1-2) plonge la ville de Rio dans la consternation.

1953 : L'équipe d'Angleterre battue dans le stade de Wembley par la sélection hongroise par 6 buts à 3.

1954 : Jules Rimet prend sa retraite de président de la FIFA. Première retransmission télévisée d'une Coupe du monde. « Miracle de Berne » : l'équipe de RFA remporte la finale de la Coupe du monde organisée en Suisse en battant la Hongrie de Ferenc Puskas (3-2). Fondation de l'Asian Football Confederation (AFC) et de l'Union des associations européennes de football (UEFA).

1955 : Création de la Coupe d'Europe des clubs champions par le quotidien *L'Équipe* à l'instigation du journaliste Gabriel Hanot.

1956 : Le Real Madrid remporte la première Coupe d'Europe des clubs champions en battant au Parc des Princes le Stade de Reims 4 buts à 3. La Corée du Sud gagne la première édition de l'Asian Nations Cup. Stanley Matthews reçoit le premier Ballon d'or décerné par *France Football*. Exode massif des footballeurs hongrois après l'écrasement de l'insurrection de Budapest.

1957 : Fondation à Khartoum de la Confédération africaine de football (CAF) et première Coupe d'Afrique des nations gagnée par l'Égypte. Assassinat du député algérien Ali Chekkal par un agent du FLN lors de la finale de la Coupe de France. Violences antibelges au stade du Roi-Baudouin de Léopoldville. Inauguration du Camp Nou à Barcelone.

1958 : Catastrophe aérienne de Munich dans laquelle 8 joueurs de Manchester United trouvent la mort. Constitution de l'équipe du FLN. Première victoire du Brésil en Coupe du monde. L'équipe de France remporte la troisième place et Just Fontaine termine meilleur buteur avec 13 réalisations. Première édition de la Coupe d'Europe des villes de foire remportée par le FC Barcelone. La fédération de Chine populaire sort de la FIFA.

1960 : Première édition du Championnat d'Europe des nations/Coupe Henri-Delaunay remportée par l'URSS. Première édition de la Coupe intercontinentale gagnée par le Real Madrid.

1961 : Élection de sir Stanley Rous à la tête de la FIFA.

1962 : Deuxième titre mondial du Brésil obtenu au Chili.

1963 : Débuts de la *Bundesliga*. Expulsions de population et rupture des relations diplomatiques entre le Congo-Brazzaville et le Gabon après deux matchs de Coupe des Tropiques.

1964 : Première édition de la Coupe d'Afrique des clubs gagnée par l'Oryx Douala.

1966 : L'Angleterre remporte la finale de la Coupe du monde disputée à Wembley 4-2 face à la RFA. Les prisonniers politiques du pénitencier sud-africain de Robben Island créent la Makana Football Association.

1968 : Création de la North American Soccer League (NASL) aux États-Unis. Première utilisation des cartons jaune et rouge. Victoire de Manchester United et de George Best en finale de la Coupe d'Europe des clubs champions.

1969 : « Guerre du football » entre le Honduras et le Salvador.

1970 : Le Brésil conserve définitivement la Coupe Jules-Rimet après sa victoire (4-1) en finale de la Coupe du monde 1970.

1971 : Première Coupe d'Europe des clubs champions remportée par l'Ajax d'Amsterdam.

1974 : Élection de João Havelange à la tête de la FIFA grâce aux voix de l'Afrique. Deuxième titre mondial de l'équipe de RFA.

1975 : Les supporters de Leeds United saccagent le Parc des Princes à la fin de la finale de la Coupe des clubs champions Bayern Munich-Leeds United.

1976 : La fédération blanche sud-africaine est radiée de la FIFA.

1978 : Campagne de boycott en Europe contre la Coupe du monde organisée en Argentine. Le général Videla remet la Coupe du monde au capitaine argentin Daniel Passarella dans l'*estadio Monumental* de Buenos Aires. Le Sporting Club de Bastia finaliste de la Coupe de l'UEFA.

1979 : La fédération de Chine populaire rejoint la FIFA.

1980 : Transformation de la Coupe intercontinentale en Toyota Cup jouée à Tokyo.

1982 : L'équipe d'Italie remporte en Espagne sa troisième Coupe du monde.

1984 : L'équipe de France gagne le Championnat d'Europe des nations et le tournoi olympique de football. Le Napoli rachète le contrat liant Diego Armando Maradona au FC Barcelone pour 75 millions de francs.

1985 : Désastre du stade du Heysel de Bruxelles : 39 supporters de la Juventus trouvent la mort dans la panique provoquée par les hooligans de Liverpool.

1986 : « Main de Dieu » de Maradona en quart de finale de la Coupe du monde face à l'Angleterre et victoire finale de l'Argentine. L'homme d'affaires Silvio Berlusconi devient président de l'AC Milan.

1987 : L'AC Napoli est la première équipe méridionale à remporter le championnat d'Italie.

1989 : 95 spectateurs trouvent la mort dans la bousculade géante du stade d'Hillsborough de Sheffield.

1991 : Première Coupe du monde féminine FIFA remportée par l'équipe des États-Unis.

1992 : La chaîne par satellite BSkyB signe un contrat record de 300 millions de livres avec la Première League anglaise. Interdiction de la passe au pied au gardien.

1993 : L'Olympique de Marseille remporte la Ligue des champions, nouvelle formule de la Coupe des clubs champions. Création de la J. League, la première ligue professionnelle japonaise.

1994 : Victoire du Brésil dans la Coupe du monde organisée aux États-Unis.

1995 : Arrêt de la Cour européenne de justice dit arrêt Bosman accordant la pleine liberté contractuelle et de circulation aux sportifs professionnels.

1996 : Le Paris-Saint-Germain remporte la Coupe des vainqueurs de coupe.

1998 : L'équipe de France « black-blanc-beur » remporte la Coupe du monde en battant le Brésil (3-0) au Stade de France. Le Suisse Joseph « Sepp » Blatter élu président de la FIFA. Le tacle par-derrière est sanctionné d'un carton rouge.

2000 : L'équipe de France gagne l'Euro 2000. Création de la Women's United Soccer Association (WUSA).

2001 : Transfert record de Zinedine Zidane de la Juventus de Turin au Real Madrid pour 75 millions d'euros.

2004 : L'Afrique du Sud est le premier pays africain choisi pour organiser une Coupe du monde.

CHRONOLOGIE HISTORIQUE DU FOOTBALL

2006 : « Coup de boule » de Zinedine Zidane et victoire de l'équipe d'Italie en finale de la Coupe du monde organisée par l'Allemagne.

2007 : Élection de Michel Platini à la tête de l'UEFA.

2009 : L'équipe de France se qualifie pour la Coupe du monde 2010 grâce à une action de jeu entachée d'une main de Thierry Henry.

2010 : Première Coupe du monde organisée sur le continent africain dans la République sud-africaine. Grève des joueurs de l'équipe de France à Knysna. Premier titre mondial de l'équipe d'Espagne.

2014 : Deuxième coupe du monde organisée au Brésil.

Index

AC Milan : 117, 183, 246, 326, 334, 360, 425, 432, 434, 453-454, 458, 463, 466, 557, 559-560, 564, 567-568, 628
AC Napoli : 243, 361, 458
Adenauer, Konrad : 237
Adidas : 419, 471, 477-479, 556, 627
Admira Vienna : 248, 421
AFC, Asian Football Confederation : 427-429, 593, 599, 606
Agnelli, Edoardo : 183, 273, 562
Agnelli, Gianni : 456-457, 557
AJ Auxerre : 522, 531-532
Ajax Amsterdam : 276, 459, 464-467, 559, 613
Akwei, Richard : 377
Al-Ahmad Al-Saban, Fahad : 601
Albert, prince consort de Royaume-Uni : 56
Alcock, Charles : 53-54

Allemandi, Luigi : 207, 241
Allende, Salvador : 346
Alphonse XIII, roi d'Espagne : 435, 447
Alumni FC : 121
Amateur Football Association (AFA) : 77, 377
Amateure, Vienne : 180, 182, 225, 239
Amin Dada, Idi : 348, 411
Amoros, Francisco : 43
Andrade, José Leandro : 175
Annaud, Jean-Jacques : 518
Archetti, Eduardo : 178
Arnold, Thomas : 41, 484
Arpinati, Leandro : 184, 204, 237, 241, 243, 605
Arrêt Bosman : 586, 612-613
Arsenal FC : 58, 65-66, 73, 217, 220-221, 287, 575, 602, 617
Asante Kotoko : 107, 412
ASEC Abidjan : 375
ASF, Association suisse de football : 157, 191

AS Monaco : 614
AS Roma : 225, 243, 246, 454, 562, 573, 581, 627
AS Saint-Étienne : 380, 384, 414, 499-502, 509, 515, 517, 526, 530, 532, 555-556, 563, 567, 580
Aston, Ken : 345, 547
Aston Villa FC : 57, 64, 66, 70, 73, 132, 581
Athletic Bilbao : 228, 359, 438, 444
Atletico Madrid : 437, 446, 561
Audoin-Rouzeau, Stéphane : 140
Augé, Marc : 25
Azikiwe, Nnamdi : 373, 377

Baden-Powell, Robert : 77
Bagayoko, lieutenant-colonel Tiékoro : 398-399
Baillet-Latour, comte Henri de : 193-194
Baker, Joséphine : 175
Balbo, Italo : 172
Bangu AC : 188, 311
Banks, Gordon : 327, 544
Barassi, Ottorino : 295, 426, 461
Barbosa, Moacyr : 319
Baresi, Franco : 559
Bartali, Gino : 215, 285, 454
Barthas, Louis : 148
Barthou, Louis : 208
Bathenay, Dominique : 500, 502
Battle y Ordóñez, José : 200
Bauwens, Peco : 267, 281-283, 295

Bayart, Jean-François : 385, 615
Bayern Munich : 239, 500, 567, 579
Bayrou, Georges : 509, 520
Beckenbauer, Franz : 472, 474, 499, 555, 564, 587, 611
Becker, Annette : 140
Beckham, David : 587, 593
Belloumi, Lakdhar : 393
Benavides, Oscar Raimundo : 299
Ben Barek, Larbi : 367, 380, 523, 526
Ben Bella, Ahmed : 387
Benfica Lisbonne : 326, 448-453, 459, 461, 503
Bensemann, Walther : 116, 125, 231, 238, 271-272
Beria, Lavrenti : 257
Berlusconi, Silvio : 34, 535, 557-560
Bernabéu, Santiago : 441-443, 445-447, 470, 536, 552
Best, George : 579, 587
Bez, Claude : 516-517
Bilardo, Carlos : 360
Biscardi, Aldo : 558
Blackburn Olympic : 60
Blackheath Club : 45, 47, 49
Blanc, Laurent : 504
Blankenburg, Horst : 466
Blatter, Joseph, dit Sepp : 615, 621, 623
Blokhine, Oleg : 475
Blondin, Antoine : 343
Bobrov, Vsevolod : 286-287

Boca Juniors : 122, 176-177, 187, 302-303, 331, 334, 358
Boli, Basile : 564
Bonga Bonga, Paul : 388
Bonhof, Rainer : 472, 555
Boniek, Zbigniew : 394, 554
Bonnard, Abel : 521
Borotra, Jean : 276, 512
Borussia Mönchengladbach : 472, 580
Bosquier, Bernard : 563
Bouin, Jean : 185
Boulogne, Georges : 514
Bourget, Paul : 590
Bourguiba, Habib : 371
Breyer, Victor : 138-139
Briquet, Georges : 206
British Ladies Football Club : 604
Brohm, Jean-Marie : 352
Bromberger, Christian : 571
Broughton, Jack : 39
Buero, Enrique E. : 198
Busby, Matt : 578
Buser, Paul : 156

Cabanes, Bruno : 155
Cabot, Ricardo : 270
CAF, Confédération africaine de football : 367, 390-391, 399, 402, 407-408
Caillois, Roger : 32
Cambridge, université de : 46-48, 77
Campbell, Francis Maude : 49
Cañedo, Guillermo : 549
Cangioni, Pierre : 555
Cantona, Eric : 504, 617
Capello, Fabio : 559
Carlos Alberto, Carlos Alberto Torres, dit : 320, 327
Carnus, Georges : 563
Carpentier, Georges : 141, 163
Casalbore, Renato : 209
Cazals, Rémy : 148
Cejeiro, Ramón : 303-304
Celtic FC, Glasgow : 83, 85-86, 167, 332, 580
Cerdan, Marcel : 286
CFI, Comité français interfédéral : 154, 490-491
Chaban-Delmas, Jacques : 516
Champagne, Jérôme : 614
Chapatte, Robert : 555
Chapman, Herbert : 220-221
Charles VIII, roi de France : 161
Charlton, Bobby : 579
Charnock, Harry : 114
Chayriguès, Pierre : 186, 491
Chekkal, Ali : 380
Chelsea FC : 142, 218, 261, 287, 575, 617
Chesterman, William : 51
Chirac, Jacques : 516
Churchill, Winston : 543
CIO, Comité international olympique : 131, 161, 179, 190, 192-194, 259, 267
Clarke, John : 577
Clough, Brian : 580
Club Français : 130, 486
Cobb Morley, Ebenezer : 47-48, 51
Collins, Michael : 91
Colombo, Felice : 559
Coluña, Mario : 450, 459

Combi, Giampiero : 207, 209-210
Combin, Nestor : 334
CONCACAF, Confederation of North, Central America and Caribbean Association Football : 337
CONMEBOL, Confederación Sudamericana de Fútbol : 301-302, 307, 313
Coppi, Fausto : 278, 285, 454
Corinthian FC : 125
Coubertin, Pierre de : 23, 81, 267, 369, 484-485
Coupe d'Angleterre/FA Cup : 53-55, 60, 64, 78-79, 154, 167, 191, 538
Coupe de France/Coupe Charles-Simon : 168, 186, 272, 275, 518-520, 531, 555, 563
Couthino, Giulite : 550
Craxi, Bettino : 560
Cruyff, Johan : 353, 464-465, 467-471, 473, 479, 559, 587
Curkovic, Yvan : 499-500
Cusack, Michael : 90
Czibor, Zoltan : 293, 444

Da Guia, Domingos Antônio : 311-312
Dahleb, Mustapha : 393, 511
Daladier, Édouard : 212
Da Silva, Leônidas : 311, 315
Dassler, Adolf : 476-478
Dassler, Horst : 478-479, 618-619
Dassler, Rudolph : 476-477
Davies, John Henry : 58

De Andrade, Joaquim Pedro : 325
Defferre, Gaston : 564
Delaunay, Henri : 129, 159, 191, 196-197, 213, 217, 286, 292, 314, 426, 430, 432, 521, 537, 598, 623
Dempsey, Jack : 163
Derby, Edward George Villiers Stanley Lord : 142
Derwall, Jupp : 393
De Ryswick, Jacques : 316-317, 432
Deschamps, Didier : 504, 614
Desgrange, Henri : 142, 155, 161, 519
De Vecchi, Renzo : 227
DFB, Deutscher Fussball-Bund : 121, 124, 126, 128, 152-153, 160, 189-190, 195, 237-240, 242, 295, 350, 472, 506, 554
DFC Prag : 128
Diagne, Raoul : 523
Diarra, Mahamadou : 615
Didi, Valdir Pereira, dit : 320-322, 498
Dimayor, ligue professionnelle : 307-308
Dispan de Floran, Henry : 147
Disraeli, Benjamin : 78
Di Stéfano, Alfredo : 306-308, 327, 434, 443-445, 453
Dixie, Florence : 604
Doubleday, Abner : 590
Doumergue, Gaston : 519
Drogba, Didier : 615
Duarte de Perón, Maria Eva : 304, 306, 308
Duhamel, Georges : 163
Dunning, Eric : 577-578

Duperron, Georges : 114
Dupuy, Luis F. : 301
Duruy, Victor : 43
Dynamo Kiev : 279-280, 475, 499
Dynamo Moscou : 252-253, 255-256, 286-287

Édouard II, roi d'Angleterre : 35
Édouard VII, roi d'Angleterre : 21, 89
Edwards, Duncan : 579
Eintracht Francfort : 239, 434
Elias, Norbert : 35, 39-40, 577-578
Élizabeth II, reine d'Angleterre : 546
Érasme, Didier : 35
Espérance sportive de Tunis : 371
Essien, Michael : 615
Eto'o, Samuel : 615
Eusebio, Eusebio Da Silvia Ferreiro, dit : 450-452, 459, 587
Everton FC : 64, 73

Facchetti, Giacinto : 327, 461, 465
Fairclough, David : 502
Falcão, Roberto : 554
Fangio, Juan Manuel : 305
Faras, Ahmed : 412
Fassbinder, Rainer Werner : 294
FC Barcelone : 112, 169, 171, 184-185, 228, 269, 358, 425, 436, 438-439, 441, 443, 450, 460, 468-470, 533, 552, 559

FC Lyon : 112, 154
FC Nuremberg : 189, 266
FC Porto : 448-449
FC São Paulo : 177, 315
FC Sète : 509, 521
FC Sochaux : 186, 261, 510, 514-515, 521
Fedotov, Grigory : 254
Fenerbahçe : 625
Feola, Victor : 321
Ferencvaros : 174, 225
Fernandez, Luis : 525-526, 565
Ferran, Jacques : 320, 431-432, 549
Ferretti, Lando : 237, 241, 260
FFF(A), Fédération française de football (association) : 150, 153, 155-156, 159, 170, 185-186, 191, 195, 275, 491, 506, 519, 528, 605
FGSPF, Fédération gymnastique et sportive des patronages de France : 151, 154, 488-491, 519
FIFA, Fédération internationale de football association : 81, 125-128, 130, 132-135, 137, 156-161, 179, 190-197, 203, 216-217, 266-271, 281-283, 297-302, 308, 313, 332, 335, 341, 343-344, 347, 349-351, 369, 382-383, 388, 391-392, 394, 400, 420, 426, 428-429, 433, 440, 456, 490, 539, 541-542, 547-551, 585, 588, 592-594, 599-600, 605-

607, 609, 611, 614-615, 618-620, 623

FIGC, Federazione Italiana Giuoco Calcio : 122, 124, 152, 184, 191, 203-204, 237, 285, 291, 295

Filho, Mário : 311, 315-316

First Vienna : 180

Flamengo, Clube de Regatas do Flamengo, Rio de Janeiro : 188, 311, 324

Fluminense FC, Rio de Janeiro : 188

Fontaine, Just : 463, 478, 497-498

Football Association : 47-48, 51-54, 57, 63-64, 69-70, 76-78, 125, 127-129, 156, 158, 165-166, 216-217, 219, 261, 286, 574, 604

Football League : 64-65, 69-70, 77, 83, 222, 574

Forrest, James : 71

Fortoul, Hippolyte : 43

Fouad Ier, roi d'Égypte : 105

Francescoli, Enzo : 565

Franchi, Artemio : 392

Franco, Francisco : 271, 425, 437, 446-447, 536, 552

Freyre, Gilberto : 310-311, 323

Friedenreich, Arthur : 310-311, 313

Fuller, John G. : 144

Fussell, Paul : 139

Galatasaray : 114, 428

Galeano, Eduardo : 308

Gallas, William : 537

Gambardella, Emmanuel : 186

Gamblin, Lucien : 208, 309

Gamper, Hans : 112, 169, 184, 552

Garcia Schlee, Aldyr : 320

Garrincha, Manuel Francisco dos Santos, dit : 320-326, 329, 387, 498

Gassmann, Kurt : 387

Gaulle, Charles de : 513

Genoa Cricket and Football Club : 112-113, 172, 174, 183, 227, 421, 457

Géo Charles, Charles Guyot, dit : 149

George V, roi d'Angleterre : 21, 78, 89, 165

Georges, Jacques : 582

Germain, Henri : 511

Gibson Poole, colonel Thomas : 76

Girard, René : 399

Giraudoux, Jean : 508

Giresse, Alain : 525, 601

Girondins de Bordeaux : 502, 516-517

Giscard d'Estaing, Valéry : 501

Gladstone, William Ewart : 53

Goebbels, Joseph : 264

Gouberville, Gilles Picot, sieur de : 30

Gould, Arthur : 87-88

Gramsci, Antonio : 11, 171, 240

Green, Geoffrey : 24, 538

Greenock : 167

Grobelaar, Bruce : 581

Grosics, Gyula : 289, 293

Guareschi, Giovanni : 291

Guérin, Robert : 126-127

Guillaume II, empereur d'Allemagne : 160
Gullit, Ruud : 559-560
Guttmann, Allen : 25

Hafia FC, Conakry : 410-412
Haig, général Douglas : 146
Hakoah, Vienne : 180, 182
Halter, Marek : 352
Hanot, Gabriel : 168, 209, 231, 422, 431, 491, 506, 614
Hansen, John : 457
Harlan, Veit : 249
Harrow, collège de : 40, 46, 94
Havelange, João : 329, 346, 391-392, 429, 550-551, 592, 606-607, 618-619, 623
Havemann, Nils : 245
Hayatou, Issa : 623
Heart of Midlothian : 83
Hearts of Oak : 106-107
Hechter, Daniel : 515
Heisserer, Oscar : 286
Hellas Verona : 628
Hellström, Kristian : 133
Henri IV, roi de France : 37
Henry, Thierry : 536
Herberger, Sepp : 265, 292, 295, 477
Herrera, Helenio : 459-462
Herriot, Édouard : 160, 170
Hertz, Robert : 150
Herzog, Maurice : 512-513
Hidalgo, Michel : 353, 434
Hidegkuti, Nandor : 289, 405
Hiden, Rudi : 523
Hills, Arnold F. : 58

Hindenburg, Paul maréchal von : 237
Hirschman, Carl A. W. : 131, 133, 156
Hirzer, Ferenc : 233, 243
Hitler, Adolf : 237, 255, 262-265
Hobsbawm, Eric : 78, 161
Hogan, Jimmy : 134
Hogan, Michael : 91
Hohenzollern, Guillaume de, dit le Kronprinz : 121, 153
Holt, Richard : 59
Honved : 287, 290, 431, 444
Hubscher, Ronald : 149
Hueppe, Ferdinand : 128
Hughes, Thomas : 42, 57
Huizinga, Johan : 31
Hurst, Geoff : 544-546

IFA, Indian Football Association : 98
IFAB, International Football Association Board : 66, 124, 135, 216, 219, 547, 609, 620
Internazionale Milano FC : 117, 183, 243, 454, 457-458, 460, 466, 559, 567-568, 627

Jacquet, Aimé : 505, 616
Jahn, Friedrich Ludwig : 43, 120
Jeanne d'Arc de Dakar : 366, 375
Jeppson, Hasse : 458
Jinnah, Ali : 99
Jockey Club : 38
Johansson, Lennart : 623
Johnston, Maurice : 85

Jonquet, Robert : 321-322
Jordan, Gusti : 286, 523
Jordan, Henryk : 122
Jusserand, Jean-Jules : 22
Justinien Ier, empereur byzantin : 33
Justo, général Agustín Pedro : 303
Juventus Torino : 113, 115, 117-118, 148, 169-170, 183-184, 195, 225, 244, 246, 361, 421, 425, 454, 456, 466, 503, 526, 556, 562-563, 572, 581-582, 603, 626-627

Kapuściński, Ryszard : 340
Karoly, Jenö : 244
Käser, Helmut : 346, 400
Keegan, John : 147
Keegan, Kevin : 501, 580
Keita, Salif : 411, 414-415
Kempès, Mario : 354, 357
Kimpton, Arthur : 223
Kissinger, Henry : 550
Kitabdjian, Michel : 579
Kitchener, général Horatio Herbert : 142
Knox, John : 85
Kocsis, Sandor : 444
Konrad, Kalman et Jenö : 182, 239
Kopa, Raymond : 382, 401, 445-446, 463, 498, 511, 523-524, 616
Krol, Ruud : 465
Kubala, Laszlo : 439-441, 443-445
Kubitschek, Juscelino : 321-322

Kun, Béla : 181
Kuzorra, Ernst : 240

Lafleur, Abel : 202
Lagardère, Jean-Luc : 518, 564-565
Lagrange, Léo : 213, 512
La Kethulle de Ryhove, Raphaël de : 364-365, 378
Landauer, Kurt : 239
Lanfranchi, Pierre : 18, 151
Langenus, John : 201-202
Larqué, Jean-Michel : 499
Laurent, Lucien : 201
Lauro, Achille : 458, 510
Laveleye, baron Édouard de : 129, 158
Law, Denis : 546, 579
Lazio Roma : 225, 243, 457, 562
Lebrun, Albert : 210, 212, 519
Leclerc, Marcel : 563, 565
Leeds United : 575, 579, 617
Le Havre Athletic Club : 113, 482, 488
Léopold III, roi des Belges : 365
Levi, Carlo : 233
Lévy, Jean-Bernard : 266, 422-423, 509, 520
Ley, Robert : 246
LFA, Ligue de football association : 151
Linnemann, Felix : 195-196, 238
Lins do Rêgo, José : 316
Littbarski, Pierre : 565
Liverpool FC : 501-502, 576, 580-581, 583, 617, 627

Lloyd George, David : 88
Lopez, Antoine : 224
Lotsy, Karel : 598
Louis XIV, roi de France : 37

Madjer, Rabah : 393
Magnusson, Roger : 414, 563
Maier, Sepp : 472, 474, 500
Malaja, Lilia : 612
Maldini, Paolo : 559
Manchester City : 82
Manchester United : 58, 71, 73, 82, 88, 575, 578, 580, 617
Manning, Randolph : 283, 588-589
Maracanã, stade de : 316, 325
Maradona, Diego Armando : 298, 357-359, 361, 555-556
Markovits, Andreï : 589
Marone, Enrico : 241
Marquet, Adrien : 213
Martin Fernandez, Alberto : 162
Martinez, Claudio : 299-300
Marylebone Cricket Club : 38
Masopust, Josef : 322
Matateu, Lucas Sebastião da Fonseca, dit : 449-450
Matthews, Stanley : 274, 379, 538-539
Mattler, Étienne : 227, 230, 277
Mauro, Giovanni : 203, 267, 271, 282
Mauss, Marcel : 16
Mazzola, Sandro : 461-462
Mazzola, Valentino : 285

McGregor, William : 64
McLaughlin, John : 87
Meazza, Giuseppe : 207-211, 225, 232
Médicis, Alexandre de : 28
Médicis, Côme de : 28
Meisl, Hugo : 180, 182, 196-197, 221, 231, 266, 271, 421
Meisl, Willy : 465
Mekhloufi, Rachid : 380, 384, 393-394
Menotti, Luis Cesar : 354, 358
Mercet, René : 208
Meredith, Billy : 71, 88
Meroni, Gigi : 462
Michels, Rinus : 464, 470
Milla, Roger : 394
Miller, Charles : 109
Milliat, Alice : 604
Millonarios Bogota : 307, 443
Miró Trepat, Alejandro : 184
Mitterrand, François : 525
Mobutu, Sese Seko : 388-389, 412-413
Mocky, Jean-Pierre : 573
Mohammedan S C : 99
Mohun Bagan A C : 98-99
Montesquieu, Charles-Louis de Secondat, baron de La Brède et de : 37
Montherlant, Henry de : 508
Monti, Luis : 177-178, 208, 217, 244
Moore, Bobby : 544, 546
Moratti, Angelo : 460, 570
Moravia, Alberto : 246
Mosca, Maurizio : 558
Moscardó, colonel José : 436, 455, 469
Mosley, Oswald : 165

Mosse, George : 171
Mouloudia Club Algérois : 370, 410
MTK Budapest : 181-182, 225, 239
Müller, Gerd : 472-473, 498, 500
Muñoz Calero, Armando : 439
Murdoch, Rupert : 616
Mussolini, Benito : 172, 203, 205-207, 209-210, 214-215, 246, 277, 304, 367, 421, 453, 456

Nacional Montevideo : 177, 199, 311
Nadi al-Ahli : 105
Nadi Ezzamalek : 105
Nagoya Campus : 602
Nagy, Imre : 444
Napoléon III, empereur des Français : 43
Nasazzi, José : 175, 202
Ndaye, Mulamba : 412-413
Neeskens, Johan : 465, 473
Nerz, Otto : 264-265
Neuberger, Hermann : 350, 474
Nevill, capitaine Wilfred Percy : 139
Nicolas, Jean : 227
Nkrumah, Kwame : 386, 390, 409, 411
Noah, Zacharie : 413
Nottingham Forest : 539, 580-581, 583

Old Etonians : 60
Olympique de Marseille : 272, 367, 414, 416, 497, 503, 517, 521, 533, 563-565, 567, 613
Olympique de Pantin/Paris : 154
Orsi, Raimundo : 177, 195, 207, 224, 244, 247, 626
Oryx Douala : 410
Oxford, université d' : 62, 77

Paats, William : 110
Painlevé, Paul : 145
Pamuk, Orhan : 428
Panthère noire : 415
Papin, Jean-Pierre : 504, 564, 567
Papon, Maurice : 424
Paris-Saint-Germain : 415, 503-504, 511, 515, 529-530, 533, 567, 613, 651-652
Parks, Tim : 628
Pascal, Blaise : 13
Passarella, Daniel : 355
Pedernera, Adolfo : 306-307
Pefferkorn, Maurice : 310
Pelé, Edson Arantes do Nascimento, dit Pelé : 17, 297, 311, 320-323, 325-330, 387, 451, 459, 471, 474, 479, 498, 587
Pember, Arthur : 47-48
Peñarol Montevideo : 199, 303, 332, 552
Perón, Juan Domingo : 304-305
Peugeot, Jean-Pierre : 186, 509, 520
Picchi, Armando : 461-462
Pichon, Marinette : 608

Pinochet, général Augusto : 346, 348
Plantagenêt, dynastie anglaise : 35
Platini, Michel : 353-354, 498, 502, 517, 525-526, 554-557, 582, 616, 621, 623-624, 637
Pline le Jeune, Caius Plinius Caecilius Secundus : 32
Poli, Raffaele : 615
Poulidor, Raymond : 500
Pozzo, Vittorio : 111, 183, 207, 210, 214, 221, 231, 273, 284, 295
Prasad Sarvadhikari, Nagendra : 97-98
Preston North End : 63-64, 69, 72-73
Prinz, Birgit : 609
Prost, Antoine : 140
Puma : 419, 471, 477-479, 627
Puskas, Ferenc : 96, 289-293, 404, 431, 444-445, 453

Queen's Park FC : 83, 123
Quinn, Jimmy : 86

Racing Club, Buenos Aires : 122, 187, 303-304, 332
Racing Club de France : 130, 170, 483, 492, 565
Racing Club de Paris : 253, 266, 272, 286, 497, 509, 518, 523, 529, 565
Racing Club de Roubaix : 487-488
Rákosi, Mátyás : 288, 292
Ramsey, Alf : 544

Ranger, Terence : 78
Rangers FC, Glasgow : 63, 85-87, 275
Rapid de Vienne : 180, 223, 225, 248, 432, 613
Rappan, Karl : 265
Rattín, Antonio : 544
Rava, Pietro : 214-215
Real Madrid : 126, 308, 332, 419, 430, 432-435, 439, 441-442, 444, 451, 453, 468, 533, 552, 567, 618, 626
Reichel, Frantz : 154, 156, 161, 491
Reichenbach, François : 327
Renan, Ernest : 522
Rep, Johnny : 471
Rexach, Carles : 470
Ribbentrop, Joachim von : 264-265
Rijkard, Frank : 559
Rimet, Jules : 22, 154, 159, 190, 194, 202-204, 211, 213, 219, 266, 270, 282-283, 286, 299, 301, 319, 423, 432, 490, 537, 605, 619
River Plate : 121, 187, 302-303, 305, 358, 443
Rivera, Gianni : 334, 458-459, 461, 466
Roberts, Charlie : 71
Roberts, Evan : 89
Rocco, Nereo : 334, 459
Rocher, Roger : 517
Rocheteau, Dominique : 353, 500, 530
Ronaldhino, Ronaldo de Assis Moreira, dit : 613

Ronaldo, Luis Nazário de Lima, dit : 33, 498
Roosevelt, Theodore : 336, 591
Rosetta, Virginio : 183-184, 195, 231
Rossi, Paolo : 559
Rous, sir Stanley : 24, 217, 274, 349, 386, 391, 426, 429-430, 469, 541
Rousseau, Frédéric : 148
Royal Engineers : 54
Royaume-Uni : 368, 377-378, 426, 475, 487, 538, 553, 570, 575, 581, 590, 595, 604
Rozet, Georges : 145, 147, 493
Rugby, collège de : 40-42, 45-46, 48, 52, 484
Rugby Football Union : 52, 62, 77, 87
Rummenigge, Karl-Heinz : 361, 556
Rush, Ian : 581

Sacchi, Arrigo : 559
SAFA, South African Football Association : 102
Saint-Clair, Georges de : 124, 483, 485
Salazar, Antonio de Oliveira : 271, 448, 452
Samitier, Josep : 232, 435, 439
Santos FC : 325, 330-331
Saporta, Raimundo : 445-446
Sastre, Fernand : 528
Schaffer, Alfred : 182, 214
Schalke 04 : 190, 240, 245-246, 248

Schnittger, Peter : 405
Schön, Helmut : 274, 473
Schricker, Ivo : 125, 217, 267-268, 270-271, 336, 598
Schwartz, Ebbe : 426
Scott, Walter : 36, 83
Sebes, Gusztáv : 289, 426
Seeldrayers, Rodolphe : 197, 282
Séguin, Philippe : 513-514
Sheffield F C : 45, 48, 51, 482
Sheffield Wednesday : 63, 227
Shillcock, William : 118
Shilton, Peter : 360-361
Siegfried, André : 221
Simon, Charles : 489, 521
Simonsen, Allan : 580
Simpson, Ronnie : 333
Sindelar, Matthias : 208, 218, 223-224, 232-233, 248
Skoblar, Josip : 414, 563
Slavia Prague : 182, 225, 261, 287
Soares, Elza : 324
Soldati, Mario : 562
Souleymane, Cherif : 412
Souness, Graeme : 85
Souness, Graham : 581
Sparta Prague : 169, 182, 225
Spartak Moscou : 253, 255-257, 284, 286, 431
Sparwasser, Jürgen : 473
Spensley, Dr James : 112
Sporting Club de Bastia : 487, 531-532
Stade français : 460-461, 483, 492, 529
Stade helvétique : 487

Stade de Reims : 384, 425, 432, 434, 476, 497, 511, 516, 522, 606
Staline, Joseph : 254
Standard Athletic Club : 482, 486
Starace, Achille : 205
Starostin, frères : 256-257, 286
Stewart Parnell, Charles : 90
Suarez, Luis : 461
Sudell, major William : 63
Sunyol, Josep : 470
Szepan, Fritz : 240

Tapie, Bernard : 34, 563-564
Taylor, Frederick Winslow, ingénieur : 69
Taylor, Ian : 576-577
Taylor, lord of Justice Peter : 583
Tessema, Yidnekatchew : 367, 391, 400, 402
Thatcher, Margaret : 576, 583
Thébaud, François : 328, 332-333, 424
Théodora, impératrice byzantine femme de Justinien Ier : 33
Thommen, Ernst : 456, 469
Tigana, Jean : 525-526
Tognazzi, Ricky : 573
Torino AC : 111, 225, 241, 246, 284-285, 454, 563, 568-570
Tottenham Hotspur : 65-66, 218, 262, 539
Touré, Ahmed Sékou : 376, 387, 410-411

Touré, Bako : 416
Tout-Puissant Englebert/Mazembe : 410
Tschammer und Osten, Hans von : 238, 244, 263, 282
Turati, Augusto : 204, 241
Turek, Toni : 293-294

UEFA, Union des assocations européennes de football : 332, 345, 350, 392, 419, 427-430, 432-434, 468, 528, 531-532, 582-583, 593, 614, 621-624, 626, 633
UER, Union européenne de radiodiffusion : 539, 542-543, 548-549
ULIC, Unione Libera Italiana del Calcio : 152, 242
Union Saint-Gilloise : 378
Uridil, Josef : 223, 227, 232
Uruguay Association Football League : 109
USFSA, Union des sociétés françaises de sports athlétiques : 124, 126, 151, 154, 483-487, 489-493
US Tourcoing : 487-488

Van Basten, Marco : 559
Van Praag, Jaap : 276, 467-468
Varela, Obdulio : 319
Vargas, Getúlio : 188, 312-313, 315
Vasovic, Velibor : 466
Vázquez Montalbán, Manuel : 536
Veblen, Thorstein : 59
Vélez Sarsfield : 122

Verne, Jules : 116
Verriest, Georges : 227
Veyne, Paul : 33
Victoria Ire, reine d'Angleterre et impératrice des Indes : 21, 56, 78
Videla, général Jorge Rafael : 344, 349, 355-356
Vidinic, Blagoje : 391, 405
Vieira da Silva, Marta : 609
Villaplane, Alexandre : 277
Vogts, Berti : 472, 580

Waddle, Chris : 564
Wahl, Alfred : 18, 517
Walter, Fritz : 274, 293
Wanderers : 53-54, 58, 123
Weintraub, Stanley : 143
Weisz, Arpad : 279
Wellington, Arthur Wellesley, duc de : 44, 94
Wembley, stade de : 137, 164-167, 200, 285, 289, 291, 503, 539, 544, 581
Wen, Sun : 608
Wenger, Arsène : 602
West Ham United : 58, 164, 544, 575
Wharton, Arthur : 71
White Rovers : 125, 483, 486
Wilson, Harold : 548
Winchester, collège de : 40-41, 59
Wolverhampton Wanderers : 64, 70
Woolfall, Daniel : 127, 156
Wydad Athletic Club : 371

Yildirim, Aziz : 625

ZAC, Zic Athletic Club : 372-373
Zamora, Ricardo : 184, 207, 232-233, 435
Zatopek, Emil : 288
Zico, Arthur Antunes Coimbra, dit : 555
Zidane, Zinedine : 33, 514, 616, 626
Zimmermann, Herbert : 294
Zitouni, Mustapha : 380-381
ZK Zidenice : 182
Zurich : 18, 111-112, 195, 358, 377, 383
Zweig, Stefan : 312

Table

Liste des acronymes les plus utilisés 7
Avant-propos à la nouvelle édition 9
Coup d'envoi 11

1. Le jeu de l'Angleterre victorienne 21
   La quête des origines 22
   La civilisation des corps 34
   Messieurs les Anglais, jouez les premiers 40
   Entre Londres et Sheffield : la laborieuse invention
     d'une tradition 44
   The people's game 55
   Professionals 61
   Foules laborieuses, foules dangereuses ? 72

2. La première mondialisation du football 81
   Affirmations et résistances britanniques 82
   Le football au-dessus des castes ? 92
   Aux marges des dominions 100
   Naissance du football africain 104
   Entre impérialisme économique britannique
     et modernité suisse 107
   Anglomanie, résistances et acculturation 113
   La première internationale du ballon rond 123
   Matchs olympiques et inter-nations 130

3. De la guerre totale au spectacle des masses 137
   Les poilus footballeurs 138
   Les dividendes sportifs de la Grande Guerre 149
   Un traité de Versailles du football ? 155
   Foules et passions d'après-guerre 160
   Un football transatlantique 173

4. Professionnalisme
   et premières Coupes du monde 179
   Les ruptures du professionnalisme 180
   FIFA vs CIO 190
   Les premières Coupes du monde : entre spectacle
     et politisation du football 197
   Un mètre étalon britannique à réviser ? 215
   Zamora, Sindelar, Meazza et les autres 223

5. À l'ombre des dictatures 235
   Un sport fasciste ? 236
   Entre sport prolétarien et terreur stalinienne 249

Les ambivalences de l'*appeasement* sportif 258
   Des footballeurs très occupés 272
   Un long après-guerre sportif 281

6. Les révolutions sud-américaines 297
   Turbulences et ressentiments sud-américains 298
   La révolution noire brésilienne 309
   L'invention du Brésil 312
   Guerres, répression et football 331

7. Les revanches des dominés 363
   Les ballons du missionnaire 364
   Les stades de l'indépendance 369
   Le football des indépendances 384
   Revendications et affirmations mondiales 390
   L'Afrique du football est-elle mal partie ? 395
   L'ubiquité naissante du football africain 403

8. L'Europe du football 419
   Le football de l'Atlantique à l'Anatolie 420
   Une Europe conçue à Paris et... 429

... enfantée à Madrid	434
Des ambassadeurs de Franco ?	439
Sous l'œil de la PIDE	447
Miracles à Milan	453
La libération du « football total »	462
Les hommes-sandwichs des pelouses	475

9. L'exception française	481
La balkanisation du premier football français	482
Waterloo, morne pelouse	493
Football et capitalisme français : histoire d'un divorce ?	505
Coupe de France et immigration : les pierres angulaires de l'exception française	518
Le football : un corps étranger ?	528

10. Le football contemporain	535
La naissance du football cathodique	536
Du Mexique au Mexique	548
Le moment Berlusconi	551
Questions d'identités	560
Des *fedelissimi* aux ultras	567
« We hate humans »	572
Morts dans l'après-midi	578

Prolongations. Le IIIe siècle du football	585
L'exceptionnalisme américain	587
Le football se lève à l'Est	593
La femme est-elle l'avenir du football ?	603
Libre circulation et extraversion	611
Le football entre géopolitique et géoéconomie	616
Les stades du business aux révolutions	626
Psychodrames franco-français	635
De Johannesburg à Rio de Janiero en passant par Paris..	644

Notes	653
Sources et bibliographie	737
Chronologie historique du football	765
Index	775

collection tempus
Perrin

Déjà paru

. *Histoire de l'éducation*, tome IV – Antoine Prost.
. *La bataille de la Marne* – Pierre Miquel.
. *Les intellectuels en France* – Pascal Ory, Jean-François Sirinelli.
. *Dictionnaire des pharaons* – Pascal Vernus, Jean Yoyotte.
. *La Révolution américaine* – Bernard Cottret.
. *Voyage dans l'Égypte des Pharaons* – Christian Jacq.
. *Histoire de la Grande-Bretagne* – Roland Marx, Philippe Chassaigne.
. *Histoire de la Hongrie* – Miklós Molnar.
Chateaubriand – Ghislain de Diesbach.
La Libération de la France – André Kaspi.
L'empire des Plantagenêt – Martin Aurell.
La Révolution française – Jean-Paul Bertaud.
Les Vikings – Régis Boyer.
Examen de conscience – August von Kageneck.
1905, la séparation des Églises et de l'État.
Les femmes cathares – Anne Brenon.
L'Espagne musulmane – André Clot.
Verdi et son temps – Pierre Milza.
Sartre – Denis Bertholet.
L'avorton de Dieu – Alain Decaux.
La guerre des deux France – Jacques Marseille.
Honoré d'Estienne d'Orves – Étienne de Montety.
Gilles de Rais – Jacques Heers.
Laurent le Magnifique – Jack Lang.
Histoire de Venise – Alvise Zorzi.
Le malheur du siècle – Alain Besançon.
Fouquet – Jean-Christian Petitfils.
Sissi, impératrice d'Autriche – Jean des Cars.
Histoire des Tchèques et des Slovaques – Antoine Marès.
. *Marie Curie* – Laurent Lemire.
. *Histoire des Espagnols*, tome I – Bartolomé Bennassar.
. *Pie XII et la Seconde Guerre mondiale* – Pierre Blet.
Histoire de Rome, tome I – Marcel Le Glay.

104. *Histoire de Rome*, tome II – Marcel Le Glay.
105. *L'État bourguignon 1363-1477* – Bertrand Schnerb.
106. *L'Impératrice Joséphine* – Françoise Wagener.
107. *Histoire des Habsbourg* – Henry Bogdan.
108. *La Première Guerre mondiale* – John Keegan.
109. *Marguerite de Valois* – Éliane Viennot.
110. *La Bible arrachée aux sables* – Werner Keller.
111. *Le grand gaspillage* – Jacques Marseille.
112. « *Si je reviens comme je l'espère* » : *lettres du front et de l'Arrière, 1914-1918* – Marthe, Joseph, Lucien et Marcel Papillon.
113. *Le communisme* – Marc Lazar.
114. *La guerre et le vin* – Donald et Petie Kladstrup.
115. *Les chrétiens d'Allah* – Lucile et Bartolomé Bennassar.
116. *L'Égypte de Bonaparte* – Jean-Joël Brégeon.
117. *Les empires nomades* – Gérard Chaliand.
118. *La guerre de Trente Ans* – Henry Bogdan.
119. *La bataille de la Somme* – Alain Denizot.
120. *L'Église des premiers siècles* – Maurice Vallery-Radot.
121. *L'épopée cathare*, tome I, *L'invasion* – Michel Roquebert.
122. *L'homme européen* – Jorge Semprún, Dominique de Villepin.
123. *Mozart* – Pierre-Petit.
124. *La guerre de Crimée* – Alain Gouttman.
125. *Jésus et Marie-Madeleine* – Roland Hureaux.
126. *L'épopée cathare*, tome II, *Muret ou la dépossession* – Michel Roquebert.
127. *De la guerre* – Carl von Clausewitz.
128. *La fabrique d'une nation* – Claude Nicolet.
129. *Quand les catholiques étaient hors la loi* – Jean Sévillia.
130. *Dans le bunker de Hitler* – Bernd Freytag von Loringhoven et François d'Alançon.
131. *Marthe Robin* – Jean-Jacques Antier.
132. *Les empires normands d'Orient* – Pierre Aubé.
133. *La guerre d'Espagne* – Bartolomé Bennassar.
134. *Richelieu* – Philippe Erlanger.
135. *Les Mérovingiennes* – Roger-Xavier Lantéri.
136. *De Gaulle et Roosevelt* – François Kersaudy.
137. *Historiquement correct* – Jean Sévillia.
138. *L'actualité expliquée par l'Histoire*.
139. *Tuez-les tous ! La guerre de religion à travers l'histoire* – Élie Barnavi, Anthony Rowley.

40. *Jean Moulin* – Jean-Pierre Azéma.
41. *Nouveau monde, vieille France* – Nicolas Baverez.
42. *L'Islam et la Raison* – Malek Chebel.
43. *La gauche en France* – Michel Winock.
44. *Malraux* – Curtis Cate.
45. *Une vie pour les autres. L'aventure du père Ceyrac* – Jérôme Cordelier.
46. *Albert Speer* – Joachim Fest.
47. *Du bon usage de la guerre civile en France* – Jacques Marseille.
48. *Raymond Aron* – Nicolas Baverez.
49. *Joyeux Noël* – Christian Carion.
50. *Frères de tranchées* – Marc Ferro.
51. *Histoire des croisades et du royaume franc de Jérusalem*, tome I, *1095-1130, L'anarchie musulmane* – René Grousset.
52. *Histoire des croisades et du royaume franc de Jérusalem*, tome II, *1131-1187, L'équilibre* – René Grousset.
53. *Histoire des croisades et du royaume franc de Jérusalem*, tome III, *1188-1291, L'anarchie franque* – René Grousset.
54. *Napoléon* – Luigi Mascilli Migliorini.
55. *Versailles, le chantier de Louis XIV* – Frédéric Tiberghien.
56. *Le siècle de saint Bernard et Abélard* – Jacques Verger, Jean Jolivet.
57. *Juifs et Arabes au XXe siècle* – Michel Abitbol.
58. *Par le sang versé. La Légion étrangère en Indochine* – Paul Bonnecarrère.
59. *Napoléon III* – Pierre Milza.
60. *Staline et son système* – Nicolas Werth.
61. *Que faire ?* – Nicolas Baverez.
62. *Stratégie* – B. H. Liddell Hart.
63. *Les populismes* (dir. Jean-Pierre Rioux).
64. *De Gaulle, 1890-1945*, tome I – Éric Roussel.
65. *De Gaulle, 1946-1970*, tome II – Éric Roussel.
66. *La Vendée et la Révolution* – Jean-Clément Martin.
67. *Aristocrates et grands bourgeois* – Éric Mension-Rigau.
68. *La campagne d'Italie* – Jean-Christophe Notin.
69. *Lawrence d'Arabie* – Jacques Benoist-Méchin.
70. *Les douze Césars* – Régis F. Martin.
71. *L'épopée cathare*, tome III, *Le lys et la croix* – Michel Roquebert.

172. *L'épopée cathare*, tome IV, *Mourir à Montségur* – Michel Roquebert.
173. *Henri III* – Jean-François Solnon.
174. *Histoires des Antilles françaises* – Paul Butel.
175. *Rodolphe et les secrets de Mayerling* – Jean des Cars.
176. *Oradour, 10 juin 1944* – Sarah Farmer.
177. *Volontaires français sous l'uniforme allemand* – Pierre Giolitto.
178. *Chute et mort de Constantinople* – Jacques Heers.
179. *Nouvelle histoire de l'Homme* – Pascal Picq.
180. *L'écriture. Des hiéroglyphes au numérique*.
181. *C'était Versailles* – Alain Decaux.
182. *De Raspoutine à Poutine* – Vladimir Fedorovski.
183. *Histoire de l'esclavage aux États-Unis* – Claude Fohlen.
184. *Ces papes qui ont fait l'histoire* – Henri Tincq.
185. *Classes laborieuses et classes dangereuses* – Louis Chevalier.
186. *Les enfants soldats* – Alain Louyot.
187. *Premiers ministres et présidents du Conseil* – Benoît Yvert.
188. *Le massacre de Katyn* – Victor Zaslavsky.
189. *Enquête sur les apparitions de la Vierge* – Yves Chiron.
190. *L'épopée cathare*, tome V, *La fin des Amis de Dieu* – Michel Roquebert.
191. *Histoire de la diplomatie française*, tome I.
192. *Histoire de la diplomatie française*, tome II.
193. *Histoire de l'émigration* – Ghislain de Diesbach.
194. *Le monde des Ramsès* – Claire Lalouette.
195. *Bernadette Soubirous* – Anne Bernet.
196. *Cosa Nostra. La mafia sicilienne de 1860 à nos jours* – John Dickie.
197. *Les mensonges de l'Histoire* – Pierre Miquel.
198. *Les négriers en terres d'islam* – Jacques Heers.
199. *Nelson Mandela* – Jack Lang.
200. *Un monde de ressources rares* – Le Cercle des économistes et Érik Orsenna.
201. *L'histoire de l'univers et le sens de la création* – Claude Tresmontant.
202. *Ils étaient sept hommes en guerre* – Marc Ferro.
203. *Précis de l'art de la guerre* – Antoine-Henri Jomini.
204. *Comprendre les États-Unis d'aujourd'hui* – André Kaspi.
205. *Tsahal* – Pierre Razoux.
206. *Pop philosophie* – Mehdi Belahj Kacem, Philippe Nassif.

7. *Le roman de Vienne* – Jean des Cars.
8. *Hélie de Saint Marc* – Laurent Beccaria.
9. *La dénazification* (dir. Marie-Bénédicte Vincent).
0. *La vie mondaine sous le nazisme* – Fabrice d'Almeida.
1. *Comment naissent les révolutions.*
2. *Comprendre la Chine d'aujourd'hui* – Jean-Luc Domenach.
3. *Le second Empire* – Pierre Miquel.
4. *Les papes en Avignon* – Dominique Paladilhe.
5. *Jean Jaurès* – Jean-Pierre Rioux.
6. *La Rome des Flaviens* – Catherine Salles.
7. *6 juin 44* – Jean-Pierre Azéma, Philippe Burrin, Robert O. Paxton.
8. *Eugénie, la dernière impératrice* – Jean des Cars.
9. *L'homme Robespierre* – Max Gallo.
0. *Les Barbaresques* – Jacques Heers.
1. *L'élection présidentielle en France, 1958-2007* – Michel Winock.
2. *Histoire de la Légion étrangère* – Georges Blond.
3. *1 000 ans de jeux Olympiques* – Moses I. Finley, H. W. Pleket.
4. *Quand les Alliés bombardaient la France* – Eddy Florentin.
5. *La crise des années 30 est devant nous* – François Lenglet.
6. *Le royaume wisigoth d'Occitanie* – Joël Schmidt.
7. *L'épuration sauvage* – Philippe Bourdrel.
8. *La révolution de la Croix* – Alain Decaux.
9. *Frédéric de Hohenstaufen* – Jacques Benoist-Méchin.
0. *Savants sous l'Occupation* – Nicolas Chevassus-au-Louis.
. *Moralement correct* – Jean Sévillia.
. *Claude Lévi-Strauss, le passeur de sens* – Marcel Hénaff.
. *Le voyage d'automne* – François Dufay.
. *Erbo, pilote de chasse* – August von Kageneck.
. *L'éducation des filles en France au XIXe siècle* – Françoise Mayeur.
. *Histoire des pays de l'Est* – Henry Bogdan.
. *Les Capétiens* – François Menant, Hervé Martin, Bernard Merdrignac, Monique Chauvin.
. *Le roi, l'empereur et le tsar* – Catrine Clay.
. *Neanderthal* – Marylène Patou-Mathis.
. *Judas, de l'Évangile à l'Holocauste* – Pierre-Emmanuel Dauzat.
. *Le roman vrai de la crise financière* – Olivier Pastré, Jean-Marc Sylvestre.
Comment l'Algérie devint française – Georges Fleury.
Le Moyen Âge, une imposture – Jacques Heers.

244. *L'île aux cannibales* – Nicolas Werth.
245. *Policiers français sous l'Occupation* – Jean-Marc Berlière.
246. *Histoire secrète de l'Inquisition* – Peter Godman.
247. *La guerre des capitalismes aura lieu* – Le Cercle des économistes (dir. Jean-Hervé Lorenzi).
248. *Les guerres bâtardes* – Arnaud de La Grange, Jean-Marc Balencie.
249. *De la croix de fer à la potence* – August von Kageneck.
250. *Nous voulions tuer Hitler* – Philipp Freiherr von Boeselager.
251. *Le soleil noir de la puissance, 1796-1807* – Dominique de Villepin.
252. *L'aventure des Normands, VIIIe-XIIIe siècle* – François Neveux.
253. *La spectaculaire histoire des rois des Belges* – Patrick Roegiers.
254. *L'islam expliqué par* – Malek Chebel.
255. *Pour en finir avec Dieu* – Richard Dawkins.
256. *La troisième révolution américaine* – Jacques Mistral.
257. *Les dernières heures du libéralisme* – Christian Chavagneux.
258. *La Chine m'inquiète* – Jean-Luc Domenach.
259. *La religion cathare* – Michel Roquebert.
260. *Histoire de la France*, tome I, 1900-1930 – Serge Berstein, Pierre Milza.
261. *Histoire de la France*, tome II, 1930-1958 – Serge Berstein, Pierre Milza.
262. *Histoire de la France*, tome III, 1958 à nos jours – Serge Berstein, Pierre Milza.
263. *Les Grecs et nous* – Marcel Detienne.
264. *Deleuze* – Alberto Gualandi.
265. *Le réenchantement du monde* – Michel Maffesoli.
266. *Spinoza* – André Scala.
267. *Les Français au quotidien, 1939-1949* – Éric Alary, Bénédicte Vergez-Chaignon, Gilles Gauvin.
268. *Teilhard de Chardin* – Jacques Arnould.
269. *Jeanne d'Arc* – Colette Beaune.
270. *Crises, chaos et fins de monde.*
271. *Auguste* – Pierre Cosme.
272. *Histoire de l'Irlande* – Pierre Joannon.
273. *Les inconnus de Versailles* – Jacques Levron.
274. *Ils ont vécu sous le nazisme* – Laurence Rees.
275. *La nuit au Moyen Âge* – Jean Verdon.
276. *Ce que savaient les Alliés* – Christian Destremau.

77. *François Ier* – Jack Lang.
78. *Alexandre le Grand* – Jacques Benoist-Méchin.
79. *L'Égypte des Mamelouks* – André Clot.
80. *Les valets de chambre de Louis XIV* –
Mathieu Da Vinha.
81. *Les grands sages de l'Égypte ancienne* – Christian Jacq.
82. *Armagnacs et Bourguignons* – Bertrand Schnerb.
83. *La révolution des Templiers* – Simonetta Cerrini.
84. *Les crises du capitalisme.*
85. *Communisme et totalitarisme* – Stéphane Courtois.
86. *Les chasseurs noirs* – Christian Ingrao.
87. *Averroès* – Ali Benmakhlouf.
88. *Les guerres préhistoriques* – Lawrence H. Keeley.
89. *Devenir de Gaulle* – Jean-Luc Barré.
90. *Lyautey* – Arnaud Teyssier.
91. *Fin de monde ou sortie de crise ?* – Le Cercle des économistes
(dir. Pierre Dockès et Jean-Hervé Lorenzi).
92. *Madame de Montespan* – Jean-Christian Petitfils.
93. *L'extrême gauche plurielle* – Philippe Raynaud.
94. *La guerre d'indépendance des Algériens*
(prés. Raphaëlle Branche).
95. *La France de la Renaissance* – Arlette Jouanna.
96. *Verdun 1916* – Malcolm Brown.
97. *Lyotard* – Alberto Gualandi.
98. *Catherine de Médicis* – Jean-François Solnon.
99. *Le XXe siècle idéologique et politique* – Michel Winock.
100. *L'art nouveau en Europe* – Roger-Henri Guerrand.
101. *Les salons de la IIIe République* – Anne Martin-Fugier.
102. *Lutèce* – Joël Schmidt.
103. *Les aventurières de Dieu* – Elisabeth Dufourcq.
104. *Chiisme et politique au Moyen-Orient* – Laurence Louër.
105. *La chute ou l'Empire de la solitude 1807-1814* –
Dominique de Villepin.
106. *Louis II de Bavière* – Jean des Cars.
107. *L'Égypte des grands pharaons* – Christian Jacq.
108. *La Deuxième Guerre mondiale* – John Keegan.
109. *Histoire du libertinage* – Didier Foucault.
110. *L'affaire Cicéron* – François Kersaudy.
111. *Les Gaulois contre les Romains* – Joël Schmidt.
112. *Le soufre et le moisi* – François Dufay.

313. *Histoire des Étrusques* – Jean-Marc Irollo.
314. *Le plaisir au Moyen Âge* – Jean Verdon.
315. *Cro Magnon* – Marcel Otte.
316. *La ligne de démarcation* – Éric Alary.
317. *Histoires de Berlin* – Bernard Oudin, Michèle Georges.
318. *Histoire de l'armée allemande* – Philippe Masson.
319. *La guerre de Cent Ans* – Georges Minois.
320. *La santé de Louis XIV* – Stanis Perez.
321. *La mémoire des pieds-noirs* – Joëlle Hureau.
322. *Pascal* – Francesco Paolo Adorno.
323. *Dictionnaire culturel de la Bible*.
324. *Levinas* – François-David Sebbah.
325. *Histoire de la réforme protestante* – Bernard Cottret.
326. *Chronologie commentée de la Seconde Guerre mondiale* – André Kaspi.
327. *Chronologie commentée du Moyen Âge français* – Laurent Theis.
328. *Histoire de l'ordre de Malte* – Bertrand Galimard Flavigny.
329. *Histoire ignorée de la marine française* – Étienne Taillemite.
330. *Erich von Manstein* – Benoît Lemay.
331. *L'argent des Français* – Jacques Marseille.
332. *Leclerc* – Jean-Christophe Notin.
333. *Radio Londres* – Aurélie Luneau.
334. *Louis XII* – Didier Le Fur.
335. *Le chouan du Tyrol* – Jean Sévillia.
336. *Cléopâtre* – Jacques Benoist-Méchin.
337. *Les noirs américains* – Nicole Bacharan.
338. *Que sont les grands hommes devenus ?* – Jacques Julliard.
339. *La cour de Versailles aux XVIIe et XVIIIe siècles* – Jacques Levron.
340. *Simon de Montfort* – Michel Roquebert.
341. *Les deux terres promises* – Michel Abitbol.
342. *Histoire des instituteurs et des professeurs* – Béatrice Compagn Anne Thévenin.
343. *Baudouin IV de Jérusalem* – Pierre Aubé.
344. *Monet* – Pascal Bonafoux.
345. *La moisson des dieux* – Jean-Jacques Fiechter.
346. *La Terre est plate* – Thomas L. Friedman.
347. *La société d'indifférence* – Alain-Gérard Slama.
348. *Gaston Fébus* – Claudine Pailhès.
349. *La France perd la mémoire* – Jean-Pierre Rioux.

50. *Mémoires accessoires*, tome I, 1921-1946 –
Philippe de Gaulle.
51. *Mémoires accessoires*, tome II, 1946-1982 –
Philippe de Gaulle.
52. *11 novembre 1942, l'invasion de la zone libre* –
Eddy Florentin.
53. *L'homme du Monde, la vie d'Hubert Beuve-Méry* –
Laurent Greilsamer.
54. *Staline, la cour du tsar rouge*, tome I, 1929-1941 –
Simon Sebag Montefiore.
55. *Staline, la cour du tsar rouge*, tome II, 1941-1953 –
Simon Sebag Montefiore.
56. *Le 18 Brumaire* – Thierry Lentz.
57. *Louis XVI*, tome I, 1754-1786 – Jean-Christian Petitfils.
58. *Louis XVI*, tome II, 1786-1793 – Jean-Christian Petitfils.
59. *Histoire de la cuisine et de la gastronomie françaises* –
Patrick Rambourg.
60. *L'Amérique des néo-conservateurs, l'illusion messianique* –
Alain Frachon, Daniel Vernet.
61. *Du fascisme* – Pascal Ory.
62. *Histoire de la gendarmerie* – Éric Alary.
63. *Clemenceau* – Michel Winock.
64. *Le modèle suisse* – François Garçon.
65. *Une journée dans l'affaire Dreyfus, « J'accuse », 13 janvier 1898* –
Alain Pagès.
66. *Ribbentrop* – Michael Bloch.
67. *Voyage au cœur de l'OAS* – Olivier Dard.
68. *Splendeurs et misères du fait divers* – Louis Chevalier.
69. *Christianisme et paganisme du IVe au VIIIe siècle* –
Ramsay MacMullen.
70. *Mihailović, héros trahi par les Alliés (1893-1946)* –
Jean-Christophe Buisson.
71. *La guerre civile européenne. National-socialisme et bolchevisme, 1917-1945* – Ernst Nolte.
72. *Rome et Jérusalem* – Martin Goodman.
73. *La chute de Saigon* – Olivier Todd.
74. *Les secrets du Vatican* – Bernard Lecomte.
75. *Madame de Staël* – Ghislain de Diesbach.
76. *L'irrésistible ascension de l'argent* – Niall Ferguson.
77. *Erwin Rommel* – Benoît Lemay.

378. *Histoire des Espagnols*, tome II – Bartolomé Bennassar.
379. *Les généraux allemands parlent* – Basil H. Liddell Hart.
380. *Google et le nouveau monde* – Bruno Racine.
381. *Histoire de France* – Jacques Bainville.
382. *Après le déluge* – Nicolas Baverez.
383. *Histoires de la Révolution et de l'Empire* – Patrice Gueniffey.
384. *Mille ans de langue française*, tome I, *Des origines au français moderne* – Alain Rey, Frédéric Duval, Gilles Siouffi.
385. *Mille ans de langue française*, tome II, *Nouveaux destins* – Alain Rey, Frédéric Duval, Gilles Siouffi.
386. *Juliette Gréco, une vie en liberté* – Bertrand Dicale.
387. *Le grand jeu de dupes* – Gabriel Gorodetsky.
388. *Des cendres en héritage. L'histoire de la CIA* – Tim Weiner.
389. *La Bastoche. Une histoire du Paris populaire et criminel* – Claude Dubois.
390. *Les Mitterrand* – Robert Schneider.
391. *L'étrange voyage de Rudolf Hess* – Martin Allen.
392. *Le monde post-américain* – Fareed Zakaria.
393. *Enquête sur les béatifications et les canonisations* – Yves Chiron.
394. *Histoire des paradis* – Pierre-Antoine Bernheim, Guy Stavridè
395. *Margaret Thatcher* – Jean-Louis Thiériot.
396. *L'art de la guerre* – Nicolas Machiavel.
397. *Caligula* – Pierre Renucci.
398. *L'épopée du Normandie-Niémen* – Roland de La Poype.
399. *Stefan Zweig* – Dominique Bona.
400. *Louise de La Vallière* – Jean-Christian Petitfils.
401. *La saga des Grimaldi* – Jean des Cars.
402. *Jacques Pilhan, le sorcier de l'Élysée* – François Bazin.
403. *François-Joseph* – Jean-Paul Bled.
404. *La gauche à l'épreuve 1968-2011* – Jean-Pierre Le Goff.
405. *La vie élégante* – Anne Martin-Fugier.
406. *Le mur de Berlin* – Frederick Taylor.
407. *Naissance de la police moderne* – Jean-Marc Berlière.
408. *La guerre du Mexique* – Alain Gouttman.
409. *Les conflits du Proche-Orient* – Xavier Baron.
410. *L'Action française* – François Huguenin.
411. *Le duel, une passion française* – Jean-Joël Jeanneney.
412. *La bataille de Moscou* – Andrew Nagorski.
413. *Jean-Jacques Rousseau* – Monique et Bernard Cottret.

14. *Louis Massignon* – Christian Destremau, Jean Moncelon.
15. *Histoire politique de la Ve République* – Arnaud Teyssier.
16. *Le peuple de la nuit* – Diana Cooper-Richet.
17. *François-Ferdinand d'Autriche* – Jean-Louis Thiériot.
18. *Les dossiers secrets du XXe siècle* – Alain Decaux.
19. *Histoire de la papauté* – Yves Bruley.
20. *Anti*-Prince – François Sauzey.
21. *Jeanne d'Arc, vérités et légendes* – Colette Beaune.
22. *Heydrich et la solution finale* – Édouard Husson.
23. *Sainte Geneviève* – Joël Schmidt.
24. *Malesherbes* – Jean des Cars.
25. *Histoire de la Méditerranée* – John Julius Norwich.
26. *La guerre secrète*, tome I, *Origines des moyens spéciaux et premières victoires alliées* – Anthony Cave Brown.
27. *La guerre secrète*, tome II, *Le jour J et la fin du IIIe Reich* – Anthony Cave Brown.
28. *La droite, hier et aujourd'hui* – Michel Winock.
29. *L'obsession des frontières* – Michel Foucher.
30. *L'impardonnable défaite* – Claude Quétel.
31. *Le dernier empereur* – Jean Sévillia.
32. *Lucie Aubrac* – Laurent Douzou.
33. *Le déclin de Rome et la corruption du pouvoir* – Ramsay MacMullen.
34. *Le donjon et le clocher* – Éric Mension-Rigau.
35. *Histoire de l'Atlantique* – Paul Butel.
36. *Skorzeny, chef des commandos de Hitler* – Glenn B. Infield.
37. *Une histoire du XXe siècle*, tome I – Raymond Aron.
38. *Une histoire du XXe siècle*, tome II – Raymond Aron.
39. *Versailles après les rois* – Franck Ferrand.
40. *Précis de l'histoire de France* – Jules Michelet.
41. *L'assassinat d'Henri IV* – Jean-Christian Petitfils.
42. *De l'esprit de cour* – Dominique de Villepin.
43. *Figures de proue* – René Grousset.
44. *La saga des Hachémites* – Rémi Kauffer.
45. *Jacques et Raïssa Maritain* – Jean-Luc Barré.
46. *La chevalerie* – Dominique Barthélemy.
47. *Histoire de Rome* – Jean-Yves Boriaud.
48. *De Gaulle et l'Algérie française* – Michèle Cointet.
49. *Le clan des Médicis* – Jacques Heers.
50. *Histoire des grands-parents* – Vincent Gourdon.

451. *Histoire des grands scientifiques français* – Éric Sartori.
452. *Bir Hakeim* – François Broche.
453. *La mort de Napoléon* – Thierry Lentz.
454. *L'épopée de l'archéologie* – Jean-Claude Simoën.
455. *L'Égypte ancienne au jour le jour* – Christian Jacq.
456. *Histoire de Beyrouth* – Samir Kassir.
457. *Vaincre ou mourir à Stalingrad* – William Craig.
458. *Franklin D. Roosevelt* – André Kaspi.
459. *Louis-Philippe et sa famille* – Anne Martin-Fugier.
460. *Dans la Grèce d'Hitler* – Mark Mazower.
461. *Malaise dans la civilité ?* – Claude Habib, Philippe Raynaud (dir.).
462. *Comprendre la guerre. Histoire et notions* – Laurent Henninger, Thierry Widemann.
463. *Le guide des élections américaines* – Nicole Bacharan, Dominique Simonnet.
464. *Malaparte* – Maurizio Serra.
465. *L'Algérie des passions, 1870-1939* – Pierre Darmon.
466. *Le roman de Marrakech* – Anne-Marie Corre.
467. *René Char* – Laurent Greilsamer.
468. *Marie-Thérèse d'Autriche* – Jean-Paul Bled.
469. *La synarchie, le mythe du complot permanent* – Olivier Dard.
470. *Le Versailles de Louis XIV* – Mathieu Da Vinha.
471. *Norbert Elias et le XX*^{e} *siècle* (dir. Quentin Deluermoz).
472. *La reine Astrid* – Pascal Dayez-Burgeon.
473. *Le Chemin des Dames* (dir. Nicolas Offenstadt).
474. *Encyclopédie de la Grande Guerre*, tome I (dir. Stéphane Audoin-Rouzeau et Jean-Jacques Becker).
475. *Encyclopédie de la Grande Guerre*, tome II (dir. Stéphane Audoin-Rouzeau et Jean-Jacques Becker).
476. *Hitler*, tome I, *20 avril 1889-octobre 1938* – John Toland.
477. *Hitler*, tome II, *Novembre 1938-30 avril 1945* – John Toland
478. *Jacques Cœur* – Jacques Heers.
479. *Les maréchaux soviétiques parlent* (prés. Laurent Henninger).
480. *La vie des Huns* – Marcel Brion.
481. *Histoire de Belgrade* – Jean-Christophe Buisson.
482. *Allemagne III*^{e} *Reich* – Mathilde Aycard, Pierre Vallaud.
483. *Le Moyen Âge, ombres et lumières* – Jean Verdon.
484. *La saga des Habsbourg* – Jean des Cars.
485. *Aimé Césaire* – Romuald Fonkoua.

36. *L'art du commandement* – John Keegan.
37. *L'histoire des papes, de 1789 à nos jours* – Bernard Lecomte.
38. *Vercingétorix* – Paul M. Martin.
39. *Le défilé des réfractaires* – Bruno de Cessole.
40. *Hitler parle à ses généraux* (prés. Helmut Heiber).
41. *Hermann Goering* – François Kersaudy.
42. *L'affaire des Poisons* – Jean-Christian Petitfils.
43. *Les trente glorieuses chinoises* – Caroline Puel.
44. *La résistance allemande à Hitler* – Joachim Fest.
45. *Histoire des auteurs* – Isabelle Diu, Élisabeth Parinet.
46. *Madame du Barry* – Jacques de Saint Victor.
47. *Dominique de Roux* – Jean-Luc Barré.
48. *Thierry Maulnier* – Étienne de Montety.
49. *Tocqueville* – Jean-Louis Benoît.
50. *Combattant de la France Libre* – Jean-Mathieu Boris.
51. *Himmler*, tome I, *1900-septembre 1939* – Peter Longerich.
52. *Himmler*, tome II, *septembre 1939-mai 1945* – Peter Longerich.
53. *Portraits-souvenirs* – Alain Duhamel.
54. *Le complexe de l'autruche* – Pierre Servent.
55. *L'abbé Mugnier* – Ghislain de Diesbach.
56. *Le Prince* – Nicolas Machiavel.
57. *La traque d'Eichmann* – Neal Bascomb.
58. *Churchill et Hitler* – François Delpla.
59. *Histoire de la Corse et des Corses* – Jean-Marie Arrighi, Olivier Jehasse.
60. *De la guerre en Amérique* – Thomas Rabino.
61. *Histoire du Japon médiéval* – Pierre-François Souyri.
62. *1492, un monde nouveau ?* – Bartolomé et Lucile Bennassar.
63. *Napléon et la guerre d'Espagne* – Jean-Joël Brégeon.
64. *Bismarck* – Jean-Paul Bled.
65. *La Lorraine des ducs* – Henry Bogdan.
66. *Morts pour Vichy* – Alain Decaux.
67. *La duchesse de Chevreuse* – Denis Tillinac.
68. *Histoire intellectuelle des droites* – François Huguenin.
69. *Les crimes de la Wehrmacht* – Wolfram Wette.
70. *L'exode* – Éric Alary.
71. *Les soldats de la honte* – Jean-Yves Le Naour.
72. *Histoire des États-Unis*, tome I, *L'ascension, 1875-1974* – Pierre Melandri.
73. *Histoire des États-Unis*, tome II, *Le déclin ?, Depuis 1974* – Pierre Melandri.

524. *Talleyrand* – Louis Madelin.
525. *Histoire des murs* – Claude Quétel.
526. *Les miscellanées d'un Gallo-Romain* – Lucien Jerphagnon.
527. *Anne de Bretagne* – Philippe Tourault.
528. *Charlemagne* – Georges Minois.
529. *Diên Biên Phu* – Pierre Pellissier.
530. *La dernière chance* – Yves-Marie Bercé.
531. *À la recherche du temps sacré* – Jacques Le Goff.
532. *Les Hohenzollern* – Henry Bogdan.
533. *Paris Révolutionnaire* – G. Lenôtre.
534. *L'homme Napoléon* – Louis Chardigny.
535. *Hitler chef de guerre* – Philippe Masson.
536. *Histoire du Consulat et de l'Empire* – Jean-Paul Bertaud.
537. *Hitler et le Vatican* – Peter Godman.
538. *Souvenirs de la campagne de France* – Baron Fain.
539. *Les derniers secrets du Vatican* – Bernard Lecomte.
540. *Dictionnaire des fascismes et du nazisme*, tome I, A-M – Serge Berstein, Pierre Milza.
541. *Dictionnaire des fascismes et du nazisme*, tome II, N-Z – Serge Berstein, Pierre Milza.
542. *Ciano* – Michel Ostenc.
543. *Histoire de la marine allemande* – François-Emmanuel Brézet.
544. *Kang Sheng* – Roger Faligot, Rémi Kauffer.
545. *Histoire du Maroc* – Michel Abitbol.
546. *La naissance du capitalisme au Moyen Age* – Jacques Heers.
547. *De Gaulle, la République et la France Libre* – Jean-Louis Crémieux-Brilhac.
548. *Charles Péguy* – Arnaud Teyssier.
549. *La saga des Windsor* – Jean des Cars.
550. *Berty Albrecht* – Dominique Missika.
551. *Histoire du football* – Paul Dietschy.

Imprimé en France par CPI
en juin 2021

pour le compte des Éditions Perrin
12, Avenue d'Italie 75013 Paris

N° d'impression : 2058520
K04712E/09